JN214761

料理書と近代日本の食文化

東四柳祥子 著

同成社

目　　次

はじめに　～料理書が語る近代とノスタルジア～

研究の主題と目的

2014年秋、農林水産省で「和食の保護・継承に向けた検討会」が発足した。当検討会は、ユネスコ無形文化遺産に登録された「和食　日本人の伝統的な食文化」（2013年12月登録）の四つの特徴をふまえ、その最も基礎となる保護・継承範囲の整理と、次世代への食文化教育のあり方を検討しようという趣旨のもと組織された委員会であり、筆者も微力ながら一委員として参加させていただくきっかけを得た。さてその事業の一環として、2015年１月、ユネスコ無形文化遺産に登録されている「フランスの美食術」と「地中海の食事」の保護・継承措置の状況についての調査要請を受け、フランス・スペインの２か国を訪れた。なお両国ともに、保護・継承内容の柔軟な枠組みを規定し、バラエティに富む楽しい取り組みを享受している様子がみられ、行く先々でたくさんの感動に出会えたことを今でも鮮明に思い出す。

しかし保護・継承範囲が未だ不明瞭な日本では、「和食」の定義が依然曖昧となっているのも事実である。さまざまな「和食」を語る書籍の出版も相次いでいるが、いずれも「和食」の明確な定義の検証となる証左に乏しく、現在のイメージに通じる「和食」の起源特定に繋がる詳細な研究も未見といわざるを得ない。そもそも「和食」ということばは、幕末以降の西洋諸国との出会いの中で現出する。またそれと同時に「日本食」「日本料理」「本邦料理」といったことばが登場する様子も確認されるが、それらの使いわけは厳密にされていなかったのも事実である[1)]。しかも明治・大正期の日本では、「西洋料理」や「中国料理」と対比的に用いられる「日本食」「日本料理」が一般的であった様子もみえ、「和食」の登場頻度が少ないことも特徴として挙げられる。

例えば、明治期の資料を調査すると、「日本料理」・「日本食」ともに、多くの書籍にそのことばを確認できたが[2)]、「和食」ということばは、「和食道楽」（『人情快話　酒楽百種』1903）[3)]、「和食調理法」（『新撰家事問答（受験問答叢書第30編）』1905）[4)]、「和食割烹」・「和食割烹準備」・「和食割烹用器具」（『割烹叢話　第11巻　和食割烹』1907）[5)]の５種しか確認できなかった（国立国会図書館デジタルコレクションにて検索）。大正期以後も「和食」の登場はほとんど確認できず、「和食についての心得」[6)]、「和食の作法」[7)]、「和食一般の作法」[8)]といった食事作法を伝える項目に確認できるのみであった。実際、『児童の作法』（1931）において、「和食」を使用した著者・相沢亀三郎も、明治期に出版した自著『日常国民礼法』（1910）においては、「日本食」[9)]を用いていることからも、「和食」は「日本料理」や「日本食」に比し、新しい言葉として認識されていたようにも思われる。なお「和食」の語意に関しては、「日本料理」と「日本食」とほぼ同義で使用されている。

さらに昭和期を迎えても依然「日本料理」との混在がみえる。例えば、「我が国の食物と料理と饗宴に就いて（五）」（1929）において、著者・川上七郎右衛門は「日本料理」と「和食料理」を区別せず、次のように使用している。

> スープものは、西洋料理は最初に出し、日本料理は途中で出し支那料理は最後に出すこと丶なつて居るが、之は日本式で二三回出すのがよからう。近來我が和食料理も、西洋風をまねて、一皿づ丶運び來ることもあるが、皿や肴にメニューもなければ調和もない。又料理の品種も、一方に偏しない様に、支那料理、西洋料理、日本料理を、相選擇し相調和して出たすこと丶して、眞に各國料理の長を採り、短を捨て丶、新らしき日本の意義ある献立表を造る可きである。[10)]

上記によれば、「日本料理」の置き換えとして、「和食料理」を用いている様子がうかがえるほか、西洋の影響を受け、変化しつつある現況が指摘されている。また今後の日本料理のあり方に対し、「支那料理」「西洋料理」「日本料理」の要素を「選澤」「調和」し、「新らしき日本の意義ある献立表を造る可き」との主張が示されているが、実はこの取合せの主張こそ、近代日本の食文化を語るうえで看過できないキーワードなのである。なおこうした日本料理改良へのまなざしは、本書のみならず、近代を通して問われ続けたテーマでもあり、本書と同時期の他の書籍においても、議論の対象となっている。例えば日本の生理学の発展に貢献した永井潜も、自著『自然観より人生観へ』(1933) において、「時代の推移に適應させよ」という見出しで、「日本食」の未来に次のような期待を寄せている。

> 之を要するに、現在に於ける日本食は、昔からの經驗と慣性とによつて、發達し維持されてゐる。或る意味から言へば、日本食は、自然に近い食糧であり、それに反して西洋の食物は、文化を代表せるものと云ふべきである。而かも近代文明の推移と共に、筋力による生產は機械による生產によつて壓迫せられると共に、その食糧も、食物に對する趣味も亦、漸次に嵩の多い自然的田舎的の食物から、嵩の少い文化的の濃厚なものに移り、又夫れと共に變化することは止むを得ぬ趨勢であらう。
>
> 日本の食糧問題の將來に於ても、十分之を考慮しなければならない。我等は一面、この日本食の長所を十分に理解し、維持し、助長して行くと同時に、他面その短所をよく改善して、以つて時代の推移に適應する事が最も緊要であると思ふのである。[11)]

永井もまた川上同様、「日本食」の長所と短所を自覚し、新たな魅力を模索することにまなざしを向けているが、実はこうした「日本食」改良論の萌芽は、明治期の社会変革に端を発するといえる。事実、明治期は従来の伝統を見直し、新たに受容された西洋文化に学びながら、近代化による文化的枠組みの再考と構築に乗り出していく過渡期でもある。

なお社会学者の富永健一は、自著『日本の近代化と社会変動　テュービンゲン講義』(1990) のなかで、非西洋諸国にとっての近代化とは、まさに「西洋近代からの文化伝播に始まる、自国の伝統文化のつくりかえの過程として、とらえられる[12)]」と説き、次のように詳述している。

伝播をつうじての近代化というのは、けっして単にほんらい無であったところに西洋文化がはいってきたといった単純なものではなかった。すなわちそれは、けっして単に模倣すればすむといったものではなくて、西洋文化に接しながら自国の伝統文化について深く考え、西洋文化を拒否するのではなく、さりとて伝統文化を単に棄てるのでもなくて、両者をいわば掛け合わせて、自国の伝統文化をつくりかえていこうとする運動であった[13)]。

さらに富永は、「伝播」の定義について、「伝播（diffusion）というのは文化人類学の用語で、一つの文化が他の異なる文化の文化項目を受容することをいいます。伝播はけっして権力的な押しつけではなく、受け入れる方の側での自発的な受容であり、文化の借用といってもよいもの」と定義する[14)]。そして「文化伝播」は、「けっして単なる模倣、つまり「オリジナル」の「コピー」をつくることを意味するもの」ではなく、「選択的受容」でありながら、「受容した諸文化項目をもとのものとはちがう文脈の中に移植するのにともなう適応問題の解決を必要とする」点を必須要件として主張し、さらに「創造的な能力」の発揮さえともなえば、「文化伝播を受容しても、文化のアイデンティティをたもつこと」が可能であるとの持論も展開している[15)]。また一方で、「文化伝播は何回も繰り返されているうちに、何がオリジナルだかわからないようになっていく」が、「日本のように非西洋後発社会であって近代化・産業化を達成した国があらわれてくると、今度は近代化・産業化に向かう文化伝播は西洋からだけではなく、非西洋相互間でもおこり得る」ため、「近代化・産業化」は「その母体であった西洋文明から離れて独歩するようになる」という見方も呈している[16)]。

日本の近代化が、西洋文明に範を求めていたことは明らかである。しかし、日本文化の特異性は、そこに見え隠れする「折衷」という日本独自の受容パターンであるといえるだろう。なお比較文化学者・平川祐弘は、自著『完本　和魂洋才の系譜　内と外からの明治日本』（2016）において、「和魂漢才と和魂洋才」という項を立て、日本の伝統的な折衷技法について、次のように詳述している。

ところで日本へ伝えられた三大外来文明は、『辭苑』にも記されていたように、インド起源の仏教とシナ文明と西洋文明であった。その輸入は、大陸の周辺に semi-detached つかず離れずの状態、すなわち大陸から文明は受容するが占領されたり征服されたりはしないという状態で位置していた島国日本では、折衷主義的な形で行なわれた場合が多かった。「和魂洋才」の心理的先蹤としては「和魂漢才」だけでなく、仏教受容の際の便法として広く行なわれた本地垂迹説もあげられるにちがいない。本地仏の考えが、神仏混淆の因となり、その状態は明治維新に至るまで続いたが、今日でも日本の多くの家庭では仏壇と神棚とが共存しているのである。この種の共存は日本人の折衷主義的な性格を示すものといえるだろう。

「和魂洋才」という発想のより直接的な原型である「和魂漢才」という公式は、シナ文明の摂取に際して作られたキャッチ・フレーズである。しかし一般に一国民の文化的自覚は政治的自覚よりも遅れて生ずるものであるから、大和使（遣唐使）がシナへ派遣された直後にこのような公式ができたわけではなかった。「和魂漢才」に類する表現があらわれる日本の文献は、後述するように、「源氏物語」がはじめであるといわれている。それは小野妹子がシナへ渡ってから四百年近く経った後のことである。人は一般に自分や自分の国の精神内容を自覚的に把握しているわけではなかったから、日本人の「和魂」についての認識は、「和魂漢才」に類した表現が作られた後も、必ずしも深まったわけではなかった。「和魂漢才」という際の「和魂」の把握は他者との関係における自己認識であり、いわば外側からの規定だったからである。その種の曖昧さは次のような例によっても示すことができる。「和魂漢才」といった時の「和魂」の内容は、シナ文化の影響を受ける以前の日本人の精神である、ということはできるだろう。しかし幕末以降に「和魂洋才」といった時の「和魂」の内容は、儒教道徳などを摂取して変化した後の日本人の精神をさしている。…（中略）…その際の「和魂」は佐久間象山が「東洋道徳西洋芸術」といった時の「東洋道徳」に相当する。いいかえるとその際の「和魂」は「和魂漢才」の「和魂」だけでなく、橋本佐内の「器機芸術は彼（西洋）に採り、仁義忠孝は我に存す」といった表現の「我」についての儒教的価値意識からも理解されるように、むしろ漢文化を取り入れた後の和魂、すなわちかつての「和魂漢才」の総体に相当する。「和魂」はそのように時代に応じて内容の変化するものであり、外国起源の価値であることを意識させないほど我物として同化された精神内容は、すべて和魂のうちにおさめられているのである。[17)]

そして平安朝後期と幕末以降とで、「和魂の内実」が大きく変貌を遂げていたにもかかわらず、同じ名称が用いられたかについては、「「和魂」について内容的に深い吟味が行なわれることなしに、他者との関係における自己把握として「和魂」の名前が与えられたからにほかならない[18)]」と説明し、「このように長期的展望にたって眺め、体外文明への一国民の心理の型が継続するものであると仮定すると、日本では「和魂漢才」の心理的先蹤があったからこそ「和魂洋才」の公式もたやすく生まれ、それが日本の近代化に際して有利に作用したのであろう、ということが考えられる[19)]」と、幕末以後に転換する「和魂洋才」成立につながる流れについて言及している。

引用が少し長くなってしまったが、まさにこのフレキシブルな異文化受容への姿勢こそ、他のアジア諸国にも類をみない日本独自の技法であり、内在する強みであったとも思われる。特に日本の近代化は西洋化として理解されるふしがあるが、明治期以降の日本においても、その手法のもと、西洋文化の咀嚼から折衷への階梯は引き継がれ、江戸期までに完成した日本文化を基に、現代に通じる生活文化の骨子が築かれていった。[20)]

そしてこうした社会変革の中で、日本料理もまた導入された西洋の生活科学や合理思想などの要素をエッセンスとして織り交ぜながら、豊かなバラエティー、経済性、健康、行事食を重んじる新たなイメージが模索された。つまり、近代は近世的特質から脱却した新しい日本料理の変革期であり、諸外国の料理との比較というまなざしの下、日本料理の特異性や魅力が確立された画期でもあった。実際こうした自国料理の発見・認識こそ、日本におけるナショナルクイジーンの自覚の萌芽であり、これまでの伝統という経（たていと）に、異文化という緯（よこいと）を織り込みながら、日本料理の洗練、合理化、大衆化の実現に目を向ける多くの先人たちの動きも具体化していった。

そこで本研究では、伝統を重んじながらも、異国の食文化に多くを学び、現在に通ずる日本料理のイメージ醸成に尽力した先人たちの努力の軌跡、ならびにそのルーツの基点を解明したいと考えた。主に近代料理書を一次史料として扱い、そこに紡がれる執筆者たちの想いの系譜をたどることで、日本人のアイデンティティと食習慣が時間の経過とともにどう変化してきたかについて明らかにすることを目指したい。特に近代とは、印刷物を通して、近代国家形成に必要な知識や情報が国民間で共有された時代でもある。よって、啓発の務めを果たした出版物（主に料理書）の動きと、普及を促進した文化装置としての外食産業の発展にも焦点を当て、ナショナルクイジーンの創出にかかわる物語を詳らかにすることを本研究の主眼とする。

先行研究の検討

本研究の題目にも掲げているナショナルクイジーンの定義を考えるうえで、筆者はGabaccia[21]、Gold[22]、Cwiertka[23]、Montanari[24)25]、Notaker[26]らの研究に多くを学んだ。なかでもCarol Goldの*Danish Cookbooks : Domesticity & National Identity, 1616–1901*（2007）は、筆者に本研究を思い立つきっかけを与えてくれた大切な一書である。冒頭にある「料理書は、すべての本同様、語り部である（COOKBOOKS, AS DO ALL BOOKS, TELL STORIES.）」というフレーズに即座に心を打たれた筆者は、本書を精読することで、Goldの目指す研究手法を追った。Goldは、料理書の歴史資料的価値に、絶対的な信頼を寄せていながらも、実際の食生活事情を物語る媒体ではないことも自覚している[27]。つまり、Goldが料理書に期待したのは、読者が執筆者に求めた期待の反映であり、紹介される内容を通して浮き彫りになる社会像をつかむ指標としての価値であった[28]。Goldは、こうした視点の下、17世紀から20世紀初頭のデンマーク料理書の特徴を追い、デンマークにおけるナショナルクイジーン創成の過程を丁寧に紐解いている。なおGoldによると、デンマークのレシピ集の端緒は13世紀にさかのぼることができるが、出版料理書の歴史は17世紀に始まるという[29]。さらに1616年～1901年の間に、デンマークでは、150冊の料理書が刊行されたとされ、その半数の執筆者が女性であることも判明している（なお残りの半数は、男性執筆者、もしくは無記名本にあたる[30]）。ちなみに1616年から1795年にかけて出版された21冊の料理書のうち、女性執筆者のものは２冊（*En Artig oc meget nittelig Kogebog*（Anna Weckerin : *A Good and Very Useful Cookbook*）〔1648〕/ Anna Elizabeth Wigant : *En Hoy-Fornemme Madames Kaagebog*（*An Aristocratic Lady's Cookbook*）〔1703〕）のみとされるが、他国の翻訳ではないデンマーク語で書かれた初めてのオリジナルの料理書の執筆者が女性であったことも実証されている。そして1837年以降、デンマークでは女性執筆者が急激に増加する。原因として考えられるのが、料理書の読者層の拡大であり、料理書のタイトルにも反映されているように、専門職のシェフ（扉絵によれば、デンマークでは女性料理人の存在も確認されている）のみならず、家庭の主婦をも掌握するようになったことが指摘されている[31]。

さらに40版を超える女性執筆者のベストセラー料理書（Madame Mangor : *Kogebog for Smaa Huusholdninger*（*Cookbook for Small Households*）〔1837〕/Kristen Marie Jensen : *Froken Jensens Kogebog*（*Miss Jensen's Cookbook*）〔1901〕）も誕生し、料理法のみならず、適切な家事管理や食材の扱い方についても解説し、テーブルセッティングや調理道具、肉の切り方などのわかりやすい図解掲載に踏み切る執筆者も登場した。

またGoldは、デンマークの料理書を、その特徴によって、三つの時期に分類することができると説く。第一期が、17世紀初頭から18世紀中葉である。なおこの時期の料理書執筆者は主に男性で、貴族などの上流階層の厨房を切り盛りする専門職のコックを対象としていた。またシェフの備忘録であることが多いため、シンプルな食材のリストや大まかな説明のみに限り（物語調の散文体であることも多い）、料理に精通していないと使いこなせないような体裁となっている[32)]。次に第二期を18世紀中葉から19世紀中葉に定め、男性執筆者のみならず、女性執筆者が登場すること、またこの時期の料理書名からも明らかなように、中流階級の主婦（housewives/housekeepers）向けの料理書が誕生したことを、新たな特徴として挙げている。そのため、収録内容も分量や配分時間が明記されたレシピのみならず、家庭運営のノウハウや使用人の扱い方、家庭の平安の保ち方などを訓戒的な調子で語りかけるなどの工夫もみられるという[33)]。また料理書を使いこなすには、「読みと計算ができることは必須」と呼びかける執筆者も登場するようになり[34)]、識字率が社会全体で向上したこともベストセラー誕生の背景にあったとの考察結果を示している。なおルター派の国家であったデンマークは、教会に承認されるために、ルターの小さな協議問答集を読む必要があったため、17世紀の早い時期にすでに高い読み書き能力が確立されていたともいう[35)]。実際Goldも18世紀から19世紀にかけての時期には、コペンハーゲンの蔵書貸し出しの流行に伴い、女性利用者が確実に増えつつあった状況についても言及している[36)]。次に第三期を19世紀中葉～20世紀初頭とし、この頃になると、コックよりむしろ家庭の主婦を対象とする料理書が増加し、訓戒的な口調はひとまず落ち着き、シンプルなレシピ提案へと移行したとある。

さらに扉絵にみる女性像の系譜をたどり、読者層を類推する興味深い試みにも挑んでいる[37)]。Goldによれば、17世紀は設備の充実したキッチンで活躍する女性コックが登場するなど、上流階級を対象とした料理書が主であったことは扉絵からも確認できるが、19世紀にはいると、シンプルなキッチンで調理する主婦像への転換が認められるという。さらに20世紀に入ると、産業革命の象徴ともいえる煙突が描かれる様子も確認でき、煙突の出現は、新しい労働者階級の読者掌握を意味しているとも指摘している。

こうした料理書の家庭化が、国民間で共有しうるレシピの発信源となり、ナショナルクイジーンの共通認識をそだてる媒体としての役割を担っていったのである。さらに18世紀中頃に、デンマークでもナショナリズムの高揚がみられるようになり[38)]、外国の食材や料理の外国名を否定するのみならず、自国の食材を用いた料理を激賞する動きが起こり、さらにフランスやドイツから借用されたレシピの排除が盛んになる様子も確認されている。つまりGoldの研究から学び得る知見は、ナショナルクイジーンとしてのデンマーク料理構築の上で、料理書が中心的役割を果たしていた点である。それもプロ向けではなく、家庭向け料理書がその担い手となり、家庭料理の世界から、国民認識の統一に寄与していたことが実証されているのである。

実際家庭料理の世界からの改革が、その国のナショナルクイジーン創出に及ぼす影響にふれた研究はほかにもある。例えばマッシモ・モンタナーリは、ナショナルクイジーンとしてのイタリア料理の発見が家庭料理の世界から起こったとの見方を呈し、現代イタリア料理のルーツともされるアルトゥージの料理書もまたマリエッタという一女性執筆者の協力の下で成立を見せたことを強調している。[39] つまり家庭料理の世界から国民的基準を描こうとした試みがあったことが、ここでも貫かれている。またモンタナーリは、自国料理の改良・模索の中で、直面する食糧問題への対応もまた広い階層の国民に受け入れられる食材の発見を促し、たとえそれが異国から導入された外来食材であったとしても、国民の共有財産となりうるナショナルクイジーン創出のきっかけになるとの見方を示している。実際イタリアといえば、パスタを思い浮かべる人も多いだろうが、その普及のきっかけもまた17世紀前半の不作であり、炭水化物に重心を置く食生活への移行が、イタリアでパスタやパンを重んじる風潮を生みだしたとの考えを明らかにしている。[40]

なお先にも挙げたアルトゥージの料理書はベストセラーともなり、19世紀に統一されたばかりのイタリアで、共有財産としてのイタリア料理を認識する媒体としても重宝された。フィレンツェやロマーニャの方言などが乱立していた時代に、各地を訪れ、その混在していた料理内容を標準語でまとめあげ、イタリア料理のスタンダードを作り上げようとしたアルトゥージの功績もまた、ナショナルクイジーン創出に係る料理書執筆者の動きを探る手法の一助となり得よう。

いっぽう、移民社会のナショナルクイジーン創出の過程を、ダイナミック且つ丁寧に紐解いた好著が、ダナ・ガバッチアの『アメリカ食文化　味覚の境界線を越えて』(2003) である。ガバッチアは、多文化社会が直面したナショナルクイジーン創出の過程を、移民社会の関わりと食品事業の展開を主軸に描き出すことに成功している。しかし、ガバッチアはアメリカのナショナルクイジーン創出の過程について、「アメリカ合衆国は、その独自性に見合った国民料理というものを創ることなく独立国家となり、食習慣の面では地域色が根強かった」との考えを示し、家政学者たちによる努力が、アメリカ料理イメージの構築に貢献したとの見方を提起している。

> 北東部の文化的エリートも、一九世紀末の「新意味」の到来を機に、ようやく何をアメリカの食とすべきか考え始めるようになった。アメリカ的な食べ物を捨てて、他の食べ物を採用することは国家の自殺行為であるとみなされた。不安に駆られたある漫画家は「アンクルサムが外国人に飲み込まれてしまうのではないか？」と、適切な比喩をまじえて警鐘を鳴らした。教養ある女性たちは、外国出身者に何をどう食べるべきかを教えたり、家政科学（ドメスティック・サイエンス）や家政学（ホーム・エコノミクス）の発達をバネにしながら、彼らをアメリカに同化させることを提唱した。家政学という学問のルーツは、ボストンやニューヨークの中産階級向け料理学校や、これらに学校経営者が作成したクックブック、新しい中産階級向け雑誌、ソーシャル・セツルメントなどにあり、そこからほぼ同時期に登場してきたものであった。こうした動きは、全体として「アメリカ料理がアメリカ的になった」一八七〇年から一九〇〇年までの時代の輪郭を明確に映し出している。家政学者による国民料理の提唱は、文化の境界線を無視する外来の食べ物や食習慣の波を阻んだり、押し戻したりすることを目標に掲げる様々な改革運動の理論武装に、一役買うこととなった。[41]

上記の引用によると、ガバッチアもまた家政学を信奉する担い手たちにより、「クックブック」(料理書) や「新しい中産階級向け雑誌」などの媒体を通し、家庭の中からアメリカ料理を考える動きがあったことに言及している様子がうかがえ、Gold、モンタナーリ同様、ここでもナショナルクイジーン創出と家庭料理研究との関わり合いが重視されることが示唆されている。

なお料理書とナショナルクイジーンの関連性については、Notakerもまた自著*A History of Cookbooks : From Kitchen to Page over Seven Centuries*において、"Cookbooks and Aspects of Nationalism"という章[42]を設け、National DishesとNational Cuisine、双方の創出の裏側にある諸外国の比較考察を、料理書という媒体を主軸に丹念に紐解いている。特にNotakerは、多言語、かつ膨大な料理書を研究資料として用い、サブセクションを細かく設けることで、料理書の各時代の意義を詳述している。国に限定した研究も大切だが、こうした比較考察の眼も今後ますますの発展が望まれる研究手法といえよう。なお本書は、筆者が今一番注目する研究書でもある。

さて最後に日本のナショナルクイジーン成立の系譜を解き明かそうとしたライデン大学のCwiertkaの研究を紹介したい。明治期から現代にいたるまでのながいスパンを研究対象とし、現在のイメージにまで構築されていった日本料理の変遷をたどる氏の研究手法は、いうまでもなく筆者に多くの気づきを与えてくれた。なおCwiertkaは、自著*Modern Japanese Cuisine : Food, Power and National Identity*において、特に近代の政治概況や台頭する軍国主義の影響を注視しながら、日本のナショナルクイジーン形成のプロセスの解明に挑んでいる[43]。

しかし筆者はかねてから国民の共通認識を醸成する媒体としての料理書の出版こそ、階級、ジェンダー、地域差、さらには時代を超えた共有財産としての日本料理イメージを、社会（ひいては家庭）に定着させる契機になったとの仮説にこだわってきた。特に諸外国に誇示できる新しい日本料理創造へのまなざしは、国民国家形成期の日本にとって、やがて自国の威信を高める手立てとしても注目された。こうした経緯のなか、先人たちの思考・実践結果の総体として編まれた料理書の出版は、読者層の拡大に伴い、プロの世界のみならず、家庭生活の中にまで隈なく共通認識を浸透させる意味で、大きな歴史的意義があったものと想定される。

なおCwiertkaもふれているように、日本に限らず、自国イメージを反映させたナショナルクイジーンを創造しようとした動きは、19～20世紀以降、各国で隆盛をみせており[44]、世界史的にみても、そんなに古くからの事象ではないことは理解される。しかしここで注意しなければならないのは、本書で使用するナショナルクイジーンの概念定義である。英語のNationalを、『リーダーズ英和辞典（第二版)』でひいてみると、「1a.（ある）国民〔民族〕の、国民の、（ある）国民特有の、国民的な」、「1b. 国家の、全国的な；一国を象徴〔代表〕する；（ある）一国の〔に限られた〕、連邦の、挙国一致の」、「2．国有の、国立の、国定の」、「3．愛国的な、民族（国家）主義的な」などの訳語に突き当たることができる[45]。筆者が本書において明らかにしたいのは、まさに「一国を象徴〔代表〕する」料理として、先人たちが想起したイメージの軌跡である。無理に翻訳すると、概念定義に齟齬が生じてしまう日本語の難しさや、一言で言いきれる訳語がみつからないため、本書ではナショナルクイジーンとして用いることとしたい。まだ日本では馴染みのないナショナルクイジーンという用語を翻訳せず、カタカナ表記のまま使用する理由はここにある。

以上をふまえ、筆者は近世の料理書との関係性にも着目しながら、十五年戦争期に突入するまでの家庭生活とナショナルクイジーン創出の連関を、料理書を紐解くことで明らかにすることを目指し、日本的展開の独自性の解明に乗り出すことにした。なお本研究では主にGoldの研究手法に学びながら、料理書が語りかけてくれる料理書執筆者たちの物語や時代に求められた思想の真髄をあぶりだすことに取り組みたい。

本書の構成

本書の構成は以下のとおりである。

「第１編　西洋食文化受容における近代的特質の検討」では、幕末以降、近代化の範とされた西洋食文化受容の意義に迫る。最初に「第１章　西洋料理書の出版とその意義」として、明治期に誕生した西洋料理書の特質を解明するため、その誕生の契機となった二つの社会的背景に焦点を当てながら、その成立意義について検討する。また「第２章 「洋食」という日本文化の誕生」では、日本風アレンジが加えられながら、日本社会に急速に浸透する「洋食」誕生の系譜、社会での享受実態を、近代料理書や当時の日記、エッセイなどの史資料を中心に考察する。西洋料理から洋食へ。洋食店やカフェ、一品洋食などの外食店の人気メニューとしての地位を得るようになる明治・大正期の概況を中心に紹介することで、日本文化に根づいた「洋食」誕生へのプロセスを紐解いていきたい。

「第２編　中国食文化受容の特徴にみる連続性と近代性」では、西洋料理に対し、中国料理受容へのまなざしに着目した。先にも述べたように、日本の異文化受容の問題を考えた際、近世までの日本文化に大きく関わりあってきた中国文化の影響は看過できない。そこで本編では、近代以前の中国料理受容の概況も調査対象とすることで、食文化受容にみる連続性と非連続性の特質も明らかにすることを目指す。第１章では「江戸期における中国料理の受容と展開」と題し、江戸期に出版された中国料理書および中国料理を含む料理書・紀行文などを調査し、中国の食文化が日本の食生活に与えた影響についての再考を試みる。断片的に語られてきた中国料理の受容についての再検討を行うことで、その受容傾向について、増補、修正を加えることを目的としたい。また「第２章　近代日本社会における新しい中国料理」では、江戸期までの特徴と比較しながら、主に明治・大正期における中国料理の受容状況とその展開過程について考察する。また明治期に成立する家庭向け料理書との関連を追いながら、中国料理を家庭料理に取り込もうとした動向にも留意し、その意義についてもあわせて検討したい。

「第３編 「家庭料理」という近代文化」では、西洋文化の影響を受けながら、近代日本で新たに誕生する「家庭料理」というジャンルの成立過程を明らかにする。「第１章　家庭向け料理書成立への道程」では、明治期に成立する家庭向け料理書の成立意義に迫り、家庭料理の発達・改良を切望した執筆者たちの想い、習得が求められた技能や知識の系譜をたどることを目指す。また日本に影響を与えたアメリカ、イギリスの料理書との比較を行うことで、日本の家庭向け料理書が放つ「独自性（オリジナリティ）」についても併せて検討する。「第２章　計画型日常食献立「三食献立」の成立」では、これまでみてきた家庭向け料理書のなかでもとりわけ重視されていた日常食献立「三食献立」に着目し、近世から変化する献立観の流れを追うことで、料理書執筆者たちが掲げた新しい家庭料理の考え方をより具体的に浮き彫りにすることに努めた。なお「三食献立」の成立は、西洋諸国から導入された新しい考え方の反映とも想定されるため、その発展に影響を与えたと思われるイギリス・アメリカの家庭向け料理書の調査もあわせて行い、それらの特徴との比較検討を行った。また本編執筆に際し、イギリス・リーズ大学附属ブラザートン図書館（Brotherton Library）内ブランチ・リー・コレクション（Branche Leigh Collection）、大英図書館（The British Library）、アメリカ・ニューヨーク公共図書館（New York Public Library）を訪問し、料理書調査を実施した。

「第４編　子供の食の近代的展開」では、近代化の中で、特に注視された子供の食に着目し、見直された菓子・乳製品の摂取意義を詳らかにすることを目指した。「第１章　明治・大正期における子供と菓子」では、子供の間食習慣に着眼し、評価された菓子、警戒視された菓子それぞれとの社会的背景の関連を精査した。特にしつけの中で求められた間食のあり方に着目しながら、幼少期・児童期に見直された菓子の与え方・食べ方について考察し、家庭生活における日本人と菓子の関係性を巡る新たな視座を明らかにすることを狙いとする。いっぽう「第２章　乳製品文化への新たな視線　～子供の滋養品としての特徴を中心に～」では、海外からの知識の影響を受け、子供の滋養品として、その効能が見直された牛乳・乳製品の導入過程を紐解くことを目指し、家庭生活へ定着させようと試行錯誤した先人たちの努力の軌跡、それぞれの貢献の意義と定着に果たした役割について検討する。なお本編は第３編の補編として位置づけ、新たな使命を帯び、定番食品としての普及が期待された菓子、乳製品の受容が、日本人の家庭料理や嗜好に及ぼした影響を慮る一考としたい。

最後に「第５編　創造された日本料理　～概念化の表出とその意義～」では、他編での考察をふまえ、明治期以降のさまざまな外来食文化受容のなかで、日本料理の定義に挑んだ先人たちの思考の系譜を明らかにする。「第１章　新しい日本料理創出へのまなざし」では、明治期から昭和初期にかけての文献に登場する日本料理ということばの流れを追い、新たに構築された日本料理イメージの全体像を明らかにする。特に現在に繋がるイメージ構築の端緒を求めることを眼目とし、ナショナルクイジーンとしての日本料理の定義について検討する。「第２章　享受された日本料理」では、ガイドブックに紹介された国内外の日本料理店の実態や日本料理を語る知識人たちの主張をたどり、そこからうかびあがる日本料理観の本質解明を目指す。また筆者は外国人が書き残した日本料理論を精査し、外から評価された日本料理の特質を探り出すことにも着目した。日本料理を異文化としてとらえる外国人のまなざしにこそ、日本人が気づき得ない日本料理の魅力を語るヒントがあると期待している。

「近代とノスタルジアは、過去二百年間の人類の経験を考える上で鍵となるコンセプトである[46)]」

指導教官であり、歴史学者である William Steele 先生が語るこの一文と出会ったとき、筆者の中でノスタルジア（なつかしさ）のルーツの解明こそが、現代の「和食」イメージの系譜を明らかにする最良の手法になるとの気づきを得た。文化とは常に変容するものである。しかし、時代を経ても変わらない日本人の流儀の系譜にこそ、今後も継承すべき日本料理の真髄が包括されていると筆者は信じている。異文化の取捨選択、受容、折衷を繰り返しながら、いつの時代も自国の食文化を真摯に模索した先人たちの三思後行の歴史を、歴史資料（クックブック）と向き合うという新たな視線で解き明かしていきたい。

註

1）明治期以降の「和食」という用語の生い立ちについては、『秘められた和食史』（新泉社、2016）において、カタジーナ・チフィエルトカ、安原美帆が当時の出版物を精査し、報告している。それによれば、初期の段階では、「和食」よりむしろ「日本料理」という用語が一般的であったが、外食の世界から「和食」という用語が徐々に社会に浸透していったとの考えを明らかにしている。

2）「日本料理」ということばが登場する書籍（国立国会図書館デジタルコレクションにて検索　2018年2月14日）

『西洋朝鮮支那日本料理独案内』（1887）／『日本西洋支那三風料理滋味之饗奏』（1887）
『実業家必携』（1890）／『実地応用萬寶新書　坤』（1890）／『実地応用萬寶新書　乾』（1890）
『日本女礼式　閨秀錦嚢　一名婦人一代重宝鑑』（1891）／『婦女手芸法（女学全書第10編）』（1893）
『素人料理日用惣菜之栞　附家事経済の法』（1893）／『新編家政学　下巻（百科新書第11編）』（1894）
『仕出しいらず女房の気転　一名和漢洋料理案内』（寸珍百種第43編）
『簡易料理（家庭叢書第8巻』（1895）／『家の宝』（1896）／『日本女礼式大全　上巻』（1897）
『普通礼式』（1901）／『東京名物志』（1901）／『秋田案内』（1902）／『料理の枝折』（1902）
『家庭料理法』（1903）／『小波洋行土産　下巻』（1903）／『普通女礼式』（1903）
『和洋家庭料理法』（1904）／『玉子料理鶏肉料理二百種及家庭養鶏法』（1904）
『家事実用婦女子の本分』（1905）／『渡清案内』（1905）／『実験問答日本家庭節用』（1906）
『糧食経理科参考書』（1906）／『日常生活　衣食住』（1907）／『日本料理法』（1907）
『和洋家庭料理法』（1908）／『女道大鑑』（1909）／『弦斎夫人の料理談』（1910）
『家事経済　毎日のお惣菜』（1910）／『家庭節用』（1910）／『日本書翰文大全』（1910）
『国民百科全書』（1910）／『料理の手引』（1910）／『和洋卵料理法』（1911）
『小学校に於ける普通作法』（1911）／『和洋宴会の作法及其禁もつ』（1911）
『家庭実用和洋食物調理法（1912）／『家庭日用婦女宝鑑』（1912）／『東西接待法要訣』（1912）

「日本食」ということばが登場する書籍（国立国会図書館デジタルコレクションにて検索　2018年2月14日）

『日本食志　一名日本食品滋養及沿革説』（1885）／『非日本食論将失其根拠』（1888）
『医学中央雑誌（21）』（1904）／『医学中央雑誌（22）』（1904）／『日常国民礼法』（1910）
『米国見物』（1910）／『文部省御調査　師範学校中学校小学校作法教授要項』（1911）*
『作法教授要項』（1911）*／『師範学校・中学校作法教授要項』（1911）*
※*の印のついた書籍は、同内容を収録していた。

3）凌翠漫士『人情快話　酒楽百種』黎光堂、1903、p. 10.

4）近藤正一編『新撰家事問答（受験問答叢書第30編）』博文館、1905、p. 87.

5）宇山禄子『割烹叢話　第11巻　和食割烹』掌饌会、1907、p. 1.・p. 8.・p. 9.

6）太田柏露『Don't：…なす勿れ』文僊堂、1926、p. 47.

7）『大日本家庭女学会卒業記念　現代婦人宝典』大日本家政女学会、1929、p. 105.

8）相島亀三郎『児童の作法（学習資料百科全書）』東洋図書、1931、p. 118.

9）相島亀三郎編　加藤末吉編『日常国民礼法』良明堂書店、1910、p. 91.

10）川上七郎右衛門「我が国の食物と料理と饗宴に就いて（五）」（『醸造学雑誌』6〔6〕所収）大阪醸造学会、1929、p. 453.（下線　東四柳）

11）永井潜『自然観より人生観へ』人文書院、1933、pp. 291-292.

12）富永健一『日本の近代化と社会変動　テュービンゲン講義（講談社学術文庫）』講談社、1990、p. 39.

13）富永健一：前掲書、1990、p. 38.

14）富永健一『近代化の理論　近代化における西洋と東洋（講談社学術文庫）』講談社、1996、p. 54.

15）富永健一：前掲書、1996、p. 56.

16）富永健一：前掲書、1996、p. 56.

17）平川祐弘『完本　和魂洋才の系譜　内と外からの明治日本』河出書房新社、2016、p. 37.

18）平川祐弘：前掲書、p. 37.

19）平川祐弘：前掲書、p. 49.

20）しかし、なかには急激な近代以降の西洋化を苦慮する主張もあったのも確かである。かの夏目漱石も、幕末以降の過剰な西洋化への傾倒に対し、「維新前の日本人は只管支那を模倣して喜びたり維新後の日本人は又専一に西洋を模擬せんとするなり憐れなる日本人は専一に精う応人を模擬せんとして經濟の點に於て又發作後に起る過去を慕ふの念に於て遂に悉く西洋化する能はざるを知りぬ過去の日本人は唐を模し宋を擬し元明清を模し悉くして一方に倭漢混化の形述を留めぬ現在の日本人は悉く西洋化する能はざるが爲め已を得ず日歐两者の衝突を避けんが爲め其衝突を和げんが爲め進んで之を渾融せんが爲苦慮しつゝあるなり（夏目漱石「断片　―明治三十四年四月頃以降―」〔『漱石全集』第16巻所収〕漱石全集刊行会、1928–29、p. 84.）」と苦言を呈している。

21）ダナ・R・ガバッチア　伊藤茂訳『アメリカ食文化　味覚の境界線を越えて』青土社、2003〔原書 Donna R. Gabaccia: *We Are What We Eat: Ethnic Food and the Making of Americans*, Harvard University Press, 1998〕

22）Carol Gold: *Danish Cookbooks: Domesticity & National Identity, 1616–1901*, the University of Washington Press, 2007

23）Katarzina J. Cwiertka: *Modern Japanese Cuisine: Food, Power and National Identity*, Reaktions Books, 2007

24）Massimo Montanari: *Italian Identity in the Kitchen, or, Food and the Nation*, Columbia University Press, 2013

25）マッシモ・モンタナーリ　正戸あゆみ訳『イタリア料理のアイデンティティ』河出書房新社、2017

26）Henry Notaker: *A History of Cookbooks: From Kitchen to Page over Seven Centuries*, University of California Press, 2017

27）Carol Gold：前掲書、p. 11.

28）Carol Gold：前掲書、pp. 12–13.

29）Carol Gold：前掲書、p. 15.

30）Carol Gold：前掲書、p. 14.

31）Carol Gold：前掲書、p. 15.

32）Carol Gold：前掲書、pp. 37–38.

33）Carol Gold：前掲書、p. 17.

34）Carol Gold：前掲書、p. 21.

35）Carol Gold：前掲書、p. 18.

36）Carol Gold：前掲書、p. 19.

37）Carol Gold：前掲書、p. 23.

38）Carol Gold：前掲書、p. 94.

39）マッシモ・モンタナーリ　正戸あゆみ訳：前掲書、pp. 122–123.

40）マッシモ・モンタナーリ　正戸あゆみ訳：前掲書、pp. 74–75.

41）ダナ・R・ガバッチア　伊藤茂訳：前掲書、p. 213.
42）Henry Notaker：前掲書、pp. 245-263.
43）Katarzina J. Cwiertka：前掲書、p. 176.
44）Katarzina J. Cwiertka：前掲書、p. 177.
45）『リーダーズ英和辞典　第二版』研究社、2008
46）M・ウィリアム・スティール「特集にあたって」（日本思想史懇話会編集『季刊日本思想史　近代とノスタルジア　No. 77』所収）ペリカン社、2010、p. 3.

第１編　西洋食文化受容における近代的特質の検討

第１章　西洋料理書の出版とその意義

明治期に誕生した近代料理書の範疇に、西洋料理書というジャンルがある。開国を機に交流が始まった西洋諸国の調理法、食事法を収載したこの新しいタイプの料理書は、当初欧米諸国の料理書を翻訳したものが主であったが、後に外国人からの聞き取りや日本人シェフの経験をもとに、日本の食材や調理法でアレンジした日本型西洋料理書へと展開し[1)]、その読者対象もプロの料理人から、明治後期には家庭の主婦へと拡大した[2)]。

なお西洋料理書は、明治新政府の政策的意図を反映し、出版されたジャンルともいえる。幕末の開国に始まる新しい西洋文化の受け入れは、近代国家建設の基礎的役割を担うとともに、鹿鳴館時代に象徴される円滑な外交関係構築の手段としての意義も持ち合わせていた。しかし、それと同時に西洋風を受け入れる中で起こる悲劇や喜劇を取り上げ、当時の外交の様子を揶揄する書物が多数出版されていたことも否めない。なかでも、新しい食材への驚嘆や西洋式食事マナーに戸惑う日本人の「滑稽ぶり」を伝えるものが散見される様子からは、異国の食文化に対する衝撃が殊更大きなものであったことが理解される。

こうした状況下、物珍しい異国の料理を習得するための手立てとして編まれたのが、西洋料理書であった。異文化の翻訳・咀嚼・折衷という段階を踏みながら、日本社会に西洋諸国の食文化を知らしめる役割が期待された西洋料理書の成立は、我々に何を語りかけてくれるのだろうか？

そこで本章では、西洋料理書誕生の契機となった二つの社会的背景に焦点を当てながら、その成立意義について検討したい。料理書は時代を映す鏡である。今なお多くの研究者の間で、その時代を生きた人々の思想、嗜好、生活様式を示す史料的価値が期待できる媒体であると考えられている[3)]。幕末の開国を機に芽生えた西洋料理書の本義に迫り、転換期を生きた日本人の思惟の系譜を明らかにすることを本章の骨子としたい。

第１節　求められた体質改良と西洋料理書

明治初期の西洋料理書の共通点に、西洋人の食生活にならい、強壮な身体作りを推奨する主張がある。例えば、日本初の西洋料理書『西洋料理指南』（1872）の序[4]、『西洋料理通』（1872）の序[5]には、「滋味」「滋養」に富む西洋料理に人々の関心を向けさせることを目指すと同時に、「健康」「強壮」を維持することが「報国」「國家ニ報スルコト」に繋がるとの考えが示されている。さらに牛肉、羊肉、鶏肉、豚肉が「純良ナル血液ヲ造ル」性質を有しているのに対し、米、麦、豆類では、「純　良」血液が作られないため、「開化セル國」では、植物の代わりに動物を「常食」する傾向にあると説明し、西洋人が常食とする肉食をすすめる動きもみえる[6]。

こうした肉食の奨励は、両書の翌年に出版された西洋料理書『万宝珍書　食料之部』[7]（1873）においても確認できる。本書もまた「身躰の強壮」を目指すことが、「國家の益」に繋がると言及する。さらに本書は、「牛肉」「幼牛肉」「羊肉」「羊子之肉」「豚肉」「野羊之肉」「野獣之肉」「牛乳」「乳脂」「牛酪」「乾酪」「鳥」「七面鳥」「野鳥」「鳥卵」「貯鶏卵之法」「魚」「牡蛎」「蒸餅」といった乳製品も含む動物性食品の「日用食物之稟質」の解説で始まっており、肉食のみならず、動物性食品全般の普及を目指し、翻訳にふみきった意図が貫かれている。

さてこれらが出版された明治初期は、「肉食は文明の味」と魅せられた福澤諭吉、加藤祐一、柳川春三、緒方準、福地源一郎、宇都宮三郎ら知識人たちが、大いに肉食奨励論に沸いた時期でもある[8]。しかし江戸期までの日本において、肉食のもつイメージが、決して肯定的なものではなかった点をまずここで確認したい。『牛に関する伝説雑話　附明治肉食小史』[9]（1913）には、「我等の祖先」は「穀物と肉類と混食の人種」であったにも関わらず、「佛教の渡来」とともに肉食を忌避する風潮にあった経緯が詳述されている。なかでも江戸期の日本では、「中流以上の人々」の間ではほとんど肉食が行われなかったとある。特に肉用牛を飼育し、「薬用又は釋尊用」として「味噌漬」を幕府に献上していた彦根藩の事例以外、牛肉の食用だけはなかなか普及しなかったようで、価格が高いだけでなく、屠殺などが不便であること、特に牛を産出しない関東地方では流通が困難だったことを、その理由に掲げている。なお彦根藩から幕府に届けられた牛肉の「味噌漬」は、「和泉橋の大病院」で病人たちの養生食として採用されたようだが、幕末には「願書」を持参し、その試食を望む者も多かったという。

しかしペリー来航に始まる開国を機に、牛鍋屋の流行、日本海軍における栄養食としての牛肉の採用、明治天皇による牛肉の試食など、徐々に日本社会の中で牛肉食への関心が高まりをみせる。さらに来日外国人の増加に伴い、アメリカや中国からの輸入牛では需要が間に合わず、「神戸牛」などの国産ブランド牛も誕生し[10]、『肉食之説』（1870）や『牛店雑談安愚楽鍋』（1871）などといった肉食を奨励する書籍も出版され、新たに交流を持つようになった西洋諸国の肉食観を引き合いに出しながら、養生食を越えた日常食としての肉食の定着を望む記述も増えていった。

例えば『因循一掃』[11]（1877）の「肉食」の項をうかがうと、「世に肉食を忌みて之を食すれバ其身を穢し七日或ハ半月或ハ一月の間神詣でならぬ抔いふて之を恐るゝ事蛇喝の如く山野僻陬の地未だ因循姑息の域を免れさる者多しといへ共肉食何ぞ身體を穢れの理ならんや」と、地方における肉食忌避思想の蔓延を指摘しながらも、牛を「滋養物第一」として奨励する主張がみえる。さらに『明治形勢一斑　巻之上』（1878）の「肉食ノ説」[12]では、「外國人ノ説ニ、日本人ハ性質、総テ智巧ナレトモ、根氣甚乏シ、是肉食セザルニ因レリ、然レトモ、老成ノ者、今俄ニ肉食シタレバトテ、急ニ其験アルニモ非ス、小児ノ内ヨリ、牛乳等ヲ以テ、養ヒ立テナハ自然根氣ヲ増シ、身体モ随テ、強健ナルベシ」と、幼少期からの動物性食品の摂取を促す記述がみえるほか、牛は「獣中ノ魯鈍ナル」動物であるが、「根氣」を養うことができるため、「根氣」が乏しい「米食人」に必要な食材であるとすすめている。また『通俗飲食養生鑑　食餌之部』（1879）の「獣肉の事」[13]では、「肉ハ能く肉を造り体力を増し兼々精神力を逞しふするハ普ねく人の知るところ」であり、肉食の「英國水夫」と米食の「印度水夫」では力の差異があることを指摘しながら、とりわけ牛肉の食味の良さや栄養価の高さを、「獣中殊に牛羊の如きハ其味の美なるのみならず肉中榮養分を含むこと適當の比例にあるをもつて滋養の効験實に鮮少ならず」「牛の如きハ鹿の類よりも其肉軟にして其味佳なり」などと評価している。このように牛肉の優位性を説く傾向もこの時期の特徴であり、『通俗諸病自療法　一名長寿要訣』（1901）においても、「獣肉は牛肉を以て第一とす、鶏、羊、豚の肉類は之れに次ぐものなり」との記述がみえる[14]。

いっぽう『科学雑談』（1897）の「肉食談」[15]では、「肉食」は「野蠻の遺風には非るかとの疑念」はあるとしながらも、「衛生家」の科学分析にもとづき、獣肉は「滋養に適し食物としては最上等なるもの」であり、「舌頭に美感を與へ身体の温量を高め衛養の要素となる」「優美なるもの」として評価する。しかし著者のなかには、牛肉に対する不信も多少あったようで、「之を食するに當り脂肪の性質及分量、肉の景状、骨量の多寡の如何を察せず調理法不完全なれば却て有害のものとなれば亂に食す可らず」と注意を促し、牛肉に代わるものとして、「馬肉」「猫肉」「鼠肉」の食用を提案する様子もうかがえた。

さて肉食推奨論の隆盛と並行して、肉食の穢れを指摘し、肉食に傾倒する日本人を批判する動きも確認できる[16]。例えば、前掲の『牛に関する伝説雑話　附明治肉食小史』（1913）では、「若いハイカラ連中が牛を喰ふたと聞けば、親類惣掛りで異見をする頑固な親爺は先祖へ濟まぬといふので可愛い息子を泣の涙で勘當する」というありさまで、「まだまだ頑固頭が多いから動もすると穢らわしい牛肉屋は町内から逐ひ出されようとしたのは度々だつた」とある[17]。また『素食論』（1888）でも、「多ク肉食セシムルノ幼者ニ害アルコトハ衆説ノ一致スル所ナリ」と、小児期の肉食を非難し、「熟菓及ヒ粉團等ヲ好ムコト」こそ、「小児ノ生長ニ益アリ」とし、海外の研究者たちの試験結果などを提示しながら、「菜食」を常食とする国民の優位性を強調する主張がみえている[18]。

しかし明治の終わり頃になると、科学的見地から米食と比較し、肉食の効能を評価する動きも顕在化する[19]。『最新健胃法』[20]（1907）では、「身體營養上の必要の蛋白質は動物食に多く又消化作用に於ても肉食の方米食に大に優れり」と肉食を評価し、「官吏、通勤者、商人、學生などの精神を使ひ運動の少なきもの」は、「彼の農夫及び労働者など」に比べ、消化機能が弱いため、「常に滋養分を多量に含むものを撰んで」肉食をすべきとし、「滋養少なき米食に満足して居る時は到底有望なる事業に忠勤することは出來なくなる」との見解を示している。さらに「發育盛りの少年青年乃至は分別盛りの壯年者などは盛んに肉食を取り、身體を健全にし腦力を強壯にして、國家の為めに盡さねばならぬから、國運の進歩發展を圖らんには肉食を大に奨勵せねばならぬ」と、肉食で実現する若者の体質改良が「報国」に繋がるといった考えも打ち出されている。こうした考えは、同時期に出版された中国料理書『日本の家庭に応用したる支那料理法』[21]（1909）においても、肉食による体質改良が戦争に強い国家の礎になることを望む著者の声として紹介されている。なお体質改良が国家の繁栄を実現するという考え方は、前掲の西洋料理書『西洋料理通』『西洋料理指南』『万宝珍書　食料之部』とも共通する部分である。

さて体質改良を意図して出版される西洋料理書は、1880年代以降、ますますその数を伸ばしている。例えば『西洋料理法独案内　附西洋莚会議・設莚心得・莚会席上魚肉割切心得』[22]（1886）をうかがうと、「身体ノ強弱」「精心ノ鋭鈍」は、「食物ノ良否」で決まるものであり、「食物」を「衛生上最モ注意スベキモノ」と考える欧米人を見習いながら、「洋食ヲ製シ日々之ヲ食センコト」をすすめている。また本書の構成も、前掲の『万宝珍書　食料之部』同様、やはり肉食の重要性を強調し、第一章が「牛肉」「羊肉」「羊仔肉」「牛仔肉」「豚肉」「鳥肉」「野鳥」「魚肉」など動物性食品の解説にあてた「肉及び骨」の項ではじまり、新鮮な肉の見分け方、寄生虫の危険性などに言及している。

さらに『西洋朝鮮支那日本料理独案内』（1887）の「西洋料理法」の項でも、「滋養と消化に適し人口に膾炙したる者は西洋料理を以て第一と為す」との主張がみえる[23]。本書は、西洋料理のみならず、日本料理、朝鮮料理、中国料理も収載した料理書であるが、緒言において、「凡そ日本人の西洋人に比較して其身体の軟弱なると同時に忍耐の氣象に乏しき所以のものは洋の東西風土の寒暑にあらずして日常用ゆる所の飲食物に依らさるハなし」と日本人と西洋人との体格差と日常食の違いに言及し、「肉食改良」への関心が高まっているにも関わらず、日本に「純全たる良書」がないことを憂い、体質改良に役立つよう、本書を著した動機についてふれている。

やがて1890年代になると、日本人の食生活や嗜好を考慮した西洋料理書の出版が確認できるようになり、実用性を重んじる姿勢がより強調されるようになる。『西洋料理法　附長崎料理法』（1896）は、米国帰りのコック・佐々孝の経験を基にまとめられた西洋料理書である。本書執筆の理由に関して、著者は「一見甚だ複雑にして且つ贅澤」なイメージのある西洋料理ではあるが、そのノウハウをわかりやすく説くことで、正しい知識を身につけた「活發なる國民を作る」ことにあると説く。また「中以上の社會のみ」に止まらず、「何人」にも「瞭解」できるよう研究を重ね、平易な料理法を著したとの目的も確認でき、読者対象の拡大を望む著者の意向も反映されている[24]。

さらに1900年代に入ると、西洋料理の滋養分の高さをうたい、家庭での西洋料理の調理をすすめる家庭向け西洋料理書が出版される。しかし、女性読者を対象とした『家庭実用西洋料理の栞』（1907）の緒言[25]をうかがうと、「西洋料理法は凡て滋養分に富みたる原料を用ゐるを以て、日本食よりも數倍の効益あることは各人の知るところなり」としながらも、「西洋料理といへば一にも二にも肉食を意味」するという考えは「誤解」であるとし、「西洋料理といへばとて肉食のみに限るにあらず」と言及する。つまり本書には、家庭生活に重要な経済的な家事運営の実践を意識し、西洋料理は肉食にこだわらずとも、「日本食に用ゐる原料を以て」調理することができる、滋養分が多く、費用もかからない料理という新しいイメージが打ち出されている。

特に肉食イメージと切り離し、経済性を重視しながら、滋養のとれる西洋料理を提案しようとする動きは、同時期の家庭向け西洋料理書に共通する特徴であると同時に、女性読者向け出版物のなかにも散見されるようになる。例えば、『家事実習法』[26]（1910）には、「料理家によつて研究されて居る日本の洋食は其程度極めて幼稚なものである、先づ材料の撰擇から云つても西洋の形式を其儘取つて夫れを鵜呑みにし豚と鶏肉と牛肉の外に使ふ材料は無いやうに思つて只其の儘眞似をするので困る」とし、今後「日本の洋食」は「翻譯的」にならずに、その土地特有の材料で「日本化」し、「西洋人も日本まで往かなければ喰べられぬと云ふ名物料理」に「進歩改良」すべきことが「割烹家の目下研究すべき課題」と記されている。なおこうした日本の気候や日本人の嗜好にあった食材への着眼、経済生活を考慮したレシピの提案が、来る大正期に発展をみせる和と洋の要素を掛け合わせ、新たな日本文化として定着する「洋食」[27]文化の根幹を築いていくことになるのである。

第２節　交際力の追究と西洋料理書　～外交の場から家庭生活へ～

さて西洋料理書が出版される契機となったもう一つの理由に、西洋式食事作法の習得が求められた経緯が挙げられる。『西洋料理独案内　附禮式及食事法』（1886）の自序[28]には、開国後徐々に普及し始める西洋料理の状況にふれつつ、「其ノ料理法及ヒ食事法」を「熟知スル者」が少ないことに言及し、「外國人ト會食スル」際に「敬禮を失シ或ハ不體裁ヲ為ス」などの失態が起こりがちだった当時の状況が記されている。いっぽう『即席簡便西洋料理方』（1894）の例言[29]には、外国人との会食の場で、テーブルナプキンを風呂敷と勘違いし、「喰残の肉」を持ち帰った事例が示され、こうした失態を回避するために「禮式及會食の法」を追記したとの記述もみえる。

事実、食事の場での失態例を取り上げるエピソードは多数紹介されており、多くの日本人が西洋料理の理解に苦しんでいた様子は類推される。こうした状況を受け、1870年代には、すでに西洋式マナーを伝える翻訳作法書『西洋禮式』（1873）、『泰西禮法』（1878）が出版され、さらに明治19年（1886）には、礼式の中でも食事作法の解説を主とした『日本西洋支那禮式食法大全』が上梓されている。なお本書の序には、外国人との交流が盛んになりつつある状況を指摘しながら、「日常交際」の場で「禮義作法食事其他」の方法を理解していなかったことで恥をかくことがないよう、本書を著したとの出版理由も明記されている[30]（図1–1–1）。

特に本書が出版された1880年代は、鹿鳴館の建設（1883年完成）にも象徴されるように、幕末からの大きな懸案事項であった不平等条約改正を目した国賓の接待が本格化する時期でもある。それに伴い、内地雑居の可否をめぐる議論も方々で取り上げられるようになり、外国人との交際に必要なノウハウを説く書籍も多数出版された。例えば『内地雑居交際の心得』（1886）の「端書」[31]によれば、各国との「交易」が盛んになるにつれ、「外人の雑居」が本格化し、「赤髭青眼の笑」をこうむることは、「只其一人の恥辱」ではなく、「皆同胞の面目」に「泥土」を塗ることになるため、こうした状況を回避すべく、本書をまとめたとの経緯が述べられている。また『交際必携婦女のかざし』（1887）の「例言」[32]では、「開明の今日」において、「婦女」や「貴婦人」も外国人との集会に

図1-1-1　西洋料理会食図（『西洋日本支那礼式食法大全』1886）

参加が求められる機会が増えつつある状況にふれ、女性読者向けに「禮法を講究する」書を出版したとの意図もみえる。

特にこうした「交際の力」は、1880年代以降、より重視されるようになり、それに応えるかのように、『手軽西洋料理法』(1880)、『西洋料理法独案内　附西洋莚会議・設莚心得・莚会席上魚肉割切心得』(1886)、『西洋料理独案内　附禮式及食事法』(1886)、『洋食独案内　附料理法・玉突指南』(1886)、『実地応用軽便西洋料理法指南　一名西洋料理早学び』(1888)、『即席簡便西洋料理方』(1894)、『洋食之禮法』(1899) など西洋式食事作法を収録した多くの西洋料理書が翻訳出版された。いずれの西洋料理書も宴会における男女の役割を明確に示し、招かれる側、招待する側双方の心構えや礼儀作法、進行の手順などについて、図や具体例を用いながら解説している。

なかには西洋人の嘲笑の的にならぬよう、実際的な経験を踏まえ、正しい知識を伝えようとした意欲的な西洋料理書もみえる。『実地応用軽便西洋料理法指南　一名西洋料理早学び』[33] (1888) は、著者・松井鉉太郎（洋食庖人）が「外國語學校教師沸人ブラン夫人」からの聞き取り内容と、「府下に於て有名なる洋食店」のレシピを基にまとめあげた西洋料理書である。本書において、松井は「洋食料理法」の料理書が流行するなか、「翻譯家の手に成り記す所只想像に止り或は畧記し或は高尚に過ぎ未だ實地に應用し師なく獨学ふべき實際家其人の著書あるを見ず豈遺憾ならずや」と、非実用的な西洋料理書の欠点を指摘し、日本人の口に合うようなレシピを選び、「極めて必用の個所」はなるべく「綿密に」、さらに「素人」に「手重き料理」は簡略に述べることに努めたと記している。また「ナイフ（肉刀）」「ホーク（肉刺）」「スポン（食匙）」「パン皿」「ソツプ皿」「コーヒー茶碗」などの「食卓上の道具」は必要であるが、調理道具に関しては、「日本の鍋類出刃庖丁」などで代用できるとも解説している。なお本書に収録された「食事方心得」には、「食卓に就きたる後の心得」9条と、無礼な食事作法が「三十五禁物（きんもつ）」として紹介されている。またカトラリーの使い方に関しては、読者がイメージしやすいよう図示するといった配慮もみえる（図1-1-2）。

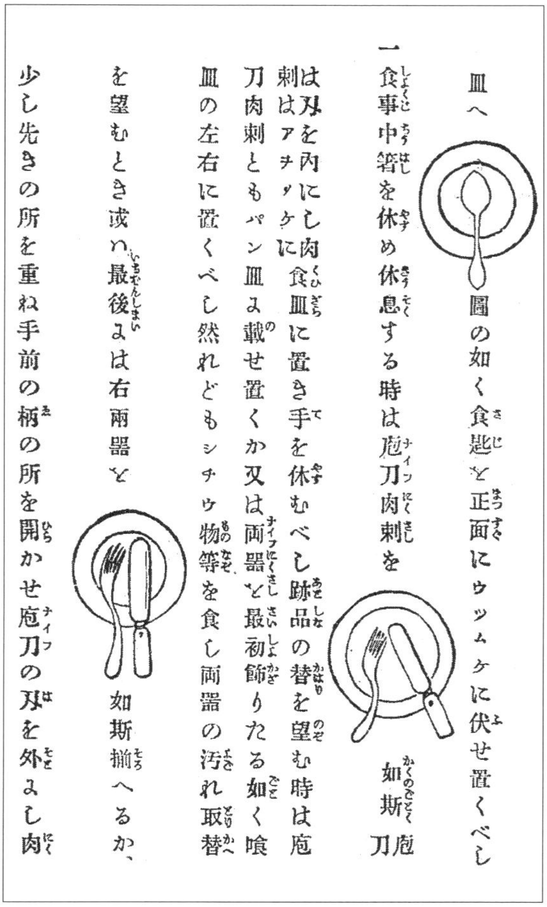

皿へ　圖の如く食匙と正面にウツムケに伏せ置くべし
一食事中箸を休め休息する時は庖刀肉刺を　如斯庖刀
は刄を内にし肉刺はアチﾗﾑケに食皿に置き手を休むべし跡品の替を望む時は庖
刀肉刺ともパン皿ゑ載せ置くか又は両器と最初飾りたる如く喰
皿の左右に置くべし然れどもシチウ物等を食し両器の汚れ取替
を望むとき或ハ最後ゑは右両器と　如斯揃へるか、
少し先きの所を重ね手前の柄の所を開かせ庖刀の刄を外ゑし肉

図1-1-2　カトラリーの扱い方
（『実地応用軽便西洋料理法指南　一名西洋料理早学び』1888）

さらに同時期の『洋食之禮法』[34]（1899）においても、「世界ニ駆逐シテ、普ク商權ヲ掌握スルモ、交際ノ力ナリ。砲烟ヲ弄セズシテ、國威ヲ八荒ニ擧クルモ、亦交際ノ力ナリ」と、外交において重視すべき「交際ノ力」の重要性を強調する主張がみえるとともに、「内地雑居ハ目前ニ迫リ隣ニ米婦ヲ見、對ニ露翁ヲ見ル、正ニ近キニアリ、此ニ於テカ、益々親交ヲ厚フシテ、以テ利益ヲ此間ニ占有スベキハ、平和ノ戦争ニ於ケル、唯一人ノ兵略ニシテ、即チ我ガ國民ノ宜シク當ニ勤ムベキコトタリ」と改正条約の実施により、同年に開始された「内地雑居」の「準備ノ一端」として、「交際ノ便」となる書を著したとの意図も示されている。本書はアメリカ・サンフランシスコに縁のあるエラード・ホールの聞き取りをもとにまとめられた西洋式食事作法書である。著者はエラードの横浜滞在中に、「具サニ各國交際場裏ノ状」について話を聞いたと説き、さらに緒言にて、「邦人ノ尤モ知ラント欲スルハ洋餐ノ食法」であるとし、「彼レノ風俗習慣ヲ知ラザル者」を対象に、「普通ニ行ハルヽ、一般ノ禮法ノ肝要なる點」を記し、「英語ヲ用フル邦國ニオケル交際社會ニ用ヒラルヽ禮式ノ概略ヲ記セシモノ」を目指したとしている。

さてこの時期の出版物には、女性読者に対し、西洋式食事作法の習得を促す記述も増加をみせる。例えば『家事経済書』（1890）所収「西洋食事の心得方」[35]には、交際礼法における西洋料理に関する無知が、「禮（れい）を失（うしな）ふこと」に繋がるとの考え方が示されている。また『閨秀錦嚢日本女禮式　一名婦人一代重宝鑑』（1891）所収「第五編　交際のこと」[36]にも、「西洋料理宴會の禮式」の項において、女性たちも西洋式宴会に出向く機会が増えつつある現状にふれ、習得すべき心得として、「主人の心得」「客の心得」「食事の心得」が説明されている。ともあれ、女性読者向け出版物の中での記述の増加、さらに『家事経済書』のような家事教科書において取り上げられる様子などを考慮すると、西洋式食事作法の習得が、女性の教養として必要とされ始めていたことが改めて理解される。

そして明治後期には、家庭の主婦を対象に、外国人客を自宅に招く際の対応について説いた西洋料理書が出版される。『西洋料理　附作法と心得』（1911）の緒言[37]では、「日本人の間に、西洋の風習の、近年夥しく注入せられ、之に興味を持ち、之に研究せんとする家庭の、多々益ゝ多いのは、時代の趨勢と言はねばなりません」と、家庭生活の中での西洋食文化への関心が高まりつつある状況についてふれながら、「交際上自然と外國人と共に食卓を圍む事を避け給ふ譯にもまゐらねば、家庭の主婦として、時に外來のお客を待遇せらるゝことなしとも限りません」と、今後外国人との関わりがさらに「増大」する可能性があることを指摘し、「家庭の指導者」を対象に「食卓の準備」「食事の作法」に加え、「食物の調理法」・「食物の供し方」・「時と場合に應じた作法及客の待遇振」などについて、平易に著わしたとある。よって本書は、第一章に「食堂内の作法（一、食事に就ての歐米各國の思想／二、食事作法の細目／三、食事に客を招待したる時の主婦の心得)」、第二章に「食事及社交的機會(一、朝飯／二、晝飯／三、食時外の社交的機會／四、正餐／五、夜會)」といった西洋の社交術を重視した構成となっている。

またいっぽうで欧米諸国の家庭の食卓観について、「相互の情を温める最も愉快なる事柄」であるとし、「極く小さな子供を除く外は家族皆な一定の時刻に食堂に集つて、一所に食事を致します」と、これまでの儒教的観念を越えた家族そろって楽しく食事をとる西洋の食事スタイルを提唱し、家庭の食事の在り方にも新しい意味を添えている。さらに「食卓は社交をする機會、双互の情を温め又深からしむるもの」であるため、「双互の談話」も「重くるしい、議論めいたもの」ではなく「面白く、軽い快活なもの」であるべきとし、「歐米」では「阿母さんが子女相當のお話をさす様に、幼少い内から習慣をつける事」が一般的であり、今後日本でも見直されるべき習慣だと提案する。そして「愉快に食事をする」ことが、食物の消化を助けるとし、「日本の食時を静かに默つて頂くのとは、大分の違ひでありますが、時代の推移でありますから、双方折衷して各家庭の作法をも制へるやうにしたら宜しい事と考へます」と、西洋の考え方と融合させた「家庭の作法」を編み出すことを推奨している[38]。

こうした新たな家庭の食卓観への着眼は、同時期の女性読者向け西洋料理書に共通する特徴でもある。例えば女学校のテキストとして出版された『西洋料理教科書』（1909）には、「実際飲食程社交の上にも家庭の上にも効顕するものはありますまい、彼の一家團欒の下に飲食する時程家族各自の心を和柔げまた快感を與へるものは他にないではありませんか」と、家族で和やかに食卓を囲むことが、家庭の良い雰囲気づくりに繋がるといった西洋の考えを評価し、日本社会への定着を望む姿勢を明確にしている[39]。

つまり明治後期には、外国人との関係構築に求められた西洋式食事作法の知識のみならず、家族間の新たな付き合い方の作法を提示する役割が、女性向け西洋料理書を介し展開する様子が確認できる。つまり明治期の西洋料理書には、円滑な外交関係樹立に必要とされた正しい西洋式食事作法の習得本としての側面のみならず、新しい家族関係構築を目指す家庭改良書としての機能も期待されていたことに気づかされるのである。

第3節　西洋料理書を紡いだ人びと

1）外国人に学んだ日本人

さて次に西洋料理書の出版に尽力した人びとの動きを考察する。担い手たちの努力の軌跡を検証することで、西洋料理書成立の裏側にある物語を紐解いていきたい。

開国の結果、西洋諸国からの様々な書籍が導入され、盛んに翻訳が行われた明治初期。特に1860年代から1870年代にかけての時期は、翻訳料理書の興隆期にあたり、西洋諸国の料理法や飲食風俗を伝える料理書が次々に刊行された。しかし、なかには江戸期の中国料理書の焼き直しでありながら、「西洋」と冠して出版された『新版西洋料理早指南』（1874）のような料理書もあり、内容の把握が充分行われないまま、出版された経緯も確認できる。

明治5年（1872）、『西洋料理通』と『西洋料理指南』という2種の西洋料理書が上梓された。前者は戯作者の仮名垣魯文[40]が、後者は敬学堂主人[41]が手がけたもので、双方ともに「西洋料理」という言葉が書名に使われた日本で最初の西洋料理書であった。ちなみに前者の『西洋料理通』は、本書の凡例[42]にも明記されているように、横浜在留の英国人が使用人に料理を作らせるために書いた手控え帳をベースに、魯文がまとめ上げた西洋料理書で、幕末の浮世絵師・河鍋暁齋の見事な挿絵が何枚も収録された体裁となっている。例えば、「西洋料理根元三等汁種の圖」（図1-1-3）、「西客自国の料理注文の圖」（図1-1-4）、「西洋人肉を製して日本人と饗應の圖」（図1-1-5）、「食後果子を備ふ

図1-1-3　西洋人と日本人コック
（『西洋料理通』1872）

図1-1-4　料理の注文
（『西洋料理通』1872）

図1-1-5　肉料理のおもてなし
（『西洋料理通』1872）

図1-1-6　食後の果物
（『西洋料理通』1872）

の圖」（図1-1-6）などの挿絵が描かれ、当時の食生活事情を知り得る資料的価値も期待される。さらに本書にみられる大きな特徴として、「西洋式定時法」による時間配分や使用する食材の分量が具体的に指示されている点も注目できよう。こうした客観的数値を示したところに、西洋の影響がみえる。

なお本書所収の「時計を以て煮熟を誡む」（図1-1-7）には、日本人の料理人らしき人物の隣で、西洋人が懐中時計をうかがいながら、料理の時間を確かめている様子も確認される[43)]。しかし、この頃の日本ではまだ西洋式定時法という概念が一般化していなかったのも事実である[44)]。例えば本書の「附録」に収録された「一.大率飲食を煮焼する時刻の長短[45)]」（図1-1-8）には、それぞれの煮焼に妥当だと思われる時間が記されているが、現在では「分」と訳され定着している「MINUTE」が翻訳されずに「ミニュート」とあり、日本人の感覚にまだなじみ難いも

図1-1-7　時間をはかるということ
（『西洋料理通』1872）

のであった様子もうかがえる。[46]

いっぽう『西洋料理通』と同年に刊行された『西洋料理指南』においても、西洋式定時法に則った形で、明確な時間が提示されていた点は確認される。しかし、やはり「時間」の「時」という漢字を、時折「字」や「次」と誤って記しており[47]、本書の著者・敬学堂主人の中でも、西洋式定時法に関わる知識が錯綜していた様子がみてとれる。ともあれ料理書において、これまでの日本の十二支的不定時法などの表示法ではなく、こうした西洋の合理的な定時法に出会うことができたのは、ここに挙げた『西洋料理通』『西洋料理指南』が初めてであった。

さて『西洋料理指南』もまた翻訳書とされるが[48]、現状では種本に当たるものは確認されていない。また本書では、紹介されている料理それぞれに朝食・昼食・夕食のいつ用いるべきかについての具体的な指示もみえ、一日「三次」の食事について気を配る下記の指示が確認できる。[49]

> 一．食餌ハ、朝ニ必ス是等ヲ用ヒ、午ニ必ス是等ヲ用ヒ、暮ニ必ス是等ヲ用ユルト確定セルニハ非レドモ、略朝ニ用ヒテ、適宜ノ品ノ区別ナキニ非レハ、其区別ヲ指示サン為ニ、傍ニ記号ヲ附ス。即チ、アハ朝、ヒハ昼、クハ暮ト知ルベシ。二次共ニ用ヒテ可ナルハ、アヒト二連ス。三次共ニ用ヒテ可ナルハ、特○ニシテ圏中文字ヲ書セス。[50]

こうした「三次」の食事に注意して内容を紹介するという考えは、『西洋料理通』にはみられない特徴で、当時の西洋で区別して考えられていた三食それぞれの食事内容を具体的に知る意味でも、

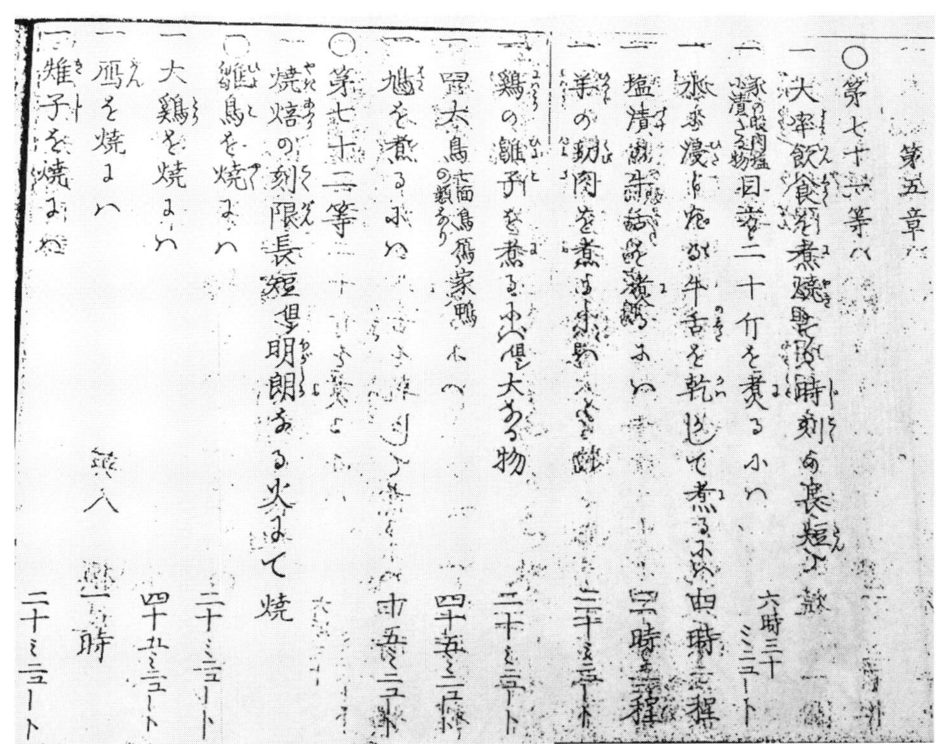

図1–1–8　調理時間の目安（『西洋料理通』1872）

『西洋料理指南』は、早い時期に西洋諸国の詳細な食習慣を伝えた貴重な資料とも思われる。さらに本書には、大きさの違う「大匙」「中匙」「小匙」の使用もすでに紹介されている[51)]。いずれにせよ、日本の料理書において、分量、調理時間の目安を明記するという発想の端緒はここに開かれる。

1880年代になると、出版種類数も増加し、西洋料理書の特徴にもバラエティがみられるようになる。なかでもこの時期に出版された西洋料理書として注目したいのが、初めて女性によって手がけられた『手軽西洋料理　完』（1885）である。本書は母親の遺稿をもとに、娘のクララ・ホイットニーと皿城キン（桜井女学校教師）が翻訳を手がけたもので、女性執筆者がまとめあげた最古の料理書でもある。なお体裁自体は全51ページという小冊子であり、「スップ之部」「肉の部」「野菜之部」「菓子之部」（全41種〔うち29種が菓子製法〕）といった流れで構成されている。

ちなみにホイットニー一家が日本と関わりを持つようになるのは、クララの父にあたるウィリアム（William Cogswell Whitney）が、在米中の森有礼の呼びかけにより、商法講習所（現在の一橋大学の前身）の教師として招聘されたことがきっかけであった。要請を受け、ウィリアムは妻アンナ、長男ウィリス、長女クララ、次女アデレートの三児を伴って来日。しかし設立が思うようにすすまず、森の尽力によって商法講習所を設けるも、明治11年（1878）にウィリアムは同所を解職されてしまう。その後、銀座簿記夜学校で教鞭をとるようになるのだが、この簿記夜学校の設立者が、津田梅子の父としても有名な農学者・津田仙であった。したがって、こうしたつながりからか、津田仙が『手軽西洋料理法』の序を手がけている点も興味深い。

また1880年代は、翻訳書のみならず、外国人からの聞き取りをもとに編まれた料理書も数多く出版された。なお筆者の調査でも、『洋食料理法独案内』[52)]の口述者・パイン・ペリジが「洋人」と称する以外、他の著者たちの国籍は明らかとなっており（アメリカが4名、イギリス・フランスが1名ずつ）、アメリカ人によるものが多いことに気付く。またこうした聞取りによる西洋料理書は「独案内」と称されることが多く、特に明治19年（1886）においては、4種の「独案内」の出版が認められる。元々「独案内」とは江戸期から一般化していた地誌などの案内書を意味する。しかし、食に関連する江戸期の「独案内」としては、文政13年（1824）刊『江戸買物独案内』や慶應2年（1868）刊『江戸食物案内』などがあげられるが、いずれも料理の作り方を指示するものではなかった。

ともあれ、こうした口授による西洋料理書は外国人の生の声を取り入れていることからも、翻訳料理書より実生活に有効な工夫を取り入れ、執筆されていることも特徴として挙げられる。例えば『洋食独案内　附料理法玉突指南』（1886）は、アメリカ人女性リュシー・スチーブンの口述したものを、篠野乙次郎が編纂したものであるが、日本人になじみのある調味料「醤油」[53)]を用いて調味をすすめるレシピが登場する。いっぽう同年に刊行された『洋食料理法独案内』においても、調味料に「日本の甘味噌」[54)]の使用が推奨され、日本人の食生活に応用できるアイディアが盛り込まれている。

また明治前期には、須藤時一郎編『万宝珍書　食料之部　全』（1873）[55)]、カルマルス／黒田行元訳述『西洋料理全書』（1874）[56)]、コルソン／近藤堅三編『西洋料理法独案内　附西洋筵会儀式・設筵心得・筵会席上魚肉割切心得』（1886）[57)]、バックマスター／中村忠太夫・八巻文三郎『独習西洋料理法』（1894）[58)]といった海外の書籍の翻訳書も出版されている。なお経歴が明らかな翻訳者に、須藤時一郎、黒田行元が挙げられる。

須藤はパリへの遣欧使節に随行した後、共立学舎の英語教師に就任。本書のほかにも、『近世史談　初篇１・２』（1872）、『万国道中記．上・下』（1872）、『英語韵礎　傍訓』（1872）など海外事情に関する書籍や英語の教科書の執筆にもかかわっている。いっぽう黒田は「黒田麹蘆」として、幕末から明治前期にかけて活躍した近江出身の洋学者である。蘭学を緒方洪庵に学び、開成所に出仕後、同教授に就任。また嘉永３年（1850）には、イギリス人作家ダニエル＝デフォー（Daniel Defoe）の『ロビンソンクルーソー漂流記（*The Life and Strange Surprising Adventures of Robinson Crusoe*）』（1719）の全訳本を『漂荒紀事』と翻題し、訳出している[59)]。こうした経歴からも、須藤、黒田ともに、海外事情に精通し、語学に長けていたことは容易に理解されよう。

このように1870年代から1890年にかけての時期には、西洋料理に関する様々な知識が外国人と何らかの交流のあった日本人執筆者たちの手によって紹介された経緯が確認される。とはいえ、実用性を強調していながらも、家庭の日常食にそくした料理書の性質を持ち合わせているとはいい難い部分もあるが、新たに直面した西洋諸国の食文化を日本社会へ定着させようと尽力した料理書執筆者たちの努力の功績は看過できないだろう。特にこうした翻訳や聞き取りを通して受容された分量や調理時間の表記法は、その後の日本の料理書において欠かせないものとなっていく。現在の料理書の形式が、ここで生まれるのである。

２）家庭向け西洋料理の提案者たち

1890年代にさしかかると、『素人庖丁西洋料理仕方　全』[60)]（1893）、『即席簡便西洋料理方』[61)]（1894）、『日用西洋料理法』[62)]（1895）、『日用百科全書西洋料理法附長崎料理法』[63)]（1896）といった書名からも明らかなように、「素人」「即席簡便」「日用」などのような言葉が含まれるようになり、手軽に調理できる西洋料理の普及を望む著者たちの思いが反映されるようになる[64)]。

なかでも、実用的な西洋料理書を出版すべきと主張する著者が相次ぐ動きは、この時期の新しい傾向ともいえる。例えば『即席簡便西洋料理方』（1894）の例言で、著者の常盤木亭主人は、実用性を重んじる西洋料理書出版の理由を次のように説く。

> 我国固有の調理法に関するの書は、坊間に少なしとせず、左れども、近世文化と共にひらけたる欧羅巴流食事調理書に至りては、世間之れを見ること莫し。否な偶ま坊間に是を見るも、その書残冷粗笨採て、以て厨房場裏の顧問宝典と為すに足るもの無し。是れ世人の頗る遺憾とする所にして、予の此書を編著する所以なり[65)]。

これによると、日本料理の料理書は少なくはないが、「欧羅巴流食事調理書」はまだ世間に出回っておらず、出版されているものに関しても、厨房の「顧問宝典」になりえないものばかりであるため、実用に即した西洋料理書を編纂しようとした著者の思いが読み取れる。

さらに『日用西洋料理法　附玉突指南』（1895）を著した杉本新蔵も、西洋料理の流行を説きながら、これまでに出版された翻訳料理書の非実用性を指摘している[66)]。さらに本書の序を手掛けた眞疑書屋主人もまた「洋食料理法を記す書籍世間其著に乏しからず然れども大抵洋學者の譯述に成り未だ曽て八百善料理通の如く實際家其人の著あるを見ず予常に以て憾とす」とこれまでの西洋料理書の利便性に疑問を呈し、本書出版の意義を称揚するかのように、著者・杉本新蔵の経験の深さと信頼性を以下のように記している。

> 今此書は料理道に経験ある杉本氏の歐米歴遊の際齎らし歸りし原書を各國にて見聞せし所の實驗とを折衷し本邦人の嗜好を斟酌し翻譯の文體に倣はず原著の意義に泥まず専ら實際を主とし通俗平易の語を以て簡易普通の料理法を始め之れに伴ふ諸般の事項を舉げて丁寧に説明し一讀の下素人の實用に適せしめんとす[67)]

実際、杉本自身も本書の出版意義を強調する主張をみせ、「前年商況視察の為め歐米各国を歴遊せし時携へ歸りし二三の英米佛刊行の原書を抄訳し、傍ら龍動、巴里、紐育克等の諸府にて、見聞せし所の實地法を折衷し極めて實際を主とし、本邦人の口に適するやう、其調理法を説き、山崎氏の校閲を乞ひ、梓に上して、世の主婦細君に簡便なる西洋料理法を知しめ、以て一家の經濟を助け、併せて衛生の法に益あらしめんとす。氏は東京旅館の館主にして、曩に英京龍動に在ること數年、大に料理法を研究せし實地家なり」と、海外経験のある山崎武八郎の校閲の下、本書を執筆したとの経緯を示している[68)]。なお本書は下線部に「主婦細君」とあるように、女性読者を想

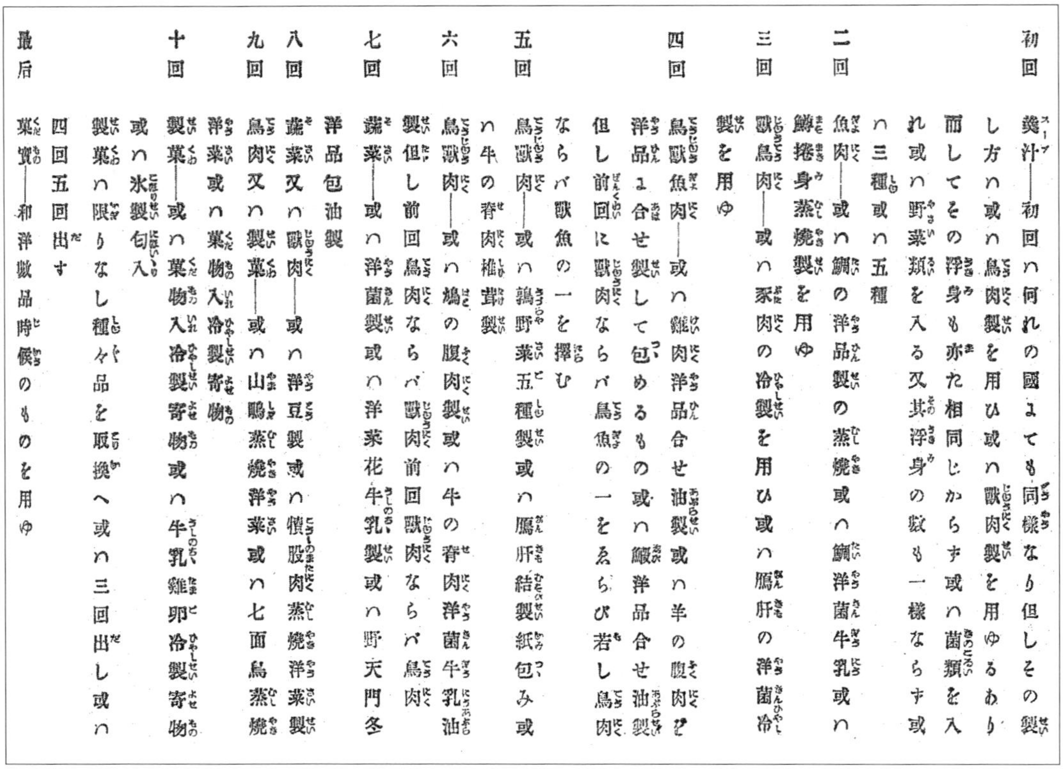

初回　羹汁——初回ハ何れの國よても同様なり但しその製し方ハ或ハ鳥肉製を用ひ或ハ獣肉製を用ゆるあり而してその浮身も亦た相同じからず或ハ菌類を入れ或ハ野菜類を入る又其浮身の数も一様ならず或ハ三種或ハ五種

二回　魚肉——或ハ鯛の洋品製の蒸焼或ハ鯛洋菌牛乳或ハ鱒捲身蒸焼製を用ゆ

三回　獣鳥肉——或ハ豕肉の冷製を用ひ或ハ鴈肝の洋菌冷製を用ゆ

四回　鳥獣魚肉——或ハ雞肉洋品合せ油製或ハ羊の腹肉洋品ょ合せ製して包めるもの或ハ鰕洋品合せ油製但し前回に獣肉ならバ鳥魚の一をえらび若し鳥肉ならバ獣魚の一を撰む

五回　鳥獣肉——或ハ鶉野菜五種製或ハ鴈肝結製紙包み或ハ牛の脊肉椎茸製

六回　鳥獣肉——或ハ鳩の腹肉製或ハ牛の脊肉洋菌牛乳油製但し前回鳥肉ならバ獣肉前回獣肉ならバ鳥肉

七回　蔬菜——或ハ洋菌製或ハ洋菜花牛乳製或ハ野天門冬洋品包油製

八回　蔬菜又ハ獣肉——或ハ洋豆製或ハ犢股肉蒸焼洋菜製

九回　鳥肉又ハ製菓——或ハ山鴫蒸焼洋菜或ハ七面鳥蒸焼洋菜或ハ菓物入冷製寄物

十回　製菓——或ハ菓物入冷製寄物或ハ牛乳雞卵冷製寄物或ハ氷製包入製菓ハ限りなし種々品を取換へ或ハ三回出し或ハ四回五回出す

最后　菓實——和洋數品時候のものを用ゆ

図1-1-9　西洋料理の献立（『即席簡便西洋料理方』1894）

定していた様子も理解される。ともあれ、こうした実用性を重視する姿勢は、やみくもな西洋料理の受容が一段落したことを物語る重要な動きともいえる。またこの時期の他の執筆者に関して言及するならば、自在亭、青楼軒、常盤木亭など料理屋の主人と思しき人物が執筆に関与している。このように、1890年代は、確かな知識がある執筆者たちによって、単なる翻訳にとどまらず、日本人の食生活に適した形に改良された西洋料理書が出版され始める画期でもあった。

さらにこの時期には、西洋料理のノウハウの理解を促すため、基本的な献立形式に関する解説も方々で紹介されるようになる。例えば、『即席簡便西洋料理方』（1894）にみえる「普通會食料理献立書」（図1-1-9）は、時系列的に提供される11品目のコース料理が提示されている。この形式に関して、著者の常盤木亭主人は、「食品は相同じきも、甲国にては魚肉製の食品を二回三回と続けて出し、或は甲国にては魚肉製の食品と獣肉製の食品と交々出すあり[69]」と、国ごとに提供される料理の順序にも違いがあることに言及し、本書に記載されている献立は英仏折衷の献立であり、これについては、「最も弘く世間に行はるる所のもの[70]」を採用したと記している。なお本書の解説によると、「西洋料理の献立」は「初回は何れの国にても、同様なり」と指摘されるように、最初は「羹汁（スープ）」で始まり、「魚肉」「鳥獣肉」「蔬菜」などが何度か組み合わされ、やがて「製菓」「菓實」などのデザートで終わるものと理解される。また本献立では、西洋の食材名や調理法は全て漢字に翻訳され、縦書きでの記載となっている。

いっぽう『日用西洋料理法　附玉突指南』（1895）においても、同様の構成の「簡易料理の献立」と「普通料理の献立」がみえる。本書所収の「普通料理の献立」（図1-1-10）の流れは、全10品で考案された内容となっており、先述した『即席簡便西洋料理方』の「普通會食料理献立書」にみられる献立と類似の構成となっている。なお当献立には、「スープ」「オムレツ」「フーカデン」「ガラ

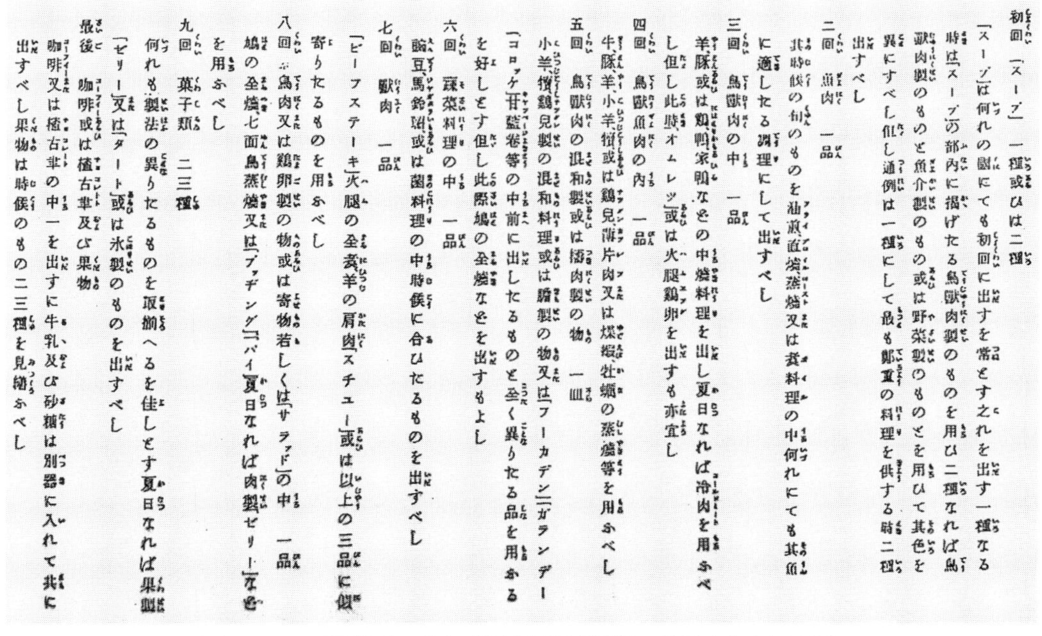
初回「スープ」一種或ひは二種
「スープ」は何れの國にても初回に出すを常とす之れを出す一種なる時は「スープ」の部内に掲げたる鳥獣肉製のものを用ひ二種なれば鳥獣肉製のものと魚介製のもの或は野菜製のものとを用ひて其色を異にすべし但し通例は一種にして最も鄭重の料理を供する時二種出すべし
二回　魚肉　一品
其時候の旬のものを油煎、直焼、蒸焼又は煮料理の中何れにても其節に適したる調理にして出すべし
三回　鳥獣肉の中　一品
羊、豚或は鶏、家鴨などの中蒸焼料理を出し夏日なれば冷肉を用ふべし但し此時「オムレツ」或は火腿鶏卵を出すも亦宜し
四回　鳥獣魚肉の内　一品
牛、豚、羊、小羊、犢或は鶏兒、薄片肉又は煠蝦、牡蠣の蒸焼等を用ふべし
五回　鳥獣肉の混和製或は擂肉製の物　一皿
小羊、犢、鶏兒製の混和料理或は膾製の物又は「フーカデン」「ガランデー」「コロッケ」「甘藍巻」等の中前に出したるものと全く異りたる品を用ふるを好しとす但し此際鳩の全焼などを出すもよし
六回　蔬菜料理の中　一品
豌豆、馬鈴薯或は菌料理の中時候に合ひたるものを出すべし
七回　獣肉　一品
「ビーフステーキ」火腿の全煮、羊の肩肉「スチュー」或は以上の三品に似寄りたるものを用ふべし
八回　鳥肉又は鶏卵製の物或は寄物若しくは「サラド」の中　一品
鳩の全焼、七面鳥蒸焼又は「プデング」「パイ」夏日なれば肉製「ゼリー」などを用ふべし
九回　菓子類　二三種
何れも製法の異りたるものを取揃へるを佳しとす夏日なれば果製「ゼリー」又は「タート」或は氷製のものを出すべし
最後　咖啡或は楂古聿及び果物
咖啡又は楂古聿の中一を出すに牛乳、及び砂糖は別器に入れて共に出すべし果物は時候のもの二三種を見繕ふべし

図1-1-10　西洋料理の献立（『日用西洋料理法　附玉突指南』1895）

ンデー」「コロッケ」「ビーフステーキ」「スチュー」「サラッド」「プッヂング」「パイ」「ゼリー」「タート」など片仮名の料理名で表記された西洋料理の名称がみられるほか、「油煎（フライ）」「直焼（ブロイル）」「蒸焼（ロースト）」「煮料理（ボイル）」「冷肉（コールドミート）」「火腿鶏卵（ハムエッグ）」「鶏児薄片肉（チツクンカツレツ）」「甘藍（キャッベージ）」「珈琲（コーフィー）」「楂古聿（チョコレート）」とあるように、漢字と英語読みを組み合わせた名称とが混在したものとなっている。

なお献立に付された著者の記述[71]によると、「普通料理の献立」は、家族のほかに、親戚や朋友を招いた際の会食に使用されることを目的に書かれたもので、「細君」「庖厨を掌る奴婢」を読者対象にみすえたとある。また十数人の客をもてなすことは、素人の手に負えるものではないので、ここでは十人以下の際の会食料理に限定したともある。さらに本書でも、前掲の『即席簡便西洋料理方』同様、料理の出す順序は西洋各国によって異なっていることに言及し[72]、英仏折衷の献立内容の紹介に踏み切っている。

いっぽう本書所収の「簡易料理の献立」は、これまで考察してきた献立に比べ、簡略化された形で推奨されたことがわかる。

初回　「スープ」　牛鶏又は蝦、蠣「スープ」の中一皿
二回　魚類　油煎魚（フライ、フィッシ）又は煮魚（ボイ、フィッシ）の一品
三回　鳥獣肉　牛豚鶏油煎薄片肉（カツレツ）の中一品又は火腿鶏卵（ハムエッグ）
四回　「オムレツ」　又は馬鈴薯料理の中一品
五回　鳥獣肉　「ビーッステーキ」又は牛鶏肉「スチウ」の中一品
　但しこの際肉に代えるに「サラッド」を以てし或は夏日なれば醃蔵牛肉（コーンビーフ）又は冷肉（コールドミート）（焼牛の残肉を薄く切りたるもの）などを出すも亦可なり。
最後　菓子果物　是れは順序を示す為に擧げたるも必ずしも食するに及ばず適意にすべし

著者はまた「鳥獣肉」に代わるものとして、「カレー」料理を提供することを提案し、さらに1日三食の献立の違いについても、「西洋料理を常食とする人は、朝飯には「スープ」の外、成るべく淡白なる肉類一二品と馬鈴薯、又は豌豆其他時の野菜物料理一品とを食し、珈琲若しくは茶の中に牛乳を和し、之れを飲て、済せ置き、晝食晩餐に至り、肉類の皿数を増し、適意の物を食すべしと雖も、餘り多く食せざるを佳しとす[73]」と記し、三食それぞれの提供法についても解説している。

さて1900年代に入ると、メェリー・エム・ウキルソン・大町禎子共著『洋食のおけいこ　全』(1903)、松田政一郎編『西洋料理二百種』(1904)、藤村棟太郎著『家庭西洋料理法』(1905)、篠崎仙之助・杉本鶴五郎共著『佛国料理　家庭の洋食』(1905)、ジーエム・マコレー女史著・赤松登美子編『お手軽西洋料理の仕方』(1906)、赤堀吉松・赤堀峯吉・赤堀菊子共著『家庭応用洋食五百種　全』(1907)、櫻井ちか子著『主婦之友』(1908)、佐藤梅三郎著・赤坂女子講習会編『西洋料理法と献立』(1908)、魁陽軒主人口述・服部国太郎編『洋食と菓子のこしらへ方』(1908)、白井悦子著『簡易西洋料理貮百種』(1909)、大森阿仁子・川島芳子共著『西洋料理　附作法と心得』(1911)、亀井まき子著『洋食の調理』(1911)、手塚かね子著『家庭の友　西洋料理』(1911) など、家庭での調理を意識し、よりわかりやすさを追求した家庭向け西洋料理書が出版される。

例えば、外交官・小村寿太郎のお抱えコックを務めた宇野弥太郎は、自著『家庭西洋料理』の序において、日本の家庭の台所事情を考慮せずに出版される西洋料理書の実状について、様々な事例を挙げながら疑問視する姿勢を呈している[74]。こうした非難は、同時期の西洋料理書にみられる傾向の一つで、『家庭西洋料理法』(1905) を著した藤村棟太郎もまたこれまでの西洋料理書の難解且つ非実用的な特徴を見直し、家庭向けに編纂・出版したことを明記している[75]。

また『洋食と菓子のこしらへ方』(1908) には、口述者の魁陽軒主人の考えが次のように記されている。

> 洋食の調理法といへば、一寸思ふとむつかしいやうにはあれど、その實は左までむつかしきものではない、總じて料理の趣味といふものは、うまく珍らしく味はせるといふのが主意であつて、同じ魚類でも、同じ野菜でも、庖丁のしかたや、調理の加減によりて、珍らしい味をほめ、うまき香を味はゝせることができるものですから、事々しく西洋料理だといつて、とてもできぬものとおもふわけはありませぬ、つまり慣れて居るから、日本の料理はしやすく、西洋の料理はしにくいやうにおもふまでゞす。日本の料理といつても、儀式ばつた料理はしにくひと同じことで、西洋の料理も儀式ばつたものは、素人にはむつかしくもあり、また種々の道具もなくてはならぬことではありますが、一寸した御来客のお饗應や、御主人の晩酌のお料理などには、手軽く調理することができるものであります[76]

上記の記述からは、日本料理と比較しながら、西洋料理の苦手意識を払拭し、手軽な西洋料理法の紹介を目指した意図がみえる。また本書は、調理法のみならず、調理道具や定番食材の理解を促すため詳細な記述にも努めている。例えば、本書所収の「調味品の説明」では、「バター」「パン粉」「ヘット」「肉汁」「ソース」を取り上げ、「バター」は「丁度日本料理における鰹節のやうなもの」、「肉汁」は「日本料理に用ふる煮汁の濃きものと同じこと」などとわかりやすく例示し、さらに購入できる場所や家庭での製し方や保存法などについても解説している。また「フライ」「カツレツ」「コロツケー」を調理した時に気になる「油氣」の取去り方として、揚げた後に「西洋紙の厚きもの」「新聞紙」などの上に並べて油を切る方法や、調理法の記述においても、肉の代りに種類の豊富な「魚肉」、ホウレンソウなどの西洋野菜の代りに「若菜」「蕪の葉」「水菜」「白菜」など手に入りやすい野菜を用いることをすすめ、さらにパイの製法において、「日本で饂飩をこしらへる」要領で棒で伸ばすよう指示するなど、生活に身近な事例を引き合いに出しながら伝えようとする工夫もみえる。

なお本書は先に挙げた宇野や藤村の西洋料理書よりずいぶん字も大きく、優しい言葉遣いでまとめられた体裁となっている。事実この頃には料理書の内容が難しすぎて理解ができないため、仮名しか読めない人にもわかりやすく書いてほしいと望む声が挙がりつつあったのも事実で、こうした状況からも平易な言葉での執筆、挿絵の多用などの工夫は対応策としての必然の結果であったと思われる。さらに先にも挙げたように、西洋料理書を手掛ける女性執筆者が増え始める状況もまた自身の経験に基づいたより実践的な内容の模索が方々で生じつつあったことを示唆するものといえよう。わかりやすさの追求は、読者層を確実に拡大させる。こうした配慮もまた日常生活の中に西洋料理の理解を深め、日本の食生活の中へ浸透させる契機となっていったものと思われる。

３）フランス料理を評価したコックたち

明治後期に出版された西洋料理書の大著に、宇野弥太郎著『西洋料理法大全』[77]（1912）がある。本書の詳細な分析にはまだ至っていないが、収録されたレシピの内容すべて英語との対訳になっていることからも、著者の宇野はイギリス料理書を基に内容をまとめあげたものと想定される。

さてイギリス料理とフランス料理の違いについて言及し、フランス料理の優位性について強調する執筆者が相次ぐようになる動きも、この時期の特徴として挙げられる。例えば、『新撰西洋料理精通』（1901）の略説には、フランス料理を評価する著者・丹羽庫太郎の考えが、次のように記されている。

> 西洋料理といへば、何れの国にても、同一の方法と思ふ者あるべけれども、決して然らず。其調理法の整ひて、新奇の意匠をめぐらし、精良の美味に誇るは、仏蘭西の右に出づるものなしと聞く。然るに、我邦にて調理する所の西洋法は、其初英国の料理法を傳習せしにより、英国の方法一般社会に行はれ、次で各国の料理法の混同せられたるは、疑ひもなきことと思惟す。[78]

ここで丹羽は、イギリス料理習得への関心が高かった国内の状況にふれながら、英仏折衷の献立が考案される傾向に言及しながらも、「仏蘭西の右に出づるものなし」として、フランス料理を称賛する姿勢をみせている。いっぽう明治38年（1905）には、『沸国料理　家庭の洋食』（1905）というフランス料理書も出版され、本書の序「此の本を御覧の前に申上度き数々」においても、「お料理の一番宜しいのは、先づ仏蘭西式であると申しますから、此の本もまた仏蘭西式にいたしましたが、能く聞き慣れて居る二三の名は英語を用ひて置きました[79]」と、フランス料理を賛美する主張が確認される。

実際19世紀のフランスは、オーギュスト＝エスコフィエをはじめとするオートキュイジーヌ期を牽引したグランシェフたちの尽力で、フランス料理がヨーロッパでの威信を確かなものにした画期にあたる。フランス料理の優位性への着眼は、こうしたフランス料理のイメージが日本にも伝わり始めた証左といえるだろう。なお明治期の西洋料理店・精養軒の厨房を取り仕切った四代目料理長・西尾益吉は、実際にフランスでエスコフィエに師事し、薫陶をうけている。西尾自身、西洋料理書の執筆には携わっていないが、本場のフランス料理を日本に伝え、後に日本のフランス料理界を牽引する秋山徳蔵らを育て上げた功績は等閑視できないだろう。

そして1920年代にさしかかると、プロの料理人らによるフランス料理書がますます活気を帯びてくる。例えば鈴本敏雄著『MENU ET CUISINE FRANCAISE 佛蘭西料理献立書及び調理法解説』（1920）、秋山徳蔵著・柴田曜之助編『佛蘭西料理全書』（1923）、澤本清嗣著『純粋フランス料理』（1925）、櫻井省三著『栄養本位の簡易西洋料理』（1927）、大平茂著『家庭向きフランス料理』（1929）などにおいて、多彩なフランス料理が紹介された。特にこの時期に、プロ向けのフランス料理の専門書を著した人物に、秋山徳蔵（宮内省大膳職主厨長）、鈴木敏雄（築地精養軒調理部主任・国際料理研究会講師）、北川敬三（同精洋軒調理部）などがいる。なかでも秋山は1700ページに及ぶ大著『仏蘭西料理全書』（1923）を出版し、国内における西洋料理界に衝撃を与えた。秋山は明治以来の西洋食文化受容について、「我國に於ては、西洋料理は明治の初年頃に輸入せられ、以來益々一般の嗜好に投じ、遂に今日の殷賑を極むるに至り、苟も西洋料理を口にせぬ人は、絶無といふまでに擴く普及された」としながらも、「併し、我が料理界の現状は佛、英、米諸國の方式が相混淆し、頗る混沌たる状態にあり。為めに、折角西洋料理の範であるところの、佛蘭西料理學の研究を立志する人々のあるも、純粋の佛蘭西料理學を收むるに難く、つねに呪語の唱へられるを聞く」という状況を鑑み、「經驗」と「學藝」を基礎に、10年かけて、フランス料理の専門書をまとめあげたと説く[80)]。また秋山はフランス料理の優位性について、「佛蘭西に於ては、實際生活上に何等貢獻しない無益な贅は、食卓上から久しい以前に駆逐せられ、更に陰影すらも止めず、其調理技術は趣味と實益とを旨とし、無意味な一時的な熱狂に駆られて、一方面に偏した發達を避け、従來既に世界に冠たる技術に、猶若干たりとも缺點を認めた場合は、賢明にも是を矯正補充するの途を採り來たつた。故に佛蘭西料理は、現代に於ては殆んど完成の域に達し、到底他國に追従を許さうとしない。しかも、佛蘭西に於ては、諸般の事物日新の進歩と共に、料理も亦日々進歩しつゝあり。其新發見、及び新進歩は絶えず世界各國に傳播し、以つて各國料理技術の進歩を促しつゝある。之に因れば佛蘭西料理は、過去に於ても最も優秀であつて、現在に於ても亦覇者の地位にあり恐らく將來に於ても永く其榮冠を保つべく觀察される[81)]」と主張し、フランス同様、イギリス、ロシア、ドイツ、オーストリア、イタリア、ベルギー、スイスなどの料理も進歩をみせているとの見解を示しながらも、グランドキュイジーヌ期を経、限りなく洗練され、世界に冠たる料理となったフランス料理の地位を絶賛する。

さらに秋山は「料理學」の重要性を以下のように説く。

> 料理學は、他の諸科學の如く一般の注意を惹かず、『臺所の一末枝に過ぎぬ』といふ態度であつた。が、其現代文化に貢獻した所、並に一國の文化と重要な關係ある事は、他の諸科學に比して決して劣らず、其人生の須要を滿たす點に於て、極めて重要な地位を占めてゐる事勿論で、今日に於ては最早『臺所の一末枝』などゝ輕視することは出來ない。其技術の蘊奥を極むることは、一國の文化の向上と、一國民の智的發達とに緊切な關係を有つてゐる。調理技術が今日の域に迄發達し來たつたのは、實に一國民の習性、並に趣味との一大關係があり、一國の農、工、商業及び藝術等が影響した事の頗る大なる、亦疑ふの餘地がない事を立證する[82)]。

こうした秋山の主張からは、自国の料理の洗練こそ、国威の向上につながるとする当時の考えが、西洋料理人の心中にも確かに芽生えていたことが読み取れる。時代の先を行く一流のフランス料理を習得することもまた一流国を目指す日本に早急に求められた責務でもあったといえるだろう。

いっぽう1920年代には、家庭向けに著されたフランス料理書の出版も盛んになる。まずフランス料理の家庭への浸透を目指した著者に澤本清嗣がいる。澤本は、自著『純粋フランス料理』（1925）

において、フランス料理の優位性を説きながら、その普及が望まれる理由を外交面から次のように説いている。

> フランスの語が外交上の正式な用語とされてゐるやうに、外交上その他正式の宴會には必らずフランス料理でなくてはならないことになつて居ります。しかしフランス料理はさういふ正式の饗宴料理であるばかりでなく、一般の嗜好にも適した最も上品で美味な料理なのです。
>
> それであるのに、日本の一般の家庭、またレストーランなどでは純粋のフランス料理を食べることは殆んど出来ないと言つてもいゝ位です。これはフランス料理が比較的面倒なものが多いためでもありませうが、それかと言つて割合に手軽に出来る純粋のフランス料理がない譯ではありません。
>
> そこで、純粋のフランス料理とはどんなものかといふことをお傳へするつもりで、各種の料理のうちから、なるたけ一般向けのものを選んでこの書を著はした次第です。[83)]

本書は、主婦を対象としたアルス婦人叢書の一冊として出版されたものであるが、その内容は翻訳された名称ではないフランス語の料理名が紹介された体裁となっている。澤本の経歴は明らかになっていないが、執筆内容からも、フランス語に精通した人物であったことは想定される。構成は「オルドウール・フロア（冷たい摘み物）」「オルドウーブル・シヨウ（温かい摘み物）」「ソース」「ポタージユ（羹汁）」「ガルニチユール（スープの身）」「ポアソン（魚類料理）」「オムレツ」「鳥類料理」「肉類料理」「ニオキ」「野菜料理」「アントルメー（食後の菓子）」といった流れとなっており、「フランス料理の基礎（フオンド）」として、「フオン」「エサンス」「グラス」「ルウ」をはじめとした多くのソース類のレシピにもページを割いている。しかし、澤本流の工夫もみえ、「ポアソン（魚類料理）」に紹介されたレシピ名をみると、「アヂ・ファルシ」「アヂ・グリエ」「アヂ・グリエ・ロゼイユ」「アヂ・アラ・マ・ルセレーズ」「アマダヒ・ベルシー」「アマダヒ・ア・ラ・ボルトレース」「アマダヒ・オウ・シヤンパギュ」「アマダヒ・コルベル」「アマダヒ・アラ・ムーニエール」「フイレ・ド・アイナメ・アラ・シュヴァリエール」「フイレ・ド・アイナメ・ジュチク」といった日本語混じりの料理名も確認できる。なお「ニオキ」とは現在のニョッキを指し、「ニオキ・パリシエン」「ニオキ・アラ・ロメーン」「マカロニー・オウ・グラタン」「ニウイ・オウ・フロマージ」「マカロニイ・ア・ソタリアン」「マカロニイ・オウ・ジウ」といったパスタ料理の収録にも踏み切っている。実際に家庭で作る主婦がいたかどうかについては疑わしさもあるが、世界的に評価されつつあったフランス料理の理解を深めるための一書として、女性向けに出版された点は興味深く思われる。

またこの時期に登場するユニークな執筆者の一人に、石川県金沢出身の造船学者・櫻井省三がいる。櫻井は、藩費で開成学校物理学科を卒業後、海軍造船学校に貢進。その後フランスのシェルブール海軍造船大学校へと進学し、さらにイギリス、アメリカへの公費視察も経験している。[84)]帰国後は、工部大学校（現在の東京大学工学部）の助教授を兼任しながら、海軍御用掛横須賀造船所に在勤し、後に東大教授に就任している。さて櫻井は自著『栄養本位の簡易西洋料理』（1927）のはしがきにおいて、「本書は正式のフランス料理法を基本的に頭に入れ、何にでも応用出来るように述べたものです。材料はいづれも中流家庭に日常用に用ひられる範囲の安価なもので、本書に依って各種の料理を実習せられたならば、あらゆる食物が夫々適当に調理され、案外の安い値段で出来る事がお分りになりませう[85]」と記し、「廉価・滋養・佳味」をスローガンに、中流家庭を対象とした安価なフランス料理を提案したとの考えを示している。また本書には、数多くの和仏折衷料理も紹介され、日本の食生活を斟酌したレシピの提案がなされているのが特徴といえる。

さらに櫻井が料理に関心を持つようになったきっかけについても、本書のはしがきに記されている。それによると、貧しい士族の三男として生まれた青春時代、「下女」が常にいる環境ではなかったことから、母親の台所仕事の手伝いを通し、料理の腕を磨いたことにふれている。櫻井の料理への関心は、上京後も衰えることなく、フランス滞在時に至っても、フランス料理の作り方を聞きとり、手控えを作成する有様であった。造船学者でありながら、フランス料理に強い興味を覚え、料理書まで著してしまった点は、当時の男性研究者の生きざまとしては稀有な存在ともいえよう。また櫻井は、昭和15年（1940）に、『仏蘭西式料理の理論と応用』という西洋料理書を著し、詳細な栄養価計算の理解のみならず、理論を重んじる料理法の習得の必要性を主張している。

さて櫻井同様、レシピのわかりやすさを追求した人物に、中央亭で修業後、三田東洋軒本店で料理長を務めた大平茂がいる。大平は自著『家庭向きフランス料理』（1929）[86]において、「椿の葉の色のスープ（ポツタージユ　カメリア）」「鮭のきんぷら（ベニード　サーモン）」「鱈のカープル・ソース（モリユー　ブイエー　ソース　カープル）」「鱈のムニエール（ポアソン　アラ　ムニエール）」「あま鯛の葡萄牙煮（ルー　ヂエー　アラ　ポルトゲーズ）」「鯖のバタ焼（マクログリーイ　ソース　メートルドテイ）」「蟹のグラタン（クラブ　オー　グラタン）」「伊勢海老のマイヨネーズ（ラングスト　アラ　ラビゴツト）」「風變りのハヤシビーフ（ハツシユ　ド　ブーフ　フエルミエー）」「お惣菜向きの煮込肉（マンス　ド　ブーフ）」「牛肉の山葵ソース（ブーフ　ソース　レフオーア）」「犢の信田揚げ（オロリード　ボーフリー）」「レバーのソテーにオイスター・ソース（ホワドホーソーテー　アラ　アングレーズ）」「鯨肉の美味しい食べ方（バレンヌ　アラ　メートルドテー）」「家庭向きのチキンライス（プレーソテー　ミラネイズ）」「雉子のキヤベツ焼き（フエザン　オー　シユウ）」「竹の子のクレーム和へ（バンブウ　アラ　クレーム）」「牛蒡のクレーム・ソース和へ（サシフエイ　アラ　クレーム）」「獨活、山百合、クロスノ白ソース和へ」「モナコの野菜料理（オフアラ　モンテカルロー）」「オムレツ（オムレツト　アラ　リオネーズ）」「半熟玉子の天ぷら揚げ（ベギー　ドウ　オフ　アラ　イタリアンヌ）」「英國風のクラマ（ペテポーア　アングレーズ）」「西洋風の五目飯（リー　アラ　バレンシエンヌ）」「スパケツト飯（スパケツト　アラ　ロメース）」「最後の食卓に上つたサフラン飯（ビラフ　ドウ　ポライユー）」などといった具合に、収録した料理名にわかりやすい翻訳を加え、時折折衷料理にアレンジするなどの工夫も加味しながら伝える努力をみせている。また正式なフランス料理を書き記した澤本のレシピとは異なり、「カツレツの上手な作り方」「簡単に出來る犢のビーフシチウ」「經濟的なチキンシチウ」「手製のトマト・ソース」「手製のトマト・ケチヤツプ」「即席ドビーグラス」「本式のドビーグラス」「一夜づくりのチーズ」など、日本の家庭での調理を斟酌した著者オリジナルのレシピも収録されている。さらに大平は「日本の普通の御飯」や「たゞの炊きたての御飯」を附け合せにすすめ、日本人になじみのある食材「山葵」

「竹の子」「日本牛蒡」「獨活」「山百合（百合根）」を用いるなどの工夫もみせている。家庭料理に携わる読者にむけ、咀嚼された内容を伝えようとした大平の努力もまた日本の家庭料理に豊かさを与えるきっかけになったといえるだろう。

さて大平のレシピにはフランスのみならず、イタリア、スペイン、イギリス、アメリカなど多くの国の影響を受けた西洋料理が紹介されているのも特徴である。なおフランス料理に諸外国名や地方名、人物名が反映されたものが多いことに関して、昭和15年（1940）に出版された日本で最初のフランス料理文化史『フランス料理の背景としてのフランスの農村の変遷』には、次のような記述がみえる。

> 之はその人の好みの調理法やその家の傳統的な調理法やその土地・その地方・その國の獲得の調理法を意味し、その名稱は全てフランスの文化、軍事、政治、産業、宗教、人種等に因縁のあるものばかりである。即ちフランスがそれらの點に於て交渉を持つた時採り入れた料理のことである。從つてそれに依つてもフランス料理が國内郷土料理の文化的綜合であると共に世界の料理文化の抜粋であることが考へられ、フランスの文化史・政治經濟史の理解なくして之を納得し難いと思ふ。それを知らない人がフランス料理の献立に a l'Anglaise（英國風）と書いてあるのを見て「僕は純粋のフランス料理が食べたいのだから之は要らない」と言つて笑はれたと言ふ様な失策談がある位である。[87)]

ゴール人の古代社会からナポレオンの時代に至るまでを対象とし、農業経済の進展とともに発達をみせたフランス料理の成立に迫る意欲作でもある本書には、「量を眼目とした實用主義や營養主義」であるイギリス料理やドイツ料理に対し、フランス料理を「質に吟味した藝術主義」として説く記述もみえる。[88)] ともあれ、こうした出版もまたフランス料理への関心の高まりが確かであったことを物語る証左であるといえよう。

4）アメリカ料理に着目した女子教育者たち

さてフランス料理への関心の高まり同様、アメリカ料理に着眼し、その伝達に努めた西洋料理書があったことを最後に紹介したい。その嚆矢に櫻井ちか子の『主婦之友』[89)]（1908）がある。本書は序に「櫻井女史米国に遊ぶこと前後参回」とあるように、ちか子自身のアメリカでの異国経験が反映された料理書である。なおちか子の経歴と本書の詳細は、拙著『近代料理書の世界』（2008）においてまとめた以下の記述を参考にされたい。

> 著者の櫻井ちか子（一八五五～一九二八）は、序において、これから「新家庭」をつくられる若い主婦を読者対象として本書を書いたことから、料理書であるにもかかわらず、そのタイトルを「主婦の友」と名付けたと、その理由を記している。また、「本塾」生徒に英文の料理書を用いて実習したところ結果が良かったので、それを集めて出版したとある。「本塾」とは、ちか子が一八九八（明治三一）年に設立した櫻井女塾をさしていると考えられる。

ちか子は、櫻井女塾とは別に、一八七六（明治九）年、東京都に「英女学家塾開業願」を提出し認可されている。この学校は櫻井女学校とよばれ、ミッション資金によらぬキリスト教主義の学校であった（『東京の女子教育』一九六一）。ちか子は、旧幕用達平野与十郎の長女として、一八五五（安政二）年に生まれ、この開学願が出された時は二一歳、すでに海軍士官で後に牧師となる櫻井昭悳の妻であった。主婦としての務めの中で芳英女塾に学び、さらに学問を続けた。また、ちか子は女学校経営に続いて私立幼稚園としては日本で初めての附属幼稚園も創設している（『日本女性人名辞典』一九九三）。

しかし、その後北海道に渡り、新しい教育事業に携わることになり、矢島楫子を校長代理として、後を託した。その後この学校は、一八九〇（明治二三）年、新栄女学校と合併して女子学院と改名し現在に至っている。

上述の櫻井女塾は、東京に再び帰ったちか子が新たに開いた学校で、修身と英語を授けることを目的としていた。その折の履歴書によれば、一八九三（明治二六）年九月より一八九五（同二八）年五月まで、また翌年から一年間の二回にわたり、女子教育視察のためアメリカを遊歴したとある。本書のもとになった原本は、当時アメリカで出版されていたものと考えられる（『東京の女子教育』）。

本書の内容は、「第一部ソップ之部」「第二部魚之部」「第三部玉子之部」「第四部肉之部」「第五部菓子之部」「第六部アイスクリーム（氷菓子）之部」「第七部パンとトースト（焼パン）之部」「第八部雑之部のほか」「台所の設計図」「台所必要品の名称」の和文及びその英訳がある。またグラビアの和文側には、ちか子の写真、西洋料理の食器のテーブルへの配置絵、それに櫻井女塾の「割烹室」（調理実習室）の絵がある。また英文側はディナーの食卓、ケーキのアイシングをしている女性の様子が写真風に描かれている。「割烹室」は、板張りの床にストーブがあり、水場らしきものが奥にみえる。これは家庭の台所を想定したもので、本文に台所の間取り図が描かれ解説がある。使用人一人とちか子が暮らしたと思われる一坪半（約５平方メートル）のアメリカの台所を図入りで説明しており、先の視察旅行がこの本を出版する一つの動機となっていたようである。女塾の本科は二年制で入学資格は高等女学校卒業となっており、予備科は一年制で入学資格を問わなかった。[90)]

なおちか子の創設した櫻井女塾の教科をみると、「割烹」の科目が確認できないことからも、『主婦之友』はちか子が力を入れていた英語の時間に使用されていたとも想定される。

さて本書には、「中等程度に於ける献立の一例」として、次の西洋料理献立が紹介されていた。

中等程度に於ける献立の一例

朝　果物

　　オートミール　砂糖とクリーム

　　ハットビスケット或はパンケーク

　　コーヒー　砂糖とクリーム

ハムと焼玉子或は半熟玉子
フライドポテト（油ゐり）或はベークドポテト（むし焼）

晝　肉或は魚一品
菓子一二品と茶或はココア
果物

夕　スープ
牛肉、鳥肉、魚肉（以上三種のいずれかを適宜に調理し、其一品を用ゆるのです）
野菜二三品（葱、青豆、馬鈴薯等を種々に調理して用ゆるのです。）
菓子一二品、紅茶或は生乳
果物

ちか子が示した献立は饗応や晩餐会を意識したものではなく、日常生活にそくしたものであることから、比較的簡素な内容で構成されている様子がうかがえる。また日常食とは区別した「正餐」の献立（牡蠣の酢の物→ソップ→魚・鳥・肉サラド→菓子→コーヒー→果物）も紹介しているが、これまでにみてきた10品目に及ぶ饗応料理とは異なり、家庭での調理を意識した手軽なスタイルとなっている。さらに「飲水」は毎食時用いるべきとし、「普通の食パン」と「バタ」は御飯と漬物のように毎食必須であるが、米料理にも「赤飯」や「茶飯」などの種類があるように、味をつけたパンを用いることも推奨している[91)]。

さてちか子同様、アメリカの料理書を参考に料理書を執筆する動きは、この後ますます活発化することとなり、大森安仁子・川島芳子共著『西洋料理　附作法と心得』（1911）、手塚かね子著『家庭の友　西洋料理法』（1911）・『滋味に富める家庭向西洋料理』（1924）、中澤美代子著『料理　洋食細菌』（1917）・『簡易洋食の拵へかた　完』（1920）、アグネス・アルウィン著『美味しい洋食の拵へ方　附残り物の利用法』、住田たま子著『家庭趣味西洋料理法　附正しい喰べ方』（1926）、若林ぐん子著『欧米の菓子と料理』（1927）、林玉子翻訳『The Selection of Cooking Book Cooking School, Boston Ⅰ　飲料・麵麭・菓子・果物の調理法』（1929）、KUDO HANAE ほか翻訳『亜米利加式料理法』（1929）など主に女性執筆者による西洋料理書の出版が相次ぐ様子が確認される[92)]。なお上記のほとんどの執筆者がアメリカ等への留学経験のある女性ばかりで、自身の学びをふまえ、知識の伝授に努めていったものと思われる。

なかでも中澤美代子は、『料理　洋食細菌』（1917）の序において、「洋食に限らず何でも食物を調理する人には、一般に渡つた食物の知識が無ければなりません。食物の目的は那邊に在るか、其目的を達する爲めには如何なる原料を撰ぶべきか、如何なる料理法を採るべきかを學理に合せて考る事なく、唯習慣的に手先を動かして頗無意味且つ無興味の食膳を配するが如きは、現代の主婦に取りて恥づべき事の一つであると思ひます。目的も結果も一切構はず人眞似に火を焼き鹽を加へる炊事ならば、前世期の下婢が爲したると異る所が無いでは有りませんか」と述べ、「人體の組織」「食物の成分」「消化吸収の大要及び人には如何なる食物が適するか」「夫が凡何程の量を要求せられつゝ有るか」「食物に關する料理の知識と經濟上の問題」についての理解が重要であると主張する。特に中澤は、「禮法、經濟、衛生、快樂等の諸方面より見た献立が大切である事は、洋食も又和食に變り有りません」とし、通常の献立のみならず、「老幼」「病者」のために「好適の食膳」づくりへの視点も重視している[93]。なおこうした視点は、同時期の家庭向け料理書が目指した理念とも一致する。（第３編で詳述）

いっぽう日本女子大学校教授であった手塚かね子は、当時アメリカで注目を浴びていた「家庭料理家として有名なる、コロンビア大學教授、ミス、バーローと、ボストン市にて、自分の設立にかゝる料理學校の校長の職にあられるミス、ファーマーと、この二女史の講述せられましたる方法を基礎として」、自著『家庭の友　西洋料理法』（1911）を編纂したと主張する[94]（ボストン料理学校への留学経験がある小此木武子は、自著『新家庭講話』（1914）所収「ボストンの料理学校」において、「同校には、日本婦人は私の前に今女子大學の先生をしていらつしやる手塚さんが一寸いらしつたそうで、私は第二人目でした」と記し、聞き及んだ手塚自身の留学経験について言及している[95]）。手塚は、本書を「第一編　朝飯の料理」「第二編　晝飯料理（Luncheon）」「第三編　夕食料理（Dinner）」と三編に分け、三食それぞれに適した料理法や諸注意を提示するとともに、日本の食材を使用することの大切さにもふれながらも、新食材への理解を促すために、西洋諸国の食材も積極的に用いたとの思いを吐露している。

なお本書において、日本女子大学校学監・麻生正蔵は「我日本婦人は、書籍雑誌新聞などを選擇淘汰する人格實力がまだ充分發展して居らぬのである。婦人の實力人格が發展して、茲に初めて讀物の取捨淘汰が行はれて、著書出版を支配するに至るのである」としながら、「軟文學」以外の分野で「筆を染むる婦人」がまれであることを憂い、「西洋料理書の如きは、其の實多くは翻譯ものでなければなぐりがきにしたものであるか、又は宴會料理に關するものであつて、學問と経験の結果を、忠實に又有益にしかも主として家庭の為めに、活用の出來る樣に、纏めたものは、恐らく本書の外にあるまい」と主張し、手塚の実力を絶賛する序を寄せている[96]。

ともあれ、アメリカの家庭料理観に学び、日本の家庭料理を発展させようとした手塚ら女性執筆者たちの尽力は、饗応料理の模範とみなされたフランス料理とは一線を画し、日本の家庭料理精神を支える骨子として、その後も発展をみせていく。やがて昭和期に入ると、アメリカのボストン料理学校が出版したベストセラー料理書 *The Original Boston Cooking-School Cook Book*（初版1896年／著者：ファニー・ファーマー）が、若林ぐん子や林玉子（京都女子専門学校教授）らにより翻訳される。アメリカの家庭向け料理書の大著が、女性たちの手によって紡がれていく事実もまた日本の家庭料理史の画期として看過できないだろう。

さて大正中期には、料理書執筆者たちのさまざまな努力が結実し、巷での西洋料理のイメージも確立される。野口保興著『家庭経済食物の調理』（1917）には、「西洋料理」の解説が、日本料理との関係を考慮しながら、次のように示されている。

本料理は歐米諸国に行はるる料理の総称にして、國々に依りて調味上の趣旨を異にし、フランス料理・ロシア料理・イタリア料理・イギリス料理等の別あるも、調理術の根本は、湯煮(boiling)・焔焼（broiling)・汁煮（stewing)・蒸焼（roasting)・油煮（frying)・油煎（sauting〔ママ〕)・蒸煮(braising)・刻煮(fricassing)等に存せり。調理品頗る多きも、「スープ」・「フライ」・「カツレツ」・「オムレツ」・「コロッケ―」・「スチュー」・「ボイルド」・「ロースト」・「サラダ」・「ソース」の各類を主とし、「コール」・「ボール」・「ガランデン」・「パイ」・「ビーフステーキ」・「ライス」・其の他、獣肉・鳥肉・魚肉・野菜等に関する特殊料理に依れる品種も少なからざるが、果實の調理に発達著しく「コンポット」・「マルムラード」・「ジャム」・「ゼリー」等を與へ、菓子類に就きては「ケーキ」・「プーヂング」糖菓等の夥しきを見るなり。西洋料理は元来パンに伴ひて発達せしものなるを以て、美味に豊なるに拘らず、米飯式の食膳に交渉の深からざるは何等怪しむに足らず、蓋し「フライ」・「オムレツ」・「コロッケ―」・「スチュー」は米飯の伴ふ所と成るを厭はざれども、「サラダ」・「ロースト」・「ボイルド」は、米飯の菜として、殆ど歓迎せらるることなく、「ジャム」・「ゼリー」に至りては、米飯に對し全然没交渉なり。要するに西洋料理は麵包と離るることなくして、我が國に於ける食物の改良に資する所あるべきを疑ふの余地なきも、米飯の菜として直接の影響を及ぼすこと、蓋し甚大ならざるべし。[97)]

総じて明治・大正期の西洋料理書成立の背後には、西洋諸国に比肩し得る国家形成の糸口としての国策的意向が反映されていたことが明らかとなった。新たに直面した西洋食文化と一途に向き合う日本人の歴史を、西洋料理書はそっと教えてくれるのである。

註

1）江原絢子・東四柳祥子『近代料理書の世界』ドメス出版、2008

2）東四柳祥子「明治時代における家庭料理としての洋食、外食としての洋食」(『伝統食品の研究　No. 36』所収）日本伝統食品研究会、2010、pp. 8-17.

3）料理書から社会状況を読み解く研究に、Gilly Lehman: *The British Housewife: Cookery Books, Cooking and Society in 18th Century Britain*(Prospect Books, 2002)、Nicola Humble: *Culinary Pleasures: Cook Books and the Transformation of British Cuisine*(Faber & faber, 2006)、Carol Gold: *Danish Cookbooks: Domesticity and National Identity 1616-1901*(University of Washington Press, 2007)、Sandra Sherman: *Invention of the Modern Cookbook*（Greenwood, 2010）らの論考が挙げられる。

4）敬学堂主人『西洋料理指南』雁金屋清吉、1872、序 p. 4.

5）仮名垣魯文『西洋料理通』万笈閣、1872、pp. 1-3. ※本書は、明治26年（1893）に『素人庖丁西洋料理の仕方』と改題されて、再出版されている。また江原絢子は、『近代料理書集成　日本の食文化史　第1巻　西洋料理〈1〉』（クレス出版、2012）収録の解説において、同年に上梓された『西洋料理指南』『西洋料理通』の刊行時期について、『西洋料理指南』の方がやや早く出版されていたことを指摘している。

6）敬学堂主人：前掲書、1872、pp. 1-2.

7）須藤時一郎『万宝珍書　食料之部』文恭堂、1873

8）岡田哲『明治洋食事始め　とんかつの誕生（講談社学術文庫)』講談社、2012、pp. 56-64.

9）舟木夏江編『牛に関する伝説雑話　附明治肉食小史』肉食奨励会、1913、pp. 17-19.

10）『科学雑談』(1897）所収「肉食談」では、「但馬牛（たじまぎう）」を最上とし、「昔（むかし）より名（な）ある」ものとして、「御厨牛（みくりやうし）

(肥前貢牛)」「淡路牛」「但馬牛」「丹波牛」「大和牛」「河内牛」「遠江牛」「越前牛」「越後牛」を紹介している。ブランド牛にバラエティがみられ始める画期といえる。

11) 増山守正『因循一掃』福井源次郎・福井孝太郎、1877、pp. 23-26.

12) 福田恒久編『明治形勢一斑　巻之上』万笈閣、1878、p. 14.

13) 篠田貞吉譯纂『通俗飲食養生鑑　食餌之部』應春堂、1879、pp. 21-24.

14) 阿部昌太郎述編『通俗諸病自療法　一名長寿要訣』栗原書店、1901、p. 42.

15) 西芳菲山人『科学雑談（少年叢書第三編)』博文館、1897、pp. 83-91.

16) 岡田哲：前掲書、2012、pp. 26-27.

17) 舟木夏江編：前掲書、1913、pp. 18-23.

18) 青木貞三『素食論』八島良吉、1888、pp. 34-35.

19) 沢村真『食物及料理の研究』（成美堂、1907）所収「肉食と菜食」(pp. 211-215.) には、「肉食の菜食に優れる點」として、「味の美なること」・「消化し易きこと」・「繊維などを含まずして養分濃厚なること」・「動物質は蛋白質に富み炭水化物に乏しきこと」の4点が挙げられている。しかし本書では、壊血病や糖尿病の患者が、菜食（植物質のもの）を多く摂る人に少ないことを指摘し、「肉菜一方に偏する」のではなく、両者を配合した「雑食」も奨めている。

20) 白根清四郎『最新健胃法』東京堂、1907、pp. 169-176.

21) 柴田波三郎・津川千代子『日本の家庭に応用したる支那料理法』日本家庭研究会、1909、p. 11.
「日本人はまだ肉食が足りない。足りないと云ふはつまり肉を調理する事が進歩してゐないのが、其重なる原因であらう。此肉食を多くして、日本人の體質を改良して、文明のすべての戰闘に堪へ得るやうにする事が實に刻下の急務であらうと信ずるのです。」

22) 近藤堅三『西洋料理法独案内　附西洋莚会議・設莚心得・莚会席上魚肉割切心得』浜本明昇堂、1886、p. 1.

23) 飯塚栄太郎『西洋朝鮮支那日本料理独案内』改良小説出版舎、1887、p. 1.

24) 大橋又太郎編『西洋料理法　附長崎料理法（日用百科全書第十三編)』博文館、1896、凡例

25) ミツセス・ビートン　山田政蔵訳『家庭実用西洋料理の栞』山田政蔵、1907、緒言

26) 天野誠斎『家事実習法』実業之日本社、1910、pp. 194-196.

27)「洋食」という言葉の初見は明治期である。しかし明治期の「洋食」は、西洋料理の別称としてのイメージが強い。大正期に人気を博すオムライス、ライスカレー、コロッケなどの普及で、「洋食」もまた和と洋の要素を掛け合わせた折衷料理を指すようになる。

28) ヲルラントセリヤ述　西村虎二郎編『西洋料理独案内　附禮式及食事法』東雲堂、1886、自序
「我國開港以来海外諸國ト交通益々繁ク日ニ月ニ駸々乎トシテ、文明開化ノ域ニ進ミ随テ日常ノ衣食住ノ改良モ大ニ行ハレ洋食ノ如キモ其ノ之レヲ用ユルモノ益々多キニ至レリ」

29) 常盤木亭主人『即席簡便西洋料理方』青木嵩山堂、1894、例言

30) 吉田香雨（伊太郎）編『日本西洋支那禮式食法大全』東京屋、1886、序

31) 篠野乙次郎『内地雑居交際の心得』金玉堂、1886、端書

32) 加部厳夫『交際必携婦女のかざし』江島伊兵衛、1887、例言

33) マダーム・ブラン述　松井鉉太郎（洋食庖人）『実地応用軽便西洋料理法指南　一名西洋料理早学び』久野木信善、1888、序・凡例

34) エラード・ホール述　佐藤成義編『洋食之禮法』大沢屋書店、1899、自序

35) 飯島半十郎編『家事経済書（博文館叢書　第三回)』博文館、1890、pp. 143-148.
「西洋料理の法ハ、我國の婦人ハ、しらすして可なり、されと外國交際の道、日に闢くるにしたかひ、

少しく知らされハ、交際上に就きて、或ハ禮を失ふことあるへし」

36）坪谷善四郎編『閨秀錦嚢日本女禮式　一名婦人一代重宝』博文館、1891、pp. 190–267.

「人間交際の道漸やく廣まり内外人一同に會して食を共にすることの必要も起るべきのみならず内國人のみにても西洋料理の宴會に臨むことハ日に月に増すなるべし」

37）大森阿仁子・川島芳子『西洋料理　附作法と心得』大倉書店、1911、緒言

38）大森阿仁子・川島芳子：前掲書、1911、pp. 1–3.

39）櫻井ちか子編『西洋料理教科書』紫明社、1909、p. 3.

40）仮名垣魯文（1829–1894）は、本姓野崎氏、幼名兼吉、また庫七、のち文蔵と改む。諱は能蓮、和堂開珍、英魯文、鈍亭、野狐庵、猫々道人、金花猫翁、玩沸居士、骨董屋雅楽、斜月窓諸兄、香雨亭應一等の別號を持つ、明治初期において江戸戯作の最後をかざった作者の一人である。主作に、『滑稽富士詣』、『苦界ふみ蓋し』、『西洋道中膝栗毛』、『牛店雑談安愚楽鍋』、『胡瓜遣』、『高橋阿傳夜叉譚』などがある。（『日本人名大事典』平凡社、1979、p. 127.）

41）敬学堂主人がどんな人物であったかは、未だ明らかにされていないが、凡例において、「一. 余輩絶テ久シク漢籍ヲ読マス、縁テ大ヒニ漢字ヲ忘却セリ。故ニ屢シハ帝虎ノ訛　アルヲシテ、義ニ差ハンヲ恐ル。又原名ヲ書スルニ、片仮名ヲ以テシテ、唐山ノ文字ヲ用ヒサルハ、我輩曽テ唐山ノ音ヲ以テ、西洋語ヲ訳スルヲ喜バサレハナリ」（pp. 2–3.）と自身の経験から記述しているように、以前にも翻訳経験のあることがうかがえる。

42）仮名垣魯文：前掲書、凡例 p. 1.（句読点　東四柳）

43）日本において、西洋式定時法が正式に採用されるようになるのは、明治6年1月1日からであるとされる。政府は、太陰暦を廃止して太陽暦に改正した時に、同時に不定時法を西洋式の定時法に切り換えた。なお当時の布告には、次のように書いてある。

「一. 時刻ノ儀、是迄昼夜長短ニ随ヒ十二時ニ相分チ候処、今後改テ時辰儀時刻昼夜平分二十四時ニ定メ、子刻ヨリ午刻迄ヲ十二時ニ分チ、午前幾時ト称シ、午刻ヨリ子刻迄ヲ十二時ニ分チ、午後幾時ト称候事」

44）しかし、西洋定時法を、旧来の日本式不定時法へ換算する必要性は、1860年頃から、すでに叫ばれており、日本社会が世界市場に包摂され国際化される中で、高まりを見せてきた。明治2年には、柳河春三によって、すでに、『西洋時計便覧』という換算早見表が出版されている。（角山栄『時計の社会史』中央公論社、1984、pp. 207–209.）

45）仮名垣魯文：前掲書、附録 p. 1.

46）日本国内における定時法の採用については、経済学史家・角山栄もまた幕末の海外渡航者である柴田剛中の『仏英行』を引き合いに出し、「分」を「ミニュート」と英語で記している様子を、次のように指摘している。

「十三日　子　陰、夕前晴　朝第九時験温計八十度　……朝第九時十九ミニュート出航。……」。また香港着のところでは「午下第一時5ミニュート過、香港投錨……」といったかたちで、「分」を「ミニュート」と英語で書いている。つまり定時法は柴田にとって、いわば外国語のようなものであった。（角山：前掲書、p. 208.）

47）敬学堂主人『西洋料理指南』雁金書屋、1872、p. 13.

48）敬学堂主人：前掲書、1872、p. 4.

49）敬学堂主人：前掲書、1872、凡例 pp. 4–5.（句読点　東四柳）

50）敬学堂主人：前掲書、1872、凡例 p. 2.（句読点　東四柳）

51）敬学堂主人：前掲書、1872、凡例 p. 2. ※ちなみに『西洋料理通』においては、調味料などを計る際の匙

の種類は、「茶匙」「食匙」といった表記になっている。

52）この頃の西洋料理書には、たいてい調理時間が明確に記載されているのが特徴であったが、『洋食料理法』においては、約30種の西洋料理の調理法が紹介されているものの、具体的な調理時間は指示されていなかった。例えば、「〇ビステキの焼法　上肉を一斤即ち百二十目を薄く四分に切り、胡椒及び鹽をつけフラヒ鍋にてセイシ油を少く入れ炒焼にすべし。但しなるべく油を去ること。」とあるように、（多少分量についての指示はしているが）時間についての明確な指示は確認できない。（松村新太郎編　パイン・ペリジ口述『洋食料理法独案内』、1886、p. 12.）

53）リュシー・スチーブン口述　篠野乙次郎編『洋食独案内　附料理法・玉突指南』金玉堂、1886、p. 6.

54）パイン・ペリジ口伝　松村新太郎編『洋食料理法独案内　全』支文舎、1886、p. 15.

55）『万宝珍書　食料之部　全』（1873）の原典を明らかにした研究に、原田一義「須藤時一郎『萬寶珍書』とColin Mackenzie: *Mackenzie's Ten Thousand Receipts*」（『東京成徳大学研究紀要―人文学部・応用心理学部―』第24号所収）（2017）がある。原田はフランスの料理書の翻訳として伝えられていた本書の原典を、イギリス・ロンドンで出版された家政百科事典 *Mackenzie's Ten Thousand Receipts, in All the Useful and Domestic Arts* であることを突き止めた。

56）カルマルス　黒田行元訳述『西洋料理全書』文求堂、1874

57）コルソン　近藤堅三編『西洋料理法独案内　附西洋筵会儀式・設筵心得・筵会席上魚肉割切心得』浜本明昇堂、1886

58）バックマスター　中村忠大夫　八巻文三郎『独習西洋料理法』八巻文三郎、1894　※本書はハワイ・ホノルルの移民社会で出版された西洋料理書である。本書の緒言には、現地の日本人たちの西洋料理法の理解の乏しさを憂い、「是等調理法を説明したる案内書」の類が少ないわけではないが、「横文」（つまり英語）のものが多いため、「最も粗末なる和本」にして出版したとの意図がみえる。なお本書の原著は、イギリスで出版された料理書であった可能性が高い。

59）黒田行元（1827–1892）は、維新後、京都東本願寺訳局で梵語の和訳に従事した。著書に『傍葛剌文典』などがある。また黒田のおいたちを探る参考文献として、杉浦重剛の『黒田麹蘆先生』（1914）がある。（『コンサイス日本人名事典』三省堂、1997、p. 467.）

60）根本栄『素人包丁西洋料理仕方　全』吉田忠次郎、1893　※本書は『西洋料理通』（1872）の焼き直しである。改題され、出版された。

61）常盤木亭主人『即席簡便西洋料理法』青木嵩山堂、1894

62）杉本新蔵『日用西洋料理法』大倉書店、1895

63）大橋又太郎『日用百科全書西洋料理法附長崎料理法』博文館、1896

64）さらに明治32年（1899）には、『洋食の礼法』、『洋食料理法』など、「洋食」と銘打った西洋料理書が出版された。

65）常盤木亭主人：前掲書、例言（句読点　東四柳）

66）杉本新蔵：前掲書、例言 pp. 1－2.（句読点　東四柳）

「近來世の文化と共に肉食大に行はれ随て西洋料理も年を逐ふて流行し三府五港は勿論人烟稠密して苟も一市街を為すの地には洋食の招牌を見ざる稀なり。而して此流行と共に、洋食料理法を記したる書籍の刊行を見る。一にして足らず曰く獨案内曰く、手引草曰く何と然れども大抵翻譯家の手に成りて其記する所只想像に止り或は簡短に失し或は高尚に過ぎ未だ嘗て一も實用に適するあるを見ず」

67）杉本新蔵：前掲書、1895、序 pp. 1－2（句読点　東四柳）

68）杉本新蔵：前掲書、1895、例言 pp. 1－3.（句読点・下線　東四柳）

69）常盤木亭主人：前掲書、p. 66.

70）常盤木亭主人：前掲書、p. 67.

71）杉本新蔵：前掲書、p. 180.

72）杉本新蔵：前掲書、pp. 180–181.

73）杉本新蔵：前掲書、pp. 179–180.

74）宇野弥太郎・渡辺謙吉『家庭西洋料理』大倉書店、1905、序

「然るに斯術に関する書籍の近時出版せらるるものを見るに、往々経験も無き人士が、欧米の社会に行はるるものを採りて、漫然之を翻訳し、敢て吾が家庭の状態を斟酌せざるもあり、又時好に投せんとする射利の猾児が、或は大家先生の名を借り、或は其の談話の一端を捉へて、徒に文字を敷衍修飾し平然之を梓に上して顧みざるもありて、実に不親切極まる次第なり」

75）藤村棟太郎『家庭西洋料理法』大学館、1905、凡例 pp. 1－2.

「近来西洋料理を説くの書、漸く世に現はるると雖も、実際一般の家庭に応用せしめんこと、頗る難きものなりと断言するを憚らず。是れ之に要する高価なる器具、器械を用ひ、非常なる長時間を以て、之が割烹を強ひたるもの多ければなり。日常繁多なる家庭に在りては、到底之に依ること能はざるは当然のことと云ふべし。故に本書は、専ら家庭実用の資に欲せんことを供して、編述したり」

76）魁陽軒主人口述　服部国太郎編『洋食と菓子のこしらへ方』大倉分店、1908、pp. 1－2.

77）宇野弥太郎『西洋料理法大全』大倉書店、1912

78）大塚峯吉閲　丹羽庫太郎『新撰西洋料理精通』松陽堂、1901、p. 1.（句読点　東四柳）

79）篠崎仙之助　杉本鶴五郎『沸国料理　家庭の洋食』報文社、1905、此の本を御覧の前に申上度き数々（句読点　東四柳）

80）秋山徳蔵　柴田曜之助編『佛蘭西料理全書』秋山編纂所出版部、1923、自序

81）秋山徳蔵　柴田曜之助編：前掲書、自序

82）秋山徳蔵　柴田曜之助編：前掲書、自序

83）澤本清嗣『純粋フランス料理』アルス、1925、序

84）桜井省三『栄養本位の簡易西洋料理』婦女界社、1927、はしがき

85）桜井省三：前掲書、はしがき

86）大平茂『家庭向きフランス料理』婦人之友社、1929

87）春岱寮資料室編著『フランス料理の背景としてのフランス農村の変遷（料理文化叢書）』春岱寮美食会、1940、p. 88.

88）春岱寮資料室編著：前掲書、p. 72.

89）『主婦之友』は、特異な性格を持った料理書である。対象としたのは、序辞に「本書は主に新家庭を作らる、若き主婦方の家庭の導きとなるべき事を書きましたから之を主婦之友と名付けました」とあるように、いずれ家庭を担っていく主婦となるべき女子に向けられたことは明らかであるが、興味深い特質の一つに、本書が英文料理書的性格も兼揃えていることがうかがえる。その理由を、著者は「…昨年来、本塾生徒に英文料理書に就て実習させましたが、案外に結果が宜敷かったので、爰に集めて公にすることにしました」と書き留めている。なお本書は、逆側から *The House-Keeper's Friend* として、英文訳で読めるようになっている。

90）江原絢子　東四柳祥子：前掲書、pp. 124–125.

91）またちか子は、本書出版の２年後に本書の内容をさらに充実させた形で、『西洋料理教科書』（1910）を上梓している。また櫻井の料理書は重版されることが多かったことからも、多くの読者に支持されていたことも想定される。なお『西洋料理教科書』の序文は、帝国文科大学教授文学博士・井上哲次郎、東京女子

師範学校教授文学士・下田次郎、女子大学校教師・松浦政泰、三輪田高等女学校長・三輪田真佐子、以上4名によって書かれている。本書もまた、*Mrs. Sakurai's Cook Book* として、『主婦之友』同様、後から英文料理書として読めるようになっている。

92）経歴が明らかとなっている女性執筆者の経歴を、以下に示す。

①大森安仁子・川島芳子：大森安仁子（1856-1941）は、旧名をアニー・シェプレ（Annie B. Shepley）といい、アメリカ・ミネソタ州で生まれた。『日本女性人名辞典』（1993）によると、美術文学を専攻し、諸外国を遊学、趣味の絵が日本の文展（文部省美術展覧会）に入選したこともある。明治42年（1909）に、日本の体育界の初期の指導者で、バスケットボール、バレーボールを日本に紹介したことでも知られる大森兵蔵と結婚し、後に日本に帰化した。なお結婚後は、東京の淀橋区柏木に私財を投じて有隣園を開設して園長に就任、貧困児童の保護に献身している。有隣園の事業は、東京淀橋診療所、また震災後の託児所や職業紹介所の開設などへと発展をみせ、さらに内務省からの委託事業としての簡易宿泊所の新設や古衣や日用品の廉売にも尽力した。大正2年（1913）、夫と死別した後も社会事業に尽力しただけでなく「紫式部日記」「更級日記」などを英訳して、米国などに紹介した。また、共著者の川島芳子は、清朝粛親王の王女・日本のスパイとして知られた川島芳子と同姓同名であるが、時代からみても別人である。川島は、日本の家庭において、台所を重視した設計・設備の必要性を感じ、『東洋婦人画報』（1908）に「米国の家政」についての論考を寄稿している。その記事の肩書きによると、川島は女子英学塾（現在の津田塾大学）の家政科教師で、米国ボストンのシーモンスカレッジで家政科を専攻したとある。（『近代料理書の世界』より一部修正し、引用掲載、p. 140.）

②手塚かね子：手塚かね子は、明治13年（1880）、栃木県に生まれ、県立宇都宮高等女学校を明治32年（1899）に卒業している（『日本女子大学学園事典　創立100年の軌跡』2001）。この年は高等女学校令が公布され、高等女学校の教育制度が整備される年でもある。まだ、高等女学校の生徒数は全国で9000人に満たず、同校の生徒数は30人前後であったが、卒業年には200人となった（『100年史』1976）。手塚は、その後に進学した日本女子大学校家政学部を明治37年（1904）に卒業後、同校の付属高等女学校の教諭に就任する。明治42年（1909）には、家事および料理研究で、アメリカ、イギリス、フランス、ドイツ、ロシアを視察後、翌年帰国し、同校の家政学部料理担当の教授となった。（『近代料理書の世界』より一部修正し、引用掲載、p. 190.）

③中沢美代子：中沢美代子（1874-1973）は長野県に生まれ、明治34年（1901）に東京女子高等師範学校国語漢文専修科を卒業後、岐阜県立大垣高等女学校に就職した。その後明治38年～大正3年（1905-14）までアメリカに留学し、シカゴ大学などで家政学を学ぶ。大正5年（1916）、アメリカの南カリフォルニア大学の講師であった後藤健を養子に迎え、結婚。大正7年～昭和7年（1918-32）まで、東京府立第三高等女学校で国文と家政を教えた（『桜蔭会誌』1940）。中澤の単著『簡易洋食の拵へかた　完』（1920）は、中沢が府立第三高等女学校の教員時代に執筆したもので、アメリカへの留学経験から、アメリカ風の料理が紹介された西洋料理書となっている。府立高等女学校退職後の昭和7年（1932）、私立中澤家政塾を興し、一般主婦のために家事研究の便宜を図った。生活改善にもとりかかり、「広幅織物で作った筒袖、おくみなしの着物、襠（まち）なしの羽織」の普及にも努めたとされる（『日本女性人名辞典』1993）。（『近代料理書の世界』より一部修正し、引用掲載、p. 174.）

④大岡蔦枝：大岡蔦枝（1878-1965）は和歌山県出身である。明治33年（1900）に京都府立第一高等女学校、明治38年（1905）に日本女子大学校家政学部を卒業後、同校にて寮監を務めていたが、明治44年（1911）から大正7年（1918）まで、アメリカのミルズカレッジ等で家政学を学ぶ。帰国後は、玉木直とともに、病床の成瀬仁蔵（日本女子大学校創設者）の病人食を担当する。成瀬の没後、再び寮監となり、大正9年（1920）には寮監長にも就任するとともに、さらに昭和20年（1945）まで同校の料理の教授としても生徒

の指導に努めた（『日本女子大学学園事典　創立100年の軌跡』2001）。（『近代料理書の世界』より一部修正し、引用掲載、p. 216.）

93）中澤美代子『料理　洋食細菌』家事文庫刊行会、1917、序 pp. 1－2.

94）手塚かね子『家庭の友　西洋料理法』大橋光吉、1911、自序

95）小此木武子『新家庭講話』大日本雄弁会、1914、pp. 220–221. ※小此木はミスファーマーのボストン料理学校を絶賛しており、同書において同校の学びの詳細についても解説している。

96）手塚かね子：前掲書、序

97）野口保興『家庭経済食物の調理』目黒書店、1918　pp. 13–14.

第2章 「洋食」という日本文化の誕生

洋食。その響きには、誰もが懐かしさを覚える。西洋諸国からの急激な文化移入の階梯で、自国の食文化とアレンジしながら考案された日本の洋食。その折衷の巧みさには目を見張るものがある。しかし明治期に登場する洋食ということばは、西洋料理と同義で用いられることが多く、違いを意識して使用されていた様子はみられない。それゆえ、明治期の文献では、明確な使い分けはみられず、前章でおった西洋料理同様、洋食の理解に戸惑う日本人の様子を方々の資料で確認することができる。例えば明治24年（1891）に出版された『雅俗作文記事論説　上』には、洋食の作法に困惑する次の記述がみえる。

> 洋食スルコトを問フ　僕元来肉食ヲ欲セス、是ヲ以テ未タ嘗テ洋食ヲナサズ、然ルニ某日某公ノ邸ニ招致セラレ、當日會スル所ノ者ハ多ク洋人ニシテ、食フ所ノモノハ皆洋食ナリ、僕殆ト困ス、然レトモ辭謝スル能ハサルヲ以テ、強テ其末班ニ列セントス、是下ハ僕ト異ナリ、常ニ洋人ニ接シ、且洋食ヲ嗜ム、蓋シ我國自ラ饌食ノ禮アリ、顧ニ西洋豈禮ナカランヤ、只下必ズ之ヲ知ルベシ、請フ其法ヲ教ヘヨ、期日巳ニ迫レリ、素ク速示ヲ要ス[1)]

編者の青木輔清は、この問いに答えるがごとく、カトラリーの使い方やパンの食べ方などの洋食マナーの解説を試みているが、西洋人との交流の中で求められた洋食への理解は、本書のほかにもさまざまなマナーの解説書が出版された状況からも急務とされていたことは推察される。

また『人情快話　道楽百種』（1905）には、「シチユー」「オムレツ」「ライスカリー」「カツレツ」「ビーフ、スチック」などの料理を洋食と称し、「三鞭酒」「葡萄酒」などの洋酒と贅沢に味わう「洋食道楽」のつぶやきが紹介されている[2)]。なお「洋食道楽」と呼ばれる所以について、本書の主人公は「如何しても日本料理では氣が済まぬ、況して御茶漬、澤庵では閉口仕るので、必ず必ず此店の得意として、間がな隙がな遣つて來ますよ」と洋食に魅せられた胸中を語りながら、「バタアにせよ鳥肉料理、魚肉煮込みの類でも、必竟割烹が肝心だから、和食を用ゐて居られませぬ、去れば家内でも朝晩ともに否御晝を加へて、三食共に割烹の苦状が多いところから」、家庭内のみならず、さらには常連となった洋食店でも「洋食道楽」と称された心情を吐露している。ともあれ、同時期の『日常生活　衣食住』（1907）にみえる「洋食」の項にも、「洋食は現時驚くべき勢力を以て流行せり[3)]」とあるように、洋食ということばは急激な勢いで日本社会に普及する。

さらに明治の終わりには、日本風にアレンジした洋食研究への関心も高まりをみせるようになる。『実業実習法』（1910）所収「日本特有の洋食研究」では、「料理家によつて研究されて居る日本の洋食は其程度極めて幼稚なものである」とし、「西洋の形式」を鵜呑みにするだけではなく、西洋各国でも自国の特産物を使用し、特徴ある名物料理を創成しているように、日本の洋食も翻訳的にならず、地域の食材の使用を重視し、「所謂西洋料理に相違ないが之れを全く日本化して割烹家の腕を見せ、西洋人も日本まで往かなければ喰べられると云ふ名物料理を作る事に重きを措いて洋食の進歩改良を講ずるのは割烹家の目下研究すべき問題」とすべきとの主張がみえる[4]。こうした日本風アレンジへの意識の高まりは、やがて「オムライス」や「とんかつ」といった単なる翻訳ではない日本独自の折衷料理としての洋食を誕生させる基盤となっていく。

そこで本章では、明治期に著された料理書や日記などの史料を中心に、家庭の内外において、洋食がどのように享受されていたかについて考察する。洋食が、洋食店やカフェーなどの外食店の人気メニューとしての地位を得るようになる明治・大正期の概況を中心に紹介することで、今のイメージにつながる洋食[5]誕生へのプロセスを紐解いていきたい。

第1節　西洋料理から「洋食」へ

1）異国の食文化理解の難しさ

新しい西洋諸国の食材や料理との出会いは、日本で独自に進展する洋食文化誕生のきっかけになったことは先にも少し述べたが、その萌芽の背後で受容に苦慮した日本人の様子もまた明治期の文献に多く確認できる。例えば次の①〜③はいずれも当時の日本人の失態を嘲笑する引用にあたる。

> ①明治初年の頃ろ西国の或武士が横浜在留の某外国人に招かれて到りけるに頗る鄭重の待遇に件の武士甚だ打ち喜び偖ても欧羅巴人と申すものは斯くも注意の至れるものかな某が欧食に慣ぬを早くも見て取り喰残をバ之に包みて持ち帰れとの心付け折のかはりに風呂敷とハありがたしと打ち喜び垂布に喰残の肉を包みてノソノソ立ちへれりとハ今に一笑話となれるが…[6]

> ②同じ食卓を囲んだ日本人がナイフとフォークを不器用に使うのを見ていると、おかしくて仕方なかった。使い方を真似ようとして、ちらちらとひっきりなしにわれわれの方を盗み見する。けれども望みはなし、とうとうあきらめて手づかみを始めた[7]（デンマーク海軍士官スエンソンの思い出）。

> ③其開業当初の話を聞くに、当時の客には、スープを吸はんとして、胸より膝へしたたか浴び、或はナイフの尖に肉片を刺し、之を頬張らんとて唇を切り、流血淋漓たる如き奇談は、常のことなりしと云ふ[8]。

例えば、①の引用では「明治初年」に横浜の在留外国人に招かれた「西国の或武士」が、「垂布」（ナプキンのことと思われる）を食べ慣れない「欧食」を持ち帰るための風呂敷と勘違いし、「食残の肉」を包んで帰ってしまった笑い話を紹介している。なおこの話が収録された『即席簡便西洋料理法　附礼式及会食法』（1894）は、こうした過ちを犯さないためにも、西欧列強の食文化を正しく理解させるために編まれた西洋料理書であり、この類のガイドブックは、明治期以降、軒並み出版数を伸ばすこととなる。実際、マナーの習得の難しさは、当時の多くの日本人を悩ませていたようで、②③の引用においても、ナイフとフォークの使い方を理解せず、手食で西洋料理を食べる日本人の様子や、スプーンを使わず、そのまま食器に口をつけ、スープを浴びてしまった逸話（図1–2–1）、さらにはフォークではなく、ナイフで料理を口に運び、唇が切れて流血騒ぎになるなどの珍事を伝えている。

図1–2–1 無作法な食べ方（『時事新報』1890年5月2日）

こうした西洋マナー理解への難しさは当時の作法書においても言及されることが多く、例えば『女子宝鑑　一名婦人重宝玉手函』(1906) では、ひげや唇を洗ったり、うがいをしたりせぬよう、正しい「フヰンガーボール」の使用法について、以下のように説明を付している。

> フヰンガーボールは西洋料理には必ず附き物であります。是は其名の示す如く、フヰンガー即ち指、ボールは鉢で、指を洗ふ鉢であります、一體此の器を出す趣意は果物を喰べる時にホークを用ゐず指で撮んで喰べる事がありますからして、其の前後に指を洗ふ為であります。ソレデすから或は微温湯に致したり、又は其中にレモンなどを入れて香氣を附けて御在ます。故に此の鉢で髭を洗つたり唇を灌いだり甚しきは合嗽をしたりするのは間違つた話で、ザツクバランの席では兎も角、晴れの宴席などでは大失禮であります。[9]

なおこうした西洋料理への理解の乏しさを憂う懸念は、近代の文献のなかでも散見される。明治生まれの作家・室生犀星は、昭和期に出版した自著『室生犀星随筆集　一日も此君なかるべからず』(1940) において、明治期に求められていた西洋式食事マナー会得の状況について、次のように回想する。

> 西洋料理といふものの喰べ方は私の少年時代から青年期にかけて、恐るべき苛酷な教へ方を強制してゐた。スプンやフオークの持ち方、ナイフは音を立てないで皿の上の間をきらねばならぬとか、魚の骨は口から出してはいけないとか、一たん、卓布の上に落した魚をたべたりすることは卑しいことであるとか食事中は咳をしたり皿の中の物をのこしたり煙草をのんだり、品の悪い話をしたりすることはいかぬとか、凡そ、ちよつと◇（◇は判読不明。以下同様。）軀をうごかしても、猫背になつてもいかぬといふことであつた。胸を張つて上品な顔付をして他人に不快をもよほすやうな表情をすることも、相成らぬとのことであつた。[10]

また犀星自身もいつも西洋料理の会食の場では、緊張を強いられていたようで、「僕は西洋料理をたべるごとに、失態せぬやうに心に青い汗を掻き、ナイフはいつも皿の上で肘も抜けるほどの力をいれなければ切れない肉をきるたびに、かちやんと皿にたたきつけられる音響に自分自身他人の驚きを想像して、一尺も飛び上るほど驚いたものであつた。そして脇の下にも背中にも汗をかいたものである。（中略）西洋人は決してそんな喰べ方はせぬとか、西洋人はああするとか、かういふふうに喰べるとか云つて、一に西洋人、二にも西洋人の教訓がいひ◇されてゐた。生れてから箸を持つて永い間平和に氣らくに食事をしてゐた僕は、洋食になると凡ての平安が破られ、おちおち肉をあぢはい、魚をたべることができなかつた[11]」と、常に不安にかられていた自身の気持ちも明らかにしている。

さらに女性達に求められたマナー習得の必然性についても、「ことに名譽ある婦人方にとつて實に由々しく並々ならぬお行儀の展覧會であつた。フオーク一本を落しても天地も砕けたやうな驚きを列席の紳士淑女にあたへたのである。さういふ婦人の失態はすくなくとも三四年間は噂の主旨となり、偉大なる物笑ひの種子となつてゐた[12]」と綴り、「千九百十六七」年頃の女学生たちは、女学校の「西洋料理科」や宣教師の家に出入りするなどして、西洋料理の習得に励む状況にあったことにもふれている。

さていっぽうで、西洋由来の食品の理解にも難しさがあったことを指摘したい。イギリス人家庭教師・エセル・ハワードの回想録には、お土産にもらったオーデコロンをワインと間違えて飲んでしまい、頭痛に悩まされた使用人の様子が、次のように記されている。

> ある時、子供たちが旅先からオーデコロンの壜を何本か持ち帰って、それをこの侍女たちにお土産としてやった。その結果、二、三日して電話がかかってきて、あれを飲んだら頭が痛くなったけれど、普通はどのくらい飲むものかと問い合わせがあった。彼女たちはそれを西洋の葡萄酒だと思ったのである[13]。

なお新しい食品に戸惑いをみせる日本人の様子は、同時期の外国人の記録に散見される。例えば、「クララ・ホイットニーの日記」に、こんな記事もみえる。

> 七月二十八日土曜　使用人がテイとヤスだけになったので、仕事が山のようにあった。新しい料理人のマンキチは、バターとチーズを見たら気持ちが悪くなって、逃げ出してしまったのだ。勝家の人々はマンキチの弱虫加減に大笑いした。マンキチは四日たったら戻ると約束したのだが、あとになって、郷里の新潟の近くの越後に帰ると言い出した。とても丁寧で、正直そうないい人だったので、残念で残念で仕方がない[14]。

実際、乳製品への嫌悪と不安は当時の日本で蔓延していたようで（第４編第２章を参照）、この記述のほかにも、クララは当時販売された乳製品の質の悪さを憂い、「麻布のサンバン農場へ行って粉末クリームを買ったが、変な臭いがして味はもっとひどかった[15]」と書き残している。さらに日本の乳製品の質の悪さは、チェンバレンやE. S. モースなどお雇い外国人の記録にも散見される。

チェンバレンの回想：たいていの日本の町は、大きな町も小さな町も、いわゆる「西洋料理」（その意味は外国料理店である）を自慢にしている。不幸にも、第三流のアングロサクソンの影響がここでは大威張りである。その結果、日本式西洋料理の中心思想は、板（靴底）のような堅いビフテキに、芥子と、紛いもののウスターソースをかけることに徹している。ビフテキという、料理の最高潮に達するまでには幾つかの料理を経なければならぬ—第一コースは水っぽいスープで、第二コースは悪臭のするバターでいためた魚、第三のコースは、これまた腐ったようなバターで揚げた鶏の足である。料理は、当地発行の西洋料理の本が（不幸にも多くの誤植で眼もあてられないが）「スウエート・オムレツ」（Sweat Omelette）と名づけてもので終る場合が稀ではない。[16]

E. S. モースの回想：半焼けのロースト・ビーフ、本当のバタ、それから佳良なパンの正餐の卓に向った時は悦しかった。ミルクもバタもチーズもパンも珈琲もない—今迄もかつて無かった—国ということを考えるのには骨が折れる。日本人にとって、パタは極めて不味いので、彼等は菓子にせよ何にせよ、バタを入れてつくった食品を食うことが出来ない。[17]

いっぽうエセル・ハワードの記述には、厨房の料理人が調えてくれる食事はホテル風のフルコースで、フランス人のコックが料理したかのようであったと評価しながらも、子供たちにとって、そのボリュームの多さを懸念し、進言した際の厨房側とのいざこざが次のように示されている。

しかし、私の教え子のような小さい子供たちには、それらはあまりにも重すぎるので、私はすぐに食事の内容を変えて、もっと軽い簡単な食べ物を彼らに与えるべきだと思った。これは、思いのほか実行に移すのが難しい問題だった。毎週のように信じられないほど大量の食料品が買い込まれているのを私は発見した。これらは新しい取り決めでは、もはや不要となり、その結果、料理番たちの役得は少なくなり、屋敷内のある方面での不満が増大した。このことがあってまもなく、私は最初の匿名の手紙を受け取ったが、それは一人で出歩いては危ない、特に茂みや生け垣の傍らを通るときは気をつけろ、という警告であった。手紙の紙も文章も、書かれた英語も、まことにお粗末なものだったので、私は多分、料理番からきたものだろうと思い、たいして重きも置かずに誰にも話さなかった。ただ女中の駒だけには、彼女の目の前で手紙を破り棄てて、こんなことは馬鹿げたことだといってやった。[18]

こうした外国人の目に映る滑稽な様相をみるにつけても、日本人にとって、西洋食文化の受容がことのほか難儀であったことは理解される。しかしこうした「可笑しさ」を笑話として紹介する動きも明治の終わりには顕著となる。例えば『薄馬鹿大将　滑稽珍話』（1912）には、登場人物である「僕（春田）」と「芳ちゃん」の滑稽なやりとりが以下のようにつづられている。

> 『ビフテキと、ライスカレーを二人前づゝ』『ハイ』と女中が退るとすぐ、『春田、銭はあるのかい』と心配する。『あゝ』と云つて、フオークを左手に、ナイフを右手に持てば、芳ちやんもその通り真似る。処が、どうしたんだか馬鹿に頬がかゆくなつて来た。で、ナイフを持つた手で頬を掻くと、芳ちやんも矢張り頬を掻く。僕がエヘンと咳をすると芳ちやんも出ない咳を無理に苦しさうにする。可笑しくなつて来た。僕が喰べはじめると芳ちやんも喰べはじめた。処が、『辛い！』と云つて顔をしかめた。『なぜだらう』僕が芳ちやんの皿を覗くと、勿　驚！芳ちやんのカツレツはソースの海を泳いでゐるのである。のみならず僕がかけたので真似をしてかけたのだろう。コシヨウが山のやうに積つてゐる。僕が可笑しくなつたので、フウフウ笑ふと、『君、洋食つてものは辛いものだなア』[19]

さらに『円遊新落語集』（1907）には、三遊亭円遊口演の「素人洋食」という新作落語が紹介され、『薄馬鹿大将　滑稽珍話』同様、見よう見まねでへまをする日本人の様子が面白おかしく描かれている。

> □「イヤ皆さん心配をなさいますナ、私はチヤンと調べてあります、洋食心得と云ふ本を持つて居ますから私が行る通りに御行なさい　□「有難ふ厶います　□「ソコデ洋食心得に恁ふ言ふ事が書てある、テーブルの下に手を入て手袋を静に取と云ふのだから手に嵌て居るものがなければ不可と見える　○「私は刺繍の手袋があるから夫を嵌て行ます　□「薪屋の親方は　○「私は悴が剣術が好で小手がありますから夫を嵌てまゐります　□御婆アさんは　婆「孫の股引を嵌てまゐります（略）　□「若々茲に骸骨見たひのものがありますが何です柄の長ひヘンナもので　□「夫はフオークと云つて肉を刺ものです　○「此方にあるのは　□「夫はスポン　□「ヘエー、スツポン　□「スツポンじやアないスポン　□「然うで厶いますか、皿に汁が入つて出て来ましたが何です　□「夫はスープ　○「是は飲ませんネ油ぎツて居て、何だか魚燈の匂がして胸が悪くなつて来ました　□「六兵衛さん何を探して居るので　六「茲に有つたスポンが見えなくなりました　□「下婢を招で御貰ひなさい　六「若し若し御婦人スポンを茲に出して頂きたいスポンが無ので厶います　女「畏りました、旦那様　旦「何だへ　女「泥亀を持つて来いと仰有ます　旦「洋食に泥亀が入用のかしら気が注なかつたナ、オイ御客には在やうな顔をして直に柳原へ買に行つて大きな泥亀を十五疋ばかり喰つきさうな泥亀を持つて来ナ　○「宜しゆふ厶います、御大家の勢ひで直に御取寄になりました、奥座敷へゾロゾロ這出します　○「是は驚ひた座敷へ泥亀が這出すのは驚ひたネ　婆「コンナ事が有かと思ひまして妾は椅子へ乗かつて居るので厶いますヨ南無阿弥陀沸南無阿弥陀沸　□「六兵衛さん何して居るので　六「貴下方の騒ひで居る間にコゝへ坐り込で剃刀があるを幸ひ髭を撫て居るンで、水までチヤンと揃つて居ます　□「剃刀じやアないナイフと云つて肉を切て喰るものだヨ、オヤオヤ六兵衛さん頬から血が出たヨ　六「どうれで痛ひと思つて、然し此処に膏薬のあるのは感心だネ　□「夫はバタと云つてパンに着て喰ふものです　六「然うですか私は油薬かと思つた、ワアワア

> と云ふ座敷は騒ぎでムいます、ご主人も余り騒々しいから出て来ましたが　久「今日は何も無のに御招申して失礼をしました　○「コレハ旦那様で大きに御馳走になりまして有難ふムいます　久「喜六さんお前さんも何うかしたかへ顔色が善ない善ない　喜「皆がが私にパンを押付て無暗に喰たので心もちが悪くなりました　久「夫はお前さんにパンを押付る理由だ、皆さんが揃つて大方お前さんをバタ（馬鹿）にしたのだらう[20]…

失態を笑いのネタに変える動きは、一旦西洋の食文化を理解し始めた日本人の余裕からくるものといえるかもしれない。先述した犀星もまた昭和期の回想では、「だが私も年とともにもう西洋料理を日本風にたべることを考へ付いて、必要以外はナイフをつかはずにフオーク一本で、大ていの皿のものを退治してゐたそのフオークも右の手に持つやうになり肉を切り魚をさばき、野菜をすくひ日本の箸をつかふごとく安易な心持で食卓についてゐた[21]」と、ようやく堅苦しい作法から解放され、自由に食事を楽しんでいた様子を伝えている。ともあれ、こうした試行錯誤を繰り返しながら、洋食は日本の食生活の中にゆっくりと根付いていったのである。

２）繰り返された「翻訳」・「折衷」という努力

さて鹿鳴館が建設された1880年代頃には、饗応に必要な正しい知識を伝えるために、『日本支那西洋料理独案内　附礼式及食事法』（1884）、『西洋料理法独案内　附西洋莚会議・設莚心得・莚会席上魚肉割切心得』（1886）、『西洋日本支那礼式食法大全　附製法秘伝及玉突指南』（1886）、『西洋料理独案内　附礼式及食事法』（1886）、『洋食独案内　附料理法・玉突指南』（1886）、『西洋礼式作法料理法食事法　完』（1886）、『洋食料理法独案内　全』（1886）、『日本西洋支那三風料理滋味之饗宴』（1887）、『日用西洋料理法』（1895）、『洋食の礼法　附西洋礼式』（1899）などの西洋式食事作法書や西洋料理書の刊行が相次いだ。特に西洋人との交際が求められた政府高官、婦人令嬢たちは、こうした書物を通し、必要な知識を学んでいったのであろう。また上掲の料理書の多くが、西洋人からの聞き取りをまとめたものとなっており、実際的な内容を伝えることを目的としている様子もうかがえる。

日本で初めて「西洋料理」という言葉が書名に使われた西洋料理書は、明治５年（1872）に刊行された『西洋料理通』、『西洋料理指南』という２種の料理書である。なお双方に共通する特徴として、国民一人一人の強壮な身体作りに励む心がけが報国につながるとの意図が明記されており、肉食を主とする西洋の食生活を実践する意義が説かれていたことは前章でも述べた。つまり、明治前期の西洋料理書の出版意義には、個々人の健康増進への努力が強い国家づくりを実現するという方式の下、理想として掲げられていたことが理解される。

さらに1880年代になると、各西洋料理書にもオリジナリティがみえ始めるようになる。例えば、お雇い外国人ミス・クララ・ホイットニーが、櫻井女学校教諭・皿城キンとともに、実母アンナの手控えを共訳した『手軽西洋料理　全[22]』（1885）というわずか51ページの西洋料理書を刊行している。本書の面白さは、各料理名を「鶏の（スツプ）　Chicken Soup」「焼肉　Beef Steak」「焙り肉　Roast Beef」「雑煮　Beef Hash」「鶏飯の料理　Chicken Rice」「潰したる馬鈴薯　Mashed Potatoes」「揚芋　Fried Potatoes」「卵煮　Poached Eggs」と直訳しているところにある。

また外国の料理書の翻訳と推察される『西洋料理法獨案内　附西洋莚会儀式・設莚心得・莚会席上魚肉割切心得』[23]（1886）にも、「独逸馬鈴薯」「炙牛肉」「大口魚薄塊」「羊湯」などといった具合で直訳された料理名がみえる。しかし、本書には日本人の食生活に合わないものを除外し、経済的な料理を選択するという目的が示されていながらも、「烙きたる心臓」「蒸たる豚の腎臓」「羊頭の蒸」といった、それまでの日本では一般化していたとは考えにくい食材を用いた内臓料理も紹介されている。つまりこの時期の西洋料理書は、家庭での調理の実践をすすめる実用書というよりむしろ新たに受容された西洋料理の概要を伝える解説書としての意義が強調されていたのである。

とはいえ、実生活に適していたとはいえないまでも、手に入りにくい西洋の食材の代わりに、日本の食材を用いるよう勧める提案は、1880年代に書かれた西洋料理書より顕著になっていく。明治19年（1886）、日本で初めて洋食という言葉が書名に用いられた西洋料理書『洋食料理法独案内　全』が出版された。本書に掲載された料理名をいくつかあげてみると、「ソツプ」「シチユ」「ビフステキ」「メンチビフ」「フーカゼ」「カツレツ」「フライ」「サンドイチ」「サラダ」「オモレッツ」「ライスカレイ」「ロース」「コロツケ」「キヤベツマキ」などとあり、現在でも定番化している料理名がすでにいくつか含まれている。しかし、本書には、料理名にまだ十分に精通しておらず、注文時に困惑する当時の日本人の様子が以下のように記されている。

図1-2-2　洋食店
（『滑稽笑説　乗合船』1888）

> ろく――西洋料理を喰しめぬ人たちが時分どきに或る洋食店へあがり込み、オイ姉さん大速だから何でも浅さりしたものを二品三品バかり見つくろツておくれなト云ふに、ホーイの姉さんがさやうならオムレッツとカツレツにサラダを致しませうと云へば客ハ少し帽としてエヽソンな挿み言葉じやア我にや解りらアしねへ（読点　東四柳）[24]

また本書に掲載されたレシピは、「極上のブランデ」でフランベするなどといった高価な食材の使用や高度な調理法が散見されることからも、家庭で調理できる手軽な料理であったとは考えにくい。つまり、明治期に認識されていた洋食はまだ今のイメージにつながるような日本的要素と西洋的要素が折衷化された内容というより、西洋料理の別称であったとの印象が強い。

例えば『滑稽笑説　乗合船』（1888）にみえる「洋食客物語」においても、「西洋料理」を扱う店を「洋食店」と称し、不慣れな西洋食文化に翻弄される日本人の様子を風刺している[25]（図1-2-2）。実際西洋料理と洋食の用語の使い分けについては、筆者のこれまでの調査でも、当時はまだ明確に区別する様子は確認できていない。しかし明治後期より『洋食独案内　附料理法・玉突指南』(1886)、『洋食のおけいこ　全』(1903)、『お手軽西洋料理の仕方　一名洋食独案内』(1906)、『家庭応用洋食五百種　全』(1907)、『洋食と菓子のこしらへかた』(1908)、『洋食の調理』(1911）などといった洋食と称する料理書の出版も増加の途を辿ることとなる。

特に1900年代になると、料理書の刊行数も軒並み急増し、家庭向け料理書という新しいジャンルが成立する。この種の料理書は、専門料理人に向けて著されたものではなく、一家の家計を掌る家庭の主婦たちを対象としたもので、素人でもわかる表記や手間の少ない簡易な調理法が考案されるなどの工夫もみえる。そして、この刊行の背景にもまた「富国強兵政策」の影響がみえる（第３編参照)。というのも、当時、読者対象となった女性たちには、国家の基礎単位である家庭を堅実に守るという義務が課され、冗費を節減することで、一家の和楽の実現に努めることが任務として求められていた。したがって、こうしたニーズに応えるためにも、実際的な料理書が多数刊行される動きが生じた。

そしてこうした流れの中で、家庭向け西洋料理書も刊行された。**資料1–1**は、簡易な記述にこだわった『洋食のおけいこ』[26]（1903）に収載された洋食名の一覧である。いずれも現在ではなじみのある料理名が並んでいるが、「ライスカレー」を「飯の餡かけ」、「コロッケー」を「刻み肉入の天ぷら」といったように、努力の跡が垣間みえる料理名の翻訳がなされている点は興味深い。

また、同じ頃に書かれた『家庭西洋料理と支那料理』[27]（1906）でも、日本料理との対比の上で、下記のような例示を用いることで、理解を促している様子がみえる。

「スープとは即ち肉汁のことにして、またソツプともいふ」
「スチユーとは、我が料理で云ふ煮物のことである」
「フライとは我が料理の天ぷらと同じことにて、即ち揚物料理のことである」
「コロツケーと云ふ料理の仕方はパン粉又は馬鈴薯を茹て摺つて練つて、其れを手にて延して、その中へ肉を搗きつぶして丸めたものを入れて包みて揚げた物を云ふのである」
「オムレツとは即ち日本料理にて云ふ卵子焼のことである」
「ライスカレーの事を本邦の意義に譯せば五もく飯又はかやくめし」
「サラダ料理は日本料理にて云ふ酢の物である」

さらに明治40年（1908）には、赤堀割烹教場の赤堀吉松らにより、509種のレシピが収録された西洋料理書『家庭応用洋食五百種』[28]が出版された。著者らは、本書所収「洋食器具の説明」において、多くの西洋料理の調理器具があるとはいえ、「スチユー鍋」は「深き瀬戸引」や「青銅鍋」、「フライ鍋」は「普通の淺き鐵鍋」や「玉子焼鍋」などで応用できるとし、さらに「大匙」「中匙」「小匙」など計量スプーンの図解などに加え、家庭での調理を意識したわかりやすいレシピの提案に努めている。また本書には、「ハンブルグステーキ（一種の牛肉ステーキ)」(ドイツ料理)、「インデアン、カレー（印度のライスカレー)」(インド料理)、「ヤンキーポーク、アンド、ビーンズ」

資料1-1 『洋食のおけいこ』（1903）に収載された洋食一覧

汁物の類（汲い物）

スープ（吸い物）
オックステイルスープ（牛の尾の骨のスープ）
ライススープ（飯入りのスープ）

肉類料理

スチュードビーフステーキ（肉の油揚の煮物）
ビーフステーキ（焼き肉）
ボイルドミート（刻み肉の炙りもの）
ライスカレー（飯の餡かけ）
スチームミート（肉の湯煎）
スチームミート（別法）
コロッケー（刻み肉入の天ぷら）
ミートロール（刻み肉の丸形天ぷら）
タング（牛の舌の湯煮）
スチウ（牛肉の湯煎）
スチウ（別法）
アイリッシュスチウ（餡かけのスチウ）
ベークドスチウ（餡かけの蒸肉）
キャベージ（キヤベージ巻）
サンドウイッチ（肉挟みパン・西洋弁当）
チッケンカットレッツ（鶏の天ぷら）
チッケンロースト（鶏の丸蒸し）
チッケンポットパイ（鶏の煮ものと菱形のパイ）
肉の塩漬法

魚類料理

フ井ッシロースト（魚の蒸し焼き）
ベークドフ井ッシ（焼き魚）
ベークドフ井ッシ（別法）
フ井ッシボール（魚と薯との合せ焼き）
フライ（魚の天ぷら）

蔬菜(やさい)類料理

サラダ（やさいの酢の物のたぐい）
サラダドレッシング（酢の物のたぐい）
フ井ッシサラダ（魚の酢の物）
ボイルドキャベージ（甘藍(たまな)の煮物）
フライキャベージ（甘藍(たまな)の揚物）
マッシドポテート（馬鈴薯(じゃがいも)のきんとんの類）
マッシドスクアシ（南瓜(かぼちゃ)のきんとんの類）
ビーン（菜豆(いんげん)の煮物）
ミント（かけ酢）

玉子料理

ヲムレット（肉入りの玉子焼き）
スタッフドエッグ（玉子のつめもの）
カスタード（玉子入りのかけ汁）
メヨニースドレッシング（玉子入りのかけ汁の別法）

パイ類（饅頭の類）

オレンジパイ（みかん饅頭）
オレンジパイ（別法）
アップルパイ（林檎の饅頭）
アップルパイ（別法）
カスタードパイ（カスタード饅頭）

プッジング類

プッジング（食後の口直し物）
チョコレートプッジング（チョコレートの口直し物）
ミートプッジング（肉入りの口直し物）
スチームプッジング（口直しの蒸物）
ライスプッジング（飯入りの口直し物）

ソース類（かけ汁）

ソース（醤油として使う汁）
ホワイトソース（あん、ころも）
クリームソース（あん、ころも）
ホルランダイスソース（あん、ころも）

菓子とパン類

ワッフル
ゴールデンケーク
スポンジケーク（かすてら）
ロッキーケーク
パンケーク
ジャンブルス　又はチーケーク
ビスケット
ビスケット（別法）
ジンジャービスケット
スコン
トースト
オーツミール（燕麦(はとむぎ)）

ゼエリー類

レモンマーマレード（橙の砂糖煮の汁）
オレンヂヂェリー（柚子又わ密柑の砂糖煮の汁）
オレンヂヂェリー（別法）
フルートヂェリー（果物入りのよせもの）
カーレンツヂェリー（すぐりの砂糖煮の汁）
ワインヂェリー（葡萄酒入りのヂェリー）
ココア（椰子の実の煮汁）

(アメリカ料理)、「チリー、コロラド(智利流鶏肉料理)」(チリ料理)、「サコタッシュ(豆と玉蜀黍の煮付)」(アメリカ料理)、「イタリアン、マカロニー(伊太利マカロニー)」(イタリア料理)、「フレンチ、フライドポテト(佛蘭西流馬鈴薯の油揚)」(フランス料理)などさまざまな国の名物料理も紹介されている。

さらに1900年代以降になると、翻訳料理ではなく、手に入る調理道具を使用し、日本の料理法や調味料でアレンジした折衷料理としての洋食の誕生を望む主張が料理書の中で相次ぐようになる。割烹講習会が編纂した『和洋実用家庭料理法』(1908)には、「洋食の調理法といへば、むつかしいやうに思はれるが、その實は左までむつかしいものではない。つまり慣れてゐるから、日本の料理はしやすく、西洋の料理はしにくいやうにおもふまでゞす」[29]とあり、「日本人の口」に適したレシピの考案にふみきった主旨が述べられている。例えば、本書所収の「ライス、カルレー」のレシピでは、「日本人の口に適して最も美味を感せしめやうとする」ためには、鴨、鶏、兎、家鴨等の肉が適しているとし、シイタケ、クワイなどを加えること、さらには食前に卵を割りかけることを推奨している[30]。

いっぽう、女子教育家・亀井まき子もまた日本人の口に合うようにアレンジした西洋料理、並びに和洋折衷料理を収録した『洋食の調理』[31](1911)という料理書を出版している。なお本書の前半部分は、「スープの部」「ソースの部」「むし物の部」「サラダの部」「冷やし物の部」「野菜の部」「揚げ物の部」「ゆで物の部」「いりつけ物の部」「煮物の部」「焼物の部」という構成のもと、当時評判を高めつつあったフランス料理が紹介され、西洋料理に必要な器具の詳細や管理法、調味料、喫食や提供にかかわる諸注意などが著わされている。なお料理書の後半部分には、「汁物」「あへ物の部」「焼物の部」「いりつけ物の部」「煮物の部」「焼物の部」といった構成で、「和洋折衷料理」のレシピの収録も確認できる。なお「和洋折衷料理」には、「衛生椀」「五目とぢ」「おとし芋」「マカロニおだ巻むし」「キヤベツ白胡麻あへ」「葱からしかけ」「五目マイヨネスあへ」「筍むし焼」「里芋衛生あげ」「豆腐五目あげ」「魚からあげ」「豆もやしスチウ煮」「馬鈴薯粉ふき煮」「牛肉鎌倉焼」「むしやき松茸」など、名称だけでは日本料理をイメージしてしまいそうな料理が多数収録されているが、それぞれ鶏肉や牛肉などの肉類、スープ、バター、缶詰の「西洋豌豆」、「マカロニ」、キャベツ、「西洋酢」、「サラダ油」、「西洋辛子」、マヨネーズ、「バタ」、トマトソース、「チース」、「メリケン粉」、「ウスタソース」、ヘット、ラード、パン粉、じゃがいもといった新しい西洋の食材が使用され、日本の調味料で味が調えられたレシピとなっている。とはいえ、洋食と語るには少々違和感も否めないが、積極的にアレンジし、西洋の食材を日常生活に取り入れようとした亀井の努力は特筆に値するといえるだろう。

なおこうした日本の食生活に見合った洋食の提案を望む主張は、同時期の所々の文献のなかでも語られている。『家事実習法』(1910)では、「日本に於て料理する洋食」は「英國式に米國式を加へて更に變化したもの」[32]と説明しながら、日本の洋食の問題点を次のように説いている。

> 料理家によつて研究されて居る日本の洋食は其程度極めて幼稚なものである、先づ材料の撰擇から云つても西洋の形式を其儘取つて夫れを鵜呑みにし豚と鶏肉と牛肉の外に使ふ材料は無

> いやうに思つて只其の儘眞似をするので困る、西洋各國では自分の國の特産物を材料に用ゐ、那の國へ往たら斯いふ料理を喰て見たいと云ふやうに、他國で眞似の出來ない材料で調理して舌鼓を打たせる。[33]

さらに著者は、イタリアの「マカロニ（即ち饂飩）」が「外國で眞似をした處で却々側へも寄れない特有の美味を備へて唯一の名物料理」となっていることにふれ、「日本の洋食も決して翻譯的にならずに、名古屋へ旅行すれば名古屋特有の産物が材料となつて食卓に顯れるやう、叉仙臺へ往けば生鮭を材料とし、廣島にては牡蠣の名物料理を作ると云ふやうに工夫し、所謂西洋料理には相違ないが之れを全く日本化して割烹家の腕を見せ、西洋人も日本まで往かなければ喰べられぬと云ふ名物料理を作る事に重きを措いて洋食の進歩改良を講ずるのは割烹家の目下研究すべき問題であらうと信ずる」と、世界に賞賛されるような「日本特有」の洋食の誕生を期待する主張をみせている。[34]

とはいえ、洋食の流行は徐々に高まりを見せていたようで、『来客御馳走　洋食のおけいこ』(1912)においても、「近頃家庭の樂みとして奥様や令嬢の手にお手輕洋食の調理が追々に流行て來て食料店の繁昌につれて西洋よりも種々の品物が輸入されて參ります」とある。[35]さらに洋食の流行は、外食のみならず、家庭において、手に入る食材で洋食づくりに励む主婦たちをも増加させる契機となる。当時の家政書『妻となりて』（1917）にも、経済的であるとの理由から、自作の野菜で調理した洋食で客をもてなす主婦のこだわりが記されている。洋食を選んだ理由については、「日本料理ではあまりあらが見えますからわざと洋食にしようと存じました」とあり、日本の洋食は肉や魚が多いのに対し、西洋では「上等の料理ほどよい野さいが多いさうで御座います」といった考えも示されている。[36]また本書では、「實際畑からとりたての野さい程美味なものは御座いません。自分で鍬を取つて作つたものは猶更情がこもつて居る様にも思はれます」「自ら手を下して作つた野菜こそ良人にも子供にも眞に滋養になることと思はれます」という著者の思いも提示され、「手作り」の洋食の意義に、家族の健康維持、家庭の調和を保つ新たな意味合いが込められていた様子もうかがえる。[37]

第２節　ステータスシンボルとされた「洋食」理解

１）華族・柳沢保恵の場合

明治の終わりに出版された『四季の台所』[38]（1910）は、一般的な料理法のみならず、東京府内の縄のれん訪問記、華族の柳澤保恵[39]伯爵家の一年間の献立内容などが収載されたなかなか興味深い料理書である。ここで柳澤家の献立を通し、明治期の華族の洋食事情を紐解いてみたい。

本書に示された柳澤家の献立は一家の家庭教師を議長とし、６人の弟妹の意見を取り入れながら立案されたもので、明治期の食生活を探る資料的価値も期待できるデータといえる。本書の献立の一部を以下に示す。

3/1　朝　薩摩芋の汁　蓮根の煮付
　　　昼　洋食（野菜ソツプ、フリカツセ、チキンカツレツ、ロースビーフ、マカロン、ブッテング、珈琲、果物）
　　　夕　かき玉子のつゆ　かまぼこ
3/5　朝　豆腐の汁　オムレット
　　　昼　玉子のふわふわのつゆ　肴の煮付
　　　夕　茶碗むし　さしみ
3/11　朝　若芽の汁　オムレット
　　　昼　はんぺんと菜のつゆ　さしみ　サンドイッチ
　　　夕　かき玉子のつゆ　若芽の煮付　鳥のカツレツ
3/12　朝　豆腐の汁　鮭
　　　昼　玉子焼　肴のつゆ
　　　夕　シチウ　鯛のてり焼
3/14　朝　かぶの汁　つくだ煮　黒豆
　　　昼　貝柱の玉子とぢ　ライスカレー
　　　夕　しらすと海苔のつゆ　親子めし　魚の酢づけ
3/22　朝　千六本の汁　蓮の煮付
　　　昼　洋食（ピーソツプ、海老マヨネーズ、コウリフラワー、ゲンゼブラーテン、サラド、果物、珈琲、紅茶）
　　　夕　さしみ　鳥と菜のつゆ
3/23　朝　豆腐の汁　五分玉子
　　　昼　牛肉鍋
　　　夕　コロツケ　玉子と海苔のつゆ
3/26　朝　むきみの汁　黒豆
　　　昼　オムレット　鳥のつゆ
　　　夕　落し玉子のつゆ　牛肉の味噌煮　菜のひたし
3/31　朝　切干の汁　オムレット
　　　昼　ちくわのつゆ　鯛の味噌漬
　　　夕　シラスと海苔のつゆ　コロツケ

本書によれば、柳澤家の朝食では、必ず玉子料理が供されることが特徴といえる。玉子料理の登場頻度をうかがうと、「オムレット（ヲムレット含む）」38回、「五分玉子」29回、「すり玉子巻」「オムレツ」「玉子の半熟」「ゆで玉子の煮付」「落し玉子」がそれぞれ1回ずつ登場するほか、献立表には「玉子料理なき時は必ず生玉子を添ふ」との記載もみえる。しかし、その組み合わせは、「豆腐の汁、オムレツ（3月5日）」「若芽の汁、オムレット（3月11日）」などといった内容となっており、和食献立のなかに洋風の玉子料理が組みあわせたものとなっている。また朝食の主食はご飯であったと思われるが、４月12日には「ぱん・牛乳・生玉子」というパン食献立が登場している。しかし、大概は汁物と副菜１～２品で構成された内容となっており、副菜には、湯葉、海苔、たたみいわしなどといった和風惣菜が中心となっている。

次に昼食、夕食をうかがうと、洋食の登場回数は、昼には月１～３回(年43回)、夕に関しては、５月以降、毎週１回（年72回）という頻度となっている。さらにフルコースの回数でみると、昼は20回、夕には29回（ほぼ５日に１回）となっており、自宅で調理していたと思われる「自製洋食」という記載もうかがえる。内容についても、「洋食　野菜ソツプ、フリカツセ、チキンカツレツ、ロースビーフ、マカロン、ブッテング、珈琲（こーひー）、果物（くわぶつ）（３月１日)」といった具合に、一度に提供される洋食の品数も多い。

しかし、フルコースではない日の内容をみてみると、「はんぺんと菜のつゆ、さしみ、サンドイツチ（３月11日昼)」「かき玉子のつゆ、若芽の煮付、鳥のカツレツ（３月11日夕)」「シチウ、鯛のてり焼（３月12日夕)」「貝柱の玉子とぢ、ライスカレー（３月13日夕)」「コロツケ、玉子と海苔のつゆ（３月23日夕)」などといった和風惣菜との組み合わせとなっている。また洋食のフルコースの回数よりも、こうした折衷形式がより多く記されていることからも、家庭での西洋料理受容の背景には、華族の食生活であっても、伝統的な日本の献立形式の構成要素の一部に洋食を取り込むといった形をとっていたことがわかる。

なおこうした折衷スタイルは、明治期の他の資料からも確認できるため、ここでいくつか紹介したい。

> ①福澤（諭吉）氏が夕食をどうぞと言ってくださったので、階下に下りてみると、食卓が半分洋式、半分日本式に用意されていた。ご馳走は、生の魚、魚の揚げ物と煮物、鶏肉の煮込み、吸い物、お茶、ご飯、清国の砂糖漬けの生姜、それに私が持って来たお菓子だった。[40)]

> ②役人の一人が食事を供し、お茶で始まりお茶で終わった。料理の半分が西洋式で半分が日本料理、ほとんどみな実によく調理されてあったが、中には、少なくとも私の口には、とても食べられないようなものもあった。料理にはフランスのワインと日本酒が出された。[41)]

上記の二つの引用は、前者がクララ・ホイットニーの回想、後者がエドゥアルド・スエンソンの思い出である。いずれの食事内容も、日本料理と西洋料理を組みわせた折衷形式で準備されており、こうしたスタイルは明治期の日本において一般的であったことが想定されよう。

さて話を再度柳澤家に戻すが、当家の献立表に頻繁に登場するのが、「今福」[42)]という西洋料理店である。当店は後に「東洋軒」と改名し、多くの明治の政治家や華族に愛された有名店でもある。経営創始者の伊藤耕之進[43)]（1868. 9. 7～1924. 10. 20）は、明治22年（1889)、長野の諏訪より上京し、親族である金子源吾右衛門が経営する牛鳥料理屋「今源」に見習い修業にはいった。さらに明治24年（1891）には家兄の援助を受け、芝口の牛鳥料理店「今朝」との相談によって、同店所有の芝三田慶応義塾前の店舗を譲り受け、「今朝」を号として経営を開始。明治26年（1893）に、「今福」

資料1-2　東洋軒の系譜

大小支店出張所

明治24年～明治26年	「今朝」開店（芝区三田四国町三番地慶応義塾前）	
明治26年～明治30年	「今福」と改名（芝区三田四国町三番地慶応義塾前）	以後、洋食部、ビヤホール玉突場（三田清遊倶楽部）など設置。
明治30年	「東洋軒」に改名。	
明治39年	宮内省御用命を拝する。	
明治40年～大震災	有楽町支店（麹町区有楽町有楽座内）	日本ではじめての文化劇場有楽座の食堂。
明治41年～大震災	日本橋倶楽部内（日本橋区濱町河岸）	日本橋区を中心とする巨商の倶楽部内の食堂。
明治42年～昭和16年	新橋支店（旧汐留駅及現在駅）	駅楼上に開始（洋食）。昭和16年秋、日本食堂株式会社に譲渡。
明治42年～大震災	交詢社倶楽部（京橋区西銀座）	慶應義塾大学出身中心の倶楽部の食堂（洋食）担当。
明治43年～連合軍接収	東京銀行集会所同銀行倶楽部（日本橋区坂本町後麹町八重洲町）	食堂担当。洋食。
大正2年～大震災	濱町錦水（日本橋倶楽部構内）	大阪江戸前調和料理高級家庭会合食調味を主とする和食料亭。
大正3年～大震災	東京倶楽部（赤坂区虎の門）	洋食。
大正3年～大震災	日本橋支店（日本橋橋畔村井銀行地下室）	洋食。地下食堂のはじめ。食堂に、洋楽弾奏ピアニストをおく。
大正7年～大震災	帝国劇場内支店（麹町区有楽町帝劇内）	和洋食堂、喫茶。
大正7年～連合軍接収	華族会館（麹町区日比谷、旧鹿鳴館跡、後虎の門）	洋食。
大正8年～	丸の内支店（同生命保険会社内及別館内）	洋食を主とし、牛鍋料理など。
大正8年～	三井合名会社三友倶楽部（日本橋区室町三井合名本館）	洋和食。
大正8年～移転	貴族院食堂（日比谷前議事堂内）	洋食、牛鳥鍋料理。新国会議事堂竣工後、同所に移る。
大正11年～大震災	有楽館食堂（麹町区有楽町日石会社建物）	一般食。震災直後、譲渡。
大正11年～大震災	参議院食堂（現国会議事院、参議院食堂内）	洋食担当。
大正11年～大震災	同気倶楽部（京橋区築地）	洋食
大正11年～大震災	三越食堂（日本橋区室町）	洋食貴賓室も担当。
大正11年～大震災	第一東洋軒（京橋区京橋三丁目第一生命館内）	大正13年以後、松田徳之助に移る。
大正11年～戦災	赤坂錦水（赤坂区溜池町）	大正11年割烹三河屋買収。和食。濱町錦水の延長。昭和6年、隣接する鳴門も買収し、拡張。
大正11年～	列車食堂（東京駅～下の関）	大正11年認可。当時三等食堂後二等食堂二列車に増加。
大正12年～大震災	リボン銀座（銀座四丁目）	洋食室、喫茶室設置。女性客を見込む。無酒精ラクトビールなど提供。エビスビール後援。

出張経営

大正3年～大戦	内閣総理大臣官舎（麹町区永田町）、貴族院議長官舎（麹町区日比谷）	洋食。
大正9年～大戦中	三菱重役食堂（丸の内三菱館内）	常時出張経営。階下に、錦水経営食堂設置。大戦中廃業。
大正10年～戦前	ゴルフ倶楽部（世田谷区駒沢）	毎日曜日、出張経営。戦前の倶楽部廃止まで営業。
※	外芝高輪白川宮家、大隈家、水交社今村繁蔵家	常詰出張。

管理経営

大正11年～大正12年	紅葉館（芝公園）	大正期に不振に陥った同館の営業を改善。
大正11年～大震災	東京會舘（麹町区有楽町）	伊藤耕之進が常務取締役専務理事に、秋山徳蔵が嘱託にそれぞれ就任。
大正12年～大正13年？	日比谷東洋軒（日比谷公園前）	大震災直後、旧幸楽前三角地帯に洋食経営。一年後、区整取払い
大正13年～大正15年	大丸食堂、大丸マート（京都市）	大丸経営。営業指導に従事。
大正13年～昭和7年	農林省食堂・逓信省食堂（麹町区銭瓶町）	食堂管理。
大正年間？	共進亭（福岡市）	寺田家経営の同店の顧問にて、営業指導に従事。

東京外営業所

大正10年～大正13年	大阪倶楽部（大阪市中ノ島）	同倶楽部食堂経営。伊藤没後、廃止。
大正11年～大正13年	神戸支店（神戸市多聞通り　村井銀行地下室）	洋食。伊藤没後、廃止。
大正2年～	大阪ホテル（大阪市中ノ島）	同ホテル開始以来、取締役就任。
～昭和10年	名古屋ホテル	

経営顧問

伊藤耕之進：栄養研究所（佐伯博士）、南満鉄道株式会社、慶応義塾医科大学附属病院、千葉医科大学附属医院、東京帝国大学付属医院好仁会

※『東厨会誌』を基に東四柳作成

と改称している。経営の苦心をかさねていたが、翌年勃発した日清戦争の頃から顧客が殺到したのを機に店舗を拡張し、「洋食部」「ビヤホール玉突場（三田清遊倶楽部）」などを設置するも、「玉突き場」は満3年で廃業。しかし洋食の可能性を信じ、明治30年（1897）には、「今福」の敷地内に「仏国式の木造洋館総二階建て」の「東洋軒」（命名者は兄金子雄之進と交誼のあった渡邊千秋氏）を開店させ、「今福」の6倍にあたる300坪余の敷地に、「大食堂、小食堂、調理場、倉庫、各附属室」を具備した。（なお明治39年（1906）には、宮内省御用命を拝命している。）

この頃の「今福」の店内の様子をみてみよう。

> 故主人が東洋軒創設前から三田の今福と云ふ有名な牛肉店の主人であった事は既に御存知の通りで（昔の牛肉店はどこでも御座敷で一杯飲みながら牛肉を煮ながら食べた。現在のスキヤキ店である。）〇今一家の屋号で良く売れた店であった。早朝から店の前をきれいにして今福と云ふ紺ののれん、その下に塩が三ヶ所に山盛されていた。場所は三田通り中間に位した角店で間口四間位、奥行十三間位で堂々たる店構で三田通りに面していた。隣家は、そば屋でその間に細い路地があり、今福の横隣りが東洋軒（洋館）で間口路地共で五間位、階段を上った所が入口で玄関、左隣りが慶応の大学生を主とした小店で、A・B・Cランクの弁当があり昼は学生で一杯であった。
> 良いお客様は二階食堂で食事をした。その二階食堂の昇り口は階段から一間位先で階段下が三角になった帳場（今で云うレヂ台である）、左側が応接室兼客室である。中央に廊下が通り突当り階段を三段程下りると調理室で、宮内省御用達の調理場は実に見事なものであった。右手に赤鍋がずらりとぶらさがり、大ストーブ二台が向い合い、一ツは大体店専用、片方は仕出し専用で常に両方共、石炭がくべられ赤々と燃え、一抱もあるズンドー鍋二ツが常に湯気を立てている。一方の鍋はドビグラス専用、もう片方はスープ専用で牛の脛肉と野菜を入れて朝から夕方まで両方共煮ている。[44)]

また東洋軒の系譜をまとめた**資料1-2**からは、政治や文化の中心であったところと多く関わりあっている様子もうかがえ、その当時、中核にいた洋食店であったこともわかる。また東洋軒には「仕出部」という部署もあり、「宮内省観菊御宴、外賓賜餐、明治大帝、昭憲皇太后、大正帝崩御御用、大正・昭和両帝御即位式良子女王高松（土佐）臨幸御宴、大演習観兵式観艦式軍艦商船進水式、浦賀横須賀船渠祝賀式、明治四十年米艦来訪乗員一万人の立食、大正十年米国絹業視察団来朝一週間内の巡視列車内及信州方面の絹業地歓迎宴会」などといった大掛かりな饗応も運営していたようである。港区田町在住だった柳澤家にとって、立地関係からも「今福（東洋軒）」はとりわけ身近な洋食店であり得たのだろう。

2）京都の薬屋・中野万亀子の場合

ところかわって、同時期に京都で書かれた中流階級の主婦の日記[45)]を紹介したい。この日記は、京都の薬屋に嫁いだ中野万亀子（1890～1978）の結婚3年目の記録にあたる。家族構成は、夫の七世忠八（26歳）、妻の万亀子（20歳）、義母のミネ（44歳）、義弟の秀三郎（24歳）、誠一（14歳）、忠二郎（８歳）、義妹の国子（20歳）、品子（16歳）、さらに通い大番頭２人、手代４人、丁稚６人、上女中と下女中各１人といった非血縁の住込みスタッフも含めた大所帯となっている。この万亀子の町屋暮らしは、江戸期のスタイルを引き継いだもので、家の管理もミネと万亀子が中心に使用人を従え、切り盛りしていたようである。中野家の洋食に関する記述をいくつか取り上げてみよう。

１月14日 いつもお母様お料理でこひみそ汁におむれつ。昨夜のおやきものがありましたので、それを〔オムレツの〕中へ入れて、其よこへ、かまぼこをそへて（これは今日、魚屋の十さんがもってきた）。

２月12日 今日は〔全快祝ひの〕お客様の日。朝から旦那様と、いろいろ積んではくづしたりくづしたりして、漸やくおこん立ができた。先づ先初、（１）スープとパン、（２）玉子牛乳のふわふわにあんかけ、（３）スチウ、（４）さしみ、（５）かしはと、つと豆ふのあま煮。お母様、朝から買物して、いろいろとおしへて下さる。おひるからぼつぼつとおこしらへ。（中略）いよいよ〔御馳走が御座敷に〕出る。旦那様の〔「今日は病気上りだから流動食で御馳走する」という〕口上で、〔まず、スープの次に玉子豆腐のフワフワが……そのあとシチウが出るという趣向〕大変今日の御ち走は大うけでした。

４月３日 今日は神武天皇祭。家々ニハ国旗を掲げて祝ふ。〔新暦での〕ひなの節句は、もはやすんで居るのですが。私宅は、旧令に依りて四月三日にする事になって居りますので、今日は朝からいろいろと買物してのおこしらへか、巻ずしする人、ごもくずしする人、玉子（玉子にダシ汁をたっぷりまぜて、ふんわりと柔かく薄く焼きあげた玉子巻き）やく人、お重に美しくつめる人、種々雑多。中々楽しみなものです。お献立〔は、例年は必ずあるシジミ汁は〕、折あしくシジミをうりに来ず、よぎなく、豆ふの汁。ほかに、鉄砲あへ（アカ貝、ワケギ）、サバキズシ（チラシズシ）、巻ずし、取魚（マス、タマゴ、つとドーフ）、煮〆（ゆば、かまぼこ）。先づこれ位い。それに、今日は白菜があったので、キャベツロールをして、松宮様、松井様等のお客様に〔だけは、それを添えて〕出した。朝からこしらへかけて、二時半頃出来ました。

上掲の記述からは、柳澤家同様、中野家でも和風献立のなかに洋食を盛り込んでいる様子がうかがえる。しかし本格的な西洋料理というより、前日の残り物で「おむれつ」、白菜を代用して「キャベツロール」を作るといった工夫がみえ、手に入る食材でアレンジするコツも確認される。

いっぽう外食としての洋食の機会については、次の記述がみえる。

５月５日 今日の二条の仏事があるので〔中尾家へ行った〕。早い事で、もう祖母の三年に、ちと早いが、母の一週忌。ほんとに、三年間に二人までも亡くなるとわ。なさけないなさけない。幸ひ谷井の姉上様にもまいってもらって、定めし〔亡き〕ばば様もはは様もよろこんでいらっしゃるだろうとおもひます。それに〔亡母の親族〕中村おやすおば様（大坂に居住）も、すみ子様もまたいらっしゃいましたので、午前十時からなので、丁度一寸昼飯をさし上げましたので、三時頃、皆さまおかへり、私だけ後にのこった。西村すみ子様（中村家より婚出）は五時何十分やらの汽車で帰られた。それから、これは一寸秘密ですが、其夜、兄様とお雪さんと〔私と〕三人で東家へいった。ソップ、エビのフライ、チキンチャップ、パンケーキ、紅茶。一ぺん夕飯すましていったので、おなかがぽてぽて（下線　東四柳）。

この日、万亀子は生家の仏事の後に、兄たちと洋食店の東家（あずまや）へ出かけ、「ソップ、エビのフライ、チキンチャップ、パンケーキ、紅茶」といった内容のフルコースを食べている。しかし、こうしたフルコースにふれる機会は、一年間のうち2回（東屋・五條倶楽部で食事）しか確認できておらず、先述の柳澤家に比して、その回数はきわめて少ないことがわかる。やはり洋食をフルコースで食べるということは、明治後期にはまだ中流階級にとって高嶺の花だったのであろう。

とはいえ、中野家では、月に1回のすき焼きの日を「ビーフの日」や「ビーフ会」などと称し、家で調理し、楽しんでいる。例えば6月3日には、夏物を古着屋に売却するための整理に二条の生家へかえり、実弟千三の誕生日にビーフをごちそうになったとの記述もみえる。さらに、9月22日も義妹シナの誕生日に、ビーフのご馳走にありついている。ビーフをたべることは大変贅沢であり、特別な日の食事というイメージがあったのであろう。事実、前述したエセル・ハワードもまた日本人の牛肉のイメージを以下のように語っている。

ほとんど毎食ごとに、ほかに御馳走が出たうえに、私に故国の料理を味わわせようと、ビーフステーキが出されるのだった。外国料理をよく知らない日本人にとっては、ヨーロッパ風の食べ物の代表的なものはビーフステーキであると信じられていて、お付きの人々は私がどこへ行っても、必ずそれを出さなければならないと思い込んでいた[46)]。

こうした記述からは、当時の日本人の考えのなかに、牛肉は西洋食文化のシンボルというイメージが強かった様子もうかがい知ることができる。また万亀子の日記には、「シャツ、玉突き、ヴァイオリン、バザー、ショール、ハンカチーフ、ボート、バザー、ボードレース、ミシン、ベースボール、タオル、キャベツロール、アイスクリーム、ミュンヘンビール、バナナ」などの新しい言葉も散見され、生活そのものは江戸期からの町屋暮らしを踏襲していながらも、少しずつ西洋のものが生活の中に入り込む様子もうかがえる（図1-2-3）。つまり万亀子の日記は、地方都市にも徐々に浸透していく西洋食文化の様相を教えてくれる生活資料としての価値も期待できるといえるだろう。

いっぽう、万亀子は義妹の国子と、ホテルのコック長による洋食のお稽古にも通っている。

3月11日　それではよせて戴きますと返事したが、何やら不安な心がおもふ。私の様なものが〔西洋料理を習っても〕おぼへるかしらんとおもふて、また、ゆくのがはづかしい。それからお母様に電話の話し申上げると、いらっしゃいと仰っしゃって下さる。私も遂にゆく事にきめた。

3月12日 まだ雪ふりで寒い事。今日は松宮様へ〔西洋料理をならいに〕はじめてゆく日、きのふ松井様から御心切に、あすはあるから、ぜひとも、との事で、何だかはづかしい。こんな〔ツラの〕皮の厚いものでも。正午、寄合ふとの事。おくにさんと二人でゆく。おもひきって、御免下さいと出た。松宮様のお父様が出ていらっした。〔先客が〕五人ほど、まっていらっした。暫くしてはじまる。先生は谷川先生〔ホテルのコック長〕とか云ふ方で、あたまのはげた、ちょんもりとした〔小柄な〕人、あまりこわくない、よさそうな人。二時頃はじめて、五時頃に出来上る。品かず四ツ、別ひかえ（ノート）あり。松井様と鈴木様とがいらっした。持ちはこびや食べ方を、すこしおしへて下さった。主人にも、との事でしたが、一寸今日は差つかへがあるとて、いらっしゃらなかった。(実は、あまり毎日出るからとて御遠慮にて) 其内、皆々様それぞれ〔出来上った御料理を〕貰ふて帰られる。私等も貰ふてさげてかへったが、お汁のこぼれぬ様にとて、ゑらいゑらいしるい道（ひどい雪どけの泥道）を大変苦しかった。

5月21日 今日は土曜日で、松宮様でおけいこ日。今日は二十八日にある立食のおけいこであるそうで、何だかむづかしいものを、おそわった。

7月9日 今日もまた昨日に負けないお暑さで、例に依りてお料理である。おくにさんと一しょにと、いった。そして今朝ほど営子より手紙がきて蚊屋を出して下されとの事にて松宮様より帰りがけに二条へいった。今日菓子、アイスクリームをならったので早速二条でこしらへまし

図1-2-3 料理書に描かれた新しい食品（『欧米魚介新料理』1912）

た。大変うまく出来ましたよ。

7月27日　〔私の方は〕今日は一寸お料理のおけいこで、おいしくもないシチウで〔気が進まない。それよりも主人たちと一緒に南座の方へ行きたかった〕。

上記の講習内容をうかがうと、当初は気が進まないといって尻込みしながらも、立食の練習からアイスクリームや「シチウ」などのお稽古に励みつつ、おいしくできたとうれしがったり、おいしくないとこぼしたり、さらには帰宅後に再度自宅で実践するなどの万亀子の努力が垣間みえる。

さて当時の洋食のお稽古について言及するならば、明治37年（1904）に出版された『西洋料理二百種』という西洋料理書がある。本書は、大阪中之島公園内の自由ホテルにて発会式が行われた「洋食研究会」という団体が開催した講習記録である。本会は「これまでの日本式の、所謂る八百善流の御料理」より、身体の栄養になる西洋料理の普及を目し、「一家の主婦たる細君達」「やがて令夫人となられる令嬢方」を参加者とし、設立された。ちなみに初回の参加者153名のみならず、「大阪中流の婦人團体」を代表する12名の発起人すべてが女性であった。

なお本書所収の「洋食研究會設立趣意書」には、黒船来航時には外国人からたくさんのパンやジャム、西洋の菓子や果物を投げ入れてもらったこともあったが、当時それらに「切支丹の魔法」が仕掛けてあると信じる風潮があり、精神も身体も知らぬ間に異国へ連れていかれ、生き血を絞られて、「毛布」に染められると恐れられた考えがあったことが示されている。しかし時代は変わり、現在では「食物も亦た非常に進化しました、かの往昔は一切穢れるといつて口にも入れなかつた獣肉の料理を、今日では無上の御馳走として舌鼓を打つこと丶なりました」とし、本会設立の趣旨には、栄養価の高い「歐米式の西洋料理」の習得が、「生存競争の烈しい今日の社會に立ちて活動せらる丶良人を慰むる唯一の方便で、また一面家庭團欒の趣味を深うすると共に、一面また明治の婦女子として正に盡すべき事」につながるとする主張がみえている[47]。「家庭團欒」実現の意義に関する考察は、家庭向け料理書の成立意義の検討（第3編）においてもふれるが、西洋料理習得の意義にもまた同様の理由が求められたことがここで理解されるのである。

第3節　新たな日本文化の楽しみとして　～外食としての「洋食」～

次に洋食を家庭に浸透させるきっかけになった外食としての洋食に焦点を当ててみたい。金子佐平（春夢）編『東京新繁昌記』（1897）収録の「西洋料理」[48]には、当時の都下の外食事情を物語る以下の解説と店舗案内に関する記述がみえる。

西洋料理の長所は簡易なるにあり、日本料理は酒を好まざる人には宴会などにて頗る手持不沙汰を感ずれども、西洋料理は然らず、酒を飲まんとならば麥酒あり、葡萄酒あり上鞭あり、随意にして禁酒家は始めよりパンを食して差支なし、且つ好める料理來れば悉く食し盡し、不好物は直ちに撤して差支なし、叉西洋料理は日本の會席の如く獻酬の面倒なく、多數の給仕を要せず、或は芸妓などを招くの要なきを以て、單に會食を目的とする人は西洋料理を好めど、勢力は日本料理に及ばず、老人、婦人社會には西洋料理の感化また普からず、されど年々西洋料理は都下に増加する觀あり。

有楽軒（芝口一丁目）

新橋停車場の前にあり、此家は西洋人の客か又は洋行帰り黒人向多し、以て其眞味を知るべし。

萬里軒（浅草茅町二丁目）

大六天の横通りにあり、此業に於ては随分古き開業にして、料理の式は沸国式に従へり、花客には商人、俳優多し。

芳梅亭（日本橋米沢町二丁目）

両国橋西詰を南へ一丁許行きし所にあり、料理仲々上等にして、殊に飾菓子の製造に得手たり。

日進亭（京橋銀座一丁目）

紀の国橋の西詰にあり、軽便に洋食を喫せらるゝを以て此邊に有名なり。

壺屋（新橋日吉町）

芝西の久保壺屋の支店にして、表は西洋菓子の店なれど二階は凡て洋食向きに適せる造りなり、何にても一品金十銭位からなれば、来客にても出前にても引受け至極便利の店なり。

富士見軒（麹町富士見町一丁目）

招魂社の東一丁許にあり、二層楼の煉瓦造にして、室内の装飾等も善く整頓す、都下屈指の洋食店にして料理の風味も第二と下らず、並食五十銭上食一円。

帝国ホテル（麹町内山下町）

此のホテルの西洋料理は最も名高くして、西洋人の宿泊多き家とて、其法よく西洋の方式に叶ひ、絶えず珍らしき料理を客に供すれば、洋食通等は先づ第一に指を屈す、されど料理の価は寧ろ高直に属す。

吾妻亭（小網町四丁目）

鎧橋の東半丁程の所にあり、室内の装飾華麗にして玉突場の設もあり、此邊米屋町株市場等に接近するにより仲買人の客其の八九分を占む。

三縁亭（芝公園地内）

築造広壮にして場所柄閑静なれば、自然上等の客多く、門前常に紳士の車馬を見受く、料理は沸国風に倣ひ、風味頗佳なり、並食五十銭、中八十銭、上一円。

三橋亭（上野広小路）

上野の三橋に因りたる名にて、三橋亭の本元なり、料理方の上手なると廉価たるにて評判高く、京橋南鍋町、神田小川町等にある三橋亭は皆な此家よりの分店なり。

金門亭（蠣殻町一丁目）

米屋町の裏通りにて魚徳の前にあり、米国風の料理方にて洋食通の口に適す。

三河屋（錦町三丁目）

神田橋の西一丁の所にあり、東京に始て西洋料理を開きたるは此家にて洋食の元祖なり、当今尚ほ都下屈指の洋食店にて其風味中に他店の容易に模すべからざるの特色あり。

精養軒（采女町）

都下に於て最も名声ある洋食店は此家にて、当時益々盛大の域に進み、車馬常に門前に停まる、西洋造りの大建築にして晩餐三百名を容れ立食一千人を容るに足る、料理も頗る上等なれば洋食通に高評あり又旅宿をも兼業すれば西洋人などの宿泊するもの多く、その価格は朝食四十銭、午食六十銭、晩食八十銭、上野の公園にあるは此家の支店なり。

清新軒（京橋槍屋町）

此家は料理に一種の佳味あると価格の廉なるとを以て名声博し、尤も料理は沸国風を主とす。

青陽楼（上野元黒門町）

洋食店の内にては最も景気善き家にて、其の料理は和洋折衷なり、上野に遊ぶ通人達の一寸立依る所なり。[25)]

これらの記述からは、フランス式、アメリカ式、和洋折衷式、さまざまな西洋料理店が、明治中期にすでに誕生していたことがうかがえる。なお『実業の栞』（1904）所収の「西洋料理店」の項には、「此營業はほんの近頃發達し來りしものにて、今より十五六年前は顧客も僅かに一部の男子にのみ限られしが、近來めつきり氣を持ち來りて何處の店も常に客足絶えぬ状態とはなりぬ」とその隆盛が伝えられており、「上等店にて有名」な店に、帝國ホテル、上野の精養軒、芝の三緑亭、それに次ぐ店に八州亭、吾妻亭、寶亭、芳梅亭、三河屋が挙げられている。また昨今はどの店も「女ボーイ」を雇うことが流行りともある。[49)]

また『最新東京案内』（1907）には、富士見亭（麹町富士見町一）、寶亭（麹町平河町三）、中央亭（麹町八重洲町）、三河屋（神田錦町三）、芳梅亭（淡路町二）、寶亭（神田西紅梅町）、三洲亭（日本橋大傳馬町一）、八洲亭（日本橋呉服町）、三橋亭（日本橋浪花町）、芳梅亭（日本橋米澤町二）、保米樓（日本橋南茅場町）、彌生軒（日本橋南茅場町）、日進亭（日本橋岩附町）、静養軒（京橋采女町）、三河屋（京橋木挽町十）、三橋亭（京橋南鍋町）、精養軒（芝高輪南町）、有楽軒（芝口一丁目）、壷屋（芝愛宕町一）、三緑亭（芝公園内）、南京亭（赤坂田町三）、蓬莱亭（四谷尾張町）、青陽樓（牛込神楽町三）、彌生亭（本郷真砂町）、三橋亭（下谷三橋町）、精養軒（上野公園）、芳梅亭（浅草並木町）、永代亭（深川永代橋際）、花月華壇（向島）など29の店名が列挙されており[50)]、店舗数が拡大しつつある状況は確認される。

また横浜、京都、仙台、名古屋、神戸など地方都市における西洋料理店名を紹介する書籍も、明治の終わり頃より増加する。例えば『神戸市要鑑』（1909）には、西常盤支店、網野洋食店、改良亭、快遊軒、吉田重太郎、寶亭、運力亭、松井亭、松葉家、弘養館、テラオ、水新、西洋亭、精養軒、松利亭、清流亭といった西洋料理店の名がみえる。[51)]これらの店舗の詳細な調査にはまだ及んでいないが、寶亭、精養軒など、都下と同じ店名が確認できることからも、のれん分け等で支店が地方に展開していく様子もうかがえよう。地方波及への分析は今後の課題としたい。

さて誕生する西洋料理店のもう一つの特徴として、明治後期頃より、「大道洋食」という商売があったことが挙げられる。例えば、苦学生の商売を特集した『独立自活実験苦学案内』(1903) に、以下の記述がみえる。

> 大道洋食
>
> 東京市内の大通りを深夜に通行すると、白い金巾を家臺店に張りつけて、怪しげに Europedn. 杯と書きつけて、傍の紙にシチウ三銭とか書きつけて居る處がある。これが卽ち大道洋食、一名三銭シチウの名ある、西洋料理店である。
>
> これは車夫以上、職人から中には鼻下の髯をひねつて入つて、來る人もまゝあるが、幸に商店の小僧上り、番頭杯の類に御得意を持つて居のであるから、何分品物の種類を一寸一通り揃へて置かねばならぬ。卽ち『フライ』とか『ビフテキ』とか『オムレツ』杯と客の注文で、どれにでも應じなければならぬから、簡單な料理法丈は、心得て居らねば出來ない、それだから苦学生諸君には少し復雑であるが、何も覚へて居いて損はない事だから、其料理方の説明を極簡單に、要領丈御話しよう。尤も大体の甘辛いの加減は一切『ソース』とか『辛子』とかの、薬味で付けるのだからこの點は心配なしだ。[52]

これによると、「大道洋食」とは夜間に営業する一品洋食店のような外食店がイメージでき、客層も上流階級を相手にするのではなく、下層の客が得意客であった様子がうかがえる。いっぽう、『無資本実行の最新実業成功法』(1910) には、「大道洋食」は関西ではあまりみない商売であるとしながら、日本の料理法より容易であるため、師匠に師事しなくとも、「西洋料理案内などいふ一冊二十四五銭の書籍」をみれば、「親方」として料理法の要領を習得できるとある。[53] また本書には、実際にこの商売で成功した薬学生の実話が紹介されている。その記述によると、ある洋食店をたずね、主人と面会した薬学生が、「ナイフにて切りて食する」洋食の食いさしは「決して汚きものにあらざらん」と提言し、「残りの洋食」「使ひふるしのナイフ、ホーク」などを安く譲り受け、学資の足しに商売に精を出し、薬剤師の夢をかなえた武勇伝が記されている。また日中は薬物学の研究に励み、夕刻より「貸車」を手配し、「往来繁きところ」や「縁日の場所」などで「洋風書生料理」と行灯に書き、残り物を利用した洋食を販売したところ、「根が書生といふだけに」小言をいう客もおらず、順調な売り上げを維持できたともいう。[54]

さらに「大道洋食」とは名称は異なるが、同時期の職業案内関連の書において、このような簡易洋食業の記述が相次ぐことも確認できる。例えば、『各種営業小資本成功法』(1908) には、「露店洋食屋」という商売が、次のように解説されている。

> 近來東京市内に此露店洋食屋の數が、著しく増加したのは、素人にも出來る營業で、利益も多い爲めであらう。
>
> 屋臺から器具其他の商売道具と、仕込をする資金とで、合計二三十圓もあれば營業を始める

> 事が出來て、一品五六銭から十銭迄で賣り、場所が悪くても一日の賣上げ金五六圓、場所さへ好ければ十圓以上に達するのである、普通の洋食に比して直段が格外に安いので、迚も割に合ふまいと思ふ者もあらうが、それで優に三割の利益は有る、比較的資本が僅少で出來て、且つ夜間だけの營業としては利益の多い營業と謂はねばならぬ。
>
> 料理法が定つてゐるから、素人にも出來るのであつて、材料の仕込さへ巧ければ、成功は容易である、客の中に洋食料品店の雇人があれば、それと懇意になつて所謂抜荷を買取る事、牛肉店等と特約して客の煮残しの肉類、ソツプの出殻等を買廻る事を怠らぬのが、此營業の秘訣とも謂ふべきである。[55]

上記の引用をうかがうと、「露店洋食屋」とは先ほど紹介した「大道洋食」と共通する特徴を持つことが理解される。おいしさやおもてなしが求められるのではなく、如何に安価に洋食を提供するかが求められる夜間型の移動商売で、「客の煮残しの肉類」や「ソツプの出殻」などを再利用しながら料理を提供するスタイルであったことがわかる。

また『無資本成功生活難退治』(1914)には、同様の商売が「屋臺店の洋食屋」として紹介され、「番頭さんや小僧連が、風呂の帰りに一皿遣つて口の縁を拭ふて戻れば労働者が茲に通を振ふ」とあり、「テキ（ステーキ)」「オムレツ」ができれば、立派に商売が出来ると説明されている。また「シチユー」は「絶えず鍋の下に火を入れて置けば好い」など手間がかからない点が強調され、ここでもまた「西洋料理法なる本」があれば、「如何な素人」でも対応できるとある。[56]

いっぽう『立志成功就職者の顧問』(1915)には、「一品西洋料理店」という商売が紹介されている。これによると、「人間の生活が日と共に復雑に多忙になつて來ると、食物などは極めて簡単に、往来などですますやうになつて來る」ため、その結果、割のよい一品料理店の増加が顕著となったことが最初に示されている。そして「小店」を借りる形式、もしくはおでん屋のように「屋臺」形式でも経営は可能であり、できれば大通りの繁華街の横丁などに店を構えれば、客を確保できるとしている。こうした形態はこれまでの「大道洋食」や「露店洋食屋」とも共通するが、ここでは客寄せのために「小奇麗」な店構えであることが推奨され、場合によっては最初の二か月くらいは「格安のコツク」を雇い、料理法を習得することを推奨している。[57]

さらに『女が自活するには』(1923)には、女性の職業案内に「簡易洋食店」という商売が紹介されている。これまで同様、本商売も一品洋食を指しているのだが、本書によると、テーブル2脚、椅子5～6脚を用意し、ビール、サイダー、カツレツ、ビフテキ、コロッケー、ライスカレーなどの簡単な洋食を提供する形式を指し、職工などの多い地域での営業が適当としている。ただ留意事項として、「怪しげな女を置いたり、近所の風儀を亂さぬといふやうな營業振りでないかぎり、それと、其の近所にあまり澤山の飲食店がないかぎり」は大抵許可がおりると説明しながら、飲食店経営は警察の許可を受ける必要があることにも言及している。[58]

こうした数々の記述からは、名称は違えど、一品洋食が「もうかる」商売として注目されていたことは理解されるだろう。実際同時代のエッセイなどでも、一品洋食の繁盛ぶりや実状を伝える記述も散見されることから、一般化した営業スタイルであったことも推察される。例えば、名古屋広告協会が編纂した『一千円開店案内』(1928)には、昨今では名古屋でも猫も杓子も洋食を喫するようになったが、西洋料理店といえども、「莫大な資本をかけた規模の大きい準外國式の高級洋食店」から「一品料理店」までピンからキリまであると説かれ、ここでも「一品料理店」は「腰辨先生やら食氣盛りの店員衆や一般労働者と言つたところを相手の極簡單な食堂」として説明されている[59]。いっぽう『商売うらおもて(正)』(1926)には、客層の特徴について、「何分一品洋食屋へ來る程度のお客さまは、多くカツレツとライスカレーぐらゐしか御存知じなしで、カツレツが泳ぎ出すほどソースをブツかけるんですから」と解説し、たとえ国産牛肉の代わりに馬肉や青島産の牛肉を使用したり、調味に醬油や砂糖を用い、味をごまかしたとしても、気づかれることはないとのシニカルな記述もみえる[60]。

図1-2-4　ミルクホール
(『東京の裏面』1909)

さて明治期以降には、一品洋食以外に洋食に出会える場として、食堂車、ビヤホール、ミルクホール、カフェ、百貨店の食堂が挙げられる。例えば、ミルクや紅茶をすすりながら、新聞や雑誌を読む学生たちのたまり場として話題を集めたミルクホールにも、西洋料理を提供する形態もあったようで、『東京の裏面』(1909)の「ミルクホール」[61]の項には(図1-2-4)、「麵麭に菓子珈琲紅茶」を定番メニューとしながらも、「現に西洋料理を兼ねて居る」店舗があったことに言及している。しかし本書によると、西洋料理を兼業しているミルクホールは、「白粉臭いグニヤシヤラした」女性給仕は見かけず、男性給仕を置くのが常で、客層も「安西洋料理でよく見る樣な騒々しい厭な奴」はめったにこないともある。なお『独立自営営業開始案内　第3編』(1913)にもミルクホールの繁昌ぶりが記されている。それによると、ミルクホールは学生相手の「牛乳の一杯賣り所」であり、数種の新聞、雑誌、官報を無料で読ませる場所であったこと、さらに牛乳のほかに西洋菓子類や食パンを置き、またここでも「簡易の洋食一品料理」を提供する店があったことにもふれている[62]。しかし大正期に入ると、ミルクホールは兼業ではなく、牛乳、食パン、バター、ジャム、ワッフル、カステラ、ドーナツなどを提供する軽食提供店の印象を強めていく[63]。

いっぽう百貨店食堂は家族で出かける場所という意味でも、子供向けの洋食メニューを生み出す嚆矢となった。ちなみに日本で最初の百貨店食堂は、明治36年(1903)、東京日本橋の白木屋が増改築された際に開設された。しかし百貨店の直営ではなく、「帆かけ寿司」「しるこの梅園」「そばの東橋庵」の出張店が進出する形態であったという[64]。そして明治40年代に、三越、大丸、松屋などの百貨店にも食堂が開設された。しかし、明治44年(1911)に大増改築(客席100席)が行われた白木屋で提供されたメニューには、白木屋ランチ(サンドウィッチ)以外、まだ日本料理で提供されていることがわかる。

明治44年　白木屋

御中食　五十銭、白木屋ランチ（サンドウィッチ）二十銭、御すし　十五銭、
洋菓子　十二銭、和菓子　十銭、果物　十銭、サイダー　十銭、雑煮　六銭、
御膳しる粉　五銭、牛乳　五銭、コーヒー　五銭、紅茶　五銭、ゆで玉子　二銭

しかし大正11年（1922）、三越にて、日本料理を中心に提供していた食堂とは別に第二食堂「洋食部」（約300席）が開設され、洋食を中心に提供する百貨店食堂が誕生した。なおこの頃の百貨店食堂の様子を、来日していたキャサリン・サンソムは次のように記している。

百貨店の食堂では、家族連れがわいわい楽しそうに御飯や漬物を頬張っています。赤ん坊といってもいいほど小さい子どもがお箸を器用に使って食べているのには、いつも感心してしまいます。ところで、食堂のメニューは和食には限りません。ガラスケースの中にはビーフシチュー、カツレツのグリーンピース添え、プリン、チーズやバターとクラッカーなどの洋食も並んでおり、一つ一つにカタカナで名前が書いてあるので、料理の英語名や素材を知らない人でも想像力を働かせて注文ができます[65]。

三越の快進撃は続き、昭和5年（1930）には、三越食堂主任・安藤太郎考案による「お子様ランチ」が誕生。さらに昭和10年（1935）には、同食堂にて「お子様献立」として、「御子様ランチ　三十銭、オムレツ・チキンライス・ハヤシライス　各十五銭、御子様弁当　三十銭、御子様寿シ　二十銭、子供パン　十銭、赤ちゃんの御菓子　五銭、おしる粉　八銭、アイスクリーム　十五銭、コヽア　五銭、フルーツ　五銭[66]」といった洋食メニューが考案された。なおこうした子供向けの食事を意識したメニュー展開もまた諸外国に類似がみられないため、日本の食文化の面白さともいえる。子供の食事を考慮したメニュー展開の独自性については、後に海外の百貨店を視察した三越の雑貨係副長・山本秀太郎も、「日本の百貨店、殊に三越の様にお子様メニウを作り、お子様椅子を作り、お子様何、お子様何といふ様に、お子様の御便利を図る事などは、パリ—では薬にもしたくない[67]」と説いている。

さらにこうした流れと並行して、楽しくデパートで子供たちと洋食を食べた母親の気持ちをくすぐるような特集が婦人雑誌や料理雑誌の中に取り上げられるようになる。例えば、『料理の友』（1930年11月）には、「八十銭の定食を四十銭で」「四十銭の親子丼を二十銭で」「二十銭でたっぷりしたチキンライス」「一円五十銭の洋食を」「十一銭で出来るライスカレー」などといった、手軽でいて、経済的な洋食の調理法が掲載されている[68]。ともあれ、洋食を子供と楽しむ時間は、あたたかな家族の思い出を育む骨子となりえたのだろう。こうした雑誌や出版物の特集を通して、読者がその調理法を実践する試みもまた洋食が家庭生活の中へ浸透するきっかけになったものと思われる。

註

1）青木輔清編『雅俗作文記事論説　上』富山堂、1891、pp. 25-26.

２）凌翠漫士『人情快話　道楽百種』黎光堂、1903、pp. 13-15.

３）山方香峰編『日常生活　衣食住』実業之日本社、1907、pp. 441-443.

４）天野誠斎『家事実習法』実業之日本社、1910、pp. 194-196.

５）ちなみに洋食という言葉は、管見の限り、青木輔清編『家事経済訓　二』（同盟舎、1881、p. 1.）に収録された「第十三章　手軽洋食割烹ノ事」が初見であるように思われる。本書には、「洋食モ亦我國ノ會席二汁五菜三十六献立ノアルガ如ク其品数數多ニシテ割烹（レウリ）モ種々ノ法式アレバ小冊ノ能ク記シ盡スベキニ非ズ且ツ我國ノ民間ニ在テハ未ダ之ヲ必用トセズ故ニ唯簡易（テガル）ノ法二三ヲ示スベシ」とあり、ナイフとフォークなどカトラリーの使い方やパンの食べ方、食事マナーなどの解説が綴られている。

６）常磐木亭主人『即席簡便西洋料理方』青木嵩山堂、1894、pp. 3-4.

７）エドゥアルド・スエンソン　長島要一訳『江戸幕末滞在記　若き海軍士官の見た日本』講談社、2003、p. 223.

８）富田仁『西洋料理がやってきた』東京書籍、1983、p. 49.

９）大西啓太郎編『女子宝鑑　一名婦人重宝玉手函』松影堂、1906、p. 231.

10）室生犀星『室生犀星随筆集　一日も此君なかるべからず』人文書院、1940、p. 76.

11）室生犀星：前掲書、pp. 78-79.

12）室生犀星：前掲書、p. 77.

13）エセル・ハワード　島津久大訳『明治日本見聞録　英国家庭教師婦人の回想』講談社、1999、p. 111.

14）クララ・ホイットニー　一又民子訳『勝海舟の嫁　クララの明治日記　上巻』講談社、1996、p. 394.

15）クララ・ホイットニー　一又民子訳：前掲書、p. 393.

16）チェンバレン　高梨健吉訳『日本事物誌１（東洋文庫131）』平凡社、1969、p. 233.

17）E. S. モース　石川欣一訳『日本その日その日１（東洋文庫171）』平凡社、1970、p. 107.

18）エセル・ハワード　島津久大訳『明治日本見聞録　英国家庭教師婦人の回想』講談社、1999、p. 63.

19）植松美佐男（誠一）『薄馬鹿大将　滑稽珍話』本郷書院、1912、pp. 101-103.

20）三遊亭円遊口演『円遊新落語集』磯部甲陽堂、1907、pp. 108-116.

21）室生犀星：前掲書、pp. 81-82.

22）ミスクラヽ・ホイトニー訳　皿城キン訳『手軽西洋料理　全』江藤義資、1885

23）コルソン　近藤堅三編『西洋料理法獨案内　附西洋莚会儀式・設莚心得・莚会席上魚肉割切心得』浜本明昇堂、1886

24）パイン・ペリジ口伝　松村新太郎編『洋食料理法独案内　全』支文舎、1886、p. 5.

25）鶯亭金升『滑稽笑説　乗合船』漫遊会、1888、pp. 1-11.

26）メエリー・エム・ウイルソン　大町禎子『洋食のおけいこ』寶永館、1903

27）交盛館編輯所編『家庭西洋料理と支那料理』武田交盛館、1906

28）赤堀吉松ほか『家庭応用洋食五百種』新橋書店、1908

29）割烹講習会編『和洋実用家庭料理法』立川熊次郎、1908、p. 183.

30）割烹講習会編：前掲書、pp. 198-199.

31）亀井まき子『洋食の調理』博文館、1911

32）天野誠齋『家事実習法』実業之日本社、1910、p. 192.

33）天野誠齋：前掲書、pp. 194-195.

34）天野誠齋：前掲書、pp. 195-196.

35）緑葉女史『来客御馳走　洋食のおけいこ』和田文宝堂、1912、p. 1.

36）田子静江『妻となりて』白水社、1917、pp. 120-121.

37）田子静江：前掲書、pp. 121–122. ※なおこうした子供のしつけ、家庭円満の維持において、「手作り」が重視されるようになるのも、大正中期以降の傾向の一つで、『宇野実用料理法　西洋料理之部』（1923）の序を手掛けた共立女子職業学校長・鳩山春子もまた次のように語っている。

「溫き愉快なる家庭を作るには健全にして無邪氣なる遊戯も必要でありませう、面白く遊びながら人格を修養し知能を啓發するの機會を作ることは必要であります、併しながら之等と相俟つて極めて必要なることは家庭の食事を樂しき團欒の機會とすることであります、不良少年の多くは家庭を窮屈がり父親を恐怖し親に隠れて飲食店に出入することから始まると聞いて居ります、これ母が父と子との間に在つて父を敬愛することを教へず父も叉唯嚴父たるを以て足れりとし慈父たることに努力せざるに因ること多いのでありますが併し叉家庭の食事が樂しき團欒の機會たらざることにと因るのであります、子供の嗜好に注意して同情込めたる健全にして嗜好に適する食物を適度に與へ家庭制作の食物程美味なそして嬉しいものはないと子供に感謝の念を起こさせるやうになれば将來の堕落を豫防するに大なる効果があること明かでありませう。樂しき食事の必要なのは子供のみに限るのではありません。一日の務を了へ疲れて家に歸る夫が晩餐の食卓上好まぬ物のみ發見するならばそれは決して夫婦の愛を増す所以ではありませぬ。食卓に夫を悦ばすことを考へざる妻は假令心に夫を愛するも之を表現することを知らぬものであります、其の愛は遂に涸渇するに至るでありませう、樂しき食事を用意するに努力することは妻たり母たる人の貴き任務の一であります。」（宇野弥太郎『宇野実用料理法　西洋料理之部』大倉書店、1923、pp. 2–3.）

38）中川愛氷（良平）『四季の台所』いろは書房、1910

39）名門柳澤家八代目の当主でもあった柳澤保恵は、日本で最初の国勢調査の中心人物としても活躍した。保恵は、村井政善などを中心に構成された美食倶楽部「台所司会」に自邸を提供するなど、食に対しての理解も深かった人物であった。

40）クララ・ホイットニー　一又民子訳：前掲書、p. 78.

41）エドゥアルド・スエンソン　長島要一訳：前掲書、p. 223.

42）「今福」の詳細は、東洋軒の同窓会誌『東厨会誌』に基づき報告する。

43）長野県諏訪郡出身。従業員養成にも極力尽力した人であったとされ、店内に教養の部門を設置。外務省書記官・山崎兼吉を招へいし、フランス語や英語の訓練、調理の原書翻読などを行っている。さらに遣外の調理研究として、大正10年（1921）には、フランス・イタリア諸国に、東洋軒厨司長・大平茂（茂左衛門）と東洋軒製菓部長・門倉國輝を派遣。遣外嘱託には、宮内省大膳厨司長秋山徳蔵を就任させている。

44）門倉国輝「青年に立ち帰った夢語り」（『東厨会誌』所収）1980

45）中野卓編『明治四十三年京都　ある商家の若妻の日記』新曜社、1981

46）エセル・ハワード　島津久大訳：前掲書、pp. 62–63.

47）松田秋浦『西洋料理二百種』青木嵩山堂、1904、pp. 7–10.

48）金子佐平（春夢）編『東京新繁昌記』東京新繁昌記発行所、1897、pp. 150–153. ※『三府及近郊名所名物案内』（日本名所案内社、1918）に、「京橋區鎗屋町」に「ニユーヨークキツチン」という「ニューヨーク式」の洋食店があったことが記されている。それによると、「店は澤山大きくもないが調理する品に至つては第一流である店主は永く歐米る漫遊して料理法を研究して歸朝された人だから洋食に關する智識に至つては云ふ迄もない、依つて此の店斗りは普通の店で出す様な平凡の品は決して出さない必ず毎日獻立が違つて居る、極めて清新な品を食わせるので味のいゝ事は天下一品である。」とある。

49）安藤直方　多田錠太郎『実業の栞』文禄堂、1904、p. 102.

50）東京倶楽部編『最新東京案内』綱島書店、1907、pp. 41–42.

51）『神戸市要鑑』神戸市要鑑編纂事務所、1909、p. 321.

52）徳田紫水『独立自活実験苦学案内』矢島誠進堂、1903、pp. 91–95.
53）実業力行会編『無資本実行の最新実業成功法』樋口蜻輝堂、1910、pp. 122–123.
54）実業力行会編：前掲書、pp. 126–129.
55）原巷隠（池田憲之助）『各種営業小資本成功法』博信堂、1908、p. 31.
56）金田晩霞『無資本成功生活難退治』林成美堂、1914、p. 25.
57）鈴木皓天『立志成功就職者の顧問』産業書院、1915、pp. 255–257.
58）日本職業調査会『女が自活するには』周文堂、1923、p. 96–97.
59）名古屋広告協会編『一千円開店案内』名古屋広告協会、1928、p. 264.
60）大阪朝日新聞社編『商売うらおもて（正）』日本評論社、1926、pp. 34–37.
61）永沢信之助編『東京の裏面』金港堂書籍、1909、pp. 375–377.
62）石井研堂『独立自営営業開始案内　第３編』、博文館、1913、pp. 101–102.
63）稲垣正明『最適簡易婦人商売経営案内』現代之婦人社、1924、pp. 31–34.
64）初田亨『百貨店の誕生　都市文化の近代』筑摩書房、1999、p. 149.
65）キャサリン・サンソム　大久保美春訳『東京に暮す1928–1936』岩波書店、1994、pp. 85–86.
66）初田亨：前掲書、pp. 153–154.
67）初田亨：前掲書、p. 154.
68）大日本料理研究会『料理の友（第18巻11号）』大日本料理研究会、1930

第２編　中国食文化受容の特徴にみる連続性と近代性

第１章　江戸期における中国料理の受容と展開

日本の食文化史を考える上で、中国料理受容の影響は看過できないだろう。古代においては大饗料理、中世には精進料理、近世においては卓袱料理、普茶料理[1]が中国文化の移入とともに、わが国における外来料理形式として受容され、日本の伝統料理形式の基礎を形成した[2]。殊に江戸期は、鎖国体制の下、諸外国との交流が一切禁じられた時期であったことは知られるところであるが、交流が許された中国に関しては、徳川幕府が政治哲学に通ずる教学に朱子学を据えたこと、また五代将軍・徳川綱吉や八代将軍・徳川吉宗らの学問奨励策によって、治者のみならず、庶民の教化のために儒教が採用されたことなどが功を奏して、わが国で親中華思想の隆盛がみられる状況にあった。さらに儒学の隆盛によって、漢詩文、中国語学、中国俗文学、文人画などの中国趣味が誘発されたほか、百姓や町人までが儒家を真似て、唐人風の修姓修氏を行うほどであった[3]。このことは、生活史における食の分野で、中国から『居家必用事類全集』、『遵生八牋』、『居家必備』、『随園食単』、『斉民要術』などの料理書や、食に関する情報を含んだ『夷門壇牘』、『百川学会』、『説郛』、『欽定古今図書集成』、『唐代叢書』、『知不足文叢書』など、主に明・清代の叢書類が輸入されたことからも明らかである[4]。またこの時期に導入された中国料理形式が先にも挙げた卓袱料理[5]、普茶料理であり、これらの料理形式は、江戸中期以降、中国趣味の流行に即して盛行をみせるようになった[6]。

さて江戸期における中国食文化の導入は、江戸初期の唐人貿易から始まると考えることができよう。実際この唐人貿易と総称される中国（明・清）と江戸幕府の貿易は、南蛮紅毛貿易と並ぶ重要な性格を持つもので[7]、やがて寛永12年（1635）には、長崎が唯一の貿易港に指定され、唐人屋敷の整備に至った。安達巌によれば、元禄２年（1689）に、長崎市外十善寺村に設けられた唐人屋敷には、市中の半数の中国人（約五千人）が収容されていたとされ、こうしたことからも、江戸期の長崎には多くの中国人が雑居していたことが読み取れる[8]。したがって、中国人の生活が持ち込まれたことで、その食事形式も伝えられ、長崎では中国風料理が反映された卓袱料理[9]と、その精進である普茶料理が出現し、主に宴会料理として重用された。

また江戸期には、これらの中国風料理は、元禄10年（1697）刊『和漢精進料理抄』[10]、宝暦11年（1761）刊『八遷卓燕式記』[11]、明和８年（1771）刊『新撰卓袱会席趣向帳』[12]、明和９年（1772）刊『普茶料理抄』[13]、天明４年（1784）刊『卓子式』[14]、享和２年（1802）刊『料理早指南』第三篇、享和３～文政３年（1803～20）刊『素人庖丁』、享和３年（1803）刊『新撰庖丁梯』、文化３年（1806）刊『料理簡便集』、天保６年（1835）刊『料理通』第四篇、文久元年（1861）刊『新編異国料理』などの江戸料理書にも紹介された[15]。こうした書物による伝達もまた長崎のみならず、江戸、上方において広まる契機となったものと思われる。

なお江戸期における中国料理を扱った従来までの研究については、古賀十二郎、和田常子、越中哲也などの業績が挙げられる[16]。なかでも、古賀の研究は戦前の業績でありながら、長崎を起点に発展をみせた卓袱料理・普茶料理の様子を、自らが出向いて調査するという民俗学的な手法を投じてまとめられた労作でもある。また越中の研究は、「長崎学」の立ち上げに伴い、長崎を中心に発展をみせた卓袱料理・普茶料理の献立の事例を多用した成果となっている。

しかし、中国食文化の影響が、地方へどのような形で波及したかへの視点は余り検討されていないように思われる。そこで本章では、こうした既存の先行研究を鑑みながら、『翻刻江戸時代料理本集成』[17]、『日本料理秘伝集成』[18]所収の卓袱料理、普茶料理が掲載されている前述の江戸料理書、さらに原本に関しては、東京家政学院大学附属図書館大江文庫、食の文化ライブラリー、国立国会図書館、東京都立図書館加賀文庫に所蔵されている中国料理書および中国料理を含む料理書・紀行文などを調査し、中国の食文化が日本の食文化に与えた影響についての再考を試みることとした。断片的に語られてきた中国料理の受容についての再検討を行うことで、その受容傾向について若干なりとも、増補、修正を加えることを目的としたい。

第１節　卓袱料理受容の特徴

１）卓袱料理の基本形式

江戸期までの中国料理の形式は、主に長崎を中心に行われていた卓袱料理、並びに普茶料理が主であったことは前述した通りである。そこで最初に、江戸料理書から卓袱料理の特徴と思われる記述を抽出してみると、次のようなものが得られた。

①『八僊卓燕式記』（1761）

八仙卓：長崎ニテシッホクト云フ高三尺余幅四尺余四方朱塗ニテ塗リ縁ニ斑竹ヲウチ四隅ニ獅子ノ形ノ脚アリ　廻リニ紅白ノ紗綾ヲ垂ル、

②『新撰卓袱会席趣向帳』（1771）

しつほくという詞は肥前の長崎にていふ言葉にして、おそらくは蕃語ならん。唐にて八遷卓といふて、猪豕の肉を専に用ゆる事也、（中略）器物の唐めきたるもまためづらしく風流なれば、

今新たに撰て油を用ひずして調味をなす趣向余多しるす、

③『普茶料理抄』（1772）
卓子は中華の饗膳、（中略）卓子は酒肉ともに用ゆ、

④『料理通』第四篇（1835）
卓子料理は、清風の茶の會席に等しく、貴賤のへだてなく、懇意を結び交りを厚くするの一なり、器の中へ與に箸を入て食する物なれど、正客より順に賞翫すべし、

⑤『新編異国料理』（1861）
凡南京にて客来り料理の節はまづ上面に掛物前に卓子を置大花瓶に花を生け客来れば椅子を置佳好席どん子天鵞絨の褥を設け種々の灯籠をかけ客座に付て茶を出す　夫より卓子を出す　盃小皿匙箸付尤もはしは一ぜん紙に包み楊枝を一本そゆる、

以上までの５つの引用からは、卓袱料理の一般的な特徴が、長崎を起点として、中国の言葉で「八仙卓」・「八僊卓」と呼ぶ共同膳を囲む料理形態であることがわかる。なかには、①にあるように、共同膳の「廻リニ紅白ノ紗綾」、つまりテーブルクロスを伴う特徴も挙げられる。さらに②によれば、酒を飲みながらすすめる特徴であることも読み取れるほか、⑤の記述からは、「卓子」が出される前に、「茶」を飲む特徴についても伝えている。また、図2-1-1をうかがうと、その形式は銘々膳による本膳料理の献立形式とは異なり、共同膳を使用することで、居合わせる客同士が同じ器の

図2-1-1　「唐人屋敷宴會卓子料理」（『長崎名勝図絵』）

料理を共有する唐人屋敷での中国人の様子が描かれているが、これは④の記述に合致する。

さらに卓袱料理の形式を伝えるものとして、『八僊卓燕式記』所収の「清人呉成充船中饗金右衛門式」が、管見の限り、最も古い記録と思われる。本書の献立は、清国人が自分の船に日本人を招待した際の記録であるため、その献立要素の内容は、すべて以下のような中国料理で構成されたものとなっている。

小菜　：蝦米　海粉　鹿角菜
中菜　：筍糟　帯魚糟　紫菜　紅菜生
大菜　：方肉（和名　角煮）　猪頭　大臓　猪宮
大碗頭：白煮鶏児　白煮鴨児　羊児　鹿筋　海参

またその献立の流れをうかがうと、最初に「叙席（シュイツイツ）」と呼ばれる長さおよそ四尺ばかりの煙草が出され、次に「獻茶（ヘンヅア）」と呼ばれる茶の儀式が続く。ここでは、茶とともに、長崎でキンマという蜜漬「荖葉蜜（ラウェツミイツ）」を食する。次に、「中食」として「揀麪（ケンメン）」という「木耳ヲツマニシ淡醤油ニテ出ス」「饂飩ノ如キモノ」が供され、ようやく「八仙卓」と呼ばれる共同膳が出され、その後は、卓袱料理の献立要素である「小菜」８品、「中菜」12品、「大菜」８品、さらに「大碗頭」８品と続き、常に主人がすすめる酒を供しながらの献立形式となっている。また、主人は、「大菜」まで、食事に手をつけることが許されず、ひたすら酒をすすめることに徹し、「大碗」以降、ようやく酒が各自によって嗜まれるという特徴も確認される。一連の酒宴の最後には、「喫飯（キッパン）」という飯が出され、茶漬けにして食するとあり、最後に「冲茶（チョンツア）」という煮出した茶が提供され、その酒宴は終わることとなる。

しかし、天明・寛政年間頃（1781～1801）に板行された『卓子調烹方』によれば、「卓子ハ長崎ニテ小菜ヲ付ルコトナリ、唐山ニテハ小菜ナシ」と、その違いについて言及する記述もみえる。本書は、長崎の様子が長崎通詞の記録として残されたもので、ここでの唐山とは、中国本土をさすが、「唐山式」と「卓子式」の違いを述べた内容となっている。したがって、本文中の「唐山料理献立」は、茶の儀式をすまし、「卓子」が出された後、「大碗」と「大菜」の繰り返しの中で、４種ほどの「點心」が盛り込まれ、最後に「飯」と「蘭茶」で終わるスタイルとなっている。しかし、献立の流れは、宝暦期の『八僊卓燕式記』の流れとほぼ変わらないことからも、煙草、茶、菓子の儀式で始まり、食事が続き、最後は飯、さらに茶で終える流れこそが、正式な卓袱料理の基本形式であったように思われる。

２）料理屋の献立としての卓袱料理の展開

江戸中期になると、卓袱料理は上方や江戸へと伝えられ、高級料亭における宴会料理としての地位を得るようになる。文化２年（1805）に、田宮仲宣（橘庵）が著わした『橘庵漫筆』によれば、「京師祇園の下河原」の佐野屋嘉兵衛という人物が、享保年間（1716～36）に長崎から上京し、初めて「大椀十二」の「食卓料理」を料理し、広めようとしたとの記述がある[19]。さらに、天明２年（1782）

から同4年頃に、橘南谿[20]が各地で見聞したことを記した『西遊記』には、「近きころ上方にも唐めきたる事を好み弄ぶ人、卓子食といふ料りをして、一ツ器に飲食をもりて、主客数人みづからの箸をつけて、遠慮なく食する事なり、誠に隔意なく打和し、奔走給仕の煩はしき事もなく、簡約にて、酒も献酬のむづかしき事なく、各盞にひかへて心任せにのみ食ふこと、風流の宴會にて面白事なり」と、上方において卓袱料理を楽しむ風潮がみられるとの記述も確認できる。また『橘庵漫筆』と『西遊記』はともに、上方で出版されたものであることからも、上方での卓袱料理を物語るものとして、興味深い資料といえよう。やがて天明年間になり、ようやく江戸にも卓袱料理店が登場し、「浮世小路の百川」を先駆けに、「神田佐柄木町の山東」、「深川土橋の尾花屋」、「大橋新地楽庵」などの一流店にて供されていった。

またこうした流行と並行して、『新撰卓袱会席趣向帳』、『料理通』第四篇などの料理書からも、江戸後期の料理屋における卓袱料理の内容を抽出することができる。例えば『新撰卓袱會席趣向帳』には、卓袱料理を「しつほくの文字詳ならず、然れとも朋友懇に酒を飲事を演義文に卓袱と書たり（唐音にてしつほく也）、因て此字を用ゆ」と記しているように、酒宴を中心とした形式と捉えているため、終始「味噌酢醤油は勿論とりわき酒しほにこそ至極よき酒を用ゆへし　上戸と下戸の分別をして美林酒しやうちう等をつかふべき」、「下戸と上戸と酒の過たると過ざるとを考へ鹹口と甘口とを合せたる味を名付てあんばひといふなり」と、下戸と上戸への心配りを強調した目線がみえる。また、『料理通』第四篇には、「卓子料理」が銘々膳による本膳形式とは異なり、一つの器に盛られた料理を主客全員が自ら箸をつけて食する料理茶屋「八百善」にて提供されていた料理形式として紹介されている。

さらに、その献立内容もまたこれらの江戸料理書から見出すことができる。図2-1-2は、『新撰卓袱會席趣向帳』にみられた献立である。図2-1-2によると、最初に酒宴向きの酒肴が供され、最後に飯が供される江戸中期に定着する料理屋の食事形式「会席料理」[21]とほぼ同じ形であることがわか

大菜　器物は亭主の好次第
第一湯鯛　大猪口：煮かへし酢
小菜　中皿：鱠（青酢　さより　木くらげ　赤かい　みつは）
　　　小皿：膾（わさび　おろし大こん　ねき　とうからし）
小菜　小鉢：あへ物（ひしこぬた　からしあへ　或は蜆青あへ　またはふくだみ塩からの類）
小菜　中皿：煎付（鮑か蛸かささゐの坪焼か　あるひは当座ずしか鎌くら海老か焼玉子か）
小菜　大猪口：精進物（嫁菜ひたし物か何にてもさらりとしたるもの一二種あるべし。）
大菜　第二味噌汁（こち　かゐわり菜　あるひはこちのふぐ料理なとよろし。）
大菜　第三すまし（精進物よろし。）
大菜　第四薄くず煮（きんこ　生椎茸　生姜　又は小鴨　摘麩　せり）
大菜　第五焼塩あんばい（水吸物のこころ也。雲わた　せん柚子なとの類よし。）
大菜　第六赤みそ汁（大蜆　からし　此類の品を用ゆべし。）
大菜　第七飯（海苔飯　黄飯　紅飯　麦飯　挽割飯　右常のごとく辛味をそへ薄醤油なり。）
香物　つけあわせ　あるひは一色（糟味噌漬は亭主の風流にまかすべし。）
菓子　四季の景物　遠来の土産なとは廉なる物にても用べし。上品の物はいふに及はす。
茶　　薄茶　濃茶　煎茶　出し茶（此四種の物は賓主乃（きゃくていしゅ）　時の宜しきに随ふべし。）
献立畢

図2-1-2　『新撰会席卓袱趣向帳』にみえる「四季混雑献立の大旨」　※東四柳作成

る。しかし、この卓袱料理の献立は全て中国風の内容で構成されたものではないことに注意せねばならない。つまりその料理の内容をみると、大菜、小菜の位置づけに鱠、みそ汁、刺身が当てられており、形式は中国風であっても、その献立要素が日本料理で構成されたものとなっている。なお日本料理を採用した理由に関して、著者の叙には、「厚味」な米穀に恵まれた日本人は、猪や豚を常に用いる中国料理、ならびに「胡麻の油」にさえも慣れていないため、「脾胃にもあはぬ油気を喰ふ」ことを避けさせようとし、「油を用ひずして調味をなす」中国寄りではない日本料理を書き記したとの意図が明示されている。

しかし、いっぽうで読者の「唐めかしたき心より」卓袱料理に憧れる思いを考慮し、卓袱料理の楽しみ方について、以下の４点を挙げている。

（１）しつほくは常の料理とちがひ随分物不足に不都合にても品々調ひたる料理より風味よきを以て第一とす、
（２）式作法ありといへどもあながちに苦むべからす、
（３）さして珍器珍物を用ひ美味を調ふるにもおよばす、
（４）唯睦まじく物がたり酒を酌て賓も主もこころづかいなく無造作なるを本意とす、

特にこれらの記述からは、卓袱料理の楽しみ方として、料理の内容にまで異国風に徹底する必要はなく、卓袱料理のしつらいや器物を含む形式のみを重用しながら、中国風の趣向を楽しむスタイルを薦める思いが読み取れる。したがって、本書には「卓袱器物乃図」（図2-1-3）が図解され、卓

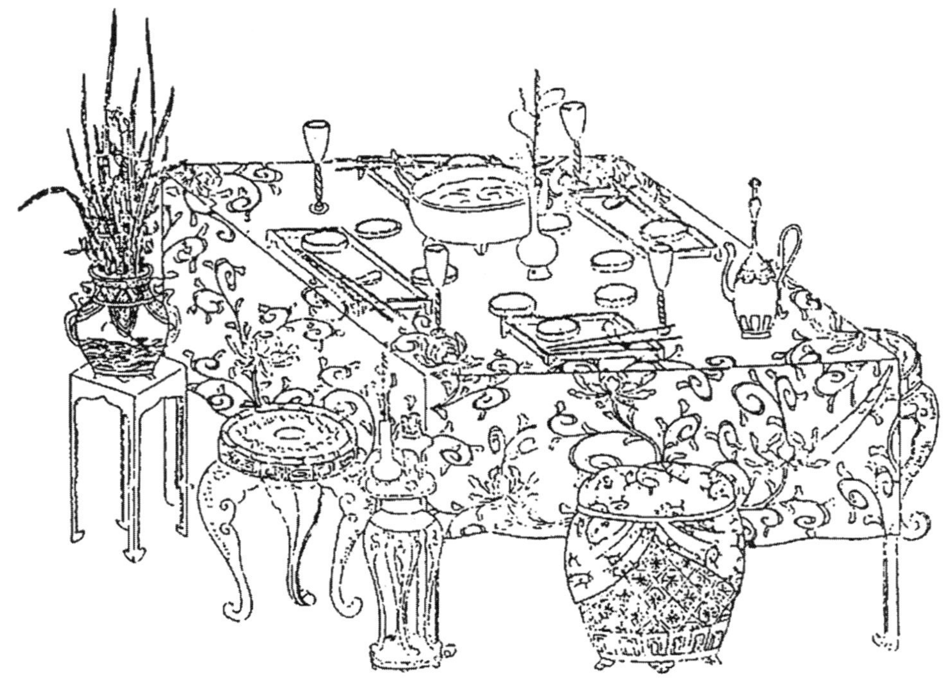

図2-1-3 「卓袱器物乃図」（『新撰会席卓袱趣向帳』1771）

袱料理の設えについての説明も同時になされている。またこうした中国趣味への言及は、同じ時期の『普茶料理抄』や『料理早指南』第三篇などにもうかがうことができる。

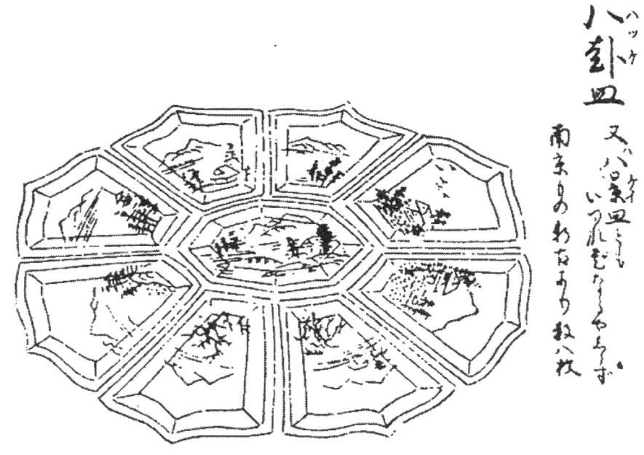

図2-1-4　「八卦皿」（『料理簡便集』1806）

3）「略式」という考え方

やがて19世紀になると、形式のみを採用する形式を、「略式」として考えるようになる。『料理簡便集』には「当時二尺五寸三尺の大盆にて客三四人をもてなす事多し」として、「唐の卓子の略」である「卓子略」という食事の形式を紹介している。「卓子略」の旨趣は、卓袱料理の形式は踏襲されていながらも、「四季ともに六菜四品、小菜四品を出す略式なれは小どんぶりにも不限ふた茶碗　吸もの椀にても出すべし　本膳の平なます　汁の部にて見合すべし」と本膳料理の献立要素で構成されたものとなっていることからも、前述の形式を重んじる考え方の流れであることがわかる。

こうした四季を重んじながらも、「略式」を選ぶ傾向は、後に刊行された『料理通』（1822）においてもみられる。本書にも、「割烹家（れうりや）にて用ゆるが略式なり」とあるように、やはり大菜を「本膳のなます平茶椀」、小菜を「本膳のしたしもの　あへもの鉢肴」に見合わせ、「日本において調味しがたき物は、その時々の魚鳥に更て庖丁す」とし、その内容には、日本料理を提案する傾向がみられた。さらに、「略式」とは、「世に普茶卓子などいへば、諸事費多く驕奢の沙汰に聞ゆれども、左にあらず。その仕様に依て、有合の物到来の品にても済事なり。唯器物の次第、席上に持出して、物々敷盛並る故に、目新しく、一入の興になりて、客の歓ぶものなれば、其略式に倣ひて試み給ふべきなり」との記述からも、有合せ物、調製の容易な料理でよいとしながら、器物などを中国風に楽しむことで客を喜ばせることができるとの見方が明確にされている。また、『料理通』が江戸で出版された料理書であることからも、こうした中国形式を尊びながらも、日本料理で構成する「略式」が江戸にまで波及していたことが理解できよう。

さらに、江戸後期には卓袱料理の提供形式に変化がみられるようになる。19世紀以降の料理書『新

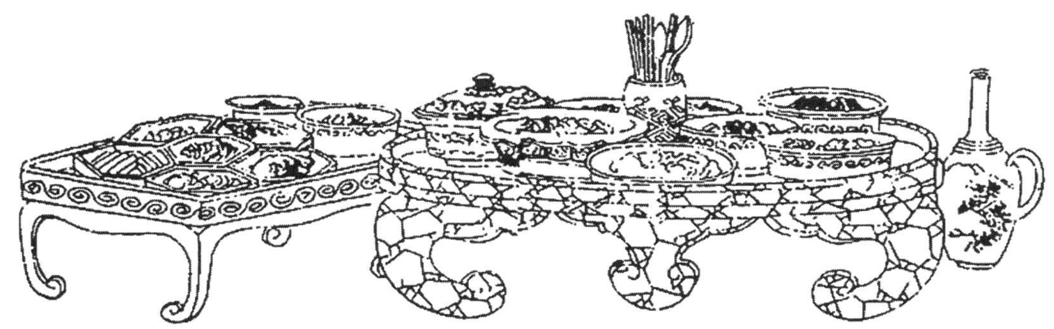
図2-1-5　卓袱台（『料理通』第四篇　1835）

①五月七日
丸山烟草屋にて藝子両人並びに遊女両人と飲宴した際の献立
・茶漬け　味噌あんかう　一もじ
・香の物
・飯
・盃
・硯蓋　すゑび　川茸　あわび　かまぼこ　らっきょ
卓子臺　丸き形なり
　・小菜　ゑびのでんがく
　・小菜　大こんのなら漬
　・小菜　さし身　きうり　あぢの造り身
　・小菜　ちさのひたし
　・大鉢　竹の子　花ゑび　麩　ふき　かまぼこ
　・どんぶり鉢　ゑびもち　大こん
　・どんぶり鉢　あわび　一もじ　ぎんなん

②五月十一日
海老屋善助方にて受けた献立
・茶菓子　状柱　雪輪　丸ぼふる
・盃　　三ツ組
・舟盛
・吸物　鯛ひれ　もち　こんぶ
　　・吸物　味噌　だいかん　肉梅
卓子
・小菜　なます　鯛切身　白うり　しそ
・小菜　香の物　大こん　瓜
・小菜　かまぼこ　すゑび　しそつけ大こん
・小栗　山桃
　　・小菜　黒豆
・壹　鉢　けんちゑん　川たけ　はずいも　いせゑび　あわび
　　・弐　どんぶり　くず　あげかまぼこ
　　・三　鉢　胡椒の粉　すゞき　みそかけ
　　・四　どんぶり　花ゑび　金ひれ　なすび　飯
　　・五　味噌吸物　ごま豆腐　しひたけ　いりこ
　　・どんぶり　さたう入つくばね

図2-1-6　文化三年に長崎丸山で供された卓袱料理献立
（『筑紫紀行』1802）　※東四柳作成

撰庖丁梯』、『料理簡便集』、『料理通』第四篇には、9枚で八角形になる「八圭皿（八卦皿・八景皿）」（図2-1-4）、あるいは7枚で六角形になる「六圭皿」という皿が描かれており、それぞれの料理内容が提案されている。また『新撰庖丁梯』によると、それらは「南京もの」とあり、中国から伝わったものと想定されるが、使われ方に関しては詳述されておらず、『料理通』第四篇にみられた図2-1-5から想像するに、別膳にて供されたものと推測される。また『料理簡便集』には、季節ごとの「八圭皿」の献立内容が、以下のように紹介されている。

春
焼小鳥（中皿）
うど木のめあへ
かまぼこ
塩焼　魚小ぐし
しほ煮　薯蕷
けしかけ牛蒡
むきみけん
へいしん玉子
鯛酢びたし

以上の献立内容は、春の部を引用したものである。これによれば、「へいしん玉子」のような中国料理も含まれていながらも、ほとんどが日本料理となっており、形式だけを取り上げる傾向が、ここでも明らかである。

なお折衷内容を収録した『新撰卓袱会席趣向帳』や『料理通』第四篇は、上方や江戸で出版された料理書にみられたものであったが、古賀十二郎によって、この卓袱料理の日本化への階梯が長崎においてもみられたことも指摘されている[22)]。そこで、尾張商人・菱川平七（吉田豊房）が著わした『筑紫紀行』[23)]（1802）を基に、その内容を確認してみると、図2-1-6の献立がみられた。

最初の同年五月七日の献立は、著者・平七らが、長崎丸山の烟草屋にて、遊女と供した献立である。茶漬けで始まり、香の物、飯、盃、硯蓋との記述があるように、酒宴の席での献立であることがわかる。酒宴の後、「卓子臺」が出され、卓袱料理の献立要素である「小菜」、「大鉢（大菜)」、「どんぶり鉢（大菜)」の組み合わせで構成された形式となっているが、その料理内容は中国料理で構成されたものではなく、日本人の味覚になじみのある料理が並んでいる。つまり、形式のみを卓袱料理から踏襲したもので、「卓子」の使用のほかは、日本料理の特徴と何ら変わりのない印象を受ける。

次いで五月十一日の献立もまた「卓子」の使用がみられることからも、卓袱料理の献立形式で提供されていた様子はわかる。なお長崎の海老屋にて供されたこの献立は、前述した４日前の遊郭での献立より皿数も多く、豪華なものとなっている。さらに、その内容も日本料理のみならず、「けんちゑん」などの中国料理もみせる。しかし、この献立もまたその内容の殆どが日本料理で構成されている。

さらに同月十三日には、平七らは長崎の唐人屋式を訪れ、柳谷とその通事・伊藤藤九郎を倍して、程赤城、潘占萬などという中国人から「卓子の飲饌」を受けている（図2–1–7)。この日の献立の記録は残されていないが、饗応の最中に「あらきとかいふ紅毛の酒」が出され、「酒のちから強く少し苦味」がありながらも、中国人は懇ろにこれを嗜んでいる様子が記されている。この饗応は、おそらく中国の献立の型を保ちつつ、南蛮からの酒にて供された折衷様式であったことがわかる。

また「卓子」の形は、図2–1–7の場合、右下にみえる「卓子」が四方形であるのに対し、丸山烟草屋での記述には、「卓子臺」が「丸き形なり」とある。古賀も、明治期以降、長崎人が円形の「卓子」を用いるようになる点を指摘していたが[24)]、卓袱料理の「卓子臺」が、文化年間頃には変容の兆

図2–1–7　中国人との饗宴（『筑紫紀行』1802）

図2-1-8　支那人と卓袱料理（『料理異国料理』1861）

しをみせ始めるようになる状況がうかがえる。「卓子」の台の挿絵は、『新撰卓袱会席趣向帳』、『普茶料理抄』、『卓子式』、『料理早指南』第三篇、『素人庖丁』、『料理通』第四篇、『新編異国料理』等の江戸料理書においてもみられたが、円型のものは、『料理通』第四篇と『新編異国料理』にしかみられず、19世紀中葉以降、その形が円型化への傾向をみせ始めることになると推察される。

また『新編異国料理』にみられた椅子を用いる中国人たちの酒宴（図2-1-8）に反して、『料理通』第四篇にみられたのは、椅子を用いず、直に畳に座る日本人の酒宴（図2-1-9）となっており、饗応のスタイルにおいても、日本化されていく卓袱料理の特徴が読み取れる。こうした様子は、流行を反映するかのように錦絵にも描かれた。図2-1-10は、歌舞伎役者たちの新年の宴の様子が描かれたものである。提供されている料理内容についての詳細はわからないが、ここでも役者たちは皆、卓袱台を用い、中国風の設えを楽しみながら、床に直に腰を下すスタイルで饗宴を楽しんでいる。

このように、19世紀にはすでに卓袱料理の型のみが踏襲され、その内容は日本風で構成されていく傾向がみられた。またこうした和中折衷の傾向は、上方や江戸で始まったのではなく、長崎に中国料理が伝わった時点で、すでに起っていたと考えられる。とはいえ、ほぼ同時期に同じ場所で様々な特徴の卓袱料理が供されていた点は興味深く思われる。また新しく受容した異国趣味の形式のみを重んじる「略式」という方法が好まれ、しつらいや器等は中国風、しかしその料理内容、卓袱台は日本風で用いることで、折衷化された饗膳スタイルで楽しんでいった様子

図2-1-9　日本人と卓袱料理（『料理通』第四篇　1835）

図2-1-10 「一陽新玉宴」（1855年改刊版）

が、江戸期にすでにあったことが明らかになった。

いっぽう、これに先立つ頃、和風に偏りつつある卓袱料理の傾向を憂い、中国式に立ち返ることを説いた料理書もみられた。『卓子式』には、「みたりに新奇の製をすることなかれ。本色を失ふのみならす。和風のみになりて彼国の風を知らすして面白からさるなり」と、日本風に偏りつつある卓袱料理の傾向を憂い、図2-1-11のような中国料理で構成された献立を掲載する様子がみえる。図2-1-11の内容によると、「大碗」と「点心」の繰り返しとなっており、「小菜」は僅か食後の香物に当てられているのみである。これは、前述の『卓子調烹方』にみられた「小菜」を用いない「唐山料理献立」と同様の流れであることからも、中国本式の献立であったとも考えられる。

本書を著した豊前中津の町人である田中信平（伝右衛門）は、若い頃に長崎に遊学し、中国文化に魅せられ､帰郷後も常に中国服を着用し、中国の器物を取り扱う古物商、或は骨董店を経営していたようで[25)]、料理書の内容も中国風を追求するものとなっている。また田中は『料理簡便集』も著していて、そこには卓袱料理の器物についても説明しており、正当な中国料理を伝えようとした人物であったことがわかる。総じて、江戸期の料理書には、「略式」という卓袱料理の折衷化を図るものと、正式な卓袱料理を伝えようとする二つの傾向があったことが理解される。

蓋碗		桂円湯　蘭茶　白扁豆湯
大碗	一.	燕窩湯
大碗	二.	東坡肉
大碗	三.	全家鴨
大碗	四.	鶏湯
点心		饅頭　鶏蛋糕　瓜子糕　紅花糕
大碗	五.	甲魚炒
大碗	六.	肉円
大碗	七.	河鰻
大碗	八.	蟹　落花生　葱　蛋　木耳
醒酒場		
点心		百合餅　雪粉糕　糯粉糕　山査子糕
大碗	九.	火腿
大碗	十.	鮒　豆腐皮
大碗	十一.	鮑　鰕　胡桃　芹　冬瓜
大碗	十二.	七星湯
飯　茶		
小菜		酒瓜　醤蘿蔔　醤薑
蓋茶碗		珠粉　百合砂糖煮

図2-1-11 「清人長崎にて製する卓子式」
（『卓子式』1784）　※東四柳作成

第2節　普茶料理受容の特徴

1）普茶料理の形式と精神

次に卓袱料理と同時期に受容された普茶料理の定着経緯をみてみたい。普茶料理は、橘南谿が著した『西遊記』に「黄檗宗などの寺院には、不茶とて精進ながら卓子料理をすることなり」とあるように、卓袱料理の精進料理であるとの説明が最も容易であろう。普茶料理の「普茶」とは、茶に赴き、萬福寺の大衆が集まってお茶を飲みながら意見交換する「茶礼」という儀式である「赴茶」を指し、その後に大衆の労をねぎらう意味で供された料理が普茶料理の始まりであった[26)]。そして『西遊記』にも「黄檗宗などの寺院」で用いられるとの記述がみられるように、新来の禅宗仏教・黄檗宗の招来に際し、福建省から招聘された隠元禅師を始めとする黄檗僧らによって齎された料理形式でもある。

なお普茶料理を語る上で忘れてならないのが、黄檗宗の開祖・隠元隆琦禅師（1592–1673）の功績だろう。隠元は、承応3年（1654）、長崎興福寺住持逸然性融らの懇請によって、日本へ招かれた。明暦元年（1655）には、妙心寺の龍渓宗潜の請に応じて、長崎を出発し、摂津の普門寺に入門する。実はその後、何度か帰国を切望したが、四代将軍・徳川家綱への謁見（万治元年11月1日）、大老・酒井忠勝の献言などにより、日本に留まることを決心し、幕府から山城宇治に寺地を賜って、黄檗山萬福寺を創めた。その後は、後に続く門下僧たちによって、江戸などの地域に寺院が建立されていくが、食文化史的側面からみると、こうした黄檗僧らの長崎からの進出が普茶料理の畿内・江戸への伝播の一因となったとも推察される。

さてここでは、前述した主要な江戸料理書4種（『和漢精進新料理抄』、『普茶料理抄』、『料理早指南』第三篇、『料理通』第四篇）を中心に調査することで、普茶料理の特徴についてみていくこととする。最初に普茶料理に関する詳細を伝えた料理書『和漢精進新料理抄』と『普茶料理抄』から、それに関連する記述を抜粋してみると、以下の通りとなる。

『和漢精進新料理抄』（1692）

普茶は先菓子と生茶とをならべ、ちよくと箸とを添て出すべし、次に茶を引なり、茶は其ちよくにうけて喫、菓子生菜を喰て、ゆるゆると茶をのむ也、茶四五遍も過ば、煮菜を二三種出し、其次に小食の饅頭か菜包を二三種、其馳走の多少によりて出すなり、凡菜十五六種あらば、八九種程出してから食を出し、次にだんだんに菜を一種々々出すべし…（中略）…菜の多少は、其時の馳走に依て、定まらず、凡煮菜十種あらば、生菜も、亦十種なるべし、生菜と菓子とは、皿に飣、煮菜は、大碗に飣なり、人多時は鉢にも飣なり。

『普茶料理抄』（1772）

卓子は中華の饗膳、我朝長崎に其風形をうつし、雅人の翫ひとなる事久し。風流物好調味皆唐様にこしらへ、朋友むつましく、夜話のなくさみとす。京師に見習ふに和朝の作法は先美敷を本とす。…（中略）…精進の卓子を普茶といふ。并二、禁酒のときは、茶を用ゆ故に普茶饗応といふ。普茶料理は、貴僧を招き、斉非時の折からに、便り共ならんかし。唯、珍敷を、客への馳走として、茶の湯会席に用ゆ。主人もまた、是を楽しまんのみ。（下線　東四柳）

先に『和漢精進新料理抄』から引用した記述に随えば、普茶料理は、常に茶を飲みながら進める形式であることがわかる。最初に菓子、生菜類が供され、４、５杯の茶とともに進め、次に煮菜類が２、３種、次に饅頭や菜包などの小食類が出され、これらもまた茶とともに食する。つまり普茶料理は、茶を飲みながら進める形式であることを、特徴として伝えている。また、煮菜、生菜、小食の品数は、宴会のレベルに応じて増減するとし、器もそれに応じて、皿ではなく鉢を使用するよう指示している。

次にあげた『普茶料理抄』は、前述した『和漢精進新料理抄』の漢の部の焼き直しに、さらに新しい情報を盛り込み刊行された内容であるため、ここでは新たに加えられた記述を引用した。これによれば、普茶料理が卓袱料理の精進であること、茶を用いる饗応から、下線部にあるように「普茶饗応」というとある。また尊い仏僧を招く際の仏式の食事となるばかりでなく、珍しいということでお客へのご馳走として、茶の湯や会席に用いることもすすめている。

しつらえ方であるが、図2-1-12、図2-1-13はそれぞれ『和漢精進新料理抄』、『普茶料理抄』所収の挿絵にあたる。『普茶料理抄』に描かれた図2-1-13「普茶の図」は、『和漢精進新料理抄』にみられた図2-1-12「普茶図」に人物もあわせて描かれたもので、これらの図からは、普茶料理がこれまでの伝統的な銘々膳による日本料理形式である本膳料理や懐石料理とは異なる共同膳で楽しむ料理形式であることがはっきりと理解できる。また中国趣味のちり蓮華や箸たて、器、テーブルクロス

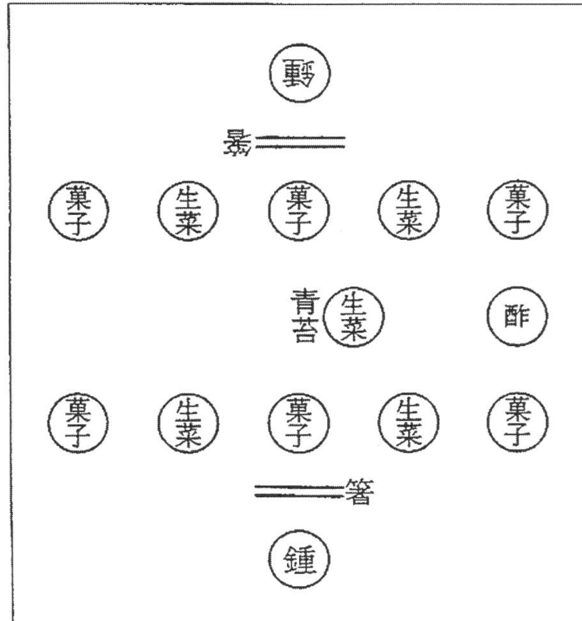

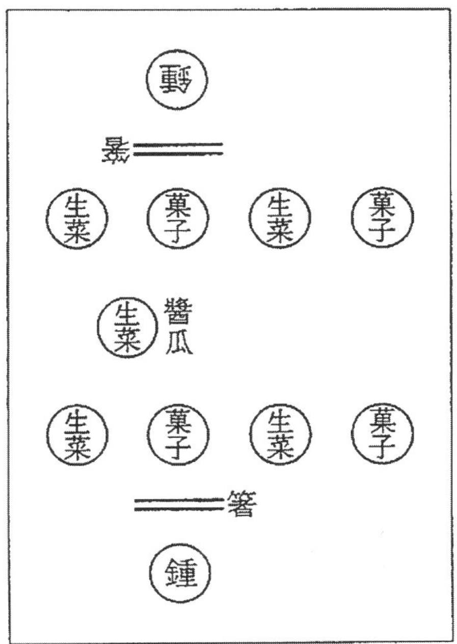

図2-1-12 「普茶図」（『和漢精進新料理抄』1697）

図2-1-13 「普茶の図」(『普茶料理抄』1772)

などを用いるスタイルとして示されている。

また『和漢精進新料理抄』と『普茶料理抄』に紹介されていた料理内容は、表2-1-1に表した通りである。内容の詳細として、『普茶料理抄』には、『和漢精進新料理抄』にみられた「煎菜」「羹」が省略され、いっぽうで「水仙の仕様」「芋巻」「胡麻豆腐」「饅糖」「糖芋」「蘭花」「綿麩」「南京麩」「萌し」「唐揚」が新たに加えられていた。よって双方にみられた普茶料理の総数は、煮菜類20種、生菜類18種、小食類16種と総計54種ということになる。また料理名の表記に関して、『和漢精進新料理抄』にはすべて漢字表記の料理名が並び、読み方も中国語読みに基づいたものがほとんどである様子が見受けられるが、『普茶料理抄』では、『和漢精進新料理抄』から焼き直された箇所はほぼ同じ表記となっていながらも、新たに加えられた料理名には日本語表記のものが含まれている点が指摘できる。

食材に関しては、豆腐(豆腐糟、あげ豆腐含む)の登場数が13回と最も多く、その後に葛粉11回、午蒡(ママ)11回、麺筋(ふ)(ママ)11回、椎茸10回、青菜10回、人参6回、大根6回などの順で続く。また食材の読み方、表記に関しても、『和漢精進新料理抄』には、「栗子(クリ)」「麺筋(フ)」「胡蘿蔔(ニンジン)」「黄蘿蔔(ニンジン)」「蓮根(ハスノネ)」「越瓜(シロウリ)」「青苔(アオノリ)」「山薬(ヤマノイモ)」「干笋(ホシタケノコ)」「苦瓜(ツルレイシ)」「布瓜(ヘチマ)」「麻実(アサノミ)」「野蜀葵(ミツバゼリ)」「菠薐菜(ハウレンソウ)」「白苣(チサ)」「烏芋(クワヰ)」「西国米(シイコクビイ)」「饂飩の粉(ウンドンノコ)」「酒糟(サケノカス)」「柚(ユ)」「紫菜(アマノリ)」「梨子(ナシ)」「香椿(ヒヤクチン)の若葉(ワカバ)」「干梅(ムメボシ)」「菉豆(ブンドウ)」「生梅(シヤウハイ)」「藕粉(ケイフン)」「糍粑(モチ)」「索麺(サウメン)」など、振り仮名に頼らないと一見意味を解しがたいものが散見されるのに対し[27]、『普茶料理抄』に加えられた普茶料理の調理法にみられる食材名には平仮名表記が混在したものとなっている。さらに『和漢精進新料理抄』で「麺筋(フ)」と表記されていた麩は、『普茶料理抄』では、「きんかん麩」や「丸麩」といった具体的な種類名で示されている。

次に調味料の使用状況は、全54種の料理のうち、醤油の使用が39種、油の使用が33種、砂糖の使

表2-1-1　『和漢精進新料理抄』『普茶料理抄』所収の調理法にみる食材と調味料の使用状況

	料理名	材料	調味料の使用						備考
			油	醤油	酢	酒	砂糖	塩	
煮菜類	巻煎（ケンチエン）	大根　午蒡　栗子　椎茸　青菜　しやうが　豆腐　麺筋　葛粉	○	○	○				
	麺筋包（メンキンパウ）	大根　午蒡　黄蘿蔔　椎茸　豆腐　麺筋　かんひやうもしくはきりこぶ	○	○					
	煎豆腐（チエンテイフ）	豆腐　青苔	○	○					
	山薬巻（サンヨケン）	山薬　葛粉	○	○					
	豆腐巻（テウフケン）	午蒡　木耳　麻実　豆腐　葛粉	○	○					
	煎菜（チエンツアイ）	青菜	○	○					
	捽豆腐（ツイテウフ）	青菜　豆腐	○	○					
	酢菜（ツヽツアイ）	午蒡　野蜀葵　胡蘿蔔　麺筋		○	○				
	八宝菜（パパウツアイ）	大根　午蒡　胡蘿蔔　蓮根　越瓜　麺筋	○	○					
	桜韮頭（インキウテウ）	蒟蒻玉		○					醤油か味噌
	削午蒡（シヤウニウパン）	午蒡　葛粉		○		○			
	麻豆腐（モテウフ）	胡麻　生姜　葛粉	○	○					
	干笋（カンソン）	干笋	○	○					
	苦瓜菜（ククワツアイ）	苦瓜	○	○					醤油か味噌
	子菜（ツツアイ）	布瓜	○	○					
	山薬丸（サンヨクハン）	山薬　青菜（或ハ菠薐菜又ハ白苣）		○					
	合菜（ハツアイ）	椎茸　干瓢　麺筋	○	○					
	葛粉巻（カプンケン）	午蒡　胡蘿蔔　木耳　椎茸　葛粉	○						
	蘿漢菜（ロハンツアイ）	栗子　烏芋　黄蘿蔔　午蒡　葛粉					○		
	羹（ケン）	烏芋　西国米　饂飩の粉　葛粉	○				○		
生菜類	豆腐乳（テウフズウ）	豆腐　酒糟　もろみ　柚		○		○		○	
	紫菜（ツツアイ）	紫菜	○	○					
	西瓜醤（シイクワチヤン）	西瓜　糀						○	
	青苔（チンタイ）	青苔	○	○					
	豆腐干（テウフカン）	豆腐	○	○					
	煎麺（チエンメン）	麺筋　しやうが	○	○					
	巻煎酢（ケンチエンツヽ）	大根　午蒡　栗子　椎茸　青菜　しやうが　豆腐　麺筋　葛粉		○	○				
	梨甘（リカン）	梨子			○	○	○		
	豆腐糟（テウフツヤウ）	豆腐糟　香椿の若葉	○	○					
	梅甘（ムイカン）	干梅　蓮根　梨子					○		氷砂糖
	菜尾（ツアイビヽ）	青菜　しやうが　あげ豆腐	○	○				○	
	淵明包（エンミンパウ）	菊の葉　饂飩粉	○	○					
	香菰（ヒヤンク）	椎茸		○		○	○		
	養老（ヤンラウ）	午蒡　胡麻	○	○			○		
	柚甘（ユウカン）	柚子					○		氷砂糖
	豆芽菜（テウ□□ツアイ）	菉豆	○	○					
	梅酒（ムイチウ）	生梅				○	○		氷砂糖或意ハ白砂糖
	黄蘿蔔菜（ホンドフツアイ）	胡蘿蔔　柚子			○		○		
小食類	菜包（ツアイパウ）	大根　午蒡　栗子　椎茸　麺筋　青菜　豆腐　小麦の粉	○	○					
	片食（ヘンシイ）	大根　椎茸　栗子　麺筋　午蒡　豆腐　青菜　小麦の粉		○					
	油餅（ユウピン）	糍粑					○	○	砂糖か塩
	麻餅（モピン）	糍粑　黒胡麻					○		
	藕粉（ケイフン）	藕粉　糍粑					○		
	麺（メン）	索麺　青菜　豆腐	○	○					
	水仙の仕様（水仙葛）	くず　くちなし　引茶　へに		○		○			
	芋巻（イモマキ）	つくね芋　葛	○						
	胡麻豆腐（ゴマドウフ）	胡麻　葛	○	○					
	饅糖（マントウ）	うどん粉　ごま砂糖の餡		○			○		
	糖芋（トウカン）	長芋		○			○		薄口醤油
	蘭花（ランカ）	そら豆	○					○	
	綿麩（メンフ）	丸麩　かんぴょう　椎たけ	○	○					
	南京麩（ナンキンフ）	きんかん麩　椎たけ　にんじん　ぎんなん　栗　結びかんぴょう	○			○			
	萌し（モヤシ）	ぶんどう豆	○	○					
	唐揚（カラアゲ）	豆腐	○	○		○	○		白砂糖

※東四柳作成

用が15種、酒の使用が８種、酢の使用が５種、塩の使用が５種の調理法にみられ、なかでも油と醤油を使用する調理法がもっとも多く、半数を上回る28種にみられた。なかには醤油の代わりに味噌を用いることを提案するもの(「桜韮頭」・「苦瓜菜」)、また砂糖の使用に関して、白砂糖ではなく、氷砂糖の使用を薦めるもの（「梅甘」・「柚甘」・「梅酒」）もみられる。これらのなかには、現在にまで受け継がれている料理も含まれている。例えば、「豆腐乳」は沖縄料理で有名な「豆腐よう」の原型のようなものであり、いっぽう「菜包」と「片食」は蒸餃子、水餃子に通じる作り方を示している。

また『普茶料理抄』には、普茶料理に共通する精神について、「食事充満せに半にても卓をはなれ心まかせに休息すへし」、「普茶規矩則動容喫茶喫飯者各別也生菜煮菜混一器食其無親疎之意乎」とあるように、普茶料理が格式ばった日本料理形式とは異なり、割合自由な気風で、堅苦しさから解放された宴会形式であるとしている。したがって、『普茶料理抄』に示された普茶料理献立をみると、必ずしも茶で展開する形式であるとは限らず、酒を伴う以下のような普茶料理献立の収録もみえる。

小菜　普茶
　生盛白酢　酢和会　朝うり　あけふ　かうたけ　にんしん
　青和会　はす　黒くはへ　きく葉
　附揚　うと　竹の子
　落花生　山椒醤油
　油煮　青のり
　御菓子　西瓜漬　　御茶
御酒
煮菜
　唐あけ
　味噌煮　るりはひ　いわたけ　牛蒡　長いも
　巻煎　しいたけ　豆芽菜　木くらけ　油麩
　芥子酢　いり酒　猪口引
　麻腐
　煎麩　つと麩　なら漬　しいたけ　銀李
　食籠　切飯　なすひ　てんかく

これによると、小菜（生菜の当て字と思われる）の後に、茶に代わって酒が出され、煮菜が続く流れとなっており、終始茶で進める形式と特徴を異にしている。

２）普茶料理の略式化

やがて19世紀になると、形式のみを採用する「略式」という考え方が、料理書の中にみられるようになる。『料理早指南』第三篇（1802）には以下の記述がみえる。

> 普茶と卓袱と類したるものながら普茶は精進にて凡て油をもつて佳味とす。…（中略）…
> 但し普茶は下戸の好もの、卓袱は酒を進る仕やうと心得て吉。

以上の記述にみる普茶料理の特徴は、卓袱料理と類似した特徴を有していながらも、前述した『普茶料理抄』同様、精進料理であること、そして油を用いると「佳味」との特徴を示している。油を多用する特徴については、前掲の表2-1-1からも明らかであろう。

また供し方の手順に関して、本書にみられる普茶料理形式「黄檗料理普茶式」を、図2-1-14にまとめた。図2-1-14によると、献立の構成は先に煎茶（図2-1-15中右上図）による儀礼を済まし、「むし菓子」（図2-1-15中右下図）と「菜籠」（図2-1-15中左上図）を嗜んだあと、「饗盤」（図2-1-16）という共同膳と共に「羹菜」・「名酒　酒瓶　滑杯」（図2-1-15中左下図）が出される手順となっている。ここで注目されるのは、この饗応もまた、前述した『普茶料理抄』同様、茶で進めるものではなく、先に茶を飲み、その後は酒で展開する料理屋の形式となっている点である。

さらに、図2-1-14に紹介されている料理の一部の調理法は、本編の最後部に「拵へ方仕やうの部」として紹介されている。表2-1-2にて、使用されている食材と調味料について整理したところ、本書でもまた『和漢精進新料理抄』にみられたような漢字表記、並びに中国語読みの料理名ではなく、『普茶料理抄』にみられたような平仮名が混在した料理名表記となっていることがわかる。さらに普茶料理は精進料理であるため、植物性の食材、さらに胡麻油や芥子油、くるみの油、しらしぼり

第一　煎茶　銘々茶ぼん　　茶は初むかし
　　　　口取　ふり出し　たいへいとう
　　　　小皿　梅ぼしの肉一へぎ　くろもじの大やう枝にさして
第二　むし菓子　びいどろ箸　黄檗饅頭
第三　菜籠
　　　一重　薯蕷羹　まるめろ　二色とも胡麻の油あげ仕方末に出
　　　二重　竜眼肉　唐豆腐　ころもをかけ、芥子の油にて上
　　　三重　栃餅子　くるみあぶらげ　九年母の皮　ごま麩　ふづく
　　名酒　酒瓶　滑杯
　　羹菜（但し重のもの）　思あん麩　青昆布大たんざく　ころかき
饗盤　銘々酒の瓶とこつふ付る
　大菜皿　　大牛蒡　大長いも　ふと煮
　　　　　　　氷豆腐　いづれもかたくりの餡をかけるなり
　　　　　　薫笥　匕付　俗にいふ椀なり　但しいとぞこなし
　　　　　　黄飯　椎の実
　小菜　　　菊びしほ　かんてん　なまくり　ふとう　青みしま
　　　　　　猪口　をらんだみそ
　　　　　　羹杯　じゅんさい　あづき　さとうに
　後段　　　汁継　しだし
　　　　　　瓶　　しぼり汁
　　　　　　籠母篁鉢　ねぎ長ぜん　大こん長ぜんむして
　蕎麦式　　蓋鉢　匕つき　油ずまし
　　　　　　香盆　猪口　椀　匕
　　　　　　　加役　とうがらし、けし、みそ、大こんおろし、のり、しそのみ、ゆず、ちんひ、黒ごま
　　　　　　蒸籠　そば　とうふつなぎ

図2-1-14　「黄檗料理普茶式」（『料理早指南』第三篇　1802）　※東四柳作成

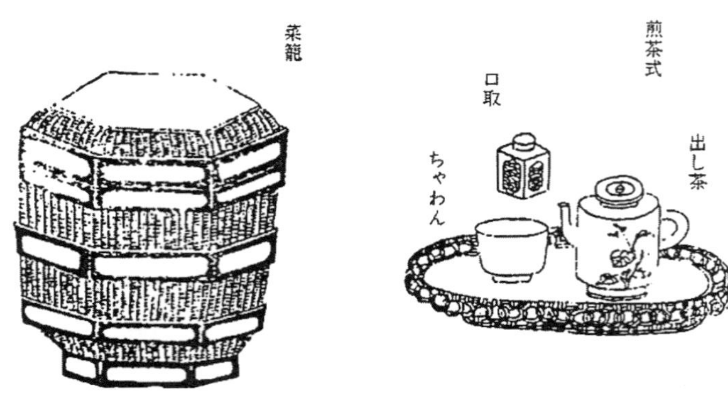

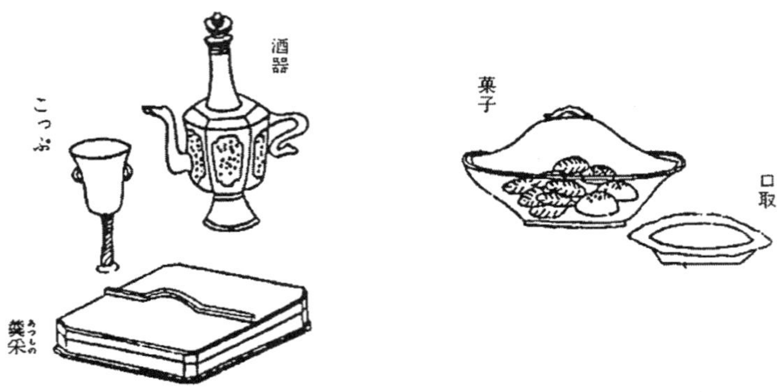

図2-1-15　「黄檗料図」（『料理早指南』第三篇　1802）

表2-1-2　『料理早指南』第三篇所収「拵へ方仕やうの部」に見る食材と調味料の使用状況

料理名	食材	調味料
薯蕷羹	ふとき自ねんじよ　道明寺　うどんの粉	胡麻の油
まるめろ	仏手柑　葛の粉	ごまのあぶら　やきしほ
竜眼肉	竜眼肉　うどんの粉　せうがのしぼり汁	芥子の油　やきしほ
枥餅子	とちの実　餅米の粉	くるみの油　白ざとう
九年母	九年母	白しぼり
ふづて	うどんの粉　山のいも	しらしぼり　さとう
蜜したじ		古みりん　せうゆ　白ざとう
菊びしほ	新梅ぼし　菊の花	酒　白ざとう
紅毛味そ	豆　とうがらし　ごま　陳皮　あさの実　けし	こまのあぶら
じゆんさいさとう煮	じゆんさい	白ざとう　みりん　酒　やきしほ
しぼり汁	木曽大根	焼みそ
油ずまし		胡麻のあぶら　たまり　赤みそ
黄檗饅頭	新あづき　ごま　うどんの粉	ごまのあぶら　大白のさとう

※東四柳作成

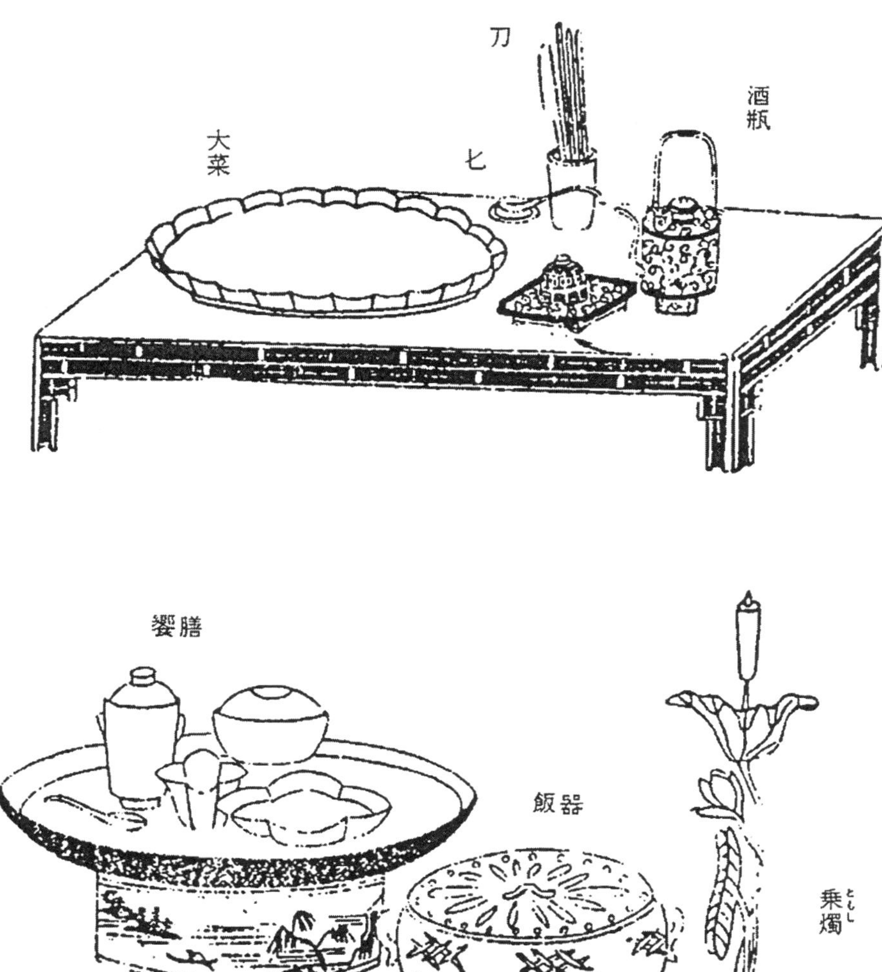

図2-1-16　「普茶盤式」（『料理早指南』第三篇　1802）

などの植物性の油脂が使用されている様子も確認される。また「ふづて」において、「玉子」のつなぎの代わりに「山のいも」を代用したり、「道明寺」や「木曽大根」などの日本の食材も用いることで折衷化を図っている。しかし調理法は日本風に偏りながらも、食具においては、「びいどろ箸」や「菜籠」などの中国の器物を使うことで、中国風を楽しむ趣向となっている。ともあれ、ここでも前述の形式だけを取り入れる「略式」を採用していたことがわかる。

こうした中国風のしつらいを楽しみながらも、日本風の料理内容で楽しむ傾向は、『料理通』第四篇においても顕著に現れている。しかも、本書に示された普茶料理は寺院料理としての特徴はみられず、料理屋の酒宴料理としての性格が打出されている。なお本書にみえる普茶料理の特徴は次のとおりである。

①普茶といふは、唐風の調味にて、精進の卓子なり、長崎の禪寺、宇治の黄檗などにて、客を迎るには、必ず普茶料理にて饗應す事常例なり、近来上方にて専ら流行して、會席に略してする様になれり

②客四人を一脚と唱えて。客七人なれば卓子台を二脚とし。主人も其中に加りて。供に相伴する事なり。厚来酒を多く進る料にあらざれば下戸口にあふ調味ながら大菜小菜の中に上戸の意に叶ふ品を調ふべき事なり。

①には、元々普茶料理は「長崎の禪寺」や「宇治の黄檗」などでの饗応形式であったが、上方で「會席」と略して流行したとある。②によれば、4人を基本とし、7人になる場合は主人も含め、二脚で対応するように示している。普茶料理の基本的な特徴として、酒ではなく、茶を伴いながら、すすめる食事形式であることは、これまでの引用にも示されていたが、ここでは主として普茶料理は下戸の口に合う料理で展開するものだが、酒を好む上戸の口に合う料理も含めるべきだとする著

表2-1-3　『料理通』所収の普茶料理（春の部）

普茶大菜の部	生湯葉干海苔 伊達巻の韮油揚 檜扇長芋塩むし 三つ葉穂そろへ溜漬	くじら百合 薄打ち蓮根 木耳せん 大和柿こまごま 笹がき牛蒡毛流煮	胡桃豆腐五目揚げ 早わらびの穂 やきがらし
	生椎茸荒せん 人参小短冊 蒟蒻うすきぬ 薯蕷かるめらむし うすしだじ 木の芽こまごま	木蓮根八重なり　かのこ煮 いり長ひじき くこの若葉　しのまき	長ふき友葉まき 葛ころもあげ 氷こんにゃくみじん　砂糖煮 よせ河茸さん木
	孟宗竹胡桃味噌しぎゃき 煎豆腐　人参木耳・あらめまき 篠うちうど白胡麻酢漬	観心寺粉雛鶏もどき つみ田芹穂 塩松茸　笠　したじばり　柚こまごま	相良麩　伊勢干瓢巻き 自然薯小算木 砂子葛 つくしからしづけ
	みる寒天寄せ 黒慈姑鏡うち 紅防風木の芽麩けし酢敷	おぼろ饅頭のり巻き こし立薯蕷中華あげ うこぎみそ漬 きんしゆば	紅水仙柚ねりまき 甘草白根ゆり酢漬 河茸極せんつや煮
普茶小菜の部	松露田楽青串 松菜たまり漬 ちょろぎ旨酢漬	色紙のり摺芋かけ かやの油揚げ 茗荷の芽 煮返し甘醤油 大根しぼり汁	葛ねりすいとん うどめ切りかさね 丸山梅ねり酢
	天上昆布　小短ざく 碁石まめ　四方焼 骰形豆腐旨煮	ふわふわ　薯蕷麩 煮海苔 もみじ卸し そばしたじ	竹の子あま皮　水仙切り つまみ生若芽 わさびせん
	百合大葉火取 宮城野紫蘇 管こんにゃく　とう煮	黒くわい 若紫蘇さらさあえ さらし胡麻　つや煮	

※東四柳作成

者の主張が述べられている。そして「世に普茶卓子といへば。諸事費多く驕奢の沙汰に聞ゆれども左にあらずその仕様に依て有合の物到来の品にても済事なり」、「唯器物の次第席上に持出して物々敷盛並る故に目新しく一入の興になりて客の歓ぶものなれば其略式に倣ひて試み給ふべきなり」といった考えを示し、国内で手にはいる「有合の物」で調製することを薦めながら、「器物」などを中国風で楽しむ方法を用いるよう明言している。さらに「大菜・小菜とて別に器のかはる事なし。常々の皿丼大平台重鍋なども遣ふべし。只名目のからめきたるのみにて異様の調味すべからず」と説き、調味の方法も中国風にしてはならないとし、こうした考え方を「会席普茶料理略式」として紹介している。

なお本書に収載されている普茶料理の内容一覧は、表2-1-3にまとめたとおりである。それによれば、中国風でありながらも、やはり日本の食材や調味料を用いることで、中国風と日本風の融合のもとで生まれたものがほとんどであることがわかる。なかには、「松竹梅」「七肉糕」「るんぺん」「金鶏もどき」「唐麩」「すくへい」「煎酒酢入り」「百合餅」「雪粉糕」「薯蕷すまし」「藕菁糕」「蕈和」「ほいろ昆布」「玉粲」といった比較的中国よりの内容を挙げている様子もみられるが、いずれも手に入りやすい食材を使用し、わかりやすい調理法でまとめられている。こうした状況からも、本書に収載されている普茶料理の内容もまた中国風の普茶料理というより、日本の食材や調味料を中心とした中国風と日本風の融合、もしくは日本料理の内容と変わりのない特徴を有するものがほとんどであることが理解されよう。

さらに本書で「四季普茶大菜小菜之部」として紹介されている普茶料理の調理法に見る食材と調味料の使用状況を表2-1-4でまとめた。表2-1-4をみると、収録された料理名は中国風の表記となっているが、「地大根」や「天王寺かぶら」など日本の食材の使用を意識する著者のこだわりもみえる。また調味料に関しても、油を使用する料理が減少し、「薄塩煎」や「塩蒸」などの蒸し料理がみられるほか、「梅肉ひしほ」「胡桃のおろし醤油」「丸山梅酢」「白胡麻酢」「旨酢」「三塩酢」「橙酢」「煎酒」「本砂糖蜜」「麦芽糖（ミズアメ）」「味醂」など使用する調味料の種類にも幅が出てくることが特徴といえる。さらに、これまでの料理書にはみられなかった「したじ」など出汁の使用がみえるのも、

表2-1-4　『料理通』第四篇所収「四季普茶大菜小菜之部」に見る食材と調味料の使用状況

料理名	食材	調味料
松竹梅	塩松茸（生松茸）　うどんの粉　青粉　囲竹の子（孟宗筍）	油　梅肉ひしほ　丸山梅酢
るんぺん	山の芋　生麩　大椎茸　もやし　生栗　おろしわさび	萱の油　薄したじ
七肉糕	餅米　柚の皮　煎胡麻　芥子　麻の実　葛　うどん粉　（附合わせ　小松菜のべた煮）	油　胡桃のおろし醤油
金鶏もどき	豆腐　葛の粉　とうふ　青粉　紅　（八升豆と芽蕈で旨煮にする）	胡麻の油
唐麩	生麩　（附合わせ　ころ柿　煮生姜）	油　白胡麻酢　味醂
すくへい	地大根　金柑　五木あげ豆腐　管こんにゃく	したじ（したじ煮）
煎酒酢入	烏芋　氷糸こんにゃく　蓮根　防風　微塵山葵	旨酢　煎酒
百合餅	百合の根　葛	白砂糖　塩
雪粉糕	寒ざらしの米の粉　裙帯菜　独活　たねぬきとうがらし	砂糖　氷砂糖　三塩酢
薯蕷すまし	長いも　煎り道明寺粉	塩　すまししたじ
藕粉糕	蓮根　米の粉	油　塩　味醂
蕪菁串	天王寺かぶら　生椎茸	蕗の薹のねり味噌
蕈和	松茸　零余子　柚ねり	塩（薄塩煎）
ほいろ昆布	極上の菓子昆布　黄独	橙酢　塩（塩蒸）
玉粲	粳米の粉　紅	油　本砂糖蜜　麦芽糖

※筆者註：「烏芋」は「クロクワイ」、「裙帯菜」は「ワカメ」、「零余子」は「ムカゴ」、「黄独」は「カシライモ」と読む。　※東四柳作成

新しい特徴として指摘できる。

また本書には、「会席普茶卓袱略式大菜小菜之順」が、以下のように示されている。

（始）煎茶　座付　蒸菓子　→　大菜一（卓子に酎瓶と共にのせて出す）→　小菜　→　大菜二　→　小菜二　→　大菜三　→　小菜三　→　大菜四　→　大菜五　→　小菜四　→　大菜六　→　小菜五　→　大菜七　→　小菜六　→　大菜八　→　小菜七　→　大菜九　→　小菜八　→　大菜十　→　大菜十一　→　飯　→　大菜十二　→　飯おはりて茶瓶　→　七星湯又は干菓子（終）

これまでに引用した献立にもあるように、卓袱・普茶料理の共通する献立要素は、日本料理にはない「大菜」「小菜」の組み合わせが中心となっていることである。上記の流れからは、大菜と小菜がほぼ交互に提供され、最後に「飯」「茶」「干菓子」で終える形となっている。

さらに本書には、図2-1-17と図2-1-18の挿絵が描かれている。図2-1-17は中国人の普茶料理の様子を描いた「清人普茶式」、図2-1-18は日本人の普茶饗応を示した「普茶料理の略式」である。双方とも、しつらいは中国風となっているが、両者の唯一の違いは、椅子を用いるか否かである様子がわかる。図2-1-18の様子は、おそらく八百善の饗応形式かとも推察されるが、椅子を用いない様子は図2-1-13にも確認されることから、日本的な普茶料理の楽しみ方として、床に直に座り、食事を楽しむ特徴が浸透しつつあったことも理解される。

３）料理書にみる寺院料理の大衆化

普茶料理は、元禄10年（1697）刊『和漢精進新料理抄』、明和９年（1772）刊『普茶料理抄』、享和２年（1802）刊『料理早指南』第三篇、文化３年（1806）刊『料理簡便集』、天保６年（1835）刊『料理通』第四篇など多くの江戸料理書において、その内容が伝えられている。こうした書物に紹介されたこともまた限られた空間で享受されていた寺院料理を、広く社会へ知らしめるきっかけとなったといえるだろう。

ここでは主要な料理書を数種挙げながら、その特徴を追ってみたい。『和漢精進新料理抄』（1697）は、その序において、「それ精進唐料理は旧来流布する所の印本に見えず書林連年望む事甚だ絶ずして今秘事口訣の正しき書を求む」と語っているように、日本で中国料理を採録した最初の料理書にあたる[28]。刊行書肆が京都二条通の永沢平兵衛、大坂心斎橋筋北久太郎町の小島勘右衛門、また序を「浪華住吉岡氏」なる人物が著していることから、上方で刊行されたことがわかる。内容構成をみると、唐の部には「煮菜類（にさいるい）」「生菜類（しょうざいるい）」「少食類（しょうしょくるい）」の項目別に分けられた44種の普茶料理の調理法、「普茶図（ふちゃず）」と称した普茶料理配膳図の図示、さらに「蘭茶」に関する記述がみえる。

いっぽう『和漢新精進料理抄』と関係が深い江戸料理書が、『普茶料理抄』（1772）である。上巻が「普茶料理仕様」、下巻が「卓子料理仕様」と上下巻２冊で構成され、編者は未達、版元は京都の西村市郎右衛門とあり、本書もまた上方で上梓された。また版元の西村は、本書と同年に卓袱料理書『新撰卓袱会席趣向帳』を著していることからも、中国の食文化に関心のあった人物であった

図2-1-17　「清人普茶式」（『料理通』第四篇　1835）

図2-1-18　「普茶料理略式」（『料理通』第四篇　1835）

ことが推察される。『普茶料理抄』の上巻にあたる「普茶料理仕様」には、前述した『和漢精進新料理抄』の唐の部の焼き直しに新たに凡例が加わり、さらに煎茶の出し方を挿絵とともに記した「煮茶の仕様」、普茶料理の出し方や並べ方を表した「普茶八碗図」や「普茶の図」、また床の間飾りや食具などが挿絵付きで伝えられている。なお本書には、料理書にみる最初の普茶料理献立「正月二日献立」、「普茶献立四季混雑并別膳」も紹介されている。

次に普茶料理を紹介した料理書に、『料理早指南』第三篇（1802）が挙げられる。本書は、別名『料理三篇山家集』とも呼ばれ、著者は醍醐山人とある。本書には「黄檗料図」として、普茶料理に必要な食具や供し方に関する挿絵（「煎茶式」「普茶盤式」「普茶蕎麦式」「卓袱式略図」）、調理法を伝える「塩物魚調理之部」、そして附録として「黄檗料理普茶式並卓袱式」と題した普茶料理献立と卓袱料理献立、さらに「まるめろ」「栃餅子」「粟鯛」「黄檗饅頭」など15種の普茶料理、卓袱料理の調理法を含んだ「拵へ方仕やうの部」を収載している。また本書は、版元が江戸大伝馬町の「瑞玉堂　大和田安兵衛」とあることから、江戸で刊行された。

同様に江戸で出版され、普茶料理を大きく取り上げた料理書に、文政5年（1822）から天保6年（1835）にかけて刊行された『料理通』がある。本書は、江戸一の料理屋「八百善」の主人[29)]が手がけた大作で、初篇・二篇（四季別に本膳料理、精進料理、江戸卓袱料理、極秘伝之部、料理心得之部）、三篇（精進料理）、四篇（卓袱料理、普茶料理）と四編構成の大掛かりなものとなっている。本書には、各編に太田南畝、大窪詩仏、谷文晁、葛飾北斎、鍬形蕙斎、渓斎英泉、菊池五山、石川雅望ら、当代一流の文人や画家たちによる推薦文や書画、また柳亭種彦による宣伝文などがみられることも特徴で、これらはすべて版元の和泉屋市兵衛のアイデイアによるものであった[30)]。また、初篇に酒井抱一、太田南畝、亀田鵬斎、谷文晁（大窪詩仏か）らが卓袱台で宴を楽しむ挿絵も描かれていることからは、八百善と文人たちの関わり合いの深さが知れよう。

普茶料理に関する記述は、『料理通』第四篇（1835）に収められている。本篇には、蔬菜図や魚介図、中国人たちの中国料理の様子を描いた「清人普茶式」、「長崎丸山において清客卓子料理を催す図」、さらに中国の飲み物を伝える「飲後七星湯をのむ図」、日本式普茶料理の供し方を図示した「普茶料理略式」など多くの挿絵が描かれているほか、普茶料理の内容に関しては、四季別に「普茶大菜之部」が各12種、「普茶小菜之部」が各8種、総計80種の食材の取り合わせを示した料理内容が紹介され、その中から15種の調理法が詳述されている。さらに「四季普茶大菜小菜之部」として、季節を厭わない15種の普茶料理の調理法も示されている。またおそらく八百善で供されたものであろうと思われる「会席普茶卓袱略式　大菜小菜之順」として供し方の手順も示されている。

さらに本編の序には、19世紀に普茶料理の流行が江戸にまで及んでいた様子が、次のように記されている。

> 斎に吾料理通の初編出でより。茲に十有二年の今に至るまで。二編三編と嗣出して。幸に世に行はる。唐料理普茶卓子の部に及びて。暫く筆をさしおき。兼て長崎に下り。其宗を極めん事を思ひ立。往る辰の春上方に登り。南禅寺東福寺は更なり。宇治の黄檗山。浪華の瑞竜寺一心寺など。普茶ある毎にいたらざる処なく。既に長崎に下らんとする此。浪華に在て彼地

の普茶料理の達人。何某の老僧に面会せしに。僕が此道に執心なるを悦び。再三再四普茶によばれて。倶に其仕様をきけり。

この記述によると、著者が普茶料理を学ぼうと思い立ち、『料理通』の執筆を一時中断し、長崎を目指した後に、上方に至り、京都の南禅寺、東福寺、黄檗山萬福寺、さらに大阪の瑞竜寺、一心寺などを巡り、普茶料理を探求する中で、普茶料理名人の老僧の下で教えを請けていた様子がわかる。なお文中の「往る辰の春」は、天保３年（1832）の春を指すため、ちょうど普茶料理がまとめられた『料理通』第四篇が刊行される３年前に実施されたとも理解される。

さて以上の４種が、普茶料理を大きく取り上げた料理書にあたるが、上記のほかにも、以下の江戸料理書に普茶料理と関係が深いと思われる内容が取り上げられていた。

1730年刊	『料理網目調味抄』	「巻繊」
1749年刊	『料理山海郷』	「黄檗いり出」
1764年刊	『料理珍味集』	「長崎麻麩　胡麻豆腐ともいふ」
1780～95（推定）年刊	『当流料理献立抄』	「わうばくもち」
1806年刊	『料理簡便集』	「精進卓子略」

しかし、平田が「（江戸期の）料理本の世界では…その記述に際してだれひとりとして本場の土を踏んだものがいないということも、それが料理の本だけに注目される[31]」と言及するように、執筆者のいずれも中国へ渡った事実はなく、これらの普茶料理に関する記述はすべて日本国内において習得したものが紹介されたに過ぎなかったことにも注意せねばならない。しかし、八百善主人のように、海を越えることはなくとも、時の本場であった長崎を目指すなど、執筆者の中に本格的な普茶料理形式を学ぼうとした意欲が芽生えていたことは明らかである。こうした執筆者たちの尽力により、普茶料理は徐々に日本社会の中に浸透をみせていったのである。

第３節　江戸料理書と「煎茶」

これまで卓袱料理・普茶料理の受容の特徴について考察してきたが､双方に共通する特徴として、茶の重用が挙げられる。特に江戸料理書にみえる茶に注目してみたところ、抹茶文化とは異なる煎茶文化の流行が反映されていることが多い。そして、この煎茶もまた普茶料理同様、隠元によってもたらされた新しい文化であった。なお煎茶文化の受容の流れに関する考察は、種々の優れた先行研究があるので、ここでは割愛する。

煎茶が中国人の風俗であったことは､『清俗紀聞』第四篇（1799）（のちの『新編異国料理』〈1861〉）に収載された挿絵（図2–1–19）からもうかがえる。本書は、長崎奉行の中川忠英が清国から来た商人の孫伯醇から聞き取りを行い、まとめあげた中国風俗の書であり、そこに収載された図2–1–19には、屋外における中国人の煎茶式の様子が描かれている。さらに本書には、「茶煎じやうは清水を

図2-1-19　煎茶会（『新編異国料理』1861）

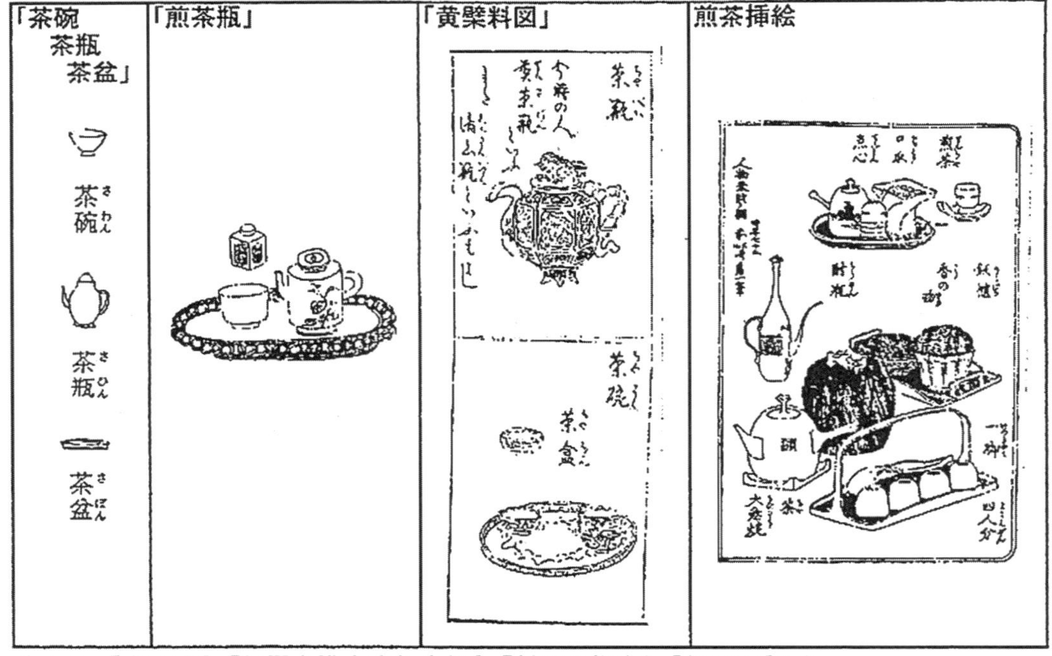

左から、『卓子式』、『新撰卓袱会席趣向帳』、『料理早指南』、『料理通』所収

図2-1-20　江戸料理書にみる煎茶瓶　※『江戸時代料理本集成』『日本料理秘伝集成』をもとに、東四柳作成

炭火にて能煮立煮上りたるとき水を少し入れ又よく煮立茶碗に茶を少し入其上湯を茶碗八分目まで入れ暫く蓋をしてすゝむ」と、煎茶の方法が記されている。なおこの煎茶は、明代に始まる新しい葉茶で風流を楽しむ文化であり、作法や規律を重んじ、時間や費用をかける抹茶とは特徴を異にするものであった。

さて近世日本では、売茶翁高遊外を中興の祖とし、特に18世紀中旬から19世紀初頭にかけて、文人たちによる煎茶趣味が流行し、大枝流芳『青湾茶話』(宝暦6年〈1756〉刊・後の『煎茶仕用集』)、上田秋成の『清風瑣言』(寛政6年〈1794〉)、柳下亭嵐翠の『煎茶早指南』(享和2年〈1802〉)などを始めとする多くの茶書が文人社会に歓迎され、煎茶の隆盛はいよいよ本格的なものとなった。[32)] 特に文化・文政期には、文人たちの生活に共感を抱き、その生き方に憧れた富裕層や豪農たちが次々に登場し、文人煎茶趣味全盛時代を形成した。[33)] その中で、青木木米(1767–1833)、田能村竹田(1777–1835)、頼山陽(1780–1832)などを始めとする多くの文化人が、中国における明・清の文人の境涯、趣味に憧れ、自己の教養を高めていった。

そしてその流行に伴い、煎茶への関心が高まりつつあることが、料理書の中からも読み取ることができる。例えば、『卓子式』『新撰卓袱会席趣向帳』『料理早指南』『料理通』などには、煎茶に関する器物の挿絵と説明がみられる(図2–1–20)。これは煎茶瓶など煎茶に関する挿絵にあたる。

さらに『普茶料理抄』の編纂もまた、煎茶の流行を反映したものであった。本書は煎茶式に続く普茶料理を扱ったもので、既述したように、煎茶の抹茶との大きな違いは、「葉茶」を用い、煮出すところにあると説く。本書は『和漢精進新料理抄』の焼き直しでありながらも、新たに「煮茶の仕やう」という項目を設け、食事の前の「客待合」の様子(図2–1–21)を図示している。また図2–1–21の中で行われている煎茶の方法は、以下に示したとおりである。

> 先客に菓子を出し置風呂の火をなをし湯瓶に水をいれ風呂にかけ置湯よくたきりたる時に瓶に湯を入内を一へんあらひ煮殻入にこの湯をこほし右の器へ葉茶を入たきりたる湯をうつし置しはしありて茶わん取出し銘々盆にのせ独ふくにして出すへし

図2–1–21　「煮ちゃの仕やう」(『普茶料理抄』1772)

これによると、主人は、最初に客に菓子を出す。さらに湯瓶にて熱湯を沸かし、「葉茶」を入れた器にそれを加え、銘々に提供する様式となっている。またその味が薄い場合は、

薄茶上質葉　菓子
落付　小蓋　三種盛
吸物　なわの鯛うしほ 小皿山枡ノ芽焼味噌　挽批に　鱈ノ子附 黒くわひ 煎酒 紫草
長皿に鰻　再々返
鉢　縄鯛浜焼　同　ゆせん鶏卵
同　ハチク竹ノ子 鰹煮　同　じゆんさい
同　鱒ノ粟鮓
右茶箱出ス　寿せん餅
膳部
汁
向
煮　物　大鯉 わらび　いり鯉にして　汁
香のもの
○焼物木地淵高に小蓋物品々に小鯛添
○太白砂糖壱斤手形
○惣菓子上小菓子
○蒸菓子二ツ宛
右面々様え為土産之ヲ上ル
後段
針　鱈ノ子煮立
同　したしもの
饂飩　再々返
煎茶
以上

図2-1-22　天保12年（1841）３月21日条にみえる菱屋彦次の金沢寺町鍔屋別亭における仲間振舞の献立（『菱屋彦次日記』）　※東四柳作成

その「器」ごと火にかけ煮出す新しい方法を示している。普茶料理の内容に関しては、『和漢精進新料理抄』からの焼き直しで構成されているにも関らず、こうした煎茶様式を新たに書き加えている様子からも、煎茶の流行を反映しているとも考えられよう。

また卓袱料理・普茶料理に限らず、饗応の中に煎茶を取り入れる様子もこの頃からみられるようになった。例えば、『素人庖丁』には、「膳崩し」という九州で流行っていたとされる会席風の饗応形式の流れが示されている。そして、食後には菓子と茶を食することを提案し、「当時流行の煎茶」を取り入れることを奨めている。

いっぽう百万石大名・前田氏の城下町であった加賀金沢の富裕な商人・菱屋彦次の日記[34]にも、町人による饗応献立の最後に煎茶が供された記録（**図2-1-22**）がみえる。この日記には、著者の彦次が道具商であったことに起因するのであろうが、「南京結文鉢」「南京蓋物」「南京紫色小鉢」「唐もの盆」などの中国風の器や道具を購入していた状況もうかがえる。なかには「せんさんびん」という文字もみえる。これは「煎茶瓶」のことであろう。概して、こうした郷土史料へのまなざしもまた地方への煎茶文化伝播を物語るものとして忘れてはならないように思われる。

註

1）これまでに刊行された普茶料理に関する主要な書籍には、京都萬福寺・田谷良忠『普茶料理　隠元が伝えた福建の料理』（婦女会出版社、1994）、永田泰嶺『普茶料理の歴史』（永田泰嶺、1978）、浅井善応編『普茶春秋』（萬福寺、1978）、黄檗山萬福寺（監修）『萬福寺の普茶料理』（学研、2004）などが挙げられる。

2）平田萬里遠「江戸時代における外国料理の書」（『論集　東アジアの食事文化』所収）平凡社、1985、p. 554.

3）平田萬里遠：前掲書、p. 555.

4）田中静一『一衣帯水　中国料理伝来史』柴田書店、1987、pp. 168–170. ※叢書の具体的な収載内容は以下の通りである。『夷門壙牘』（『山家清供』『易牙遺意』『食事五観』のほか、茶書４種、酒書５種を所収）／『百川学会』（『本心斎蔬食譜』、茶書３種、酒書１種を所収）／『説郛』（『山家清供』『本心斎蔬食譜』『食珍録』『士大夫食事五観』『膳夫録』『玉食批』『酉要雑俎』のほか、茶書18種、酒書20種を所収。しかし主に抜書き中心）／『欽定古今図書集成』（第257～308巻　飲食の部）

5）卓袱料理とは、長崎を起点として、中国の言葉で、「八仙卓」・「八僊卓」と呼ぶ共同膳を囲む料理形態である。そして、その形式は、銘々膳による中世からの本膳料理の献立形式とは異なり、共同膳を使用することで、居合わせる客同士が、同じ器の料理を共有する新しい特徴を有する。また、宝暦11年（1761）刊『八僊卓燕式記』には、共同膳の「廻リニ紅白ノ紗綾」、つまりテーブルクロスを伴う特徴について言及している。これについて、青木正児が、「卓袱とは、唐代の仏典『百丈清規』に『卓袱ヲ説ク』とか『盤袱ヲ備フ』とか有る用例から見ると、卓に掛ける布帛、即ちテーブル・クロースを指す」（青木正児「唐風十題」〔『全集　日本の食文化　第八巻』所収〕雄山閣出版、1997、p. 22.）と指摘するように、卓袱料理の卓袱はテーブルクロスを意味するという見方もある。さらに、明和八年（1771）刊『新撰卓袱会席趣向帳』には、酒を飲みながら進める特徴であることが示されているほか、文久元年（1861）刊『新編異国料理』では、「卓子」（共同膳）が出される前に、「茶」を飲む特徴についても伝えている。

6）東四柳祥子「江戸料理書に見る中国料理献立の受容」（『日本風俗史学会誌　風俗史学　30号』所収）日本風俗史学会、2005、pp. 2-29.

7）徳川家康による日明勘合貿易の再興は、慶長17年（1612）、平戸への唐船の来航という形で成功は見たものの、寛永年間から貞享元年（1684）まで、中国での明末、清初における政乱にあって、鄭成功ら、鄭氏一門による民間主導が貿易の実態であった。

8）安達巖『日本の食物史』同文書院、1976、p. 219.

9）「しつぽく」は、「卓袱」「卓子」「食卓」など、いくつかの漢字表記で記されるが、本章では、「卓袱」として用いることとした。なお『長崎市史　風俗編』（1923）の編者・古賀十二郎は、『長崎名勝図絵』からの引用を紹介し、シッポクの語源は、広東・東京（ベトナム）方面の言葉で食卓のことを指すと記している。（長崎市編『長崎市史　風俗編　上巻』長崎市、1923、p. 628.）

10）『和漢精進料理抄』（1697）は、我が国で中国料理を最も早く紹介した料理書。「唐」の部において、普茶料理の料理法が収録されている。（原田信男『江戸の料理史　料理本と料理文化』中央公論新社、1989、p. 177.）

11）『八遷卓燕式記』（1761）は、長崎の唐通事・山西金右衛門が、日ごろ交流のあった清人・呉成充の船にまねかれた際の記録をまとめた史料である。（原田信男：前掲書、p. 178.）

12）『新撰卓袱会席趣向帳』（1771）は、浪華の禿箒子なる人物が祖父幽閑斎の集めた献立を紹介した料理書。前半が卓袱料理、後半が懐石料理から成るが、比重は懐石にあり、卓袱だけで独立した一冊の料理本として刊行されたものではなかった。（原田信男：前掲書、p. 178.）

13）『普茶料理抄』（1772）は、『和漢精進料理抄』（1697）の「唐」の部に解説を加えて図を付したもので、『新撰卓袱会席趣向帳』の刊行に携った京都の書肆・西村市郎右衛門の著作とされている。（原田信男：前掲書、p. 178.）

14）『卓子式』（1784）は、豊前中津の町人・田中信平によって書かれた料理書。中国料理一般の解説を行い、食卓・食器類を図示し、点心や小菜のほか四季の卓袱料理の献立と料理法について述べている。全一冊三四丁と大部ではないが、本格的に卓袱料理を論じている。（原田信男：前掲書、pp. 178-179.）

15）江戸期に中国料理書を著した執筆者の特徴として、言葉に堪能である人物であったこと、また何かしらの形で中国人と交流を持つ人物であったことが想定される。例えば、『八遷卓燕式記』は、長崎の唐通事であった山西金右衛門が、日ごろ交流のあった清人の呉成充の船に招かれた時の記録を残したものであるし、『新編異国料理』は、旗本・中川飛騨守忠英が奉行として長崎滞在中に、清国人・孫伯醇からの聞き取りをまとめあげた料理書である。また『新撰卓袱会席趣向帳』『普茶料理抄』は、京都在住の書肆・西村市郎右衛門が手がけ、さらに『卓子式』は、中国の器物を取り扱う古物商であり、骨董店主でもあった田中信平によって書かれた。（参考　川上行蔵編『料理文献解題』、柴田書店、1981、p. 80.・p. 95.）

16）卓袱料理・普茶料理についての記述がみられる研究には、長崎市編『長崎市史　風俗編　上巻』（1923）、和田常子著『長崎料理史』（1958）、有馬喜幸著『長崎卓袱料理』（1985）、箭内健次著『長崎出島の食文化』（1993）、タウンニュース社編『長崎の食文化』（1994）などがある。また昨今では、越中哲也の『長崎学・食の文化史』『長崎学・続食の文化史』『長崎学・続々食の文化史食文化をたずねて』が挙げられる。

17）吉井始子『翻刻江戸時代料理本集成』第１巻～第10巻、臨川書店、1979

18）奥村彪生編『日本料理秘伝集成』第１巻～第19巻、同朋舎出版、1985

19）田宮仲宣（橘庵）『橘庵漫筆』、1805

20）橘南谿『西遊記』　※久居藩士・宮川保永の五男として生まれた橘南谿（1753～1805）は、古学や洋学の影響で開眼し、医学の勉強を始め、京都で医業を開始する。近代医学の先駆者でもあり、天文学や地誌にも詳しい人物でもあった（医学研究のため、蘭学の盛んな長崎などを訪れたこともあった）。名随筆家の顔も持しており、『西遊記』は、天明２年から６年にかけて山陽・西海・南海の諸道を旅行して得た奇事異聞を記した彼の名著でもある。『東遊記』は姉妹編。『東西遊記』と併称される。

21）石川寛子編　江原絢子編『近現代の食文化』弘学出版、2002、pp. 19-25.

22）長崎市編：前掲書、pp. 625-627. ※本書では、享和２年（1802）に、尾張商人・菱川平七（吉田重房）が著した「筑紫紀行」にみられた献立を引用し、説明している。

23）吉田豊房「筑紫紀行」（1806年刊）（『日本庶民生活史料集成』第20巻所収）三一書房、1972

24）長崎市編：前掲書、p. 627.

25）川上行蔵編：前掲書、p. 95.

26）勝浦信司「黄檗宗の開祖、隠元隆琦が伝えた「普茶料理」の真髄」（『食生活研究』Vol. 19　No. １所収）食生活研究会、1998、p. 50.

27）「西国米（しいこくびい）」、「菉豆（ぶんどう）」、「藕粉（けうふん）」はそれぞれ、現在のしこくびえ、緑豆、蓮根の粉をさす。

28）平田萬里遠：前掲書、p. 547.

29）八百善主人は、代々八百屋善四郎を名乗っているが、この主人が初代であることは、杉村英治の研究に基づくものである。杉村は、当時八百善に次ぐ名料亭であった駐春亭田川の次男田川幸次郎著『閑談数刻』において、『料理通』を執筆した善四郎が初代であることに触れていることを指摘している（杉村英治「八百善―『閑談数刻』抄―」、同「さざなみ」。雑誌『飲食史林』創刊号、同二号参照）。また、八百善主人のほかに、中国趣味に魅せられ、料理書を著した人物に、田中信平（伝右衛門）がいる。田中は、中国の器物を取り扱う古物商や骨董店を経営しながら、中国風を追求する『卓子式』『料理簡便集』などを著した。

30）原田信男：前掲書、pp. 148-157.

31）平田萬里遠：前掲書、p. 538.

32）大槻幹郎「隠元禅師と煎茶」（『平成十二年　煎茶の起源と発展　シンポジウム論文発展集』所収）煎茶の起源と発展シンポジウム組織委員会、2000、p. 65.

33）小川後楽『茶の文化史　喫茶趣味の流れ』文一総合出版、1981、pp. 298-311.

34）「翻刻　菱屋彦次日記」（『石川県立郷土資料館紀要』第三号所収）、石川県立郷土資料館、1972、pp. 35-76. ※彦次は、金沢尾張町出身の町人。道具商を営んでいたようである。

第２章　近代日本社会における新しい中国料理

一衣帯水の隣国である日本と中国。相互交流の歴史は古く、その濫觴は約2000年前にまで遡ることができる。長い歴史の中での文化的な結びつきも深く、学問、宗教、芸術、医学、暦法、音楽、民俗など様々な分野において、日本は中国文化の恩恵に浴してきた。いっぽう食文化の面においても、茶を嗜む習慣や発酵・醸造技術の受容のみならず、大陸の料理形式の影響を受けながら、大饗料理、精進料理、卓袱料理、普茶料理など日本独自の伝統料理形式を成立させてきた経緯がある。しかし開国後は、イギリスとのアヘン戦争で敗北した中国を蔑視する考え方が日本にも及び、一転して密な関わり合いを保ってきた中国を白眼視する風潮が高まりをみせる。さらに新たに台頭した脱亜入欧思想のもと、中国文化の受容はそれまでの勢いを失墜。中国食文化の受容もまた模範とすべき対象が西洋食文化へと移り変わったことを機に停滞することとなった。

なお近代日本における中国食文化の受容を扱った先行研究に、田中[1)2)]、南・舟橋[3)]、草野[4)]らの業績が挙げられる。いっぽう筆者もまた日本における異文化受容の特質を探ろうと、江戸期における中国料理（卓袱料理／普茶料理）の受容過程についての考察結果を報告しているが[5)]、料理屋料理としての中国料理の特徴分析にしか踏み込めておらず、近代以降にみられるようになる平生の日常食レベルでの中国料理導入の過程については、未だ明らかにできていなかった。

そこで本章では、江戸期までの特徴と比較しながら、明治期から昭和初期における中国料理の受容状況とその展開過程について明らかにすることを目指した。さらに明治期に成立する家庭向け料理書との関連を追いながら、中国料理を家庭料理に取り込もうとした動向にも注意し、その系譜や意義についてもあわせて検討する。

本書執筆にあたり、最初に食の文化ライブラリー、東京家政学院大学附属図書館大江文庫、国立国会図書館、山口県立山口図書館所蔵の料理書を調査した。なお明治期においては、中国料理書４種、西洋料理書52種、また双方の料理を紹介した料理書２種の出版を確認した。中国料理書数を圧倒的にしのぐ西洋料理書数の多さは、西洋食文化の受容が急務とされた明治期の状況を物語ると同時に中国料理書を手掛ける動きに明らかな立ち遅れがあったことを示している。また明治の早い時期に出版された『新版西洋料理早指南』（1874）は、江戸期の中国料理書『新編異国料理』（1861）の焼き直しでありながら、「西洋料理」という語を含み、改題された料理書である。中国料理書であるにも関わらず、「西洋」と題された点もまた西洋料理への憧れが強かった当時の様相を示唆する事例といえる。

さてこうした中国料理普及の遅れの原因について、田中静一は「明治維新以後日本全体にみなぎった欧化指向、西洋崇拝の思想から西洋風のものは何でもよいと無批判受け入れに走り、洋服を着て、洋食を食べることが文化生活と考えられた時代であり、この風潮にのって西洋料理が急速に普及した[6)]」ためと指摘する。実際『新版西洋料理早指南』（1874）に次ぐ中国料理書『家庭支那料理法』

が上梓されたのは明治38年（1905）のことであり、それに続く形で徐々にバラエティに富んだ中国料理書が出版され始めるが、西洋料理書に比べて、その着手には30年ほどの遅れが生じている。したがって、中国料理書が出版されていない明治前期の考察には、「支那」「長崎」「漢」「清」といったキーワードを参考にしながら、中国料理について紹介した料理書を調査し、その中に示される中国料理イメージや調理法について考察することとした。

第１節　近代日本人と中国料理書

本章執筆にあたり、江戸期の料理書に関しては、『翻刻江戸期料理本集成』[7)]、『日本料理秘伝集成』[8)]所収の卓袱料理、普茶料理が掲載されていた料理書10種（『和漢精進料理抄』（1697）、『八遷卓燕式記』（1761）、『新撰卓袱会席趣向帳』（1771）、『普茶料理抄』（1772）、『卓子式』（1784）、『料理早指南』第三篇（1802）、『新撰庖丁梯』（1803）、『料理簡便集』（1806）、『料理通』第四篇（1835）、『新編異国料理』（1861））を調査した[9)]。なお江戸期に中国料理書を著した執筆者の特徴として、中国語に堪能である人物であったこと、また何かしらの形で中国人と交流を持つ人物であったことが推察される。例えば、『八遷卓燕式記』は、長崎の唐通事であった山西金右衛門が日ごろから交流のあった清国人・呉成充の船に招かれた際の記録を残したものであり、いっぽう『新編異国料理』は、旗本・中川飛騨守忠英[10)]が奉行として長崎滞在中に、清国人・孫伯醇からの聞き取りをまとめあげた料理書にあたる。また『新撰卓袱会席趣向帳』・『普茶料理抄』はともに西村市郎右衛門という京都在住の書肆によって上梓され、さらに『卓子式』は中国の器物を取り扱う古物商兼骨董店主でもあった田中信平によって書かれた。特に田中は、先にも述べたが、若い頃に長崎に遊学し、帰郷後も常に中国服を着用するほどの中国通であったとされる[11)]。

いっぽう、明治期以降の料理書については、東京家政学院大学附属図書館大江文庫、食の文化ライブラリー、国立国会図書館、山口県立山口図書館を中心に調査し、近代以降の料理書610種の目録を整備し、その中から「中国料理書」、もしくは中国料理を含む料理書を選び出した。ちなみに本章においては、「中国料理書」は、中国料理のみを扱った料理書を指すものとし、西洋料理、日本料理、折衷料理などを含むものは、中国料理を含む料理書として称することとする。また、「西洋料理」は、近代以降に受容された欧米諸国（イギリス・フランス・アメリカ・ドイツなど）から受容された料理を指すこととし、江戸期にオランダやポルトガルから伝来した「南蛮料理」とは区別する。

また、本章の調査対象として選んだ近代料理書は、1870年から1930年の間に出版されたものに限定した。その理由は、昭和６年（1931）以降、満洲事変や柳条湖事件などによって15年戦争期へと突入することで、料理書の性格にも軍事的要素が加わり、変化がみられるようになることを想定したことに基づく。なお表2-2-1は、調査対象期間内に刊行された中国料理書である。中国料理書の刊行種類数は、『新版西洋料理早指南』が出版された明治７年（1874）から昭和５年（1930）まで、調査資料中22種確認できた。また中国料理書の刊行数に関しては、1920年代以降に増加する傾向にもあった。

表2-2-1　近代日本における中国料理書一覧

1874	新版西洋料理早指南	又玄斎南可		
1905	家庭支那料理法	陽其ニ	大学館	東京
1909	日本の家庭に応用したる支那料理法	柴田波三郎　津川千代子	日本家庭研究会	東京
1912	実用家庭支那料理法	奥村繁次郎　赤堀峰吉(閲)	盛林堂	東京
1913	家庭宴会支那料理法	玩塗＝	博文館	東京
1922	支那料理法	潘鐘華	陶陶亭	東京
1924	家庭的の支那料理	北原美佐子	アルス	東京
1925	手軽な惣菜向支那料理	李鴻恩　本田清人	大阪屋	大阪
1925	家庭向の支那料理	大阪割烹学校校友会	大阪割烹学校校友会	大阪
1926	素人に出来る支那料理	山田政平	婦人之友社	東京
1926	手軽に出来る珍味支那料理法	小林定美	大文館書店	大阪
1926	新しい家庭向支那料理	中村俊子	緑蔭社	東京
1927	支那料理の見方	井上紅梅　磯部榮一（編）	東亞研究会	東京
1927	家庭で出来るおいしい支那料理	中村俊子	富文館	東京
1927	手軽に出来る家庭支那料理	羅味蘶　村井弦斎（推奨）	実業之日本社	東京
1928	美味しく経済的な支那料理の拵へ方	吉田誠一	博文館	東京
1929	支那料理の拵へ方	主婦之友社編集部	主婦之友社	東京
1929	支那料理	村井政善	誠文堂	東京
1929	四季の支那料理	山田政平	味の素本舗	東京
1929	支那料理の名称解	南満州鉄道株式会社 社会課家庭研究所	南満州鉄道株式会社 社会課家庭研究所	満州
1930	研究料理一般向支那料理	大岡蔦枝	日本女子大學校泉山寮	東京
1930	支那料理通	後藤朝太郎	四六書院	東京

※東四柳作成

さて表2-2-1にも示されているように、近代以降の執筆者の特徴には、江戸期にみられなかった女性執筆者や中国料理研究家、中国人執筆者などの新しい執筆者層の誕生が指摘できる。

例えば、中国料理書を著した女性執筆者に、津川千代子（成女高等女学校講師）、大岡蔦枝（日本女子大学校教授）、秋穂敬子（東京割烹女学校校長）、北原美佐子（アルス出版）などが挙げられる。これらの女性執筆者は、主に教育関係者が多いことが特徴といえよう。

二つ目の特徴に、陽其二、奥村繁次郎、山田政平、村井政善、小林定美、吉田誠一（上野翠松園）など、中国料理に精通した男性執筆者の活躍が挙げられる。例えば、奥村繁次郎は、明治期の数少ない男性執筆者として、中国料理書『実用家庭支那料理法』（1912）を著した人物である。「芋繁」と自称し、普段は焼き芋屋を営みながら生計をたてていたが、本草学を独学で研究し、後に赤堀割烹教場等で教鞭をとった人物であった（こうした経緯からか、赤堀割烹教場の赤堀峰吉が、本書の校閲に関与している）。

次に大正期から昭和期にかけて活躍し、評判の料理書を著した男性執筆者に、山田政平が挙げられる。山田については、田中静一が詳しく記しているため、それを参照したい[12)]。山田は静岡で生まれ、逓信講習所卒業後、満洲に渡り、長春、奉天などで勤務する傍ら、中国語と同時に本格的な中国料理学を研究した郵便官吏であった。ところが生来の虚弱体質から満洲で病を患い、帰国を余儀なくされるが、その後も中国料理の研究は継続し、後年は料理学校や女子大学、陸軍等で活躍した料理講師でもあった。なお終戦後には、袁枚の『随園食単』（1955）の完訳も完成させている。

特に大正15年（1926）に刊行された山田の『素人に出来る支那料理』は、大ベストセラーを記録している。本書は、婦人雑誌『婦人之友』に連載された山田のレシピ[13]を収載した中国料理書で、家庭の日常食にすぐ応用できるような料理が選択されていたことから、昭和６～７年（1931～1932）までに十数版を記録し、好評を博した。本書において、特筆すべき点は、北京語、広東語、福建語、江南語、日本語読みなどで混乱していた中国料理の料理名の大部分を、北京音で統一した点であろう。実際その後に出版された中国料理書の中においても、本書の内容からの焼き直しが使いまわされることも多く、後世に影響を与えた料理書であったといえる。

なおこうした事態について、山田自身も不快に感じていたようで、本書の序にあたる「再版に際して」において、今後「若し本書を利用しやうと思ふ著述家がありましたら、一應は小生なり、婦人之友社なりへ申出られるか、尠くとも出處を明かにせられる位の用意は、當然なすべき禮儀であらうと思ひます」と転載の断りを求める姿勢をみせている。ともあれ、山田の中国料理書の人気は止まることはなく、昭和３年（1928）に味の素株式会社と出版した『四季の支那料理』もまた昭和11年（1936）までに60版を越える大ベストセラーとなった。

さて同時期に特徴的な中国料理書を著した人物に村井政善が挙げられる。村井政善は、四条流料理家元九代目石井泰次郎の門下生となり、30余年間、日本料理をはじめ西洋料理・中国料理を学び、国立の栄養研究所では調理部長として佐伯矩所長の指導のもとで、栄養料理についての学術研究にも勤しんだ人物である。さらに研究所退職後は、柳澤保恵伯爵の後援により、田町の柳澤邸の日本館に「大日本台所司会」の看板をかかげ、毎週水曜日に和食の栄養料理講習会・試食会を行うと同時に、栄養食普及会を創立し、専務理事にも就任している。

村井は、自著『支那料理』（1929）の序において、「單に支那料理法として著述する目的のもの」ではなく、「古く支那の文化が發達せし頃、我が國へ卽に普及されてゐたと云ふ、支那料理式による」江戸期の「卓袱料理の方法より長崎料理、庖厨録の一編、普茶料理、そば式等」のみならず、『随園食卓』『校正随園食譜』『割烹厨教科書』『手軽な支那料理』等およそ50種に及ぶ国内外の文献を基に、日本で受容された中国料理概史をも含んだ中国料理書の出版を目指したとの刊行意図を明記している[14]。また本書の構成は、「支那料理」の宴会作法、調理法における心得（火加減や切り方等）、各料理法（魚介類・鳥類・獣肉類・野菜及乾物類）、卓袱料理、普茶料理、庖厨録、「支那料理の概念」、そして江戸料理書２種『普茶料理抄』『年中番菜録』を転載している。「支那料理の概念」では、「天下の美味」である「支那料理」で使用される多種多様な食材の紹介、さらに「豚料理に就いて」と題し、部位別の調理法、さらに「支那料理」の料理用語、北京料理、南京料理、広東料理それぞれの名物料理についても解説している。新旧の中国料理双方を収録した本書の成立は、発展期にあった中国料理の集大成的な意味合いを持つ一書ともいえよう。

いっぽう同時期に中国料理を著した執筆者に、小林定美がいる。小林の生い立ちを詳らかに伝える資料は残念ながら得られなかったが、『手軽に出来る珍味支那料理法』（1926）の「はしがき」にみえる以下の記述からは、「支那料理原料商」として中国人の料理人との交流を持ち、料理研究に励んだ人物であったことが察せられる。

> 著者は支那料理原料商となりて親しく支那人コツクに接近し、多年研究の結果、或特殊の料理を除くの外殆んど邦人の嗜好に適する程度の料理は蓋く是を知得し、其間幾多の改善方法を施し、如何なる山間僻地に在りても、簡單に、世界最上の美味と稱する支那料理を味はひ得る調理方を案出し、爾来各方面女學校婦人會等の招聘に應じて此料理法を公開教授し非常なる御好評を蒙りつゝありしを今回弘成社主坂東恭吾氏の希望に依り其研究の全般を編集して、一般同好の士に薦むる所以なり[15]

また本書は、明確に「専ら家庭料理として直ちに應用出來得る」ことを目指し、できるだけ簡単な中国料理のレシピの掲載に努めたことについても明記されている。なお小林は本書のほかにも、『手軽においしく誰にも出来る支那料理と西洋料理』[16]・『家庭料理法大全』[17]など、中国料理のみならず、西洋料理、日本料理を含んだ家庭向け料理書の出版も手がけている。

さて三つ目の執筆者の特徴として、近代には中国料理書の出版に携わる中国人の動きも確認できるようになる。例えば『手軽な惣菜向支那料理』（1925）は、前陸軍通訳官であった本田清人が、元清皇室大膳部料理主任であった李鴻恩を講師として、南満洲鉄道沿線居住の主婦のために開催した中国料理講習会での教授内容を編集した中国料理書である（なお本書には、本田自身が中国滞在中に大官の家庭に秘蔵されていた料理法の中から、手軽に応用できる家庭向き中国料理として選びだしたレシピも加えられている）。日本人と中国人との共著による中国料理書は、今回の調査資料中、本書のみであったが、大正期以降には、玩塗流、潘鐘華（「陶陶亭」厨房長）、羅味蒓など、中国人執筆者が手掛ける中国料理書も出版され、本場の味を伝える動きが活発化する様子もみえている。

さて料理書のほかにも、近代日本には中国料理に関する評論もいくつか書かれているため、ここで補遺として少し述べておきたい。表2-2-2は、近代日本で刊行された中国料理評論の一覧である。なかでも、中国通で知られた後藤朝太郎は、中国料理に関する造詣も深かったようで、『支那料理の前に』（1922）や『支那料理通』（1930）のなかで、日本での中国料理普及の様子について詳述している。なお後藤についての興味深い逸話は、先にも挙げた村井政善が、猫の肉を調理した「龍虎菜」についてのコメントで、「大支那通後藤朝太郎先生の説によると、なかなかうまいもんだ相で而も食つたあとで精神がいよいよ爽快になるのが妙だとの話を私の經營する台所司會の試食會の席できかされ、列席中の「柳澤伯爵初め寺島伯爵、柳原伯爵、岸博士」其他の名士の方々も料理が無くとも後藤さんの話しで爽快な心地になったと云つて大笑ひされたことがあります[18]」と書き残している。両者間にあたたかな交流があったことがうかがえるエピソードでもある。

表2-2-2　近代日本における中国料理評論

1922	支那料理の前に	後藤朝太郎	大阪屋号書店	東京
1923	支那料理の夕べ	東洋協会現勢調査部（編）	東洋協会	東京
1925	支那料理の話（支那の常識第一編）	辻聴花	燕塵社	北京
1927	支那料理の見方（東亞研究講座第十四編）	井上紅梅	東亞研究会	東京
1930	支那料理通（通叢書第十二編）	後藤朝太郎	四六書院	東京

※東四柳作成

さらに、中国文学研究者の井上紅梅[19]（本名　井上進）もまた、中国料理に関する評論『支那料理の見方[20]』を著している。本書の構成は、「第一感は油の匂」「物を粗末にせぬこと」「切方と調味」「火加減と調味」「美辞難句集」「おもなる材料」となっており、中国料理の利点と調理のコツが中心にまとめられている。なお井上は自著『支那風俗　上巻』（1921）において、「支那料理の話」と題した章を設け、「料理の歴史」をはじめ、献立、主要材料、調味と火加減、宴会作法などについて詳述し、さらに『隨園食単』を「料理人の論語」として評価する姿勢もみせている。また本書にみえる興味深い記述に、北京でも西洋料理が話題を集めていたことが次のように記されている。

> 然るに世は民國となつて、人は舊を捨て新に走り瑞記新豊樓など一時持て囃されたがそれも僅の間で近頃は全く西洋料理に客足を奪はれた。其原因は西洋料理は時間が正しく且つ清潔であるといふので、新時代の人の嗜好に適したのである。就中東方飯店の如きは素湇らしい景氣である。彼の倒れかゝつた東安飯店の如きも近頃俄に持ち直したのは西洋料理を調進するお蔭である。叉西交民巷西口外の一小料理屋は、此頃英佛料理の看板を揭げ、名を西美樓と改めたので、大に人氣を引き、毎夜十二時を過ぐるも客足絶えずといふ盛況である。[21]

こうした記述からは、西洋料理への関心の高まりは、日本国内のみならず、中国においても顕著だった様子が推察されるとともに、西洋料理の「時間が正しく且つ清潔」というイメージが人気を呼ぶキーポイントであったことが理解される。

いっぽう『支那料理の話』（1925）を著した辻聴花は、中国劇評論家として知られる人物で、本書のほかに『支那芝居[22]』（1923–4）、『支那の北と南[23]』（1926）などの著書がある。また衆議院議員で原敬の参謀も務めた木下謙次郎の『美味求真[24]』（1925）には、日本、中国、西洋の食文化比較が試みられている。料理書のみならず、こうした評論にみえる内容もまたその時代に享受された中国料理の特徴を知るに重要な資料であると考えられる。なお評論の詳細は後述する。

第２節　立ち遅れた中国料理への理解

１）新しい中国料理「支那料理」

①「支那料理」が意味するもの

明治期の文献にみえる中国料理を古いものから紐解いていくと、1880年代頃より「支那料理」と称し、解説し始める動きが確認できる。しかし、そのイメージはさまざまで、『日本支那朝鮮西洋料理独案内　附日本衛生料理仕方』（1887）にみえる「支那料理」の定義は、「朝鮮料理と西洋料理」とを「折衷」し、日本風にアレンジした料理とある[25]。

いっぽう『東京新繁昌記』（1897）では、「支那料理」を次のように説明している。

> 支那料理は一に卓子料理ともいふ、卓子とは支那料理に用ゆる食膳の謂にて即ち其の唐音なり、之に卓維と器皿とを備へ、主客四人を一組とし椅子に倚りて喫食す而してその食物は大

> 菜、小菜の二種に分てり、此の料理長崎地方には昔より行はれたるものにて、献立の定めもある程なれど東京人の之を味ふもの少なく、目今にても西洋料理の流行を極むるに引代へ、支那料理のみは勢力微々として振はず、然れども一度其味を試むる時は日本料理以外、西洋料理以外、又た格別の特色ありて妙味ありて存す[26)]

この記述によれば、「支那料理」とは、江戸期に発達した「卓子料理」のことであり、テーブルクロス（卓維）をかけ、一組4人分の食器（器皿）を並べたテーブルに、「大菜」「小菜」の料理を提供する「長崎地方には昔より行はれたる」形式とある。また引用の後半部からは、西洋料理の流行に比べ、「支那料理」の浸透は進まないけれど、その味は日本料理、西洋料理とも違う「妙味」であるとも記されている[27)]。

筆者の調査でも、この時期に「支那料理」として紹介された多くの内容が、江戸料理書にみえる卓袱料理、普茶料理を焼き直したものであり、当時の中国料理イメージがそ

表2-2-3　『料理早指南』（1802）と『新撰和洋料理精通』（1901）にみる献立内容の比較

『料理早指南』（1802年）		
第一	大菜皿 大菜皿	蒸海老 伊勢干瓢
第二	小菜皿 小菜皿 小菜皿 小菜皿 小菜皿	けんちん 若鮎　七杯酢　又は鯵の蓼酢　或は鱸鰤等を用ふ。 玉づさ たいらぎ 蛸和煮
第三	吸物	生海鼠　伊豆のり　すい口わさび 椀にもり銘々出スもよし　又蓋丼にて匕付ても出す
第四	中鉢	鯉みそ　鯉みそ鮒みそ鴨みその仕やう
第五	口取皿	てんぷら　　岩たけ　つねのごとくうま煮にし付合
第六	中丼	葛かけ　大長いも丸むき　金海鼠　くらげ 銘々猪口　ぬた
第七 第八 第九 第十	茶碗 小菜 吸物 大菜鉢	いり鳥　玉子むし 雲丹かまぼこ　わたかまぼこ ふり蜆　氷餅 粟鯛
第十一	飯	黄飯 ごましほ 煎茶 きせん 香の物　大根しんづけ　青なしぬかみそづけ　かくやづけ
第十二	薄茶 菓子	 かすていら　人丸

『新撰和洋料理精通』（1901年）		
一	大菜皿	蒸蝦　伊勢干瓢
二	小菜皿 小菜皿 小菜皿 小菜皿	巻けんちん 若鮎七杯酢　又は鯵の蓼酢　或は鱸鰤等を用ふ。 玉づさ　たいらぎ 章魚の柔軟煮
三	吸物	なまこ　伊豆海苔　吸口山葵
四	中鉢	鯛味噌　又は鮒味噌・鴨味噌類
五	口取皿	天ぷら　岩茸
六	中丼	大家山楽　きんこ　くらげ
七 八 九 十	茶碗 小菜 吸物 大菜鉢	鶏卵むし 海胆かまぼこ　又は腸かまぼこ ふり蜆　氷餅 粟鯛
十一	飯	黄飯
十二	薄茶	

※東四柳作成

表2-2-4　明治期の料理書にみる「支那料理」と江戸料理書との関係

年次	「支那料理」の記載のある明治前期の料理書	備考
1884	日本支那西洋料理獨案内　附礼式及食事法	『料理通　四篇』からの焼き直し
1886	西洋日本支那禮式食法大全　附衣法秘伝及玉突指南	『料理通　四篇』からの焼き直し
1887	日本支那朝鮮西洋料理料理独案内　附日本衛生料理仕方	『料理通　四篇』からの焼き直し
1895	実用料理法	『新撰会席卓袱趣向帳』『卓子式』『普茶料理抄』『料理通　四篇』『新編異国料理』からの焼き直し
1894	賓客饗応年中雑菜日用料理案内	『新撰卓袱会席趣向帳』『料理通　四篇』からの焼き直し
1895	日用百科全書西洋料理法附長崎料理法	『卓子式』『新撰会席卓袱趣向帳』『卓子料理仕様』『普茶料理抄』からの焼き直し
1895	日用西洋料理法　附支那料理及玉突指南	『料理通　四篇』『新編異国料理』からの焼き直し
1896	素人案内　日用料理の仕方	『料理通　四篇』からの焼き直し
1899	和洋料理	『新撰卓袱会席趣向帳』『料理早指南　第三篇』『料理通　四篇』からの焼き直し

※東四柳作成

のまま踏襲されていたことが指摘できる。表2-2-3は『新撰和洋料理精通』（1901）と江戸料理書『料理早指南』三篇（1802）にみえる献立内容を比較したものである。これによると、多少の違いはあるが、食材、構成にいたるまで、ほぼ同内容であることが確認できる。また表2-2-4は、明治期の料理書にみられた「支那料理」が、どの江戸料理書からの焼き直しであったかを比較・検討したものである。これによると、『新撰卓袱会席趣向帳』（1771）、『普茶料理抄』（1772）、『卓子料理仕様』（1772）、『卓子式』（1784）、『料理通』第四篇（1835）などの江戸料理書にみられた卓袱料理や普茶料理の内容が、明治期以降の料理書で頻繁に引用されていたことがわかる。こうした状況は、明治期の料理書執筆者たちの間で、「支那料理」と江戸期の卓袱料理、普茶料理が同一視されていたことを物語っている。

しかし江戸料理書からの焼き直しではなく、新しい「支那料理」を伝える料理書の出版が、1890年代頃より本格化する。ここで『仕出しいらず女房の気転　一名・和漢洋料理案内』（1894）、『実用料理法』（1895）の２種を中心に、その特徴について考えてみたい。

最初に『仕出しいらず女房の気転　一名・和漢洋料理案内』（1894）の主旨は、「支那西洋不速の御客」の「饗応の菜」として、自在亭主人の「考案」をもとに「三国料理の大畧」がまとめられた料理書とある[28)]（なお本書の巻末に掲載されていた広告によれば、読者対象は「女子供」とされ、「極めて分り易く編述した」「世の女房達の坐右の寶典」として出版されたとの意図も示されている）。本書の「支那料理之部」には、「豚の使用方」「東坡肉」「海月」「雉子のいり鳥」「漬菜の油煮」「干蟶の使用方」「薬味々噌」「いり鳥」「茶碗蒸」「鮒の使用方」「豆腐の塩煮」「干鮑」「炒豚」「揚菜」の14種の料理法が収録され、そのほとんどに「本胡麻の油」や「豚の油」が用いられ、醤油や味醂（時には砂糖）で調理するレシピとなっている。また紹介されたレシピ14種のうち７種に豚肉が使用され、豚肉を多用する「支那料理」の特徴を裏付ける傾向もみえる。なお豚肉消費量の伸びと「支那料理」の関係を物語る状況を、明治37年（1904）11月30日付『読売新聞』は、「支那料理の流行」として、「戦後の結果清国より留学する者漸次増加せる為め神田本郷牛込小石川等の下宿屋にてハ支那料理を用ひ素人の家庭にも豚料理を用ゆるより自然牛肉小売商にも影響を及ぼし豚肉を売捌く向多きに至れり」と伝えている。これによれば、「戦後の結果」（日清戦争の勝利）による清からの留学生の増加に伴い、1900年代頃より、「支那料理」や豚肉料理の受容が高まりをみせ、牛肉より豚肉の小売商が増加する状況があったことが知れる。

また本書に収録された「支那料理」14種は、江戸料理書の内容との関連がみられないことから、卓袱料理、普茶料理とは異なる「支那料理」として考案された初見のレシピでもある。著者の言葉を借りるなら、「支那料理方」は「頗ぶる澤山」あるけれど、「素人家」には難しく、器具の準備もままならないため、「実地に行はれ易きもの」、また「自ら試みしもの」のみを略記したとあり、試作に基づき出版された料理書であったことも明らかにされている。[29)]

さてもう一方の『実用料理法』（1895）には、江戸料理書からの卓袱料理や普茶料理の焼き直しも多数引用されていながら、それらとは区別された「支那料理」の解説が次のように記されている。

> 支那料理
>
> 支那の料理は、その種類いと多かるよしに聞きつるも、當時我が國に傳へて、名にしるき料理は、むかし長崎にて行はれたりし、卓子式には太く過ぎざらん如し、おのれ襄つ頃、八丁堀の邊、北島街の偕樂園てふ支那料理の酒樓に登り、大かたの人の誂へ食べぬるといふ料理を調進せしめたりしが、同園は、府下に名たゝる支那料理の茶亭ゆゑ、よりて他の茶亭にて調進しつるものも、爾ばかりには違はざらんと、推しもて食べたりけり、いでや、当時府下に行はるゝ、支那の料理法の大様をかい記し、偕樂園の獻立をも併せ記して、遠き縣下の、いまだ支那料理てふものは、如何ならんものとも知らざらん邊に報げてんとす[30)]（下線　東四柳）

上記の引用にも示されているように、本書には江戸期の中国料理である卓袱料理や普茶料理とは区別された「支那料理」に関するページが追加されており、これは同時期の他の料理書とは異なる点でもある。また下線部にある中国料理店「偕楽園」に関する解説、さらに同店の献立法や調理法の詳細が記載されている。特に具体的な料理屋の献立が紹介されたのも本書が最初であり、この「偕楽園」の料理内容が新しい中国料理「支那料理」の代名詞として、この後多くの料理書の中で引用されていくこととなる。

②「支那料理」を提供する料理店

中国料理店の系譜は、幕末以降、横浜にできた中国人相手の飲食店に端緒を求めることができる。慶應3年（1867）時点で、欧米人を上回る660余人の中国人が滞在していたとされるが、料理業を営むものはわずかであったようで、明治3年（1870）版の『人名録』には「四九番　ウォン・チヤラー」「八一番　アー・ルン」の2軒が、さらに明治5年（1872）版には、「Hong Long」という人物が居留地内の中国人建築労働者・沖仲士を対象としたチャイニーズ・イーテイング・ハウス「Chinese Eating House」を経営していたと伝えるのみである。[31)]

東京での中国料理店の概況は、明治12年（1879）1月、築地入船町で、王惕斉が中国料理店「永和斉」を開店したのが始まりである。[32)]それから少し遅れて、明治16年（1883）に、政治家・伊東巳代治等の出資のもと、横浜毎日新聞創始者の陽其二によって、東京・日本橋にて「偕楽園」は誕生した。明治16年（1883）10月30日付『開化新聞』には、「日本橋亀嶋町へ高楼を建設して偕楽園と名付け、支那料理店の開店せんと、目下建設中なり。資本金は３万円にて、株式組織にする由、国姓爺の三段目のせりふぢゃないが、濃漿、羊の蒲鉾、鼠の天ぷらなどの食館ができるだろうの雑報あり、これ都下唯一の支那料理店なりし[33]」と、不安を漂わせながらも期待を含んだ内容もみえる。また明治16年（1883）10月31日付『読売新聞』にも、「新奇を好むハ人の常ながら、西洋料理にも最う飽きたといふ連中が、此ごろ頻りに支那料理をもてはやし、料理の妙味ハ是に止まるとまで擔ぎ上げ、此ごろ朝野の金満家数名が発起となり、芝の紅葉館の組織に倣ひて、株券を頒ちて社員を募り、資本金ハ三萬圓にて、八丁堀亀島町十九番地へ大厦高楼を建設し、料理人給仕とも総て支那人を雇ひ、上等ハ十二圓より、下等ハ五十銭までの数等を設くる積りだといふ」と、西洋料理に飽きた「連中」にもてはやされ、設立された経緯が伝えられている。なお「偕楽園」の主人・陽其二は、『日用百科全書第13編　西洋料理法　附長崎料理法』（1896）の序文、また明治38年（1905）には、中国料理書『家庭支那料理法』も手がけている。

そして明治期に最も詳しく「偕楽園」について紹介した料理書が、前掲の『実用料理法』（1895）であった[34]。本書には、「偕楽園」の料理内容のみならず、女性給仕の質の高さ、清潔な店構え、風情のあるしつらいの様子などについても解説され、ソテツが植えられた中庭（図2–2–1）や「支那製の紫檀の食卓」に用意された食事スタイルが挿絵としても描かれている。なお「偕楽園」の饗応は、椅子つきの共同膳で楽しむ形式であったようで、供し方に関しては「小菜は、支那焼の腰高き食器に盛り、羹物類は、花形又は六角形のいづれも異りたる小椀に盛りたり、箸を白紙に包み、赤唐紙にて帯し、散蓮花を小碟に上せて出だせる等、卓子式に同じかり」と、江戸期の卓袱料理と同様の形式であるとしている。また「偕楽園」の献立（図2–2–2）は、上等（四客以上一客　金一圓五十銭）、中等（四客以上一客一圓）、並（四客以上一客金七十五銭）と、金額によって三段階に設定され、さらにこれらの献立は「品種の有無」や「季節の相違」で変更されるともあり、「支那料

図2–2–1　「偕楽園の中庭を南西の楼上より臆たる図」（『実用料理法』1895）

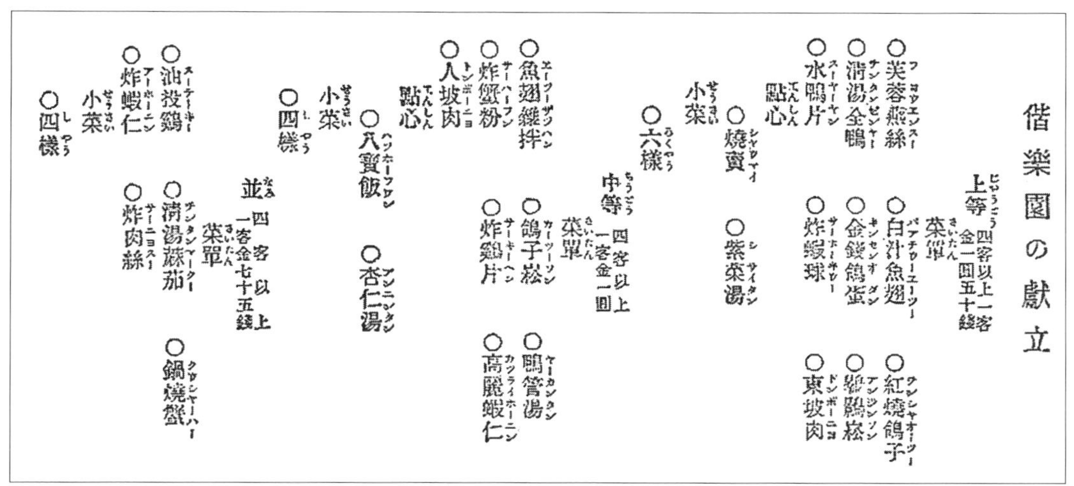
偕楽園の献立

上等　四客以上一客金一圓五十錢
菜單
○芙蓉燕絲　○清湯全鴨　○水鴨片
○白汁魚翅　○金錢鴿蛋　○炸蝦球
○紅燒鴿子　○鵝鵠菘　○東坡肉
點心　○燒賣　○紫菜湯
小菜　○六様

中等　四客以上一客金一圓
菜單
○魚翅雑拌　○炸蟹粉　○入坡肉
○鴿子菘　○炸鷄片
○鴨管湯　○高麗蝦仁
點心　○八寶飯　○杏仁湯
小菜　○四様

並　四客以上一客金七十五錢
菜單
○油投鷄　○炸蝦仁
○清湯蔬茄　○炸肉絲
○鍋燒蟹
小菜　○四様

図2-2-2　「偕楽園」の献立（『実用料理法』1895）

理の会席料理」と喩えられている。また一名の客の場合、割が悪いために中等の料理から、3、4品減らした内容を提供するとしているが、「いかさま」との指摘を避けるために、一人前の献立内容「菜單　魚翅雑拌、炸蝦仁、炸鶏片、炸蟹包、東坡肉」も収録し、食後に「支那茶」「苺の實の熟したる」が提供され、食事を終える流れも示されている。

なお『実用料理法』（1905）収録の「偕楽園」の献立は、『料理辞典』[35]（1907）や『実用家庭支那料理法』[36]（1912）において、「支那料理」の献立としても転載されている。実際「偕楽園」の評判は上々だったようで、『東京新繁盛記』（1897）にも、「地蔵橋（ちぞうばし）の側（かは）にある黒門の家にて医者風（いしやふう）めきたる構へなり、支那料理の専門（せんもん）を以て都下に高評（こうへい）あり」[37]と、その人気ぶりが伝えられている。多くの出版物で取り上げられていく状況からは、「偕楽園」の献立が当時の中国料理のお手本的位置づけだったことを物語っている。

「偕楽園」の成功後、徐々に中国料理店の開店が相次ぐようになり、新聞や雑誌などの媒体にも様々な広告が掲載された。なかには松の家や川長のように、会席料理と「支那料理」を提供するスタイルをとっている料理店も確認できる。例えば明治20年（1887）11月22日付『読売新聞』は、「川長の支那料理」の盛況ぶりについて、次のように伝えている。

> 浅草代地の川長ハ、昔より「料理の旨い」を呼物にして居し処、近来世間の事物がおひおひ進歩し、料理等も改良を争ふ世界なるに断乎として旧様を墨守するハ得策に非ずと、今度料理法に熟練したる支那人を雇ひて、支那料理を始めしが、此支那料理ハ出る程の物が残らず、旨く喰はれて折詰の面倒なく、然も価ハ日本料理ほどに高からず、尤も来客の望に依り、日本料理も差出との事なり（句読点　東四柳）

川長は、『名所手続東京自慢』（1878）にも「有名ノ料理店」[38]として名を連ねている会席料理店の老舗である。しかも上記の記事によると、中国から料理人を雇い、「支那料理」を始めたところ、料理を残す客が少なく、面倒な折詰の準備も必要ないどころか、日本料理ほど高くない「支那料理」

が評判を呼んだこと（また必要に応じ、日本料理もいっしょに提供するスタイルがあったこと）が記されている。

しかし『最新東京案内』（1907）にみえる「支那料理店」は、「偕楽園」「もみじ」「鳳樂園」の3店のみで[39)]、同書内に29店の紹介がみられた「西洋料理店」に比べ、格段に少ない。ともあれ中国料理への関心は徐々に高まりをみせ、その魅力を評価する動きが出始める。そしてこの流れを受け、1900年代頃より、家庭のメニューへと「支那料理」を取り込もうとする出版物が増加し始めるのである。

2）家庭向け「支那料理」の誕生

①「支那料理」の流行

西洋料理に比べ、受容が遅れた「支那料理」ではあるが、1900年代頃より、味の良さや魅力を伝える出版物が増加する。例えば『衣食住　日常生活』（1907）には、「支那料理」が普及しなかった理由が、次のように記されている[40)]。

一. 羹汁の濃厚に過ぎたること
二. 燕窠魚翅の如きは邦人よりして珍味なれども美味ならず､又支那食の主たる物料の豚肉は、牛肉程邦人に賞味せられず
三. 洋食の如く割烹に関する著書なし
四. 西洋の文物を吸収するに勉めたる結果、その風俗をも吾に取入れたれども、支那は吾に学ぶべきもの多く、吾の彼に学ぶべきもの少きこと
五. 支那を侮蔑する観念あること

本書にみえる詳細な解説に基づくと、一つ目に、肉汁が多く、濃厚で脂っぽい「支那料理」の特徴が日本人には適さないため、それが「支那食を喜ばざる」理由と説いている。また二つ目の理由には、食材の好みの違いが指摘されている。「燕窠」（ツバメの巣）や「魚翅」（ふかひれ）は滋養が高く、「支那人」の好物であるが、「熊掌」や「鹿尾」同様、日本人には「無意義の食物」であるとし、さらに「支那料理の主成分」である「豚肉」の脂っぽさが、日本人が「支那料理」を嗜好しない原因であると説明している。三つ目の理由には、「衛生、調味の両面」から研究した「支那料理書」の不在が挙げられている。特に日本人が手掛けた「洋食」の料理書は十数種あるのに対し、「支那料理に到つては一冊の邦著すらなき」と言及し、こうした状況が「支那料理の品目」を「記憶」する「主婦」を育てないため、中国料理が普及しないとしている。四つ目の理由には、「明治初年以来」、西洋の事物・文化を「好良視」し、何でもかんでも「模倣」する風潮が「支那食」の流行を阻んだと指摘。そして最後の理由として、二十七八年戦役（日清戦争）以来、「支那を侮辱する」考えが生じたことも一因であるとして結んでいる。

しかし日清戦争の勝利が契機となり、明治29年（1896）頃より、清国政府から官費留学生の受け入れが本格化する[41)]。そのなかには、近代化に成功した日本で学ぼうと渡航してきた魯迅、蒋介石、

周恩来などの著名人も含まれている。こうした状況のもと、留学生を相手とする中国料理店が各地でうぶ声をあげるようになるのもこの時期の特徴である。例えば明治32年（1899）、寧波出身の鄭余生が、東京・神田で開店した中国料理店は「故郷飯店」（現在の維新號）とも呼ばれ、多くの留学生たちの憩いの場ともなっている。また同年、福建省出身の陳平順が、長崎にて中華菜館兼旅館「四海楼」を開店。日清戦争後の華僑への風当たりの強い中、名物「支那饂飩（現在のちゃんぽん）」や「皿うどん」を誕生させ、大衆中華のきっかけを作っていった。

中国との関わりが密になる中で、街中の中国料理店も高級料理から大衆中華へとイメージ転換が図られるようになり、日本人向けの手軽な中国料理店も徐々に増えていった。『三府及近郊名所名物案内』（1918）には、「来来軒の支那料理は天下一品」[42]というコラムが収録されている。それによると、明治43年（1910）に浅草で開店した当店は、「二階でも下でもいつも客が一杯で」繁昌しており、「料理が、わんたんでも、そばでも頗るおいしい」「その上に値が極めて安い」とある。来々軒は、元横浜税関勤務だった尾崎貫一が開店。「支那御料理」の看板を掲げ、「シウマイ（シュウマイ）」「マンチウ（饅頭）」「シナソバ（ラーメン）」「ワンタン」など手軽な中国料理を提供した安価な中国料理店のはしりでもあった。

またこうした状況と合わせて、中国料理の良さを再評価する料理書も徐々に出版されるようになり、家庭の日常食に中国料理を取り入れることを薦める動きも顕著になっていく。例えば『和清西洋料理法自在』（1898）には、「中華割烹法（ちうくわかつぽうほう）」は古くから日本に伝わっているにも関わらず、西洋料理に比べ、日本国内での普及が遅れていることを憂い、中国料理書の出版もままならない状況を残念がる記述がみえる[43]。

いっぽう『家庭西洋料理と支那料理』（1906）によれば、「儀式的な料理」ではない「家庭向」の「支那料理」は「日本料理法に接近して」いるため、調理が容易であるとして、家庭での調理をすすめている[44]。なお本書に収録された「支那料理」は、「けんちん料理／ホンワンツー／リユーチー／ニユースー／ホンシヤチユイ／ユーベン（豚肉の餡かけ）／雲豆／ろんばい／豚の糁汁／鶏の白糸もどき／海老の油あげ／鴨の料理／フーキ（浮亀）／キンケー（金鶏）／トンソエン（冬筍）／チヤンユー／蕪串／シシニ／甘藷の支那料理／ザーヨウフー／焼茄子の料理／母子巻きの豚餡かけ／白瓜の豚煮／餅あへ／鮭の炮烙炙／鮒の煮方／貝の柱に卸し薯」とあり、カタカナ表記、また翻訳された料理名となっている。これらの料理は、江戸料理書『料理通』第四篇や『実用料理法』（1895）などからの抜粋であるが、調理法は家庭での調理の「しやすさ」を意識した懇切丁寧な解説となっている。

双方の料理書にみえる調理法を比較したものが、以下の引用である。

> 巻蒸（けんちん）（『料理通』第四篇所収）
> いせ海老をゆでゝ身を細かにむしりきくらげせんにさゝがき牛蒡銀杏を下煮をして玉子を中薄にやき巻めにうどんの粉をぬりざつと揚て小口切にてつむ

けんちん料理（『家庭西洋料理と支那料理』所収）

此れは支那料理の凝たる卵子焼とも云ふべきものである、其の拵へ方は伊勢海老を能く洗ふて、頭と尾とを去り鍋に入れて例の通り茹で鬼皮を去りて、身を竪に細くむしつて置く、さて新牛蒡の刻むで水に浸けて、灰汁を抜き置きたる物、椎茸の五分切り人参三つ葉などの刻むだ物、及び銀杏などを見計ふて右の海老と共に鍋へ入れ醤油と味醂と砂糖にて、甘く塩梅し置きたる汁をいれて、右の品々を味よく下煮をして置き、其れから卵子を薄く焼きて右の下煮したる品々を卵子焼に工合よく取り合せて程よく盛りて鮓の如くに巻き、その巻き口の開かぬように小麦粉を堅く練りたる物にて、へばりつけ、それを豚の製し脂肪か、上等にすればオレーフ油を鍋へ少し引きて雑と焙りつけて、一寸ほどの小口切として壱人前に二つ乃至三つほど中皿に盛り、胡椒を少し振りかけてだす、一寸と面倒なれど気が利いてゐて味よろし[45)]（下線　東四柳）

双方を比較すると、『家庭西洋料理と支那料理』の「けんちん料理」は、『料理通』第四篇の「巻蒸（けんちん）」の調理法を参考としながら、詳細な説明を心がけ、また「オレーフ油」（オリーブオイル）・「小麦粉」など西洋の食材を使用し、江戸期の調理法からの新たな書き換えを試みている様子がわかる。このように、江戸期までの卓袱料理や普茶料理にアレンジを加えていく傾向は、この時期の特徴ともいえる。

いっぽう『家庭料理法』（1903）には、「三国取合卓子料理[46)]」という新しい和洋支折衷の献立も紹介されている。表2-2-5をうかがうと、卓袱料理形式に、「日本料理の雑煮／海苔酢／桜鯛の丸蒸し／ちらしすし／和へ物（うど、わかめ、まぐろ）／鮟鱇の味噌汁／牡蠣飯／山芋とろろ三杯酢／茶碗蒸し／橙酢」などの日本料理、「ジャンケットプリン／焼牛／蕪菁の蒸煮／干柿のプリン」などの西洋料理を組み合わせた新しい提案をしている。また三つの「小菜献立」の献立内容には、中国料理はわずかしかなく、日本料理や折衷料理などを積極的に盛り込みながら、構成している様子がわかる。

さらに本書の調理法にはそれぞれ明確な量と時間配分が指示されており、日本人になじみのある食材を中心に使用しながら、和洋中の折衷料理の積極的な提案に努めることで、家庭でも調理が簡単な中国料理イメージを定着させようとした執筆者の想いもみえる。しかしこれを毎日の日常食へ取り入れていたかには疑問がのこる。家庭での日常食の提案というよりむしろ来客用料理の模範とされていたとの考え方が妥当かもしれない。

②家庭向け「支那料理書」の出版

国民の間で「支那料理」への関心が高まるにつれ、家庭向けを意識した中国料理書が刊行されるようになる。筆者の調査でも、明治期に刊行された家庭向け中国料理書は、これまでに『家庭支那料理法』（1905）、『日本の家庭に応用したる支那料理法』（1909）、『家庭実用支那料理法』（1912）の3種が確認できている。

最初に、『家庭支那料理法』（1905）は、前述の偕楽園の陽其二が著わした中国料理書である。本書の表紙には、「支那料理大家陽其二先生」とあり、「小序」によれば、「清国（しんこく）割烹（かつぽう）の博識（はくしき）家（か）袁先生（えんせんせい）の著（あらは）せる料理書（れうりしよ）」を基本とし、「清国（しんこく）の諸邦（しよはう）を遊歴（ゆうれき）して人情風俗（にんぜうふうぞく）に精通（せいつう）せる林先生（りんせんせい）の説（せつ）」を参考に、編者の「多年の実験上の智識」のもと編集したと伝えている。[47]また日本で調達できる食材を選び、「家庭日用の総菜、賓客の饗応」に「有益便利なる」料理法をまとめたと示しているが、中国料理の集大成的な本書の性格から、プロの料理人も読者対象に意識していたように思われる。

表2-2-5　『家庭料理法』（1903）にみる折衷型卓袱料理献立

●三国取合卓子料理（一）				
大椀八品	第一	松竹梅	（支那）	
	第二	雑煮	（日本）	
	第三	鴨	（支那）	
	第四	蕪青串	（支那）	
	第五	巻蒸	（支那）	
	第六	獅子煮	（支那）	
	第七	海苔酢	（日本）	
	第八	点心(ジャンケットプリン)	（西洋）	煎茶　水菓子蜜柑
●三国取合卓子料理（二）				
小菜献立	第一	大平物	（西洋日本折衷）	肉と蛤の剥き身
	第二	砂鰕球	（支那）	
	第三	桜鯛の丸蒸し	（日本）	
	第四	ちらしすし	（日本）	
	第五	和へもの	（日本）	うどわかめまぐろ
	点心	七醒湯　煎茶　夏蜜柑		
●三国取合卓子料理（三）				
小菜	第一	鮟鱇の味噌汁	（日本）	
	第二	手絲鶏	（支那）	
	第三	焼牛	（西洋）	
	第四	牡蠣飯	（日本）	
	第五	山芋とろろ三杯酢	（日本）	
	点心	まんぢう　煎茶　果物蜜柑		
●三国取合卓子料理（四）				
小菜	第一	茶碗蒸し	（日本）	
	第二	ろんばい	（支那）	
	第三	焼羊もどき	（支那折衷）	
	第四	蕪菁の蒸煮	（西洋）	
	第五	橙酢	（日本）	
	点心	干柿のプリン	（西洋）	茶　蜜柑

※東四柳作成

また本書は、33種の食事マナーや調理の心得を説いた「総論」にはじまり、「海鮮の料理方」9種、「河口に居る魚類の料理方」6種、「豚の料理方」43種、「牛羊鹿の料理方」16種、「鳥類の料理方」37種、「鱗のある魚類の料理方」17種、「鱗なき魚類其他の料理方」28種、「野菜類の料理方」47種、「小菜の料理方」41種、「間の物の料理方」54種と、全298種の料理法が収録された112頁にわたる構成となっている。「間の物の料理方」以外は、食材名ごとに1種ずつの調理法が紹介され、なかには「牛舌」「羊頭」「羊蹄」「鶏血」などの食材もみえる。また塩漬した若生姜を三度味噌に漬け込む「醤薑」というレシピには、「蝉退」をいれておけば、「久しく貯ても老くならず」との仰天のこつもみえる。本書の最初のページには、「偕楽園」と思しき料理店のしつらいや道具類の挿絵も描かれており、当時の中国料理店をイメージするいいヒントにもなる。

いっぽう『日本の家庭に応用したる支那料理法』（1907）は、読者対象を「一家の主婦たる人」「主婦たらむ人」と定めている。[48]「です・ます」調でのレシピが特徴的な中国料理書である。さらに著者である柴田波三郎（女子美術学校講師・日本商業学校講師）、津川千代子（成女高等女学校講師）は、本書の刊行意義を強調しようと、石黒忠悳（男爵）、山根正次（日本医学専門学校長）、嘉悦孝子（日本女子商業学校学監）の3氏に、家庭での中国料理の調理を奨める序文を依頼している。

また津川は「支那料理」を奨める理由として、日本料理の習得は「なかなか手数がかゝつて、むづかしくて、余程の心がけがいる」し、いっぽう西洋料理の稽古も「いろいろの道具、それもなかなか廉くはないので、中流家庭では先づ其道具を集めることが甚だ困難」だが、石黒や嘉悦の考え方に基づきながら、「支那料理」は「ほんの鉄鍋一つ、蒸籠の一つ」あれば十分であるとの見解を示している[49]。また石黒は「支那料理」の感心する点に、「日本料理のやうに生食をせぬ事」を挙げ、しっかり火を通し調理する中国料理は「至極衛生」にかなっていると主張する[50]。さらに山根は、「肉食の習慣をつくる事は日本人にとつて刻下の急務」として、「日本人の体質を改良して、文明のすべての戦闘に堪へ得る」べき料理であると、富国強兵の観点から推奨している[51]。

いっぽう嘉悦も「支那料理」は「決して油臭くはない」とし、その食用を薦めている。また「支那料理」を見直した理由として、「私が支那料理を好きになつた動機は赤坂の支那料理店もみぢの台所を見たときがそもそものはじめでありました。一体台所と云へば何家のでも、とかく不潔になり易いのでありますが、私の眼にうつたもみぢの台所は非常に美しいものでありました。それから一つ研究して見やうと云ふやうな気になつたのであります[52]」と書いている。「もみぢ」については、『食道楽[53]』第２巻第１号に紹介された「食道楽が尋ねた女学校の講習会訪問（１）成女学校料理法講習会」を参照すると、執筆者の津川が教師を勤めた成女学校との関連が深い中国料理店であったことがわかる。

成女学校は、元東京女学館館主の吉村寅太郎、水谷直孝によって、明治32年（1899）に創設された。同校の料理講習会は、明治33年（1900）より開かれている。本講習会では、早くから講習内容に中国料理が取り入れられていたようで、水谷自身も「支那料理なら魚類とか乾物などで立派に出来る、材料の範囲が広いから従つて経済に上る。今日は魚が不廉いから豚にするとか、今日はシケだから乾物で拵へやうとか、至極廉上りに済む。夫で食べて美味」と、経済的で美味しい中国料理の特質に着眼し、授業で取り上げていた理由について述べている。さらに成女学校の「支那料理講習」の講師を、赤坂「もみぢ」の料理人・岡田表十郎が務め、文を寄せた嘉悦が幹事であったことが記されている様子からは、『日本の家庭に応用したる支那料理法』成立の背景には、成女学校でのつながりがあったとも推察される。

また明治37年（1904）12月23日付『読売新聞』によれば、続々と来日する留学生の影響で、「何れの家庭」でも「支那料理」を研究する傾向がみられるようになり、成女学校や女子美術学院などの「割烹科」に「支那料理科」が開設され、「支那人」の「姜誠甫」を招聘し、「日本に適する支那料理」の講習が開始されたと伝えられている。美術学院とあるのは、女子美術学校であろう。つまり本書は、先駆け的に「支那料理」講習を行っていた双方の講師によって手がけられたものであり、講習のテキストとして執筆された可能性も想定できる。

さて本書には、江戸料理書からの焼き直しではない88種の中国料理（**表2-2-6**）が収録されている。それぞれのレシピが「清湯丸子（肉の茶碗盛）」「春巻（肉の卵子巻）」「鍋貼（焼饅頭）」といった具合に、中国料理名の後に日本語訳が加えられており、読者が解しやすい配慮がなされている。**表2-2-6**によれば、収録された料理法88種のうち、肉を利用している料理法は53種と半数を上回っており、なかでも豚肉が36種の料理法に登場する。いっぽう牛肉料理は、「炒牛肉（牛肉の煮物）」の１種しか収録されておらず、豚肉を多用する中国料理のイメージがここでも確認できる。

ところで明治期に刊行された最後の中国料理書『実用家庭支那料理法』(1912) もまた中国料理の手軽さを主張し、家庭へ浸透させることを目指した中国料理書といえる。本書の「支那料理の特色」[54]に示された「支那料理」の考え方にも、「一と口に支那料理と申しますれば、たゞ油臭い豚料理のやうに申しまするが、決して左様のものではムいません、凡そ世界中に於きましてこの位い美味で滋養に富んで、且つその調理法の簡単なるものはムいません」と、前掲書同様、油っぽいイメージを払拭し、美味しさ、滋養分の高さ、簡易な調理法を評価している。さらに「儀式的料理」の「支那料理」は、「我々日本人の口」には適さないとして収録せず、「いずれの土地、いかなる處」でも、「常に得られて平素貯蔵へて置かれる乾物類」を主材料とし、その他は「普通の肉類」で「充分に足ります」と解説。また経済的であるだけでなく、「何人」が「実習」になっても簡易にできるため、「十人向きに適当なる鹽梅加減に出来終りますから、御酒の肴御飯のお菜下戸にも上戸にも老人にもお子供衆にも、御婦人が召喰つてもこれなればと御批難のなき」料理であるとして、その魅力を伝えている。

本書の特徴は、何より詳細な調理法の記述といえる。本書には、全93種の「支那料理」のレシピが収録され、『日本の家庭に応用したる支那料理法』所収のレシピと共通する部分も多い。レシピの記載方法としては、料理の簡単な解説にあたる「説明」にはじまり、分量も含めた「材料」の詳細を示した後に「調理法の手順」が続いている。また本書のレシピは、『日本の家庭に応用したる支那料理法』にはみられない時間配分の明示、火加減、切り方の名称や大きさまでもが詳述されているため、どの「調理法の手順」も1ページに及ぶ長さ(長いものでは2ページ)となっている。

さらに本書の後半部には、「支那料理の献立及饗応の順序」として、調味料を含めた中国料理の

表2-2-6 『日本の家庭に応用したる支那料理法』収載の「支那料理」にみる肉類の使用状況

肉類	豚肉	清湯丸子(肉の茶碗盛)醤肉(肉の醤油煮)蓩許肉(卵子と肉との煮物)炸裡背(上肉の揚げもの) 炒裡背肉(上豚肉の煮物)扒紅肉(豚のあばら骨の醤油煮)焼釀魚(魚と肉との油煮) 炒裡背糸(支那素麺と豚肉との煮物)春巻(肉の卵子巻)南京炸丸子(肉団子の煮物) 清蒸肘子(豚肉の蒸物)溜肚(豚のガツの醤油づけ)鶯頭肉(肉の卵子巻)香腸(肉の腸詰) 会肚片(豚のガツの葛煮)抽梁換柱排骨(豚の三枚肉と卵子の煮物)鍋貼(焼饅頭)炸醤麺(味噌うどん) 姜絲肉(生姜と肉との煮物)紅焼肘子(肉のあげもの)溜背肉(肉の葛煮) 米粉肉(米の粉と肉との茶碗蒸)掛霜丸子(霜かけ肉団子)炊冬筍(筍と肉とのいりもの) 揚白菜(豚肉のキャベツ巻)焼揚茄子(茄子と肉とのあげ物)炸丸子(肉団子)濺丸子(肉団子の飴煮) 炒粉絲(支那素麺と肉の煮物)東坡肉(肉の蒸物)茉菇肉(肉と松たけの煮物)炒醤肉(豚肉のあんかけ) 燙面餃(肉の饅頭)通天饅頭(支那饅頭)炒金針(支那野菜の煎物)魚羹(魚の茶碗蒸)	36種
	鶏肉	拌鶏絲(鶏肉と卵子とのあえもの)乾烹鶏(鶏の醤油煮)溜鶏片(鶏肉の葛煮)黄悶鶏(骨付鶏肉の煮物) 清蒸鶏(鶏肉の茶碗蒸)鶏雑(鶏のガツの煮つけ)鶏倣英国青湯(鶏の上肉のお汁)鶏糸麺(鶏うどん) 炸鶏丸子(鶏肉団子)爆炒鶏(鶏の煎物)鶏蛋羹(卵子豆腐)茉菇鶏(鶏肉と椎茸の煮物) 水餃子(鶏肉の饅頭)	13種
	家鴨	清湯鴨子(鴨のお汁)黄烱鴨子(鴨の煮物)松花蛋(家鴨の卵子の塩漬)	3種
	牛肉	炒牛肉(牛肉の煮物)	1種
その他	魚介	炸魚片(魚のあげもの)清湯鮑魚(鮑の吸物)炒鮑魚(鮑の煎物)溜魚片(魚の葛煮) 蝦仁　黄菜(蝦入の卵子焼)蠣蝗(焼蠣)溜蝦仁(蝦の煮物)紅焼鯉魚(鯉の醤油煮) 清湯江揺柱(帆立貝の卵とぢ)蝦子蘭片(蝦子と筍とのまぜ煮)蝦予海参(蝦の子と海参との煮物) 魚丸海参(魚となまことの蒸物)清湯魚翅(鯊の鰭汁)清湯蝦仁(蝦のお汁)炸銀魚(白魚の揚もの) 清蒸鯉魚(鯉の茶碗蒸)蟹蝗溜蝗菜(蟹の子の卵子煮)清湯蠣蝗(蠣蝗のお汁)炸蝦球(蝦の団子) 紅燉魚(魚の煮物)蝦仁溜黄菜(蝦の煮物)	21種
	蔬菜	蜜濺紅芋(薩摩芋の蜜煮)蜜濺山葯(長芋の蜜煮)蜜濺杏仁(杏の種の蜜煮)八宝飯(果物入の飯) 蜜濺蓮子(蓮の実の砂糖煮)清湯口茉(松茸の吸物)炒黄菜(みつばの卵子煎)	7種
	卵	糟蛋(卵子の粕漬)	1種
	菓子	炸麻花(支那菓子)散仁糖(南京豆の菓子)炸花捲(支那菓子)眉銭酥(支那菓子)蒸花捲(支那の菓子) 酥糖餅(支那の菓子)	6種

※本文中にある記述に則って東四柳作成。読み仮名は省略した。

食材についての解説や献立の立て方、「普茶料理の仕方」として、江戸期から踏襲された「支那の精進料理」普茶料理についても詳述されている。また本書の校閲には、著者の奥村繁次郎が勤めていた赤堀割烹教場の運営者・赤堀峰吉が関わっている。出版の詳細な意図は示されていないが、本書もまた講習会の場で使用された一冊と考えられるかもしれない。

３）豚肉料理にいかされた中国料理の知恵

1910年代、特に第一次大戦以降の国内は、国民の消費額が急増したうえ、大正７年（1918）から大正８年（1919）にかけての凶作による米価の暴騰、米騒動の勃発などの不安定な状況に応じて、豪勢な饗応料理を扱う料理書は一次減少している。また外国料理書の刊行数は1910年代に減少の途を辿り、特に中国料理書に関しては、1913年から1922年までの10年間に出版されていない。

しかし、いっぽうで、外国料理書の減少に比して、経済性を重んじる料理書が多数刊行された。特に豚肉や馬鈴薯、玄米、鰯、豆腐など安価な食材を使用した多くの料理法が考案され、経済的でいて、滋養を重んじる家庭料理の普及が促されていった。そしてこの時期に積極的に食用が奨められた食材が豚肉であり、その調理に中国料理の知恵が生かされていたことが指摘できる。また明治期に出版された中国料理書『日本の家庭に応用したる支那料理法』（1909）においても、「支那料理中の主なる材料」は「豚肉」とあるように[55]、中国料理と関係が深い食材であることがすでに伝えられている。

さて豚肉料理に中国料理の知恵を盛り込み、さまざまな料理法を考案した人物が、田中宏[56]（図2-2-3）である。なお田中が初めて著した豚肉料理書『田中式豚肉調理二百種』（1913）の自序には、田中が豚肉料理研究の際に、琉球と中国の豚肉料理法にヒントを求めたことが、以下のように示されている。

> 私は、何でも旨ひものを喰べることが大好きでありますから、豚の喰べ方にも年来大いに興味を有つて居りまして、本邦在来の豚料理は勿論、琉球や支那の料理に就きましても、随分研究を積み、工風を凝らしたのであります[57]。（句読点　東四柳）

また本書の編纂者である中村木公の「本書編纂由来」によれば、豚肉の普及に際し、飼育法、調理法の研究のため、農商務省農務局長・下岡忠治の紹介で、「沖縄県（日比知事）」「鹿児島県（谷口知事）」から材料の下附を請い、さらに農商務省渋谷種禽種豚場・石崎農学士の紹介で、調理法の研究者として、田中宏が選び出された経緯も記されている[58]。

よって本書には、田中の渋谷の自邸で試作された豚肉料理が収録されている。なお実際の調理に携わっていたのは、12、３年前から田中邸に女中奉公している小澤きん子（図2-2-4）という女性であったようで、田中自身も小澤を「此れは古くから居る女中で実のは此れが教授格で自分は助手格ぢゃ」と称賛している[59]。なお初回の「豚肉調理試食会」に訪れた東京割烹女学校長・秋穂益実も「彼の婦人お料理の手際の優れて居ったのには驚きました」と評価していることからも[60]、小澤が優れた技量を持つ女性であったことは推察される。

図2-2-3　田中宏（『田中式豚肉料理』1919）

図2-2-4　田中式豚肉料理主任　小澤きん子
（『田中式豚肉料理』1919）

いっぽう本書には、「豚肉は支那式調理法に限る」と語る田中の持論が、次のように綴られている。

お話の豚肉食用普及の趣意は大賛成ぢゃ、自分は鹿児島の生れで子供の時から豚肉を食慣て居るから豚肉は大好物ぢゃ・・だが自分の豚食は其んなに評判になつてるとはつい知らなんだ（中略）併し自分は豚肉食用に年來一種の趣味を有してると云ふことは全く事實であります、其故外では各種の豚肉料理を味はひて見、叉家庭の食膳用として多少の研究もして見るのだが、結局豚肉料理丈けはどうしても本場の支那にかなふものはないやうです、自分は酒は一滴も出來ぬ爲め酒席の趣味を持たぬ代り食ふ方と來ては大抵の人に負けない積りだ、其れ故苟も珍味佳肴の名ある限り或は魚河岸の屋臺見世に握りずしを頬張り或は裏通りの縄暖簾に煮肴を風味する等一と通りの食道樂は盡しつゝある、勿論西洋料理の如きも公私各所の會食は云ふ迄もなく、時折は此處のピフテキ、彼處のカツレツと名物の聲に動かされて所々の一品料理に舌鼓を鳴らして見るのであるが、要するに従來行はれてある範圍丈けの自分の實驗では豚肉料理ばかりは如何なる方式の西洋料理と雖も迚も支那料理には及ばぬ、叉た支那料理人が如何に巧みに手をつくしても牛肉の料理は到底西洋料理には及ばないやうです、其處で我が家庭の豚肉調理は自分が直接支那料理のコツクや叉は清國留學生達から聞いたり教つたりした傳習を骨子に女中共に實驗させたのであるが、之には随分思ひ切つた失敗談やら、頤を解くやうな滑稽談などが綴られてあります、併し今其の食用法を自分に話せと云はれても大き

> に閉口するのぢやが、去りとて折角の御依頼をむげにお斷りするのも甚だ不本意ぢやから、其の中日を期して少し許り知つて居る豚肉調理をば作つてお目にかけること丶致しませう[61]

以上の記述からは、生まれ故郷の鹿児島で食べなれた豚肉料理の調理法について、西洋料理よりむしろ中国料理が優れていると評価し、中国料理のコックや清の留学生たちから直接学んだ食べ方を実験していた経緯が理解される。実際、当時問題視されていた豚肉の臭みを消す方法に関しても、「中位の瀬戸鉢の中に盛り分けられてある細かに刻んだ白青い物と黄色い物」を用いることを薦める記述もみえる。これについて、田中は「是れが即ち豚肉料理の主腦の調味濟で、此の調味加減一つで豚肉が旨く食はれるのぢやが、之は別段變つた物ではなく葱と生薑を別々に刻んで盛り分けたものです、生薑を生きてる豚に食はせると死ぬると云ふことぢやが、潰して料理にする豚肉に葱と一所に混ぜると豚固有のいやらしい彼の臭氣が悉皆抜けて仕舞ふのぢや、此の葱と生薑を加味するのは豚肉料理中の大切な秘法であつて、支那料理などのコツク等が容易に他人に明かさない、自分も之を覺えるには相當の苦心を拂つたものぢや」[62]と、中国料理のコックの秘伝を参考にしたことを明記している[63]。

田中式豚肉料理の評判は上々であったようで、多くの参加者が試食会に押し寄せた様子は、『田中式豚肉調理法』(1916) のはしがき[64]にもみえる。また田中は豚肉を奨励する理由に、肉食が富国強兵に繋がるとする自身の考えを次のように述べている。

> 富國強兵は國家存立の基礎にして、叉國威發揚の要素なり、國を富まし兵を強うするには、其途あまたあるべしと雖、肉食を奨勵し以て國民の體力を強大にし、其精神を益々健全ならしむるは、正に其一端にして、政治・外交・教育・軍事・實業其他百般の事、皆是れ心身健全にして初めて理想の發展を期し得べし

さらに女子に課された役割についても、特に「家庭の主婦」としての義務のみならず、「健兒の母」として家族の心身を重んじる必要があるとし、最も必要な「體育」に加え、食物においても「肉食」を「盛ん」にし、「國民一般の體力」をますます強大増進すべきことが「刻下の急務」と自覚するよう提唱している。しかし、牛肉は維新以来広く賞用されているが、その生産力が十分ではないため、廉価にならず一般に普及させるには不十分であるという問題点を指摘し、それに比べ、豚肉は比較的廉価であり、「滋養」が豊富にあるにもかかわらず、その利用法については未だ知られていないとも説く。そして、日露戦争期に、食肉供給の不足を補うため、多くの生肉加工品を外国から輸入した事態を振り返り、農家のみならず、一般家庭でも豚の飼養に励み、「國家有事」に対応する習慣をつくるべきとの主張をみせている。

こうした田中の尽力も相まって、本書の第三版にあたる『田中式豚肉料理』所収の「第三版はしがき」には、「田中式豚肉料理」が皇太子殿下をはじめ、淳宮殿下、高松宮殿下など皇族の食膳に供されたことや、徳川公侯爵や島津公爵など上流階級の家庭で「採用」されていたこと、さらには東京女子高等師範学校、日本女子大学校をはじめ、高等女学校、幼稚園母の会、地方婦人会などで、

日本人の嗜好に合う豚肉調理法を教授する講習会・試食会を企画していた様子も伝えられ、年々田中式調理法が知名度を上げていった様子も理解される[65]。さらに『田中式豚肉調理法』（1916）の第四版にあたる『田中式豚肉料理』（1923）所収「改訂増補第四版はしがき」によれば、丸の内有楽町駅前の「報知ビルジング」内にて「豚肉嗜好向上會」を設立し、同時に「西洋間」と「日本座敷」を持する食堂「有樂」を開設した様子も伝えている[66]。また農会や畜産会、畜産組合の主催で、松江、今市、静岡、浜松、千葉、銚子、木更津、横浜、厚木、金沢、鳥取、倉吉、米子、山形、神戸、姫路、三田、柏原、龍野、洲本、明石、長岡、京都、甲府等、全国各地で講習が行われたことも記されている。こうした田中のたゆみない研鑽は、豚肉料理の地方への波及にも、大きな貢献をなしたことは容易に理解されるだろう。

さて**表2-2-7**は、『田中式豚肉調理二百種』（1913）の２倍のレシピ数を誇る『田中式豚肉料理法』（1928）に収録された400種の豚肉料理である。本書の内容構成は、食材別に「焼物」「茹物」「煮物」「煎物」「汁物」「揚物」「蒸物」「和へ物」「酢の物」「鍋焼物」「嘗物」「肉飯」「肉饅頭」「鍋物」「内臓料理」などのレシピが収録され、またその調味法も、附焼、塩焼、味噌焼、罌粟焼、牛蒡巻焼、照串焼、巻照串焼、泡掛焼、味附蒸焼、白茹、刺身、串田楽、煮附、餡掛、味噌餡掛、煮込おでんなど、家庭で抵抗なく受け入れられることを考慮したのか、日本寄りの調理法を中心に考案されていたことがわかる。また豚が雑食性であり、都市の養豚家は料理屋やホテルの残飯を飼料とするいっぽう、農家では豚の糞尿が肥料源であったことから「豚肉は臭い」というイメージが根強かった状況にふれ、田中は豚肉の悪臭と「脂濃き」ことを除くことに重きを置き、『田中式豚肉調理二百種』（1913）でも言及していたように、中国人コックなどから習った日本葱と生姜を用いることをすすめている。また頭肉、脳脊髄、尾、皮、足、舌、内臓、血液などの部位を使用する調理法も含まれており、くまなく食材を使い切る中国料理の考え方はここにも生かされている。

なお余すところなく食材を使い切る中国料理の発想は、同時期に出版された『西洋料理通』(1930)においても次のように述べられている。

> 此の経済的料理法としては、私は支那料理法に学ぶところが少くない。支那人の料理法を見ると、豚を料理するにしても、単に其の肉を利用するのみでなく、頭でも、眼球でも、皮でも、骨に至るまで殆んど全部を利用することを忘れず、骨等は砕いて細くして食糧にしてゐる。近来の営養学に依れば、肉以外のところに多くの滋養があるとさへ云はれている。此の点では支那人は現代の営養料理を超越した料理上の智識を備えてゐるとも云へるであらう[67]。

また地方においても、豚肉料理を推奨する動きはみられる。『羊豚肉料理[68]』（1926）によれば、羊豚肉食普及を目指し、大日本至誠会主催の民衆自給大会試食場が、神戸で設立された経緯がみえる。本会は農林省畜産局、兵庫県庁、神戸市役所、兵庫県畜産組合連合会後援の下、日本割烹講習会長・辻徳光が軸となり開催された組織で、「安価」「滋養」「美味」を目的とした１ヶ月間に及ぶ試食会が行われたことが記されている。なかでも豚肉料理に関しては、「支那北京料理」として27種の調理法が紹介され、その中にもやはり「耳の料理」「舌の料理」「血液の料理」「肝臓の料理」「心臓の

表2-2-7 『田中式豚肉料理法』(1928) に見る豚肉料理一覧

第一類　焼物	附焼　塩焼　味噌焼　罌粟焼　牛蒡巻焼　照串焼　巻照串焼　泡掛焼　味附蒸焼
第二類　茹物	白茹　刺身　串田楽　茹肉の煮附　茹肉の餡掛　茹肉の味噌餡掛　茹肉の煮込おでん
第三類　煮物	醤油浸煮（佃煮）　大切醤油煮　焼煮　そろぼ　大根又は蕪の大切そぼろ煮　揚煮餡掛 肋骨の煮附　肋骨の味噌煮　肋骨の照煮　松茸煮　煎肉筍椎茸煮　煎肉独活椎茸煮 煎肉大切筍煮　煎肉大切茄子煮　煎肉大切冬瓜煮　煎肉大切大根煮　五色煮 無肉野菜塩煮　大豆煮　煮蒲鉾　別種煮蒲鉾　煮はんぺん　旨煮　串刺つくね煮　煎旨煮 昆布巻　胡瓜詰煮　花玉子　酒煮　鍋蒸　蒸煮　肢肉の煮凝
第四類　煎物	醤油煎　葱煎　分葱煎　韮煎　隠元煎　筍煎　玉葱煎　キヤベツ煎　生姜煎　馬鈴薯煎 大根胡蘿蔔煎　松茸煎　椎茸煎　紫蘇の煎煮　バタ煎　絲作り玉子煎　豆腐煎　卯の花煎 錦煎　野菜玉子煎　肉なし野菜煎
第五類　汁物	球の吸物　雪月花吸物　簾巻吸物　滑り肉吸物　ちり吸物　腱の吸物　腱の味噌吸物 茹肉の味噌吸物　寄せ物椀盛　茶碗蒸　野菜清し汁　野菜味噌汁（さつま汁）　野菜塩汁 野菜煎汁　素麺汁又は饂飩汁　春雨汁　白瀧汁　肉なし野菜煎汁　霰汁　つみれ野菜煎汁 包肉麺汁　腱肉の揚煮　焼肉筍椎茸煮　大切野菜汁（しゆんかん）　橍肉キヤベツ塩汁 キヤベツ赤茄子白汁　解し肉白汁　つみれ白汁　解し肉と海老、青豆の餡掛汁 清し汁冬瓜盛　軟か煮　甘露煮　ソツプ軟か煮　キユブ煮　大切軟か煮　肢の全煮
第六類　揚物	軽る揚　慈姑揚　葛揚　掻揚　球揚　球揚の餡掛　球揚の甘酢煮　叩き揚　肋骨醤油揚 肋骨の餡掛　肋骨の照揚　茄子の挟み揚　肉なし茄子揚　肉なし蒟蒻揚　味附蒸揚 揚蒲鉾　五目団子揚　五目麺巻　五目玉子巻　湯葉巻　包み揚　肢の全揚
第七類　蒸物	黄金団子　山吹蒸　木耳蒲鉾　玉子巻　牛蒡蒸　胡蘿蔔蒸　隠元蒸　散し蒸 椎茸はんぺん餡掛　バタ蒸　錦蒸　錦蒸厚皮巻　松皮焼　日の出蒲鉾　黄色蒲鉾 春山蒲鉾　柚子蒸　冬瓜蒸　蒸田楽　叩蒸　渦巻麺蒸
第八類　鍋焼物	色紙焼　焦が焼　玉子豆腐焼　玉子とぢ焼　玉子ふわ焼　柏焼　味附バタ焼　バタ蒸焼 荷稲詰焼
第九類　和へ物	おろし和へ　胡麻よごし　絲作胡麻酢和へ　酢味噌　ぬた　白和へ　山葵和へ　木芽和へ 錦和へ　五色和へ
第十類　酢の物	絲作り芥子酢　滑り肉生姜酢　柚子詰酢の物　揚茹肉の芥子酢醤油　白瓜巻　大根巻
第十一類　鍋物	たれ鍋　すきやき鍋　味噌入鍋　湯煮鍋　寄せ鍋　つみれ湯豆腐
第十二類　嘗物	練味噌　煎味噌
第十三類　肉飯	煎飯　野菜煎飯　七味飯（豚飯）　炊込飯　雑炊　滋養飯　そぼろ飯
第十四類　肉饅頭	蒸饅頭　揚饅頭　茹饅頭　焼饅頭
第十五類　細切肉料理	細切肉料理
第十六類　頭肉料理	頭肉の茹で方　皮の色附　菊の花片又耳の芥子酢　菊の花片又耳の酢味噌 耳のおろし和へ　耳の生姜酢　耳根のぬた　鼻唇の酢醤油　鼻唇の生姜酢　鼻唇の芥子酢 鼻唇の酢味噌　鼻唇のぬた　鼻唇の味噌煮　鼻唇の煮附　鼻唇の佃煮　頬肉の甘揚蒸 煮凝　別種頭肉の煮凝（パテ）　頬肉の大切軟か煮　外頬肉、内頬肉及顳顬肉の野菜汁 外頬肉、内頬肉及顳顬肉の味噌汁　外頬肉、内頬肉及顳顬肉の煮附　外頬肉 内頬肉及顳顬肉の味噌煮　外頬肉　内頬肉及顳顬肉の野菜煎旨煮　外頬肉 内頬肉及顳顬肉の玉子煎
第十七類　脳脊髄料理	脳脊髄の葛揚　脳脊髄の麺麭粉揚
第十八類　尾の料理	尾の醤油揚　尾の揚煮　尾の味噌煮　尾の味噌汁　尾の軟か煮　尾の甘揚
第十九類　皮の料理	皮の芥子酢　皮の酢醤油　皮の酢味噌　皮のぬた　皮の佃煮　皮の煮凝
第二十類　足の料理	吸物　味噌吸物　野菜清し汁　野菜味噌汁　酢醤油　芥子酢　酢味噌　ぬた　煮附　軟か煮
第二十一類　舌の料理	舌の素茹　舌の芥子酢　舌の酢味噌　舌の胡麻和へ　舌の落花生和へ　舌の餡掛 舌の山葵和へ　舌の木芽和へ　舌の生姜酢　舌のおろし和へ　舌の黄身和へ 舌のクリーム煮　舌の玉子煎　舌の味噌煮　舌の煮附　舌のバタ煎　舌の清し汁 舌の吸物　舌の味噌吸物　舌の醤油浸し煮（佃煮）　舌の煎煮　舌の焼煮　舌の煎旨煮 舌の味噌焼　舌の葛揚　舌の滑り煮　舌の霰煮
第二十二類　内臓の料理	食道の芥子酢　食道の生姜酢　食道の酢醤油　食道の酢味噌　食道のぬた 食道のおろし和へ　食道の煮附　食道の佃煮　食道の味噌煮　胃の附焼　胃の吸物 胃の味噌汁　胃の芥子酢　胃の生姜酢　胃の酢醤油　胃の酢味噌　胃のぬた 胃のおろし和へ　胃の煮附　胃の佃煮　胃の味噌煮　腸の吸物　腸の芥子酢　腸の生姜酢 腸の酢味噌　腸のぬた　腸のおろし和へ　腸の煮附　腸の佃煮　腸の味噌煮 心臓の煎煮（又醤油煮）　心臓の煎煮餡掛　心臓の煎旨煮　心臓の芥子酢　心臓の生姜酢 心臓の酢醤油　心臓の酢味噌　心臓のぬた　心臓のおろし和へ　心臓の煮附　心臓の佃煮 心臓の味噌煮　心臓の吸物　心臓の胡麻よごし　心臓の山葵和へ　腎臓の煎煮 腎臓の煎煮餡掛　腎臓の芥子酢　腎臓の生姜酢　腎臓の酢味噌　腎臓のぬた 腎臓の味噌煮　腎臓の佃煮　肝臓の芥子酢及芥子醤油　肝臓の酢味噌　肝臓の味噌煮 肝臓の煎煮　肝臓の塩焼　肝のパン粉揚　膵臓の煎煮　膵臓の煎味噌煮　脾臓の煎煮 脾臓の煎味噌煮
第二十三類　血液の料理	血煎
第二十四類　脂肪料理	甘煎酢　醤油煮　甘揚　脂肪をラードに製し之を用ひ

※東四柳作成

料理」「食道の料理」などの内臓料理が含まれており、これらの下ごしらえ方に関する注意などが解説された。

つまり1910年の動きとして、目立った中国料理書の刊行はないものの、豚肉料理の普及を目指した研究者や料理研究家によって、豚肉と相性のいい中国料理の魅力と利便性が見直された時期であったことが理解される。こうした中国料理への着眼は日本料理の食材の幅を拡張させたと同時に、国家の急務を救う新たなヒントを求める姿勢の助長にもつながったと考えられる。

４）注目された簡便性と栄養価

さて1920年代に入ると、中国料理の簡便性、栄養価を評価する料理書が増加する。表2-2-8は、当時の料理書に記載された中国料理に関する記述をまとめたものである。これらの記述からは、第一に栄養学の発達した時期でもあったため、中国料理の栄養について言及する視線もみえる。また西洋料理とは異なり、米飯中心である日本料理との共通点ないし古くから関わりの深い日中の関係性に言及し、中国料理の魅力を伝える料理書の出版が増える。さらには、経済的であるという部分を強調し、家庭料理を管理する女性読者を対象とした特徴を帯びるようになる。

何より大正中期には、料理書に限らず、中国料理の特徴が再考され、方々でその魅力について語る書籍が出版された。例えば『青島案内　附山東鉄道沿線小記』（1921）には、「日本人の中には支那料理と云へば、下等のもののやうに考へて、所謂食はず嫌の人もあるが、これは間違つた話で、世界の食味中支那料理ほど調理鹽梅が進歩して居るものはない」との記述がみえる。さらに本書は、中国料理が進歩した理由に「支那は元来易姓革命の國で、絶えず變亂の恐があつて、人民の財産生命が保證されない、それで將來の幸福を圖るよりは今日主義―食物でもうまく食つて置いた方がよいと云ふので、それで進歩したのだとも云ふ」とする考えを挙げ、特徴によって、中国料理は「北京料理」「四川料理」「南京料理」「福建料理」「廣東料理」に大別でき、「支那料理通の云ふ所」では「廣東料理」が「一番日本人の口に適す」とある。また日本料理と中国料理を比較し、「趣味主義」の日本料理、「満腹主義」の中国料理と定義づけ、「日本料理は菜が鉢にある限りそれを引下げると云ふやうなこと」はなく、「テーブルを汚したりする」ことを「甚だ下品なこと」と考えるが、中国料理では「菜が殘つて居ても次の料理が運ばれると前のをサッサと持って行く」ばかりか、テーブルが汚れてしまうことに対しても、「餘り意にかけない」と説く[69)]。

いっぽう『一瞥する台湾』（1923）においても、中国料理を絶賛する記述がみえる。本書においては「支那は料理に於て世界第一」としながらも、「味へば料理のいろいろのものが美味である、料理の美味誠に結構だが、其れよりも一つの鉢の中に盛られてあるのを各自が箸を突込んで喰べるのにも心安すだてなれば親しみがある」と、大皿盛で食べる形式に関心を寄せている[70)]。『第一に知らねばならぬ支那の事情』（1923）所収「支那料理の社會的勢力[71)]」においては、中国は「口に關しては世界第一」「支那人の辭令は人を魅する力あり、支那の料理は人を饗かしむるに充分である」とし、何より日本料理や西洋料理に比べ、「安くて旨い、そして滋養分に富んでゐる」と解説している。また日本国内においても、「著しく、支那料理屋が殖え、洋食屋も漸次支那料理屋に變りつゝある趨勢」であり、「集會や宴會の料理が、西洋料理から支那料理に段々代つてゆく傾向」にある

表2-2-8　1920年代における家庭向け中国料理に関する記述

料理書名	刊年	内容
素人に出来る支那料理	1926	元来支那料理は、栄養本位の衛生的料理であると同時に、極めて家庭的な料理で、言ひ換へれば、極めて惣菜的な料理であります。それが漸く近年になって、我国に真価が認められかかった位のもので、未だに西洋料理ほどにも、家庭に普及せられて居ないのは、寧ろ不思議なことで、日支の地理的関係から見ても、解釈に苦しむところであります。恐らく支那料理を以て、一種面倒なものとの誤解も、或はこれが普及を妨げて居るかもしれません。（はしがき）
手軽に出来る家庭支那料理	1927	生活改善の上からも、日常の料理に経済で美味で栄養豊富の食物としては、支那料理でなければならぬと思ひます。（はしがき）
洋食調理法	1928	支那料理は西洋料理と比べて其材料もお料理の拵らへ方に大分變つております、又た食卓に出しますのも西洋料理ではなく一種づゝ大きな鉢に盛つて食卓に出し、各自が勝手にわけて喰べるのを本来と致します、従つて食卓の模様も西洋料理と趣を異にして、料理を出す以前に小皿、箸、陶器製の匙（俗にチリレンガと云ふておる匙）を各自の前へ出しておきます、そして此の一卓子の人數は六人を普通と致しますが、併し之れは支那の慣習ではありますにしても必らずしもそうで無くてはならぬと云ふ譯ではありませんから、矢張り西洋料理と同じように一人づゝに出すことゝしても宜しいでせう。（p. 145.）
美味しく経済的な支那料理の拵へ方	1928	日本人は大體に於て淡白の食料を好むが故に、今まで支那料理と云へばすぐに脂濃い、後口の悪い感を連想し、又それを聞いて所謂喰べず嫌ひの人が多い様でした。又それを理解して居ても、特種の調理法のやうに何となく面倒がられて居りました。日本、支那、西洋料理の關係に付いて見ましても、日本と支那料理は米飯に調和して發達し、西洋料理は麵麭を主としたもので、即ち味噌汁や蒸物、漬物等は何れも麵麭に調和せず、同時にバター、チース、ジャムを始め、ロースト、ボイルド、パテ、サラダ等は餘り米飯に相應しくありません。（緒言） 日本と支那の食物の關係を見ましても材料や其産物の多くは殆んど同種のみならず何れも米飯を主とする工夫から出發した調理法で趣味に於ても共通せるものが少く有りません。西洋料理のジヤムやバター等は米飯には適しませんが支那料理は何れも米飯に副へて適當のもので有ります又風土と習慣の上から支那人は一般に濃厚のものを悦び日本人は概して淡白のものを好みますから料理は全然異なる様に思はれますが日本料理は支那料理の影響を受けたものが頗る多く日本の食制の大膳職、主膳職、内膳職から造酒司、主醬司、主菓餅司等は皆支那の制度を真似たるもので文武天皇時代に鎌足不比等の勅を受けて周禮、唐令、學習した事が有り、延喜式大學寮には邊、豆、鹿醢、脾折（牛の肚肉）、豚拍（豚の脅肉）杯の語が有つて周禮の朝事、饋食の献立に倣つたのだといふ事で有ります。其他食品、製品類、茶、砂糖、唐菓子の製法、豆腐、うどん、饅頭、餅、蒟蒻等は支那から来たもので室町時代に支那文物の盛んに輸入された時代は宴會杯は共卓式で箸の外匙を用ひ喰物も支那式に調理され上流の宴會には必ず燕の巣の料理さへ使つた事を聞き傳へます、日本料理でも長崎料理の様に一種の特徴を以つて居る料理が有りますがそれは支那料理が日本化したものと云つても過言では有りません。（緒言）
経済と栄養実用簡易を兼ねたる日々の惣菜	1928	支那料理と云へば、材料が多量に入るから實用向きでなく、調理に際しても煩雑な手數を要する様に思はれるが、實際は日本料理よりも手軽で、栄養もあり経済的でもある料理でもある。（p. 119.）
日本支那西洋料理新辞典	1930	一口に支那料理と申しましても、支那は四百餘州の大國であつて、各地到る處習慣を異にし、或は材料の關係上決して一様では御座いませんが、概して多くの共通點を持つことは、日本料理のそれに於て推察せらるゝことで御座いませう。即ち調理法の簡単なこと、滋養に富み、経済的なこと等が一般識者によつて認められた結果が、近年數年に於て全國的に普及されたのであります。（pp. 252-254.） ・支那料理は道具を多く要しません。 ・地勢の関係上か乾物類が多く使用されます。 ・支那料理には非常に多くの油を用ひ、漬物にまで使用されて居ります。 ・支那料理は或特殊のものを除いて、必ず非常な強熱が用ひられ、それがため時に鍋に火が入るやうな事が多く、一軒鍛冶場のやうであります。

※東四柳作成（下線　東四柳）

が、それと同時に「桑港（サンフランシスコ）」「カリフオルニヤ」「ローサンゼルス」「紐育（ニューヨーク）」などのアメリカの都市においても、「支那街」を中心に「支那料理」が発展しつつある状況について伝えている。またその客層も「支那人」より「米人」「日本人」が常連であり、「米國化」した料理が提供され、その社会的勢力の偉大さを訴えている。いっぽう日本人によくある「海外に行つても味噌汁を慾求し、生魚の日本料理を希望することは、幾千年の間島國生活の習慣によつて、止むを得ないことであるが、支那大陸や西伯利邊まで氷結の鮪を取り寄せて、刺身を食べなければ御馳走のやうな気持になれないといふ」傾向は、「民族の發展上から考へても、經濟的方面から見ても決して望ましきことでない」とし、「支那に行けば安くして旨しい滋養のある支那料理法で、満足するといふ生活を習慣づける必要があると思ふ」とも主張している。

また『支那から日米へ　附満鮮支那旅行者の為に』（1925）には、「支那料理は非常に滋養に富み精力をまし變化極りなき點に於ては千編一律なる西洋料理などの比ではない。油氣が多いからしつこいかもしれぬが又一種口にはいはれぬ味はひがあつて、世界中最もすぐれたる料理なりと稱せられてゐる」とし、「日本の皇室の御膳部の守様が支那料理研究の為御下向になつたのもつい近頃の事である」と、「天皇の料理番」秋山徳蔵の「支那料理研究」留学にもふれている[72]。

こうした世界的にも中国料理への関心が高まりゆく中、1920年代には、日本での中国料理の普及を望んだ料理書執筆者たちによって、日本の食材とアレンジしたレシピが考案された。『家庭向の支那料理』を著した北原美佐子はその出版意図を以下のように伝えている。

> 近年支那料理は非常な勢で普及されてまゐりました。今まで支那料理と云へば、一概に油濃いもの、しつこいものとのみ思はれてゐた様ですが、必ずしもそうでなく、一度食べて見ればその美味しいことは、到底日本料理や西洋料理の及ぶところではございません。まつたく味の點では、世界一の料理と申しても差支はないと思ひます。この美味しい支那料理も未だ一般家庭には廣く行はれてゐない様ですが、これはいろいろ變つた材料を調へるのが手數だとか、料理法が面倒だとかいふ考からであらふと思ひます。
>
> 全く支那料理では一寸得難き珍奇な材料が澤山使用されますが、この方面は專問的の料亭で味ふことにいたしまして、ここではどこにも有合せの材料を使ひながら、丁度普通の日本料理でもこしらへるやうにごく手軽に出來る料理を皆様の御家庭におすゝめ致したいと存じます[73]。

なお本書は、「来客用菜單」「菜單表」など献立の立て方から、「食卓の飾り方」「食事法の心得」「料理法の心得」、そして「鶏肉料理」26種、「豚肉料理」38種、「牛肉料理」10種、「魚及貝類料理」35種、「卵料理」9種、「野菜料理」20種といったレシピで構成された家庭向け中国料理書である。レシピは「鳥丸湯（チーワンタン）（鳥吸物）」「焼賣（シヤウマイ）（豚肉の包むし）」「水餃子（スイチヨーツ）（豚肉入茹饅頭）」「炒蝦丸（シヤウシヤーカン）（蝦團子油揚）」など、それぞれ中国名に日本語での翻訳が付され、分量も調理時間も明記されていながらも、シンプルな記述内容でわかりやすさが追求されている。はしがきによれば、著者の北原は、北京料理「晩翠軒」支配人・西島正利、司厨長・薛純誠にアドバイスをもらったとあり、専門家のアドバイスが反映された中国料理書としての価値も強調されている。

図2-2-5　綺麗なカラーの表紙
（『手軽に出来る珍味支那料理法』1926）

いっぽう櫻井ちか子もまた自著『楽しい我が家のお料理』（1925）所収「總菜向支那料理」において、中国料理８種（ツアオトンシエン〔豚と筍の葛かけ〕／ザーリーヂー〔豚の醤油づけ〕／スキジヨーユイ〔魚の揚物〕／シユマイ／チンチユーム〔肉團子〕／チヤウメン〔焼蕎麦〕／ザーマーホワ〔揚菓子〕／ミイチエンホンニイ〔芋の揚菓子〕）を紹介すると同時に、４種の折衷料理（平目の葛かけ・揚魚の葛かけ・豚と玉葱の揚物・豚のカレー煮）のレシピを、わかりやすい語り口で提案している。シウマイや肉団子、焼きそばなど、現在の日本でも、身近な料理が家庭料理のレシピとして登場するのは興味深い[74]。

とはいえ、中国料理の食材や調理法には、やはり戸惑いがあったことも理解される。わかりやすさや簡便な調理法の追求は方々でみられながらも、甲斐久子は自著『現代作法精義』（1925）において、「世界一を以てほこれる支那の料理法は、その數推擧に遑がないほどであるが、従つて調味品藥味品もなかなか氣抜な物が多い」と自身の考えを述べている[75]。

しかし、こうした状況に対応すべく、料理名の翻訳も積極的に行われるようになり、中国料理を広く普及させる動きも顕在化していった。特にこの時期に書かれた中国料理書として、中村俊子著『新しい家庭向支那料理』（1926）、小林定美著『手軽に出来る珍味支那料理法』（1926）、山田政平著『素人に出来る支那料理』（1926）は注目に値する（図2-2-5）。

なかでも中村俊子は、「近頃では西洋料理よりも支那料理に趣味を持つ人が多くなりました。それが為めか、大變家庭でも支那料理が流行して居ります（中略）料理の美味の點から申しますと、迚も日本料理や西洋料理などは、比較になりません。全く世界中で一番美味しい料理だと思ひます」と言及しながら、中国料理を難しく考えるゆえに、一般家庭での中国料理研究があまり試みられてこなかったことを指摘している。そこで料理屋などで使用される「珍奇」な食材を使用しなくても、「有り合せの材料」でも出来る「日本人の誰にでも向くやうな」レシピを考案したと主張する[76]。例えば中村の考案する「焼きそば」は、「普通の支那しば」、「日本葱」、シイタケ、缶詰のタケノコを使用し、ラード、「お砂糖」、「お醤油」、「スープ」で調味するもので、身近にある食材で調理が可能な体裁となっている。

いっぽう小林定美は、「支那料理法の如きは、世界に於ける最上の美味」と称賛されていながらも、「家庭料理として味ひ得る程度のものは絶無にして」、今日まで支那料理店に「高価なる料理代」を支払うという「不便不経済」な状況があったことを憂い、家庭向け中国料理研究の必要性を強調している[77]。小林自身、女学校や婦人会などでの教授経験もあり、その内容をまとめたレシピを収録

第一表	四 小菜（小皿或は小丼に盛つた冷菜四種） 白片肉　麻醤拌海蟄　冷牛舌　拌鶏絲 三大件（大盛もの三種） 鍋焼鴨　紅焼鯉魚　清蒸魚 五小盤（小盛物五種） 蝦仁吐絲　溜子鶏　炸鶏針　炒肉片　炒玉蘭片 一湯菜（スープもの一種） 會干貝 点心 餃子　干飯（普通の飯） 外に鹹菜（香のもの）少々
第二表	四 小菜（小皿或は小丼もの四種） 涼拌蟹黄　叉焼肉　魚松　麻醤拌黄瓜 四大件（大盛もの四種） 醤汁黄魚　紅焼肉　蒸稚鶏　紅焼海参 七小盤（小盛物七種） 炸裡背　南煎丸子　炸蝦球　青豆蟹黄　炒肉絲　溜黄菜　金絲丸子 両湯菜（スープもの二種） 川湯魚片　清湯魚 点心 焼賣　乾飯（普通の飯） 外に鹹菜（香のもの）少々　鮮菓（生の果物）若干

※東四柳作成

図2–2–6　『素人に出来る支那料理』に見る「家庭の献立」

したと主張しているが、『手軽に出来る珍味支那料理法』のレシピはいずれも、「紅焼丸子（あかきにくだんご）」「芙蓉蝦仁（えびたまごやき）」「古歯肉（すぶた）」「鍋焼豆腐（とうふいろいろやき）」「中華丼（いろいろごはん）」「蛋炒飯（たまごやきごはん）」「蝦肉炒飯（えびごはん）」「支那麺（そばこしらへかた）」「挿焼麺（やきにくそば）」「焼賣（にくまんぢゆう）」などのように、すべて平仮名による翻訳が付され、山田や中村のレシピよりわかりやすさを追求した内容となっている。また焼きそばの種類も、「揚州炒麺（ごもくやきそば）」「鶏絲炒麺（とりやきそば）」「肉絲炒麺（にくやきそば）」「蝦粉炒麺（かにやきそば）」「蝦仁炒麺（えびやきそば）」とバラエティがみえる。しかし本書もまた「日本葱」や「素麺」などの日本の食材、たけのこやカニ、グリーンピースなどの缶詰を使用し、当時の物価高騰問題に沿う経済性を重視した姿勢もみせている。

さて『素人に出来る支那料理』（1926）を著した山田政平は、「元来支那料理は、榮養本位の衛生的料理であると同時に、極めて家族的な料理で、云ひ換へれば、極めて惣菜的な料理であります。それが漸く近年になつて、我國に眞價が認められかゝつた位のもので、未だに西洋料理ほどにも、家庭に普及せられて居ないのは、寧ろ不思議なことで、日支の地理的關係から見ても、解釋に苦しむ所であります」と中国料理への関心が高まりつつあり状況にふれながらも、国内での未発達を憂い、作りやすさを考慮し、普段の自身の家庭で実際に調理しているもののうち「卽席料理」に属するものを選んで採録したとしている[78]。また山田は、中国の献立形式に則った「家庭の献立」（図2–2–6）を提案している。山田は、この形式について、「一食五件（大きな器に盛られるもの五つ）

第四例（支那献立）—　5人分		
朝	青豆蝦仁（チントウシャーレン）	青豆半鑵、蝦小鑵二分の一、筍一本、胡麻湯少量、酒少量、醤油少量、味の素少量、片栗粉大匙軽く半杯
	清炒鶏蛋（チンチャーチータン）	卵七個、蝦（前の残）、小鑵二分の一、青豆大匙二杯、玉葱五十匁、食鹽茶匙一杯、ラード大匙半杯
	豆腐湯（トーフータン）	豆腐二ツ、葱二本、牛肉大和煮小鑵二分の一、食鹽少量、味の素少量
	つけもの	
昼	蛤肉羹（ハーローケン）	蛤ボイルド半鑵、葱二本、椎茸五個、片栗粉大匙半杯　醤油、食鹽、味の素、胡椒各少量
	東坡肉（トンポーロー）	
	蝦仁炒飯（シャーレンチャーハン）	冷飯五合分、蝦小一鑵、松茸五本、青豆二勺、ラード少量、食鹽少量、味の素少量
	つけもの	
夕	蛋花湯（タンホワータン）	卵二個、筍一本、葱二本、牛肉大和煮半鑵、味の素、食鹽少量
	溜裡脊（リューリーチー）	牛肉大和煮一かん、筍二本、木耳二匁、玉葱二個、食鹽少量、胡麻油少量、味の素少量、片栗粉大匙半杯
	蟹紛焼賣（チェフンショーマイ）	蟹小鑵一個、葱三本、青豆一勺、片栗粉大匙三杯、味の素少量、生姜少量、食鹽少量、小麦粉四十匁
	伊府麺（イーフーメン）	支那ソバ五玉、筍一本、葱一本、青豆大匙二杯、ハム二十匁、醤油少量、食鹽少量、味の素茶匙半杯、ラード二百匁

※東四柳作成

図2-2-7　『家庭料理』に見る家庭向け中国料理献立

四菜（小盤もの四つ）　一湯菜（スープもの一つ）　位」が「中流家庭に於ける七八人の普通卓」とし、「生活程度の如何によつて」材料や品数に変化をもたせるよう指示している[79]。これまでの折衷献立に中国料理を取り入れる方法ではなく、すべて中国料理で構成された家庭料理献立を提案している点は、新しい特徴ともいえよう。

なお一日三食の献立に中国料理を取り込んだ日常食の献立（図2-2-7）を紹介したのが、秋穂敬子である。秋穂の考案した図2-2-7の献立はすべて中国料理で構成されたもので、缶詰や冷飯、前日の残りの蝦を使いまわすことで実現できる経済的な三食献立を提案している。また秋穂は、後に出版する自著『支那料理』[80]（1935）において、中国料理の食材や料理、食卓のモノクロ写真を冒頭に掲載することで、読者が理解し易いような工夫に努めている。秋穂は中国料理の利点に関して、「道具のあまり要らない事」「調理術の極めて簡単である事」「材料が比較的代用品で間に合ふ事」の3点を掲げ、さらに「支那料理」は「調理技術の習得不充分な人が、とにかくお料理を他人の前に並べて饗應するとすれば「支那料理」が一番アラが見え」ないため、「誤間化しよい」ものであると言及し、中国料理の手軽さを示している[81]。つまり「一寸したコツ」を飲込むことで、誰にでも調理しやすい料理というのが、秋穂の中国料理観でもあった。

しかし中国研究家・後藤朝太郎は、この頃の中国料理を伝える自身の評論において、横浜聘珍樓に女性たちを連れていった際、店の臭いに我慢ができず、同伴の女性たちがすぐに出てしまった経験や、「支那の炊夫ボイ」を使いながらも、毎晩「不自然な和食」を作らせている細君の事例などを挙げながら、「支那料理を家庭に入れるなんて中々前途遼遠で到底普通の家庭にはむづかしいもの[82]」と説く。さらに、せめて「支那に註する軍人家庭」とか「在支各地の銀行会社の面々の家庭」

に取り入れさせたいと思っても、住まいなどは折衷を取り入れても、食物は味噌、里芋などの日本の食材にこだわる日本人の折衷主義についても嘆いている[83]。こうした後藤の意見は、家庭料理としての中国料理浸透の難しさを示唆する記述といえよう。

ともあれ、異国の料理を、日本人の味覚に適した形で定着させようとした中国料理書の執筆者たちの尽力は、日本の食生活の中に中国料理を浸透させるための画期的な役割を担ったといわざるを得ない。特に男性執筆者のみならず、女性執筆者がその美味しさや栄養価に着目し、レシピの考案に踏み切った動きこそ、中国料理の家庭化に弾みをつけたものと推察される。特に経済性への視点はことさら強調され、日本女子大学教授・大岡蔦枝も、自著において、「（料理屋の）大體の價格も家庭で實際自分でこしらへるとすれば、時價にもよりますが、私共素人が材料を仕入れてもなほ此の價格の半分餘りで出来ます[84]。（お酒は別です。）」と、経済的な中国料理を家庭料理に薦める姿勢をみせている。このように、1920年代には、女性執筆者たちの創意工夫によって家庭向け中国料理の考案がみられた時期もあった。

また山田は自著において、「支那から帰化した日本の食品」として、「ケンチン」「キントン」「豆腐」「金山寺味噌」「羊羹」「饅頭」の受容の歴史を紹介している[85]。いずれも日本化され定着をみせたものであるが、こうした古くから続く日中の食文化受容の再考もまた新たな日中関係への期待を示す著者の想いであるように思われる。

第３節　中国料理の普及を促した文化装置

１）中国料理店の隆盛

さて1920年代は、日本国内における中国料理の発展期にあたり、中国料理書の刊行種類数が急増するとともに、女高師教授・一戸伊勢子（東京朝日新聞　大正９年９月18日）、女高師助教授・丸野晃子（山陽新報　大正11年８月23日）、大膳寮司厨長・秋山徳蔵（山陽新報　大正11年８月23日）らが、中国へ料理研究に出向く動きもみられた[86]。また外食としての中国料理の人気も高まり、話題を集めた人気店も登場する。『三府及近郊名所名物案内』（1918）には、当時人気を博した浅草の來來軒の様子が次のように語られている。

> 來來軒（らいらいけん）の支那（しな）料理（れうり）は天下（てんか）一品（ぴん）
>
> 浅草公園程見世物でも飲食店でも多い處は三府は言ふに及ばず、東洋随一澤山であろうその浅草公園中での名物は支那料理で名高い來々軒である、電車仲町停車場から公園瓢箪池への近道で新畑町の角店だが、同じ支那料理でもよくあゝ繁昌したものだ、二階でも下でもいつも客が一杯で中々寄り付けない様で、此の繁昌するのを研究して見ると尤もと思われる、客が入るとすぐとお茶としうまい、を出すそこで料理が、わんたんでも、そばでも頗るおいしいその上に値が極めて安い何しろ支那料理として開業されたのは此の店が東京で元祖であつて勉強する事は驚く様である慥に東京名物である事を保證する[87]。

なお中国料理発展の契機について、関東大震災後による中国料理の大衆化がよく指摘されている。なかでも田中静一は、「日本の明治以来の中国料理の発展状況」として、「関東大震災までと、戦争まで、それに第二次世界大戦後との三段階」に分類できるとし、震災後から日中戦争突入までの十数年間が、「安くておいしい」という条件を備えた中国料理産業の大発展期であったと記している[88]。

実際その当時の中国料理店の隆盛を伝える記事は、同時期の評論や料理書にも掲載されている。そこで、中国料理店の流行の様子を見るために、表2-2-9を作成した。表2-2-9をみると、『美味求真』（1925）では「千五百軒」、『美味しく経済的な支那料理の拵へ方』（1928）では「二千有餘軒」とあるように、東京府内の店舗数だけでも驚くほどの伸びをみせていることがわかる。

なかでも中国通で知られた後藤朝太郎は、自著『支那料理の前に』（1922）において、「偕楽園」を始めとする東京の中国料理店のみならず、横浜南京町の「永楽天」「聘珍楼」「成昌楼」を好んでいながらも、横浜の中国料理のほうが「鹽鹹い」味がするとし、それに比して、甘く感じられる東京の中国料理は東京人の口に合うように調理されている点を指摘し、支那料理が日本化していく階梯にあるとの見解を示している[89]。しかし後藤は、明治期に隆盛を極めた「偕楽園」について、「隠居老人向きに小鳥の餌のやうにあまりにチビチビ物惜しさうに出してくるのは何だかコノワタやカラスミを出すやうなあしらい方であつて物足りない。否支那料理の氣分がしない[90]」と、日本化されていく中国料理に否定的な見方を添えるともに、「小皿」の頻度を押さえ、「大井」の数を増やすようにとの改良を訴え、中国料理本来のあり方を取り戻すよう主張している[91]。

また後藤は自著『支那料理通』（1930）において、東京のほか、横浜、名古屋、仙台、京都、大阪、神戸、長崎の中国料理店を53軒挙げている（表2-2-10）。表2-2-10によると、昭和初期には、東京のみならず、主要都市でも中国料理店の開店が相次いでいたことが示されている。また同時期には、中国料理の読み方や解し方について記した『支那料理の見方』（1927）、『支那料理の名称解』（1929）が出版されるなど、中国料理への関心がますます高まりをみせる様子も読み取れる。なお『食行脚　東京の巻』には、「偕楽園」「海暉軒」「陶々亭」といった３軒の中国料理店が紹介されている。これらの特徴を追いながら、近代の中国料理店の内情に少し迫ってみたい。

まず「偕楽園」は、いわずと知れた明治初期の中国料理の名店である。本書の記述によれば、「日支親善の目的によつて、近衛公を初め澁澤系統、大倉一門の實業家や、犬養毅等の諸名士を背景とした、倶楽部組織の支那料理、偕楽園が生れたのは、實に明治拾七年であつた、そして時の駐日黎支那公使に托して、北京から、選り抜きの名「コツク」を招聘した」ことが開店の契機とある[92]。しかしその後の経営難、日清戦争後の不景気のあおりを受け、一時的に衰退するも、明治の終わりに、赤坂に開店した中国料理店「紅葉」と共に活況を取り戻し、その後、同業者が「雨後の筍」のように増えたという[93]。

さて本書には、世間で「偕楽園の料理は、日本化せり」と伝えられている状況を鑑みながらも、多くの中国料理の中から「日本人の嗜好に、適するものを選んだこと」や「一卓制度の定則を、實際上の不便から日本式に、一人前として調理するやう、「コツク」の作業に、改革を行つたこと」、そして「長崎料理と同じく「卓」で、客席を作つたこと」など、「今日一般の支那料理屋で行つてゐる、國情を基調とした創案」が勘違いされていることが「氣の毒」であるとの著者の意見が

表2-2-9　文献に見る中国料理店の概況

	料理書名	刊年	内容
①	支那料理の前に	1922	日本橋の偕楽園、神田の中華第一楼、會芳樓、日比谷の陶陶亭、今川小路の維新號、築地上海亭何れも東京に於ける支那料理の宴會場として吾人の時々足を向けるところである。横濱の永楽天。聘珍樓、成昌樓これ亦南京町に開業せる丈に物好きの自分共の好奇心を煽つてゐるところである。(p. 2.)
②	美味求真	1925	支那料理は其の技倆の優越たる事によりて、是亦世界の各方面に其の範囲を廣めつゝあり。…（中略）巴里にも倫敦にも紐育にも、支那料理は漸次流行しつゝあるやうに聞けり。日本にても近年支那料理の流行段々盛んになりて昨今宴會の如き、支那料理店に於て開かるゝ事頗る多し。現に東京市及附近郡部を合すれば支那料理店を開業せるもの千五百軒に達せりと云ふ。(p. 98.)
③	手軽に出来る家庭支那料理	1927	近年、歐米流行の名物として支那料理は非常に盛んになつて来ましたが、貴国は最も盛で、全国の都市到るところに支那料理店の増加したこと實に驚くべき程であります。また諸賢方(ミナサマガタ)が人を饗応する時には近頃盛に支那料理を用ひられるさうです。斯くして世界各國の料理の中で最も進歩してゐるものは支那料理であるといふ事は、最早天下の公評になつて、何人も之を否むものはありません。（はしがき）
④	栄養薬効野菜料理法	1927	流行の支那料理（p. 272.）
⑤	美味しく経済的な支那料理の拵へ方	1928	近時支那料理が普く人工に膾炙されて、東京市内のみにても短日月の内に、二千有餘軒（兼業者を含む）と云ふ、多數の料理店が出来て驚く程で有ります。然し未だ一般的に普及されたとは申されません。皆様の御家庭で一日の食膳に、一度は必ず西洋料理の供される如く、支那料理も遠からず一般家庭の食膳に供されるときが来ると深く信じます。今や歐米の各都市で支那料理が、チヤプスイのニックネームを以つて、普く嗜好されて居るに不狗、隣國の我國が却つて、普及が遅れて居ると云ふ、奇現象には何等かの理由がなければなりません。（緒言）
⑥	支那料理の名稱解	1929	大連で私共の國のものが経営して居ります料理屋にお國の方が行かれますと、少し日本化した、砂糖の入つたサツパリした料理を出して参ります。商売人の方から云ふと、なるべくお客様の好みに向くやう作れば繁昌してよいのですが、召上がる方から云ふと、全然支那料理の門に入つて居られない方はそれでもよいのですが、支那料理の素養のある方は却つて泰華楼の料理を第一としてゐますが、私の方の評判から云ふと、そんなに讃めてゐないのであります。それは日本人が澤山行きますと、日本人が食べて良いやうな料理を出しますからどうもいかんと云ふのであります。（日本化した支那料理）
⑦	支那料理通	1930	長崎の外には東京横濱は云ふに及ばず、大阪神戸などにも相當支那料理は繁昌してゐるのである。尚京都方面は如何なる譯か支那料理の十分な發達を見せて居らぬ。神戸の南京街、横濱の南京街などには可なり中華民國の人々が入込んでゐて、雑貨店、理髪店、仕立屋或は両替屋等の支那商人が多く、住居してゐる關係上支那飯も亦相當繁昌してゐる。…（中略）…東京の店は地方の支那料理店に比較すれば、實に隔世の感がある位よくやつてゐる。何と云つても現代式によく出来てゐるのは東京の支那料理店である。殊に震災後市區改正の行はれると共に、中には建築に二十萬金からの資を投じたといふものもあれば、今又三十萬金の資本を投じて特に門出を賑はしく打つて出ようなどゝいふものもあることを耳にした。其の他二三萬から五六萬位の資本の支那料理店はざらにある様子である。(pp. 136–138.)

※東四柳作成

表2-2-10　『支那料理通』附録に見る「日本に見る支那料理店」

東京の部	濱のや（濱町）
	晩翠軒（虎の門）
	富士（春日町）
	中華第一樓（神保町）
	維新號（今川小路並に御徒町）
	陶陶亭（神楽坂下）
	偕楽園（亀島町）
	上海亭（尾張町）
	盛京亭（桶町）
	雅叙園（芝浦）
	會芳樓（今川小路）
	翠松園（上野三橋）
	芳蘭亭（北槇町）
	北京亭（今川小路）
	東洋軒（溜池）
	来来軒（浅草）
仙台の部	開楽園（國分町）
横浜の部	博雅亭（伊勢崎町）
	安楽園（山下町）
	成昌樓（山下町）
	萬珍樓（山下町）
	金陵（山下町）
名古屋の部	桃源亭（廣小路栄町）
	偕楽亭（ビルデイング地下室）
	芳蘭亭（栄町）
	平和亭（南大津町）
	萬國チヤツプ（山口町）
	福助食堂（江川町）
	上海閣（西川町）
京都の部	桃園亭（寺町通）
	一品香（河原町通）
	濱村（縄手通）
大阪の部	百花村（道修町）
	東　倶楽部（北濱）
	天仙閣（川口町）
	東海樓（川口本田三番町）
	廣珍園（西櫓町）
	泰　樓（堺筋瓦町）
	平和樓（京町堀）
	春華樓（心斎橋）
	松竹園（瓦屋町）
	大東軒（天神町）
神戸の部	第一樓（栄町）
	神海樓（海岸通）
	平和樓（京町）
	杏雲樓（海岸通）
長崎の部	東亜樓（出島）
	通天閣（圓山大徳寺下）
	偕楽園（圓山大徳寺下）
	四海樓（廣馬場）
	迎陽亭（卓袱、上筑後町）
	富貴樓（卓袱、上西山）
	花月（南蛮、圓山）

（昭和５年正月現在）
※東四柳作成

反映されている。しかし経営者のこだわりはあくまで「純支那料理」の提供であり、自ら中国にわたり、「名ある大官や、地方の名門素封家」の食堂設備を視察後、同店内に「彼地の名匠」に建設を依頼した「支那趣味」の大広間と「支那本場の大料亭にすら、見ることが出來ぬとの噂のある、純支那式の食堂」が整備されたことや、食器類も「間に合せの支那産」や「洋食向きの器物」を排除し、皿一枚に至るまで、中国から仕入れていたとの徹底ぶりが記されている[94]。

このように折衷化せずに、中国料理を提供するスタイルは、大正期の特徴でもあり、震災直後に開店した「海曄軒」の紹介の項[95]においても、「支那料理には、自ら獨得の趣味があつて、設備や器具や料理法に、日本風なり、西洋風が加味されたでは、既に最早、支那料理の本質を、傷けたものである」と、折衷での提供のあり方に苦言が示されている。さらに「カフエー」や「レストラント」の淫風に学び、「氣障な容姿の女給」をえさに客寄せをしている中国料理店を非難し、当店では「日蓮崇拝」の主人が、「女給」を全廃し、自ら「ボーイ」をつとめ、中国料理を提供している状況が語られている。なお本書にみえる定食の値段は、「並食」が１円50銭、「中食」が２円、「上食」が２円50銭とあり、比較的安価な相場となっている。

また大正８年（1919）に日比谷で産声をあげた株式会社陶々亭もまた「評判の悪くはない」店として紹介されている[96]。当店は「創業以来の巧みな宣伝」「株主筋の曳いた綱」「料理の實質を精選する」などのこだわりで、確実に「お馴染」を増やしていった。なお当店の定食の相場は、並が３円50銭、中等が５円、上等が８円と、「海曄軒」より割高の設定となっている。さらに常連は上流ばかりであり、中流以下の客が「餘り來ない」ともある。なお当店が大正11年（1922）に出版した中国料理書『支那料理法　全』には、当時提供されていた約160種にもおよぶメニューが書かれた「陶々亭支那南北御料理獻立表」[97]（図2-2-8）が収録されている。図2-2-8によれば、「燕菜部」「銀耳部　四

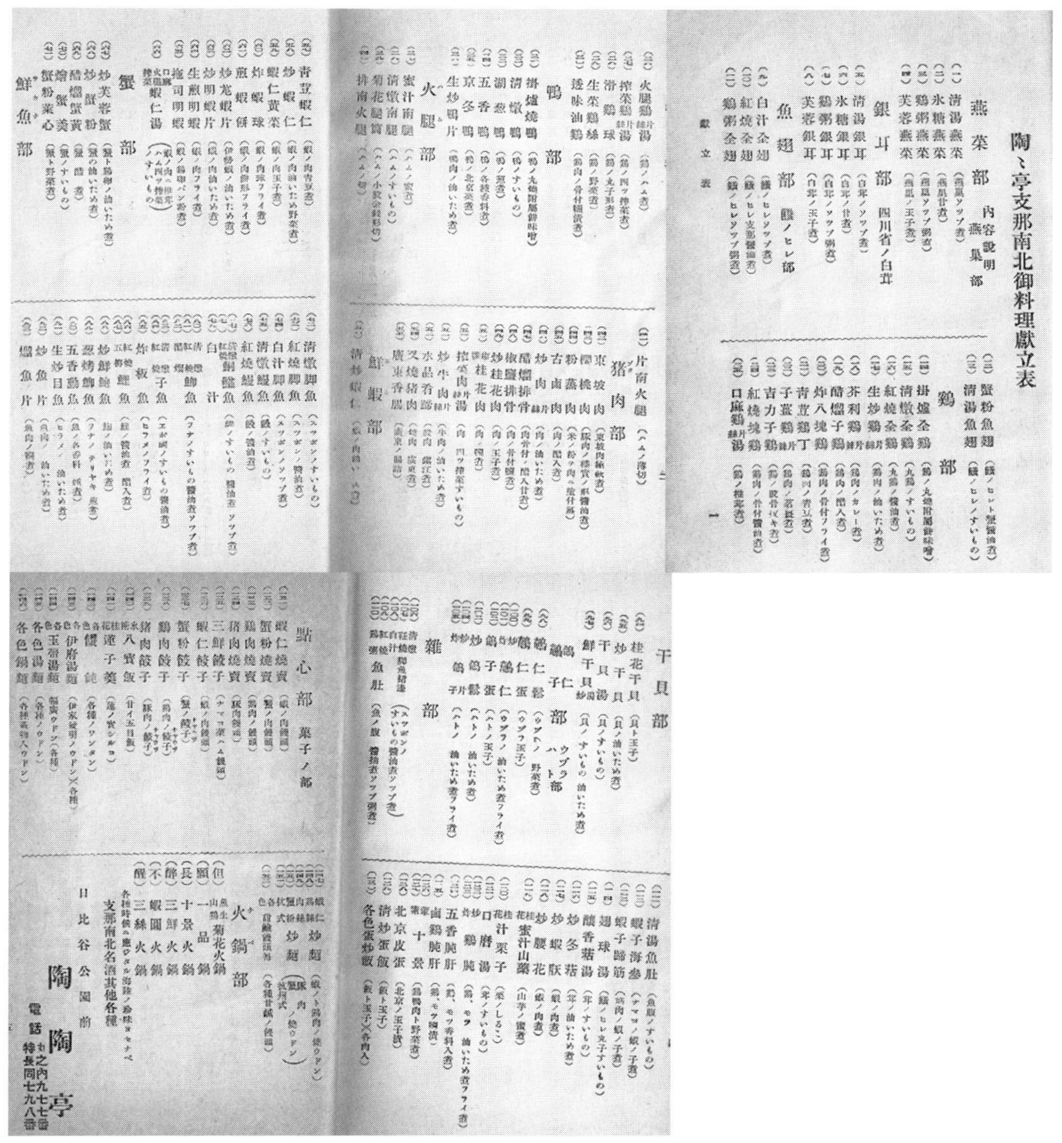
陶々亭支那南北御料理献立表

燕菜部 内容説明 燕巣部
清湯燕菜 (燕巣ソップ煮)
氷糖燕菜 (燕巣甘煮)
鶏粥燕菜 (燕巣ソップ粥煮)
芙蓉燕菜 (燕巣ノ玉子煮)

銀耳部 四川省ノ白茸
清湯銀耳 (白茸ノソップ煮)
氷糖銀耳 (白茸ノ甘煮)
鶏粥銀耳 (白茸ノソップ粥煮)
芙蓉銀耳 (白茸ノ玉子煮)

魚翅部 鱶ノヒレ部
白汁全翅 (鱶ノヒレソップ煮)
紅焼全翅 (鱶ノヒレ支那醤油煮)
鶏粥全翅 (鱶ノヒレソップ粥煮)
蟹粉魚翅 (鱶ノヒレト蟹醤油煮)
清湯魚翅 (鱶ノヒレノすいもの)

鶏部
掛爐全鶏 (鶏ノ丸焼附属餅味噌)
清燉全鶏 (丸鶏ノすいもの)
紅焼全鶏 (丸鶏ノ醤油煮)
生炒鶏 絲片 (鶏肉ノ油いため煮)
芥利鶏 絲片 (鶏肉ノカレー煮)
醋熘子鶏 (鶏肉ノ酢入煮)
炸八塊鶏 (鶏肉ノ骨付フライ煮)
青荳鶏丁 (鶏肉ノ青豆煮)
子薑鶏 絲片 (鶏肉ノ若薑煮)
吉力子鶏
紅焼塊鶏 (鶏肉ノ骨付醤油煮)
口蘑鶏 絲片 湯 (鶏ノ椎茸煮)
火腿鶏 絲片 湯 (鶏ノハム煮)
榨菜鶏 絲片 湯 (鶏ノ四ツ搾菜煮)
溜鶏球 (鶏ノ丸子形煮)
生菜鶏絲 (鶏ノ野菜煮)
透味油鶏

鴨部
掛爐焼鴨 (鴨ノ丸焼附属餅味噌)
清燉鴨 (鴨ノすいもの)
湖葱鴨 (鴨ノ葱煮)
五香鴨 (鴨ノ各種香料煮)
京冬鴨
生炒鴨片 (鴨肉ノ油いため煮)

火腿部
蜜汁南腿 (ハムノ蜜煮)
清燉南腿 (ハムノすいもの)
菊花腿筒
拌南火腿 (ハムノ切)
片南火腿 (ハムノ薄切)

猪肉部
東坡肉 (東坡肉絲軟煮)
櫻桃肉
粉蒸肉
古滷肉 (肉ノ酢入煮)
炒肉 絲片 (肉ノ油いため煮)
醋熘排骨 (肉骨付ノ酢入甘煮)
椒鹽排骨 (肉ノ骨付鹽煮)
炒桂花肉 (肉ノ玉子煮)
桂花肉
榨菜肉 絲片 湯 (肉 四ツ搾菜すいもの)
炒牛肉 絲片 (牛肉ノ油いため煮)
水晶肴蹄 (豚肉 鎮江煮)
叉焼猪肉 (焼肉 広東煮)
廣東香腸 (広東ノ腸詰)

鮮蝦部
清炒蝦仁
青荳蝦仁 (蝦ノ肉青豆煮)
炒蝦仁 (蝦ノ肉油いため野菜煮)
蝦仁黄菜 (蝦ノ肉玉子煮)
炸蝦球 (蝦ノ肉球フライ煮)
煎蝦餅 (蝦ノ肉餅形フライ煮)
炒蒄蝦片 (伊勢蝦ノ油いため煮)
炒明蝦片 (蝦ノ肉油いため煮)
生煎明蝦 (蝦ノ肉フライ煮)
拖司明蝦 (蝦ノ鶏卵パン粉煮)
口蘑火腿榨菜蝦仁湯 (蝦ノ肉ニ椎茸ハム四ツ搾菜ノすいもの)

蟹部
炒芙蓉蟹 (蟹ト鶏卵ノ油いため煮)
炒蟹粉 (蟹の油いため煮)
醋熘蟹黄
燴蟹羹 (蟹ノすいもの)
蟹粉菜心 (蟹ト野菜煮)

鮮魚部
清燉脚魚 (スッポンノすいもの)
紅焼脚魚 (スッポン醤油煮)
白汁脚魚 (スッポンノソップ煮)
清燉鰻魚 (鰻ノすいもの)
紅焼鰻魚 (鰻ノ醤油煮)
清燉 紅焼 鯽鱸魚 白汁
鯽魚
子魚
炸板魚 (ヒラメノフライ煮)
鯉魚
炒鮮鮑魚 (鮑ノ油いため煮)
葱烤鯽魚
五香鯽魚
生炒目魚
炒魚片
燻魚片

干貝部
桂花干貝 (貝ト玉子)
炒干貝 (貝ノ油いため煮)
干貝湯 (貝ノすいもの)
鮮干貝

鵪仁 鴿子部 ウヅラ ハト部
鵪仁鬆
炒鵪仁蛋 (ウヅラ玉子)
鵪鶉仁
炒鴿子蛋 (ハトノ玉子)
炒鴿鬆 (ハトノ 油いため煮)
炒鴿子片

雜部
脚魚裙邊 (スッポンノすいもの醤油煮ソップ煮)
魚肚
清湯魚肚 (魚腹ノすいもの)
蝦子海參 (ナマコノ蝦ノ子煮)
蝦子蹄筋 (筋肉ノ蝦ノ子煮)
翅球湯
蘑香菇湯
炒冬菇
炒腰花
桂花 蜜汁山藥 (山芋ノ蜜煮)
桂花 汁栗子 (栗ノしるこ)
口蘑湯
鶏腕
五香腕肝
滷鶏腕肝
十景
北京皮蛋 (北京ノ玉子漬)
清炒蛋飯 (飯ト玉子)
各色蛋炒飯 (飯ト玉子ト各肉入)

點心部 菓子ノ部
蝦仁焼賣 (蝦ノ肉饅頭)
蟹粉焼賣 (蟹ノ肉饅頭)
鶏肉焼賣 (鶏肉ノ饅頭)
猪肉焼賣 (豚肉饅頭)
三鮮餃子
蝦仁餃子 (蝦ノ肉饅頭)
蟹粉餃子 (蟹ノ餃子)
鶏肉餃子 (鶏肉ノ餃子)
猪肉餃子 (豚肉ノ餃子)
氷糖 八寶飯 (甘イ五目飯)
桂花 蓮子羹 (蓮ノ實シルコ)
各色 餛飩 (各種ノワンタン)
各色 伊府湯麺
各色 玉帶湯麺
各色湯麺 (各種ノウドン)
各色鍋麺 (各種煮物入ウドン)
炒麺
炒麺
甜鹹饅頭

火鍋部
菊花火鍋
一品鍋
十景火鍋
三鮮火鍋
蝦圓火鍋
三絲火鍋

(但)(願)(長)(酔)(不)(醒)
支那南北名酒其他各種

日比谷公園前
陶陶亭
電話 丸之内 九七七番 特長 同 七九八番

図2-2-8　陶陶亭のメニュー（『支那料理法　全』1922）

川省ノ白茸」「魚翅部　鱶ノヒレ部」「鶏部」「鴨部」「火腿部」「猪肉部」「鮮蝦部」「蟹部」「鮮魚部」「干貝部」「鵪仁　鴿子部」「雑部」「點心部　菓子ノ部」「火鍋部」の項目に分けられ、それぞれ中国語の料理名と同時に、日本語の料理名が添えられ、理解を助ける工夫がされていたことがわかる。残念ながら、個々の料理の値段は表記されていなかった。

ともあれ、こうした中国料理店のすみわけは、大正期には進んでいたようで、階級に応じたスタイルが展開していた状況は読み取れる。また『有利な副業と小資本開業案内』（1938）の「麺類のよく出る支那料理店」[98]によれば、中国料理店のなかでも「支那そば屋」の儲けがいいとあり、「冬から春先へかけて、毎夜街から街へと流して歩いた「鍋焼きうどん」も、この頃では、すつかりこの支那そば屋のキヤメラに吹きまくられて殆んどその姿を見せなくなつた」と記されている。ともかく「支那そば屋」は、「支那人は汚いもの」という先入観を払拭するため、清潔な店舗は心がける必要はあるが、洋食店より資本がかからず、料理道具、店内などの設備も洋食店と同じ要領でいいとまで主張されている。さらに目指すべきは「一品洋食式の支那料理」であり、１人前が20銭ぐらいから、高くても１円50～60銭にとどまるべきとしている。「量があつて、安くて、味が複雑である」ことが、中国料理の繁昌理由、且つ「生命」で、なかでも注文が多いのが「支那そば」であると強調し、具体的なメニューに「雲飩（わんたん）」「叉焼麵（ちやしうめん）」「什錦麵（しうちんとうめん）」「叉焼雲飩（ちやしうわんたん）」「什錦炒麵（しうちんつあめん）」「焼賣（しうまい）」、さらに「米飯」を炒めた「什錦炒飯」などがあるが、何より麵類が一番よく出るとも記している。また「料理は汚らしい感じのする支那人でも、その方が一般に「支那人が作るので、おいしいだらう」と思はれる」と考える風潮もあったことが語られ、その方が「成績」もよいとあり、本場の味にこだわることを薦める主張が、ここでもうかがえる。また材料の多くが、麵類や焼き豚、缶詰、瓶詰などの「保存食料」であるため、「どんな閑な店でも大抵一日で使ひ切るので、腐敗などの恐れが少しもない」とし、その経営の手軽さにも言及している。

なおこうした「支那そば屋」、つまり現在の大衆中華の先駆け的存在は、浅草に始まると思われる。『浅草経済学』（1933）の「浅草に於ける支那料理の變遷」[99]によれば、明治期になかなか根付かなった中国料理店であるが、明治40年代早々に中華樓という「支那ソバ屋」が浅草にできたことが記されている。それによれば、これまでの中国料理店とは特徴を異にした「支那ソバ」（６銭）、「シユーマイ」（１銭）、「ワンタン」（６銭）を「看板とするそば屋」であり、「支那人のコツク」を雇い、料理が提供されていたという。しかし当初は中国料理の「大衆」理解が乏しく、サービスに骨を折ったようで、中華樓と時同じくして、榮亭、シンポール、来々軒、東洋軒なる中国料理店の開業が相次ぐも、廃業、もしくは業種転換を強いられる店舗があったことも伝えられている。なおその中でも成功したのが、來々軒であった。本書にも早稲田商科出身の尾崎新一が値段を度外視した店舗運営を図り、莫大な利潤を納めるに至ったとある。

そして関東大震災直後に、「大衆」の「支那料理熱」もますます盛んになり、西洋料理店との兼業という流行もみられるも、「矢つ張り支那料理は、支那料理として専門的に行くものでなければならない」とする考えが出始めた状況が説かれ、「浅草で高級を標榜する上海亭（図2-2-9）」「うまくて大衆的な五十番」「五十番のクツク長の出してゐる十五番」など浅草の名物料理店の解説に努めている。しかし「上海亭」も日を追うごとに大衆化の兆しをみせはじめ、「客の吸収」に頭を向けるようになったということ、さらに「五十番」の主人宮澤氏の「太っ腹」でいて、「積極的な營業振り」が時代のニーズと合致し、成功をおさめていた様子などが語られ、「支那料理の大衆化」が進行する様子も確認される。また「榮樂」「東亭」「八洲亭」「三昭」といった「どちらかと言ふと、支那そば屋式な家」である大衆的な中国料理店についてもふれており、なかでも「榮樂」は夜中の２～３時まで深夜営業する店舗であったと記されている。

いっぽう国内のみならず、海外で出会う中国料理店の様子が、大正後期の文献の中に登場することも指摘しておきたい。『米国物語』（1918）には、アメリカ在住の日本人が「日本飯」同様「支那料理」を賞美することが記され、現地では「米國品」は使わず、中国から取り寄せた室内装飾、家具、食器を用いる「純支那式」の「支那料理屋」であったことが、ここでも語られている。いっぽうで「靴の儘上つて椅子テーブルを用ふる點」は日本より西洋に適したスタイルだと説明し、「西洋人」は「日本料理」は食べないが、「調理法の複雑な點」と「脂肪分の多い點」から中国料理を好む傾向にあったようで、実際太平洋沿岸の日本街界隈には、日本人や「白人」を「御得意」とする中国料理店があったことも伝えられている。しかし著者の成沢は、この状況を鑑み、「日本人は頗る多趣味で、和漢洋食の風味を解し、米人の喰はぬ生魚（刺身）を喰ひ、伊太利人の好む章魚を味ひ、嗜好品に於ても何でも風味を解する點より見ると、和漢洋の文明を咀嚼し、玩味し之を消化し得る唯一の國民のやうに思はれて心強くもある」と記し、異国の食文化受容に寛容な日本人の咀嚼力を称えている。[100]

いっぽう三度の海外渡航の記憶を書籍にまとめた女性文筆家・北村兼子は、ヨーロッパでの中国料理体験を次のように書いている。

> 日本で支那料理を喰べた時はお箸であつたが、パリ―ではフオイクとナイフであつた。日本では支那料理の食後にお漬物があつたが歐州ではそれがコーヒーとなつてゐる。どちらも純支那料理と銘うつてあるが純ではなくして國によつて不純物を交ぜるのだらう、長春で喰べた時は漬物もコーヒーもなかつた。[101]

こうした目線からはやはり折衷を望むのではなく、本場のスタイルで異国料理を楽しむ嗜好が、すでに日本人女性の心にも芽生えはじめていたことが理解される。実際、北村はロンドンでの中国料理の会食の際には、周囲がスプーンで「稀飯」（お粥）を食べるなか、持参した箸を巧みに操り、食事をしたとも記している。[102]

しかし、同時期の書の中には、海外渡航中に出会う中国料理の理解に戸惑いを示す記述も散見される。『欧洲各国戦跡めぐり　附尼港めぐり』（1920）所収の「支那式の支那料理」[103]には、「支那は元來辭令の巧妙と、料理の精を以て世界に名を馳せてゐるが､然しながら、その道具の不潔さも叉天下に名代なものだ、ボーイも不作法なれば妓生も品が悪い、寶石の指輪や首飾りはいゝが、ぶくぶくした支那服は衛生には叶つてゐるだらうが、見た目は甚だ體裁が悪い」と、衛生面、サービス面の両面から中国料理を非

図2-2-9　上海亭（『東京銀座商店建築写真集　評入』1929）

難し、特に料理に関しては、「十分に煮熟する」特色だけが衛生的であり、「他はすべて非衛生的」「その非衛生的なところが支那料理の特色なのかもしれない」と語る記述もみえる。特に日本にも「茶の湯の茶椀の呑みまわし」という習慣があるとはいえ、「一皿の中に盛つた支那料理を、一卓七八人の客がつつ突き合ふのは、いさゝか恐れ入らざるを得ない」とし、「親しみを生ずる所以」とはいえ、「初めての客」は驚きを隠し得ないとも説く。

いっぽう『満鮮旅行案内』（1920）には、次から次へと提供される中国料理の提供形式に困惑する様子が次のように記されている。

> 夕刻奉天在住の友人より支那料理店へ案内して貰つた、一行支那料理は始めである、最初に南瓜や西瓜の種を鹽煎りにしたものが出る、此が好きにならないと本當の支那料理通にはなれぬさうだ。それを喰つてゐると、次々と十種ばかりもいろいろなものが運ばれる、コレでモウおしまひだと思ふと、本膳は之れからなので、先づ紹興酒、高粱酒の強烈なるに驚かされる、金絲山芋、或は白鶏、エビ天麩羅、蟹天麩羅、と次々に運ばれる、モウコレでおしまひと思へば、鶏肉天麩羅とて鶏の丸テンプラ、豚肉羊羹とて豚の兒のテンプラやうのもの、豚饅頭、燕巣、ふかのひげ等と大きなお皿に盛られて出る、それから野菜も例の名物山東菜が出る、大抵向ふの二人前といへば内地の六人前にある數多き料理、何れも油濃くて多く食し得なかつたのは遺憾であつた、最後に素麺や粥も出た、紹興酒といふ酒は内地の銘酒などゝいふものであるさうだ。[104)]

とはいえ、こうした中国料理の特徴に対し、否定的な意見ばかりではなく、肯定的な見方を呈する動きも散見される。『戦後の欧米漫遊記』（1920）には、思い込みでは中国料理の不衛生さを憂いていたが、実際目の当たりにした上海での中国料理がおもいのほか衛生的だったと語る著者の想いが、次のように記されている。

> 斯くて税關前の埠頭に上陸、洒馬路なる京華樓に於て支那料理を會食す、食器其他却々に美也。支那料理は美味なるも予は常に食器の不潔に驚きたるが、此處は叉意想外に奇麗也[105)]

また本書には、「ヂヤンケン」で交流し、日支親善を目指す状況もされ、言葉が通じなくても、楽しい時間を過ごせたことにも言及している。[106)]

さらに『混乱の支那を旅して　満鮮支那の自然と人』（1922）においても、「世界一の支那料理」[107)]と題して、中国料理を評価する主張がみえる。本書を著した早坂義雄は、北京公使館に勤めるM君のもてなしをうけた際、提供された中国料理について、「支那料理といへば油濃いものばかりと思ふのは誤りで殊に河南料理と來ては頗る吾々の口に合つたものだ、中でも鯉料理は其特徴とかいふので美味と料理法は誠に感心した、鮎のウマ煮も良ければカニ豆腐の料理に至つては其料理法の上手と美味とは實に天下一品である」との所見を述べている。また食事の前の作法として、「例の如く蒸したタオル」が配られ、それで顔と手をふいて、西瓜と南瓜の種子が出るのを待ったともある。今につながる温かいおしぼりの習慣の紹介は、なかなか興味深い。なお早坂が相伴にあずかった献立は次のとおりである。

献立
一．白菜の汁（之は三日も煮るさうだ）
二．アワビの汁
三．鯉料理
四．魚の汁
五．アヒルの肉
六．支那麺を鯉の食へ残りで煮たもの
七．鮎のうま煮
八．豚肉のフライ
九．カニのフライ
一〇．豆腐の酢味噌あひ
一一．カニと豆腐の料理
一二．漬物四種　それに黄酒

また早坂は、「それで價は僅かに四圓といふから其安いことも比較にならぬ」と記し、「食物の安いこと」も「世界一」と評価している。さらに種々の調理法があるとされるが、「日本料理と違つて砂糖や醤油をあまり使はぬ却て鹽を多く用ひ鰹節の代りに例の油を使ふ」との記述もみえ、「或人は日本料理は眼の料理で西洋料理は滋養の料理そして支那料理は味の料理だといつたが確かにさうだと思ふ」という比較文化の視点も示している。さらに食材の使いまわし方や燃料使用の経済性、酔っぱらいを外に出さない「美風」などが紹介され、北京の中国料理店の概況がつまびらかにされている。

ともあれ、日本国内での中国料理店の発展と並行して、海外での日中交流の場が中国案内などで紹介されるようになるのも1920年代の特徴である。本格的な中国料理を提供する店舗が増加する一方で、一品洋食の形式に倣い、手軽な中国料理を提供する店舗形態の誕生は日本の大衆中華の骨子を形成したと同時に、限られた階層のみならず、広く日本社会に中国料理を浸透させる弾みになっていたものと思われる。また積極的に描写された現地の生活風景も、日本人の心のなかに共通の中国料理のイメージを醸成させる契機となっていったこともここで記しておきたい。

２）日支親善の社交料理としての関心の高まり

さてこれまでも考察してきたように、中国料理店の増加とともに、大正期には日支親善の社交料理としての中国料理の可能性が注目され、国内外で中国料理の調理法や食事作法を学ぶ講習会も開かれた。日支親善への関心の高まりの背景には、明治40年（1908）４月に誕生した南満洲鉄道株式会社の存在が看過できない。当社は半官半民の特殊法人として、日露戦争後の1906（明治39）年に創立され、翌年から運行が開始された。ちなみに満鉄職員のほとんどが東大、京大など帝国大学の卒業生であったとされ、大正22年（1923）の統計では、職員約5000人、雇人約4800人、日本人傭員約12000人（中国人は約16000人）とあり、在満日本人166000人の約13％を占める一大勢力となっていた。[108)]

こうした状況下、満洲の風俗を伝える『満洲事情』（1911）などの概説書も、時を同じくして刊行されるようになる。ちなみに本書の第二巻所収「食物」の部には、満洲の食習慣についての記述が、次のように記されている。

> 當地方人民ノ食事ハ一日二回ニシテ午前七八時ノ交食スルヲ早飯ト云ヒ午後一時乃至三時頃に食スルモノヲ晩飯ト稱ス而シテ平生早飯ニテ高粱、豚肉、白菜、及粉條子（緑豆叉ハ包米即チ玉蜀黍ニテ製シタル麵ノ如キモノ）ヲ食シ晩飯ニハ高粱、土豆子（叉山藥豆兒トモ云フ馬鈴薯ノコトナリ）紅蘿蔔（丸キ赤大根）等ヲ豆油ニテ調理シタルモノヲ食スルヲ當トス[109)]

また本書は、「回民」つまりイスラム教徒の食生活についての記述もみえ、「普通人民ト異ナリ肉類ニアリテハ一切豚肉ヲ食セス之ニ反シテ冬ハ多ク牛肉ヲ用ヒ夏ハ重ニ羊肉ヲ食ス[110)]」と、豚肉禁忌の状況についても解説している。

いっぽう『職業案内書』（1911）所収の「満洲の饂飩屋[111)]」という項には、満洲人は朝早くから「饂飩」を食べる習慣があるため、早朝の饂飩屋は繁昌すると紹介している。しかも煮て売る必要はなく、生麵での販売でいいとし、仕事の軽便性を評価する様子もみえる。こうした満洲の食生活に関する記述は、現地へ移住する人々の道しるべになると同時に、不慣れな食生活への心構えとして重宝された。

ともあれ、大正後期に出版された『満洲商工要覧』（1922）には、「食料品及加工業」だけでも、大連醬油株式会社、満洲水産株式会社、満洲清酒株式会社、大連精糧株式会社、満洲製菓株式会社、大連牛乳株式会社、大連製氷株式会社、大連精米株式会社、満洲釀造株式会社、満洲鹽業株式会社、株式会社裕昌公司、大連紅梅株式会社、東亜煙草株式会社大連販売所、満洲麦酒株式会社、遼東製氷株式会社、株式会社三星洋行、満洲煙草株式会社、大日本鹽業株式会社大連出張所といった企業が満洲に進出していることが示されており[112)]、日本からの輸入に頼らずとも、日本の調味料や嗜好品の製造基盤がすでに現地で確立していたことが理解される。

いっぽう同年に出版された『東洋事情の宣伝』（1922）には、高まる海外進出の契機について、日本国内における人口増加と食糧問題を理由に掲げ、国産米の不足を補うために、外国米の輸入に頼ることで需要を満たしている現況にふれながら、この「解決方法」として国内殖産工業の発達と「國勢民力」を海外に「移殖發展」させることを推奨している。そしてその理由は決して「軍國主義」や「領土侵略の野心」に基づくものではなく、「人口問題を核心としての已み難き必然の勢」であると主張している。実際本書にみえる「外務省調査」の数字によれば、大正９年（1920）６月末の「海外在留内地人」は603,813人に及ぶとあり、明治18年（1885）にハワイへ約900人の移民を送って以来の進展であると伝えられている[113)]。なお内訳[114)]は次のとおりである。

海外在留地別本邦内地人
満洲212,494人　北米合衆國125,476人　布哇(ハワイ)108,109人　支那54,544人
南米42,859人　南洋23,386人　加奈太(カナダ)17,688人　比律賓(フィリピン)9,337人
西伯利(シベリア)6,238人　墨哥西(メキシコ)2,284人　其他1,398人　　計603,813人

また本書には、「東西両洋より攝取融合したる日本の文化を他民族に宣傳し、東洋平和の確保共同福利の増進を圖らねばならぬ重大の使命を有つてゐる」という考えが提示され、西洋のみならず、東洋でも起こりつつある排日を問題視している。こうした状況を打開するためにも、「黄人種が相提携し一致團結して東洋の文化を進歩發達せしむべき」であり、日本の海外発展は日本自身のためではなく、「黄人種乃至黄人國の向上進歩の核心」となり、「大なる日本」の使命であるとの主張をみせている[115)]。さらに満蒙の「領土的侵略的でない所謂文化的、經濟的殖民」こそ、「日本文化宣傳の舞臺」になるとし、中国と「相提携」することで、ロシアやシベリアなどの周辺国との関係構築にも重要な意義を持つとの考えを示している[116)]。

さてこうした中国との関係構築を目指す動きの中で、井上紅梅著『支那風俗　上巻』、高橋源太郎著『青島案内附山東鉄道沿線小記』(1921)、早坂義雄著『混乱の支那を旅して　満鮮支那の自然と人』(1922)、後藤朝太郎著『支那料理の前に』(1922)、後藤朝太郎著『おもしろい支那の風俗』(1922)、東洋協会編『支那料理の夕べ』(1923)、尾池禹一郎著『第一に知らねばならぬ支那の事情』(1923)、田山花袋著『満鉄の行楽』(1924)、平野博三著『鮮満の車窓から』(1924)、上田恭輔著『趣味の支那叢談』(1924)、後藤朝太郎著『支那趣味の話』(1924)、前田武四郎著『支那の旅』(1925)、吉井豊藤丸『支那から日米へ　附満鮮支那旅行者の為に』(1925)、後藤朝太郎著『歓楽の支那』(1925)など、中国の食習慣も含めた生活習俗に関する案内書が刊行され、中国の生活文化に関する理解を深めようと説く動きが確認された。なかでも多くの中国に関する書を執筆した後藤朝太郎は、自著『おもしろい支那の風俗』(1922)や『支那趣味の話』(1924)において、中国との親善の必要性を次のように説いている。

民國と日本とは固より共存共榮で行かなくてはならぬ。親しみのある諒解がなくてはならぬ。然るに兎角に山東問題だの、廿一個條だの旅大だの排貨だのと厭なことが年中行事のやうに起つて來る。之には色々の譯もあるが根本は感情の問題がその基礎をなしてゐる。日本に居る日本人は日本に態々來た民國人を輕んずる。又在支日人はその土地の主人公である民國人をやゝもすれば矢張り輕んずる傾がある。民國人は日本人を見るとそれに對していつも反感を持つて來る。
日本に取つて一番恐ろしい問題は廿一個條や旅順大連の問題ではない。此の民國人に對する侮蔑の念の取去られないと云ふ事。この問題である。(中略) 侮蔑觀念の廢棄されること、これが何よりも親しみのある諒解を得る第一捷徑である。日本と民國とは佛蘭西と獨逸の間柄のやうなものにしたくない、民國からも接近の方法を考へて貰ひたい。何年經つても遊山氣分で排日をやつて快哉を叫ぶやうでは困る。日本人の支那を輕んずる主因は支那の風俗人情趣味の理

解がないことに在る。よく事情が判つて來ると自然に興味が湧き起る。自分はこの意味からして料理、風俗、趣味の姉妹篇を公にして多少なりともその間の緩和剤に資したい積もりである。[117]

支那に文化事業が着手されて來た爲めでもあるまいが日貨抵制は本年はなかつた青島も確實に支那のものとなつた。日本としては今後は何としても支那だと云つて色々の大問題が昨今朝野の間に議論されてゐる。が、つまりは何れも皆極東文化の向上發展民福の增進、和平の確保と云ふことの爲めである。[118]

上記の引用からは、日本人の中に芽生えつつある中国蔑視の感情に注意を喚起し、「和平の確保」を期待し、中国文化理解を促す後藤の姿勢がみてとれる。実際に中国との関係が悪化しつつある状況は、『第一に知らねばならぬ支那の事情』(1923)においても、東洋協会専務理事・永田秀次郎（貴族院議員）が、「我國が最も古くから交通して最も親密なる關係のあるのは中華民國である。而も過去二千年間は我が先進國として其文化を學び來つたのである。然るに輓近數十年間に於て我國の進歩が著しかつた爲に今や世界の三大國の一と稱せらるゝ様になつて、中華民國よりは先進國たるの地位を得るに至つた。斯様な關係に於て我國民と中華民國との間柄は最も親善なるべき筈であるが實際は左程親善では無い。或は却つて反對に排日の聲を聞く事は實に遺憾の次第である」と言及し、「自己の存立の必要」よりむしろ「中華民國を理解すると云ふ事が最も急務である」との主張をみせている。[119] また本書には、南満洲鉄道株式会社社長・川村竹治（貴族院議員）も同様の序を寄せており、相互理解の必要性が社会問題となっていたことは、こうした数々の意見からも推察される。

特に後藤朝太郎が主事を務めていた東洋協会の主張は強く、当会は『支那料理の夕べ』(1923)において、台所から中国文化を理解すべきとする興味深い考えも提示している。本書の序にあたる「次世紀を創造する世の婦人方に申上げます」によれば、家庭の主婦を読者対象としたとの意図が示されており、「唇齒輔車とか同文同種とか申す外交的辭令を盾にして、あなた方に日支親善の論議を繰返さうとは思ひませぬ。それは日比谷やら霞ケ關、さては本郷などにお住ひの人達にまかしてをけばいゝことです」としながら、「千里の道も一歩よりとやら、まづあなた方の最も手近かなお臺所からその道を拓いて頂きたい」と、台所から始まる「國民外交の先鞭」が女性たちの手に委ねられているとの主張がみえる。さらに「あの四つ足とを嫌れた西洋料理がなにのこだはりもなく、あなた方の家庭に同化せられたように、この世界一の稱ある支那料理も亦、あなた方の夕べの卓を飾り、樂しき團欒の裡にうけ容れられることでせう。斯くてあなた方の愛すべき夫は支那を正視し、愛すべき分身は日支兩國の相離るべからざる暗示を與へらるゝに至るでせう」と、女性の意識改革が、家庭の中に「支那趣味」が浸透する機運を醸成させるとの声が紡がれている。[120]

実際こうした世相の動きに呼応して、中国料理書のなかには、日支親善に必要な知識を意識した内容が相次ぐのも事実で、例えば『手軽な惣菜向支那料理』(1925)の凡例には、出版の経緯が次のように記されている。

> 本書は嘗て前清皇室大膳部料理主任たりし余の知人李鴻恩を聘し徃年南満洲鐵道沿線居住家庭主婦の為め支那料理公衆會を開催したる際親しく實地に就き講演せられたる料理方法を譯述したるもの及び余が多年支那に在留人情風俗習慣等の考察中得たる支那大官各家庭に秘蔵せらるる家庭中饋烹飪の法數百種に亘れるものの中より尤も適切に日常家庭として手軽に應用し得らるる惣菜向のものを撰擇編纂し主として家庭支那料理法を講究推奨するにあり。[121)]

上記によると、本書は南満洲鉄道沿線居住の主婦のために開催された料理講習会での講義内容と、著者・本田清人が赴任中に学んだ中国人大官の家庭の秘蔵レシピの中から日本の家庭で応用できそうな惣菜向きのものを選出し、まとめあげた料理書であることがわかる。実際本書には、だしの取り方、魚介料理、肉料理、餃子、包子など107種の調理法が紹介され、満洲のみならず、日本国内の日本人読者も掌握しようとした意図も感じられる。

また同じ頃、北京で刊行された『支那料理の名稱解』（1929）には、満洲で中国料理を食べる際に必要とされる中国料理の名称について説明する以下のような記述がみえる。

> 在満邦人は一般に支那料理を食べることが多いのですが、其の名稱や作り方について知つてゐるものは少ないやうです。支那料理は日本料理と違つて、其名稱を見れば、料理の方法から材料、形状に至るまで知れるやうになつてゐるものが多いのです。當所では先頃支那料理の知識の普及のために李囑託を講師として、支那料理の名稱解と題して三回に亘つて講演会を開催しましたが、其の講する處が甚だ有益でありましたから其節の速記を整理し、講師の校訂を乞ひ、更らに上梓して一般の希望者に頒つことにしました。若し本書によつて少しでも支那料理について知識を得られましたならば幸甚とする處であります。[122)]

以上の引用によれば、本書は中国料理の知識普及のために、李蔭泉囑託の講演内容がまとめられたものであったことがわかる。このように、在満の日本人を対象とした中国料理書の刊行がみられるようになるのも、1920年代以降の特徴である。

いっぽうで1920年代には、満洲のみならず、日本国内においても、中国料理を介して、中国人と日本人の交流を深め、中国料理への理解を共有しようとする料理学校の動きなども顕在化する。『家庭向の支那料理』（1925）には、大阪割烹学校校友会主催の「日支親善試食会」の写真が掲載されている[123)]（図2-2-10）。また女学校においても、中国料理講習会の開催は確認でき、『美味しく経済的な支那料理の拵へ方』（1928）には、実践女学校での様子を撮った「支那料理講習会の實況」が収録されている[124)]（図2-2-11）。

こうした執筆者たちの尽力もあり、中国料理を賞賛する動きが本格化する中で、特に1920年代には、「手軽」「一般」「家庭」「素人」などを冠した中国料理書も次々に刊行された（表2-2-1）。実際これらのほとんどが女性を読者対象としていることから、料理書執筆者たちのなかに、家庭生活へ中国料理の浸透を望む明確な目的があったことは理解されるだろう。また先にも述べたように、家庭で調理できる中国料理を考案する動きは、中国料理の特質を咀嚼し、日本人の味覚にあった中国

図2-2-10　大阪割烹学校々友会主催日支親善試食会（『家庭向の支那料理』1925）

図2-2-11　支那料理講習会　於実践女学校（『美味しく経済的な支那料理の拵へ方』1928）

料理の考案に拍車をかけるきっかけともなった。悪化する国家間の関係改善の糸口を探る軌跡もまた日本独自の中国料理を生み出す原動力になっていったものと推察される。

３）支那通の「お墨付き」～後藤朝太郎の中国料理論～

非難と評価の紆余曲折を経ながらも、形を変えながら受容された中国食文化。最後に大正期から昭和初期にかけて「支那通」として活躍した後藤朝太郎（図2-2-12）が、日本国内における中国料理の普及・定着に果たした役割について考えてみたい。

後藤は、明治14年（1881）、愛媛で生まれた。第五高等学校、東京帝国大学文科大学言語学科、東大大学院を卒業後、文部省、台湾総督府、朝鮮総督府嘱託を歴任し、拓殖大学教授に着任した言語学者でもある[125)126)]。また前述したように、東洋協会[127)]主事にも就任し、東洋文化を紹介する書籍の執筆に尽力した。何より驚くのは、後藤の著書数である。そもそもの専門である言語学や漢字関係の書に始まり、中国風俗の解説書まで、そのジャンルも幅広い。特に現地を訪ね歩き、鋭い洞察力で描写する後藤の中国論は、すぐれた近代生活資料としても評価に値する。何より中国語を巧みに操ることができた後藤の取材力は、同時代に活躍したどの評論家よりも卓越している。

さて後藤は、自著『支那料理の前に』（1922）において、「東京に於ける支那料理」として、当時の中国料理店の概況を、「日本橋の偕楽園、神田の中華第一樓、會芳樓、日比谷の陶陶亭、今川小路の維新號、築地上海亭何れも東京に於ける支那料理の宴會場として吾人の時々足を向けるところである。横濵の永樂天、聘珍樓、成昌樓これ亦南京町に開業せる丈に物好きの自分共の好奇心を煽つてゐるところである[128)]」と語り、さらに台湾の事例を引き合いに出しながら、東京と横浜の中国料理の味を以下のように比較している。

> 臺灣は土地柄福建料理が多いが東都には廣東料理が多い。横濵のも大抵その居留民の多數が廣東民出身者で從つて山下町の街路の看板の發音文字を見ても判る通り廣東づくしである。横濵の料理は概して東京の花客には鹽鹹いやうな感じがする。横濵の人の口にはあれで可いのかしらと思はれる位である。同じ廣東料理でも東京の方は比較的甘い方である。むしろこは東京人の口に合ふやうに調理させてゐるのであらう。（中略）臺灣の料理もダンダン内地人向きになつた淡泊なものが多くなつた。その濃厚性が多少なりとも薄らいで行くのは確かに支那料理の日本化して行く階梯とも見られる。この意味からすると東都で近來民國料理をアツサリト調理するやうになつたのは支那料理の一進歩と見てよからう。支那料理も日本に來ては随分色々變つて來る[129)]。

図2-2-12　後藤朝太郎（『支那風俗の話』1927）

上記の引用によると、日本の中国料理が広東系統であり、塩辛い味付けの横浜に対し、日本化された中国料理を好む東京では「比較的甘い」味付けとなっていることがわかる。さらに台湾でも日本人の海外居住が進むにつれ、「淡泊」な中国料理がみられるようになったとし、こうした濃厚な味わいからの変容もまた中国料理の「日本化して行く階梯」として説明している。

しかし後藤は東京の中国料理を「將來よほど有望なことと思ふ」と評価し、既存の飲食店での提供を工夫することで、中国料理のさらなる普及が期待できるとする独自の見解を次のように述べている。

> 日本式の食料の物價騰貴からして勢ひ支那料理の最も簡單なものを吾人の食卓に取り入れるやうに致したいものである。それには支那料理の材料調理の方法、その味の適否と云ふものそれから臺所の都合それに費用のことなど萬端のことが受入れられなくてはならぬ。それが出來なけれは日本の家庭に這入ることはむづかしい。（中略）けれども自分の考では東京各區で之が試食をやるところが『そばや』の副業としてなり出來るならば必ずしも不可能のことではあるまい。屹度見込のあることゝ思ふ。支那の麵は安くて平民的である。若し夫れ蟹絲麵で舌鼓みでも打たせようとすれば日本の「親子」「テンドン」よりも慥かに受けがよいに違ひない、吾人は東京市の經營になる『簡易食堂』あたりが進んで此の簡易な平民的の支那料理を始めこれならば市民諸君の爲め叉一般民衆の爲め頗る功德になることゝ思ふ。市營の方でむづかしいならば府がやつてもよろしい。とにかく東京に於ける支那料理の將來と云ふものは前途大いに嘱目すべきものであるから東洋宣傳の意味に於いて自分は支那料理の功能を一般讀者諸君に紹介し併せて之を斷行する丈の氣持ちになるやうな機運を作りたいものと考へるものである。[130)]

しかし同時に家庭での中国料理の受け入れの難しさも自覚していたようで、横浜の聘珍樓へ女性を案内した際の逸話を紹介する興味深い記述もみえる。

> 料理が漸く一二品出される迄は我慢してゐたらしいが漸く辛棒して御義理に一二度箸をつけたりき碌に紅茶も喝まず速く出ませう。海岸の方を散歩しようと云ふ、歩心矢の如く八釜しく云ひ立てる。何でも支那料理屋の臭氣が氣にくはぬらしい。變な氣分になるものらしい。イヤでイヤでたまらないと見る。あの支那らしい酸くて甘くて油こいやうな空氣が氣に入らぬものと見える。[131)]

実際「支那」駐在の軍人や銀行員の家庭でも日本の食材ばかり用い、「支那飯」に反対する「細君」がいたことにもふれ、「支那の炊夫ボイ」に「日本料理」の方法を教えて、不自然な「和食」を作らせていた状況についても言及している。[132)]

ともあれ、こうした普及・定着の難しさを物語る状況を鑑みながら、後藤は「支那料理」を家庭生活の中へ浸透させる次の三つの条件を提案している。

一．東京の簡易食堂、平民食堂、貸席洋食店のやうなところには之を普及の意味にて安價の辨當式の支那食を設えておくこと

二．倶樂部、ホテル、旅館のやうなところにて成るべく之に應じ得るやうに陶々亭なり第一樓なりから支那料理を出前の出來るやうにしておくこと

三．東京に支料那理（ママ）を主として洋食和食を従とするやうな中流以上の旅館ホテルの創設されること、勿論これには日本人も西洋人も止宿の出來るやうにしておき、支那や臺灣からの來客を居心地よく止めることにする[133)]

つまり後藤は、上記の機会を整備することで、家庭での普及を急がず、外食や中食の場で気軽に中国料理に出会う環境を整えることが重要であると説く。さらにいつも繁昌している日本橋「丸花」や「三越食堂」で話題の「適當なる皿を選びて之を簡易テーブルに出すやうな」形式こそ望ましいとし、すべてを中国料理にする必要はなく、「少しだけでも比較的日本人の口に合ふもの、わけて婦人達の口に合ふものをも考への中に入れて撰擇研究して見る必要がある」との持論を展開している[134)]。

いっぽう著者の別書『支那料理通』（1930）においても、日本における中国料理事情がつまびらかにされている。本書は全144ページの小さな体裁の書籍であるが、中国料理観を体系的に紐解いた近代を代表する好著であるように思われる。さて本書は、「世界の料理」「王族豪族の料理」「料理場」「田舎料理」「成吉斯汗料理」「飯と副食物」「一般食料品」「一般料理法」「酒と茶と點心」「支那料理献立」「食卓と食器」「一般家庭の常食」「支那飯の費用」「不老長生の料理」「支那料理の衛生」「支那宴席の禮」「日本の支那料理」といった17項目の目次構成となっている。

後藤は、冒頭から「今日支那料理は國際的に認められた世界の料理となつて、歐米は固（もと）より日本でも之が著しい繁昌を見るに至つた」とし、「日本では洋食や日本料理を壓倒（あつたう）して、上は貴族社會より、下は學生勞働者まで之を嗜好（しかう）せぬ者はないと云ふまでになつた」と、国内での隆盛ぶりについて言及する[135)]。さらに「元來日本の料理は見る料理で、刺身（さしみ）でも食器でも、すべて奇麗でありさへすれば、營養價値とか値段とかは餘り考慮されてゐない」のに対し、「支那料理は價も安く、身體の滋養にもなつて叉不老長生のためといふことがとりわけ主眼（しゆがん）」であるため、「見たところ必ずしも奇麗でなくともよろしい。寧（むし）ろ支那料理は奇麗でないのが特色である」と、ユニークな比較の目を向けている[136)]。とはいえ、先ほども記したが、日本人女性の間での中国料理イメージは依然芳しくなく、本書においても「日本の家庭に於ける婦人達の間には、敢てまだ舊式の女性とは言はぬが、支那料理とさへ云へば聞いただけで胸がムツトして閊（つか）へ、變な気持ちになるなどと云つて、ハンカチを口に押し當てる婦人さへ見受けることがあるのである[137)]」と説かれている。

さて本書所収の「日本の支那料理」には、日本における中国料理は、長崎、東京、横浜のみならず、大阪、神戸などでも相当繁昌しているとある[138)]。懸念された衛生問題も、時を追うごとに整備され、「我も我もと先を争（あらそ）うて設備を整（ととの）へ、料理場を清潔にし、或は室を廣くし、料理番の服装を綺（き）麗（れい）にする等凡べて最新式に叉理想的にと互に鎬（しのぎ）を削（けず）つて努力して來た」とあり、特に東京においては、その傾向が顕著であるという[139)]。こうした傾向は、後藤もまた「著しく支那と異（こと）なつて感ずると

ころ」であり、「非常に快い感がする」としながらも、「文化式にモダン化」するのではなく、「舊來の型を失はないでもう少し平民的で、氣持ちよく、肩の凝らぬ支那料理店の發達を希望する」との意見も述べている[140]。そして「たゞ單に設備の改善、資本の擴張、清潔の點などの問題のみでなく、料理番と店主との間に於ける意思の疎通、約束の協定、實行方法等種々なる問題がまだまだ横はつてゐるのである。故にこれ等の障碍を取除きそうして支那料理を以て完全に日本化させるところまで進めることが必要であると思ふ[141]」と結んでいる。

異国料理の日本化という視点は、日本の食文化を語る上でも、特に重要なキーワードである。後藤が紡ぐ中国料理受容の理想的なあり方は､江戸期から連綿と続く折衷を貴ぶ形式にほかならない。また中国を知り尽くした後藤の詳細な中国料理論が、男性読者のみならず、女性読者にも届けられ、国民で共有する中国料理イメージ醸成の基盤となっていったことも、私たちは忘れてはならないように思われる。

註

1）田中静一：前掲書、1987

2）田中静一「日本化した中国の食と料理」（『講座食の文化　第二巻　日本の食事文化』所収）農山漁村文化協会、1999

3）南廣子　舟橋由美「日本の家庭における中国料理の受容」（『名古屋女子大学紀要．家政・自然編』所収）名古屋女子大学、2004、pp. 83-91

4）草野美保「国民食になった餃子　受容と発展をめぐって」（熊倉功夫編『日本の食の近未来』所収）思文閣出版、2013、pp. 164-205　※草野の論考は、今では「国民食」となりえた「餃子」に焦点をあて、江戸期から現代までの調理法の系譜、さらに近年の「日本国内での餃子をめぐる動向」や「海外における日本の餃子」事情を紐解き、餃子の文化論を展開する。定番料理の定着過程を実証する興味深い論考である。

5）東四柳祥子：前掲書、pp. 2-29

6）田中静一：前掲書、1987、p. 185

7）吉井始子編『翻刻江戸時代料理本集成』第１巻～第10巻、臨川書店、1979

8）平野雅章編『日本料理秘伝集成』第１巻～第18巻、同朋舎出版、1985

9）本論では西暦表示を省略したが、刊行年の詳細は以下のとおりとなる。
元禄10年（1697）刊『和漢精進料理抄』／宝暦11年（1761）刊『八遷卓燕式記』
明和８年（1771）刊『新撰卓袱会席趣向帳』／明和９年（1772）刊『普茶料理抄』
天明４年（1784）刊『卓子式』／享和２年（1802）刊『料理早指南』三篇
享和３年（1803）刊『新撰庖丁梯』／文化３年（1806）刊『料理簡便集』
天保６年（1835）刊『料理通』四篇／文久元年（1861）刊『新編異国料理』

10）川上行蔵編『料理文献解題』柴田書店、1981、p. 80.

11）川上行蔵編：前掲書、p. 95.

12）田中静一：前掲書、1999、pp. 234-236.

13）『婦人之友』第18巻第４号（大正13年４月１日）より連載開始

14）村井政善『支那料理』誠文堂、1929、序

15）小林定美『手軽に出来る珍味支那料理法』大文館書店、1926、はしがき

16）小林定美『手軽においしく誰にも出来る支那料理と西洋料理』文僊堂、1926

17）小林定美『家庭料理法大全』日比書院、1928

18）村井政善『支那料理』誠文堂、1929、p. 405.

19）井上は、明治14年（1881）に生まれ、中国との武器関係の貿易商であった父と幼少期に死別後、銀座尾張町の井上商店の井上安兵衛に養子入りしている。大正2年（1913）、井上商店と袂をわかち、上海へ渡る。大正7年（1918）～大正10年（1921）にわたり、『支那風俗』（飯田雄三編、日本堂書店）を執筆。本書は、大正10年（1921）に、3巻本として刊行。麻雀の遊び方を初めて紹介した本としても有名である。大正11年（1922）には南京へ渡り、中国人女性の碧梅（青い梅）と結婚。その後も中国人の風俗に関する本を著している。また昭和7年（1932）には、魯迅の翻訳『魯迅全集』（改造社出版）を刊行。また井上は『阿Q正伝』（新潮社、1938）の翻訳でも有名である。

20）『支那料理の見方』は、東亜研究講座第14編として刊行された。本講座を企画した東亜研究会の所在地は、東京府西巣鴨町池袋1258番地とある。

21）井上紅梅『支那風俗　上巻』日本堂書店、1921、p. 70.

22）辻聴花『支那芝居』支那風物研究会、1923～24

23）辻聴花『支那の北と南』燕塵社、1926

24）木下謙次郎『美味求真』啓成社、1925　※木下は、明治2年（1869）に大分県宇佐郡で生まれ、明治35年（1902）、衆議院議員に選出され、原敬の参謀を務めた。昭和2年（1927）には、リャオトン半島にあった関東州租借地を統括する関東庁長官に就任している。

25）飯塚栄太郎編『日本支那朝鮮西洋料理独案内　附日本衛生料理仕方』改良小説出版舎、1887、p. 25.

26）金子佐平編『東京新繁盛記』東京新繁盛記発行所、1897、p. 153.

27）吉田正太郎編　青陽楼主人閲『日本支那西洋料理獨案内　附礼式及食事法』（秩山堂、1884）のはしがきには、「日本料理には八百善、魚十、松源、平清等、其の數多く、又西洋料理には西洋軒、青陽楼等、其の數少なからねども、獨り支那料理に限りては、未だ是れぞと云ふ料理屋なし」と、この時期にはまだ西洋料理、日本料理に比して、際立った中国料理店がみられないことが記されている。

28）自在亭主人『仕出しいらず女房の気転　一名・和漢洋料理案内』博文館、1894、はしがき

29）自在亭主人：前掲書、pp. 81-82.

30）藤本真〈藤蔭〉『実用料理法』博文館、1895、p. 246.

31）横浜開港資料館編『落葉帰根から落地生根へ　横浜中華街─開港から震災まで』横浜開港資料館、1994、p. 24.

32）小菅桂子『近代日本食文化年表』雄山閣、1997、p. 37.

33）小菅桂子：前掲書、p. 43.

34）藤本真〈藤蔭〉：前掲書、pp. 250-256.

35）斎藤覚次郎『料理辞典』郁文社、1907、pp. 623-624.

36）奥村繁次郎『実用家庭支那料理法』盛林堂、1912、pp. 179-191.

37）金子佐平編『東京新繁盛記』東京新繁盛記発行所、1897、p. 154.

38）由利兼次郎編『名所手続東京自慢』熊谷庄七、1878、p. 52.

39）東京倶楽部編『最新東京案内』綱島書店、1907、p. 42.

40）山方香峰編『衣食住　日常生活』実業之日本社、1907、pp. 438-441.

41）寺倉憲一「我が国における中国人留学生受入れと中国の留学生政策」（『世界の中の中国　総合調査報告書』）国立国会図書館調査及び立法考査局、2011、p. 181.

42）『三府近郊名所名物案内』日本名所案内社、1918、pp. 65-66.

43）半渓散人『和清西洋料理法自在』文事堂、1898、p. 249.

44）交盛館編集所編『家庭西洋料理と支那料理』武田交盛館、1906、pp. 133–144.

45）交盛館編集所編：前掲書、pp. 134–135.

46）横井玉子『家庭料理法』冨山房、1903、pp. 248–272.

47）陽其二『家庭支那料理法』大学館、1905、小序

48）柴田波三郎　津川千代子『日本の家庭に応用したる支那料理法』日本家庭研究会、1909、p. 2.

49）柴田波三郎　津川千代子：前掲書、p. 1.

50）柴田波三郎　津川千代子：前掲書、p. 7.

51）柴田波三郎　津川千代子：前掲書、p. 11.

52）柴田波三郎　津川千代子：前掲書、p. 13.

53）『食道楽　第2巻第1号』有楽社、1905、pp. 24–26. ※講習内容は「家庭之友」（第3巻第1号　明治38年4月3日～）に随時掲載された。なお成女学校の中国料理講習会は中国語によって行われていたという。（『家庭之友』第1巻第1号〔1903. 4. 3〕）

54）奥村繁次郎　赤堀峰吉閲『実用家庭支那料理法』盛林堂、1912、pp. 1–2.

55）柴田波三郎　津川千代子：前掲書、日本家庭研究会、1909、p. 16.

56）ルーブル出版部編『大日本人物名鑑〔巻4の1〕』（ルーブル出版部、1921–22）には、田中の経歴が次のように記されている。

　君は獸醫學博士にして東京帝國大學教授たり鹿児島縣士族田中鼎輔氏の長男にして安政六年正月二十九日を生る。明治七年東京に上り同十年駒場農學校に入り獸醫學を學び同十五年業を卒へて獸醫學士の稱號を得直ちに命ぜられて同校助教心得となり、次て助教となり、同二十年東京農林學校教授に任ぜらる、三十二年獸醫學博士の學位を受け三十三年農科大學教授に任ぜられ現今に至る、此間實に四十年一日も他に兼務せしこと無く一意學事の研究と子弟の指導に努めて倦まず、今や其の德望校の内外に洽きもの故なきにあらず、現に正四位勲二等の位階にあり君は叉公務の傍ら豚肉の邦人向食用法を案出し供御に上るの光榮に浴し廣く之を一般に普及せり世に田中式豚料理と稱するもの之なり（p. 251.）

57）田中宏・中村木公編『田中式豚肉調理二百種』、博文館、1913、自序

58）田中宏・中村木公編：前掲書、「本書編纂由来」

59）田中宏・中村木公編：前掲書、「本書編纂由来」　※田中はその後の豚肉料理普及活動においても、「實験者」と称する小澤とタッグを組み、「豚肉（とんにく）の食用法（しよくようはふ）」の研究に努めている。（参考　『田中式豚肉料理』玄文社出版部、1919、はしがき）

60）田中宏・中村木公編：前掲書、「本書編纂由来」

61）田中宏・中村木公編：前掲書、「豚肉は支那式調理法に限る」、pp. 1–3.

62）田中宏・中村木公編：前掲書、pp. 12–13.

63）『田中式豚肉調理二百種』には、中国風の円卓を囲むスタイルも紹介されている。

　七時間近き頃いよいよ豚肉料理試食会が十五畳の客間に開会され、支那料理会食式の座食用の大なる圓食卓會場の中央に据ゑられ、主客九名其の周圍にずらりと圓座を作つた。最初卓上に載せられたのは琉球、鹿児島邊にて俗に『とんだふ』と稱する食器に盛られた蒲鉾、玉子焼、白茄、蒸煮、ばら肉の煮付の五品…

64）田中宏『田中式豚肉調理法』東京出版社、1916、はしがき

65）田中宏『田中式豚肉料理』玄文社出版部、1919、第三版はしがき　※さらに豚肉の生産量を増加させ、ハムやベーコン、ソーセージ、ラード、缶詰、塩肉などの加工品を製造し、国内での需要はもちろん、外国への輸出を図ることもまた国益につながるとの見方も示されている。

66）田中宏『田中式豚肉料理』子安農園出版部、1923、改訂増補第四版はしがき
67）秋山徳蔵『西洋料理通』四六書院、1930、p. 52.
68）辻徳光『羊豚肉料理』日本割烹講習会出版部、1926
69）高橋源太郎『青島案内　附山東鉄道沿線小記』高橋源太郎、1921、pp. 138–141.
70）北原碓三『一瞥せる台湾』拓殖産業協会、1923、p. 86.
71）尾池禹一郎『第一に知らねばならぬ支那の事情』東洋協会、1923、pp. 20–24.
72）吉井豊藤丸『支那から日米へ　附満鮮支那旅行者の為に』木内書店、1925、p. 60.
73）北原美佐子『家庭向の支那料理』アルス、1924、はしがき
74）櫻井ちか子『楽しい我が家のお料理』実業之日本社、1925、pp. 163–173.
75）甲斐久子『現代作法精義』平凡社、1925、p. 359.
76）中村俊子『新しい家庭向支那料理』緑蔭社、1926、はしがき
77）小林定美『手軽に出来る珍味支那料理法』弘成社、1926、はしがき
78）山田政平『素人に出来る支那料理』婦人之友社、1926、はしがき
79）山田政平：前掲書、pp. ６－７.
80）秋穂敬子『支那料理』東京割烹女学校出版部、1935
81）秋穂敬子：前掲書、はしがき
82）後藤朝太郎『支那料理の前に』大阪屋号書店、1922、pp. ７－８.
83）後藤朝太郎：前掲書、1922、p. ７.
84）大岡蔦枝『研究料理一般向支那料理』日本女子大学校泉山寮、1930、p. 10.
85）山田政平：前掲書、pp. 150–153.
86）昭和女子大学食物学研究室編『近代日本食物史』近代文化研究所、1971、pp. 636–634.
87）『三府及近郊名所名物案内』日本名所案内社、1918、pp. 65–66
88）田中静一「日本化した中国の食と料理」（『講座　食の文化　第二巻　日本の食事文化』所収）㈶味の素食の文化センター、1999、p. 234.
89）後藤朝太郎『支那料理通』四六書院、1930、はしがき
90）後藤朝太郎：前掲書、1922、pp. ３－４.
91）後藤朝太郎：前掲書、1922、pp. ６－９.
92）奥田優曇華『食行脚　東京の巻』協文館、1925、p. 32.
93）奥田優曇華：前掲書、p. 34. ※また本書にみえる記述で興味深いのが、「近年、世の嗜好に迎えられて居る」「支那辨當」なるものが、偕楽園が元祖だという記述である。そもそも「支那辨當」は、第一回帝国議会の招集時に「議院御用」で食堂に納入されていたとされ、関東大震災後も都内の焼け跡に「バラツクの假普請」を建て、営業を続けていたとある。
94）奥田優曇華：前掲書、pp. 36–37.
95）奥田優曇華：前掲書、pp. 47–49.
96）奥田優曇華：前掲書、pp. 17–18.
97）潘鐘華編『支那料理法　全』陶陶亭、1922
98）東京商工研究会編『有利な副業と小資本開業案内』富文館、1938、pp. 307–310.
99）石角春之助『浅草経済学』文人社、1933、pp. 268–279.
100）成沢玲川『米国物語』寿山房、1918、p. 80.
101）北村兼子『地球一蹴』改善社、1930、p. 188.
102）北村兼子：前掲書、p. 190.

103）湘南外史『欧洲各国戦跡めぐり　附尼港めぐり』中央出版社（1920）、pp. 33–38.

104）金岡助九郎編『満鮮旅行案内』駸々堂書店、1920、pp. 143–144.

105）山田毅一・『戦後の欧米漫遊記』放天義塾、1920、p. 16.

106）山田毅一：前掲書、p. 17.

107）早坂義雄『混乱の支那を旅して　満鮮支那の自然と人』早坂義雄、1922、pp. 184–189.

108）江原絢子　東四柳祥子『近代料理書の世界』ドメス出版、2008、p. 202.

109）外務省通商局編『満州事情　第2篇』外務省通商局、1911、p. 521.

110）外務省通商局編：前掲書、p. 522.

111）天籟居士『職業案内全書』実業社、1911、p. 66.

112）南満洲鉄道株式会社興業部商工課編『満洲商工要覧』満蒙文化協会、1922、pp. 59–68.

113）東洋協会編『東洋事情の宣伝』東洋協会、1922、pp. 13–15.

114）東洋協会編：前掲書、pp. 16–17. ※本書には、「新版圖内在住内地人」として、朝鮮346,496人、台湾153,330人、樺太82,764人（計582,590人）という数字も記載されている。

115）東洋協会編『東洋事情の宣伝』東洋協会、1922、pp. 17–20.

116）東洋協会編：前掲書、pp. 102–104.

117）後藤朝太郎『おもしろい支那の風俗』大阪屋号書店、1924、序

118）後藤朝太郎『支那趣味の話』大阪屋号書店、1924、序

119）尾池禹一郎『第一に知らねばならぬ支那の事情』東洋協会、1923、序

120）東洋協会現勢調査部編『支那料理の夕べ』東洋協会、1923、「次世紀を創造する世の婦人方に申上げます」pp. 4–6. ※本書は東洋協会大学・拓殖大学教授・宮原民平の口述を基本とし、同じく東洋協会大学教授・東洋協会主事・後藤朝太郎の意見を反映し、編纂された一書である。

121）李鴻恩　本田清人『手軽な惣菜向支那料理』大阪屋、1925、凡例

122）李蔭泉講述　南満州鉄道社会課家庭研究所『支那料理の名稱解』南満州鉄道社会課家庭研究所、1929、緒言

123）中野虎之助助述　的場英編『家庭向の支那料理（婦人文化叢書第3編）』大阪割烹学校校友会、1925

124）吉田誠一『美味しく経済的な支那料理の拵へ方（実用家庭講座）』博文館、1928

125）石川泰成「後藤朝太郎の支那学の構想」（『九州産業大学国際文化学部紀要』第19号所収）九州産業大学国際文化学部、2001、pp. 1–18.

126）劉家盡「後藤朝太郎・長野朗子　孫訪問記および著作目録」（新潟大学環日本海研究会編『環日本海論叢』第14号所収）新潟大学環日本海研究会、1998、pp. 39–43.

127）東洋協会（創立者　桂太郎）の活動内容としては、「學術講演」「殖民講演」などの講演活動から、機関雑誌『東洋』『東洋學報』の刊行、さらには調査出版や活動写真制作などにより、「亞細亞民族の文化的發展、共同福利の増進」への貢献を目指し、東洋文化の宣伝に努めた組織であった。「機關学校」に、東京の拓殖大学のほか、朝鮮の京城高等商業学校、満州の大連商業学校、旅順語学校、台湾台北の台湾商工学校の5校を経営し、文化事業に貢献できる人材育成にも尽力した。（参考：東洋協会編『東洋事情の宣伝』東洋協会、1922、pp. 8–10.）

128）後藤朝太郎：前掲書、1922、p. 2.

129）後藤朝太郎：前掲書、1922、pp. 2–3.

130）後藤朝太郎：前掲書、1922、pp. 5–6.

131）後藤朝太郎：前掲書、1922、p. 7.

132）後藤朝太郎：前掲書、1922、pp. 7–8.

133）後藤朝太郎：前掲書、1922、pp. 9-10.

134）後藤朝太郎：前掲書、1922、p. 10.

135）後藤朝太郎：前掲書、1930、p. 1.

136）後藤朝太郎：前掲書、1930、p. 1.

137）後藤朝太郎：前掲書、1930、p. 6.

138）後藤朝太郎：前掲書、1930、p. 136.

139）後藤朝太郎：前掲書、1930、pp. 137-138.

140）後藤朝太郎：前掲書、1930、p. 139.

141）後藤朝太郎：前掲書、1930、pp. 140-141. ※また本書の序文には、柳澤保恵らの協力のもと、「支那食」「洋食」「和食」を味わう台所司会という試食会が実施されていることが記されている。この活動に関し、後藤は中国料理が「益々民衆化（みんしうくわ）せんとする今日これ等の通人（つうじん）達がかう云つた普及（ふきふ）と研究に努力（どりよく）せられてゐる事は誠に慶賀（けいが）すべきことである」と賛辞を寄せている。

第３編　「家庭料理」という近代文化

第１章　家庭向け料理書成立への道程

明治維新後の日本が目指した西洋化という理念は、近代国民国家建設の礎石を担うと同時に、やがては現代に通ずる生活文化の基盤構築の端緒を開く要ともなった。特に西洋の生活観の受け入れのなかで確立した「資本主義経済」による市場構造の新しい展開は、「男は外、女は内」といった性別役割分業観を規定し、「近代家族」[1)]という家族規範の創出を実現する。この変革によって、家内領域は女性の手腕によって管理されるべきとの見方が呈され、経済的な家庭管理について説く家政書や家事指南書が多く刊行される流れが生み出された。

さて料理書の世界でも、家族の食事管理を一任されるようになった女性読者(主に中流階級以上)を読者対象とした家庭向け料理書という新たなジャンルが誕生する。近世までの料理書が趣味本的な意味合いや専門料理人の手控え的な特徴を有し、女性読者を対象としたものがほとんどない状況にあったことを鑑みると、この新しいタイプの料理書の出現は、料理書のジェンダーの萌芽というべき画期であったようにも思われる。

しかし、プロ向け料理書（主に男性向け）と家庭向け料理書（主に女性向け）という二項が並存する構造は、日本のみならず、資本主義経済を受け入れた国々に共通してみられる現象でもあり、特に産業革命を経験した国々において、家庭向け料理書は、家庭内を効率よく治めることが求められた女性の手控えとして、急激に刊行数を伸ばすことになる[2)]。またスティーブン・メネルによって、資本主義経済発祥のイギリスが、家庭向け料理書誕生の国であるとつきとめられた事実は、社会の近代化と家庭料理概念が密接に関連し合っていることを示す証左として捉えることもできよう[3)]。

そこで本章では、明治期に成立する家庭向け料理書の成立意義を解明し、家庭料理の発達・改良を切望した執筆者たちの想い、習得が求められた技能や知識の系譜をたどることを目指す。なお日本における家庭向け料理書の独自性を解明するには、産業革命を経験したいくつかの国々の料理書との比較検討を行う必要性も感じているが、本章では日本国内の報告に留めることとし、海外の状況との比較考察に関しては、今後の課題としたい。また本章執筆にあたり、食の文化ライブラリー、国立国会図書館を中心に所蔵が確認できた明治・大正期の家政書、料理書の文献調査を実施した。閲覧できた資料に関しては、序文や扉絵、目次構成やレシピ内容の調査を行い、それぞれの刊行目的や読者対象の詳細を明らかにすることを目指した。

第１節 「家庭の台所＝女性の領域」観の発生

明治以降の社会構造の変化の中で生じる男女の性別役割分業領域の明確な分離については先にも述べたが、これを反映して、明治の早い時期より、家庭は女性の領域という考え方を力説する出版物もまた増加をみせる。例えば、抄訳された家政書『泰西家庭精訓　巻一』（1877）には、イギリスの家政書執筆者として名高いイザベラ・ビートンの説が、次のように紹介されている。

> 第二章　女主ノ心得　ミストレス・ビートン氏ノ説
> 総テ家属奴婢タル者ハ女主ノ勤情ニ見倣フモノナル故ニ女主タル者ハ己レノ義務ヲ悉ク正真ニ行フ可キナリ而メシテ婦女ノ身ニ取テハ家事ノ義務ヲ了解スルヨリ外ニ貴キ事ハアラサル可シ実ニ一家ノ幸福安全ハ此ノ義務ニ関係スレハナリ[4)]

これによると、家事の指揮を執る女性は「女主」と称され、「一家ノ幸福安全」を維持するためにも、「家属奴婢」の見本となるような立ち居振る舞いが求められていた状況がみてとれる。いっぽう、同時期に著された『家政学』（1890）にみえる記述にも、「西洋の諺に曰く、『賢婦は家を造る』（The wise woman buildth her house）と、實に然り。一家に於いて勢力の最も大なるものは一家の主婦なり。家の榮ゆるも、家の衰ふるも、家の和樂するも、家の悲哀するも、其重なる源は万事に就きて主婦の支配宜しきを得ると否とにあり。總べて一家の事は女性の力に依頼すべきもの多し」と、家庭内における「主婦」のもつ影響力が強調されている[5)]。本書もまた、その自序によると、西洋の453種の「家政教育衛生經濟の書類」を基に、当時の日本の現状に斟酌しまとめられたもので、「英人ノ誇称スル Home」の実現のために学ぶべき学問としての家政学の普及を目指したとの考えを明らかにしている。

なお家内領域の指揮が女性に委ねられた理由については、同時期に書かれた『婦人必読通俗女子教育要論』（1888）に基づき考えてみたい。本書には、「女子の本分義務」が、「男子」との「体格心性」の違いに基づいて論じられている。例えば、「女子は（男子に比べ）力(ちから)か弱(よわ)く体(たい)か短小(たんせう)」であること、また「女子」には「妊娠」「分娩」「哺乳」といった「三大厄(さんだいやく)」があることなどが、「男女職業上の差別」を生じさせる要因であり、「軍人」「政治家」「力役業」などの職業には、身体的な理由から不適格であるとする主張が述べられている。さらに、「女子の品性は如何と云に、男子と餘程の區別あり、女子の感情は男子より強く、信仰心も亦敦く、記憶模倣に長くるも推理創造に短し、故に博士ミル氏は男子の脳力は理論的にして女子は實用的なりと云ひ、又優美の情緒に富み親切の感情に富めるは男子が女子に及ばざる所なりとも云へり、依りて此等の品性(ひんしよう)より考へ出せば、家事を治めて衣服を調度し飲食を料理し又よく節倹をなすこと、及子供を育て上げて是れに教への道を開く如きは、誠に女子に適當にして男子の企て及ぶにあらずと云ふべし」と、「女子」の心情的特徴が家庭管理能力において、「男子」より好適との見方を明示することで、家庭が「女子」の治るべき領域であるとの持論を標榜している。いっぽうで、「女子」を「児を育てる一家善良の文部大臣」且つ「家政を司りて一家節倹の大蔵大臣」などと表現することで、家庭内での存在の重要性を強調しながら、「男子は世間に対するに在り、女子は男子を輔けて淑女良妻賢母となるに在り」といった大鳥圭介の「演述」からの引用も挙げている[6]。特に、女性に求められた「淑女良妻賢母」イメージは、この時期の女性役割を如実に物語るキーワードとしても注視しておきたい。

ところで、国家は家庭の集合体という考え方から、家庭管理への精通は農村部においても重要視され、女性にとって学ぶべき教養として呼びかける農村女性対象の家政書も同時に刊行されている。例えば、『農家の細君』（1898）では、「貴族的の家庭、上流社會のホーム」のみならず、国家の大部分を担っている「農家の家庭」への家庭改良意識の普及こそ、報国実現の糸口になるとの意図が明示されている。また本書でも、性別役割分業発生の理由を、「今男女両性の異なる点を申せば、男子は其性質剛強にして大量あり、されば軍人となり政治家となり、農工商等の事業家となり、小は一家の幸福を計り、大は國家の隆盛を計るために力をつくさゞるべからずと雖、女子は全く之に反し、其性柔順にして男子の如く外に於て劇しき職務にあたること能はず、加ふるに精細緻密の質なれば、内にありて家政を掌どり風儀をおさめ子女の教養に従ひ、以て一家の安全幸福を計るに適す」と、前掲の『婦人必読通俗女子教育要論』（1888）と共通する主張を掲げている[7]。

実際この頃の女子教育に関して、女性向けの刊行物の中には、男性と女性の教育内容が明確に分離していることに言及する記述も増加する。例えば『通俗経済絵入日用家事要法』（1889）には、以下のような考えがみえる。

> ○家事經濟の學問　近頃世の風潮の移り換るに随つて學問も種々に科目を分ち男子の學問と婦女の學問とは公く其効用や方法を異にするに至りてより家事經濟に關する學問は単に婦女の爲すべき學問となり而して此學問は婦女が人の女房となりてから一家の事務を支配はする法を知らしむるものゆへ之を學ぶには最も實用に適ふを目的とするにあり
> ○家事經濟學の方法　婦女が家事經濟の學問を學び修る方法は成るべく少女の内に普通の學問即ち行儀作法習字讀書算術作文等を覺る傍ら又ハ之を修めたる後ちに裁縫洗濯編物炊爨等の即ち日用家事を整ひ括るに必用なる學問を學ばしむるを可とす斯くせなければ婦女の段々に成長して自分に家事を任せられたる時に差支る事あれば少女の内に之を學び置きて後日家事を自分が取るに方り差支なき様に致し置くべし[8]

これによると、「婦女の學問」として、「家事經濟」という分野の習得の必要性に力点が置かれており、できれば「少女の内」から学ぶことが後々役立つとの見解も明らかにされている。

なおこうした家事経済への着眼が貴ばれた背景には、明治14年（1881）に改正された小学校教則綱領が関係していることが指摘できる。小学校教則綱領第一条には、高等小学校の女児の科目とし

図3-1-1　西洋人女性に学ぶ
（『通俗経済絵入日用家事要法』1890）

て裁縫と家事経済（衣服洗濯、什器、食物割烹、理髪、出納など）が加えられ、それぞれの教科内容もまた詳述された[9]。実際こうした状況もあり、当時の家事経済教科書には、家事経済の重要性を訴え、定着を望む著者たちの声を拾うことができる。例えば、小学校教則教則綱領制定にともない上梓された家事経済教科書『小学家事経済訓蒙　巻之上』(1883) においても、「家事經濟の学科は。專ら女子の修むべきものなり」と、後に「一家を經理する」立場となる女子の学ぶべき学問であるとする主張がみえる[10]。さらに、「家事経済」について紹介する刊行物のなかには翻訳も多く含まれており、外国人の女性から学んでいる挿絵（図3-1-1）がみられることなどからも、「家事経済」の指針が西洋から導入された教育観念であったことも改めて確認される。

さて『小学家事経済訓蒙　巻之下』(1883) をうかがうと、「家事経済」において、費用のかかる「食事」が「最も緊要の部分を占むるもの」であり、「内政を掌る女子たる者」は「吾人の性命。及び體力を維持」するためにも、「常に飲食物の適否を識別」する能力が求められるとの視点が打ち出されている[11]。このように家事のなかで、特に食を重視する主張がみえはじめるようになるのも、この時期の特徴である。例えば、同時期の家政書『家事要法　下』(1883) では、「割烹」が「主婦に専任すべきもの」であり、「父」や「夫」の疲労を慰めるためにも、特に「飲食」と「家内の愛敬」が肝要であるとの視点が説かれている[12]。

また以下に挙げた①～⑤の引用からは、この時期の家庭の台所観を抽出することができる。

① 厨房（だいどころ）の事務（ようむき）ハ爨婢（おさん）に任放すべきことにあらず必ず内政（おかみさん）の理治（おかじめ）すべき所にて爨婢（おさん）ハ唯其指揮（さしづ）に従ふべきのみ。[13]

②日々ノ炊爨（にたき）ハ上下一般萬國トモニ家婦ノ掌ル所ニシテ家事樞要（かなめ）ノ務ナレバ決シテ忽ニスベカラズ[14]

③飲食ハ人ノ生活スベキ大本ニシテ一日モ缺クベカラザル者ナレバ一家經濟中ノ尤モ大事トイフベシ故ニ主婦タル者ハ須ラク厚ク此ニ注意シ一匙（サジ）ノ塩、一切ノ肉ト雖モ之ヲ用ウルニ疎略

アルベカラズ家事ノ小費ハ譬ヘバ落葉ノ如ク随テ佛ヘバ随テ生シ敢テ絶ユルコトナク漸ク積テ意外ノ巨費（オホツイヘ）トナルナリ[15]

④然ルニ我國ノ風習トシテ冨貴ナルモノハ品質ヲ撰ムヨリ割烹料理スルニ至ルマデ一切之ヲ婢僕ニ委托シ少シモ顧ミザルモノアリト雖モ飲食ハ家族ノ性命ヲ保續スル所ニシテ一家ニ取リテハ極テ重大ノ事ナリ之ヲ輕忽ニ附スルコトナカレ[16]

⑤賓客を饗應するときの料理献立ハ、よろしく割烹店に命ずべし、平常の献立ハ、自家におきて割烹をなし、能く一家の口腹に適ハしむるを旨とすべし、さて平常の献立ハ、下等ハ、大抵朝飯ハ、汁、香の物、飯、或ハ昼飯に、香の物、夕飯にさいをつけるもよし、中等ハ、大抵朝飯ハ、汁、香の物、飯、晝飯はさい、汁、香の物、飯、夕飯ハさい香の物、飯、上等ハ、大抵朝飯ハ、汁、猪口、香の物、飯、昼飯は、平、汁、猪口、煮物、又焼物香の物、飯、夕飯ハ、汁、さい、香の物、飯なり[17]

⑥婦女たる者ハ、内政を掌る者なるが故に、父或ハ夫の職事ニ勉強して、其疲労を慰むるハ、多く飲食と、家内の愛敬とに由る者なれば、成べく容色平温にして、喜悦の状を呈し、且常に其親、夫の嗜好する品物を豫知し、其度を量りて、口に適ふ様に、心懸くべき事緊要なり、去れども、其嗜好に任せて、常に淡味の物のミにてば、攝生の効なし、また假令嗜好のものと雖ども、永く同しきものを食すれバ、厭飫するものなり、故に朝夕種々のものを、交換して供すべきなり[18]

①の引用によれば、家内領域の管理を一任された女性たち（内政（おかみさん））は、台所仕事を使用人（爨婢（おさん））任せにせず、教示しなければならない立場にあることが強調され、さらに②の引用からは、どの国においても、「日々ノ炊爨（にたき）」が、女性たちにとって等閑視できない職務であるとの主張がみえる。また、③④の引用でも、家族の「性命ヲ保續」するために「飲食」に気を配ることの必要性が特に重視され、経済的な家庭管理において、「一匙（サジ）ノ塩、一切ノ肉」も「疎略」にしてはならないといった家庭の「割烹」の専任者としての心構えが説かれていたこともわかる。特に経済性を貴ぶ様子は、この時期の顕著な傾向であり、『臺所規則　一名厨房寶箴』（1880）においても、「厨房（だいどころ）の事務（ようむき）を処（とり）弁（あつか）ふには倹約と清潔とを怠るべからず」「倹約とハ奢侈（ママぜいたく）を慎むの謂（いひ）なり之を吝嗇（けち）と誤認（みまが）ふを勿れ」といった呼びかけがみえる[19]。

さらに⑤の引用においても、割烹店への饗応料理の注文はよしとしていながら、日常の食事づくりに関しては、具体的な献立形式を例示しつつ、「一家の口腹」に適した料理を「自家」にて調製することを促している。いっぽう⑥の引用からは、夫や義父母の好みを考慮し、家族の「摂生」に効果があり、且つ家族の好みに合わせ、厭きさせない内容の料理を、「朝夕」に変化を持たせて供する役割が、「婦女たる者」に求められていたことがわかる。家族の健康を気遣う内容が提唱されるのも、この時期の家政書や料理書に共通する特徴であり、特に女性たちは家族の口に合う味付けで、消化がよいように調理した料理を提供することが重要な本務とされた。[20)]

しかし『家事経済論　二』（1882）にみえる「飲食物ヲ割烹料理スルハ家婦ノ當務ナリト雖モ其品質ヲ撰ブニ於テハ主夫モ亦意ヲ用ヰルベシ[21)]」という引用からは、割烹は「家婦」の務めでありながら、「主夫」の意見をとりいれる必要があった状況もうかがえる。実際、本書の一巻にあたる『家事経済論　一』（1882）には、「一家ヲ理ムルハ夫妻共ニ之ヲ掌ルベシト雖モ婦妻ハ専ラ内ヲ理メザルベカラズ然レドモ大事ハ萬事夫ノ指揮ヲ仰クベシ[22)]」とあり、女性に家内運営のすべてが一任されていたわけではなかった様子も理解できる。

そしてこれと類似した視点が、江戸期の料理書『年中番菜録』（1849）においてもみえている。

> 家々の風儀により仕なれの料理といへるものあり　嫁入したる女などは日用番ざいにいたるまで其家の風の料理にしたがひかならず我まゝの献立などすまじき事なり　たとへいかほどせたいよくしたるとも女はとかくすなをにして其家の風にしたごふこそ道なるべけれ　すべて女はころものたちぬい食事の調しかたを第一とすれば貴もいやしきもかならずおろそかにこゝろえまじき事にぞ

本書は、江戸期に刊行された料理書のなかで唯一女性を明確にターゲットとしているものにあたるが、上記の引用によると、女性は嫁家の料理に従うべきで、自分流に「我まゝの献立」などを立てるものではないと明記されている。つまり1880年代の出版物には、まだこうした女性の采配では決定できなかった江戸期の状況が引き継がれていた様子がうかがえる。

しかし1890年代になると、今度は家庭が女性によって主体的に取り締まられるべき領域であると強調する主張がみられるようになる。

> ⑦就中　女は男子の志気を扶け励ます鞭策にして小児を養　育する家庭の師伝なり一家を經營て富豪になる大黒柱なりとすれば其一家の事は悉く皆な婦女の職分責任ならぬと云ふ事なし[23)]

> ⑧凡一家の經濟は、一家の幸福を増し、一家の繁栄を迎ふる大なる要務にして、家々母なり、妻たるもの、、常に意を注くべき大切なる職掌なり。…（中略）…今妻君方の掌るところのくりやは、即ち年中一日も休業の出來ぬ一の工場なるべし。諸君は其工場の取締役なり。日々數多の原料を買ひ集め、數多の器具を運用し、身體肥料の製造をなせり。今一個の工場を支配するもの、宜敷其工場の規様に從ひ、世計の収支を計り、適度の標準を立てるにあり。或は物価の高低を謀り、物質の善悪製造の精疎を分別し、奢侈を慎み、可成廉価にして、身體の滋養に叶ひ、人々の口に適ふものを調理する等、常に之等に注意すること、調理者の尤も責任なるべし。又味ひ加減の如きは尤も六ケ敷ものなり。[24)]

例えば、⑦の引用には、「女」は「一家を經營て富豪」にする「大黒柱」であり、「一家の事は悉く皆な婦女の職分責任」であると語られているように、家庭が女性にとって、絶対的な管理領域であることが示唆されている。さらに⑧の引用をうかがうと、一家の経済は「母なり、妻たるもの」の重要な職掌であるとしながら、特に「年中一日も休業の出來ぬ一の工場」、つまり「くりや」の「取締役」として、物価の高低を理解し、食材の質の良し悪しを見極め、「奢侈」を慎み、「廉価」「滋養」にこだわり、なおかつ家族の口に合う料理の提供が要務とされていた主導的な女性イメージが、⑦の引用同様、示されている。なおこうした従順な主婦像から積極的な主婦像への新しいイメージの転換は、家庭料理の采配が女の仕事であると決定づけられる起点として評価できると同時に、「家庭の台所＝女性の領域」観確立の証左ともとらえられるように思われる。

第2節　家庭向け料理書の萌芽

適切な家族の食事管理に精通する必要性が、1880年代以降の家政書などにおいて問われるようになることは先述した通りであるが、やがて台所が女性の絶対管理領域としての意味あいを帯び始める状況と並行して、女性読者を対象とした料理書が刊行されるようになる。次に本節では、家庭をつかさどる女性向けに出版された料理書を家庭向け料理書と称し、その特徴の系譜をたどることを目指したい。

⑨凡そ一家の賑ふは、これ庖厨の修まりより及ぼさゞるはなく、家政があり經濟の妙滑を期するハ、庖厨の適すると然らざるとによる思はざる可んや[25]

⑩然るに今一家の經濟とは、如何なるものなりやといふ事をも知らずして、父母を離れ夫の家に嫁し、◇かに家の務を司り、婢僕を支配するの大任を負ふものあり。他の藝術は熟したりとも、一家の經濟に疎なるものは其任に當るに、極めて不適當なるべし。夫衣食住の三のものは、一日も相離れさるものなり。特に、毎日惣菜の調理程面倒なるものなし[26]。

⑪家政を掌る所の細君たる者、常に此の書を坐右に置き自ら手を下して其の法に熟しなバ客を饗するに俄に人を料理店に走らす煩なく又日々惣菜の趣向に窮して家人の小言を招くことなかるべく山の芋を鰻鱺よりも美ならしめて来客の腹をゑぐり菽乳を鶏卵より旨からしめて家人に舌鼓を打たさすことも亦難きにあらじ一家經濟の本こゝに在りといふべし[27]

⑫本書は素人が手料理の便とすべき為に著したるものにして敢て六ヶ敷料理法を記さず即ち俄客ありたるとき狼狽せざる様にとて先づ献立調理の二に分ち更に四季及び雑魚類精進に分ち一見して山海の珍味を調理し風味佳良賓客をして満足せしむるものとせり[28]。

⑬庖厨は家事の要務なるに、間々いやしき事の様にあやまられ、日常の厨事は一に家婢の手にまかせ、客あれば料理店に命ず、都會にありては来客の用はそれにても足りぬべし、たゞ日

常の厨事に主婦の心得なきは、家事經濟、家事衛生の上に、損害多くして家政の要務を欠くものとす[29)]

上記の引用⑨～⑬は、この時期に女性向けに刊行された料理書の序やはしがきからの引用である。これらの引用に基づき、当時の刊行目的を整理すると、「婢僕」や「家婢」といった使用人まかせにせず、ふだんの台所仕事に習熟することの重要性や、料理屋に頼らず、自ら経済的に「お手製」料理で来客をもてなす試みこそ、家族の小言から解放される一歩になるなどの助言が盛り込まれている。なおこうした一家の経済への配慮は、これまでの家政書が目指していた思想とも共通している。

またこの時期の料理書名には、『即席料理素人庖丁　附手軽西洋料理』（1893）、『日用素人料理　附諸料理の献立及秘伝製造法』（1894）、『惣菜独案内　くりやの経済軽便素人料理　一名万家日用細君家政の宝』（1894）、『素人案内　日用料理の仕方　全』（1896）など「素人」向けと冠したものが多く確認でき、それと同時に⑫の下線でも言及しているように、あえて難しい料理法（「六ヶ敷料理法」）を記さないよう顧慮する動きも、この種の料理書に一貫する特徴として創出されるようになる。なお上記の料理書の序やはしがきをうかがう限り、「素人」にあたるのは、日常の食事の仕度が平生の日課であった主婦を指すものと推察され、料理店や仕出屋などで働く専門料理人向けとは区別された「素人」向け料理書が、これ以後、急激に刊行数をのばすこととなる。なかには『和洋日用料理　全』[30)]（1902）のように、多くの「主婦の職責」のなかでも、経済、裁縫、料理の三つが肝要であると言及しながら、「庖丁を下す術」に精通していない主婦たちの「歎声」に呼応し、「料理店」で「庖丁を執る」専門料理人向けではなく、「厨房に庖丁を執るべき主婦」といった女性読者の「羅針盤」として刊行したとの目的を明示しているものも確認できる。

いっぽう、⑬の引用にみえるように、「庖厨」を「いやしき」ものとして捉えることに苦言を呈する姿勢は、この頃から等閑視されていた家庭料理への関心や姿勢が改まっていく様子を表しているとも考えられる。こうした視点は、同時期に刊行された『家庭重宝和洋素人料理　全』（1904）においても、「我が国の習慣にて庖丁の事は賤しき業のやうに言なすめれど決してさせるものにあらす」と明記され、西洋の国々では、「漸々に此道の等閑にすべからさるを知りいかなる貴き夫人あるひは令嬢にても皆、其師に就て学ひ習ひる事とはなりぬ」と、女性たちが料理習得の重要性を理解し、師に従事し、習得に出向く習慣があることについても敷延している[31)]。実際、明治期の家庭料理の習得状況に関して、『家庭西洋料理』（1905）の序でも「明治の家庭は、一の健全なる新趣味を発見したり。近頃、家庭料理法の研究、とみに盛んになりゆき、世の夫人令嬢達が、甲斐々々しくも厨房の事に自ら手を下し給ふは、即ち是れにあらざるなきか。思ふにこの風尚たる最も喜ぶべく、何卒一時の流行に終らしめざるやう願はしき限りにこそ[32)]」との記述がみえることから、（享受していた階層差はあるものの）「夫人令嬢達」の間で、西洋諸国同様、家庭料理習得の趣味化の進行があったことが察せられる。

また一方で、以下の引用⑭⑮からもうかがえるように、時勢に合致した料理書の未完状況を憂い、実用的な家庭向け料理書の刊行を切望する料理書の序やはしがきが増加する様子も確認できる。

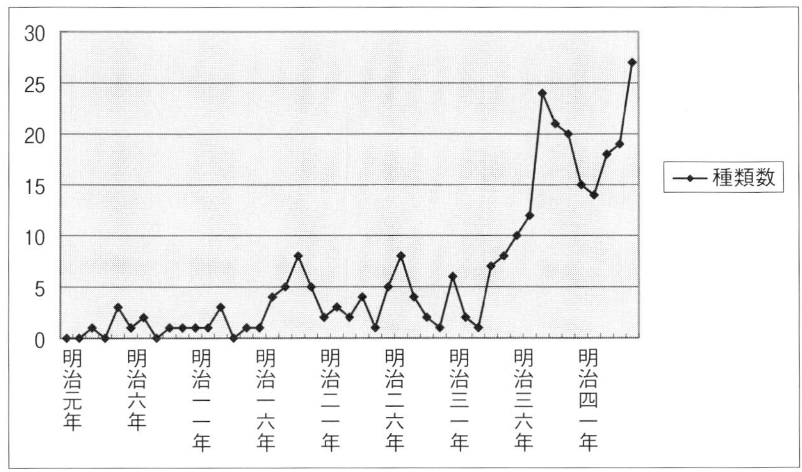

図3-1-2　明治期に出版された料理書の年次別種類数　※東四柳作成

⑭夫れ食なるものは一は衛生に係り一は交際場裡の媒介物たるをや明かなり近時此の書の出版夥多ありと雖も或は簡に過きて解するに難く或は古風に流れて時勢に相伴せず其の中庸を執るもの極めて尠少なり[33)]

⑮然れども此大切なる料理法といふものは、維新以来絶えて人に顧みられず、漸く此頃に至りて、稍世の注意を惹起すに至りましたが、未だなかなか盛大といふ事は出来ない、從つて料理に關する書物の如きに至りては、寂々寥々というて宜しい[34)]

こうした状況を勘案すると、この時期が、専門料理人の料理書とは一線を画した、家庭での日常食の調理に焦点をあてた料理書「家庭向け料理書」成立の萌芽期であったという見方はできるであろう。さて図3-1-2は、明治期に刊行が確認された料理書274種の年次別刊行数をみたものであるが、明治30年代後半を境に刊行数が急増する傾向が指摘できる。またこの時期には、刊行数の伸びと比例して、家庭料理の習得の重要性を説く書籍の刊行はより高まりをみせ、「家庭」を冠した料理書も多数刊行されている。さらに、時を同じくして、家庭料理を家庭の「平安の種」として捉え直す傾向も顕在化し、現在に通じる家庭料理の規範が、いよいよ確立することとなる。

⑯苟くも一家を治むる主婦たる者は、簡易なる和洋料理、言葉を替へて云へば、家庭料理法の一般を十分に會得なし置かざるべからず、其の會得し置くの必要は、決して客の待遇を厚くすると云ふ次第にあらず、卽ち一には經濟の助と為り、二には人間生活の基盤たる食物の配合を巧みにし、随がつて一家の娯楽を十分ならしむるものなり、故に料理法は裁縫と相並んで、女子の必らず修めざる可からざる必要の科目なりとす。[35)]

⑰旦に家を出れば擾々たる世務あり、其の額に汗するものと心を役するものとを問はず、夕に至りて気綯え躰疲れ、惘々然として帰り来れば、児あり路に迎へ、妻あり門に俟す、眉の攅

するもの漸く叙ぶるなり。すでにして食饌前に陳る、細君の自から塩梅調理するところ、飯香魚香相雑りて卓邊に靉靆す、乃ち碗を左にし筋を右にすれば、怡然として相悦び、終日の勞苦一掃して痕なく、平和の藹々として堂に充つ、嗚呼、飲食は人生の大事なり[36]

⑱第一に、将来我が日本帝國の事業を負擔するに堪へき有為有徳の子女を養成訓育する良妻賢母となるにあり
第二、に能く節倹を守り、一家の内政を整理し、家族團欒の幸福を全するにあり
第三、に能く柔徳を修め、物に接するに温和を旨とし、子女を慈愛して、之れが模範となるにあり…衣食住のうち特に、食物は健康、道徳、及家庭の和樂等の依て生する基にして、料理法の巧拙は、直に婦人の責任上にも關するほどのものなれば、禮法と料理と併せ修めて以て、品性を高め厨房を處裁し、現世の幸福と未来の安樂とを、完ふせらんこそ肝要ならめ。[37]

⑲一家の平和は食物に始まり、主婦が食物の丹精は家人をして活氣を帯ばしむ、活氣ある家庭には罪悪起らず[38]

上記の引用⑯〜⑲の下線部に注目すると、家庭料理は、「一家の娯楽」、「家族団欒の幸福／現世の幸福と未來の安樂」、「一家の平和」などの源であり、「終日の勞苦」を忘れさせてくれる大切なものであると示す考えが共通していた様子が見いだせる。なおこの時期の料理書のなかには、理想的な一家団欒の風景が挿絵で描かれているもの（図3-1-3）も確認できるが、実はこの頃より100年ほど早いイギリスの料理書で、同じような挿絵（図3-1-4）に出会うことができることからも、こうした一家団欒の概念もまた翻訳された刊行物などを通して、西洋から受け入れられたことが理解される。

いっぽう料理書ではないが、同時期に刊行された『婦人修養と実際』（1911）にみえる次の記述では、割烹への配慮が、特に夫の心を喜ばせ、夫婦間の愛を深めるきっかけになるとの見方を明確にしている。

家庭に於て料理が作られるとすれば、一々仕出し屋へ使を走らすやうな手數がなく、好みに應じ望み次第の物が出來、且つ經濟上にも利益があるので、主人もまた會席などへ足を運ばず、横道へ踏み迷ひ家を外にするやうな憂へも失せ、全く團欒の樂みを味ひ得られるから、割烹は家庭和樂の基礎とも云へるのであります。たとへば家長が何か胸を悩めて歸り來り、晩餐の膳に對した時、主婦が料理するのを面倒に思ひ、早速間に合せとして、鮭の鹽引でも焼いて供したとすれば、忍耐のある人なら直ぐに怒りもすまいが、頭の中は益々ムシヤムシヤするから、其のうち妻の落度でもあると、茲に平和は破れ、面白くない結果を齎らす事になります。之れに反して妻が眞情を籠め、細心の注意を拂ひ、常に夫の好む食品に趣向を凝らして其の卓上を飾られ、且つ見るからに滋養に富みさうな物を調理して其の勞を慰めるならば、夫は眞に愉快を感じ、心から妻のゆかしい情を感謝するので、妻はまた夫の意中をしみ

図3-1-3　一家団欒
（『家庭西洋料理と支那料理』1906）

図3-1-4　英国の家庭
（*The Housekeeper's Receipt Book* 1813）

じみ嬉しく思ふから、感應によつて愛は美はしく結合されるのであります。…（中略）…世の中が忙しくなるに連れ、外の仕事が次第に殖えるので、従つて家庭の樂みと云ふものを味ふ時間が、少なくなつて來るから、せめては一家團欒の食事だけでも、睦まじく樂しく、しかも行儀よくせられたいのであります。[39]

この引用によれば、家庭料理の熟達が、経済上に利益をもたらすのみならず、「横道へ踏み迷ひ家を外にするやうな」夫の心をとり戻すきっかけになるとし、「家庭和樂の基礎」を構築する「團欒の樂み」を作り出す手だてになるとの主張が示されている。またこれと類似した切り口の内容が、同時期のベストセラー料理小説『食道楽』（1903）にもみえる。本書には、「日本の男子が食物に無趣味」であるのが、「家庭料理を進歩させる事の出来ない大原因」だとし、「日本の男子は酒食に金銭を浪費する事は惜しまずして更らに食物の趣味を解せん、料理屋へ往つて美味いものを食べる事は好きだが家庭で美味いものを拵らへて家人と共に食べる事は嫌いです、爾う云う有様だから夫婦が和合しないで一家の幸福もありません」と、食に無頓着で、家庭料理に見向きもしない「男子」を憂う姿勢が明記されている。さらに「善く今の男子は家に居て女房の顔計り見て居ても倦きるから遊びに出ると間違つた事を言ますが日本人の家庭には夫婦共同の仕事が無いから退屈するのです」と性別役割分業観が浸透している社会状況から生じる食い違いを指摘し、「主人」「妻君」

が「共に料理して楽む有様でしたら夫婦間の興味は毎日蓋きる事」がなく、「三度の食事を共に相談して共に拵へたら毎日相対して居ても決して倦きません」と、家庭の平安を導くきっかけとなる夫婦共同での家庭料理の調理を提案している[40]。

ところで、こうした夫婦間の愛情がクローズアップされる背景には、夫と妻と未婚の子供からなる近代家族観の浸透も挙げられるであろう。例えば、『日常生活　衣食住』(1907) に収録された「家庭料理」という項目では、近世の「いえ」観念から近代家族へ移行した状況について、「父教母訓の下にあつた一種の學校ともいふべき家庭が夫婦を中心とした一大揺籃に變じた」と言及し、特に「衣食住の三の中、食物といふが最も大切なことになる」としながら、「旨いものを食たいと思ふと、ホテルとか料理茶屋とかに行つてその慾を充たす」家庭の習慣を改めるようにも説いている[41]。また同じ頃に出版された料理雑誌『月刊食道楽　第二巻第十三号』においても、「家庭料理の原則」として、「茶屋遊びをしていろいろの誘惑に接し、過失に陥り易い機會を造ること」を避けることが提唱されている[42]。こうした事例は、不経済な外食との対峙が家庭料理を発達させる誘因であったことを示す証左ともなろう。実際、この時期の料理書や家政書のなかでも、「近來家庭料理といふことが日倍に盛んで一の流行となりました[43]」、「近來は家庭の研究といつた様のことの盛なるにつれて、家庭料理のことも大に進んで來た[44]」といった具合に、家庭料理への関心が高まりつつある状況について言及する内容も明記されるようになり、家庭の和楽実現の根幹をなす家庭料理発展の意義も少しずつ認識され始める様子も指摘できる。

さて家庭料理を、家庭の和楽実現の礎として見据える考えが高まる契機が何であったのかは一概には断定できないが、考えられる一つの要因に日露戦争（1904～1905）への参戦が控えていた状況が想定されよう。この時期の社会状況と家庭料理のあり方の関係が、『和洋家庭料理法　全』(1904) に示されている。本書の著者・赤堀峯吉は、戦局を控え、勤倹が求められた当時、「一家の庖厨を掌る主婦」たちに、むやみに「粗食」に賛成せず、「普通の原料」で「味官の好感」と「身體の營養」を両得することを目指すように説いている。さらに赤堀は、「人間の原動力」は「食物」であるから、「食物が餘りに粗末である時は、體力衰へ、充分職業に従事する事は出來ぬ、且つや營養不充分の爲めに、却て病氣を惹起し、遂に國家の為めに何にも竭せぬ事になる」とし、「若し我邦全体が戸々皆此料理法に則らんか、普通の食料品を取りて、尚美味にして營養滋々たるものを得、家族は身體の强壮を來たし、從て各其執る所の業務に勵精するに至り、一家の経済益、余裕を生じ、団欒の楽みも亦自ら発するものである、戸々斯の如くなれば、一國全体に余裕を生じ、和樂を求むる事が出來」、「富國强兵といふ國家の大目的」が遂げられるとしている[45]。つまり戦局に際し、家庭は国家の一個体であるという観念がより強固に意識されたことで、必然的に「一國全体」の余裕に繋がる「一家の經濟益」や「団欒の樂み」が家庭料理の改善によって叶えられるといった風潮の高まりを確かなものにしたと考えられるのではないだろうか。

さて家庭の和楽の追求のなかで、明治の終わりごろからクローズアップされるようになったのが衛生観への着眼がもたらす効果でもあった。同時期の料理書『割烹叢話　第一巻　和食割烹』(1907) では、「元來料理と申ますものは、人の身体を養ひ精神を快くし、家庭を樂しましめ交友をむつましうするを目處と致しますから、苟にも人の感情を損るようなことがございませんやうに務めませんけれはいけません」と、やはり家内平和を目指す料理の意義に触れながら、「汁椀」の中の「御飯粒」、「茹物」への「髪毛」の混入、「眞魚板」や「布巾」についた悪臭、錆だらけの庖丁、「洗流米」や「魚の腸」などが残っている「水流」などが家庭不和の原因になるとして、台所の衛生を配慮することの必要性について言及している[46]。

こうした衛生観の見直しが、料理書の中で具体的な事例をもって提起されるようになるのもこの時期の特徴で、古くから続く料理人家系・生間流当主の生間正起も、①髪の毛が飲食物に入らぬようになでつけること、②垢がたまりやすい指の爪はきること、③手を洗い、口をゆすぎ調理に関わることなどの注意点を挙げ、万が一、失態があった場合には、「家庭を主宰する妻君」のみならず、「亭主」を赤面させることになりかねないとの注意を喚起している[47]。また、これまでの不衛生な台所構造を改良することの重要性も叫ばれるようになり、家庭の中核として刷新される台所の新たなイメージも見直され始めるようになっていく。例えば女子英学塾家政科教師・川島よし子は、自身のボストンでの留学経験で目の当たりにしたアメリカの「台所中心主義」に言及し、台所の設計に重きを置くアメリカの理想的な台所観を評価している[48]。こうした流れを俯瞰するに、家庭向け料理書成立の背景には、単に家族の食欲を満たす目的だけでなく、報国を実現するための家庭料理が果たす情緒的な効果が常に問われる状況があったことも特記できるといえよう。

第３節　読者に求められた三つの課題

１）問われる実践の必要性

①指導型主婦の登場

1900年代以降、刊行数を伸ばす家庭向け料理書が何より重視したのが、使い勝手のよさと、実践することの大切さであった。先にも指摘したように、明治の早い時期に刊行された料理書のレシピは、食材や調理法の専門的な知識がないと理解が難解なものも散見されるが、家庭料理への関心が高まり始めると、女性読者のために「読みやすさ」を考慮する動きが出てくるようになる。例えば、『惣菜料理のおけいこ』（1907）では、これまでの料理書の不便さを批判し[49]、さらに「鹽、麹、拵へ方、買ひ、水は、お弁当」を、「鹽、麹、拵え方、買い、水わ、お弁当」などといった具合に、口語体の読みで表記する工夫がなされている。また『実用家庭料理法』（1905）にみえる次の引用にも、当時の料理書の使いにくさが問題視されている。

> 従来料理書の種類は夥多に出版ておりますが、何れも初心の者には分り兼るのが多いやうです其れと申すも悉皆料理人の為の参考にする目的で編輯ましたものばかりですから、其れ故にいくら料理書を閲ましても、甚麽も實地に行ことができませぬ、其うへこの料理書の編輯と申ますと昔でも現今でも甚麽も其の著者の多くは、庖刀の持ち方や魚の切方を知らない者が、何れも糊と剪を持ちて、其れから夫れと古書より截り張細工をいたしまして編輯ましたものが多いかと思はれます、夫故近世發行ます、料理書の中にも随分前申したやうな無責任の書が多いので寔に斯道を研究いたす方々には甚だ嘆はしきことで厶ります。[50]

上記の引用にもあるように、この時期の料理書は、過去の料理書からの焼き直しで構成されていたものが多いのも事実である。そこで著者の亀井まき子は、この課題を克服すべく、自身の割烹教場での実際的な教授内容をもとに、「料理の準備」「厨房の経済」「調理場の構造」「器具取扱法」「魚鳥野菜の切方」「飲食物撰擇法」「材料購入に際す鑑別法」「主婦の注意」「鹽梅加減の説明」「料理の配合」「煮出汁の製法」の詳説から、「汁物」「煮物類」などの「調理法」へと展開させ、基礎的な事項を丁寧に解説する体裁をとっている。また、収録されているレシピについても、「なるべく調理易き料理品」に留めたとし、「実地で家庭で出来る」料理の手引きとしての活用を読者に望んでいる。

いっぽう『実験家庭料理法』(1911) でも、「従来出版せられたる料理書の多くは、全く實用的ならず」と、前掲書同様、これまでの料理書をあやぶみ、「多くの人は書によりて効を納めたるものなく、當今の割烹の書籍としては何等用も便ずるもの無しと云ふ人あれどもこは又考ふべき事なり」と、実用的な料理書の不在を嘆いている[51]。本書の著者の一戸伊勢子もまた「一戸食物研究所」を開設した割烹専門家である。本書において、一戸は料理の技術は「師に就きて實験する」ことで「實物の成果」を得ることができるのに対し、「書」での習得は「實験」が伴わないことを危惧する考えを示している。そこで、著者自らが実験を通して得た要点を反映させ、「日常食事の改良」を目的として、経済的な材料で、滋養に富み、さらに風味を生かした内容を顧慮したとの主張をみせている。

なおこれらはいずれも女性執筆者の視点であるが、実際に女性執筆者が増え始めるのも1900年頃からの傾向であり、特に実際の経験や実験に基づいた実用的な内容の提案が試みられていく興味深い風潮が指摘できる。さらに地方の生活に着眼し、農村部での食習慣にも適合する料理書の刊行に踏み切る動きも顕在化する。例えば、赤堀割烹教場を開場した赤堀峯吉らは、自著『日本料理法』(1907) において、「古來料理の書世に少からざれども往々此三訣の具はらざるものありて、近くは家庭料理の要求頻繁となりしも、しかもそれすら鳥獣魚介の珍味に重を置きて言はんは都人一部の家庭料理に終らんとするの恨あり」と、料理書が都会の生活者をターゲットとしているきらいを指摘し、「本書は我が赤堀教場が如上の缺點を補ひ、手近の芋、蘿蔔より乾物、鹽物、鮮魚、鳥獣の割烹に至るまで廣く一般の家庭に應用さるべきものを選びて鄭嚀深切に講述し、以て健全なる都會の眞味を山間僻地の人に頒たんとするもの也」と、地方の読者を掌握しようとした主旨を伝えている[52]。なお都市に限らず、地方でも実践可能な家庭料理を提案しようとした努力は、広く慕われる定番レシピを生み出す素地となると同時に、日本人の共通認識を醸成させる契機となっていったものと思われる。

さらに、こうした家庭向け料理書の刊行が増加する中で、はしがきや序において、特に料理（割烹）の重要性が強調されるようになり、若いうちより、料理術を習得することの必要性も同時に叫ばれた。それについては、以下に掲げた『最新日本少女宝典』(1912) にみえる「女子と料理法」からの次の引用を参照されたい。

割烹とは厨のわざで、即ち料理法のことであります。凡そ女子として心得べき學問技藝は数

> 多くありますけれど、其中でも最も大切なのは、此料理法なのです。…（中略）…それには矢張り、大人になつてから急に思ひ立ちますより、子供の折から心掛けて、練習を積んでおく必要があるのです。[53]

また本書には、「一家の主婦として、自ら立働く場合は云はでものと、假令大勢雇人がゐて、自ら手を下す必要がない家庭でありましても、充分に心を付け、衛生や經濟の研究を怠らず、兼て又一家の者を喜ばしめる様な、美味しい品を調へるように、常からの心掛が肝腎であります」といった記述も確認でき、料理書の読み手であった女性読者が必ずしも直接の調理に関わっていたわけではない状況も示唆される。これに関しては、同時期の料理書『新撰割烹手引』（1901）においても、「素より主婦の手づから厨事をなさぬまでも、家婢にその献立原理を命ずるほどの心得なくてはかなはず」[54]と、主婦には実践よりむしろ「家婢」を指導することが求められていた様子が説かれている。つまり明治期の多くの家庭向け料理書は、実践の必要性を説くよりむしろ使用人へ的確な指示を出すために、料理の基礎事項を理解することが求められた「指導型主婦」（図3-1-5）を対象としているものであったことにも注意しなければならない。[55]

しかし『和洋家庭料理法　全』（1904）では、主婦が調理への関与を放棄することをはっきりと批判する主張もみえる。[56]さらに料理の実践の重要性が貴ばれるなかで、料理学校の開設や、料理の講習会の開催も方々で相次ぐようになり、家庭向け料理書の読者たちは、直接料理の専門家の教授に与る機会を求めることも可能になる（図3-1-6）。なかでも、こうした場で活躍する「割烹教師」という職業はなかなかの人気業種でもあったようで、その様子は『女子職業案内』（1906）に以下のように詳述されている。

図3-1-5　指導型主婦（『素人料理年中物菜の仕方』1893）

> 割烹教師　これは未だ至てその類が少い為に非常に世間から歡迎されて、彼方からも此方からも依頼のあるので、その収入は中々少くない、先づ女子の職業としては上の上に属すると云ふ有様である、如何いふものか我國の婦女には従来の習慣として厨房の事は甚しく輕く思ふて、少しく地位身分のある婦人や富

図3-1-6　料理のお稽古（『家庭実用西洋料理の栞』1907）

> 豪の妻女の間には凡てこれを下婢任せにして勝手元へ手を下すと云ふことを致さぬ……致さぬ計りでは無く甚しきはこれをするのを耻の様に思ふたものであるが、近來は厨房の事は衛生にも經濟にも至大の關係があると云ふので大層な勢を以て婦人社會に流行し始めて治庖の事は婦女唯一の爲事のやうに爲つて参つた、從つて研究會とか、講習會とか云ふ名稱の許に料理法を教授する場所が諸方に出來て一週二度又は三度づゝ教習するのであるが何れの會も中々の繁昌を極めて居る、それ許りでは無く全國の女學校……高等女學校やこれと同程度の私立學校までが家政科の一科目として之を教授すると云ふやうに爲つて、今では國文や裁縫などと同じく殆んど必修科の如き有様に成つて居る、それにこの料理と云ふものは兎に角にその結果が目の前に見えて興味の多い、加之もその爲事は婦人の嗜好に適ふものであるから生徒が好むで講習を望む傾きがあるので、意外にその成跡は好いと云ふことである[57]

また本書には、「料理店の主人とか、料理人の内で可成的人格の高そうな人に依嘱し」たとしても、「材料の撰擇とか技術」には申し分ないが、「學理」に関しては「完全」とはいえないと指摘し、「婦人に對つての教授をすることであるから願くは婦人の教師が望ましい」ともあり、「割烹教師」を女性の職業として評価している。また「割烹教師」の人気ぶりについても、「若し眞面目にこの割烹を修業して眞に教師となる積りで勉強したならば立派な一廉の婦人の職業として前途甚だ有望な職であるやうに思はるゝ、府下でさへ右申すやうな有様であるから、地方に至ては更にその教師の缺乏は甚いから、需要の道は幾許もある」と伝え、「つまらなく小學校の女教師や幼稚園の姆姆などをするよりは遥に優である」と、「割烹教師」としての就職を奨めている様子もみえる。さらに講習会のほとんどが、「自己の家庭に必要なる料理法を教授」するものであるとしていながら、「月曜會（岩佐千賀子夫人、志賀鉄千代夫人らが主唱）」「治庖會」「赤堀割烹場」「石井割烹場」「秋穂割烹場」が割烹教師育成に乗り出していることにも言及している。実際、明治期に刊行された料理書には、明確に女性の専門料理人を読者対象としたものは確認できていない。「割烹教師」として、初めて女性の専門職が誕生することもまた「家庭＝女性」概念が浸透したゆえの結果といえよう。

②読者層の拡大　～指導型主婦から実践型主婦へ～

いっぽう明治の終わりの料理書には、「お爨どん」（使用人）まかせで、家事を等閑にしがちな「細君」（主婦）の様子を残念がる記述もみえている[58)]。そして大正期を迎え、深刻な女中不足などの社会状況の変化などによって、使用人を的確に指導するのではなく、直接台所仕事に携わることが職務に求められた「実践型主婦」を対象とした料理書も展開をみせていくこととなる[59)]。それに伴い、使用人不在の「実践型主婦」の挿絵（図3-1-7）も描かれるようになり、台所仕事に積極的に関与する女性読者像の拡大とともに、「読みやすさ」を追求する家庭向け料理書もますます増加の途を辿ることとなった。

なおこうした読者層の転換が起こった背景には、使用人不足や経済上の問題だけではなく、1900年頃より起こる「主婦天職論」の影響も大きい。実際明治の終わりになると、主婦とは女性としての天賦・性合に基づく任務であり、使用人任せにせず、主婦自らが家事の実践を行うことが、家庭の繁栄、さらには国家の発展に寄与することになると主張する家政書の類も多数出版された。例えば『家庭教訓　家政と衛生』（1901）には、「女子と生れては、男子を助けて、それそれ其家を齋ふるにあるのです」と説かれ、「男子は外を働き、女子は内を治める、それが相互の天職で、其それそれの天職をよく盡しさへすれば、男女両性の働がピッタリと合つて、所謂一家和樂、一國安寧で、かくてこそ御互に、人としての道が盡されたのであります」と、男女それぞれの天職としての役割が明文化されている。しかし、本書の新しさは「言ふよりは行へ」という精神の強調であり、理屈をこねず、「蛙鳴蝉噪に止まらず、よく實際の上に、働を見せるのが第一です」と実践することの大切さを主張している[60)]。いっぽう同時期の家政書『女子の王国』（1903）においても、「凡そ家風の善悪如何を最も好く代表して居るのは其家の臺所である」とあり、「其家の主婦が眞に主婦たる心掛を持ち一家の盛衰を双肩に擔ふ覺悟があつて敢て安逸を貪ることなく小さい所

図3-1-7　実践型主婦
（『家庭洋食料理法』1921）

にまで眼を配り、物の譯らぬ下女を監督して巧みに之を使役すると云ふよりか寧ろ自分が主になつて働いてこそ始めて整頓も見られるのです」と、ここでもやはり台所仕事に積極的に関わることの重要性を強調する記述がみえる[61]。

こうした単なる性別分業論から脱却した新たな局面ともいえる主張は、同時期の料理書の中にも確認できる。例えば、櫻井女塾塾長・櫻井ちか子は、自著『実用和洋惣菜料理』（1912）の緒言において、「凡そ一家の主婦卽ち人の妻たり母たる者は家政を司つたり子女を教育したりして良人に後顧の憂ひのない様にすべきものと信じます、此の天賦の職務を盡して所謂スウィートホームを作り何時も一家團欒の快樂を享けられる様にするには常に一家族の身體の健全と精神の快活を計らねばなりません、それには毎日の食物を吟味した上巧く料理て一同に滿足を與へる事が肝要であります」と自身の考えを示し、こうした心掛けの怠慢が不平をいだく子供の買い食いや良人の「料理店」通いという悪習を招くことになると注意を喚起している[62]。さらに主婦の「善良」な心掛けがもたらす好結果に関して、次のような主張をみせている。

> 主婦たる者の心掛が善良くて豫め料理法を研究して置き常に食物の選擇と味ひの調理に注意を拂つたら良人の嗜好にも投じられ子供の滿足をも得られるのです、それで子供は三度の食事を何よりの樂みとして間食などはせず良人は終日の疲労も全く快感の裡に慰癒されて明日活動の新元氣を養ひ得られますから一家の益々榮え一族益々丈夫になるといふ有様で主婦の心盡しの効があるといふものです、之は單に其の一家の爲に祝すべきことでありましようか、私は其の國の爲に賀すべき事と思ひます[63]。

これまでみてきた考え方同様、ここでも家庭の和楽の実現が、家庭の、ひいては国家の幸福につながるとの見方が提示され、その担い手たる女性の本分が記されている様子が確認される。さらにちか子は「費用かまはずに料理に熱中する様な事があつては一家の經濟を亂し却つて家内不和の種となる恐れがありますから成るべく金銭をかけないで美味しく食べられる物を考へて此の書に載せた」とし、翌日の献立を前日のうちに考えておくことや、「鳥渡した物」を2皿ほどこしらえる技量の大切さにもふれている。また「斯様に心掛けて毎日の食事の世話をする事を面倒だと思つては味の好い物は決して出來ませぬ、自分の理想を實行する善良い快樂と思つて致しますと手數のかゝる事も喜んでする様になります」と実践への働きかけをより強調し、本分への積極的な努力の結果として、「美味しい物が出來て家族の者どもが主婦の心盡しを感謝する様になり自分も樂しく月日を送られ家庭の内には自然に和氣が充滿ちる様になります」と結んでいる[64]。

実際日清戦争（1894）、日露戦争（1904）、第一次世界大戦（1914～8）といった度重なる戦争に見舞われた20世紀以降の日本社会は、産業化の発展に伴う都市人口の肥大化により、自らの生活基盤の確立が求められた新中間層の形成を実現した[65]。なお新中間層の主婦に求められた課題について、小山静子は「夫たちは、家庭から離れた職場へと通勤する俸給労働者としての生活を送り、妻たちは生産労働から切り離されて、主婦として、場合によっては女中を使いながら、家事・育児に専念していたことである。家族は生産機能を失い、消費・再生産の場へと純化していたし、貨幣経済が浸透している家庭において、妻たちは夫の給料によって家計をやりくりしていかねばならなかった[66]」と記し、家計のやりくりが最重要事項であったことに言及している。そしてまさにちか子が読者対象に据えたのが、こうした新中間層に属し、「良人」のパートナーとなる「実践型主婦」であったといえる。

ところで、「実践型主婦」たちの苦悩もまた同時期に出版された家庭向け料理書の中において反映されている。例えば三輪田高等女学校・和洋女学校の教授であった西野みよしは、自著『家庭実用献立と料理法』(1915) の序において、「新たに、家庭を持ちたる婦人の自白を聞くと、日々日々、最も心配な事は、明日の献立を如何にしやうかといふことである、即ち、若し経済を構はずして庖丁を採れば、月末が来て主人に申譯がなからう、さりとてあまりまづきものを食卓にのせるとせば、又主人が何と思ふかもしれんと恐らくかかる煩悶は、強ち新しき家庭を持ちたる婦人に限るまい、一般に一家の主婦となるものは、たとひ頭に雪を頂くやうになつても、之をとり去ることが困難であらう[67]」と説き、いくつになっても、経済的でいて、美味しい献立の作成には困難を有するとの考えを示している。

いっぽう『美味衛生安価料理法五百種』(1916) の序にあたる「奥さまへ！　お台所係りへ！」には、「毎日三度三度のお惣菜が一家の人々の貴い生命と、家政経済の大半と及び和樂慰安等に多大の影響を及ぼしつつあることは豫想外と謂ってもよい位でありますが、多くの家庭が在來の習慣や惰性によって無意識に単調平盤なお献立を繰り返へし、折角の材料を殺して使ふばかりでなく、無駄な費用を投じて生計の難に陥らんとしつつあるのは謀らざるの甚だしきものではありますまいか[68]」と、無計画な食事作りもまた浪費につながることに言及し、その不経済性を指摘している。

なお無駄な出費や単調な献立の繰り返しを嫌悪し、自ら調理に勤しむことの重要性を叫ぶ主張は、1910年代以降、一層増加する。例えば東京割烹女学校を主宰した秋穂益実も、自著『秘伝公開家庭料理の拵へ方』(1917) において、使用人任せにせず、主婦自ら庖丁を握ることの重要性を主張し、一家の主婦が心得るべき「家事經濟の原則」に、「比較的少額の金で以て比較的滋養の多い風味の佳い食物を食膳に供へる」ことを掲げ、衛生、滋養、嗜好の３要素を調和した調理法に熟達する必要を説いている[69]。さらにこうした主張は、料理書のみならず、『家庭礼法と手芸』(1916) や『家事経済良妻』(1919) などの家政書においても反映された。いずれも料理屋や仕出し屋から饗応料理を取り寄せることを不経済であると嘆くとともに、「店屋物」より主婦自らが手がける「心盡しの手料理」のほうが「一層の味」や「云ひ知れぬ温み」があり、「良人」も「友垣」も満足するとの考えに繋がっていくとの考えが示されている[70]。

２）戦争に導かれた栄養経済料理への視点

①模索された代用食

近代の食生活を考える上で、諸外国との戦争の影響は看過できないだろう。実際、日清・日露戦争、第一次世界大戦への参戦は、物価高騰という社会問題を日本国内に蔓延させ、国民生活に大きな不安をもたらした。こうしたあおりを受け、1910年代には『一品五銭今日の料理』(1916)、『どなたにも向く安価お料理』(1916)、『美味衛生安価料理五百種』(1916)、『三品十銭今日の御料理』

(1917)、『衛生経済家庭実用料理』(1917)、『一品三銭で出来るおいしい料理』(1917)、『安価生活割烹法』(1917)、『安価生活三百六十五日料理法』(1917)、『家庭経済食物の調理』(1918)、『経済で滋養のある日々のお惣菜』(1918)、『滋養経済お手軽料理』(1919)、『経済生活代用食調理法』(1919)、『最新経済滋養料理』(1920)、『代用食の研究』(1920)、『安価滋養食品料理法』(1922) といった書名からも明らかなように、「〇品〇銭」「安価」「経済」などの節約を重んじるキーワードが論われるようになり、戦争による物価高騰に対応するため、経験豊かな料理書執筆者たちの知識が結実した経済的な家庭向け料理書の出版が相次ぐ状況がみられた。次に戦争を機に見直された家庭料理の特徴を、1910年代の家庭向け料理書の特徴を基に紐解いていく。

特にこの時期の国民生活に重くのしかかった難題が、米価の高騰問題である。シベリア出兵にかかる軍用米買い占めの横行、都市への人口流出に伴う農村の労働力不足による国産米の収穫高低下、さらに外国米の輸入が減少するなどの状況下、国産米不足はより深刻化し、大正７年(1918)には、魚津のおかみさんたちの暴動を機に、日本各地で米騒動が拡大した。なおこうした状況を打開するため、原敬内閣は外麦関税の減免を実施。さらには日粉、日清の製粉会社の子会社にパン製造を要請するなど、米の代用食としての粉食（めん・パン）の称揚に乗りだす動きもみられた[71]。

さてこうした生活難に対応する工夫の考案・伝達こそ、当時の料理書執筆者たちに求められた使命であった。節米対策においても、『実験外国米の炊き方』(1918)、『美味しくて徳用御飯の炊き方百種』(1918)、『脱脂豆飯と玄米麺麹』(1918)、『簡易百珍御飯の炊き方』(1919)、『報知新聞懸賞当選　米代用食料品料理法』(1919)、『家庭経済米の調理法百種　全　一名節米の仕方』(1919) などといった経済料理書が出版され、外国米の食べ方（炊飯法・臭みの取り方・防腐法など）や国産米との比較、豆かすや小豆などを混ぜ込んだかて飯などが提案された。なかでも国産米の不足分を外国米で補うべきとの主張がみられるのもこの時期の特徴である。例えば、食養研究会[72]が編纂した『美味しくて徳用御飯の炊き方百種』(1918) のはしがきには、「女中」まかせにせず、真摯にこの問題と向き合うよう、主婦に呼びかける次の記述がみえる。

> 生活上最も必要な問題は食料問題である。多くの食料品の内で日本人に取つて一番大事なのは米、即ち御飯の炊き方である。今日の様に高いお米を喰はなければならない日本人は、どうしたら安い外國米が美味く喰べられるか、衛生と經濟で認められた麥飯はどうか、近頃主張されてる豆滓飯や、玄米飯、半搗飯の價値はどうか、一家の主婦として研究せねばならない時となつてきた。今迄の様に全く女中達に任せきりにしておけぬ。實際國家から云つても、これからは成るたけお米の喰へ延ばしをせねばならぬ。と云つて美味く喰べられなくては駄目である。だから本書は經濟、滋養、美味の點から諸種の炊き方百種を十分説明した積りである[73]。

さらに本書では、「外國米と内地米との比較」として、栄養価、「滋養量」ともにさほどの遜色はないとし、「内地米に馴れた者」は、外国米は砕けやすく、臭みがあるとの理由で嫌忌しがちであるが、臭みを取去り、「一週間も食し馴れゝば決して喰べ悪いことは無い」との考えも示されている。さらに「我が同胞の食料を供給するに足りないものとすれば、何うしても外國米の應援を待ないと、我れ我れは米食することが出來ないことに成るのだ」とも提言し、「非常の場合に臨んで美味の不味のと贅澤を云つて居ては、大にしては國民の消長に關することに成る、小にしては一家の臺所経済に大影響を來たす」ため、国産米と混合して炊いた外国米の味に慣れることこそ、「我れ我れの急務で、寧ろ國民の義務と云つても好いでは無いか」と訴えている。[74]

いっぽう大正9年（1920）には、医師・伊藤尚賢によって『代用食の研究』（1920）が上梓された。本書もまた節米法に重きをおいており、米価高騰の理由に「日本では人口が殖える割合に農民が殖えて行かない」こと、また「道路の改築で田を潰される」ことなどを掲げながら、農科大学教授・稲垣乙丙（農学博士）の「米七雑三主義」、代議士・荒川五郎の「玄米食推奨案」、国立栄養研究所所長・佐伯矩の「外国米の新炊飯法」や「節米法」の意義を紹介し、さらに大妻技芸学校・田中延子の「馬鈴薯飯」、日本女子大学校・井上秀子の「馬鈴薯の新調理法」、麻布第三高等学校・中澤美代子による安価な副食物を主食に置き換える提案など、女子教育者の節米法の収録にも努めている。

なかでも佐伯の「節米法」には「米無日」を制定し、雑穀類、いも類を代用食として用いる工夫や酒造を禁止する提案などが含まれている。さらに「江戸時代に於ける代用食品」という項があり、江戸期においても、凶作時には酒造の半減が試みられ、米を原料とする食品の製造が禁じられていたことにふれ[75]、当時の政策に学ぶ姿勢をみせている点は興味深い。また「屋臺見世」の「貧民的食品」として発達したそばやうどんも、実は米の代用食として普及した食品であったとの説明もみえる。[76]

なおこうした過去に学ぶ佐伯の考えは、日本食料研究会が編纂した『経済生活代用食調理法』（1919）においても反映されている。佐伯は本書所収「代用食の用ひ方に付て」において、「代用食は最初は天來のものに求め、前人未發といふやうなものを望む傾向であつたが、私は之れに全然反對をして居つた。我が國は長い歴史を有して來た民族であり、叉四面海を廻らして居て、交通不便であるから、食糧の獨立、飢饉、凶作等に多くの経験を持つて居る」とし、「代用食の料理も或は洋風に或は印度風に若くは和洋折衷と云ふ具合にしたのでは、何れも我國人の趣好に適せず手數がかゝり、叉廉價に出來上らないといふ缺點がある爲め、叉も在來の調理法にもどつて來た。（中略）凡て代用食は食物其物も調理法も凡て新らしきを棄てゝ古きに歸る傾向である」といった主張をみせ、伝統的な考えに立ち返った代用食の提案を推し進めている。[77]

いっぽう本書にみえる「代用食は現下の緊急時」にも、「米價の暴騰とか、食糧不足とかの叫びは、今や滔々日本全國に及び、到るところに戰慄すべき種々の出來事を生んでゐる。眞に寒心の至りである」とあり、代用食研究が急務とされた状況が語られている。[78]本書には、渡米帰りの農学博士・横井時敬の考えをまとめた「米國家庭の食物經濟」が収録され、日本の主婦はアメリカの主婦に比べ、まだまだ覚悟が足りないため、食費を少々節約したぐらいでは中流階級の生活難を救うことは出来ないとの思いも力説されている。[79]さらに、「家を思ひ國を愛する人々」は「學問上より指し示めされた、營養上の智識に信頼して平素と雖も、營養を成るべく上手にやつて、無用なる濫費を愼むと共に、一朝事ある時は、安んじて食糧の節約をする樣心掛けて居なければならない」と説く著者の声からは[80]、「營養」と「食糧經濟」双方を重視した代用食研究が急がれていた様子もうかがえる。なお栄養学を考慮した代用食の提案は、この時期の多くの経済料理書に確認できる傾向であり、食物の「養素」(栄養成分)、消化のしやすさ、年代にあった献立考案の必要性なども方々で主張された。

さらに1920年代は、「能率増進」「廃物利用」がとりわけ叫ばれた時期でもある。事実、当時の家政書『家事経済良妻』(1919)においても、「歐洲大戰が一度勃發して以来、我邦は空前の成金國となつて財界は膨脹し、物價は奔騰して天井知らずとなり、爲に中産階級は悲惨の状態に陥り、廉賣市の創設となり生活の改造となり、混亂の状態となつた」と物価騰貴の時世を憂い、頭を働かせ、家事の合理化に努める「能率増進」と「麁末にするな」という発想からの「廢物利用」の流行があったことを伝えている[81]。特に食材の廃物利用への関心が高まるのもこの時期の特徴であり、「せりの根油炒」「大根の葉味噌煮」「茄子のへた煮〆」「椎茸石附甘煮」「牛房のくき胡摩あへ」「ふきの葉佃煮」「西瓜の白皮あんかけ」「三ツ葉の根油煮」「里芋の皮煮〆」「キヤベツ芯のぬか味噌漬」「茄子の皮ぬか味噌漬」など食品の「廢物利用法」を紹介した料理書の出版も確認される[82]。他にも、残飯、魚類の頭や骨、茶殻、米のとぎ汁などを利用した工夫も散見され、戦争を機に食糧難で逼迫した日本社会が一層浮き彫りになる様子もみえる。

②女性執筆者たちの尽力

さてこの時期には、食糧問題の解決に目を向けた女性執筆者の筆による経済料理書の出版も確認される。例えば、この時期に活躍した女性執筆者に、米の代用食として馬鈴薯の食用を推奨した林末子(図3-1-8)が挙げられる。林の自著『馬鈴薯調理法』(1926)所収の自序「薯婆さんの告白」には、馬鈴薯の食用研究に身を窶し、全国を行脚した林の功績が詳らかにされている。それによると、林は「自分で自分の事を吹聴廣告することが大嫌ひ」であるため、「自分の事をエラさうに述立るのは眞平御免を蒙りたい」としながらも、自身の馬鈴薯研究開眼への過程を以下のように述べている。

図3-1-8　林末子(『馬鈴薯調理法』1926)

私は嘉永五年會津の城下に生れまして本年七十四歳になります。家は代々會津の藩士で父なる人は矢張り昔氣質の頑丈でありました。私も先祖傳來の會津氣質の血液を受繼いたものでありますが、併し私の情剛頑癖と來ては、幼少の頃から人並ではなく、流石武人氣質一點張の父でさへ持餘して「あんな奴に學問などさせたら彌以て變物となつて、碌な者にならぬ」と、見限つて學問を仕込で呉れず、裁縫の稽古もさせませんでしたが、併し女一人前の事は心得て置たいと自分で發心しまして、家人の寝静つた頃や、眼に触ない所で手習ひをしたり、又は自分の着物を解いて、竊に縫針の持方、裁方などを工夫し、先ず獨修で一通の事を會得致しました。（中略）只私としては此の剛情片意地を利用した爲め幸に馬鈴薯調理に一身を捧げ、脇目も触ず今日の結果を得ることの出來たのは、却つて仕合せかと思ひます。是が若し世間の婦人の様に常識があつて顔立も美しく人から好れる様でありましたなら、或は奥様とか夫人とか云はれて、人並の安樂な生活をすることは出來ましたらうが、一個の研究に一身を委ねて、愛嬌も世辭もなく、亂頭粗服で、自分の初一念を貫徹することは六つかしかつたらうとも思はれます。誠に嗚呼がましい申し分でありますが、私は家庭の婦人として及第致しませんでしたが、馬鈴薯婆としては自分の研究に就て聊か滿足して居ります。是が私の天分に適つた事で、申さば天職とでも申すので御座りませう。

私の妙齢時代には丁度會津戰爭が始まりまして、一藩擧つて孤軍重圍の中に陥りまして悲惨壮烈な有様を經驗した私は、只さへ男の様な血液に一層男性的な氣分を添ました。此の時に私の胸に浮だ事は、會津は縱令順逆の途を取り違へたと云はれても、一藩の忠勇義烈な行動は天下に對して恥しくない。此の犠牲的事実に對して、自分は今後何か國家へ御奉公を遂て戰死した藩士に恥ぢないことを爲さなくてはならぬ。と斯様に覺悟を定めましたのが後になつて馬鈴薯研究を仕遂させる一動機でありました。即ち天性の剛情片意地に濺ぐに戰爭の血を以てしたのが抑も馬鈴薯の研究を産だのであります。[83]

上記の記述からは、もともとの強情な気質もあり、会津戦争時に芽生えた報国への思いが、林の馬鈴薯研究の底力となったことが理解されよう。さらに林は「有髭男子」と同様、国家に奉仕したいという思いから、日清戦争開戦時に「戦地看護婦」として出願するも、年齢制限にかかって採用されなかった苦い思い出についても語っている。そして、どんな形であれ、国家への「御奉公」を果たしたいとの思いを捨てきれなかった林が着眼したのが、「我が同胞の食料問題」であった。旧幕時代に代用食として、サツマイモの食用を推し進めた青木昆陽の功績を振り返り、米麦の代用食としての馬鈴薯の利用を思い立った林は、明治43年（1910）に『食物界大革新馬鈴薯米製造及調理法』[84]を出版し、特許を取得した「馬鈴薯米」（馬鈴薯を米粒の形に加工した保存食品）の製法、ならびに「薯餡」「薯白玉」「薯餅」「薯団子」「薯饂飩」などの馬鈴薯の調理法を紹介した。なお政府関係者からの信頼も厚く、本書の題字を清浦圭吾（前農商務大臣）、序文を伊藤悌三（農商務省農産課長）が手掛けている点は興味深い。

ともあれ本書が嚆矢となり、その後も林は馬鈴薯研究に真摯に取り組み、その名を轟かせていった。なお林は馬鈴薯の栄養評価の重要性にも着目し、専門機関に「食料としての有用優劣價」の分析試験を乞い、さらに自らも３か月間にわたる馬鈴薯のみの生活、さらに５年間にわたり、馬鈴薯と少量の麦を用いる生活を継続するなどの努力を重ね、実際的な馬鈴薯の功能の証明にも努めた。そうして本書出版から16年後にまとめられたのが『馬鈴薯調理法』（1926）であり、馬鈴薯米の製法、馬鈴薯の調理法のみならず、栽培法から貯蔵法に至る生産管理の知識を収録した総合的な馬鈴薯の専門料理書を完成させている。

また本書の巻末で、編者がまとめた「林すゑ子女史」[85]によれば、林の愛国精神の高まりは、「最愛の良人」の病死が原因だったとある。僅かな結婚生活の中で訪れた死別という悲しい出来事によって、報国こそが「亡き良人に對して唯一の慰め」との結論に至り、関東のみならず、関西、東北、さらには北海道の寒村にまで及ぶ地方巡回講習の実施、さらに馬鈴薯を原料とした軍需品研究など、林の研究欲はますます熱を帯びていった。

しかし、馬鈴薯のイメージ払拭は生半可なものではなかったはずである。日本勧業銀行総裁の添田寿一が、「馬鈴薯を食うのは、人間の食物として最下級である。此の以下の食物はないのであるから其れまで落ちたらば殆ど亡国的であるといってよい」（『九州日日新聞』1911. 10. 3）と豪語したように、当時馬鈴薯は家畜の飼料としてのイメージがつきまとう最下級の食べ物としてみなされるきらいにあった。実際林の料理書が出版される以前に「馬鈴薯料理」を紹介した奥村繁次郎も、自著『家庭和用料理法』（1905）において、「之れは八升芋又甲州芋とも云ふ、至て價の廉き物にて四季絶ることのない材料である、而し匆々滋養のある調理仕易きものなれども、之の特質の風味を知る人が尠ない、畢竟之れと云ふも餘り之の物の調理方を知らぬからである[86]」と説き、まだ日本人になじみのない食材として説明しながら、「照煮」「甘煮」「三杯酢」の３種を紹介している。いっぽう林の料理書と同年に出版された伊藤恒蔵著『馬鈴薯百種調理法』（1910）の序にも、「馬鈴薯の本邦人に知られたるは實に最近の事にして從て其食用法と栽培法とは歐米諸國に比して誠に幼稚なる者と云はざる可からず[87]」と未だ日本の生活に浸透していない状況を憂う主張がみえている。しかし林の努力は功を奏し、1910年代以降、代用食の代表格として馬鈴薯を紹介する料理書は増加する。さらにコロッケの歌の流行に象徴されるように、試行錯誤を繰り返しながら、徐々に日本人の新たな定番食材としての地位を確かなものにしていった。

いっぽう、林同様、学習院助教授の稲垣美津子もまた自著『衛生経済家庭実用料理』（1917）において、「食物と其の調理法とは、一家族の衛生にかゝはる大問題にして、今日の如く生存競争の劇しき世にありては、一家の主婦たる者、我が家の經濟を顧みると共に、一日の勤勞より來る苦惱を慰むるに、心こめたる美味を以てするは、最も温かき一家の調和法なるべけむ」と主張し、時勢を憂い、衛生、経済、実用を三本柱に経済料理書の執筆にふみきっている。素材別料理書の出版に拘った林とは違い、稲垣は家庭料理に必要な総合的な基礎知識の紹介に主眼をおいている。また本書の「附録」には、「價拾銭の各食品の營養價値」「拾銭料理献立」「拾貳銭料理献立」「安價食品の料理法並に注意」など経済性を考慮した献立の提案や諸注意などが収録され、物価高騰の社会問題を考慮した著者のアイディアも反映されている。

さて稲垣が料理書を執筆するに至った動機もまた戦争である。自著において、稲垣は女学校卒業後、校長のすすめで、日清戦争期に広島予備病院へ「篤志看護婦」として従軍した際、傷病兵の看護のみならず、病人食の料理法を研究する機会に与れたと回想している。なお戦後は、家事科の教員や舎監を務めるなか、食物研究の必要性を改めて痛感し、東京の割烹学校教授・赤堀峰吉のもとで和洋の料理法の習得にも励んだ。さらに日露戦争期には陸軍予備病院の「臨時看護師」に志願し、傷病兵の食物調理法の考案に従事するも、その後は学習院女学部に奉職し、出版社の引き立てをうけ、料理書執筆に至ったとの経緯が記されている[88]。

本書において、稲垣は「料理の目的」を「身體に必要なる食物を、容易に消化し得る様に鹽梅するにあり」と説き、自身が理想とした家庭料理観について、「營養及び經濟をかへりみて献立をなし、家族一同の健康と快樂とを考へ、消化もよく、外形も見るからに氣持よき様にし、尚器具其の他食卓配膳のことまでも、清潔になすべし」と述べている[89]。また無駄のない予算や時間の段取り、土地柄などを考慮し、予算を立てて献立を考案する必要性から、一日に必要な栄養摂取量や「四季鹽梅」（季節ごとのこだわり）、庖丁の使い方や食材の切り方、煮出しの取り方、調味料の栄養価、献立の提案（「四季普通献立（家庭用）」「四季献立（客用）」「臨時に來客のありし時の心得及び献立」「祝祭日の献立」「懐石料理」）、料理法（吸物の部／椀の部／刺身の部／酢の物の部／和へ物の部／浸し物の部／煮物の部／焼物の部／揚げものの部／寄せものの部／口取の部／飯並に寿司の部／汁の部／漬物の部／菓子の部／辨當の部／老人、子供及び病人の食物／簡易西洋料理）を収録し、時折挿絵を加えながら、簡易な言葉で伝える体裁を目指している。また本書は、江戸料理書の特徴でもある四季別に献立や料理法を記載するスタイルに則っており、旬の食材の使用を重視した内容で構成されている。

しかし本書の献立の特徴として、形式は日本風でありながらも、積極的な西洋の食材や西洋料理を加える工夫もみえる。例えば図3-1-9「春季皇霊祭（家庭用）」の献立には、「吸物　蛤（口柚子）」「酢の物　竹の子」「握り壽司」「番茶」「甘酒」などの日本料理と日本の飲料と一緒に、「サンドイッチ　ハム又は胡瓜」「煮物　キヤベツボール」「揚げ物　フライフイッシユ　ボイルポテトー」といった西洋料理や西洋の食材が組み合わされ、折衷献立の体をなしている。

なお伝統的な日本料理形式を重んじ、海外の料理の要素を盛り込む提案は、本書に限らず、同時期に料理書を著した日本女子商業学校学監・嘉悦孝子、東京割烹女学校校長・秋穂益実、赤堀割烹教場・赤堀峰吉らの料理書においてもみえる。なかでも嘉悦は自著『どなたにも向く安価お料理』（1916）の序において、「日本の現在の經濟状態を考へて見ますると、拾五億といふ外債に、國民は苦しい負擔を感じて居りまする次第で、如何に壯健な日本人をつくる營養物とは言へ、決して高價な贅澤な料理をゆるさない」状況にあるとし、「米の産地なるわが日本の食膳は御飯が第一のものとなつて居ります。なるべく滋養の豊かな價の安い副食物で美味しく御飯を食べさせるやうにすることが、日本のお料理の主要な點で、西洋などゝ異なつて優れたところであります」と主張しながら[90]、稲垣同様、日本料理形式の中に西洋料理や支那料理を加えた献立を提案している。しかし嘉悦は、「獸肉を食べれば、人の心が荒んで來ます。仁義の心が無くなつて來ます」と説き、「文明になつたからとて、食物まで文明になる必要は無からうかと思ひます。穀

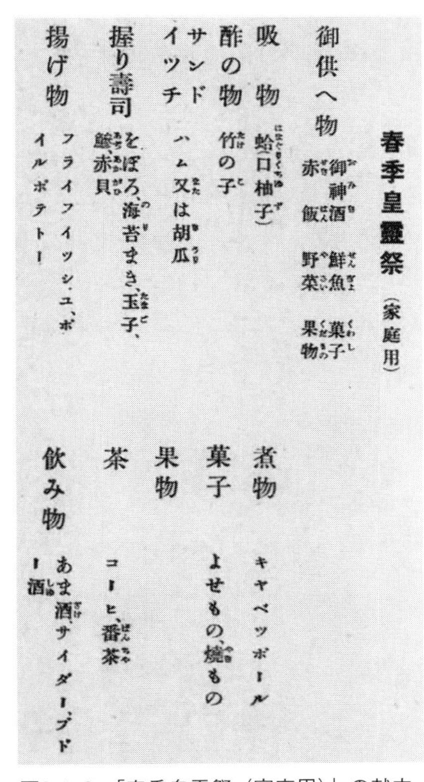
春季皇靈祭（家庭用）
御供へ物　御神酒　鮮魚　菓子　赤飯　野菜　果物
吸物　蛤（口柚子）
酢の物　竹の子
サンドイッチ　ハム又は胡瓜
握り壽司　をぼろ、海苔まき、玉子、鮑、赤貝
揚げ物　フライフイッシ、ユ、ボイルポテトー
煮物　キヤベツボール
菓子　よせもの、燒もの
果物
茶　コーヒ、番茶
飲み物　あま酒、サイダー、ブドー酒

図3-1-9　「春季皇霊祭（家庭用）」の献立
（『衛生経済家庭実用料理』1917）

菜的本位であるべき國民ならば、矢張り此の主義に還りて、日本人の日本人たる所以をどこまでも發揮するやうに心掛けねばならぬことゝ思ひます」と、欧州から受容した肉食主義を批判し、日本古来の「穀菜食」に立ち返るべきとの主張も同時にみせている。[91]

③経済料理書の大成　～村井政善の功績～

やがて1920年代に入ると、これまでの経済料理書の目的を体系的に整理した家庭向け料理書も登場する。なおその功労者の一人が、村井政善だろう。村井は四條流家元９代目石井泰次郎の下、日本料理、西洋料理、中国料理を習得後、佐伯矩の指導を受けながら、国立栄養研究所の調理部長として、学術研究に勤しんだ。研究所退職後は、統計学者・柳澤保恵の田町の自邸内に「大日本台所司会」を自ら主宰し、定期的な栄養講習会（毎週水曜）を開催し、家庭料理の進展に寄与した割烹研究家である。[92]

さて村井の執筆した『新しき研究　和洋料理の仕方』(1922) には、先述した稲垣と共通した「料理の目的」が次のように記されている。

> 料理の目的とすべきは、如何なる食物を調理すると雖も單に美味を感ぜしむるのみは料理の目的にあらず。
>
> 充分其の人の滋養を得せしむる様にするは肝要なり、故に其の目的を達せんには『第一』に海山野山物産類にして滋養の價値ある珍味を選び『第二』には消化に悪き物は消化し易き様に使用なし『第三』に飲食物調理の配合を怠らず能く蛋白質、脂肪質、炭水化物等の滋養物分をして何れも過不足なからしむべし、『第四』に老若幼児病人に適當なる嗜好を滿足せしめ経濟にも亦注意すべきを料理の目的とす。[93]

さらに村井は家庭の経済の心得に、「厨房を司るものより初まる物にして日々消耗し行く飲食品及び薪炭等に至るまでも深く注意すれば僅少と思るれど月日の重なるにつれ莫大なる利益を見るべし」と説き、家庭料理の食材は「一定の方針と其の時の献立表」により「購入方」を考慮すること、毎回料理の出来不出来に悩まされないために、台所に備えた「桝」と「量器」を使用すること、時計を設置し、時間を計りながら調理をすることで実現する経済料理の重要性にふれ、さらに魚の頭や骨などの廃物にもカルシウムやレシチンなどの栄養があるため、利用すべきとの主張もみせている。[94] さらに「會席膳部の次第（茶會席料理膳部次第／半會席料理）」や「饗應膳部の次第（二汁五菜の膳部／略式調膳配膳の図など）」といった日本料理の形式や饗応の心得などの解説にも多くのページを割き、魚のおろし方、串のさし方、野菜の切り方、だしの取り方、味噌汁の作り方、あくの取り方、煮切みりんの作り方、立塩の仕方などの基本操作から調理法に至るまでを収録し、日本料理をベースとした家庭向け料理書の体裁を貫いている。

いっぽう村井は本書の２年後に『実用和洋料理』(1924) を著し、経済料理への考慮に加えて、食品衛生への理解の必要性を強く訴えている。本書において、村井は「經濟以上に重要な事で、すべての料理人が注意しなければならぬ他の一つのこと」に「清潔」を掲げ、アメリカの家政雑誌に紹介された以下の記述を引用し、食品衛生への配慮を促している。

> 食物を保存するにも取扱ふにも常に清潔といふ事を忘れてはならぬ。若しも清潔といふ事がよい事であるなら、それは我々が食する所の食物に就ては特に必要でなければならぬ。而して健康と活動との爲にあらゆる方法でこの清潔といふ事は保たれなければならぬ。此の場合に於ての清潔といふことは單に消極的に不潔物のないといふ事のみを意味するのではなく、更に黴菌や小蟲や寄生蟲などをよせつけない事である。[95)]

実際本書には、こうした村井の思いが如実に反映され、醤油や味噌のカビの防ぎ方、御飯や煮物類などの腐敗防止法、梅雨時の子供のおやつの与え方等に言及する記述のみならず、「主婦たる者の心得」には「料理といふことに就いては各自の嗜好をよく了解し、同時に科學的に榮養價といふことも研究して置いて嫌な物や香の悪いものは變つた形式に於てこれを料理し、美味しく家族の者の眼や鼻、口を悦ばせ、又保健衛生にも注意するが、肝要であります」[96)]との考えも示され、経済料理の研究と同様、「保健衛生」を重視する姿勢が強調されている。

なお本書と同年に出版した『新しき研究　実用農村料理』(1924) において、村井は「家庭に於て主婦の司る料理法は、如何なる山間僻地にても得易き材料のみを用ひ、なるべく高價なものや得難きもの、俗に云ふ走り物等をさけ、日常の御惣菜としてなるべく手數のかゝらぬ樣、さうして化學的に又經濟に、或は榮養と衛生に、然して何人にも喜こばるゝ樣に嗜好する現象を見せねばならないのであります」[97)]と語り、農村の子女にも同様の主張を呼び掛けている。実際村井は地方での講習会も実施しており、こうした活動もまた村井の家庭料理観が地方へ波及するきっかけになったものと推察される。なお本書は、カロリーの確保、ビタミンやカルシウム、蛋白質などの摂取を重んじる保健食の推奨、標準食量に基づいた献立の立て方から年齢や体質と食物の関係といった栄養面を強調するいっぽうで、飲食物防腐剤取締規則、飲食物用食器具取締規則、有害性着色料取締規則、人口甘味質取締規則といった明治期に施行された取締法規の条文が収録され、衛生面もより重視された体裁となっている。

また村井は、『安価生活法』(1915) で名を馳せた東京額田病院・鎌倉額田保養院長（医学博士）・額田豊の学説に学んだ経緯についても言及している。大正9年 (1920) までに改訂33版を記録した額田のベストセラー『安価生活法』(1915) には、額田自身も本書を「食品經濟學」の専門書と説明しているように、中流階級以下の生活難救済を目指し、廉価且つ栄養価の高い食品を選択することの重要性を強調しながら、職業別の収入に応じた食費の割合、生存に必要な「栄養量」、食物の消化吸収、安価でいて善良な食品、「食品養價計算法」などが詳述された。さらに額田もまた肉食を批判した嘉悦同様、「日本固有の滋養ある食品を棄てゝ、却つて新たに輸入せられた肉類などを貪りて、其爲めに苦勞をして生活難を訴へて、齷齪として居る連中が多く、斯くて神經衰弱なる新たな病人が無暗と增加し死亡年齢も昔から見れば早まり、命を縮めても高くて滋養の少い食物を得ずば人間でないと心得て居るやうな狀況」[98)]を憂い、日本の食品を重んじる食生活に立ち返れば、食費の節約のみならず、健康の維持も実現できるとの見方を示している。

なお経済を考慮しつつも、家族の健康管理を重んじる姿勢もまた村井が重視した料理目的の一つであり、自著『新しき研究　和洋料理の仕方』(1922) においてすでに「老若幼児病人に適當なる嗜好を満足せしめ経済にも亦注意すべき」と記している。実際村井は、後に石井泰次郎との共著『日本料理作法・栄養料理』（1927）を出版し、こうした類の料理を「榮養經濟料理」と称し、その普及を望む姿勢を明示している。本書においても、村井は「一家族の團欒は全家族の健康に依つて始めて求め得らるゝのでありまして若し不幸にして家族中の一人でも不健康となり或は病床に臥して居る様なこととゝなれば、其家庭には暗き蔭が出來るのであります」と説き、家族の健康管理こそ、経済料理同様、一家団欒を実現する骨子になると主張し[99]、身体を構成する食物成分への理解と飯と汁を基本におかずを組み合わせた一日三食の「合理的献立」作成に精通することの重要性を呼び掛けている。家庭料理において、日本食をベースとした献立作成を重視する姿勢もまた自身が師事した佐伯矩の思想と共通するものであり、ここでも村井が師の教えに貫かれた知識の伝達に努めていた様子が確認できるといえよう。

村井は伝統的な日本料理の調理法や献立作成法のみならず、栄養学、食品衛生学、食品経済学など新時代が求めた合理的な食物の知識を余すところなく盛り込んだ家庭向け料理書の執筆に尽力した。こうした伝統と科学が共存する家庭向け料理書の誕生は、古くより連綿と続く日本料理の大家・石井泰次郎、近代医学の泰斗・額田豊、近代栄養学の権威・佐伯矩それぞれの教えを真摯に受け継ぎ、体系化に心血を注いだ村井ゆえに実現できた偉業ともいえる。

３）期待された家族の健康管理

①家内衛生の主導者として

家庭の和楽が重視された1900年代以降、経済性を重んじる家庭料理研究の必要性と同時に叫ばれたのが、家族の健康管理の大切さへの着眼であった。これを受け、家庭の台所管理を一任されていた女性たちは、家内衛生の主導者としての新たな役目も担うこととなり、家族を労わる適切な知識の習得が求められることとなった。例えば女子教育者・下田歌子は、西洋の主婦たちの間ですでに高まりつつあった家内衛生への意識の確かさを次のように評価している。

> 家庭の内に入ッて見ますると叉驚きました、むかふの主婦は大抵衛生の事には誠に明るいので有ります、そして何でも、衛生上の智識が多くて日本などの從來のへぼ醫者などの及ばぬ位に衛生に明るいのには叉驚きました、その智識を以て家内の衛生には誠に細かな注意をして居るので御座います、殊に病人などになりますと其用意の周到なのに至りては殆んど専門の看護夫も及ばぬ位、行き届いて居る主婦もありました、之は全く衛生の智識が無ければ出來ない事でありまして病氣の種類によッては、熱を計るとか食料の撰澤とか藥の事とか云ふ事に至る迄、夫れは誠に細かな注意をして居るのである、よく理屈に合ッた注意をして居るので御座います、叉病人でなくても身體の虚弱な人には特別に注意して衛生を守らせるので有ります。衣服の工合から營養の事運動の事から室の工合何から何まで殆んど眞綿でなでる様な親切な注意をします、そしてそれが衛生的の注意で衛生の法と理に叶ッて居るのです。[100]

下田はこうした欧米の主婦意識を見習い、将来の日本において、「主婦たるべき者は常に家族の病氣を未發に防ぎなるべく身躰を強壮になすべく導く所の智識を以て居らなければなりませぬ」とし、「老人幼者などは全く衛生的に滋養ある消化し易い物を與へ、衣服は常に寒暖宜しきを得させ、居室の工合から其他萬事衛生の法に従ッて之を實地して行かなければならぬ」こと、さらに「少年少壮の人」には「其健全なる發達をなす様に仕向けてやらなければならぬ」ことを新たな主婦目標に掲げている[101]。こうした下田の主張からは、家庭の主婦に求められた役割に、規律正しい家事管理のみならず、家族の健康状態を把握し、未病に努め、さらに病人が出た場合には、適切な看護ができる知識の習得が望まれていたことが読み取れる。

いっぽう同時期の家政書『明治の家庭』（1904）所収「老人と子供」において、著者の渡部竹蔭は、本書の2年前に出版された思想家・堺枯川（堺利彦）著『家庭の和楽』（1902）の内容に基づき、「家庭の和樂、一家團欒と云ふ點より見ても、この子供と老人ほど、趣味あるものはない。老人のある家庭は、何とはなしに、奥床しく見え、子供のある一家は、何となしに、賑しく見える」としながら、「老人を烟たい者かの様に思ふて、邪魔にするもの」や「子供をうるさがる細君」などは心を改め、「年寄子供」への配慮こそ、「家庭の和樂の基」であるとの主張をみせている[102]。なお同時期に家政書を著した女子教育者・三輪田眞佐子もまた自著『新家庭訓』（1907）において、「家庭の一員としては、老も少も、擧りて、幸福の家庭を作らんとする志」があれば、「一家の美風」を実現できるとの考えを示しており[103]、世代を超えた家族のつながりを重んじることがここでも大切であると説かれている（図3-1-10）。

また『教育者の家庭』（1901）所収「副食物の調理と食事[104]」の項では、家庭の食物の問題への無頓着が、子供の精神衛生面に影響を及ぼすとの見方を打ち出している。特に食卓の「不公平」が引き起こす弊害に、「父ばかり美味を食したりなどいたしますと、人知れず、厨房へいつて、つまみ食などをやりだすやうになるのです」と、父親の美食が子供の「つまみ食」という悪習の原因となり、「不良少年」を生むきっかけになるとの見方が示され、家庭教育上、子供の食事への「親の同情」を重要視すべきとの考えがみえる。さらに「口に味つて見て甘美い」だけでなく、見た目が悪いと「其味」が半減するとし、子供のために「奇麗」な「副食物」を作るよう薦める記述もみえる。なお本書においても、「私どもには残念な事には、老父母が居ませんが、家に祖父母を持つて居られる方は、つまり、自分の苦心を認めて呉れる人があるのでありまして、働き甲斐があると申すものでありまり。老人は、子供と同様で、他に慾がありませんから、何か口腹の慾を滿してあげれば、それを非常に喜ばれますものですから、

図3-1-10　理想的な美風
（『新家庭訓』1907）

副食物研究の目あてとしては、老人のある人は、大層の幸福と心得るのであります」との主張がみえ、子供のみならず、「老人」の食事への配慮に言及する様子も確認される。

さらにこうした子供や老人への向き合い方を戒める説話も、同時期の出版物に散見できる。明治から大正にかけての時期に出版された『内外教訓物語　地之巻』(1909–15）には、若夫婦の老人への向き合い方が子供の情操面へ与える影響を鑑み、訓戒的な意味合いを込めたドイツの説話が次のように紹介されている。

老人をいたはれ（図3–1–11）

ある家に、眼が悪くて、耳の聞えぬ上に、足腰の自由のきかぬあはれなおぢいさんがございました。

食事の時にお茶碗を持つこともむづかしい位で、いつもお汁や何かを畳の上へこぼすものですから、若夫婦は怒つて、老人を椽側にやつて食事をさせました。おぢいさんは其の度毎に悲しさうに涙を流してゐました。

ある時のこと、おぢいさんは椽側で御飯を食べてゐましたが、手がふるへてお茶碗を落しましたので、お茶碗はこはれてしまひました。それを見た若夫婦は「このおいぼれめ、しつかり持つていないからだ。茶碗は幾つ持たせても其の通り落し割つてしまふから、落しても割れないものにするがよい。」と言つて、それからは茶碗の代りに小さな箱で食べさせました。いかなおぢいさんも之には困つて、食事になると吐息ばかりついてゐました。

此の若夫婦の間に、今年四つになる男の子がございましたが、おぢいさんが毎日小箱で御飯を食べるのを物珍しさうに見てゐました。或日椽側に出て、小さな板片を集めて、細工の眞似をしてゐます。父は「坊は何をするのだ。」と聞きますと、「箱をこしらへて、坊が大きくなつたら、お父ちやんやお母ちやんに、御飯を食べさせるの。」と答へました。

之を聞いて、夫婦は暫く顔を見合せてゐましたが、やがて後悔の涙を流して、すぐにおぢいさんにわび入りました。

それからおぢいさんと一緒に食事をする様にし、たとへ過があつても、かれこれいふ所か、却つて丁寧に世話をしたといふ事です。[105]

図3–1–11　「老人をいたはれ」（『内外教訓物語　地之巻』1915）

上記の記述からは、本書の根底に家庭の和楽の実現を目指すねらいのみならず、子供の情操面への悪影響を警戒する思いがあったこともわかる。

いっぽう、明治期の大ベストセラー『食道楽』(1903）で名を馳せた村井弦斎もまた同シリーズの夏の巻において、「發達盛りの少年」と「五十六十の老人」の食の違いを理解することの必要性について、「何の食物でも是れは何う云ふ性質の物で老人に適當だとか少年に適當だとか云ふ事は家庭料理を掌る者が一番先へ知つて居なければならん、在来の日本料理の様に大根で鶴亀を作つたり繪の具で色を染める事が委しくつても老人の食物と少年の食物と更に區別する事が分らん様では文明の家庭に應用されない」[106]と言及し、誤った食物選択が与える情緒面への影響を次のように説いている。

> 老人にはライスカレーの様なものを折々與へても宜いが少年に刺撃性や興奮性の物を多く與へると必ず神經過敏症の人になつて病的の身體が出來る。爾うなると愈々益々刺撃性や興奮性の物が好きになる。少年の癖に山葵が好きだの唐辛が好きだのと云ふものは大概病的の人が多い。西洋の家庭は母たる者が非常に小供の食物を注意して決して大人と同じ物を食べさせない、若い娘が神經過敏になつて早くから戀愛の過ちに陥るのは刺撃性の物を多食した結果に依る事も多い。勉強盛りの學生を花流の巷へ追い遣るのも一つは刺撃性の食物だ。[107]

また情緒面ではなく、身体面に及ぼす影響についても、「發達盛りの少年」は骨や歯の発育を助ける「石灰質」と脳を発達させる「燐質」の摂取が必要であるとし、「石灰質の食物」に「牛や鳥の骨のスープ」「貝類」を、「燐質の食物」に「魚類」「林檎」「玉子」をすすめている。[108]また村井は、別著『人情論』（1912）においても、「子供の食事」[109]と称し、糖分の多い菓子を好む子供の間食習慣がもたらす弊害を危険視する姿勢をみせている。なお本書で、村井は自身の５人の子供たちに甘みの少ない「鹽煎餅」「カキ餅」「玄米團子」「玄米おこし」「風船あられ」「和歌ふじ」「輕いビスケツト、パン」「胡麻製の駄菓子」「豌豆のやうなもの」、さらに菓子がない時には「半搗米の握飯」を与えた結果、子供たちが甘みの強い菓子を嫌うようになったばかりか、胃腸の具合を悪くした子供が１人もいなかったとの好結果を導き出したことにふれ、見習うべき好例としても紹介している（なお近代の子供と菓子についての考察は、第４編第１章を参照されたい）。

さて平生の健康維持を目的とし、年代別、病状別の食事への配慮の重要性を主張した同時期の食の専門書に、『家庭実益食養大全　附年中献立及其調理法　宴会の作法及其禁物』（1906）が挙げられる。本書は、陸軍軍医監・森林太郎（医学博士）、大森篤次（医学士）が校閲にあたり、陸軍一等主計・岡崎内蔵松が執筆した食養書で、「營養」「美味」「經濟」の３点を考慮し、「料理法研究に志すもの」のみならず、主婦の「家庭庖厨の好侶伴」として編まれた意図が序や凡例に記されている。

本書には、「体質に原因する食養」として、「少年の食養」「大人の食養」「老人の食養」の詳細が解説されている。「少年の食養」については、「初生兒」「二歳兒」「三歳乃至六歳兒」「七歳乃至十四歳兒」「十五歳乃至二十歳兒」それぞれの年代に理想とされた食物や食べ方が、「消化器」機能、抵抗力の発達状況とともに海外の学説に基づきながら解説され、いっぽう「老人の食養」に関しては、「成る可く消化のよき柔らかきものを選び少し堅きものは食る前に叩いたり刻んだりするのがよい」[110]との助言のもと、体力、筋力、歯牙の衰えを考慮した食事の向き合い方が伝えられている。

また本書には「病人の食養」についての項も設けられ、医薬療法の妨げにならないものを選ぶこと、患者の年齢により分量を加減すること、神経過敏の人には嗜好品や神経を興奮させる食物を与えないようにすること、牛乳、スープ、半熟卵、刺身、柔かい肉類、葛、重湯、粥など、消化の良い滋養品を与えることに留意すべきとの考えが示され、消化器、循環器、呼吸器、泌尿器、生殖器の疾患、さらには神経症、「脂胖病」(肥満)それぞれの疾患別に求められた食生活への心構えが、ここでもやはり海外の学説との照合の下、詳述されている。

なお本書は、それ以前に類似の専門書がみられないことからも、総合的に年代別、病状別に食事内容を解説した専門書の嚆矢ともいえる。しかし校閲者の大森が序で、「博く高遠なる衛生の學理を渉猟してよく實際に適用し文章も亦平易にして説くことや叮嚀懇切眞に食養大全の名に負かず」と記していながらも、その内容は食品衛生学、生理学、栄養学等の専門知識がないと理解できない難しさがあることも否めない。つまり女性読者の間で広く愛読されていたかどうかについては聊か疑問も残る。

とはいえ、こうした健康食への関心が高まりをみせる中、子供の食事の改良はことさら熱心に議論された。なかでも弁当に関する諸注意や弁当が子供の情緒面に及ぼす影響については、『細君のため』(1905)、『子供の躾方　一名育児憲法』(1907)、『実験上の育児　下巻』(1907)、『教室内の児童』(1908)、『親ごころ　育児日記』(1908)、『母と子　何うしたら子供をよく躾けられるか　後編』(1909)、『子供のため　一名小学児童保護者の心得』(1910)などの育児書においても語られており、子供を持つ母親に必要とされた知識の一つであったこともここで理解される。例えば『細君のため』(1905)には、弁当の風呂敷が毎回定まらないため、子供が自分の風呂敷を把握できずに、弁当が行方不明になってしまうということ、弁当の風呂敷や袋を洗濯しないため、悪臭がすること、日によって分量がまちまちな弁当が持参されていること、「お菜」に「不消化物」が多いということ、夏場の弁当の腐敗問題などが、小学校の女性教師のコメントとして紹介されている[111]。なお弁当の風呂敷の「不浄」に関しては、『教室内の児童』(1908)においても戒めるべき悪習として取り上げられている[112]。

また『子供の躾方　一名育児憲法』(1907)には、「(自宅と幼稚園が)近いから」「御馳走が辨當に入れられぬ」「冷めて、まずい」といって、弁当を持参させずに帰らせる家庭もあるが、こうした親の心がけに反し、子供たちは「少しも早く、幼稚園へ行きたい所から、食物を、ろくろく噛みもせずに、呑み下して、往復も出來得だけ早く、歩く」という状況に陥ることなり、こうした弊害を「衛生上から考へても面白くない事」として批判している。そして、「御飯は冷めても、御馳走はなくても、多勢の子供と一緒に、幼稚園で、食べた方が、どれだけよいか分りません。可愛がり過ぎる結果が却って可愛がらぬことになるのはよくある事です。こんな風な、可愛がられ方なら、可愛がられる子供ほどが不幸でありませう」と説き、幼稚園での弁当の時間が情操面に及ぼす好影響についても強調している[113]。

さて明治期の家庭向け料理書のなかにも、子供の弁当に関する諸注意を扱うものが登場している。村井弦斎の妻・村井多嘉子は、自著『手軽実用弦斎婦人の料理談　第二編』(1909)において、「辨當料理は如何にすべきか」「學校通ひの辨當は如何にするか」「辨當のおかずは如何にするか」「西洋風の辨當は如何にすべきか」と題し、子供の弁当のあり方について、独自の見解を述べている。多嘉子もまた子供たちにとって、弁当は「粗末」にしてはいけない食事の機会であるため、暑い時期のお弁当の腐敗を防ぐために、種を抜いた梅干しをいれること（種を抜く理由は、子供への配慮）、冷めた御飯の上に温かいおかずを置かないようにすること、さらに「ユカリ（紫蘇香煎）」「鰹節のでんぶ」などをかけたり、時に「お結び」「海苔巻鮨」を加えるなどして、御飯の味に変化を持たせること、夕飯に響かない分量を心がけることなどについて呼びかけ、「牛肉の佃煮」「牛の焼き肉」「鰹の醤油煮」「鰹と紫蘇の炒り付」「鱚やカマスの醤油干し」「大豆と昆布の煮物」「鮒や鮎の甘露煮」「玉子焼」「炒り玉子」「油揚の甘煮」「焼豆腐の甘煮」「牛蒡の甘煮」「人参の酢煮」「醤油豚」「鳥の焼肉」「鳥と野菜の甘煮」「鮭の甘酒漬」「魚の味噌漬」を「子供のお辨當に好いもの」として挙げている。[114]

いっぽう、家内衛生を考慮した子供の食への問いかけは、主婦向けのみならず、同時期に出版された使用人向け指南書『女中訓』（1912）においてもみえている。本書の著者で、女子教育者・羽仁もと子もまた「かうして子供に食事をさせる」[115]と題し、子供の食事に向き合う際の心構えを説いている。羽仁は「お子さんに御飯をあげること位、出來ないものがあるだらうかと、お前方は思ふかも知れません。しかし幼児に上手に御飯をたべさせるといふことは、考へて見ると容易なことでない。母親の留守の間や用事のある時に、子供たちに本當に上手に御飯をたべさせてくれるなら、それは慥かにお前方の大きな一つの手柄です」と説き、子供を丈夫に育てるための３つの条件に、「ゆっくり噛むこと」、「おかずをむらなく食べること」「食事を落ちついて十分にすること」を掲げている。また食事中に気が散る子供を教育することの難しさにもふれ、間食に菓子をねだる悪習を戒めるとともに、「噛まずにのみ込んだ御飯」では「身體の養ひにならない」ため、「お汁をかけたり、お茶をかけたり、むしつたお魚を御飯にまぜたりして、サッサとかき込ませるやうな食べ方」をやめさせること、さらに子供に好みのおかずと苦手なおかずを交互に食べさせることで、「食物のより好み」を習慣化させないよう気を配ることなどへの注意を喚起している（図3-1-12）。なおこうした子供の食事への注意喚起が、家庭の主婦のみならず、使用人を対象に発信された様子からは、子供の食の改良がことさら急がれていた状況の示唆とも読み取れる。

図3-1-12　使用人と子供（『女中訓』1912）

②健康管理と料理書

1910代以降になると、『家庭実用衛生料理法』（1910）『衛生食物調理法』（1912）、『臨床宝典病人料理　食養生』（1914）、『手軽治病料理法』（1917）、『常盤病身者の西洋料理』（1917）、『石塚

式化学的食養料理法百種』(1919)、『病人用食物料理法　上巻　流動食』(1919)、『病人用食物料理法　中巻　流動食』(1920)、『病人食物調理法並ニ糖尿病其他治病料理』(1922)、『日本病人食料理法』(1923)、『食餌療養病人食物の調理法』(1924)、『食養料理法　第二巻』(1928)、『新しい病人の食物法』(1929) などといった家内衛生や病人食に重点を置いた家庭向け料理書の出版がいよいよ盛んになる。

実際同時期の女子教育においても、明治44年 (1911) には高等女学校及実科高等女学校教授要目（文部省訓令第12号）が制定され、従来の衣食住、養老及育児、整理及経済が、家内ノ整理、家事衛生、飲食物ノ調理、実習、育児、養老及看病、家事経済、家計簿記に変更となり[116]、看病という新たな学びの項目が導入されたことが特徴として読み取れる。なかでも高等女学校の家事教科書として出版された『応用家事教科書』(1918) の「食物」の項は「病人の食物」が主眼とされ、病人食の種類（常食・易消化性食物・流動食物)、与え方、レシピにページが割かれている[117]。こうした女子教育内容の影響も、病人食を標榜する家庭向け料理書の発展に寄与したと指摘できるだろう。

とはいえ、上記の料理書では、タイトルに「病人食」をうたっていながらも、病気別の食餌療法のみならず、子供や老人の食事への配慮、病気にならない身体づくりを目指す普段の家庭料理指南も収録され、家族の健康管理の指南書としての体裁を取っているものがほとんどである。その嚆矢に挙げられるのが、理解のしやすさに重点を置き、子供向け、老人向け、病人向けの料理法をまとめあげた料理書『家庭実用衛生料理法』(1910) である。著者の白井悦子は、本書の自序において、高価な材料で調理した山海の「珍味、美食」でも、健康状態、病質、年齢などによって、「怖るべき」影響が出てしまうことを憂い、「病を得た人」「消化作用の未熟な小兒」「老人」「産婦」などに与える食物の調理は「一家の主婦」のみならず、「病院其他の料理人、看護婦、醫師、及び一般の人の是非とも知つて置くべき最も大切なる仕事であります」と主張しながら、生理上の配慮なく、「漫然料理方法のみ」を扱う「從來發行の料理に關する書籍」を批判し、本書を著したと明記している[118]。

なお白井のレシピは、西洋料理を旨としたとあるが、日本料理より「廉價にして簡易に出來るもの」を選び、「可成費用を要せずに且つ簡易に如何なる片田舎に居つても充分に營養を供給する事が出來る様」に執筆したとの意図がみえる。また本書は、「牛乳」「ミルク（練乳)」「バター（牛酪)」「クリーム（乳清)」「チース（乾酪)」といった乳製品、「玉子」、「獣肉」、「鳥肉」、「魚肉」、「穀物と蔬菜」、「果物」、「お茶」、「水飴」、「葡萄酒」、「飲料水」の栄養や害、安全性の見極め方、子供や病人への効能などで始まり、「不消化なる食物は何か」「水飴の効用」「葡萄酒の効用」「小兒の腸胃病と食物」「老人に與へる食物」「傳染病者に與へる食物」「料理法に就ての注意」「料理法」「料理品と用途の對照表」が続く体裁となっている。

本書収録の「不消化なる食物は何か」では、「消化の悪るい食物」として、煮豆、納豆、卯の花、こんにゃく、豆腐、油揚、漬物類、荒目又は昆布巻、葱類、揚げ物、蓮根、ワラビ、ゼンマイ、蕗、牛蒡、茄子、胡瓜、竹の子、松茸類、熟していない果物、烏賊、章魚、マスなど「脂肪」の多い魚、豚（「脂肪」の多いところ)、貝類、塩物類、イワシ、乾物類が挙げられ、胃腸に負担のかかる性質が警戒されている。また「消化作用の未熟なる小兒」、ならびに「消化作用の衰へて居る」「老人」ともに、「胃腸を餘り傷めなく早く消化の出來るもの」の摂取が重要であるとされ、「小兒」の下痢や便秘に対応した食事法、「老人」の「健康」を考えて推奨された食品などが列挙されている。特に白井は牛乳の価値を高く評価し、「小兒の營養物としても大人の滋養物としても最も貴重にされるもの[119]」であり、安全性や管理法に関する正しい知識を理解し、子供の育児に積極的に用いるようすすめている。

さらに白井は「傳染病者に與へる食物」として、当時流行した腸チフス、赤痢、ジフテリアの初期の段階で用いるべき食材に、牛乳、米水、大麦水、牛乳水、玉子水、雪色牛乳水、スープ類、牛肉茶、牛肉精、葛湯、その他の流動物の飲用を提案している。それぞれのレシピは本書の後半に収録されているが、海外の書籍からの翻訳がほとんどであるため、米水（ライス、ウオター）、大麦水（バアレー、ウオター）、牛乳水（ミルクパンチ）、卵水（エツグ、ノツク）、雪色牛乳水（アルビユナイズト、ミルク）、スープ類、牛肉茶（ビーフ、テイ）、牛肉精（ビーフ、エツセンス）といった形で、英語の名称も併記されている。

いっぽう飲み物類だけでなく、「卵と焼パンの煮物の拵へ方（エッグ、トースト）」「鶏のスープの拵へ方（チツケン、スープ）」「牛乳の粥の拵へ方（ミルク、ポリツヂ）」「煮飯の拵へ方（ボイルド、ライス）」「米コロツケーの拵へ方（ライス、コロツケー）」「魚酢物の拵へ方（フヰツシユ、サラダ）」「牛肉ステーキの拵へ方（ビーフ、ステーキ）」「野菜入りスチウの拵へ方（アイリッシュ、スチウ）」「牛肉葡萄酒煮の拵へ方（ビーフ、ア、ラ、モード）」「芋と肉入りパイの拵へ方（カッテージ、パイ）」「芋キントンの拵へ方（マツシユト、ポテトー）」などの西洋料理から、「米粥」「糯粥」「玉子雑炊」「麩の吸物」「長芋の吸物」「淡雪摘入吸物」「泥鰌汁」「奴豆腐」「フワフワ玉子」「茶碗蒸」「苧環蒸」「風呂吹大根」などの日本料理のレシピが収録され、それぞれの料理法において、必要な「材料」、料理法に次いで、「用途」として、そのレシピの効能に対応する病気名、さらに「小児向け」「老人向け」「産婦向け」かの指示も記されている。なお本書のレシピは、西洋料理がメインとなっている。

さてこうした病人、老人、子供の食への着眼が、女性執筆者の料理書に確認されることも、この時期の特徴である。先に述べた稲垣美津子も、自著『衛生経済家庭実用料理』(1917)において、「老人子供及び病人の食物[120]」と題し、「一．粥のたき方」「二．病人用のスープ」「三．幼兒及び病人に食物を與ふる心得」「四．病人及び老人子供に與ふる軟菜の一例」「五．スープにての料理」「六．胃腸に故障ある時に忌避すべき食物」「七．病人及び老人子供の飲料」「八．病人に飲食物を與ふる時の看護法」「九．ナイチンゲール女史の看護上に於ける訓戒」といった構成で、老人、子供、病人それぞれへの食事の与え方の配慮について解説している。

本書の独自性は、元看護師としての稲垣のこだわりらしく、随所で医師の許可をとることの必要性が説かれ、料理のレシピのみならず、食事を与える際の看護法に関する解説をまとめた「八．病人に飲食物を與ふる時の看護法」8か条が収録された点である。なかでも、稲垣は忌避されがちだった牛乳の与え方の工夫に、レモン、ミント、コーヒーを用いることでならす方法を、次のように紹介している。

> 牛乳はあたゝかき中に與ふべし、牛乳を好まぬ病人及び子供には、最初極少量づつ與へてみるか、又は「レモン」を入るゝか、又は薄荷を入るゝか、若くは「コーヒ」を入るゝかして與へみるべし、此の如くするも尚嫌ふ時には、「コーヒ」を少し濃くして氷をくだき入れ、口中の乾きたる時に慰めつゝ與ふべし、斯くすれば、大概は食慾つき、自然に嫌はざるやうになるものなり、然し何事も看護者の親切によるものなれば、十分注意してすゝめ方を研究工夫すべし。[121]

また稲垣の提案は、病人には塩で調味した「重湯」や「スープ」などの流動食を、快復期の病人には「牛乳」「スープ」「重湯（少々米の入りたる）」「引肉位の入りたるスープ」などを提供し、徐々に「粥食」や「軟菜」へ移行する流れを推奨している。また老人と子供は「消化力」が弱いため、柔らかく、消化の良い物を選ぶようすすめ、幼児においては、３～４歳までは特に留意するようにも促している。また病人、老人、子供に適した「軟菜」に、「刺身　鯛　すり生姜に醤油」「刺身　ひらめに青じそ、醤油」「鯛のくづかけ」「玉子豆腐のあんかけ」「絹濾豆腐及び茹玉子のあんかけ」「引き肉にとき玉子」「鯛の黄身むし」「食パンの玉子かけ」「切麩及び鯛の身の玉子とじ」を挙げ、「スープにての料理」に「玉子豆腐」「茶碗むし」「吸物　葛策麺　口柚子」「吸物　饂飩　とき玉子　口柚子」「吸物　鶏肉のそぼろ　玉子半熟」を提案し、魚は常に「脂肪分の少なき白身鯛の如きもの」を使用するようにすすめている。

さて1920年代に入ると、料理研究家・宇野弥太郎が、『病人食物調理法並ニ糖尿病其他治病料理』（1922）を上梓する。宇野は本書の自序において、「醫藥」と「食養」は補完し合う関係にあると説き、「一般病者」、「糖尿病者」の食物、調理法についての解説を手掛けている。[122] しかし本書所収の「一般病者」のレシピは、魚料理、肉料理、野菜料理、豆腐料理、「金とん療法」、果物料理ともに、白井の料理書にみられたような西洋料理の翻訳ではなく、「御粥」と「重湯」ではじまり、「鯛おろし煮」「鯵のたで蒸し」「牛肉の土瓶蒸し」「鶏の水だき」「大根の茶碗蒸し」「かぶらのふろふき」「茄子しぎ焼」「ぎせい豆腐」「玉子豆腐」といった日本料理がほとんどとなっている。なかには「牛肉のバタ焼」「茄子のバタいため」などの折衷料理も含まれているが、そのほとんどが日本の調味料や調理法を使用した内容で構成されている点は興味深い。なお宇野の「金とん療法」には、サツマイモ、ジャガイモ、カボチャ、ユリのきんとん、ならびにバターや牛乳を加えて作る「西洋風調理方」（ピユーレー）の製法が記されている。

いっぽう宇野は、「糖尿病者」の心得において、イギリスで発見された「バイオジン」を配合した「バイオジンミルク」、「グルータンクロワア（グルータンの粉）」の使用をはじめ、「食し得べきもの」に、「ハム」「ベーコン」「スモークしたもの」「鹽したもの」「乾したもの」などの肉類から、玉子、バター、クリーム、ホウレンソウ、カブ、フレンチビーンズ、芽キャベツ、カリフラワー、キャベツ、アスパラガス、マッシュルーム、クレソン、胡瓜、レタス、ラディッシュ、セロリ、酢、サラダ油、ピクルスなどの西洋食材を推奨し、献立においても、西洋料理で構成されたレシピを中心に紹介している。

調理法に関しては、「バイオジン」を使用した「コンソメ」「ベジテーブルスープ（野菜スープ）」

「トマト、スープ（赤茄子のスープ）」等のスープ類で始まり、「フライド、スカロープ（帆立貝のフライ）」「ソール、オウ、グラタン（舌平目の蒸焼料理）」「ベークド、サルモン（焼鮭）」「カレードチキン（鶏のカレー煮込）」「ブルッセルス、スプロート、ウイズ、ベーコン（芽キャベツとベーコン）」「ホット、サンドウヰツチ（温きサンドウヰッチ）」などの西洋料理のレシピとともに、「簡易なる食物調理法」として、「甘鯛のみぞれ焼」「はぜの甘露煮」「鹿肉の焙焼」「茄子のバタ煑」「白菜の油いため」「豆腐のバタいため」など、「トマトソース」「ラード」「サラド油」「ウィスキースープ」「バタ」等の西洋食材を使用した折衷料理を紹介し、日本料理中心の「一般病者」の料理とは特徴を異にしている様子がわかる。

③折衷化に挑んだ執筆者たち

このように和洋折衷料理を重んじながら、病人食を提案する料理書が増加する傾向もまた1920年代以降の特徴といえる。例えば帝国料理学会会長・勝見芳晴（新太郎）が著わした『日本病人食料理法　附健康増進営養料理』（1923）もまた「一般臨床醫家」「看護の職にあるの士」「家庭の主婦」を対象とした病人食の料理書である。本書は満を持しての出版とされたのか、宮内省侍医・西川義方（医学博士）、東京帝国大学病院長・近藤次繁（医学博士）、東京額田病院長・額田豊（医学博士）、東京南胃腸病院長・南大曹（医学博士）、東京杉本胃腸病院長・杉本東造（医学博士）、東京中原病院長・中原德太郎（医学博士）、富士川游（医学博士・文学博士）といった病院長レベルの泰斗たちが推薦の序を述べている。なお勝見は、本職の他にも東京帝国大学病院料理講師、大日本病人食物研究会理事、東京市療養所主任講師、日本営養料理研究所主任講師を兼任していたことから、上記の病院長らと交流があったことは推察される。

勝見のレシピの特徴もやはり日本人の食生活にあった内容を提唱している点にあるといえる。これについて、序を寄せた杉本東造自身も「友人勝見君は多年料理法の研究に専念せられ其造詣深い人であるが最近歐米諸國に周遊せられ親しく其人文に接し風俗習慣趣味を考へ特に家庭に於ける厨房の状況を視察せられ其豊富なる經驗と眞執なる工夫とを以て直譯的でなく日本人に適應すべく今回滋養値に富める食物を安價に美味に料理して保健の一助としたいと云ふ計畫を發表せられました」と記し、食欲、消化機能を考慮し、「病弱者」に適した料理法を親切に説く勝見の本書を、「家庭日常の養生法、」のみならず、「我國の料理法改善」の「良著」として評価している。[123] さらに西川義方も、気候、風土、習慣、体質等に応じた「泰西の書籍を繙きまして學説を絮説して居る良著は尠くありませぬが之と提携して推奨するに足る可き割烹の良著は私の短見寡聞では未だ見當らない」とし、「篤實、熱心なる割烹家」である勝見の本書が、「軈て此世の刊行に依て多くの人に濟生の至道を教へ洛陽の紙價を高むる事でありましょう」と「贐」の賛辞を寄せている。

さて勝見は、本書に収録された「人体と食物の関係」において、子供や老人の食事への配慮も含む「健康を重んずる人の心得」15か条を次のように掲げている。

健康を重んずる人の心得

（一）夕食は成るべく少量の食事を取べし、又子供や老人は半流動食を用ふべし（葛湯）（重湯）（粥）（牛乳）（豆乳）（玄米乳）（果汁）（麥重湯）

（二）毎食後叉は夕食後は特に歯を良く磨くべし

（三）健康を重んずる者は成るべく汁粉、團子、ぜんざい、饅頭、餡物、菓子類等を多く食すべからず。

（四）夜遅く大食する者は健康上極めて悪し叉恐ろしい夢を見たり寝汗をかく

（五）寝付の悪い人は節食すると共に運動を毎日二三回づつ食前二時間前に行ふべし叉發汗等により排泄を盛んに行ふべし、不眠の原因は過食叉は體内に毒素の陥つて居るより起る場合が多い。

（六）病人は成るべく良く熟した果物を用ふべし、叉健康者は成べく新鮮なる果物を食後一二時間の後ち用ふべし

（七）健康を重んずる者は刺戟的食品や酒類叉は煙草は成るべく控めに用ふべし

（八）毎食事時間は確實に定め間食は成るべくせぬ事

（九）一度に餘り多くの種類の食物を食する時は健康上叉は消化上悪い

（十）元気の良き子供には間食として乾柿や叉は汁の多き果物類を用ふべし叉蜂蜜叉は氷砂糖、水飴等を少量づつ用ふべし叉鹽せんべい、かき餅、粟おこし等も良し

（十一）健康者でも牛乳は食事後一時間位經て飲むべし叉病者は牛乳を一回五勺位づつ叉子供は一回に三勺位づつ二三回に分けて用ふべし

（十二）胃腸の悪い人や便秘者は間食をつゝしみ叉斯る人が糖分の多き物や菓子類を食すれば停滞せる食物を發酵せしめ全身を毒する様に成るべし

（十三）普通健康者の取るべき一日の總温量は二千カロリーの食物を取らねばならぬ（魚六十目）（牛叉は鶏肉四十目）（牛乳一合）（飯五合）（胡麻二勺）（野菜類百五十目）（玉子二個）（オリーブ油三勺）（牛酪十匁）用ふれば理想的である

（十四）坐食者は一日二食を實行すれば良い叉腹を十分空して食事をすれば健康上最も良叉夜分休む時は腹を空かして休めば健康上に良い

（十五）老人は消化力や元氣が衰てくるから一日二度食事を行ない成るべく滋養の多き物を少量づつ用ひ食物の量は幾度にも食する必要がある[124]

これによると、子供や老人に胃腸にやさしく、消化の良い食物をすすめる主張が確認できるだけでなく、「健康者」に対しても、寝る前の食事、大食、消化の悪い物を避けることを提案している。また食事の時間を定め、間食をさせないことや、「坐食者」や老人には一日二食制をすすめ、胃腸に負担のかからない食事の間隔についても言及している。

いっぽう「病人料理」においても、「病人料理の作り方及献立の心得」「注意すべき危嶮食物」「病人食物の注意」「病者の飲物の心得」「水の種類と化學的試驗法」「病人食料としての各種食物」などについての各解説を加えている。なお「病人食料としての各種食物」には、肉類、果実、野菜、卵、牛乳、飲料、豆類の効能が紹介され、なかでも「健康者」の食品としても重要されている牛乳の効能を、「病人食物」としても「第一位」であると評価している。しかし牛乳を全面的に評価するばかりではなく、人間に必要なすべての栄養を持していながらも、吸収率が悪いこと（一割以

上が糞便となり排出される)、健康者も病人も中毒を起こしやすいなどの懸念もみえる。[125]

いっぽう勝見は「牛乳の使用法に就て」と題した項も設け、牛乳の成分、用い方への注意喚起、「ミルク、ダイルーテツド」「ベークドミルク」「アンチ、セプチツク、ミルク」「ホウエー」「赤兒に用ふるミルク」「エツグミルク」「ライスミルク」「ブレツドミルク」「甘酒と牛乳」「飴湯と牛乳」「玄米粉入牛乳」「蜂蜜入牛乳」「コーヒー入牛乳」「ココア入牛乳」「スープ入牛乳」「鼈スープ入牛乳」「卵黄味入牛乳」「生葡萄酒入牛乳」といった種々の牛乳の飲み方についても記している。また先述した稲垣の心掛け同様、牛乳を嫌う病人には、「コーヒー」「麦茶」を加えて与えるよう指示する提案もみえる。[126]

しかし勝見は、育児における牛乳の積極使用に関しては前向きではなかったようで、５歳から12歳の子供に「與へて良き食物と悪き食物」として紹介した以下の食物一覧にも乳製品はみえていない。

> 良き食物　ビスケツト、粟おこし、乾葡萄、乾杏、竜眼肉、良き飴類、焼果實、果菓子、炒り豆類、芋煎餅、上等煎餅、半熟玉子、油氣少なき白身魚類、青菜類、干大根、貝類、鯉、半搗米、鰹鹽辛
>
> 悪き食物　コーヒ及茶類、固く茹でた玉子、牛鳥豚肉類及脂の多き物、芥子、罌粟、胡椒及辛い物一切、洋食用ソース類、酢漬及酢の氣の多き物[127]

また勝見は、小児養育上の牛乳の適不適を論ずることはできないとしながら、「母乳は小兒の成長に從ひ適當に其の質が變化」するため、「小兒は母乳に限る」との主張を示し、[128]本書収録の「子供の胃腸及衰弱に有効なる食物献立と調理法」においても、牛乳の使用を最小限に抑えた三食献立の提案に努めている。特に牛乳の賛否は近代を通して議論されたテーマでもあり、勝見同様、慎重論をみせる知識人たちも少なくなかった。特に明治後期頃より大正期にかけての時期には、母乳推奨論が勃発し、真下正太郎[129]（真下医院）、小林信義[130]（筋違橋小児科院）、弘田長、[131]唐澤光德、[131]三谷周策、[132]瀬川昌耆、[133]長浜宗佶[134]（元大阪高等医学校病院小児科医長心得　児科専門）、加藤照麿、[135]大久保直穆[136]（大阪赤十字社病院小児科部長）、中村茂一、[137]長井岩雄、[138]河合三郎、[139]柳瀬實次郎[140]（大阪回生病院小児科長）、土肥衛[141]ら小児科医をはじめ、産婆の高垣琴子、[141]産婦人科の女医・吉岡弥生[142]ら医療関係者らの書籍において、牛乳は母乳に劣るとの主張が繰り返し叫ばれた。

さて勝見は「食養生と料理の關係」と題し、「食素（蛋白質・含水炭素・脂肪・カルシユウム）」「熱量」「身體の最も土臺と成るべき食物」「消化吸収の良き物と遅き物」「體内の調節作用を營む食物（水・鹽・硬い食品・纖維の多き食物・營養補助物又はヴァイタミン）」「食物の種類と其の人體に及ぼす影響」「毒の無き食物」「長命法の教ふる食物の食べ方」「消化の悪しき食物」「消化良き食物」「食量の人體に及ぼす影響」「普通人一人取るべき一日の食物分量」それぞれの解説も試みている。特に過食を戒める主張は随所にみられ、「食量の人體に及ぼす影響」という項においても、「目が悪るくなり安い」「夜半眠れず」「仕事が出來ず頭腦ボンヤリする」「風邪を引易

い又寝汗をかき易い」「痰がたまり易し又口ビルが破れ易すい」「疲労したる時は消化の働きが鈍ぶる」などの過食がもたらす13の弊害を危険視している[143]。また本書には、「實地研究」の末に「有効」と認めた日本、中国、朝鮮の「諸病民間食餌療法」19種（「便秘妙薬」「百日咳の妙薬」「胃病妙薬」「解熱の妙薬」など）も収録され、伝統に学ぶ姿勢も重んじられている。

本書の後半は病状別レシピが続く。なお本書には、「牛肉と野菜のスチユー」「生鮭と豆腐の巻フライ」「マカロニのバタ焼」「ビーフステーキ」「チキン、オムレツ」「獨活のクリームソース掛け」「馬鈴薯のバタ炒り」「燻製秋刀魚と南京豆のサンドウイツチ」などといった西洋料理や折衷料理の収録数以上に、「大豆蒲鉾」「饂飩のそぼろ焼」「梅干雑炊」「鮑の鹽蒸」「筍の土佐煮」「豆腐の餡掛け」「黒豆の柔煮」などといった醤油、白味噌、赤味噌、味淋、出汁昆布などの日本の食材と調理法を用いた日本料理が多数収録されている。また「梅干と昆布のスープ」「蕗の根と鯣のスープ」「大根の干葉と魚の骨のスープ」「蓮根と炒豆のスープ」「葱の白根と甘草のスープ」「桐の葉と蓮根のスープ」などのスープと称するレシピも数多く登場するが、これらはいずれも土鍋などを使用し、昆布や鰹の出汁、赤味噌、塩など日本の調味料で調味した吸い物、味噌汁仕立ての料理となっていることからも、単なる翻訳のとどまらず、日本人の味覚に合うレシピが意図的に考案された経緯が理解される（なお本書には、「犬の柔煮」「犬のかやく汁」「犬の味噌煮」といった犬料理も登場している）。さらに食塩の種類や成分、焼塩療法、「各種食物の食養價値一覧」、「喰べ合して有害なる食物の種類」が収録され、最後に日本料理形式をベースとした病状別の三食献立が提案されている。

さて本書出版の翌年には、女性執筆者・手塚敏子による『食餌療養病人食物の調理法』(1924）が上梓された。手塚もまた「病人の食物と云へば、おも湯とかお粥とか、或は牛乳とか、玉子とかいふやうに昔から千遍一律に決めて仕舞ふやうでありますが、病氣の輕重や、食物の性質や、或は病人の體質等から考へ合せて、病人の食物はそんなに簡單に決定して仕舞ふべきものではありませぬ」と病人食研究を等閑視すべきではないという姿勢をみせ、食物は「醫者の盛つた藥」より効力を発揮することがあるため、食物摂取の方法如何で病気の回復が長引いてしまったり、却って「不治」の状態に陥ってしまう恐れもあるとの見方を呈している[144]。これまでの執筆者たちと同様、手塚もまた食物と人体の成り立ち、「蛋白質」「脂肪」「炭水化物」「鑛物質」「水分」「ヴイタミン」の解説のみならず、「年齢、健康の状態、働きの程度、気候等に應じて適當な分量を攝取すること」「出來るだけ多くの温量を發生する食品を選ぶこと」「最も消化吸収する食品を選ぶこと」「年齢とか境遇等に依つて食物に變化あらしめること」「最も價格の廉い食品を選ぶこと」の5点を挙げ、「老人」「小兒」「激勞働者」「普通の大人」それぞれの食事の留意点にもふれている。特に身体機能に衰えがくる「老人」には消化がしやすく、滋養豊富なもので少なめの分量で食事を整えること、また時には「消化器」を刺激する食材や新鮮な野菜を多く与えて新陳代謝を促すことを提案し、「肉食」より「菜食」をすすめる姿勢をみせている[145]。いっぽう「小兒」の食事に関しては、成長発育期にあたるため、カルシウムを多く与えることに言及し、刺激物や興奮を促す食品を与えぬよう留意することを説き、「普通の大人」の留意点に関しても、「座食」をする人には、滋養のあるものを少量与えること、さらに腸の蠕動を高めるために、時々「麦飯」「半搗米」などを与え、脳をよくつかう人には、滋養のあるものを献立に変化を加えながら提供することをすすめている[146]。

病人食の提供に関しても、病状に応じて、適切な食品選択、流動食か固形食かの判断、分量の加減、価格の安い食品を考慮することなどへの心掛けを説き、「病人食物の調理法」として、食材別、病状別それぞれの項目でオリジナルのレシピを提案している。レシピは何れも１～３行という短いもので、これまでの病人食料理書に比べ、読みやすさは格段に改善されており、「チキンスープ粥」「玄米トマト入粥」「パンのフエタス」「うどんトマト煮」「マカロニクリームソース」「ミルクオートミール」「牛乳入コンスターチ」「豌豆ゼリー」「さつま薯トマト煮」「長芋牛乳煮」「バナナの重湯」「西瓜紅茶」「平魚の牛乳煮」といった和洋折衷料理、西洋料理の積極的な紹介もみえる。なお手塚は「そうめん清汁」「味噌入蒸し豆腐山かけ」「うづみ豆腐」「油あげおぢや」「生揚ふくめ煮」「小豆昆布煮」「小豆粥」「そら豆豆腐酢みそかけ」「南瓜小豆煮」「わかめ味噌汁」「鰯つくね汁」などの日本料理も加えているが、トマトソース、牛乳などの新たな西洋食材を駆使しながら、折衷型の新しい病人食の考案に努めた女性執筆者のさきがけとしても、注目に値しよう。

本書の後半部では、胃腸病（慢性胃カタル・急性胃カタル・胃拡張・胃弱・胃癌・胃潰瘍・急性腸カタル・慢性腸カタル）、糖尿病、腎臓病、脚気、肺結核、腸チフスのそれぞれの症状、献立例、調理法、食餌法、「適食」として、与えるべき食品群が紹介されている。こちらの解説は詳細なものとなっており、手塚の本書に込めた熱意が伝わる体裁である。実際勝見の料理書の構成との類似点も指摘でき、手塚が参考にしていた可能性もぬぐえないが、献立例の内容はあくまで手塚の独自案を貫いている。レシピには簡潔さを求めながらも、病人食に施された手塚の詳細な解説からは、勝見の料理書より、一家の主婦たちに多くの情報を与えた良書であったと推察される。

④日本型健康料理の成立

さて昭和4年（1929）には、村井政善が病人食料理書『新しい病人の食物料理法』を上梓する。村井は緒言において、「『先づ健康へ』吾人は好んで病氣を求めるものではありますまい。亦病氣を喜ぶ者はないでせう。實に病氣は、患者一人の苦痛ではありません。家族の内一人でも病氣に罹つたならば其の家庭の人々は皆苦痛を感じなければなりません」と主張し、「一人の病氣」は「家族全體の病氣」であるため、「日常の心掛」が必要であると見方を呈している。また読者に、「『健康』と云ふ二字を忘れず何時も家庭内を明るくまた樂しくして、家庭内に暗い蔭が出來ぬ」ように、栄養面、経済面を考慮しながら、家庭を切り盛りすることを求め、「常々より天然自然の食物を以つて最も合理的に榮養を攝取すること」が重要との考えを打ち出している[147]。さらに村井は、これまでの料理書にみられた複雑な栄養素や食品分析表の解説などは排除し、従来の養生法が西洋人基準に偏りがちであった点についても指摘しながら、日本の風土、気候、習慣などを考慮した「食餌健康法」の必要を強調する[148]。

よって、本書は「第一章　病人の食物に就いて」「第二章　吾人の要求するカロリー量」といった村井の病人食論に続いて、日本食の基礎となる「第三章　白米食と他米食」「第四章　御飯の炊き方種々」「第五章　煮出汁の取り方と味噌汁の仕立方」の解説がなされ、その後に流動食や半流動食、「保健食餌」の標準献立例、病状別食餌療法の解説が続く構成となっている。特に第四章では、「御飯の炊き方」こそ、「一家の主婦」や「主婦たらんとする諸姉」に「研究して頂きたい」とし、気圧が低下する夏場の炊飯法や白米の洗い方についての解説のほか、「フンワリ」と上手に炊き上がるコツなどを伝えている。また炊飯時に「粘り氣のある最も榮養價の多い重湯」をふきこぼすことは、栄養分を捨てることと同じであるとし、ふきあがった重湯を茶碗ですくい、栄養不良の子供に飲ますこともすすめている。[149)]

いっぽう「保健食餌」とは、村井が提唱する「保健者或は病氣快復後の者」のための推奨献立であり、本書には12ヶ月の献立例が提案されている。

一月頃の献立（蛋白質239.3　温量7389）　※蛋白質、温量共に以下すべて三人分
　朝食　馬鈴薯の味噌汁　味付海苔
　昼食　兎のメンチボール
　夕食　蕎麦の葛の葉　煮込甘藍　御飯　香の物
二月頃の献立（蛋白質242.0　温量7363）
　朝食　葱の味噌汁　おろし大根
　昼食　煮干と蒟蒻の生姜煮
　夕食　蓮根の酢煮　鑵詰鮭のフライ　御飯　香の物
三月頃の献立（蛋白質244.5　温量7365）
　朝食　小海老の佃煮
　昼食　甘藷の油揚
　夕食　大根と油揚の酢和　御飯　香の物
四月頃の献立（蛋白質239.6　温量7263）
　朝食　蜆の味噌汁　昆布の佃煮
　昼食　牛肉の醤油漬
　夕食　菠薐草のクリーム煮　胡蘿蔔と馬鈴薯の衣揚げ　御飯　香の物
五月頃の献立（蛋白質246.7　温量7069）
　朝食　若芽の味噌汁　金ぴら牛蒡
　昼食　ずいきの煮染　目刺
　夕食　胡瓜と馬鈴薯の酢物　牛肉煮込　御飯　香の物
六月頃の献立（蛋白質240.1　温量7354）
　朝食　甘藍の味噌和　油揚の煮染
　昼食　越瓜の煮付　うば貝の付焼
　夕食　葛策麺のすまし　茄子のフライ　鯰のがめ煮　御飯　香の物
七月頃の献立（蛋白質238.4　温量7344）
　朝食　玉葱の甘酢　莢隠元の辛煮
　昼食　南瓜の煮付
　夕食　茄子の鍋焼　鑵詰鮭の丸め揚　御飯　香の物
八月頃の献立（蛋白質241.4　温量7439）
　朝食　雷汁　蓮根の甘酢漬

昼食　越瓜の土佐煮　鹽鮭の春漬

夕食　干海老のカレー汁　胡瓜の酢揉み　焼豚とトマト　御飯　香の物

九月頃の献立（蛋白質239.5　温量7346）

朝食　蜆の味噌汁　アミの佃煮

昼食　蓮根の天麩羅　おろし大根

夕食　茄子バタ焼　トマトソース　ビーフカツレツ　莢隠元鹽茹　御飯　香の物

十月頃の献立（蛋白質244.9　温量7503）

朝食　納豆刻み葱　ねり味噌

昼食　野菜ごつた汁

夕食　揚蕎麦　刻み葱　巻甘藍と煮干の三杯酢　御飯　香の物

十一月頃の献立（蛋白質243.7　温量7510）

朝食　午蒡と竹輪の煮付　柚子入味噌

昼食　ハムとマカロニとトマトのグラタン

夕食　牛肉のボタ汁　御飯　香の物

十二月頃の献立（蛋白質243.2　温量7488）

朝食　豆腐の味噌汁　沙魚と生姜の辛煮

昼食　鹽鯖の船場汁　里芋の味噌煮

夕食　豚のすき焼鍋　御飯　香の物

上記の献立例をうかがうと、どの月の内容も日本料理を重んじる村井らしく、飯と汁におかずを組み合わせる形式をベースとし、時折折衷料理や西洋料理を加える体裁となっている。手塚の料理書と比較すると格段に日本料理の割合が増えている様子が確認でき、日本の食材を研究しつくした村井の手腕が生きた料理書としての特徴をなしている。

また本書の後半部にあたる病状別食餌療法の解説に関しても、食餌法、献立表がそれぞれに示され、やはりここでも日本料理を主とした献立例が提示されている。なかでも食餌療法が難しいとされた糖尿病に関する記述は、約60ページにも及んでいる。そしてここでも村井は、「此病氣の患者の食物としては、西洋料理式の物が最も良いのでありますが、これは生活状態に於て或は山間僻地等にあつては容易に實行し難い場合もありますから、本書は主として日本人の食べる食物を用ひ、そこへ純西洋料理で無く西洋料理にまねた物等を記述いたすことにしました」[150]と、これまで同様、日本人の食生活を考慮し、日本料理に拘る姿勢を貫いている。実際、村井の考案したレシピにも、「ライス、オムレツ」「大根のバター煮」「筍のサラダ」「牛肉のオムレツ」「玄米パンのバター焼」「アスパラガス（マヨネーズをかけて）」「ソーセーヂ　甘藍の付合」「ビーフステーキ（芽甘藍の付合）」「豆腐のバター焼　トマトソース」「ボイルドエツグス」「胡瓜のサラダ」「牛肉のスープ」「甘藍のオムレツ」「炒パン」「煮甘藍（二杯酢かマヨネーズで）」「胡瓜と鶏肉のサラド」「魚のスープ」「莢隠元のバター炒」「松茸のバター焼」「牛肉の煮込」「小かぶのサラダ」「鰊のバター焼」「ハムサラダ」といった西洋料理や和洋折衷料理が含まれているが、それ以上に日本料理の収録数が多く確認できることからも、西洋料理をベースに考案された宇野の糖尿病献立とは明らかに異なる体裁となっている。

なお糖尿病を不治の病とし、議論の対象にし始める動きは、明治中期頃に顕在化する。特に食餌療法が難しい糖尿病は、料理人泣かせの病でもあったようで、医師・樫田十次郎も「糖尿病は食物に大變關係のあるものであつて、若も自分の家に糖尿病の人が出來ると其處の家の料理を主裁する人は何時も苦しむことが多い」[151]と、その状況を憂いている。また衛生新報社編集局が編纂した『実用問答胃腸病篇』（1913）に「昨年来糖尿病は大分八釜しくなつて來たやうです」[152]との記述がみられるように、明治45年（1912）には、筆者が確認できただけでも、額田豊述・近藤金彌著『糖尿病と其養生法』、瀬尾雄三著『糖尿病及其療法』、今村明光・大久保双一共編『糖尿病及其療法』といった３種の糖尿病の専門書が出版されている。いずれも海外の研究に基づき、医学書として執筆されたものであるが、『糖尿病と其養生法』には、「私は某醫者から、西洋料理の外、若し日本料理を喰ふなら、一切味噌や醬油で味を付けてはならぬ、必ず鹽のみで味を付けろと云はれたが、誠に無味で到底食ふことが出來ぬ」と訴えたある糖尿病患者の言葉に感化され、西洋料理に偏らずとも、軽度の患者なら、日本料理を食べてもよいと提案した額田豊の考えが示されている[153]。実際本書の附録には、日本料理の献立例が１種紹介され、御飯と漬物の分量にさえ留意すれば、「わさび」「からし」「こしよう」などの薬味を使用しても差し支えないとの指示もみえる（なお大正５年（1926）には、額田が院長を務める額田病院での数千例の治験に基づき大幅に改定を行った第５版を出版し、食餌指導の記述も大幅に増加している。本書には、「インシュリン」療法についても新たに書き加えられている）。

そして額田病院での勤務経験を経、病人食料理書を著したのが、先にも挙げた村井政善であった。実際村井も『新しい病人の食物料理法』の緒言において、「私が額田病院に在職中、院長醫學博士額田豊先生の指導の元に實際方面の研究を進め、また、國立榮養研究所に在職中は、所長醫學博士佐伯先生の指導の元に學術的榮養料理の實際を研究しつゝ傍らこれが病人用食物の研究を續けてゐたのであります」[154]と、額田や佐伯の下での研究歴についてふれている。なおこれまでもみてきたように、時代の泰斗らに教えを乞い、常に日本人の食生活事情を斟酌しながら、経済と栄養を重んじる料理法の研究に努めた村井の尽力こそ、近代日本が理想とした家庭向け料理書の結実期を切り拓いたとはいえないだろうか。本書において、村井が説く「いざ病氣に罹つたからとて、急に食物よ醫者よといふ様では勿論の事、日常「健康」と云ふ二字を忘れず何時も家庭内を明るくまた樂しくして、家庭内に暗い陰が出來ないやう而して榮養的にも亦經濟的にも殊に食物の料理に當る者は之を心掛けなければなりません。（中略）食物料理殊に病人用食物を試みるには第一其人の親切即ち料理を司る人の心からなる工夫及努力に依るものでありますから、此一事を日常念頭にして怠り無く本書の如きを参考にされる事を希望いたします」[155]との思いは、近代の家庭向け料理書が女性読者に求めた課題を如実に物語っている。

註

1）上野千鶴子『近代家族の成立と終焉』岩波書店、1994

２）東四柳祥子「近代日本における日常食献立の形成と西洋文化の影響　―英米料理書との関連を通して―」（『会誌　食文化研究』No. １.）日本家政学会食文化研究部会、2005、pp. 27–38.

３）Stephen Mennel: *All Manners of Food: Eating and Taste in England and France from the Middle Ages to the Present*, University of Illinois Press, 1996

４）宮城坎一抄訳『泰西家庭精訓　巻一』半月堂、1877、p. ６.（下線　東四柳）

５）清水文之輔『家政学』金港堂、1890、p. １.（下線　東四柳）

６）魚谷歓次編『婦人必読通俗女子教育要論』愛梅堂、1888、pp. １–３.

７）阿野仁平（勧農舎主人）『農家の細君』池田商店、1898、pp. ２–３.

８）伊東洋二郎『通俗経済絵入日用家事要法』静観堂、1889、pp. 22–24.（下線　東四柳）

９）常見育男『家庭科教育史　増補版』光生館、1972、pp. 120–122. ※なお常見は、明治19年（1886）発布の小学校令、明治23年（1890）発布の改正小学校令では、裁縫は残されたものの、家事経済は除外されたことを指摘している。

10）日下部三之介『小学家事経済訓蒙　巻之上』金港堂、1883、p. １.

11）日下部三之介『小学家事経済訓蒙　巻之下』金港堂、1883、p. １.

12）鈴木弘次編『家事要法　下』進徳館、1883、pp. 14–15.

13）九岐晰『臺所規則　一名厨房寶蔵』思誠堂、1880、p. ２.

14）青木輔清編『家事経済訓　一』同盟舎、1881、p. 32.

15）青木輔清編：前掲書、p. 20.

16）藤田久道『家事経済論　二』教育書房、1882、pp. 14–15.

17）飯島半十郎編『初学家事経済書　下』虚心堂、1882、p. ９.

18）鈴木弘次編：前掲書、p. 15.

19）九岐晰：前掲書、p. １.

20）進藤直温編『女子必読　巻の三』進藤直温、1886、pp. １–２.

21）藤田久道：前掲書、p. 14.

22）藤田久道：『家事経済論　一』教育書房、1882、p. ２.

23）伊東洋二郎『通俗経済絵入日用家事要法』静観堂、1889、pp. １–２.（下線　東四柳）

24）東生鉄五郎『日用素人料理　附諸料理の献立及秘伝製造法』東生鉄五郎、1894、序 pp. １–２.（下線　東四柳）

25）川邊新三郎『素人料理日用惣菜之栞』三盛館、1893、序

26）東生鉄五郎：前掲書、序

27）三田村熊之介『新撰料理独案内　完』石塚猪男蔵、1895、序

28）河合壽造『素人案内日用料理の仕方　全』武田交盛館、1896、凡例

29）井上善兵衛『新撰割烹手引』出版社未詳、1901、緒言

30）竹堂主人『和洋日用料理　全』小川尚栄堂、1902

31）萩原幾喜編『家庭重宝和洋素人料理　全』萩原新陽館、1904、序

32）宇野瀰太郎　渡辺鎌吉『家庭西洋料理』大倉書店、1905、序

33）林甲子太郎（竹水亭主人）編『実用家庭料理法』盛林堂、1903、緒言

34）赤堀峯吉『和洋家庭料理法　全』自省堂本店、1904、緒言

35）家庭倶楽部編『簡易速成四季和洋料理法』井上一書堂、1906、凡例（下線　東四柳）

36）奥村繁次郎『家庭和洋料理法』大学館、1905、序（下線　東四柳）

37）伊澤紹倫師・小林香露編『家庭の料理』平福精社、1909、pp. ２–４.（下線　東四柳）

38）中川愛氷編『日用家庭料理手びき』求光閣、1910、p. 1.（下線　東四柳）
39）小林彦五郎　村田天籟『婦人修養と実際』一星社、1911、pp. 70–73.
40）村井寛『食道楽　夏の巻』報知社出版部、1903、pp. 336–337.
41）山方香峰編『衣食住　日常生活』実業之日本社、1907、pp. 444–445.
42）れう角「家庭料理の原則」（『月刊食道楽　第二巻第十三号』所収）有楽社、1906
43）赤堀峰吉等著『和洋折衷家庭料理法』杉本翰香堂、1905、緒言
44）山方香峰編：前掲書、p. 446.
45）赤堀峯吉：前掲書、1904、緒言
46）宇山禄子『割烹叢話　第一巻　和食割烹』掌饌会、1907、緒言
47）生間正起「料理の第一心得」（小川煙村編『新編料理談』所収）東明堂、1910、pp. 25–35.
48）川島よし子「我邦に応用したき米国の家政」（『東洋婦人画報　第19号』所収）東京社、1908
49）嘉悦孝子『惣菜料理のおけいこ』宝永館、1907、はしがき

「日本料理や、西洋料理の書籍わ、数の知れません程、沢山にありますが、何れも結構な書籍で、ありましよを、然し、六ヶ敷い文字や、漢語交りの様な、言葉が書いて在て、其れに読み悪い仮名が付いて居るのですから、お人に依りまして、仮名わ解ツても、其意味が、解りません、実際に、無理のない、お話しです」

50）亀井まき子『実用家庭料理法』博文館、1905、はしがき
51）一戸伊勢子『実験家庭料理法』文成社、1911、緒言
52）赤堀峯吉等『日本料理法』実業之日本社、1907、緒言
53）巌谷小波　沼田藤次編『最新日本少女宝典』誠文館、1912、pp. 602–603.
54）井上善兵衛：前掲書、緒言
55）Shoko Higashiyotsuyanagi: “The History of Domestic Cookbooks in Modern Japan”（*Japanese Foodways Past & Present* 所収）Illinois University Press, 2010, pp. 161–184.
56）赤堀峯吉『和洋家庭料理法　全』自省堂本店、1904、緒言

「料理といへば、世人は直ちに贅沢物を調理する事の如くに思ふが、決してさうでない、又勝手の事といへば、世人は直ちにこれは下婢の為すべき事であつて、一家主婦の関すべき事でないなどというて平気で居るが、これも亦誤つて居る」

57）近藤正一『女子職業案内』博文館、1906、pp. 179–180.
58）浪速料理会等『家庭料理法』精華堂書店、1911、p. 1.
59）Higashiyotsuyanagi, Shoko：前掲書、2010、pp. 161–184.
60）足立栗園『家庭教訓　家政と衛生』積善館、1901、p. 2.・pp. 8–10.
61）池田常太郎『女子の王国』南風社、1903、p. 48.
62）櫻井ちか子『実用和洋惣菜料理』実業之日本社、1912、緒言
63）櫻井ちか子：前掲書、緒言（下線　東四柳）
64）櫻井ちか子：前掲書、緒言　※下線部の「良人」について、木村涼子は「主婦」「妻」と対をなす「主人」「良人」という近代家族における男性の新しい役割と定義し、「良人は、まず経済的に世帯を支える役割をになっている。俸給生活者として家庭の外に出て働く、もしくは農工商の自営業を営む。主婦が家事・育児を果たし、家族の情緒的不安定を保障する「楽園」を維持するのに対して、良人は経済的に家計を支える役割をになう」（木村涼子「近代家族が夢見た主婦と良人の「甘い生活」」〔『AERA Mook　生活科学がわかる。』所収〕朝日新聞社、1998、p. 100.）と解説する。
65）具体的な新中間層の定義として、森岡清美は「新中間層は俸給を家計の柱としたが、そのうち上層のもの

の収入は大体五十円から百円の間であって、中産階級とともにその数がきわめて限られており、いわば特権的階級をなした。新中間層の中・下層を担ったのは判任官以下の官公吏や学校教員、工場の職員層であったが、その供給源は、中等教育を受けた地主や中農の子弟および都市中間層の子弟のほかに、都市下層の子弟で能力と運に恵まれた人々であった」（「都市下層と新中間層」〔『週刊朝日百科　日本の歴史』112号所収〕朝日新聞社、1988、p. 62.）と説明している。また伊東壮は、特に都市部での進展が顕著であったとし、東京市での新中間層の全就業率に占める比率は、1908年が5.6％に対し、1920年には21.4％に急増したと記している（「不況と好況のあいだ」〔南博編『大正文化』所収〕勁草書房、1965、pp. 183–187.）。

66）小川静子『家庭の生成と女性の国民化』勁草書房、1999、p. 38.

67）西野みよし『家庭実用献立と料理法』東華堂、1915、序

68）久満盛幸編『美味衛生安価料理五百種』大日本料理研究会、1916、p. ２.

69）秋穂益実『秘伝公開家庭料理の拵へ方』アルス、1917、自序 p. ２.

「此の大事な食物を作る卽ち料理法なるものは今日まで我邦では下女か下男がする様なつまらない卑しき事に考へられて居た様であるが、近來學術の進歩に伴ひそれは大變な間違である。割烹法は人間幸福の素であると言ふ事が明かになつたのである」

70）家庭興風会編『家庭礼法と手芸』家庭興風会、1916、pp. 320–321.

小林書店編『家事経済良妻』小林書店、1919、pp. 134–135.

71）江原絢子　東四柳祥子『近代料理書の世界』ドメス出版、2008、p. 156.

72）本書を編纂した食養研究会は、北里柴三郎を理事に据え、益田孝男が会長を務めた病人食を専門とする研究機関である。後に拠点を慶応大学医学部内に移設している（江原絢子　東四柳祥子『近代料理書の世界』ドメス出版、2008、p. 161）。

73）食養研究会編『美味しくて徳用御飯の炊き方百種』食養研究会、1918、はしがき

74）久満盛幸編：前掲書、pp. 11–13.

75）伊藤尚賢『代用食の研究』東亜堂、1920、p. 96. ※いっぽう稲垣の「米七雑三主義」は、うどん、そうめん、パン、そばなどを用いる「米無日」を設定せず、米と雑穀の７対３の割合に考慮しさえすれば、糧食米の不足を防げるとするもので、従来より「一日三食を通じて割合變化の少いもの」として、西洋人に不思議がられている「日本の食餌」に変化を与えるきっかけにもなると説かれている。

76）伊藤尚賢：前掲書、1920、pp. 97–100.

77）日本食料研究会編『経済生活代用食調理法』天下堂書房、1919、pp. 69–70.

78）日本食料研究会編：前掲書、p. １.

79）日本食料研究会編：前掲書、p. 80.

80）日本食料研究会編：前掲書、p. 26.

81）小林書店編『家事経済良妻』小林書店、1919、pp. 70–71.

82）小出新次郎『安価滋養食品料理法』通信東洋女子大学出版部、1922、pp. 23–27.

83）林すえ子『馬鈴薯調理法』益田郡中央仏教婦人会、1926、薯婆さんの告白

84）林末子『食物界大革新馬鈴薯米及調理法』共同出版、1910

85）林すえ子：前掲書、pp. 64–66.

86）奥村繁次郎『家庭和洋料理法』大学館、1905、p. 123.

87）伊藤恒蔵『馬鈴薯百種調理法』読売新聞社、1910、序

88）稲垣美津子『衛生経済家庭実用料理』明治出版社、1917、著者が本書を公にするに至りたる動機

89）稲垣美津子：前掲書、p. １.

90）嘉悦孝子『どなたにもできる安価お料理』恋人社、1916、序

91）嘉悦孝子『貯金の出来る経済の取り方　附上品な内職』実業之日本社、1917、pp. 257-260.

92）江原絢子　東四柳祥子：前掲書、p. 186

93）村井政善『新しき研究　和洋料理の仕方』石塚書舗、1922、pp. 1－2.

94）村井政善：前掲書、1922、p. 2.

95）村井政善『実用和洋料理』博文館、1924、p. 10.

96）村井政善：前掲書、1924、p. 4.

97）村井政善『新しき研究　実用農村料理』東京府農芸会、1924、緒言 p. 1.

98）額田豊『安価生活法』政教社、1920、p. 251-252.

99）石井泰次郎　村井政善『日本料理作法・栄養料理』文化生活出版会、1928、pp. 97-98.

100）下田歌子述　北海道教育会編『家政学講義　附女子教育講話』冨山房、1902、p. 41.

101）下田歌子述　北海道教育会編：前掲書、pp. 43-44.

102）渡部竹蔭『明治の家庭』前川文栄閣、1904、pp. 19-21.

103）三輪田眞佐子『新家庭訓』博文館、1907、pp. 58-61.

104）蜻蛉子『教育者の家庭』良明堂、1909、pp. 55-73.

105）馬淵冷佑編『内外教訓物語　地之巻』宝文館、1909-1915、pp. 350-352.

106）村井弦齋『食道楽　夏の巻』報知社、1903、pp. 67-68.

107）村井弦齋：前掲書　夏の巻、p. 68.

108）村井弦齋：前掲書　夏の巻、p. 67.

109）村井弦齋『人情論』実業之日本社、1912、pp. 163-166.

110）岡崎内蔵松編『家庭実益食養大全　附年中献立及其調理法　宴会の作法及其禁物』読売新聞社、1906、p. 76.

111）幡幽泉『細君のため』隆文館、1905、pp. 115-118.

112）加藤末吉編『教室内の児童』良明堂書店、1908、p. 105.

113）笹野豊美『子供の躾方　一名育児憲法』服部書店、1907、p. 105.

114）村井多嘉子述　石塚月亭編『弦齋夫人の料理談　第二編』実業之日本社、1909、pp. 49-72. ※大正期には、藤村藤太郎著『日用便利弁当料理案内』（1905）、西野みよし著『和洋四季弁当料理の数々』（1916）、村井政善『子供のよろこぶお弁当の拵へ方』（1921）といった家庭向け弁当料理書の出版も確認できている。また先にも挙げた稲垣美津子も、自著『衛生経済家庭実用料理』（明治出版社、1917）において、「辨當の部（「幼稚園生位の幼児の辨當」「小中學生の辨當」「遠足の辨當」「辨當の菜」「食パンにての辨當」「ジヤムの作り方」「大人用の辨當献立」）」（pp. 331-355.）という項をもうけ、弁当の諸注意、献立例、おかずの組み合わせ方、調理法について解説している。特に子供の弁当に関しては、年代に応じて、分量の調整をし、腐敗を防ぐことへの注意、さらに滋養分が多く、こぼれにくいおかずを選ぶなどの考慮が大事であるとの考えを示している。また小中学生になると、男女差の違いにも配慮が必要としながら、特に「女兒」は「漸次に外形に心を向けて種々なる好みをなし、殊に少量に食する傾」があるため、母親は娘の痩身願望に目配りをする必要があるとの注意も促している。若年層のダイエット願望に焦点を当てた警告は、初期のものとして興味深い。

115）羽仁もと子『女中訓』婦人之友社、1912、pp. 96-100.

116）江原絢子『高等女学校における食物教育の形成と展開』雄山閣出版、1998、p. 108.

117）大江スミ『応用家事教科書（訂正再版）』東京寶文館、1918、pp. 13-19.

118）遠山椿吉校閲　白井悦子『家庭実用衛生料理法』実業之日本社、1910、自序

119）遠山椿吉校閲　白井悦子：前掲書、p. 4.

120）稲垣美津子：前掲書、pp. 355-378.

121）稲垣美津子：前掲書、p. 372. ※とりわけ病人食では重宝された牛乳であったが、日本社会への浸透には時間がかかったのも事実である（第4編参照）。また安全面からも危険視された食品でもあったため、同時期の料理書には、牛乳を批判し、それに代わる食品をすすめる動きもみえる。実際井上正賀も、自著『諸病療養滋養食品詳説』（大学館、1914）において、「牛乳より甘湯（一名甘酒）」（pp. 58-59.）と題し、牛乳を否定し、多量の「ヂアスタース」を含み、米麹から製造する甘酒を、日本人に「好適の滋養品」として評価している。

122）宇野弥太郎『病人食物調理法並ニ糖尿病其他治病料理』大倉書店、1922、自序

123）勝見芳晴『日本病人食料理法　附健康増進営養料理』帝国料理学会、1923、pp. 10-11.

124）勝見芳晴：前掲書、pp. 24-27.

125）勝見芳晴：前掲書、pp. 39-40.

126）勝見芳晴：前掲書、p. 116.

127）勝見芳晴：前掲書、p. 112.

128）勝見芳晴：前掲書、p. 115.

129）真下正太郎『小児養育草』真下医院、1903

130）小林信義『通俗小児衛生学』丸善、1903

131）弘田長閲　唐澤光德『育児の話　完』吐鳳堂書店、1905

132）三谷周策『家庭育児　父母乃務』鍾美堂、1905

133）瀬川昌耆『実験上の育児　上巻』新橋堂、1905

134）長浜宗佶『小児養育の心得』長浜宗佶、1906

135）加藤照麿『育児法』家庭之友社、1908

136）大久保直穆『新撰育児法講義』朝陽堂、1911

137）永山在德閲　中村茂一『子供の育て方』中村茂一、1912

138）長井岩雄『育児のしをり　前編』九畹書屋、1912

139）河合三郎『不用意が招く愛児の死』洛陽堂、1916

140）柳瀬實次郎『小児救急　母の手引』柳瀬實次郎、1916

141）土肥衛　高垣琴子『母子健全　妊娠より育つまで』文瑛書院、1916

142）吉岡弥生『日常衛生若き婦人の心得』泰山房、1917

143）勝見芳晴：前掲書、pp. 54-55.

144）手塚敏子『食餌療養病人食物の調理法』善文社、1924、pp. 1-2.

145）手塚敏子：前掲書、pp. 37-38.

146）手塚敏子：前掲書、pp. 38-40.

147）村井政善『新しい病人の食物料理法』実業之日本社、1929、緒言

148）村井政善：前掲書、1929、pp. 2-3.

149）村井政善：前掲書、1929、pp. 15-18.

150）村井政善：前掲書、1929、p. 337.

151）樫田十次郎『滋養物の摂取』文星堂、1912、p. 190.

152）衛生新報社編集局編『実用問答胃腸病篇』丸山舎書籍部、1913、p. 326.

153）額田豊述　近藤金彌『糖尿病と其養生法』内科学雑誌社、1912、p. 152.

154）村井政善：前掲書、1929、緒言

155）村井政善：前掲書、1929、緒言

第２章　計画型日常食献立「三食献立」の成立

本研究で扱う1860年から1930年にかけて刊行された料理書の主な傾向に、異国の食文化を受容するための料理書と家庭向け料理書の二つが挙げられる。19世紀後半は、遊学帰りの知識人や西洋人によって、西洋料理を積極的に紹介する西洋料理書が刊行された時期であったが、20世紀以降に入ると、タイトルに「家庭」、「我が家」という用語が目立つようになり、日常食を扱う家庭向け料理書が多く刊行され始める流れがみえる。また家庭向け料理書は、タイトルに「実用」「簡便」「お手軽」などを題することが多く、饗応食の料理を中心に扱っていた前近代までの料理書とは異なり、実践可能であることが考慮された新しい特徴の料理書ともいえる。

第１章でも述べてきたように、家庭向け料理書の刊行には、明治新政府が設定した新しい女性役割の影響が起因する。当時、明治政府は欧米列強に比する強健な国家建設のために、「富国強兵」を国是として掲げ、国民に従軍義務、並びに資本主義経済下において国家のために富を蓄積することを条件として課した。そして、その実現に直接的に関与できた男性を実質的に支えることが、国家によって求められた新しい女性役割とされ、従来の家族のあり方とは異なる「家庭（ホーム）」の登場とともに、男女間に区別された新しい性役割がもたらされた。

こうした流れの中で、明治政府は、学校における女子教育の基本に良妻賢母教育を掲げ、その中に西洋からの近代科学を取り入れながら、家庭経営に関する多くの実用的な知識を盛り込んだ。さらに、女子の中等教育には、家事・裁縫の科目が置かれ、家庭の主婦育成を目指した教育も実践された。次第に調理技能を含めた食物教育も重視されるようになり、女性読者を対象とした料理書も多く刊行され、料理人などの専門職業人に向けて書かれた「専門料理書」とは区別された日常食への視点を盛り込む家庭向け料理書が誕生した。そして家庭向け料理書のなかでもとりわけ重視されていたのが、日常食献立を計画的に作成し、実践することの必要であった。筆者の調査においても、献立の具体例がみられた近代料理書215冊（1868-1930）のうち100冊に、１日三食の推奨献立が収録されていたことからも、多くの料理書で、このスタイルの献立が注目されていたことが理解される。

そこで本章では、１日三食の推奨献立を、当時の呼び方に倣って、三食献立[1]と称し、その特徴の系譜についてたどることを目指した。実際江戸期までの料理書にも献立の考え方はあり、「朝献立」「晩献立」（『茶湯献立指南』）などといった表記も確認されるが、日常の朝昼晩の献立を計画的に作成する三食献立へのまなざしは、管見の限り確認できていない。また江戸期の類書『守貞謾稿』にも、「江戸：朝に炊き味噌汁を合せ昼と夕は冷飯を専とす。蓋昼は一菜をそゆる蔬菜或は魚肉等必らず午飯に供す。夕飯は茶漬に香の物を合す」「京坂：平日の飯、京坂は、俗に云、ひるめし、或は中食と云ひ炊之、午食に煮物或は魚類又は味噌汁等二三種を合せ食す。……京坂も朝飯と夜食には冷飯、茶、香之物也[2]」（句読点　東四柳）と、当時の江戸と京坂における人々の三食の食事の特徴が記述されている様子もうかがえるが、具体的な内容の推奨目的で紹介されたものではなかった。

なお一般料理書において、三食献立が初めて登場したのは、管見の限り、明治5年（1872）に出版された『西洋料理指南[3)]』においてであった。本書では規則正しい三食を固守し、「講話」をするなどして「愉快」に食事をする西洋人の食習慣を「甚ダ好ミスベキ風俗」とし、収録した個々の西洋料理の調理法に、朝昼晩のいつ用いるべきかについての詳細な指示を付すなどの工夫もみえている。しかしその特徴は、西洋諸国の三食献立をそのまま翻訳・紹介したものにすぎず、当時の日本人が実践していたとは考えにくい。

そこで、料理書にみられた三食献立を、内容の特徴によって、分類したところ、推奨された順に、「西洋料理型三食献立」「日本料理型三食献立」という二つの型に分類することができた。すなわち、前者が西洋諸国から導入された「西洋料理型三食献立」であり、後者が飯と汁を基本に副菜が伴う「日本料理型三食献立」である。

双方の三食献立の出現頻度は、図3-2-1でまとめたとおりである。図3-2-1をうかがうと、1900年以前は、「西洋料理型三食献立」がすべてであったが、1900年代以降になり、「日本料理型三食献立」の掲載が増えていく傾向が特徴として読み取れる。さらに、1901年から1910年にかけての時期には、三食献立の約半分が「日本料理型三食献立」となり、その後6割から8割を占めるようになる傾向も示されている。これは西洋からの考え方を導入しながら、20世紀以降には、伝統的な食事構成の形を変える方向ではなく、むしろ日本の食事構成に合わせた日常食型三食献立が工夫されたことを示している。

よって、本章では、19世紀後半を「西洋料理型三食献立の導入期」、20世紀以降を「日本料理型三食献立の定着期」と位置づけ、各時期の三食献立成立の過程を探ることで、家庭料理の改良を切望した先人たちの思考の系譜をより具体的に検証したいと考えた。なお本章の執筆に際し、東京家政学院大学附属図書館大江文庫、食の文化ライブラリー、国立国会図書館、東京都立中央図書館加賀文庫、三康図書館を訪れ、西洋文化の影響を受けるようになる明治初年（1868）から、戦時体制に入る前の昭和5年（1930）までに刊行された料理書を中心に調査した。また使用する料理書の範

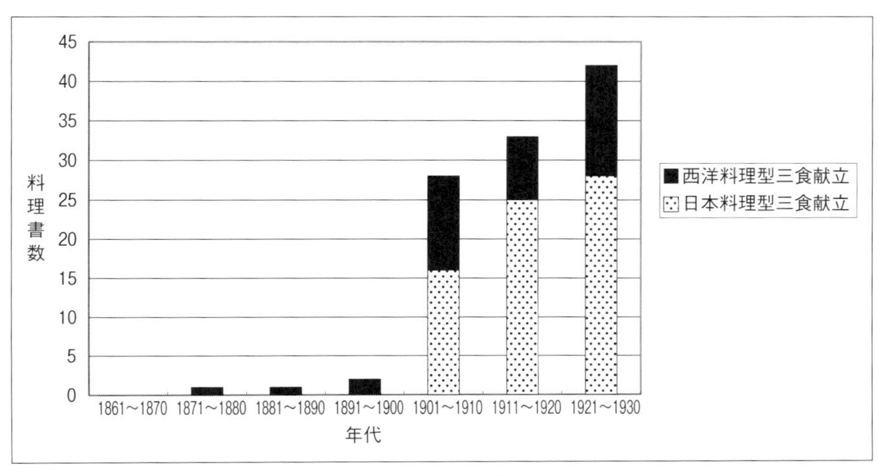

図3-2-1　年代別にみる「三食献立」の種類別出現頻度　※東四柳作成

囲は、菓子、飲類、農書等の専門書の類に属するものを除いた一般料理書を中心に扱うこととした。

いっぽう、筆者のこれまでの研究から、1日三食の日常食献立に影響を与えたと思われる西洋文化は、イギリス・アメリカのものが中心であったことから、両国の家庭向け料理書の調査もあわせて行い、それらの特徴との比較検討も行った。海外資料に関しては、イギリス・リーズ大学附属ブラザートン図書館スペシャルコレクション（Leeds University Brotherton Library Special Collections）内ブランチ・リー・コレクション（Branche Leigh Collection）に所蔵されているイギリス、アメリカで刊行された料理書160冊にあたり、その内容を精査した。なおブランチ・リー・コレクション（Branche Leigh Collection）は、元リーズ市長夫人の料理関係蔵書約2000冊を所蔵するイギリス国内で大英図書館に次ぐ大きな料理書コレクションである。

第1節 「西洋料理型三食献立」の導入期

1）西洋料理書に紹介された「三食献立」

「西洋料理型三食献立」は、三食献立がみられた100冊の料理書中38冊にみられ、特に1800年代の料理書の三食献立はすべて「西洋料理型三食献立」の特徴を有するものであった。なお「三食献立」の推奨例の嚆矢は、『西洋料理指南』（1872）であることは前述した。特に1900年以前の三食献立は主に西洋料理書内で紹介され、日本人の食生活にそくした実用的な献立というよりむしろ西洋諸国の三度の食事内容を解説しようとした性質を持していることから、こうした三食献立を「西洋料理型三食献立」と命名し、本節ではその特徴の系譜について具体的に探っていくこととする。

図3-2-2～図3-2-5は、「西洋料理型三食献立」の導入期にみられた三食献立である。**図3-2-2**「略三次常食ノ區分」は、前述の『西洋料理指南』において紹介された「西洋料理型三食献立」にあたる。図3-2-2の構成内容は「朝饑」・「午餔」・「晩飧」となっており、三度の食事はどれもパン（朝は「或ハビスケット」と記述あり）と牛酪（バター）を基本とし、食後には、「チエー」（紅茶）、「カヒー」（珈琲）などが供される形式とある。また品数に関しては、パンと茶のほかに、鶏卵、冷肉をあしらった「朝饑」が三度の食事の中でもとりわけ簡素なものであるのに対し、「晩飧」はスープで始まり、魚料理、肉料理、野菜料理で構成され、料理の品数が最も多いものとなっている。しかし、具体的な料理で構成された献立とはいえず、形式だけが伝わる体裁である点も否めない。

さて具体的な1週間分の三食献立を掲載した料理書が、『西洋料理法独案内　附西洋莚会儀式・設莚心得・莚会席上魚肉割切心得』（1886）である。本書所収の**図3-2-3**「一週間日々之食品献立」は、明確に「献立」と記された最初の三食献立にあたる。本書の三食献立においても、「麵包と牛酪ハ毎食用ゆべし」と指示されていることから、飯と汁の組合せに副菜を伴う日本料理とは性質を異にする西洋料理を基本としている点は、先に説明した図3-2-2とも共通している。また本書の献立にみられる個々の料理名は、「瑞西布顛（日曜日 昼 食）」「獨逸馬鈴薯（日曜日晩食）」「米粥（月曜日 朝 食）」「米入鶏湯（月曜日 昼 食）」「炙牛肉（火曜日 朝 食）」「牛湯（火曜日 昼 食）」「薄餅・櫃古聿・大口魚薄塊（水曜日 朝 食）」「赤根菜羹（水曜日 昼 食）」「愛倫蒸肉（木曜日 昼 食）」「約翰餅（土曜日朝食）」などといった具合に翻訳され、英語名のふり仮名が付加されている特徴が

○西洋ノ式ニテモ賓客ヲ饗應スルニ當テハ我國ノ二十五菜ノ調理ト異ナラズ甚ダ多分ノ食膳ヲ布列スル所謂大牢精膳ナリ其精膳ノ如キハ一小冊ノ能ク得テ盡ス所ニ非ズ乃チ我會席料理ニ比較スベキ食案ノ趣ヲ示ス若シ一家毎日三次ノ食料ノ如キハ簡易ヲ要シテ各好ミニ從フベシ略三次常食ノ區分ヲ示ス

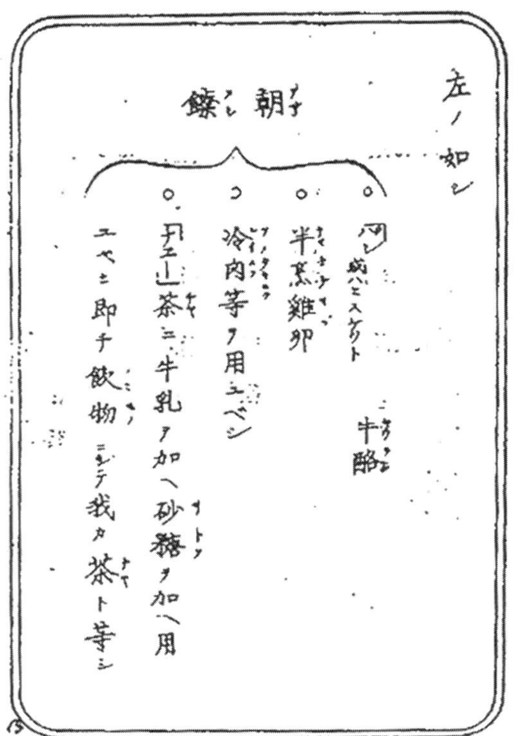
左ノ如シ

朝ノ飧

○パン　或ハビスケット　牛酪
○半熟雞卵
○冷肉等ヲ用ユベシ
○「テー」茶ニ牛乳ヲ加ヘ砂糖ヲ加ヘ用
ユヤニ即チ飲物ニシテ我カ茶ト等シ

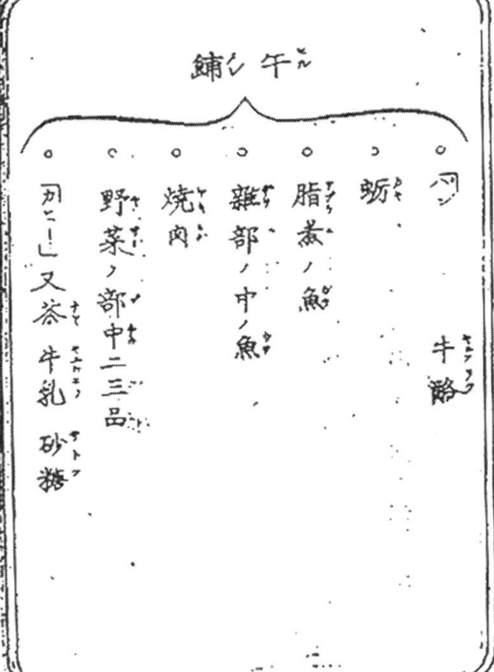
午ノ餔

○パン　牛酪
○蛎
○脂煮ノ魚
○雜部ノ中ノ魚
○焼肉
○野菜ノ部中二三品
○「カヒー」又茶　牛乳　砂糖

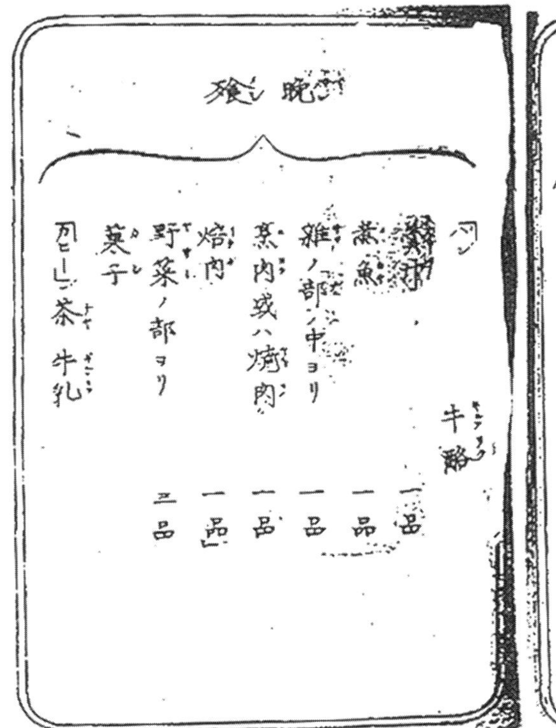
晩ノ飧

○パン　牛酪
羹汁　一品
煮魚　一品
雜ノ部ノ中ヨリ　一品
煮肉或ハ焼肉　一品
焙肉　一品
野菜ノ部ヨリ　二品
菓子
「カヒー」茶　牛乳

図3-2-2　「略三次常食ノ區分」（『西洋料理指南』1872）

一週間日々之食品献立

曜日	朝食	昼食	晩食
日曜日	炙りたる麪包、炙りたる扁豆、珈琲、炙卵	炮鶏、炮馬鈴薯、瑞西布顛	獨逸馬鈴薯、乳酪入米布顛
月曜日	嫗古聿、米粥、截肉	米入鶏湯、炙鶏並ニ馬鈴薯	茶、烙たる心臓、米麪包
火曜日	馬鈴薯麪包、珈琲、炙牛肉	牛湯、蒸たる牛肉并ニ餛飩	茶、晩食の團麪、冷肉
水曜日	薄餅、嫗古聿、大口魚滷塊	赤根菜羹、魚布顛、煮たる馬鈴薯	茶、炮たる蠶豆、馬鈴薯麪包
木曜日	朝食の團餅、嫗古聿、蒸たる豚の腎臓	愛倫蒸肉、麪布顛	茶、日本風炊米
金曜日	玉蜀黍餅、珈琲、暖めたる肉	豌豆濃羹、魚と馬鈴薯布顛	茶、炙たる蠶豆、米麪包
土曜日	約翰餅、嫗古聿、煮たる米	羊湯、羊頭の蒸、煮たる馬鈴薯	茶、馬鈴薯麪包、柔き生姜餅

麪包と牛酪ハ毎食用ゆべし

図3-2-3　「一週間日々之食品献立」（『西洋料理独案内』1886）

みえる。

なお著者の近藤堅三は、同書内で「蓈儉西洋料理法」と称する経済的な西洋料理を収録したとの考えを明記している。これは、図3–2–2にはみられなかった特徴でもある。また近藤のはしがきによれば、「（西洋料理は）其費用モ甚低下ニシテ日本料理法ノ費用ト大差アルナシ就中一家數口會食スルトキハ尚一層低價ヲ以テ美味ヲ食スルコトヲ得ベシ[4]」と、日常生活に取り込みやすいと思われる低廉美味な西洋料理を提供することを目的とし、「米人コルソン」著の料理書から日本人の食生活に適したものを抜粋し、翻訳したとある。しかし、一見直訳的であるようにも思われるが、「日本風炊米（木曜日晩食）」などの料理が含まれていることからも、単なる翻訳ではない点も注目される。

また本書に紹介された三食献立の内容をうかがうと、「烙たる心臓（月曜日晩食）」「蒸たる豚の腎臓（木曜日朝食）」「羊頭の蒸（土曜日昼食）」などといった内臓類を使った料理の紹介がみられるほか、まだ日本人の食生活に馴染みのなかった馬鈴薯が21種の献立中9種の献立に使用されている。こうした食材の扱い方をみる限り、一般家庭での調理が可能であったとは想像しがたく、当時の日本人の食生活との乖離があったことは想定される。つまり、本書にみえる三食献立は、一般家庭での実践を目指したというよりむしろ西洋諸国の食文化理解のために編まれたとみる方がよいだろう。

いっぽう図3–2–4「料理献立」は、西洋料理名を直訳的に漢字に置き換えず、ほとんどの料理名・飲料名がそのまま片仮名表記されているのが特徴である。「朝食」の「飲料」においても、これまでにみられた「加琲」「茶」「牛乳」に「コーコア」が加わり、また「夕食又はジンナー」において

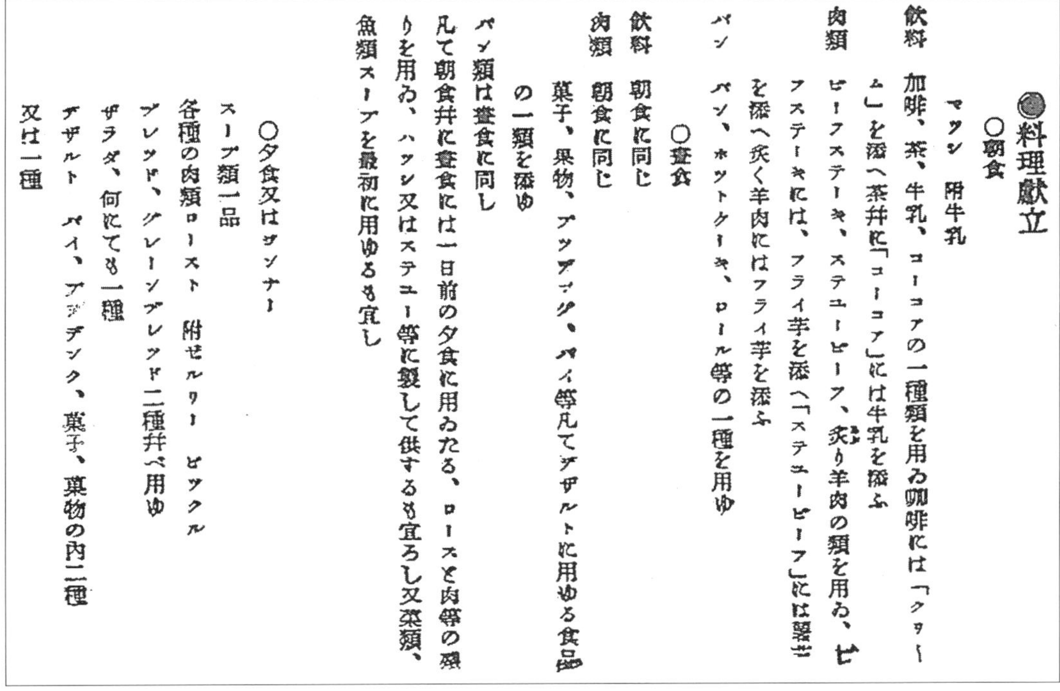
◉料理献立
○朝食
マツシ　附牛乳
飲料　加琲、茶、牛乳、コーコアの一種類を用ゐ咖啡には「クヮーム」を添へ茶幷に「コーコア」には牛乳を添ふ
肉類　ビーフステーキ、ステユービーフ、炙り羊肉の類を用ゐ、ビフステーキには、フライ芋を添へ「ステユービーフ」には馬鈴薯を添へ炙く羊肉にはフライ芋を添ふ
パン　パン、ホツトケーキ、ロール等の一種を用ゆ
○昼食
飲料　朝食に同じ
肉類　朝食に同じ
菓子、果物、プツデイング、パイ等凡てデザルトに用ゆる食品の一類を添ゆ
パン類は昼食に同し
凡て朝食幷に昼食には一日前の夕食に用ゐたる、ロースと肉等の残りを用ゐ、ハツシ又はステユー等に製して供するも宜ろし又菜類、魚類スープを最初に用ゆるも宜し
○夕食又はヂンナー
スープ類一品
各種の肉類ロースト　附ゼルリー　ピツクル
ブレツド、グレーンブレツド二種幷べ用ゆ
ザラダ、何にても一種
デザルト　パイ、プヂデンク、菓子、菓物の内二種
又は一種

図3–2–4　「料理献立」（『西洋料理法　付長崎料理法（日用百科全書第13編）』1896）

も、「ゼルリー」「ピックル」「ブレッド」「グレーンブレッド」「ザラダ」「デザルト」「パイ」「プツデング」などの片仮名表記された料理名、菓子名が登場する。さらに「朝食」では、「加琲」には「クリーム」を添え、「茶」や「コーコア」には「牛乳」を添えるようにとの具体的な供し方にまで指示を与えており、また「パン」に関しても、「パン」「ホットケーキ」「ロール」と複数の種類が挙げられている。

さらに図3-2-5も、図3-2-4と構成が類似した形式であるが、漢字表記のものとカタカナ表記のものが並存した三食献立となっている。図3-2-5の三食献立が紹介された『料理手引草』(1898)には、4種の「朝食」、3種の「昼食」、6種の「晩食」の献立が「西洋料理献立」[5)]として収録されている。なかでも著者の下田歌子は、「朝食」献立について「朝の食事に、肉類、及び、其他の物を添ふるは、英國、並びに米國の風と知るべし[6)]」と解説するいっぽうで、「沸國、及び、諸欧洲大陸にては、大方、朝は麺包と、牛乳と、並びに、珈琲等の飲物を供するのみなり[7)]」と、フランスを始めとする大陸の国々では簡素な「朝食」を好む傾向にあることを指摘している。これは、現在の「コンチネンタル・ブレックファースト」と「イングリッシュ・ブレックファースト」の違いについて言及した最初の記述にあたるものと思われる。さらに本書の「朝食」献立は、下田の渡英経験が反映されたイギリス風の食事をもとに考案されたものとなっている。したがって、下田が推奨したイギリス風「朝食」献立には、「ビーフステーキ（其一）」や「ベーコン（豚の乾鹽肉）（其二）」、「蒸鹽豚肉（其三）」などの肉類の使用が認められる。こうした観点から考察すると、前述した図3-2-2の朝食にも「冷肉等を用ユベシ[8)]」と肉類の使用を薦める記述がみえることから、英米の影響が反映された献立であったことがわかる。いっぽう図3-2-3を収録した『西洋料理法独案内　附西洋莚会儀式・設莚心得・莚会席上魚肉割切心得』もまた「はしがき」に「米国人コルソン」の料理書を参考に著されたとあり、朝食に動物性食品を用いる英米風の朝食献立が紹介されている。

いっぽう、この時期には「西洋料理型三食献立」を構成する「朝食」「昼食」「夕食」の特徴に関する記述も方々の料理書や作法書で紹介された。例えば、『洋食之禮法』(1899)には、三食それぞれの特徴が、以下のように記されている[9)]。

其一
一　トースト(焼麺包にバタつけたるもの)或ひは、普通の麺包も、
二　半熟鶏卵
三　ビーフステーキ
四　牛乳、紅茶(砂糖そへて)

其二
一　トースト、並びに麺包
二　オートミール、(牛乳と、砂糖とをかく)
三　紅茶、又は、珈琲(砂糖そへて)
四　ベーコンに、(豚の乾鹽肉なり)半熟鶏卵かけて、

其三
一　トースト、並びに、麺包
二　蒸鹽豚肉に、赤茄子のバタ煮
三　ワフル(粥に鶏卵と、砂糖とをかけたるもの)
四　紅茶

其四
一　トースト、並びに麺包
二　一鹽の魚類、又は鑵詰の魚類
三　珈琲角砂糖

図3-2-5　「西洋料理献立」の「朝食」(『料理手引草』1898)

【朝餐】朝餐ハ即

チ朝起床後ニ於テ喫スルモノニシテ、八時ニ於テナスヲ普通トス極メテ簡単ナルモノニシテ、只少許ノ冷肉、麺包、焼麺包、卵等ノ如キモノヲ食シ、茶或ハ珈琲ヲ喫スルモノナリ

【正餐】　正餐ハ正午或ハ午后七時乃至八時ニ於テ喫スルモノニシテ正式ニ客ヲ招待スルハ即チ是ナリ、平常一家ニ於テモ一日ニ一回ハ必ズ正餐あり、現今ハ午後ニ於テ正餐ト為スヲ普通トス

【小書餐】[10]　午後ニ正餐ヲ取ル時ハ正午ニ於テ簡単ナル食事ヲナスヲ普通トス、コレ即チ小書餐ナリ、小書餐ニハ只少許ノ魚及ビ肉等ヲ喫スルノミニシテ「スープ」等ヲ用フルコトナシ

【夕餐】　若シ又正午ニ於テ正餐ヲ喫シタル時ハ、午後ニ於テ小書餐ノ如キ食事ヲ為ス、之レヲ夕餐ト云フ、大抵午後五時頃ニ於テナスヲ普通トス

これをうかがうと、「朝　餐」「小書餐」ともに客を招くことは稀であり、このときに招かれる者は「極メテ親密ナル朋友」、または「極メテ近シキ親戚」であると記されている。特に供され方の詳細が指示されていたのは、「正餐」についてであった。それによると、「正餐」の日取りは、水曜日か土曜日、あるいはその他の休日か祝日に行うべきであるとし、「金曜日ノ如キハ成ルベク避クルヲ可トス、金曜日ハ耶蘇所刑ノ當日ナリトノ理由ニヨリ、該教信徒中ニハ肉ヲ為サザルモノアレバナリ」と、金曜日に「正餐」を薦めないキリスト教の食習慣の反映もみえる。

いっぽう、『常盤西洋料理法』[11]（1904）においても、前掲の『洋食之禮法』同様、①ブレックファスト（朝飯）、②チッフヒンまたはサッパー（昼飯または夕飯）、③デンナー（正餐）の各献立内容についての解説がみえる。そして、「デンナー（正餐）」が一日の中で最も豪華なものであり、昼を「デンナー」とする場合は、夕飯を「サッパー」とし、夕飯に「デンナー」を食する場合は、昼を「チッフヒン」と呼ぶよう説明されている。この違いについて、前掲の『料理手引草』の著者・下田も「書食　英語に所謂、ランチは、書食、ディンナーは、晩食の意なれども、時としては、書に、ディンナーと呼びて、丁寧なる食事をなし、夕に、サッパーと號けて、淡白なる食事をなすことも、あり[12]」と解説しており、これらの主張を整理すると、「デンナー（正餐）」をいつ持ってくるかによって、夜に比重を置く①型と、昼に比重を置く②型といった二つの三食献立の型が成り立つことが理解される。

	朝	昼	夕
①	ブレックファスト（朝飯）献立	チッフヒン（昼食）献立	デンナー（正餐）献立
②	ブレックファスト（朝飯）献立	デンナー（正餐）献立	サッパー（夕飯）献立

さらに本書より少しあとに刊行された『家庭西洋料理と支那料理』（1906）にも、「既に云ふ如く西洋料理の献立は、日本料理の其れとは大ひに異なつて居つて、朝、書、晩と三度とも其れ其れ違ってゐる」と三食それぞれ違う内容が提供される西洋諸国の日常食献立の考え方を紹介しながら、くわえて「デンナーは先づ別物として、一日三度の献立の中で何れの時に一番御馳走を用ゆるかといへば、即ち晩である」「夕飯には出来能ふべくだけ御馳走をする」と「夕飯」に重きを置く主張も

みえる[13]。なおこうした夜に重きを置く考え方は、その後主流となる。例えば『最新和洋料理』(1913)にも三食それぞれの考え方が次の通り紹介されているが、ここでも「晩が一番の御馳走」と記されている。

> 朝の食事　朝は多くは肉類を用ひぬ、先づ焼パン、ビスケットの類に玉子のオムレツ一皿位ゐを用ひて、牛乳入のコーヒーを飲むのが例である、なれど前夜の残り肉があれば、其れを焼肉として一皿ほど用ゆることもある、要するに朝は細々しき物を拵らへぬのである。
> 晝の食事　晝も亦た朝と同じく肉類は多く用ひぬのである、先づ焼パンに牛乳入のコーヒーに、フライ、カツレツの類を一皿と一寸とした菓子を一皿ほど用ゆるのである。
> 夕の食事　夕は一番の御馳走にて、好むところの御料理を五皿六皿ほどは必らず用ゆる。先づ第一にスープを用ひ、次にスチュー、コロッケーなど好みの煮き肉を用ひ、次にフライカツレツの類、其れからビフステーキ或はその他の焼肉を用ひ、其れからサラダなどを用ゆ、而して此の時には酒も飲む、コーヒー水菓子なども用ゆるのである、斯の如く晩が一番の御馳走にて、一口に云へば朝と晝とは空きたる腹を満すに止まつて、晩には甘ゐなと御馳走に喜ぶと云ふことに成るのである[14]。

いっぽう手塚かね子は自著『滋味に富める家庭向西洋料理』(1924)において、夕食を「主食」と考える理由を次のように述べている。

> 朝、晝、夕の三度の食事中、最もゆつたりと家族が集り得られる時は夕食時であらうと思ひます。家によつては晝食の時でも、家族全體が打寄て食事をすることの出來る處もありますが、大抵の家庭では主人は勿論のこと、主婦も一日の用事が濟んで、身も心も疲れた處を、樂しい家族の團欒と、一日中で一番心を盡した料理に心身を恢復することが出來るものでありませう。かうした主（おも）なる食事のことを主食（デンナー）と云ひます。勿論、晝食を主な食事の時とするならば、晝食が主食（デンナー）になるわけであります。(中略) 併しながら、晝食を簡單にして、夕食を御馳走する様にと云ふ様なことは、別に規則があるわけではありませぬが、家庭生活としては三度とも御馳走を續けるといふことは、變化の上からも、經濟の點より見ても良い方法ではありませぬ。それ故三度の食事中、其何れの時かを主なものとして心をつくし、家族一同の樂しい會合の時と定むることは大切な條件でありませう[15]。

上記の引用からは、夕食を「主食（デンナー）」として重視し、家族の団欒をはかる「樂しい會合の時」と定めるべきとする手塚の考えがみえる。いっぽう「晝飯」に関しては、「家族が一緒に揃つて食事をすることがむづかしい」ため、「大抵の國では残り物を用ふるか、叉は鑵詰物を利用して簡單な料理をすると云ふことになつて居ります[16]」と説く。こうした種々の想いをたどると、産業革命期を経て、変容した家族関係のあり方が、夜に重きを置く食事スタイルを定着させたとの見方ができるだろう。

Luncheon Menus　晝食献立

第一日	Roli Cabbage	（キャベーヂ巻）
	Potato and Egg Salad	（馬鈴薯と卵のサラド）
	Apple and Chocolate	（林檎とチヨコレートソース）
	Tea	（紅茶）
第二日	Beefstake, Boiled Potatoes	（ビフステーキボイルドポテトー）
	Stewed Onion, in Milk	（玉葱のスチウ牛乳入）
	Sriced Oranges	（きざんだネーブル）
	Cocoa	（コヽア）
第三日	Chawder	（チヤウダー）
	Cold Meat, Vegetable Salad	（冷肉と野菜サラド）
	Sponge Cake	（カステーラ）
	Tea	（紅茶）
第四日	Fish Fritter	（魚の揚げ物）
	Mushed Potato	（つぶし馬鈴薯）
	Apple and Peanut Salad	（林檎と落花生のサラド）
	Rall Pun Cake	（巻燒菓子）
	Wheet Tea	（麥茶）
第五日	Lobster Salad	（海老のサラド）
	Ice-Cream	（アイスクリーム）
	Rolls	（パンのロール）
	Tea	（紅茶）
第六日	Meat and Potato Hash	（牛肉と馬鈴薯のハッシュ）
	Cucumber Salad	（胡瓜のサラド）
	Apple Fritters	（林檎の揚げ物）
	Coffee	（珈琲）
第七日	Stewed Chicken, With Dumplings	（鷄のスチウとダンプリング）
	Fruit Salad, Wafers	（果物のサラドとウエフワース）
	Chocolate	（チヨコレート）

図3-2-6　西洋料理で構成された「晝食」献立（『滋味に富める家庭向西洋料理』1924）

さらに手塚の考える１週間分の三食献立（図3-2-6）もまた本書の巻末に収録されている。「どんなに日本料理だけの主張論者でも、病人や、小兒の爲めには、是非其牛乳や牛酪を用ゐた、榮養價の高い食物が必要であるかを排することは出來ないと思ひます。それと同時に現代の人々が、之等の洋風料理を日本の献立の中に加ふることを好む傾向は、日に増し多くなつて參りました[17]」と語る手塚の主張からも理解されるように、本書収録の三食献立は、「榮養料理」として「西洋料理」の効能に期待した「西洋料理型三食献立」となっており、折衷料理は一切含まれていない。

しかし、手塚の思いとは別に1910年代以降の家庭向け料理書には、日本人の日常食を斟酌し、飯と汁とおかずで組み合わせた「日本料理型三食献立」を提案する執筆者が増加の途をたどることとなる。ともあれ、その前段階ともいうべき「西洋料理型三食献立」の登場は、西洋風の献立に憧れる女性読者の好奇心をくすぐると同時に、三食の食事内容に変化を求めてこなかった日本の家庭料理観を変える契機となったことは確かであろう。

2）英米の料理書にみる「三食献立」との比較検討

「日本料理型三食献立」の考察に入る前に、近代日本で導入された三食献立の推奨が、英米からの影響を大いに受けていると推察されることから、19世紀後半に英米で刊行された料理書にみる三食献立との比較検討を行ったところ、すでに1800年代の多くの英米の料理書に、三食献立が収録されていたことが確認された。

特に19世紀前半は、主にイギリスにおいて、女性執筆者が家庭向け料理書の執筆に積極的に乗り出す時期でもある。なかには、イザベラ・ビートンが編纂した *The Book of Household Management*（1861）のようなベストセラーも生まれており、家庭料理研究への関心が高まりつつあったイギリス社会の様相が観取できる。

さらに家庭料理の質向上に努める動きが顕著にみられるようになるのが、世界史的にみても、19世紀後半にあたる。実際、ほとんど同時期に、多くの国々が家庭料理の授業を女子教育のカリキュラムに取り入れるようになる。1865年には、スウェーデンのイエテボリで２年制の料理術養成講座が設けられ、1870年代にはドイツのカールスルーエ、アメリカ合衆国のハーバード、シカゴ、ウィートン、スミスの各カレッジが家政学の講座を持っていた。イギリスに関しては、料理が必修科目となるタイミングは遅かったが、リヴァプール、マンチェスター、ヨーク、ロンドンなどで料理の講習会が開催されていた[18]。

また19世紀後半から20世紀前半にかけての時期に出版された料理書に共通する特徴に、栄養学的な知識の向上を目指す姿勢と食品衛生への十分な配慮が強調された点が挙げられる。なかでも、アメリカでは、科学を信奉する料理家たちによって、栄養学が発展をみせていた[19]。1879年には、ボストン料理学校が創設され、初代校長のメリー・リンカーンによって、料理とは「人間のからだに栄養を与えるために、食べものを調える芸術である」といった科学的な定義もなされた。さらに「栄養価の種類や機能的な軽量方法、料理の手順、消化の良し悪し」で規定されたレシピを収録する *Boston Cooking School Cook Book*（1884）が出版され、家庭への浸透に弾みをつける一助ともなっていった。このように、19世紀後半には、女子教育における料理教育の発展に伴い、料理書の読者も女性へと拡大し、世界各国で日常食に主眼を置く家庭向け料理書が上梓される時代に突入した。

さてアメリカ・シカゴで刊行された *The Home Cook Book*（1877）の目次には、「朝食と夕食―トースト、タラ、ハッシュ、ブレックファスト・ケーキ、タマゴ、パン(BREAKFAST AND SUPPER-Toast, Codfish, Hash, Breakfast Cakes, Eggs, Buns, etc)」と「献立表（BILLS OF FARE)」といった２種の三食献立を扱った項目がみえる[20]。例えば、「献立表（BILLS OF FARE)」では、朝食（BREAKFAST）３種、昼食（LUNCHES）２種、晩餐（DINNER）２種、お茶会（TEA COMPANY）２種、夕食（SUPPER）２種の具体例が示されている。図3-2-7は、「献立表」の一部を抜粋したものであるが、前掲の『料理手引草』の「西洋料理献立」(図3-2-5）との類似も認められる。さらに朝食（BREAKFAST）のメニューの内容をみてみると、８品から９品の料理と飲料で構成されており、パンの種類に関しても、「バタートースト（Butterd Toast）No. 1」「パーカー・ハウス・ロール（Parker House Rolls）No. 2」「マフィン（Muffins）No. 3」などといった具体的な名称で紹介されている。また、「ビーフステーキ(Beef steak)No. 1」「ブロイルド・チキン(Broiled Spring Chickens）No. 2」「フライド・オイスター（Fried Oysters）No. 2」「ホワイトハム（White Fish）No. 3」「フライドハム（Fried Ham）No. 3」と各献立に魚料理・肉料理が含まれることからも、前述した下田の「朝の食事に、肉類、及び、其他の物を添ふるは、英國（イギリス）、並びに米國（アメリカ）の風と知るべし[21]」という指摘にも適合する。

いっぽう、イギリスで出版された料理書においても、同様の特徴が読み取れる。ロンドンで刊行された *Cookery and Housekeeping; A Manual of Domestic Economy for Large and Small Families*(1882)においても、「家庭向け献立(Homely Bills of Fare)」として、家庭の日常食を意識した三食献立が示されている[22]。本書の特徴として挙げられるのが、それぞれの献立の対象が明示されている点である。例えば、図3-2-8「一週間分の

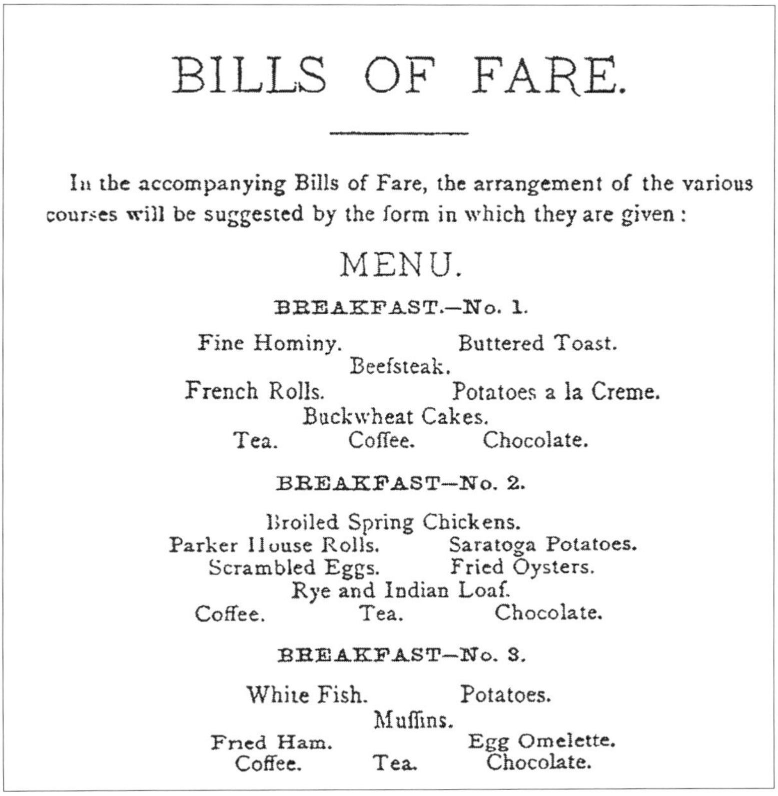

BILLS OF FARE.

In the accompanying Bills of Fare, the arrangement of the various courses will be suggested by the form in which they are given:

MENU.

BREAKFAST.—No. 1.

Fine Hominy.　Buttered Toast.
Beefsteak.
French Rolls.　Potatoes a la Creme.
Buckwheat Cakes.
Tea.　Coffee.　Chocolate.

BREAKFAST—No. 2.

Broiled Spring Chickens.
Parker House Rolls.　Saratoga Potatoes.
Scrambled Eggs.　Fried Oysters.
Rye and Indian Loaf.
Coffee.　Tea.　Chocolate.

BREAKFAST—No. 3.

White Fish.　Potatoes.
Muffins.
Fried Ham.　Egg Omelette.
Coffee.　Tea.　Chocolate.

図3-2-7 「献立表（BILLS OF FARE)」(*The Home Cook Book* 1877)

Dietary for One Week.

TIME OF YEAR, MAY. FAMILY OF HUSBAND AND WIFE, FOUR CHILDREN, AND FOUR SERVANTS.

MONDAY.

Breakfast.

Porridge. Fried bacon. Eggs. Toast.

Luncheon and Children's Dinner.

Leg of mutton. Potatoes. Cabbage. Rhubarb fool. Seed cake.

Dinner.

Potato soup. Rump steak. Riband potatoes. Dressed French beans. Stilton cheese. Dessert.

HOMELY FARE.

Servants' Breakfast.

Bacon.

Dinner.

Leg of mutton (from dining-room). Potatoes. Yorkshire pudding.

Supper.

Cold mutton. Potatoes. Cheese.

図3-2-8　「家庭向け献立（Homely Bills of Fare）」（*Cookery and Housekeeping; A Manual of Domestic Economy for Large and Small Families* 1882）

食事[23]（Dietary for One Week）」の注意書きには、「時期　5月、夫、妻、子供4人で構成された家族、そして4人の使用人」と献立の推奨時期と家族構成などの条件が示されている。しかも使用人の献立も別に記載されており、その内容は家族の献立内容よりずっと簡素なものとなっている。例えば、家族の朝食（BREAKFAST）は、「ジャム（Jam）」や「マーマレード（Marmalade）」とともに提供される「トースト（Toast）」のほかに、「焼いたベーコン（Fried bacon）」「牛タンロール（Rolled tongue）」「腎臓（Kidneys）」「いわし（Sardines）」などの魚・肉料理、さらに野菜料理や卵料理などが組み合わされ、全3～4品で構成されているのに対し、使用人の朝食は、どの曜日においても「ベーコン（Bacon）」のみとなっている。さらに使用人の晩餐（Dinner）や夕飯（Supper）に関しても、家族の献立より品数が少ないだけでなく、「冷羊肉（Cold Mutton）」や「冷牛胸肉（Cold brisket of beef）」が使用されるなど、冷菜の多用がうかがえるほか、馬鈴薯がよく用いられている特徴もみえる。また夕飯（Supper）は、「冷羊肉（Cold Mutton）・馬鈴薯（Potatoes）・チーズ（Cheese）」の組み合わせが一番多い。

しかも、本書には「3週間分の食事：4人の家族と1人の使用人[24]（Dietary for Three Weeks: FAMILY OF FOUR AND ONE MAID-SERVANT）」として、前述した家族構成より小規模な家庭を想定した三食献立も紹介されている。しかしこの献立には、使用人向け献立はみられず、全粒粉のパンの栄養価の高さや卵を使わずに調理するライスプディングが経済的であるとのアドバイスなどもみえ、栄養学や家計を考慮した視点が盛り込まれたものとなっている。

また前掲書の *The Home Cook Book* では、三度の食事が「BREAKFAST・LUNCHES・DINNER」と著されていたのに対し、*Cookery and Housekeeping; A Manual of Domestic Economy for Large and Small Families* では「Breakfast・Dinner・Supper」と記されており、それぞれ異なっ

た名称での構成となっている。なお *Cookery and Housekeeping; A Manual of Domestic Economy for Large and Small Families* は、昼食を「Dinner」、夕食を「Supper」と指示していることから、昼食に豪華さを求めた献立内容であるのに対し、*The Home Cook Book* では、昼食を「LUNCHES」、夕食を「DINNER」としており、夕食を１日で一番ボリュームがある食事としてとらえている様子がわかる。

つまり、三食献立が日本で紹介された19世紀の西洋では、家庭での日常食を推奨する三食献立が掲載された料理書が一般化していた。さらに365日分の計画を立てた三食献立や使用人向け三食献立などその種類も多様化しており、実用的な意味合いをもつ日常食献立を推奨する動きがすでにあったことが理解される。また図3–2–5と図3–2–7の類似からは、当時イギリスやアメリカの料理書で一般化していた形式を、日本の執筆者たちが参考に取り入れたとも推察される。しかし、管見の限り、三食献立への関心が高まりをみせるようになるのは、世界史的に見ても、19世紀以降のことであり、我が国へ導入された時期とあまり隔たりがないことも特徴といえる。

第２節 「日本料理型三食献立」の定着期

１）「飯と汁と菜」の型に則った「日本料理型三食献立」の登場

「西洋料理型三食献立」の導入から少し遅れて、明治中期より女性読者向けの家政書や料理書のなかで、日本人の食生活を斟酌した「日本料理型三食献立」が紹介されるようになる。この「日本料理型三食献立」の内容は、飯と汁を基本としながら、惣菜を取り込んで構成された形式をとる。なお家政書『家事経済書』（1890）には、「料理献立」と題した明治期の献立の考え方に関する最初の記述が確認される。

> 料理献立ハ、假に分ちて二となす、客式なり、常式なり、常式ハ、平常三食の料理献立なり、客式ハ冠婚の諸禮、および賓客饗応の料理献立なり、両式ともに節倹を旨とすへしといへとも、客式ハ、節倹にすくれハ、或ハ禮を失ふことあり、宜しく注意すへし、抑客式の料理献立ハ、割烹家専門の業にして、自家におきてハ、能し難きものなり、されと主婦たるものハ、其の大畧を知らすハ、あるへからす[25]

これによれば、献立には「客式」と「常式」の二つの型があり、それぞれに「節倹」を重んじるべきとの考えが示されている。さらに「客式」は過度に「節倹」にこだわることで、「禮を失ふ」ことになるとの注意が促され、「割烹家専門の業」であることも認めながらも、「主婦たるもの」もその大略を心得ておくべきとの主張もみえる。こうした主張がもてはやされた背景には、前章でもふれたように、来客時に仕出し料理に頼ることを不経済と考える風潮があったことがあげられる。これについては、同時期に出版された礼法書『閨秀錦嚢日本女礼式　一名婦人一代重宝鑑』（1891）もまた「一家の主婦たる人が平生最とも心を用ゐるべきハ料理なり」と、住居や衣服、裁縫以上に料理習得の必要性を強調し、献立作成に精通することの必要について、次のように述べている。

飲み物食ひものの料理方ハ一日三回ハかならず缺くこと能ハずそれも一家内の人のみならバまだ心安しと雖ども何時来客あるもハかるべからず而して来客あるごとに料理屋に走り仕出し屋に言ひつけることハ田舎などにハとてもなしがたきことなるのみならず都會の地にて金銭さへ惜まずバ爲し得べき所にても一々料理屋仕出屋に云ひつくることハ甚ハだ不利益なるが上に急速の間にあハぬこと多かるべし故に料理献立のことハくれくれも一家の女あるじたる人ハ深く心かけ自から庖刀をとるかさなくとも女中に命じて大ていのことハこしらひ得る様に心懸けざるべからざるなり[26]。

なお本書が対象としている女性読者は、使用人に指示を与えることが任務とされた「指導型主婦」と想定されるが、ここでも「料理屋」や「仕出屋」任せにせず、料理献立を習得することが家庭の経済を助けることになるとの見方を呈している。実際1890年代に出版された料理書や家政書のほとんどが一家の経済を重んじる姿勢をみせており、なかには仕出し屋を頼らず、自宅で来客用の料理を準備するための手控えとして上梓された『仕出しいらず女房の気転　一名和漢洋料理案内』(1894)、『賓客饗応年中雑菜日用料理案内』(1894)、『新撰料理独案内』(1895) などの家庭向け料理書の出版も確認できる。しかしこの頃の家庭向け料理書にはまだ三食献立を推奨するという発想はみえず、饗応料理に必要な料理ごとの食材の取り合わせをまとめた表を「献立」と称し、扱うものが主であった。

例えば『賓客饗応年中雑菜日用料理案内』(1894) には、「料理献立」についての解説が、以下のように述べられている。

凡そ料理をするには、献立を爲す法を知らざれバ、如何程割目正しく、味美く、鹽梅するも、料理を知らざるの笑を受くることあるなり。故に先づ献立の事を能く心得るが肝要なり。献立とは取合の事なり。取合は味の取合、色の取合、形の取合、四季の取合等なり。此の取合の法なくんば、其味と同じ甘きもの數種を交ぜ、叉同じ色のものを取合するときハ体裁あしゝ。叉形に於ても、同じ丸きものばかりを取合せたるときは盛方よろしからず。故に甘き物には酸きものか辛きものを合せ、叉短き物には長き物を添へ、大なる物には小なる物を加へ、叉白き色の物には赤き物を附し、其他汁氣ある物には汁氣なき物をあしらひ、剛き物には柔なる物をあしらひ、春の時候の物と夏の季候のものとを混じる等のことなき様に爲すべきなり。之を献立といふなり[27]。

上記の著者・清楼軒主人の主張からは、献立作成の基本に必要とされたものが、味、色、形、季節を考慮した「取り合わせ」の妙であったことがわかる。なお栄養学や経済学の反映よりむしろ「見た目の良さ」を強調する嗜好は当時の日本料理でことさら重視された視点でもあり、江戸期から受け継がれたこだわりでもあった。また同時期の家庭向け料理書『実用料理法』(1895) においても、「我が國の料理は、食物の一つの美術とも稱すべきものにて、先眼に見てこれを賞せしめ、食していよいよ其の美を賞せしむるものゆゑ、眼に賞せしむるに、品のとり合わせ、形のとり合わせ、色のとり合わせに注意して、圓きものに、圓きもの、黒きものに、黒きもの等、すべて似よりのものを用ひざるやうに注意なし」と取り合わせへの配慮を強調し、料理は「口ばかりにて喰ふもの」ではないため、「切りかた、仕ざま、もりかた、器物」などに注意を向けるべきとの主張も貫かれている[28]。

しかし伝統的な日本の献立観の継承と同時に、1890年代の家政書や料理書のなかには、見た目の良さだけにとらわれず、家族の健康や嗜好を考慮し、献立を考えることの必要を説く主張がみえはじめる。例えば前掲の『家事経済書』(1890) には、饗応献立とは別に「常式料理献立」として、生活の度合いに応じ考案された次の3種の「平常三食の料理の献立」の紹介がみえる[29]。

下等
朝飯ハ、汁、香のもの、飯なり
晝飯ハ、さい一品（野菜、魚類、つゆもの、煮物、やきものゝ類）、香のもの、飯なり
夕飯ハ香のもの、飯なり、或ハ晝飯に香のもの、夕飯にさい、香ものあり、適宜なるへし
中等
朝飯ハ、汁、香のもの、飯なり
昼飯ハ、さい一品（煮物　焼物）、汁一品（つゆ物か）、香のもの飯なり
夕飯は、さい一品、香のもの、飯なり
上等
朝飯ハ、汁、猪口、香のもの、飯なり
昼飯ハ、ひら、汁、猪口、煮物、焼物、香のもの飯なり
夕飯ハ、汁（つやものか）、さい一品、香のもの飯なり

本書ではいずれの等級にも、飯と汁に「さい」を組み合わせる「日本料理型三食献立」をすすめているが、具体的な惣菜名は記されておらず、食材の組み合わせは読者に委ねる形式をとっている。また「朝飯」や「夕飯」には「淡泊なるもの」を組み合わせ、「晝飯」には「滋味の最も養分を有する多きもの」を選ぶよう指示すると同時に[30]、経済性を配慮しつつ、一家の健康を害することのないよう、新鮮な食材の使用や家族の嗜好に留意し、献立を作成するようすすめる主張も確認できる[31]。

なお経済性や栄養学を重んじる献立の考え方を早い時期に料理書の中で示したのが、女子教育者・下田歌子であった。下田は自著『料理手引草』(1898) において、「料理の献立は、主婦が、最も能く心を用ひて、決して忽せにすべからざることなり[32]」と記し、食材の組み合わせや見た目のよい盛り付けも重要であるとしながらも、経済と家族の嗜好にかなうよう心掛けることが献立上手の条件であると次のように強調する。

主婦は、其日常の献立、食物の撰定等は、必ず能く自らして、其衛生に、經濟に、叉且つ、其家族の嗜好にも、適へらんやうに、深く心を用ふべきことなり。總じて、献立の注意は、あながちに、高價の物、珍奇の品を用ふるを以て、可なりとすべきにあらず。其時と場合と、且

> つ、これを薦むる人の如何を考へて、能く、其宜しきに適へしむるが故に、價安き物、ありふりたる品も、其取り合はせ方、用ひ方にもてはやされて、眼新しくも、味はひめでたくも、感じなさるゝをこう、献立の上手とは云はめ。[33]

さらに具体的なアドバイスとして、「其時々の相場、直段に、心をとゝめて、不漁の節に魚類を使ひ、旱魃、叉は、霖雨續きに菜蔬類を多く用ふる等のこと無かるべし」と、天候をみながら、食材選択をすることの必要性や[34]、「嚴寒の侯」に「温かき食物」を、「炎暑の節」には「冷やかならんもの」をすすめ、「人體の衛養」となる食物を用いることを、献立作成の「第一の目的」として理解するようにも呼びかけている[35]。

いっぽう下田は、自身が手掛けた家政書『新撰家政学　上』(1900) においても、「主婦は、其自らすると、婢僕にせしむるとを問はず、且、一週間、若しくは、一旬の間、日毎に、供すべき食品の獻立をなし、これを、獻立帳簿に記し置きて、さて、其日に至り、豫定の品拂底なるか、叉は、價の格外に尊き等の事ある時は、適宜の物に取り更へて、更に其れを書き加へ置くべし、然する時は、他日、これを見て、以て、年々、諸物價の差異、及び、物品の多寡に於けるなど、種種の、参考となり、且、已むを得ずして、他に一任せざるべからざるが如き折にも、大いに、不馴れの者の助となること多かるべし」と説き、日々の献立帳を作成し、実践の場において生じた変更点や留意点を記し置き、年ごとの物価の変動や食材の「多寡」の参考にすべきとの考えを示している[36]。

なお経済や栄養をなおざりにせず、日常食献立を重んじるよう呼びかける動きは、同時期の家事教科書にもみられることからも、女性に習得が求められた課題であったことは看取できる。例えば、高等女学校用家事教科書『家事教科書　上巻』(1898) には、「日々三度の食事は各其献立を別にし其の一度を以て主饌とするをよしとす例へば晩餐を主饌とすれば朝及び晝は省畧して簡単なる献立及び調理法を採るが如し」との主張がみえ、夕食に重きを置いた場合の朝食、昼食の塩梅などにも言及されている[37]。さらに「一家の常食」に関しては、米飯を主食とし、「家々生計の度に基き之に衛生上の注意を加へて適當なる献立を定むべし」との考えを示し、「美食」や「粗食」に偏らずに考慮することの必要についても記している[38]。さらに同時期に出版された同類の家事教科書『家事教本』(1900) 所収の「献立法」の項には、分量や栄養量が明記された壮年男子向けの三食献立 (図3-2-9) が提示されている[39]。本書には、献立の立て方の注意事項として、栄養のある食材を選ぶこと、消化の良否を考慮すること、食品の組み合わせ (配合) に留意すること、家族の嗜好に適したものを提供すること、変化を織り交ぜること、国風・習慣を重んじること、経済を意識することなどが掲げられ、具体的な留意点についても解説されている。

なお江原絢子の研究によると、明治36年 (1903) に定められた高等女学校教授要目 (文部省訓令第二号) の食物の項に、すでに「献立」が登場することが指摘されている[40]。さらに江原は、明治期の家事教科書16種 (全体の46%) に日常食の献立例の掲載がみられるとし、大正、昭和と時代を経るにつれ、献立例を掲載する料理書の割合が増加する点についても実証している[41]。こうした状況から鑑みると、ここでもやはり家庭向け料理書と家事教科書の教授内容に相関関係があったことが理解されるとともに、時代を追うごとに家庭の内外で、実践的な日常食献立作成の習得を促す機運が

○四季本膳献立

△春の部

◎汁類

○鯛けしつみ入。よめな松露○柳葉つみ入。ゑのうど。漬しめじ。米つみ入。ゑのき茸。貝わり菜○松川かまぼこ。もやしねいも。つぶ椎たけ○若芽と白魚○泡雪はんぺいに獨活○白魚。獨活。淺草海苔

◎精進汁

○焼ねいも。ひでとうふ。つけしめじ○つみ入とうふ。わかめ。松露○松川とうふ。さゝがしうど。つぶ椎茸

◎精進座附汁

○松露豆腐粒しい茸。若芽せん○篠焼豆腐。布袋しめぢ

○嫁菜。土筆。松露○黄砂子豆腐○若紫蘇。鏡せうろ

◎吸物類すまし

○ひめ烏賊。袖練。つくばね○うすぎぬ藻魚。火どりみつら。樹の花○鯛の眼。大鉢はいろ○みるふさうしは○鹽鰭かきみ。葉附大根。ゑのきたけ酢おとし

◎精進座附味噌吸物

○鱧つみ入。ゑのき茸。じゆんさく○煉かたくり。穂わらび○きんかん白玉。うたばみ菜。つぶ初茸○短冊もろこし。ちさの葉せん。丸ゑめじ○栗つみ入。たんざくうど。つぶ生じいたけ○ちやきん豆腐。初茸○百合白玉。松露長せん。よめ菜○ろばねり。若大根うす打

図3-2-9　「四季本膳献立」（『賓客饗応年中雑菜日用料理案内』1894）

高まりつつあったことがうかがえる。

実際1900年代に入ると、家庭向け料理書の世界でも、具体的な総熱量や栄養学の知識が反映された「日本料理型三食献立」が登場する。『料理之技折』（1902）[42]には、「獣肉或は鳥肉を加ふる物」「魚肉を加ふる物」「肉類を加へず菜疏のみの物」と三つのタイプの三食献立（図3-2-10）が紹介され、それぞれ「米飯（凡そ1日4合／人）」と「澤庵漬・菜漬」を常食とし、朝は汁物と菜が1品、昼は菜が1品のみ、晩は菜が2品、もしくは汁物と菜が1品の献立構成となっている。組み合わせの内容は、「すまし汁（汁の實：小蕪菁・豆腐）」「黒大豆の煮豆」「甘煮」「味噌汁（汁の實：豆腐・甘藷）」「けんちん汁」「菠薐草浸物」「煮物」などの日本料理が中心となっており、なかには「鋤焼（牛肉、葱）」や「馬鈴薯蒸煮」などの西洋の食材を用いた折衷料理もふくまれたものもみえるが、その味付けは飯に合うよう、日本風である様子も確認できる。また食材の数量や重量も詳述されている。

そして、こうした「日本料理型三食献立」が充実をみせていく背景に、ようやく日本においても、栄養学と経済学の研究が進展し、それぞれの研究成果が日常食へ反映され始める状況にあったことが指摘できる。この視点は、イギリス・アメリカの料理書とも共通するものである。まず栄養学への視点が、1900年初頭の日本の料理書に反映され始めるようになる。上掲の『料理の栞』の著者・横山順も、凡例において「一．本書は世間普通の美味を調ふるのみの料理法を述べず、専ら人體の營養に至要の價値ある物、消化し易き物を用ゐて然かも献立の配合を善くし、嗜好に適することを勉め且つ経済の旨にも適へる所の料理法を示さんことを欲して著せり」[43]と、栄養価が高く、消化に良いものを用いることを推奨し、「人體の十四の元素」の名称、分量、「體内機關の成分」を表にまとめ[44]、栄養学の正しい知識の伝達に尽力している。さらに食物成分についての説明や[45]「中等の勞

力者の男、女」の「營養標準表」[46]なども掲げ、身体の組織、食物の成分についての詳細な説明、さらに献立作成時に心がけるべきポイントとして、「食物の主成分を熟知し、其食品の配合に注意し、又其食物營養成分に富むとも消化良からざれば身體を養ふ分量少なきを以て、消化良き物を選み、調理も消化良くせざるべからず」[47]と説き、「營養」への視点を熟慮するよう指示している。

二つ目に、栄養学の発展と同時に、「日本料理型三食献立」の計画が必要とされた理由に、家庭経済という問題が挙げられる。明治以降、家庭の管理を一任された女性たちに、夫の稼ぎの範囲内で家族の食事を準備することが新たな課題として求められたことは前章でも述べた。実際横山もこの視点を重視しており、「日々總菜の献立は成るべく倹約なるを旨とし要も無き美味を列ね、或は價貴き初物などを用ゐ、營養の価値も無きに、徒らに好奇心のみを満足せしむべき贅澤は慎みて爲さゞるべし」[48]と、献立作成時には、栄養のほかに家庭の経済状態を熟慮する必要があると強調し、材料費の無駄遣いや炭火・薪火の空火をしないことで倹約生活を営むよう指示している。

いっぽう横井は、安価という理由で、野菜のみの献立に頼る食生活なども懸命ではないとの主張をみせている。なおこの件に関し、横山は「菜蔬は價賤ければ當面は金銭を支拂ふこと少額なれども、之が爲めに不健康を來し、或は身体衰弱病に罹り、因て金銭を費やすことあらば如何、不倹約にあらずや」と説き、蛋白質の少ない野菜にのみ頼る生活ではなく、「適度の肉類即ち動物質食品」を取り込むことこそ、健康面のみならず、経済面にも利益があるとの考えを示している。[49]

さらに明治42年（1909）には、治庖会本部教場主事・安西古満子によって、「中等社会」の女性読者を対象とした『四季毎日三食料理法』が出版された。本書は４分冊（春の巻・夏の巻・秋の巻・

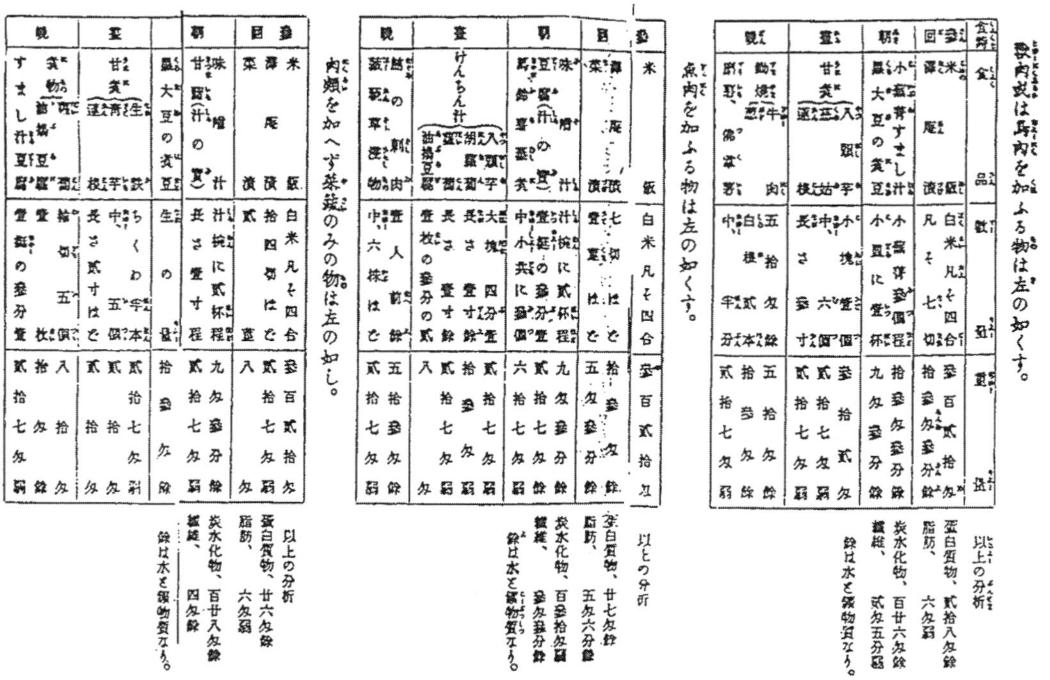

獣肉或は鳥肉を加ふる物は左の如くす。

以上の分析
蛋白質物、弐拾八匁餘
脂肪、六匁弱
炭水化物、百廿六匁餘
纖維、弐匁五分弱
餘は水と礦物質なり。

魚肉を加ふる物は左の如くす。

以上の分析
蛋白質物、廿七匁餘
脂肪、五匁六分餘
炭水化物、百参拾匁弱
纖維、参匁参分餘
餘は水と礦物質なり。

肉類を加へず菜蔬のみの物は左の如し。

以上の分析
蛋白質物、廿六匁餘
脂肪、六匁弱
炭水化物、百廿八匁餘
纖維、四匁餘
餘は水と礦物質なり。

図3-2-10　「３つの三食献立」（『料理の枝折』1902）

自一月十五日至一月二十一日　一週間豫定献立表

（第三表）

	日 十五日	月 十六日	火 十七日	水 十八日	木 十九日	金 二十日	土 二十一日	漬物
朝	粥	酒粕汁	ふくめ煮	みそ汁	すまし汁	みそ汁	すまし汁	菜漬　浅漬
	小豆かゆ 餅入り　三盆砂糖	鹽鮭　大根　葱	切乾大根　油揚	和布　葱	小かぶ　油あげ	甘藷　葱	乾海老　里芋　大根	
昼	つくも煮	焼肴	精進揚	吉野煮	椀	煎卵の花	ポークカツレツ	新たくあん漬　味噌漬
	鮮魚　玉葱　鶏卵　胡椒	鯖てり焼　乾瓢あちやら	甘藷　牛蒡　人参　合せ醤油	牛肉　里芋　人参　三つ葉	鰤　しらが昆布	卵の花　葱　油揚　海老　生姜	豚肉　キヤベヂ、サラダ	
夕	すまし汁／色飯	煮しめ	胡麻酢あへ	旨煮	煮しめ	煮びなし	焼肴	芥子漬　山葵漬
	もみ豆腐／黄粉茶めし	はんぺん、里芋　牛蒡	鮮魚　こんにやく　はす	棒たら　里芋	揚豆腐皮　生麩	たら　大根	目刺いわし　小松菜ひたし	

図3–2–11　「四月十五～二一日の三食献立」（『四季毎日三食料理法　春の巻』1909）

冬の巻）の料理書であり、各冊とも最初に3ヶ月分の「一週間豫定献立表」が記された後、それぞれの調理法が収録されている（図3–2–11）。なお本書は、1年分の「日本料理型三食献立」を紹介した国内の料理書の嚆矢でもある。献立に登場する料理内容は全体的に和風のおかずが多いように思われるが、「オムレツ」「ミートオムレツ」「オイスタオムレツ」「ビーフスチウ」「ポークスチウ」「カレースチウ」「ビーフボール」「ビーフカツレツ」「ポークカツレツ」「ビーフステーキ」「ライスカレー」「チツケンライス」「フライ」といったバラエティに富んだ西洋料理も多数登場する。しかし本書の献立内容をみると、西洋料理のフルコースを掲載するといった形式ではなく、「オムレツ、金平牛蒡」「鮮魚(あたらしいうを)フライ、小かぶからしあへ」「ビーフボール、はうれん草ひたし」「牛肉(うしのにく)のカツレツ、鶯菜(うぐひすな)からしあへ」など、飯と汁と漬物を基本とした伝統的な形式に西洋料理を組み合わせる工夫がみえる。またその組み合わせに関しても、時折登場する西洋料理の頻度に比し、和風惣菜で提案された献立が大多数を占めている。

さて本書には、安西がこだわった献立作成の11か条[50)]が、次のように記されている。

第一　一人一日(いちにんいちにち)の平均金額(へいきんきんがく)を何程(なにほど)と豫定(よてい)いたしまして、右(みぎ)の内(うち)より、醤油(しやうゆ)、砂糖(さたう)、鰹節(かつをぶし)、味(み)醂(りん)、味噌(みそ)、漬物(つけもの)、胡麻油(ごまあぶら)、茶(ちや)、其他一切(そのたいつさい)の調味品(てうみひん)及(およ)び薪(まき)、炭(すみ)の代價(だいか)を引去(ひきさ)りました残(ざん)金(きん)は、献立表(こんだてへう)にのせた食品(しよくひん)（魚(うを)、鳥(とり)、野菜等(やさいとう)）の代價(だいか)と、いたしますこと

第二　初物(はつもの)を撰(えら)びますよりは廉價(れんか)で得易(えやす)き、季節物(きせつもの)を撰(えら)びますこと

第三　成(な)るべく廉價(れんか)で滋養(じやう)に富める食品(しよくひん)を撰(えら)びますこと

第四　成るべく消化し易きものを撰びますこと

第五　成るべく簡易の方法で出來得るものを撰びますこと

第六　一日の中で同じ材料で同じ料理の重複を避けますこと

第七　一週間の中、成るべく、變化のある獻立をつくりますこと

第八　一皿に二種以上の品を盛合す場合には其味の取合せ（鹹きもの、甘きもの、酸きもの、濃厚のもの、淡泊のもの）と色取り（濃く、淡く、青色、赤色、白色、黄色、黒色）と形状（圓く、四角く長く、短く、太く、細く極つたもの、極らざるもの）とを斟酌いたしますこと

第九　成るべく一週間の中で或る一日は非常の美食で或る一日は非常の粗食でない様にいたしますこと

第一〇　夏期は成るべく淡白のものを撰び又冷し物を時々撰びますこと

第一一　冬期は濃厚のものと温かきものを多く撰びますこと

上記の11か条には、近代以降に注目された栄養学、経済学への視点のみならず、江戸期までの日本で重視された取り合わせや旬を重視する姿勢も確認できる。さらに本書はわかりやすさを追求した平易な執筆にもこだわっており、栄養学に関する難解な解説は記さず、日常生活の中で役立つ調理器具の図示、それぞれの手入れ法や使い方、定番調味料としての塩、醤油、酢、味醂、煮切り、「清酒」、砂糖の「鹽梅加減」についての助言を重視している。また安西は、調理での砂糖の使用に対し、「ところに、よりましては無やみに澤山の砂糖を使つて其品の特有の味を打消して居ります、金とんの類は格別でありますけれど、野菜、魚肉又は其他の肉類には、あまり砂糖を使ふてはよくありません。味噌汁や、清汁や、又は茶碗むし、などには、砂糖は禁物です」と苦言を呈する姿勢もみせている[51)]。

ともあれ、本書以後、１週間単位、１か月単位、１年単位で多彩な三食献立を収録する家庭向け料理書の数が増加する。例えば、大正５年（1916）に出版された『一品五銭今日の料理』には、「十二ヶ月の献立」として、毎月１週間分ずつの「日本料理型三食献立」（図3–2–12）が紹介されている。さらに本書の三食献立もまた「ライスカレー・お多福豆（水曜日・夕）」「豚肉と蓮の甘煮（木曜日・昼）」「牛肉のスチュー・三つ葉の浸し物（土曜日・夕）」といったように、飯と汁におかずを組み合わせる「日本料理型三食献立」での提案が主となっている。

なお本書の三食献立は、一目で理解される献立表としての性格を持しているが、料理名がただ羅列されたものに過ぎず、かなり簡略化された体をなしている。しかし本書は、６年後に第57版が出版されるなど、当時多くの人々に読まれたことも類推される。ともあれ、わかりやすさを重視した「日本料理型三食献立」は、本書のほかにも『家庭栄養日本料理』（1925）、『美味しく出来る一年中朝昼晩のお惣菜と支那・西洋料理の拵へ方』（1926）、『日々活用お料理辞典』（1927）などの家庭向け料理書にも収録され、こうした社会での関心の高まりに伴い、婦人雑誌などでも特集が組まれる機会が多くなっていった。

さらに1900年代には、「献立」の意味も拡張する。例えば、『料理辞典』（1907）には、「こんだて

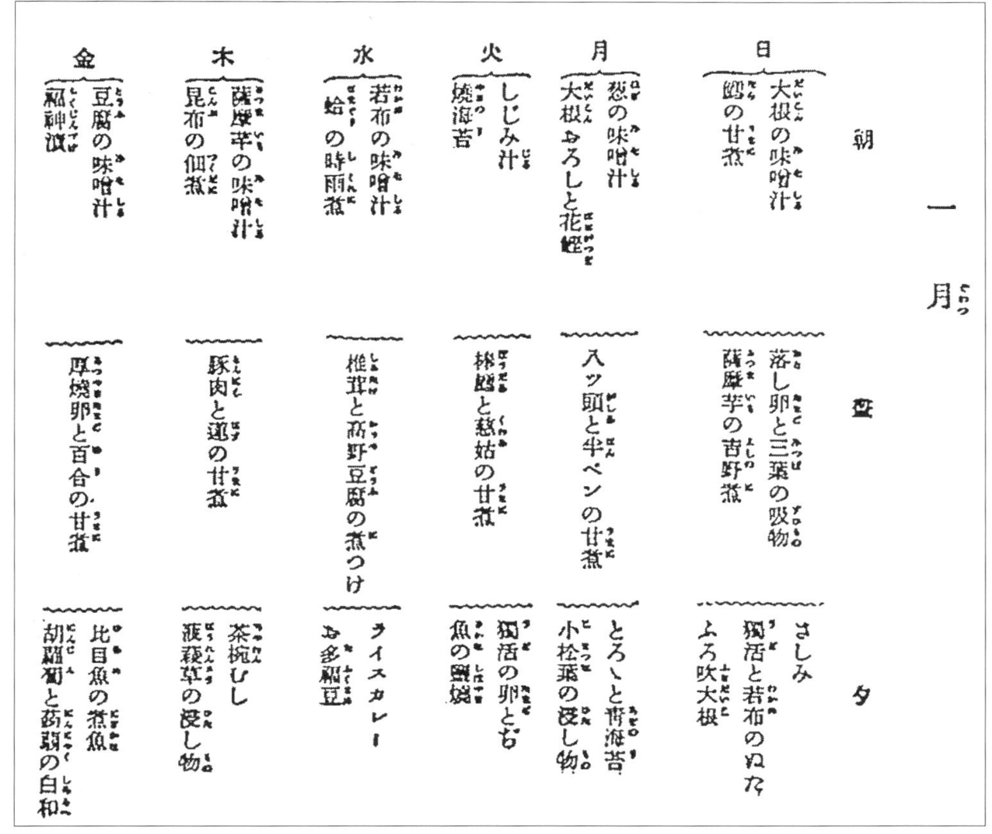

一月

	朝	昼	夕
日	大根の味噌汁 鮒の甘煮	落し卵と三葉の吸物 薩摩芋の吉野煮	さしみ 獨活と若布のぬた ふろ吹大根
月	葱の味噌汁 大根おろしと花鰹	八ツ頭と半ペンの甘煮	とろゝと青海苔 小松菜の浸し物
火	しじみ汁 焼海苔	林檎と慈姑の甘煮	獨活の卵とぢ 魚の鹽焼
水	若布の味噌汁 蛤の時雨煮	椎茸と高野豆腐の煮つけ	ライスカレー お多福豆
木	薩摩芋の味噌汁 昆布の佃煮	豚肉と蓮の甘煮	茶椀むし 菠薐草の浸し物
金	豆腐の味噌汁 福神漬	厚焼卵と百合の甘煮	比目魚の煮魚 胡蘿蔔と蒟蒻の白和

図3-2-12　「一月の三食献立」（『一品五銭今日の料理』1916）

献立」として、次の説明が記されている。

> 食物の配合なり、一汁三菜・一汁五菜・二汁七菜・三汁八菜・略式等みな献立なり、貧富寒暑、これを異にし、朝書夕これを異にし、平常と饗膳とはいふまでもなく、これを異にす、されど其の目的は、常に同じくして、口に適し、消化しやすく、滋養分をして、適度の分量を保たしむるにあり、但し、客を招きて饗應する時の献立には、其の組合はせの法ありて、儀式に用ゐるを何汁何菜といふ習はしなり、日常の食物は、たとひ種々菜ありとも、何汁何菜などいふべからず、献立は四季おりおりに随ひて、事物のうつり變るが如く、同じ品物にても、其の名稱と調理法とを異にすること多し[52)]

上記の引用をうかがうと、饗応献立と日常食献立の違いが明記されているほか、「朝昼夕」違うものが提供されるべきであるとの説明もみえる。総じて、1890年代以降の家庭向け料理書には、飯と汁と惣菜を生み合わせた「日本料理型三食献立」の提案が方々で確認できる。またその内容も、食材の取り合わせという目的を超え、近代以降に受容された経済学や栄養学が反映された三食献立が重宝されるようになり、性別、年齢等に応じた内容が追求された流れが明らかとなった。

２）経済を意識した「日本料理型三食献立」と代用食への視点

大正期になると、日清・日露戦争、第一次世界大戦後の産業化の進展に伴い、主に都市部を中心に新中間層が形成される。特に第一次世界大戦以後の日本社会は、国民の消費額が急増する社会問題に見舞われるいっぽうで、凶作による米価の暴騰、米騒動の勃発などにより、不安定な食料事情に陥ることとなった。なおこうした状況下、経済性を重んじる料理書の出版数が軒並み増加をみせたことは、先にも述べたとおりである。

三食献立の考案に積極的だった料理研究家に、秋穂益実がいる。秋穂の料理書の表紙には、「東京割烹女学校長」（図3–2–13）、「陸軍経理学校陸軍糧秣本廠　嘱託教授」といった肩書も確認できる。なお『家庭宝典和洋割烹法』（1906）の序には、秋穂の生い立ちが次のように述べられている。参考にここに挙げておく。

> 秋穂君は九州の出にして、恬淡、寡欲、眞個慕ふべきの人なり、君由來割烹の技に心厚く、幼時勉學の餘暇尚ほ且つ好んで庖刀を弄せりきと云ふ、其十九の秋、志を起して出京し、同郷の出身寺尾博士の仲介に依りて、當時都下有數の割烹店たりし賣茶亭に入り、數年間見學實習の効を積み、茲に天晴の庖刀家となり了せり、然れとも君は素と和洋の技を兼修せんとの希望なりしかば、遂に此を去りて、海軍水交社、伊國公使館、西班牙公使館等の庖厨に入り、西洋割烹法を研究し、苦心惨憺の餘、深く其秘奥を極るに至れり、偶海軍部内有力者の知る所となり、英國の割烹法を練習すべく渡航の便宜を與へられしかば、千歳一遇の好機會に乗じたる君は、多年の志望茲に始めて活躍の端を發きたる思ひして、着英後は殆と寝食を忘れて練習に心血を注ぎ、彼國に於ける調理法は云ふに及ばず、私食、會食の景況貴紳淑女の食堂に於ける作法、

図3–2–13　「東京割烹女学校調理実習」（『家庭和洋保健食料三食献立及料理法』1915）

惣菜料理献立表（其二）

	朝 献立	朝 材料の五人割	昼 献立	昼 材料の五人割	夕 献立	夕 材料の五人割
日曜日	すまし汁	冬瓜 五十匁、ねぎ 三十匁、味の素 五分、醬油 一勺、食塩 少量	豚肉味噌焼	豚肉 百匁、馬鈴薯 百五十匁、味噌 三十匁、砂糖 五匁、食塩 少量、酒 三勺	粉絲湯（フンスータン）	素麵 三十匁、醬油 大匙一杯、罐詰筍 三十匁、食鹽 少量、葱 一本、豚肉 五十匁、ラード 大匙一杯、スープ 三合五勺
月曜日	味噌汁	茄子 五十匁、玉葱 三十匁、生姜 五匁、煮干魚 五匁、味噌 五十匁	オムレツ	玉子 十個、牛肉 五十匁、玉葱 三十匁、バタ 大匙一杯、ヘツト 小匙二杯、食塩 少量、胡椒 少量	さつま汁	豚肉 五十匁、茄子 五十匁、牛蒡 三十匁、玉葱 三十匁、馬鈴薯 五十匁、生姜 五匁、味噌 五十匁
火曜日	香物	金山寺味噌 三十匁、漬物	チツキンカツレツ	雛鳥 一羽、洋粉 十匁、パン粉 十匁、玉子 二分ノ一、酢 三勺、ヘツト七十匁、砂糖五匁、鹽、胡椒 少量、胡瓜 五十匁	牛肉南瓜和へ	牛肉 七十匁、南瓜 百匁、砂糖 五匁、醬油 二勺、食塩 少量
水曜日	味噌汁	若布 五匁、摘菜 五十匁、煮干魚 五匁、味噌 五十匁	溜子鳩（リユスーチー）	鶏肉 五十匁、醬油 大匙一杯、罐詰筍 三十匁、玉子白身 一個、椎茸 五個、葛粉 大匙一杯、ラード 大匙一杯、スープ五勺、食塩 少量	コロッケー	馬鈴薯 百五十匁、玉ねぎ 三十匁、牛蒡 三十匁、玉子 二分ノ一、青乾豆 一合、ヘツト 五十匁、小麦粉 十匁、パン粉 十匁、砂糖 十匁、醬油 五勺
木曜日	すまし汁	切麩 十個、玉菜 三十匁、味の素 五分、醬油 一勺、食塩 少量	蘑菇豆腐湯（モークトーフタン）	豚肉 五十匁、醬油 大匙半杯、豆腐 一丁、葱 二本、食塩 少量、煮出汁 二合、ラード 大匙三杯、片栗粉 小匙一杯	雑煮	牛肉 五十匁、馬鈴薯 五十匁、玉葱 三十匁、蒟蒻 一丁、牛蒡 五十匁、砂糖 五匁、醬油 三勺
金曜日	味噌汁	南瓜 百匁、胡麻 五勺、煮干魚 五匁、味噌 五十匁	豆そぼろ	豚肉 五十匁、青乾豆 一合、冬瓜 五十匁、玉葱 三十匁、コンスターチ、砂糖 五勺、醬油 三匁	肉丸子湯（ユーワンスータン）	豚肉 五十匁、煮出汁 三合五勺、罐詰筍 二十匁、醬油 大匙一杯、生姜 三匁、食塩 少量、玉子 二個、椎茸 五個
土曜日	狸汁	蒟蒻 三十匁、ねぎ 三十匁、牛蒡 二十匁、煮干魚 五匁、味噌 三十匁、醬油 一勺	スターブチツキン	鶏肉 五十匁、玉葱 三十匁、馬鈴薯 百匁、トマト 五勺、洋粉 五匁、玉子黄身 二分ノ一、バタクラーム 五匁、塩、胡椒 少量	冬瓜そぼろ	冬瓜 二百匁、牛肉 五十匁、玉葱 三十匁、片栗粉 五匁、砂糖 三匁、醬油 二勺、食塩 少量

図3-2-14　「惣菜料理献立表」（『家庭実用和洋食物調理法　夏の巻』1912）

割烹の歴史、嗜好慣例等に至るまで、些の遺憾なく、討査攻究するを得たり。[53]

さて秋穂の提唱した「日本料理型三食献立」には、材料の明確な分量や調味料の内容までが詳細に書かれていることが特徴である。またその献立内容も、肉類の多用や積極的な西洋料理や中国料理の採用がみられるなど、折衷献立を積極的に推奨している。実際、秋穂の手掛けた『家庭実用和洋食物調理法　夏の巻』[54]（1912）所収の「惣菜料理献立表」においても、朝食は飯と汁という簡単な組合せとなっているが、昼食・夕食に「粉絲湯（フンスータン）」「溜子鳩（リユスーチー）」「肉丸子湯（ユーワンスータン）」などの中国料理から、「オムレッツ」「チツキンカツレツ」「コロッケー」「スターブチツキン」などの西洋料理にいたるまで、外国料理を数多く取り入れ、立案している様子がみえる。また本書所収の三食献立（図3-2-14）は、使用する食材も豚肉、牛肉、雛鳥（鶏肉）などのいずれかの肉類がほぼすべての昼食・夕食に使用され、さらに、「パン粉」「ラード」「ヘット」「バタ」「コーンスターチ」「バタクラーム」など多くの西洋食材を使用したレシピも登場する。

さらに秋穂は、自著『家庭和洋保健食料　三食献立及料理法』（1915）において、50日分の「日本料理型三食献立」を紹介している。秋穂は、本書でも、西洋料理、中国料理、折衷料理を積極的に採用し、献立を組み立てているが、本書の特徴は、何といっても、献立の記載法にある。本書所収の三食献立は、「飯」「汁物」「香物」に２種のおかずを組み合わせたスタイルをベースとし、そ

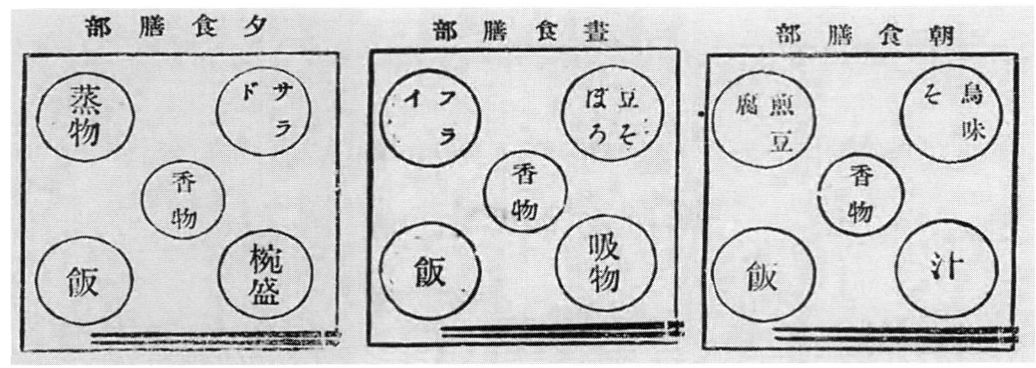

図3-2-15　「三食献立図」(『家庭和洋保健食料三食献立及料理法』1914)

れぞれを御膳にのせた一汁二菜の献立(図3-2-15)で図示されている。本書においても、秋穂は日常の衣食住の中で、食物が「最も多額の經費を要するもの」と主張し、「一家の主婦たるものは、比較的少額の金で、比較的滋養の多い風味の佳い食物を一家の食膳に供へると云ふことが肝要」であると説き、「蛋白質、脂肪分、澱粉質等の多少」を理解するとともに、「衛生、滋養、嗜好の三方面から調和せしむべき調理法に熟達」する必要があると強調する。[55] さらに「毎日三度の食卓の上に供ふべきお惣菜、即ち副食物は勿論、我々の主食物とする處の御飯の炊き方に至るまで、各々家族の健康を保つ上に最も必要とする程度に調理するといふ条件が家庭料理の要點」であるとし、「高價な材料を撰び雜多な道具立をし、其の上種々の手數と時間とが要るとなつては、一家の經濟が保てませんから、出來得るだけ簡易な器具や比較的廉い材料を以て、貴重な時間や手數を省くといふ事を念頭に置いて」[56]、調理に励むよう指示している。そして三度の食物の調理には、「身體營養に必要なだけの量を各々取合して調理することが肝要」であり、「各營養分を標準的に取合した食物」を「保健的食料」として紹介し、「軍人」「普通人」それぞれに必要な栄養量を提示している。[57] また本書の献立も「保健的食料」に基づき、必ず白米四合、肉類六十匁、野菜百二十匁を取り合わせることを意識しながら考案したとあり、さらに本書所収の西洋料理はフォークを使用しなくても、箸で食べられるよう調理法を工夫したというこだわりもみえる。[58]

なおこうした経済性を考慮した「日本料理型三食献立」を収録する料理書は、1910年代に急激に増加する。また戦争を契機に見直された安価な代用食を用いるなどの試みもみられるようになり、実生活に根ざした三食献立の改良論も方々で展開することとなった。

図3-2-16は、『安価生活割烹法』(1917)所収の「日本料理型三食献立」である。本書の三食献立は、秋穂の献立に比べ、日常食の構成要素である飯と汁と香の物に、「鰊の昆布巻き」「牛蒡のきんぴら」「豆腐八杯酢」など和風惣菜を重んじる傾向にある。なかには、「ライスカレ(29日夕)」や「豚肉の味噌焼(27日夕)」を加えた折衷献立もみえるが、その掲載数は秋穂の料理書に比べ、はるかに少ない。また卯の花や鰯、鰊、馬鈴薯、豚肉や豆腐など、安価な代用食品として当時見直されていた食材も多数登場し、生活難の時代に呼応した著者・岩井県のこだわりも示されている。

私は何等の故を以て此度、安價生活に對する割烹法を著はしたか是れ生活難より起因したる

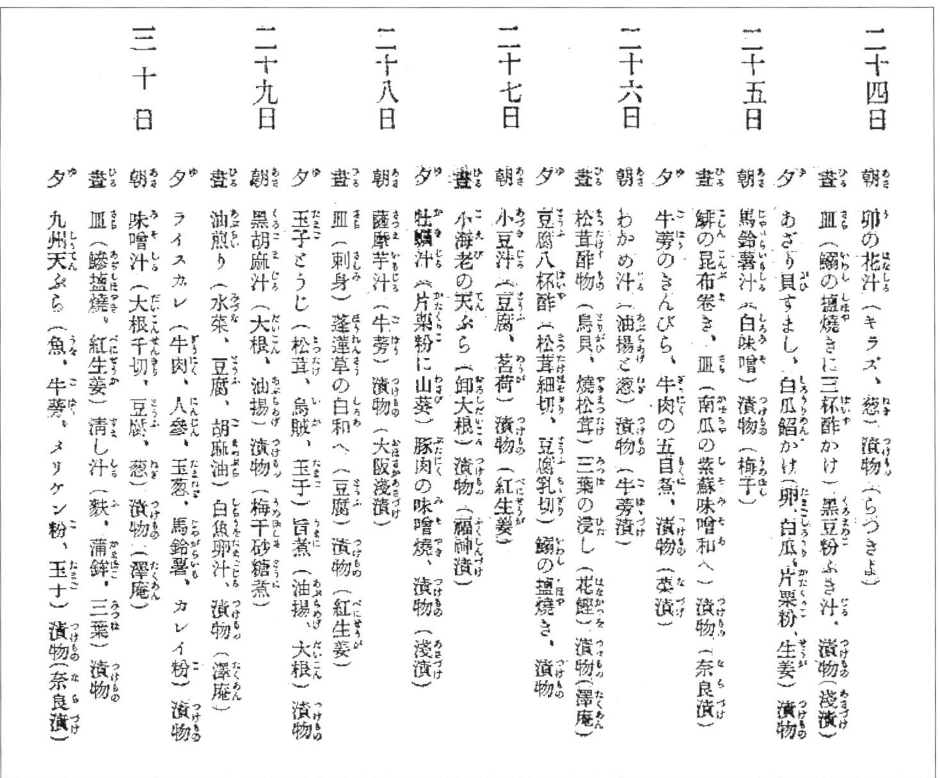
二十四日
朝　卵の花汁（キラズ、葱）漬物（らつきよ）
晝　皿（鰯の塩焼きに三杯酢かけ）黒豆粉ふき汁、漬物（淺漬）
夕　あさり貝すまし、白瓜昭かけ（卵、白瓜、片栗粉、生姜）漬物
二十五日
朝　馬鈴薯汁（白味噌）漬物（梅干）
晝　鮮の昆布巻き、皿（南瓜の紫蘇味噌和へ）漬物（奈良漬）
夕　牛蒡のきんぴら、牛肉の五目煮、漬物（菜漬）
二十六日
朝　わかめ汁（油揚と葱）漬物（牛蒡漬）
晝　松茸酢物（鳥貝、燒松茸）三葉の浸し（花鰹）漬物（澤庵）
夕　豆腐八杯酢（松茸細切、豆腐乳切）鰯の塩燒き、漬物
二十七日
朝　小豆汁（豆腐、茗荷）漬物（紅生姜）
晝　小海老の天ぷら（卸大根）漬物（福神漬）
夕　牡蠣汁（片栗粉に山葵）豚肉の味噌燒、漬物（淺漬）
二十八日
朝　薩摩芋汁（牛蒡）漬物（大阪淺漬）
晝　皿（刺身）蓬蓮草の白和へ（豆腐）漬物（紅生姜）
夕　玉子とうじ（松茸、烏賊、玉子）旨煮（油揚、大根）漬物
二十九日
朝　黒胡麻汁（大根、油揚）漬物（梅干砂糖煮）
晝　油煎り（水菜、豆腐、胡麻油）白魚卵汁、漬物（澤庵）
夕　ライスカレ（牛肉、人參、玉葱、馬鈴薯、カレイ粉）漬物
三十日
朝　味噌汁（大根千切、豆腐、葱）漬物（澤庵）
晝　皿（鰺塩燒、紅生姜）清し汁（麩、蒲鉾、三葉）漬物
夕　九州天ぷら（魚、牛蒡、メリケン粉、玉子）漬物（奈良漬）

図3-2-16　「三食献立」（『安価生活割烹法』1917）

問題なること言を俟たず、困難問題は我々貧困者のみでなく大に國家の問題なり、此原因は種々あらんも、世の進歩と共に人口の増加、教育の發展、實業の發達、其他軍備の擴張或は物價の騰貴など是れ主なる原因にして、我國は今尚日露戦争以来の外債ある上は我々國民の責任の負檐は重且つ大にして、實に軽々敷き事にあらず。[59]

上記の記述で、岩井は代用食への視点を強調する理由に、日露戦争による多額の外債をはじめ、人口増加、軍備の拡張などによって、物価高騰に陥った生活難を克服するためと説く。特に1910年代は、社会全体で安価な食材を使用することが推奨され、代用食品への視点が顕著となる時期でもある。例えば、米の入手が困難になると、『脱脂豆飯と玄米パン』（1918）、『実験外国米の炊き方』（1918）、『美味くて徳用御飯の炊き方百種』（1918）、『報知新聞懸賞当選　米代用食料品料理法』（1919）など、主食に外米やパンを奨める経済料理書も多数出版され、米の代用食品となる食材を検討する動きも本格化した。

そしてこの時期に代用食品を上手く利用し、栄養的価値を追求した研究者が佐伯矩であった。佐伯は、大正期の栄養学の発展に最も影響を与えた傑物である。明治9年（1876）9月1日に、愛知県伊予郡北山崎村大字本郡にて生まれた佐伯は、県立松山中学校、第三高等学校医学部、京都帝国大学医科大学で学び、明治35年（1902）に、内務省伝染研究所長であった北里柴三郎博士の下、「ラファヌス・ディアスターゼ」の発見などに尽力する。大正3年（1914）には、芝区白金（現在の東京都港区）に世界で初めての私立栄養研究所を開設。さらに大正９年（1920）に内務省所管の国立栄養研究所を設立するとともに、所長に就任した。また大正13年（1924）には、佐伯栄養学校を設立し、栄養指導の専門家「栄養士」の育成にも尽力した。

さて三食献立の重要性を説く佐伯の料理書に、『栄養料理講習録』（1922）がある。なお本書は、大正11年（1922）８月14日から３日間、府立第五中学の講堂において開催された栄養料理講習会（東京朝日新聞社主宰）の講演録と実習内容を収録した料理書である。本書のはしがきには、栄養問題を急務ととらえる開催者の意図が、次のように述べられている。

> 國民保健といふ大切な問題から見ても、食糧問題からいつても、又一家の家庭的和樂、社交上からも、決して等閑に附すべからざるは食物料理の問題である。國立榮養研究所がこの點に着眼して、日々獻立表を發表し、あらゆる家庭が競うて之を歡迎してゐるのを見ても、この榮養問題が如何に文化生活上に重要視されて來たかが判る。しかも料理といひ獻立といふも科學を基礎とした理論から實驗へのものでなくてはならぬ。[60]

なおここでいう「獻立表」とは、佐伯が同年５月29日より毎日（日曜以外）試作した「経済栄養献立」のことである。当献立は午後１時から５時まで、当研究所にて一般公開された。さて『栄養料理講習録』（1922）にも、次の３日分の「経済栄養献立」が収録されている。

６月28日　朝食　ジャガイモの味噌汁。馬肉の佃煮。
　　　　　晝食　サヤインゲンの煮〆。ホシニシンのつけやき。
　　　　　夕食　大根と鹽サバ船場汁。フキの煮付。煎コンニャク。ジャガイモの御飯。
６月29日　朝食　ゴボーの味噌汁。ハマグリのシグレ煮。
　　　　　晝食　ゴボーの甘から煮。ジャガイモカラ揚げ。
　　　　　夕食　ジャガイモのつまみ入れ。煮ウメン。干タラのてり焼。
６月30日　朝食　莢インゲンの味噌汁。キャベツの紅葉和へ。
　　　　　晝食　キウリの味噌煎り。ジャガイモのサラド。
　　　　　夕食　アサリのスマシ。ソラ豆、トウフ、カラシ味噌。イワシの甘酢。

佐伯の「経済栄養献立」の形式もまた「日本料理型三食献立」に属するものであるが、日本の風土に最も適した主食であるという理由から三食とも米を使用し、蛋白質の補給のために、大豆製品や味噌を欠かさないことが重視されている。また安価な動物性蛋白質の補給として、煮干、馬肉、鯨、鰯などの安価な食材を利用する工夫などがみえ、野菜もまたゴボウやジャガイモなど値段の手ごろな食材が多用されている。佐伯の取り組んだ「経済栄養献立」は、東京毎日、東京朝日、読売、時事、報知、国民新聞などにも毎日転載され、大正13年（1924）には、『国立営養研究所公表　美味営養経済的家庭料理日々の献立　其調理法』として、１年分の「経済栄養献立」がまとめられた料理書も出版された。

なお栄養学を重んじる佐伯の心中には、子孫を理想的なまでに改造したいとの思いがあり、その役目は家庭管理を司る「婦人」にかかっているとの願いも、『栄養料理講習録』に記されている。[61)] また佐伯同様、同研究所技師・川上登喜二もまた同書内にエッセイ「献立のつくり方」を投稿し、「献立をさげすむ悪い傾向」として、「女中任せ」にし、一切献立を顧みない「御婦人」に苦言を呈している。また健康を保証するための「保健食」の考え方として、「充分なるカロリーを有すること」「性質善良なる蛋白質を適當量に含有すること」「各種無機質を適當なる割合にて含有すること」「各種ヴイタミンの充分量を含有すること」の4か条を掲げ、価格を考慮し、とりわけ多くのヴィタミンが摂れるよう、献立作りに努力するようすすめる姿勢を強調している。[62)]

さらに佐伯はその後も『栄養』(1926)、『栄養之合理化』(1930)、『栄養学と其進境』(1932) などの専門書を著し、自身が編み出した「經濟榮養法」の普及に尽力した。「經濟榮養法」について、佐伯は自著『栄養』(1926) において、「生理的經濟」と「理財的經濟」を基に考案した考え方として説明している。「生理的經濟」の観点からは、アメリカ留学時に師事したイエール大学のラッセル・ヘンリー・チッテンデン[63)] (アメリカ医化学会創始者) の実験に基づく少食主義を新説として紹介し、さらに「理財的經濟」の角度からは「榮養の實際には物資の経済問題と金銭の主計問題が至大の關係を有するものである。これその地に豊富なる食品を重要視して獻立を作るの要あること、季節の材料を愛用して飲食に供するの要ある所以である」との主張のもと、「材料の選び方」「獻立の作り方」「調理法の改善」「貯蔵法の利用」等を「注意す可き事項」として掲げている。[64)] そして「經濟榮養法」の定義を、「健康を中心とし物資を詮衡し、以て天恵を尊重し以て食福を裕かにするの謂であつて、斷じて安價若くは貧賤の食を人に強ひむとするものにあらず」とし、「富者も貴人も齋しく此法に歸依すべきものである」として結んでいる。

さて1920年代後半には、佐伯の「經濟榮養法」に学び、料理書の執筆に励んだ研究者たちもが登場する。なかでも村井政善は自著『日本料理作法・栄養料理』(1928) において、日常生活における献立研究の重要性について強調する。村井によれば、献立には「毎日三度々々司るべき家庭の獻立卽ち三食の標準獻立」と「娯楽的とも見るべく専門的料理屋向きの獻立」の2種があるとし、特に前者の管理を委ねられた女性読者は、子供の発育期の食事への配慮を怠らず、「十分なるカロリーを含むこと」「性質の善良なる動植物性の蛋白質を適當に含有すること」「各種の無機質を適當なる割合に含むこと」「各種のヴイタミンの含有量が十分なること」の4か条をふまえた「保健食」[65)] を考慮し、献立表を作成するよう促している。この考え方は先に挙げた栄養研究所の「保健食」の理念とも共通している。

さらに村井は、日本人の平均的な体重や慎重を考慮した「中等度の運動」をする「中背中肉の男子」の「標準献立」(図3-2-17) を提示し、栄養研究所同様、和風総菜を取り込んだ「日本料理型三食献立」の提案にふみきっている。なお運動量の多寡、もしくは年齢に応じて、「標準献立」の割合を調整することを指示すると同時に、ここでも「一家族の健康は大にしては一國の健康者を多くする」ことに繋がるため、「御自分の健康、全家族の健康、又子供の完全なる發育」のためにも、「女中任せ」にせず、「料理献立」研究に励むよう、女性読者に呼びかけている。[66)]

しかし、図3-2-17には「メンチボール」という料理名もみえるが、村井が提案する料理のほとんどが、「白魚の時雨揚」「鶏肉と野菜の筑前炊」「牛肉の文正漬」「牛肉八幡巻」「牛肉の軟か煮」「牛肉の朝鮮揚」「牛肉の吸物」「鶏肉の呉竹巻」「鶏肉の八幡漬」「筍と田螺の木の芽和」「田螺と独活の芥子酢」「鰻の北海煮」「鱧の名古屋巻」「牡蠣のからまぶし」「牡蠣の蒸焼」「馬鈴薯の旨煮」「胡瓜と晒鯨の白酢和」「茄子の龜甲焼」「茄子の鍋鴫」「筍の吉野煮」「蕪菁の土佐煮」「蒸冬瓜　豆あんかけ」「南瓜の揚田楽」「干瓢の出雲寄せ」「蕪菁の家系蒸」「甘藷の南蠻煮」「蕗の味噌汁」「蕗のきやら煮」「大根の田舎鱠」「大根と人参の衛生煮」「擦し午蒡のおろし煮」「蒟蒻と人参の白和」といった日本の調味料で調理する料理である点もまた佐伯の教えを請けた村井ならではの拘りといえよう。また上記のレシピには地域名が含まれた料理も含まれており、地方で根付いていく新しい郷土料理のイメージも看取することができる。

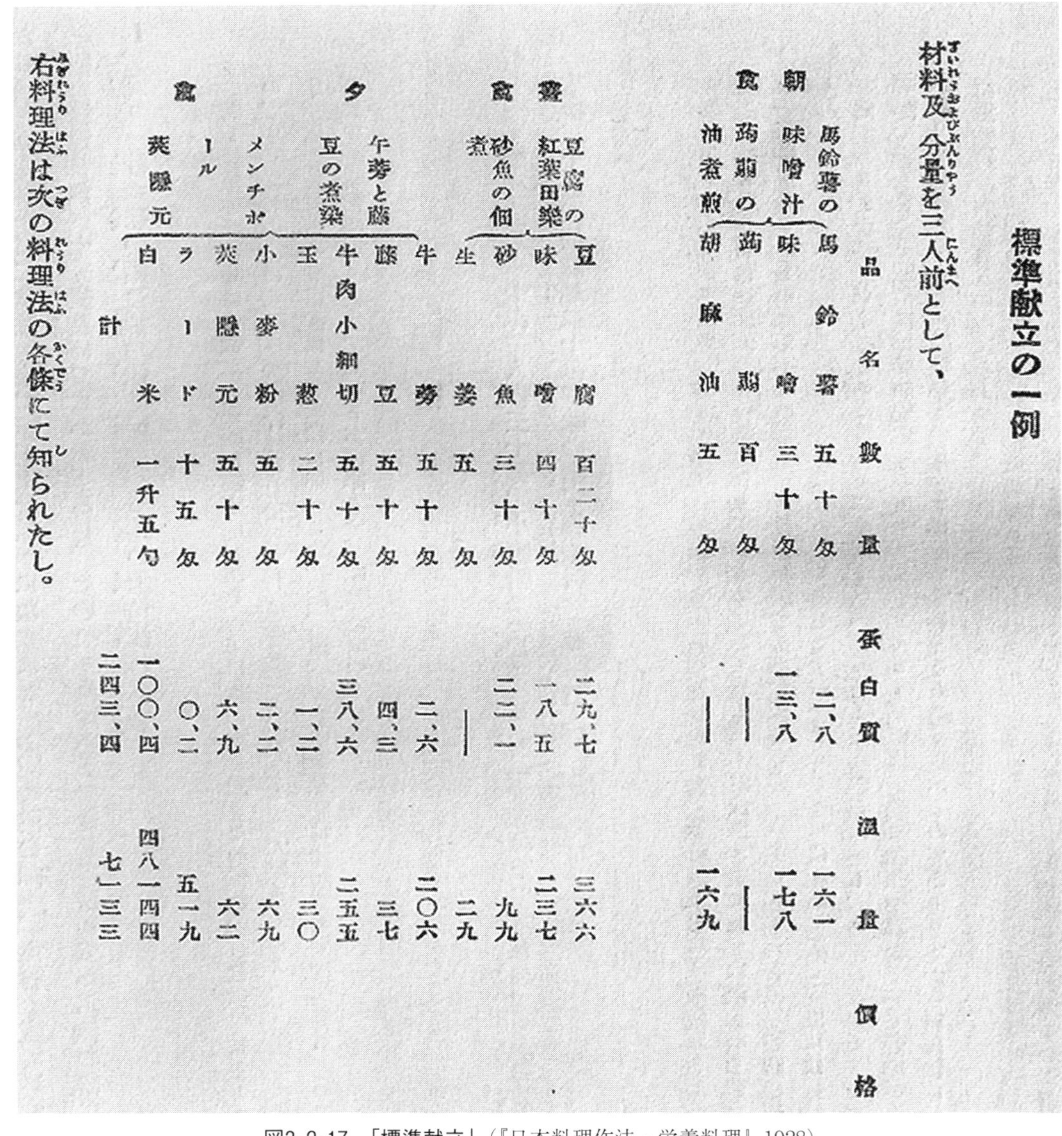

標準献立の一例

材料及分量を三人前として、

	献立	品名	数量	蛋白質	温量	價格
朝食	馬鈴薯の味噌汁	馬鈴薯	五十匁	二、八	一六一	
		味噌	三十匁	一三、八	一七八	
	蒟蒻の油煮煎	蒟蒻	百匁	―	―	
		胡麻油	五匁	―	一六九	
晝食	豆腐の紅葉田樂	豆腐	百二十匁	二九、七	三六六	
		味噌	四十匁	一八、五	二三七	
	砂魚の佃煮	砂魚	三十匁	二二、一	九九	
		生姜	五匁	―	二九	
夕食	午蒡と藤豆の煮染	牛蒡	五十匁	二、六	二〇六	
		藤豆	五十匁	四、三	三七	
	メンチボール	牛肉小細切	五十匁	三八、六	二五五	
		玉葱	二十匁	一、二	三〇	
		小麥粉	五匁	二、二	六九	
	莢隱元	莢隱元	五十匁	六、九	六二	
		ラード	十五匁	〇、二	五一九	
		白米	一升五勺	一〇〇、四	四八一四	
		計		二四三、四	七一三三	

右料理法は次の料理法の各條にて知られたし。

図3-2-17　「標準献立」（『日本料理作法・栄養料理』1928）

註

1）なお料理書のタイトルにおいて、「三食献立」を初めて使用したのは、『家庭和洋保健食料三食献立及料理法』（東京割烹女学校出版部、1915）を著した秋穂益実である。

2）江戸期までの料理書には、記録としての三食献立の記載はみられるが、計画としての三食献立は、管見の限り確認できない。なお江戸期の三食献立の記録に関する考察として、江原絢子が、寛政期の八田家文書（「御膳日記」）、真田家文書の中にみられる三食の食事内容の分析を行っている（参考：江原絢子：「食事構造の変遷と特質に関する研究」、平成10-12年科学研究費補助金研究調査報告書、2001）。また幕末の三食献立の記録として残っているものに、慶応２年にさる大名屋敷で行われた１年間の食事献立：「御献立帖」（木津三辰著『官休清規別冊調味料理の栞』〔1928〕所収）がある。本資料の研究に、宮腰松子著「さる大名家の「御献立帖」（『全集日本の食文化　第十巻　日常の食』雄山閣、1997）が参考となる。

3）敬学堂主人『西洋料理指南』雁金書屋、1872　※明治初期は、明治５年（1872）に刊行された初めての西洋料理書『西洋料理通』、『西洋料理指南』をキッカケに、西洋料理を扱う料理書が多く刊行された時期であった。なおそのほとんどの西洋料理書に、西洋料理の滋養分を評価する姿勢がみえることは第１編で論じた。例えば『西洋料理指南』の序をうかがうと、その刊行意図として、「學問思勉」を目指した「力ヲ學ニ費ス者」・「官途ニ有ル者」は「滋養」に富んだ「良餌」を摂取することで強壮な身体が得られ、国家に奉仕できるとの考え方が明記されている。

4）近藤堅三『西洋料理法独案内　附西洋莚会儀式・設莚心得・莚会席上魚肉割切心得』、濱本明昇堂、1886、はしがき

5）下田歌子『料理手引草』博文館、1898、pp. 75-91.

6）下田歌子：前掲書、p. 76.

7）下田歌子：前掲書、p. 76.

8）敬学堂主人：前掲書、p. 19.

9）エロード・ホール嬢（口述）　篠宮竜太郎（訳解）『洋食の礼法』大澤屋書店、1899、pp. ２-３.

10）「チフィン」はイギリス古英語。昼食を意味する。

11）G. ビンフォルド　S. エリス『常盤西洋料理法』常盤社、1904

12）下田歌子：前掲書、p. 78.

13）交盛館編集所『家庭西洋料理と支那料理』武田交盛館、1906、p. ２.

14）割烹研究会『最新和洋料理　附家庭菓子の製法』積善館本店、1913、pp. 142-143.

15）手塚かね子『滋味に富める家庭向西洋料理』福永重勝、1924、pp. 173-174.

16）手塚かね子：前掲書、p. 129.

17）手塚かね子：前掲書、はしがき

18）スティーブン・メネル　北代美和子（訳）『食卓の歴史』中央公論社、1989、p. 358.

19）Laura Shapiro: *Perfection Salad*, Modern Library Paperback Edition, 1986, pp. 69-77.

20）Ladies of Chicago: *The Home Cook Book*, J. Fred. Waggoner, 1877, pp. 150-167・pp. 396-400.

21）下田歌子：前掲書、p. 76.

22）Mrs. Henry Reeve: *Cookery and Housekeeping: A Manual of Domestic Economy for Large and Small Families*, Longmans, Green, and Co., 1882, pp. 505-528.

23）Mrs. Henry Reeve：前掲書、pp. 510-514.

24）Mrs. Henry Reeve：前掲書、pp. 515-527.

25）飯島半十郎編『家事経済書』博文館、1890、pp. 72-73.

26）坪谷善四郎編『閨秀錦嚢日本女礼式　一名婦人一代重宝鑑』博文館、1891、pp. 445-446.

27）清楼軒主人『賓客饗応年中雑菜日用料理案内』此村黎光堂、1894、pp. 1－2.（句読点　東四柳）
28）大橋又太郎編『実用料理法』博文館、1895、p. 16.
29）飯島半十郎編：前掲書、pp. 98-100.
30）飯島半十郎編：前掲書、pp. 103-104.
31）飯島半十郎編：前掲書、pp. 96-98.
32）下田歌子：前掲書、p. 47.
33）下田歌子：前掲書、pp. 48-49.
34）下田歌子：前掲書、pp. 52-53.
35）下田歌子：前掲書、pp. 49-50.
36）下田歌子『新撰家政学　上』金港堂、1900、p. 63.
37）後閑菊野　佐方鎮子『家事教科書　上巻』成美堂、1898、p. 112.
38）後閑菊野　佐方鎮子：前掲書、p. 115.
39）塚本はま子『家事教本』金港堂、1900、pp. 92-94.
40）江原絢子『高等女学校における食物教育の形成と展開』雄山閣出版、1998、p. 106.
41）江原絢子：前掲書、p. 129.
42）横山順　大村忠二郎校閲『料理之枝折』、濱本明昇堂、1902
43）横山順　大村忠二郎校閲：前掲書、凡例
44）横山順　大村忠二郎校閲：前掲書、pp. 19-20.
45）横山順　大村忠二郎校閲：前掲書、pp. 21-23.
46）横山順　大村忠二郎校閲：前掲書、p. 23.
47）横山順　大村忠二郎校閲：前掲書、pp. 13-14.
48）横山順　大村忠二郎校閲：前掲書、p. 10.
49）横山順　大村忠二郎校閲：前掲書、p. 11.
50）安西古満子『四季毎日三食料理法　春の巻』1909、博文館、凡例 pp. 1－2.
51）安西古満子：前掲書　春の巻、凡例 p. 7. ※なお料理に、砂糖やみりんなどの甘味が積極的に使用されるようになるのは、江原絢子の研究によると、明治期以降の特徴（特に関東地域の調味法として）であるという。また江原は、煮物に甘味をつけるようになるのは、江戸後期の料理書からみられる特徴であることも指摘している（江原絢子「伝統食の見直しと活かし方」〔岩田三代編『伝統食の未来』ドメス出版、2009〕pp. 186-188.）。
52）斎藤覚次郎編『飲料食品　料理辞典』郁分社、1907、p. 181.
53）秋穂益実『家庭宝典和洋割烹法』有斐閣、1906、友人・岩上方外による序　pp. 1－2, ※「九州出身の寺尾博士」を調査したところ、寺尾壽（長男）・亨（次男）ではないかと推察される。壽は、天文学を修めた理学博士、亨は司法省の法学校を出た法学博士で、両者ともに帝国大の教授を務めた。また、双方の出身が、筑前国春吉村であることからも、秋穂の出身地もまた、このあたりではないかと思われる。
54）秋穂益実『家庭実用和洋食物調理法　夏の巻』東京割烹女学校出版部、1912、pp. 32-33.
55）秋穂益実 a『家庭和洋保健食料　三食献立及料理法』東京割烹女学校出版部、1912、自序
56）秋穂益実 a：前掲書、p. 3.
57）秋穂益実 a：前掲書、pp. 4－5.
58）秋穂益実 a：前掲書、pp. 96-97.
59）岩井県『安価生活割烹法』食物療養院、1907、はしがき
60）佐伯矩監修『栄養料理講習録』東京朝日新聞社、1922、はしがき

61）佐伯矩監修：前掲書、p. 13.
62）佐伯矩監修：前掲書、pp. 48–66.
63）佐伯芳子「佐伯矩の業績について」（『化学と生物　日本農芸化学会会誌　生命・食・環境』Vol. 10　No. ５所収）日本農芸化学会、1972、p. 354.
64）佐伯矩『栄養』栄養社、1926、pp. 76–76.
65）石井泰次郎　村井政善『日本料理作法・栄養料理』文化生活改良会、1928、pp. 99–100.
66）石井泰次郎　村井政善：前掲書、p. 97.

第４編　子供の食の近代的展開

第１章　明治・大正期における子供と菓子

「多彩さ」が魅力の日本の菓子文化。その「多彩さ」の背景には、異国から受容した食文化との出会いと融合の歴史がある。特に歴史の中で繰り返される対外交流史のなかでも、幕末の開国は日本の菓子文化に大きな変革を与えた。新たに交際が始まった西洋諸国の影響を受け、チョコレート、アイスクリーム、キャラメルなどの西洋菓子が誕生[1)]。さらにはその特徴や製法などについて伝える多くの書籍も出版された[2)]。

なお当時の書籍には、日本菓子[3)]と西洋菓子を比較しながら解説する様子も散見され、イメージの掴みにくい西洋菓子の理解を助けようとした著者たちの努力の経緯もしのばれる。例えば西洋料理書『日用西洋料理法』（1896）をうかがうと、西洋菓子は「糖菓」と「乾糕」に大別できるとされ、それぞれの特徴について、「糖菓は言はゞ本邦の干菓子或は掛物の如き菓子の總稱」「乾糕は餅菓子又は饅頭の類」と紹介されている[4)]。

いっぽう『米国の家庭及社会』（1908）所収の「菓子と果物」では、「ケーク」は「殆んど我邦のカステーラの一種」、「クキ」（クッキー）は「八ッ橋とも煎餅とも付かぬ菓子」とあり、具体的な日本菓子の名称を挙げて説明する様子もみえる[5)]。

また胃腸専門医の湯川玄洋は、自著『胃腸之一年』（1907）において、原料面から生じる両者の違いについて、「澱粉と糖分の配合せばかりで、別に複雑した材料も原質もない」日本菓子に対し、西洋菓子は「牛乳、鶏卵、ココアを始めとし果實の汁、藥品の酸味等、種々のもの」が配合されたものとして解説している[6)]。さらに西洋諸国では、食後に牛乳を飲むことで足りない栄養を補う風潮があることにふれ、「牛乳を好まない人」に牛乳を飲ませる手段として、菓子作りに使用する動きがあることにも言及する。なお牛乳の栄養的価値への関心は、開国後の日本においてすでに注目されており、母乳の代用品として、また離乳期の栄養補助食品として、牛乳の使用をすすめる記述が方々で増加することは、筆者のこれまでの調査でも明らかになっている[7)]。つまりこうした状況からも、牛乳や乳製品を使用する西洋菓子もまた栄養を補い、健康維持を図る効能が期待されていたことが理解される。

いっぽう『東京名物志』（1901）所収の「菓子」によれば、日本菓子の世界においても新たに創出されるものは、西洋菓子同様、「滋養を目的とするの傾向」にあり、和洋折衷菓子を考案し、人気を博する日本菓子店があったことを伝えている。例えば同書所収の「風月堂米津本店」の項では、西洋菓子の需要の高まりについて言及しながら、「能く本邦人の嗜好に適する」よう、「日本菓子の趣味」を加え、西洋菓子を製造していると記されている。特に「カルヽス泉煎餅」は「滋養食品中第一に推さるヽバタ及びミルク」を基礎原料とし、小麦粉、砂糖、「カルヽス泉水」をあわせて製造された「滋養美味兼ね備はれる名菓」として紹介され、「明治十八年創製」以来、好評を得ていたとある。また「新杵分舗」の項においても、「和洋折衷の滋養菓子」を扱い、繁昌していたことが語られている[8]。

しかし明治後期以降、滋養豊富な菓子を評価しながらも、菓子の過食が招く消化不良に対して注意を促す考えが、出版物のなかで説かれ始めるようになる。例えば、東京帝国大学医科大学教授で、衛生学が専門の横手千代之助は、『理想的飲食の話』（1917）所収の「菓子類」において、菓子製造に使用される砂糖は、「食物に甘味を與へて美味とする」ほか、「營養の効あるもの」として「甚だ大切」であるとしながらも、「余り余計に食べるときは、胃中で酸をつくりて消化を害するの恐れがある」とし、「余り多量に砂糖を含有して居る菓子は宜しくない」と口述している[9]。さらに横手は、西洋菓子は砂糖を含むものが「比較的少い」のに対し、日本菓子は砂糖を「多量に含むもの」が多いため、「砂糖の少いもの」を選ぶこともすすめている。なお横手の主張からは、現在「低脂肪」「低カロリー」「甘さ控えめ」といった良いイメージで認識されている日本菓子が、胃に負担をかける嗜好品として見なされていたことが理解される。

また横手は、子供は「比較的多く菓子を食べるもの」ゆえ、砂糖を多用した菓子は「一層良くない」とも提言している。こうした子供の菓子の与え方に対する注意は、同時期の『実験簡易心身強健法』（1917）でも強調されており、子供がせがみさえすれば、時間を気にせずに菓子を与える悪習によって、「虚弱の質」となってしまった子供を亡くす親達が少なくなかった状況を憂いながら、菓子の誤った与え方が、子供の「蟲齒」[10]や「胃腸の病」の原因となることを危惧している[11]。

このように子供の菓子のあり方に関する記述が書籍の中に増加するのも、明治・大正期の特徴といえる。しかし近代の子供と菓子の関係性について扱った文献は、虎屋文庫編『第七十一回　虎屋文庫資料展「子どもとお菓子」展』[12]（2009）以外、これまでのところ、確認できていない。そこで本章では、西洋食文化の影響を受けながら構築される明治・大正期の子供の菓子イメージの系譜を詳らかにしたいと考えた。特にしつけの中で求められた間食のあり方に着目しながら、幼少期・児童期に見直された菓子の与え方・食べ方について考察し、家庭生活における日本人と菓子の関係性を巡る新たな視座を明らかにすることを本章の狙いとしたい。

なお本章執筆にあたり、国立国会図書館蔵の明治・大正期（1868～1926）の文献を調査した。家庭の読み物として出版されたものを中心に、菓子に関する記述のある文献270種を抽出し、その中で展開する執筆者たちの菓子に対する考え方の系譜を追った。また執筆者たちの肩書や経歴についても調査を行い、それぞれがどんな立場から子供の菓子について論じているかについての視点も重視した。

第1節　子供の間食の是非

明治・大正期の文献を紐解いてみると、和洋の菓子レシピの提案・掲載のみならず、特に1900年前後には、安全な菓子の見分け方や適切な食べ方などに関する新知識を紹介し、間食の菓子のあり方を問う記述が増加する様子が確認できる。なお当時間食は、開業医（内科・小児科）の真下正太郎が「間食ほど害あるものはあらず」[13]と言い切っているように、子供に限らず、大人にとっても、胃腸病の原因となると考えられていた。さらに小児科医の瀬川昌耆も、「胃病の人でなくとも、成可く間食の弊は除き去らなければならぬ」と主張し、「何處の家庭」においても、「午後三時頃」になると「おやつ」や「お茶の子」という「間食」があるが、食事の時刻をきちんと決めさえすれば、「夕飯」が遅くなりがちな夏でも「間食」をしなくてすむといった提案をしている[14]。

いっぽう西洋諸国での菓子を食べるタイミングについては、『実用料理教本』（1902）にみえる「西洋風の菓子は、食後に用ふるに適す」[15]との記述からも読み取れるように、食後に菓子を食べる習慣として説明されていることが多い。『家庭小話』（1903）を著した女子教育者の羽仁もと子も、西洋では「間食」の習慣はなく、「お客様があツても、日本のやうにお茶やお菓子を一切出しません」と説き、それに対し、日本では「客の顔を見るなり、直とお茶やお菓子を出す事は、殆んど禮義の様になツて居ます」と解説している[16]。また数学・物理学の研究者であった小室真咲も、自著『実験食物改良論　附料理法』（1914）において、日本人は間食として菓子を食べるいっぽうで、「外國人」は「主食物の補助として菓子を用ゐる」と記している。さらに「日本菓子」の効能については、「砂糖と澱粉と小豆とがその主原料であるから、間食としてはよいが、何等滋養價値は無い」と否定的な見方をしているのに対し、「西洋菓子」については、「主食物の補ひに食べるのだから、肉類、牛乳、鶏卵、バタ、メリケン粉、果汁、砂糖等を使用して製造してある故に、滋養分に富んで居るのみならず、食後直ちに食べるから消化もよい」と、原料、健康両面から高く評価する姿勢をみせている[17]。

さてこうした間食への慎重論が渦巻くなか、頻りに取り上げられたのが、子供の間食問題であった。小児科医の長浜宗佶著『小児養育の心得』（1903）所収の「小兒の嗜好物と之れに對する注意」には、「凡て小兒は砂糖菓子果物を嗜好するものなり」としながらも、「砂糖及甘味多き菓子類は一般に小兒に向ては不適當なるを以て多量に與ふべからず」と、間食の菓子の与えすぎに警告を与えている様子がみえる。さらに長浜は、「菓子類中「ビスケツト」煎餅「カステイラ」水飴其他「パン」の如きものは稍小兒に適するを以て與ふるも可なり」と主張する一方で、「團子餅類」「餅菓子」「蒸菓子」「砂糖を多く加へて製造したるもの」は、「小兒の胃」に「不適當」であるとし、さらに「小店に販賣する下等の菓子類」は、「腸胃を害するの恐」のある「粗製なるか又は粗悪の砂糖を以て造りたるもの」が多いため、与えない方が安全との見方も示している[18]。

いっぽう小児科医の瀬川昌耆は、自著『胃癌と胃病』（1912）において、「三時頃の『おやつ』」

が習慣となってしまったため、「お菓子ばかり喰べて、御飯が進まない」子供に手を焼く母親の苦情が増えつつある状況を指摘し、栄養の偏りの原因になることも憂慮している[19]。また小児科医の加藤照麿も、自著『育児法』(1912)所収の「子供と間食」において、間食は「西も東も昔も今も」、「われへの生活中の一つの無邪氣な樂しみ」であり、特に子供にとっては、学校から帰宅後の「お菓子」が何よりの楽しみであるはずと説きながらも、「朝も晝も晩もやつと一膳位で、おかずにはどんなに氣をつけてやつても、どうも食事を充分にしない」子供が都会に多いことにふれ、「甘いもの」は食後に提供し、「輕いもの」を規則正しい時間に間食として与えるよう提案している[20]。

さらに大正期以降も子供の間食慎重論は展開し、公立高等女学校長を務めた加藤末吉も、自著『愛児の悪癖矯正』(1923)所収の「間食の要求」において、「幼稚園に行る」「學校へ行る」「數日間親戚へ遣す」などで生活を変えることや「最大興味の遊戯品を與へてその方へ熱衷せしめる」ことを、間食を忘れる「良案」としてすすめている。また親たちも来客等に対し、「不定時に無用の茶菓」を出すのを控え、やむを得ぬ場合は「土産物」として、客に持たせるなどの日々の心がけを重視することが、間食に溺れない「上品」な子供を育てる契機になると主張する[21]。また加藤は『愛児の躾と親のたしなみ』(1925)においても、来客には「お茶菓子」を「提出」せず、「お土産」と称して「お茶菓子」を「頂戴」することがあっても、直ちに「佛様」に供え、時間外の試食をやめることで、子供もせがまなくなるとの考えを示している[22]。

いっぽう東京高等女学校長を務めた棚橋絢子は、自著『子女の教養』(1909)所収の「間食の利害」において、「絶對に間食を與へない説は、餘り感心いたしません」とし、多量に与えないことや厳格に間食の時間をきめることにさえ留意すれば、「適當に間食をさせる方が宜い」と強調する。しかし「子女」が泣くといって、母親が「さあ、そんなに泣いちやいけません。靜かになさい、又おいしい、お菓子を上げますから」などと声をかけ、戸棚から菓子を出して与えることは、駄々をこねて菓子を求める子供の悪習慣を定着させるきっかけになるばかりか、場合によっては「脾疳の病」を発症させ、「命を失ふ」ことにも繋がるとし、「親の愛の間食」が「可憐の子女」を死に至らしめるとの考えも示している[23](図4-1-1)。

図4-1-1　泣くからお菓子(『子女の教養』1909)

こうした「泣くからお菓子」という考え方を改めるように諭す主張は、同じ頃に出版された『婦人の修養』(1907)においても確認できる。本書において、著者の田川大吉郎は、「泣くからお菓子」という習慣こそ、「親々が、子供を玩弄品と考へ居る其悪待遇の好き見本」であり、特に「お父さんの、退窟まぎれに小供をいぢくり、其泣き出したるを待て、よしへ飴をあげるから、泣くなへと賺し宥むる類」を、最も「酷薄」なる習慣だと警告している[24)]。

しかし1920年代以降になると、一日に必要なエネルギー量を補うための子供の間食の意義が見直されるようになる。例えば小児科医の竹内薫平は、自著『実験愛児の育て方と病気の手当』（1922）所収の「子供の間食」において、「世間では、子供の間食を單に間食と言ふ意味にとつて何だか不必要なものゝやうに考へて居る人が、現今でも中々多い」という状況を「間違」であると指摘しながら、子供にとって、間食は「日常食物の一部分であつて三度の食事で不足する所を補ふと云ふ意味から必要なもの」と提起している。特に子供は発育のみならず、日々の活動のためのエネルギーも供給する必要があるとしながら、小さな子供の胃腸では、一度に多くの食事を摂ることが難しいため、間食が効率的なエネルギー摂取に役立つとの考えが示されている。さらに間食の理想量については、「子供の一日に要する総熱量の十分の一位の割合で間食を與ふればよい」としながら、「午前十時頃に一回、午後三時頃に一回は必ず與へる」ことを基本とすべきとも主張している[25)]。

また国立栄養研究所技師の川上登喜二も、自著『栄養及食品』（1925）所収の「間食」において、「間食は潑喇たる兒童に歡迎せらる」とし、「兒童は成長發育旺盛にして運動また盛んなるがため、體軀の割合に大人よりも多量の食物を要するものなれども、彼等の消化器官は未だ小さく且つ纖弱なるを以つて、一日の所要食量を三度に限りて攝り入るゝこと困難なるがためなり」と、竹内と同様の考えを示している。さらに「食品の品質に注意すること」「時を定めて與ふること」「大量を與へざること」の３点にさえ留意すれば、間食は「發育盛なる兒童にとりては必要なるもの」として、間食賛成論を貫いている[26)]。

こうした流れを俯瞰すると、胃腸病の原因になるとして忌避されがちだった子供の間食も、大正後期以降、栄養学的見地に基づきながら、子供の成長に必要なエネルギーを補う場として期待されたことが理解される。

第２節　安全面が重視された子供の菓子

１）警戒された消化不良と着色料

さて子供の菓子に関するもう一つの近代的側面として、離乳食としての菓子のあり方が追求されたことが挙げられる。例えば『育児必携　乳の友』（1894）には、「乳汁を用ひずとも、差支ないやうになり、外の品を食へ得る様になりました後は、半熟の鶏卵又は蒸餅（ビスケット）の様な物を與へて宜しいのです」といった提案がみえる[27)]。

しかし明治後半以降の育児書には、ビスケットの与え方に注意を促す書籍も相次いでいる。例えば、東京帝国大学医科大学小児科助手の唐沢光徳は、自著『育児のはなし』（1905）所収の「離乳の事」において、「ビスケツト」は「一年半乃至二年以上の小兒でなければ決して與へられない事を希望致します」と記している[28)]。また鹿児島県第二師範学校教諭の矢野酉雄も、小児科医の加藤照磨の意見に則って、「幼児の食べ物としてよくビスケツトを與へますがよくない事であります。ビスケットは決して消化のよい菓子ではありません」と主張し、消化の悪さから、幼児期におけるビスケットの食用を否定している。[29)]

いっぽう消化の良し悪し同様、離乳期、幼児期を問わず、子供の菓子で注視されたのが、使用される着色料の問題であった。菓子の色素に関しては、医師の原精一郎が著した『日常衛生　毒の話』(1904) 所収の「駄菓子に就て」において、「幼児達」が好む駄菓子を事例に、その危険性について説く記述がみえる。本書によれば、駄菓子屋の店頭にならべられた「肉桂水」や「密柑水」は、「児童に歓迎賞美せられて居る一種の液體」であるが、「例のアニンリ色素で着色したもの」「その他の有害物で巧みに着色したもの」「アルコール性のもの」などがあり、「児童の消化機を損ね腸胃を害する虞のあるもの」として危険視している。[30)] また明治・大正期に東京帝国大学医科大学助教授を務めた石原喜久太郎は、自著『新編家庭衛生』(1908) 所収の「菓子の注意」において、「菓子類にては、往々有毒着色料を用ふる事あり、今日食品の衛生取締り規則あれども、尚注意すべし、餘り色濃きものは避くべし、小兒のみならず、大人にても、著しく、尿と大便とに色付きて出づるものあり、是等は用へざるを可とす」と記し、子供のみならず、大人への注意も呼びかけている。[31)]

実際着色料使用への懸念は、明治の早い時期から社会的な議論の対象となっていた。明治11年(1878) 刊『衛生局報告　第三次年報』には、当時飲食物にアニリンなどの「鑛屬製ノ繪具染料」を使用する機会が増えてきたことにふれ、「人身之健康」を害するばかりでなく、命を落とす危険もあるとし、「衛生検査吏員」の設置が提言されたことが記されている。[32)] その後も飲食物に使用する着色料を取り締まる布達や規則は相次ぎ、明治33年 (1900) に食品添加物を取り締まる全国的な法律「有毒性着色料取締規則」が公布された。本規則は飲食物のみならず、化粧品、玩具などでの有害着色料の使用を禁じた最初の法律で、これ以降家庭の読み物の中にも、着色料の危険性を説くものが増加する。なお着色料の使用に対する懸念は大正期以降も続き、先の『理想的飲食の話』(1917) でも、「人工的に色を付けぬ菓子の方が安全である」と無着色の菓子を推奨している。[33)]

2）議論された良い菓子・悪い菓子

さてこうした流れと並行して、離乳食、間食に限らず、子供にとっての良い菓子、悪い菓子の具体的なイメージもまた方々で議論されるようになる。ベルリン大学で小児科学を学んだ長井岩雄は、自著『育児のしをり　前編』(1912) 所収の「小兒の間食及び注意」において、「およつ」「おやつ」は「小兒が唯一の樂みにして適度に與ふるときは害なきのみならず或る場合には小兒を慰諭する上に於て頗る必要のこと」であるとしながらも、「多くは度に過ぎ不知不識害をなすことあるは忘るべからず、因てなるべく消化し易く且つ糖分少く小兒の胃腸を害せぬ品を撰ぶべし」と説き、子供の胃腸への負担を考慮した菓子名を明記している。

それによれば、「Ladies Finger (レーヂス、フヒンガー)」「Sponge, Cake (スポンジ、ケーキ)」「Osborn biscuit (オスボン、ビスケット)」「Florida biscuit (フロリダ、ビスケット)」「Rusks (ラスクス)」「Soda biscuit (ソーダ、ビスケット)」「Cream Cracker (クリーム、クラツク)」「marie, biscuit (マリー、ビスケット)」「Milk biscuit (ミルク、ビスケツト)」「chocolates (チョコレート)」「Milch, Chocolates (ミルク、チョコレート)」「Cacino (キヤシノ)」「Wafer (ウエーハー)」「Arrowroot biscuit（アルロートビスケツト）」「Italian Wafer（イタリー、ウエーハー）」「Tea biscuit（テイ、ビスケツト）」など多くの西洋菓子が選ばれているのに対し、「かすていら」「かるやき」「かるかん」「まるぼろ」「飴」「水飴」「おせん類（利休あられ・風船あられ・わかふじ・田子の浦）」などを「従来日本固有の小児用菓子類」として挙げている。しかし、日本菓子に関しては、「かすていら」以外、「満足して世の慈母に紹介する嗜好品あるを見聞せず」と著し、少々否定的な考えを示している。

実際長井の中にあった日本菓子に対するイメージは、「種々の形にて種々の名あれども要するに米、小麦其他一二の穀類の粉を原料とし砂糖にて甘味を附し調製したるに過ぎず」というもので、「従来日本には特に小児に適するやう製したる菓子類少く」、「消化滋養」などに関しては「注意皆無」であったと記し、「羊羹蒸菓子の如き單に小豆砂糖寒天にて製し多量の糖分を含むものは一切小児に與ふべからず」「鹽煎餅も亦消化不良なるがゆえに五歳以下の小児にはよろしからず」と、胃腸に負担をかけると考えられていた羊羹や煎餅を避けるよう指示している。

それに対し、西洋菓子は乳製品や鶏卵を使うことで実現できる滋養分の高さが評価され、「スポンヂ、ケーキ（牛乳、鶏卵、砂糖、小麦粉製）」「フロリダビスケツト（砂糖、バタ、小麦粉製）」「ラスクス（砂糖、卵、小麦粉、バタ製）」「クリームクラッカー（バタ、乳、小麦粉、砂糖製）」などと材料を明示するページすらみえる。さらにビスケット、カステラ、パンなどを牛乳と一緒に与えることが、子供の発育を促すことになると説き、「消化滋養」を考慮することが何より大切であるとも主張している[34)]。

しかしながら、医学者の葛谷貞之は、自著『育児宝典　若き母親へ』（1915）所収の「小児に與へる菓子に就ての注意」において、「菓子は一歳以上にならなければ與へては不可ません」とし、「三歳迄の子供に與へて悪るい菓子」に「豆板」「五色豆」「金米糖」「あるへい糖」「生薑漬」「甘納豆」「紅梅焼」「あられ」「飴ん棒」などの日本菓子の名称を挙げながら、「一歳以上の子供に用ひてよい菓子」に「ウエフアー」「園の露」「衛生ボール」「フインガービスケツト」、「二歳又は三歳位の子供に與へてよい菓子」に「カステーラ」「かるやき」「煎餅類」「翁飴」をすすめており、必ずしも日本菓子を否定していない[35)]。また小学校医の岡田道一も、自著『学校家庭児童の衛生』（1922）所収の「子供の間食」において、間食には「よい間食」と「悪い間食」があるとし、7歳以下の子供に「煮あづき」「干葡萄」「桃」「西瓜」を禁じていながら、「よい間食」として、7歳以下の子供には「カステーラ」「果物」「葛湯」「ビスケット」「プッデング」を、7歳以上の子供には「甘酒」「水飴」「栗饅頭」「牛乳」をすすめている[36)]。こうした提案からは、胃腸の負担にならないよう、消化の良いものを選び、年齢に応じた菓子の与え方さえ誤らなければ、西洋菓子、日本菓子にこだわる必要はないと考えられていた様子もうかがえる。

いっぽう先の『実験愛児の育て方と病気の手当』（1922）では、これまで滋養価値が高く評価されていた「キャラメル」「マシマロー」「チヨコレートクリーム」「シユクリーム」などの西洋菓子を危険視する姿勢をみせている。本書をうかがうと、不正業者による腐敗した牛乳や「牛酪」などを用いて製造された「キヤラメル」が出回ることで、子供に「大害」を及ぼす危険がある点、「マシマロー」は「『ゼラチン』を多く用ゐ過ぎる」ことで下痢を引き起こしやすい点、「昂奮し過ぎて且つ睡眠しなくなる」という理由から、「チヨコレートクリーム」は子供に刺激が強いため、満四歳以下には与えるべきではない点などが指示されている。また「シユクリーム」（シュークリーム）に関しては、「中のクリームは卵黄とメリケン粉と牛乳と砂糖で出來てるから其牛乳が古くなると黴菌の巣になる、注意しなさい」と、注意を呼び掛けている。[37]

特にシュークリームの安全性に関しては、この時期方々で議論されたようで、『菓子衛生講話会講演集』（1926）においても、「警視庁衛生検査所技師」の柿沼三郎が、最も多い食中毒として「シユウクリーム」の中毒事件を挙げている。本書で、柿沼はここ３ヶ月間のシュークリームの中毒患者の届け出数が200人を超えた点にふれ、届け出のないものも含めると1000人規模ではないかと推測している。またその原因に「原料から來る場合」「製造用の器具乃至製造方法の誤り等から來る場合」「縦令原料も良く製造の方法、道具類も完全であつても、製造後非常に時日を経過した場合」の三点を挙げ、鶏卵や牛乳など原料の正しい扱い方、中毒の原因となる緑青などの混入を避けるための製造道具の選び方、売れ残りの販売を一切禁じるなどの予防策を講じている。[38]

こうした状況を鑑みると、明治期にはその滋養価値が評価された西洋菓子も、大正期には衛生面や健康面から警戒されていた様子がうかがえる。また当時何よりも重視されたのが「消化」と「滋養」であり、和洋菓子ともに、正しい衛生知識と与える年齢などを誤らなければ、子供の間食に適するものとして見直された経緯があったことも確認された。

第３節　子供のしつけと菓子

１）菓子の買い食い習慣

さて明治・大正期の日本では、これまで論じた子供の菓子の滋養価値や安全性のみならず、有害な菓子習慣が子供の精神衛生に及ぼす悪影響もまた議論の対象とされた。

その一つの悪例が、子供の菓子の買い食い習慣である。先に挙げた『小児養育の心得』（1903）にも、「小兒に金銭を與へて買喰をなさしむること」は、「品行上」、「衛生上」断じてやめさせるべきであり、この習慣を改めるのは「母親の注意」次第との考えが示されている。[39]また『子供の躾方　一名育児憲法』（1907）所収の「おやつ」にも、子供に毎日「小遣銭」を与えると、「買食の子供を上花客とする駄菓子屋」に入り浸る習慣が癖になるとし、「不衛生の下等の食物」を口にするだけでなく、「不良少年の集まるものでありますから、色々と悪いことも覚える」ことになると警戒する姿勢がみえる。[40]というのも、心理学者の寺田精一が、自著『児童の悪弊』（1917）所収の「間食　買食ひ・異食」において、「厳格に過ぎ若しくは貧窮なる家庭の子供が、買食ひの癖を得るに於ては、これが為めに種々なる不良行為をなすことがある」[41]と記しているように、当時駄菓子屋は「金銭」を得ようとして、「窃盗」「脅迫」「詐欺」などを行う不良少年のたまり場として考えられていたからである。

さらに先の『子供の躾方　一名育児憲法』には、「みつ豆の立食」や「ぼったら焼」など「最も下等の食べ物」の買い食いを、「中流以上の家庭の子供」にさせるべきではないとの考えも示されている。なおその禁止の理由に、「不良少年」の集まる場であるため、「色々と悪いことも覚える」からという点、そして複数人で「同じ鐵板の上の物」を囲み、「金箆」で口に入れる「ぼったら焼」の場に、もし「傳染病の兒」が一人でもいた場合の危険性を挙げている。[42)]

実際駄菓子への不信は、この時期ますます高まりをみせるようになる。例えば、医師の原精一郎も、「豆ねじ」など黒砂糖を使用する駄菓子には、「竹片」「木片」などがまざることがあり、「無邪氣な幼童は知らずへの中に嚥下して了まふ、爲に大患を發した例は決して尠くない」ため、「子を可愛ゆく思ふ親達」はこの点に注意すべきとの懸念をみせている。[43)] また小児科開業医の竹野芳次郎も、自著『子供を丈夫にする新育児法』（1926）所収の「間食を與へる上の注意」において、「金銭を持たせて駄菓子を買はせる買喰は、風儀上から面白くないばかりでなく、衛生上にも害があります」と主張し、子供が「蠅のとまつた有平糖」や「黴の生えかけた源氏豆や石ごろも」などの駄菓子を買う危険性についても言及している。[44)]

図4-1-2　家庭でお菓子作り（『和洋菓子の製法』1924）

いっぽう家庭向け菓子製法書『家庭和洋菓子製法』（1915）所収の「家庭製菓の必要」には、子供の発育に必要な「糖菓」の選択を「忽緒」にし、「消化の良否滋味の有無等に對し毫も辨別の智識能力を有せざる幼者」の「駄菓子屋通い」を黙過する習慣が「一般家庭の常習」となりつつある状況を憂い、「各家庭の必要事」として、「眞面目なる製菓技藝」の習得を「直接幼兒保護者の任ある一家の主婦」に期待する意図がみえる（図4-1-2）。なお著者の梅田矯菓は、「眞面目なる製菓技藝」の習得が、子供の精神衛生問題の改善のみならず、「父母兄弟姉妹一室に會し自家製の新鮮安全なる糖菓を味ひつゝ互に相笑ひ相親しむ」時間を生み、「家庭の團欒」のきっかけにもなるとも主張する。[45)]

手作りレシピで家族の絆を深めようとする考え方は、当時出版された家庭向け料理書の出版意図[46)]とも共通する。しかし駄菓子屋の誘惑から子供を守ろうとした家庭向け菓子製法書の出版もまた近代菓子文化を象徴するファクターといえるだろう。なお家庭向け菓子製法書の詳細な分析は、今後の課題としたい。

2）「お目覺のお菓子」

明治後期の文献で遭遇する興味深いキーワードに、「お目覺のお菓子」がある。「お目覺のお菓子」とは、子供が目覚めた時に、布団の中で菓子を与える日本の食習慣であり、1900年代以降、その不衛生ぶりを憂い、禁じる記述が散見されるようになる。

例えば『子供の躾方　一名育児憲法』（1907）所収の「お目覺のお菓子」には、「枕元から蒲團の上まで、落雁の粉、煎餅の破片が取り散され、白いシーツや、赤い枕に、蒸菓子の餡が強張着いて居るのは、よく眼につく事で、夜具の間から、大きい坊士頭を半分出して、ムシャへと食べて居るのは、悪らしい程、無體裁のものであります」と記され、口をそそがず、朝すぐに菓子を食べることは「口中や歯の間にあつた食物」を一緒に呑み込むことになるため、「實に不潔不衛生此上もない」ことであると批判している。

また本書には、「お目覺のお菓子」をやめさせるための親子問答の会話例がいくつも挙げられ、種々の改善策も提案されている。さらに「日本の多くの家庭で、子供の泣きを止める時や、御褒美として第一に使はれて居るものは食べ物で、殊に菓子が其の随一を占めて居ります」とその考え方自体を改めるよう指導し、「幼兒の泣いたり、倦いたりしたのを賺すのに、何も菓子果物で口や舌からだまさないでも、自然の美や子供の好きな音樂で眼からも耳からも、できることで唯注意を他に替へること」が「高尚」で「有益」な方法であると主張している。また「これからの日本人は何事も規律によって、動作せねばなりません」との考えを示し、「愛兒を良い日本人にしたい、と思はれたら、御自分から良い日本人になって、子供以上によく規律を守り、身を以て率ゐることが肝要」であり、「親は常に子供の模範的行爲をせねばなりません」といった著者の見解も明記されている。そして「必ず一定の時間に起すべし。決してお目覺など與へぬこと」を守り、「お目覺が無ければ起きぬ兒」「床の中で菓子や果物を食べる兒」「お目覺の為めに早く目を覺ます兒」「お目覺の菓子や果物に好みを云ふ兒」などが育たぬようにとの注意を呼び掛けている[47]。

なお後に東京帝国大学名誉教授となる医師の三宅秀は、自著『安眠法』（1912）所収の「寢床の注意とお目醒の菓子」において、「寢る前に菓子など喰べさせ、機嫌を取るやうな事」や「朝小兒が眼を攪ますと『サアお目醒ですョ』などと謂つて、寢床の中で菓子を喰べさせ」る習慣は、「一度與へたら、翌朝も亦其翌朝もと云ふやうに請求り」、与えなければ泣き叫ぶ癖がついてしまうと忠告している[48]。また寄稿集『愛児の躾けと育て』（1924）所収の「お目覺の菓子と蓄音機のレコード」でも、乳児を抱えている母親が「炊事の仕度が遅れ勝ち」になるため、子供が「目を覺ますと直ぐにお菓子を與へる」ようになってしまい、「斯うした例は随分世間に多い」との考えが示されている。「お目覺のお菓子」に関しては、寄稿者も「誠によくない躾方」だと批判しながら、「五六歳」になっても、目が覚めれば「お菓子へ」とせがむ自分の子供の例にふれ、一度根付いてしまうと、やめさせることが「頗る困難」な食習慣だとも歎いている[49]。

総じて、誤った菓子の与え方が及ぼす悪習の根絶もまた近代の子育てに必要とされた重要な要素であり、品行方正な子供を育てるために、親たちに課された新たな責任であったことが、ここで理解されるのである。

註

1）日本における西洋菓子の受容・定着の過程については、吉田菊次郎の一連の研究（『西洋菓子彷徨始末　洋菓子の日本史』〔朝文社、1994〕、『洋菓子はじめて物語』〔平凡社、2001〕、『西洋菓子　日本のあゆみ』〔朝文社、2012〕など）が参考になる。吉田は西洋菓子の定着に尽力した功労者たちの軌跡、名店・名菓の誕生秘話などを中心に、近代日本に根付いていった西洋菓子の系譜を紐解いている。

2）江原絢子・東四柳祥子『近代料理書の世界』ドメス出版、2008、pp. 273–277.

3）明治・大正期の文献では、「和菓子」・「洋菓子」という語よりむしろ「日本菓子」・「西洋菓子」と記されていることが多い。したがって、本章においても、当時の記載法に則り、「日本菓子」・「西洋菓子」を用いることとした。なおこれまでの調査において、「洋菓子」の語は近藤正一編『新撰家事問答』（1905）に、「和菓子」は小谷雅之編『家庭実用百科大苑』（1910）にみえ、ともに明治後期の文献に登場することが確認できている。
4）杉本新蔵『日用西洋料理法』大倉書店、1896、p. 146.
5）森次太郎『米国の家庭及社会』金港堂、1908、pp. 25–29.
6）湯川玄洋（胃腸病院長ドクトル）談話　和田天華記述『胃腸之一年』東海堂、1907、pp. 257–258.
7）東四柳祥子「牛乳・乳製品の家庭生活への定着・浸透に尽力した人びと～明治・大正期を中心に～」（『平成二十六年度「乳の社会文化」学術研究　研究報告書』所収）一般社団法人乳の社会文化ネットワーク、2016
8）『東京名物志』公益社、1901、pp. 251–276.
9）横手千代之助（医学博士）口述　伊藤尚賢編纂『理想的飲食の話（家庭医学叢書　第五十編）』新橋堂書店、1917、pp. 86–87.
10）菓子の多食が虫歯の原因になると説く記述は、明治後期に出版された錦織竹香『普通家事教科書』〔同文館、1900、p. 42.〕などの書籍でもすでに確認できる。
11）梶山剛堂『実験簡易心身強健法』世界公論社、1917、pp. 185–186.
12）『第七十一回　虎屋文庫資料展「子どもとお菓子」展』虎屋、2009
13）真下正太郎（医学士）『小児養育草』真下医院、1903、p. 32.
14）瀬川昌耆（医学博士）述『胃癌と胃病（最新衛生叢書　第八編）』広文堂、1912、p. 58.
15）大村忠二郎『実用料理教本』三松堂、1902、p. 251.
16）羽仁もと子『家庭小話』内外出版協会、1903、pp. 57–60.
17）小室真咲『実験食物改良論　附料理法』成美堂書店、1914、pp. 116–117.
18）長浜宗佶（大阪府立医学校病院小児科在勤児科専門）『小児養育の心得』長浜宗佶、1903、pp. 80–82.
19）瀬川昌耆述：前掲書、pp. 56–61.
20）加藤照麿（医学博士）述『育児法』婦人の友社、1912、pp. 188–193.
21）加藤末吉『愛児の悪癖矯正（我が子の躾方叢書　第七編）』実業之日本社、1923、pp. 87–92. ※加藤の肩書は、大蔵省印刷局編『官報』（1918年５月４日）にて確認。
22）加藤末吉『愛児の躾と親のたしなみ（我が子の躾方叢書　第八編）』実業之日本社、1925、p. 201.
23）棚橋絢子（東京高等女学校長）『子女の教養（家庭百科全書　第十八編）』博文館、1909、pp. 87–92.
24）田川大吉郎『婦人の修養』金港堂、1907、pp. 200–201.
25）竹内薫平（竹内病院長小児科・医学士）『実験愛児の育て方と病気の手当（婦人科学叢書　第一編）』教育研究会、1922、pp. 95–108.
26）川上登喜二『栄養及食品』南江堂書店、1925、pp. 414–415.
27）進藤玄敬（元大磯病院副長）『育児必携　乳の友（寸珍百種　第四十七編）』博文館、1894、p. 62.
28）弘田長（医学博士）校閲　唐沢光徳（医学士）『育児のはなし』吐鳳堂、1905、pp. 34–35. ※唐沢光徳の肩書は、唐沢光徳等『児科処方新書』〔金原医籍、1905〕にて確認。
29）溝口喜六（医学博士）校閲　矢野酉雄（鹿児島県第二師範学校教諭）『胎教と幼児教育』東京宝文館、1924、p. 131.
30）土屋良蔵（山龍堂病院長・医学士）閲　原精一郎（医士）『日常衛生　毒の話』広文社、1904、pp. 269–274.
31）石原喜久太郎（医学士）『新編家庭衛生』博文館、1908、p. 296. ※石原の肩書は、大蔵省印刷局編『官報』

（1908年10月31日など）にて確認。

32）『衛生局報告　第三次年報』内務省衛生局、1878、pp. 54-55.

33）横手千代之助：前掲書、pp. 86-87.

34）長井岩雄（ドクトル）『育児のしをり　前編』九畹書屋、1912、pp. 164-175.

35）葛谷貞之（ドクトルメヂチーネ）『育児宝典　若き母親へ』葛谷貞之、1915、pp. 78-80.

36）岡田道一（東京市技師小学校医・医学士）『学校家庭児童の衛生』新陽堂、1922、p. 54.

37）竹内薫平：前掲書、pp. 107-108.

38）柿沼三郎「取締上に現はれたる状況と将来の希望」（『菓子衛生講話会講演集』所収）日本橋菓子製造営業者組合、1926、pp. 35-79. ※柿沼によれば、大膳職の秋山徳蔵もシュークリームの安全性を懸念し、警視庁を訪れたとある。

39）長浜宗佶：前掲書、p. 81.

40）笹野豊美『子供の躾方　一名育児憲法』服部書店、1907、pp. 145-155.

41）寺田精一『児童の悪癖（近世心理学文庫　第1巻）』心理学研究会出版部、1917、p. 228.

42）笹野豊美：前掲書、pp. 145-155.

43）土屋良蔵（山龍堂病院長・医学士）閲　原精一郎（医士）：前掲書、pp. 273-274.

44）竹野芳次郎（医学博士）『子供を丈夫にする新育児法』主婦之友社、1926、pp. 170-174

45）梅田矯菓『家庭和洋菓子製法』大倉書店、1915、pp. 1-4.

46）東四柳祥子「明治期における家庭向け料理書誕生への道程」（『梅花女子大学食文化学部紀要1』所収）梅花女子大学食文化学部、2013、pp. 23-39.

47）笹野豊美：前掲書、pp. 1-25.

48）三宅秀（医学博士）『安眠法（最新衛生叢書　第四編）』広文堂、1912、pp. 36-38.

49）東京市社会教育課編『愛児の躾けと育て』実業之日本社、1924、pp. 159-161.

第２章　乳製品文化への新たな視線
～子供の滋養品としての特徴を中心に～

日本人と乳製品の出会い。その歴史の端緒は、飛鳥時代にまで遡ることができる。欽明天皇の御治世下（531～710)、百済からの渡来人・智聡がもたらした医薬書164巻の中に、牛乳の薬効、乳牛飼育法に関する記述が含まれていたとされ、これが日本における乳製品史の幕明けと考えられている[1]。また智聡の子・善那は、孝徳天皇（在位645～54）に初めて牛乳を献上し、和薬使主（やまとのくすしのおみ）の姓を拝命。後に福常と改名し、太政官典薬寮の職掌・乳長上（ちちのおさのかみ）に着任している。その後も善那の子孫が乳牛院や牛牧の管理者を歴任し、牛乳や酥（蘇）と呼ばれる乳製品の朝廷への献納（貢蘇の儀）を続けた。しかし薬用として、貴族の世界で重宝された乳製品も、平安末期には朝廷権力の失墜に伴う官牧の荘園化、軍馬の生産・飼育に伴う育牛の減少を機に、記録の中から消え去ってしまう。

乳製品の製造が再び復活の兆しをみせたのは、江戸期であった。享保年間（1716～36）には、八代将軍・徳川吉宗が安房嶺岡に牧場を開設し、渡来した白牛の牛乳を煮固めた乳製品「白牛酪」を製造[2]。さらに1792年（寛政四）には、桃井寅が十一代将軍・徳川家斉の命を受け、乳製品の効能についてまとめた『白牛酪考』を執筆している。本書は、乳製品について書かれた資料の嚆矢ともされ、白牛酪の効能を広く社会に知らしめることを目的に編まれたものであった。なお当時の白牛酪の様子について、代々嶺岡牧士をつとめた永井家の子孫・永井要一郎は「その白牛の乳から白牛酪というものをつくつたが、これは白牛の乳を鍋に入れて砂糖を混ぜ、火にかけて丹念に掻きまぜながら石鹸位の堅さになるまで煮つめたもので亀甲形にしてあった。そして非常に貴重なものとして病人などはそれを削つて、お茶で飲んだりなどしたといわれている[3]」と述懐する。こうした証言からは、「白牛酪」もまた薬餌としての乳製品であり、日常的に用いられる食品ではなかった様子がうかがえる[4]。

実際近世までの日本において、日本人と乳製品との関係が希薄だった様子は、明治期に来日したお雇い外国人たちのエッセイのなかでも確認できる。例えば東京帝国大学教師バシル・ホール・チェンバレンは、自著『日本事物誌』（初版1890年）において、「最近まで日本人は牧場も持たず、また、農家に囲い地（ファームヤード）もなかった。羊や豚は知られておらず、牛でさえも少なかった。その肉や牛乳も食物として用いられてはいなかった[5]」とも著している。

しかし幕末の開国以降、新たに受容された西洋食文化の影響により、日本の乳製品事情にも大きな転機が訪れる。これまでの薬餌的な意味合いとは別に、国是として掲げられた富国強兵政策の下、肉食同様、乳製品もまた文明開化を象徴する食品として注目されたのである。例えば明治初期に出版された『牛店雑談安愚楽鍋　一名奴論建　初編』(1871) では、「牛乳（みるく）」「乾酪（かんらく）洋名チーズ」「乳油（ちゝあぶら）洋名ハタ」などの乳製品名が書かれた暖簾を出す「日の出屋」（図4-2-1）の様子が描かれ、これらを開化の「薬喰（くすりぐひ）」食品であると紹介している[6]。また同時期に出版されたアメリカの翻訳医学書『西洋養生論　上』(1873) にも、以下のような記述がみえる。

図4–2–1　牛肉店（『牛店雑談安愚楽鍋　一名奴論建　初編』1871）

> 乳汁ハ食類中ノ最淡薄(タンパク)ナルモノニシテ滋養ニ於テ肝要ナル元質ヲ含有(タモツ)ス九ノ食品中乳汁ノ如ク普ク世上ニ行ハルヽモノハ有ラサルナリ北極ニ接近(セツキン(チカキ))セル「ラプランド」人ハ鹿乳(ロクニウ(シカノチヽ))ヲ製造シテ至要ナル食物トス又熱帯地方炎々(アツキ)タル砂漠中ノ亞剌比亞(アラビア)人ハ駱駝羊(ラクダヒツジ)、山羊(ヤギ)等ノ乳汁ヲ製造シテ以テ補養(ホヤウ(ヤシナヒ))物トス而テ又人口稠密(チウミツ(シゲキ))ノ開化國、開路先鋒(ヒラケタルクニグンチウノサキダケシテミチヲヒラクノニンズ)ノ架木舍(カボクシヤ(コヤ))ニハ牛乳ヲ以テ養生ノ一物ト為ス[7]

上記の引用によれば、「ラプランド」人（ラップランド人）の「鹿乳(ロクニウ(シカノチヽ))」や「亞剌比亞(アラビア)」人（アラビア人）の「駱駝羊(ラクダヒツジ)、山羊(ヤギ)等ノ乳汁」などの乳利用を例示しながら、「牛乳」が「開化國」の「養生ノ一物」であると説かれている。また「乳汁」は「体ノ滋養生長ニ緊要ナル元質」を含む「小児成人病中病後ニ甚タ有用貴重ノ食品」であるとも強調している[8]。

いっぽう強壮な身体作りを目指すための乳製品摂取の必要を促す記述もまた明治初期の書籍の中でみられ始める。例えば『明治形勢一斑　巻之上』（1878）では、「外國人ノ説ニ、日本人ハ性質(ウマレツキ)総テ智巧ナレトモ、根氣甚乏シ、是肉食セザルニ因レリ、然(サ)レトモ、老成(トシヨリ)ノ者、今俄ニ肉食シタレバトテ、急ニ其驗アルニ非ス、小兒ノ内ヨリ、牛乳等ヲ以テ、養ヒ立テナハ自然根氣ヲ増シ、身体(カラダ)モ随テ、強健(スコヤカ)ナルベシ」とあり、幼少期からの「牛乳等」の摂取が「根氣」を鍛え、「強健(スコヤカ)」な肉体を得る手立てになるとある[9]。さらに『通俗飲食養生鑑　食餌之部』（1879）においても、「哺乳動物(ほにふどうぶつ)の乳汁(にふじう)」から製する「牛酪(ぎうらく)」「乾酪(かんらく)」などの乳製品が、脂肪やたんぱく質に富む「不可欠(かくべかざる)な食料(しよくりよう)」になると説かれている[10]。

実際明治期以降には、来日した西洋人のみならず、牛乳や乳製品を嗜む日本人も増え始めるようになり、その消費量も次第に増加をみせることとなった。なおこの時期の乳製品への関心の高まりに関して、『東京開化繁昌誌　初編　巻之下』（1874）には、次のように記されている。

> コンデンスウトミルグ乳の膩こき酪　ミルグバウタル煉乳　チイス乳の粉◇　バタ乳膩の最上品なり等の四品製造のごときハ。各國の人員。誰が貴重せざるべき。本邦の人も亦服用する者漸に多かり。開化の著明き所にして。繁昌無極の勢ひと謂べし。[11]

また『農産製造篇』（1892）にも、「既ニシテ近時外國ト交通スルニ及ヒ世ノ好嗜自ラ變シ来タリ酪農産物ノ需用頓ニ増加シ其輸入量モ巨額ニ達シ國内亦タ幾多ノ酪農場ヲ見ルニ及ベリ[12]」とあり、「我國古代ノ酪農法」ではなく、「泰西ノ法」に基いた酪農技術が進歩しつつあるとの記述もみえる。以上までの引用を鑑みるに、乳製品を薬餌的な意味合いで捉えている点は、近世までの乳製品観と共通しているが、海外からの酪農技術に学ぶ姿勢や日常生活の中での食用をすすめる動きは、江戸期までにはみられなかった特質といえる。また西洋料理に触れる機会の増加に伴い、乳製品の需要は徐々に高まりをみせるようになり、大規模な酪農開拓や乳業ビジネスの本格化とともに、日本人の嗜好にあった国産乳製品の生産・改良も漸次推し進められていくこととなった[13]。

なお近代日本における乳製品史を精査したものに、山内[14]、窪田[15]、日本乳製品史協会[16][17]、野村[18]、木村[19]、雪印乳業株式会社広報室[20]、細野[21]らによる先行研究を確認した。しかしこれらのほとんどが酪農政策・乳業ビジネス面の系譜を詳らかにした研究であり、家庭生活への普及の糸口に迫る視点は未だ明らかにされていないように思われる。そこで本研究では、明治・大正期の日本で、海外からの知識の影響を受け、その効能が見直された牛乳・乳製品の家庭生活への導入過程を紐解くことを目指したい。また家庭生活へ牛乳・乳製品を定着させようと試行錯誤した先人たちの努力の軌跡を探るとともに、それぞれの貢献の意義と定着に果たした役割についても検討したいと考えた。

本研究を遂行するにあたり、国立国会図書館、食の文化ライブラリー、札幌市中央図書館、函館市中央図書館にて、文献調査を実施した。主に明治・大正期に出版され、牛乳・乳製品に関する記述がみられた文献目録618種を作成し、記載内容の精査のみならず、それぞれの書籍の執筆に関わった人物の肩書や経歴についても調査を行った。なお本研究では、かつての執筆者たちが牛乳や乳製品のイメージをどのように提起し、家庭への浸透を図ろうとしたかについて分析することを主軸に据えたい。よって明治・大正期の家庭向け料理書の中に紹介された牛乳料理、もしくは乳製品を使った料理の出現状況についても調査を行い、国民になじみのなかった牛乳・乳製品の扱われ方についてもあわせて考察した。

第1節　乳製品受容にみる悲劇と喜劇

明治・大正期の乳製品について考える前に、まず明治期の日本人が抱いた乳製品イメージを明らかにしたい。幕末以降に加速がつく西洋食文化受容の中で、肉食同様、乳製品もまた強壮な身体を得るための食品として注目されるようになったことは先にも述べた。しかし新たな食材として受容されながらも、イメージのつかめない乳製品に翻弄させられる日本人の様子が、明治期の書籍にはいくつも紹介されている。

例えば、以下①〜③の引用は、当時の書籍に確認できる日本人と乳製品の出会いについて書かれた小話三話である。

①　福島安正の乳酪喰ひ

陸軍少将福島安正の尚ほ伯林公使館附の武官たりし時なりとかや、一日宮中に於て各國の武官と共に酒饌を賜はりたる事のありしに、福島先生時刻後れやせんか、と急ぎに急ぎて参内しけるが、折りしも炎威赫々たりし夏日の事とて、咽喉渇きて堪えがたく、若しアイスクリームにてもあらばと思ひ居たるうち、頓て食堂へと誘はれける、但見れば食卓の上に黄色なる軟かき物、見事なる硝子の器に盛りて載せありけるにぞ、「ヤァ有るぞ、有るぞ、アイスクリームが有るぞ」と思へば食指頻りに動きて、今は我慢の出來ざるより、ツト其傍に寄りて手早く皿に掬ひ入れ、我席に復するや否や、イザ此佳味を賞翫せばやと、スツと口に附くれば思ひも寄らぬ肪脂の臭ひプンと鼻を突きぬ、南無三寶乳酪なりけり、失敗りけり、困つた事してけりと、悔めど此場に及んで跡へ引かんも卑怯なり、遮莫よ遣つ付けろと、ペロリ唯一口に嘗めは嘗めたるものゝ、麵包に塗けて喰べると違ひ、鹹らく油臭く、迚も嚥下さんやうもなきを此処が我慢の仕どころと目を閉つてグツと呑み込みたる時の風情、閻魔が鹽辛を舐れる體も斯くやと思はるゝばかりなりしとなん此事交際社会の大評判となりて晩餐会なんどに臨む毎に、「福島さん乳酪がありますよ、タント召上がれ」ぺるりんと唯一口に乳酪を嘗め　おゝ鹹らやのと息をふくしま[22]

②　今村清之助アイスクリームに震え揚がる

今村清之助は信州の人、夙に横浜に出て貿易業に従事す、一日某船長に招かれビールの馳走に接す、苦味舌を衝くを以て、忽ち顰蹙す、後アイスクリームを出す、そつと之を嘗むれば口中に沁み渡つて、其座に堪ゆる能はず、色を変じて竟に退く。[23]

③　小川冉吉アイスクリームに火傷す

日本郵船会社取締役小川冉吉明治四年の夏を以て始めて海外に遊び、之ひて米國桑港のグランドホテルに投ず、當時彼がおつ魂消たはホテルの大々建築にして、見来れば數層の高樓は巧みに昇降機を用ゐて客の出入を辨じ、食堂のボーイは燕尾服白手袋の清装美々しく却て東洋の珍客を凌ぐ、既にして午餐の卓に着けば、山海の珍味は目前に盛られて枯腸自づからグーグーと鳴り、食ひ行き食ひ來つて未だ飽くことを知らず、終眉に一皿の食物あり、其色黄白にして一見菓子に似たるも、冉吉未だ其何たるを知らずして、皿を提げて無暗に之を食はんとし、一叉口に運んで其の熱火の如きに驚き『オー熱つ』一声悲鳴を擧げて驚いて皿を投出す、怒て曰く『こんな熱いものを食はせやがつた』と、以て同宿の邦人に訴ふ、何ぞ知らん渠が熱いと感じたは其實清冷歯に沁するのアイスクリームならんとは、満館傳へて以て旅中の笑話とす。[24]

①の小話に登場する福島安正は、松本藩士・福島安広の長男として生まれ、大学南校で修学後、陸軍省に出仕した陸軍軍人である[25]。朝鮮半島、満州での情報収集に奉仕した後に、ドイツ駐在武官として、ベルリンに駐在した。またドイツ公使館奉職後、ベルリンからウラジオストックまでの道のりを単騎で横断し、シベリア鉄道の建設状況を視察した人物としても知られる。日露戦争後には男爵の爵位を得、大将に昇進した後に退官した。おそらくこのエピソードは、駐独中の出来事と推察されるが、うっかりバターをアイスクリームと勘違いしてしまい、社交場での笑いのネタとなってしまった滑稽噺が描かれている。

いっぽう②の小話に登場する今村清之助も長野県出身の実業家である[26][27]。今村は渋沢栄一や福地源一郎とともに日本最初の株式取引所の発起人となるも、重役職を辞し、その後角丸証券、今村銀行の設立にこぎつけている。このエピソードは、今村の欧米歴訪中のものだと思われるが、アイスクリームの冷たさに思わず身じろいでしまった様子が記されている。

③の小話は、日本郵船会社取締役を務めた小川冉吉のアイスクリームに関するエピソードである。小川は旧尾州藩士・小川辰蔵の次男として生まれ、官海より実業界へ進出し、後に明治製糖株式会社取締役会長、日本郵船会社取締役、神戸電気鉄道株式会社監査役などを務めた[28]。このエピソードは、明治4年（1871）の夏、初渡米中のサンフランシスコのグランドホテルにて、アイスクリームの冷たさに火傷をしたと大騒ぎした小川の一笑話となっている。

また明治の終わり頃になると、乳製品にまつわる失態を揶揄するエッセイ『両面仮与眞』(1895)も出版される。本書収録の「西洋料理通の假」には、厭山と利多という2人の男性が、チーズをめぐってやり取りをする次のような滑稽噺が収録されている。

> 厭山が乳酪を皿の上に取て其跡を利多の前に押遣つて「乳酪は如何でげす、と云われ原来この利多も乾酪の臭には閉口して嫌ひなれども嫌と云ても外聞甚だ好しからずと思ひ「ム丶乳酪かねこの乳酪が旨く無いヨ何でも乳酪は英国製で眞青に一面に黴て蛆が沸て居るので無ちやア妙で無いかア丶此家には有まいネ、と無物ねだりで嫌を胡麻化に掛れば給仕の青年も面憎しと思ひてや右の蛆沸黴沢山の乾酪を持て来り「へイ御注文の乾酪が御座います、と差出せは流石の利多も是を見て心中これは大変だと思ひながら給仕の手前厭山の眼前今更嫌とも云れず餘儀なく取て己が皿の上に載せ前なる乾麺包に付て目を塞ぎ息を怺へて南無三寶を心に念じ口に入る丶が否や一呑にグツと咽に入れ葡萄酒で呑通し左あらぬ顔にて「何だ厭山君試て見たまへ此乾酪は実に旨いゼ」[29]

上記によれば、見栄っ張りの利多が苦手なチーズを遠ざけようと、蛆虫のわいた青かびチーズを所望するも、その心を見破った「給仕の青年」に提供されてしまい、「葡萄酒」で流し込む珍事件が記されている。こうした滑稽噺は、西洋料理や肉食をテーマにしたものも多数書かれており、文明開化の味と叫ばれた新しい食品を知ったかぶる日本人を揶揄したものとなっている。

さて本書にもあるように、当時の日本で、チーズは蛆虫と一括りというイメージも拭えなかったようで、危険な食材としての認識が強かったようである。『沸国風俗問答』（1901）においても、フランスの「漬物」であるチーズは「蛆の住処」であると説明している[30)]。なお同じ頃に出版された『日常衛生毒の話』（1904）では、「チースの中毒」として、次のような記述がみえている。

> チースは牛乳で製したもの丶中で、最も滋養に富んでゐるものであるが、往々霉菌を帯びて一種厭ふべき臭気を放つところから、本邦人には之を嫌ふ人が多い、然し嗜き好む人はその腐敗つた厭な臭氣を嗜好のである、處が此のチースは實際種々のバクテリアの巣窟であつて、往々之が為めに中毒を惹起すことがある。近頃英國フキンバリー市の或食料品店から發賣した、和蘭チースを食用して一時に十七名の中毒症患者を出したことがあるが、その患者は腹痛、嘔吐、下痢、發熱等の症状を来たした、けれど幸に死亡する程の不幸は見ずして治癒された、同市の衛生醫官は、そのチースの分拆に着手したけれど、之れぞと云ふ有毒物を発見しなかつた、其前百餘名の中毒患者を出した米國ミシガン市でも矢張分拆の効がなかつたと云ふことである[31)]。

上記の引用によれば、チーズは「バクテリアの巣窟」であって、中毒の原因となる食材であると説くとともに、イギリスやアメリカでの中毒患者の実例を紹介している。実際チーズに限らず、明治期の乳製品の品質について、お雇い外国人たちもその質の悪さに辟易していたようで、その様子もまたエッセイなどで散見される。例えば先にも挙げたチェンバレンは、西洋料理のコースを引き合いに出しながら、「第一コースは水っぽいスープで、第二コースは悪臭のするバターでいためた魚、第三のコースは、これまた腐ったようなバターで揚げた鶏の足である[32)]」と記しており、料理で使用されたバターの質の悪さを嘆いている。

いっぽうで明治期の日本ではまだ乳製品への嫌悪感をぬぐえない世代があったことも事実である。作家・内田百閒は、自身の牛乳体験について、「最初に牛乳と云ふ物を知つたのは幼稚園か小学校の初年級の頃であつた様に思はれる。私は明治二十二年の生れなので、大体明治三十年頃か或はその少し前頃から牛乳屋と云ふものが家の中に這入つて来だした」と回想する[33)]。さらに「その時分には牛乳を生のままで飲むと云ふ事は決してしなかつた」し、「年寄りなどはけがらはしい物の様に思つてゐたらしいが、子供の滋養になると云ふので私に飲ませたのであらう」と説く[34)]。

乳製品の滋養が評価されていたのは古代も同じである。しかしこうした状況から鑑みるに、安全で質の良い乳製品を生み出す改良策もまた明治期の日本に求められた課題であり、正しい乳製品知識を伝える書籍の刊行も時代を追うごとに求められていった。次に乳製品の効能や安全性について解説し、日常での利用を提唱した書籍の系譜について、執筆者の特徴を追いながら考えてみたい。

第２節　家庭生活における乳製品利用へのまなざし

１）翻訳された乳製品知識

『増訂華英通語』（1860）という書籍がある。本書は遣米視察に随行した福澤諭吉が、視察先のサンフランシスコで清商人より譲り受けた中英辞典『華英通語』（著者：子卿原）に和訳と片仮名読みを加えたもので、英単語の習得本として出版された。なお本書の「食物類」には、「牛油(ボートル)ボッタル Butter」「牛奶餅チース Cheese」「牛乳(ウシノチヽ)キリーム Cream」といった3種類の乳製品の名称がみえている。

書籍において、乳製品に関する記述が増え始めるようになるのは1870年代である。またこの時期に乳製品を紹介したほとんどの書籍が、育児書や家事書、医学書、薬学書、農書など欧米の書籍の翻訳書という共通項もみえる。なお肩書が明らかとなった原著の執筆者たちには、顕利哈都何侖（ヘンリー・ハルツホールン／亜米利加合衆国實西洼尼ノ大学院ノ大博士）、エフ・エッチ・ゲッセル（ヒラデルヒア州医学校碩師・小児科産科）、コーニング（米利堅の医学家）、ドクトルクレンケ（ドイツ人医師）、ハルトマン（ドイツ人養生書執筆家）、ヘンリー・チャアス（イギリス人医官）、賢理斯的墳（ヘンリー・ステフェン／イギリス人農学者）、ダアレー（米国女教師）など、主に医学関係者や教育者の書籍が翻訳されていたことがわかる。

いっぽうこれらの翻訳・校閲・執筆などに携わった人物には、吉田賢輔（儒学者）、西村茂樹（文学博士）、横瀬文彦（ジャーナリスト）、須藤時一郎（遣欧使節・英語教師）、杉田玄端（医学者・陸軍軍医総監）、近藤鎮三（ドイツ学者）、村田文夫（内務省地理寮・後にジャーナリスト）、後藤達三（英学者・技術官僚）、成島謙吉、田中芳男（植物学者）、松本順（従四位勲二等・陸軍軍医総監）、澤田俊三（工部省翻訳掛）、志賀雷山（愛媛県士・関農義会）、篠田貞吉（医薬書翻訳家・後に中外醫事新報を発行）、迫田喜ニ（開拓使役人）、小山健三、堀誠太郎（開拓使御用掛・札幌農学校教授）ら、外国語に精通したと思しき知識人が名を連ねている。なおこれまでの調査で、須藤[35]、近藤[36]、田中[37]、村田[38]、後藤[39]、澤田[40]らには、海外経験があることも判明している。しかしこの頃はまだ日常生活での乳製品の使用を積極的に推し進める姿勢はみえず、西洋諸国で認められていた乳製品の特徴、医学的効能、治病や育児での用い方、製造のノウハウなどが紹介されたにすぎなかった。

例えば次の①～⑦の引用は、この時期の翻訳書にみえる動物乳に関する記述である。

①牛乳の論　人々(ひとひと)の飲料(のみもの)とする所の白き乳ハ實ニ奇麗(きれい)に見ゆるものなり扨(さて)その乳ハ何(なに)ものよりして出来(でき)し乎(か)を尋(たづ)ぬれば牝牛(めうし)の食ふ所の草類乃至(ないし)は其他の品類より出来ることく云ふべけれども牧野におゐて牝牛の忙がはしく食ふ所の草類、如何(いか)んして乳に変ずる乎(か)、それ食ふ所の草ハ先(ま)づ初(はじ)めに血に変じ、それより多くの管を通り行き終(つゐ)に乳となるなり然れども血のごとき赤きものが青々(せいせい)たる草より成(な)るとハ不思議(ふしぎ)ならずや（中略）令人々の食ふ所の牛酪ハ又乳汁内の部分よりしてこれを得るなり扨(さて)食ふ所の牛酪乾酪并に他の品物(しなもの)皆恰(あたか)も乳の所為(しょい)の如く人体の血を助くるなり[41]

②小児の食品として稱用するもの其種類多かれとも純潔なる牛乳よりよきものはなし[42]

③問　動物中人に乳汁を饋(オク)るハ何物なりや、
　答　牛・羊及び驢なり、
　問　羊乳の特に貴きハ何地なりや、

答　船中なり、船中にてハ他乃動物よりも羊好く長養す

問　驢乳ハ何の為に宜しきや、

答　其ハ軽くして榮養するを以て病人及び小児多く之を飲むに宜し[43]

④乳汁ハ白色なる血液といふも過言にあらず何となれば其成分殆んど血液に同じきが故なり単に乳汁を食用するも亦た生活を保續するを得べし見るべし[44]

⑤牛乳ハ諸飲料中ノ最良ナルモノニシテ滋養ノ質ハ獣肉ニ譲ラズ[45]

⑥乳汁説　夫レ乳汁ハ天賦動物ニ具ハリテ自然ニ其性命ヲ保續發育スヘキ最要食物ノ一ナルコトハ滋養ノ諸元基ヲ含有シテ消化モ亦最モ容易ナルニテ明ラカナリ[46]

以上の①④の引用によれば、牛乳は「白い血液」であり、人間の造血に寄与するものであると説かれている。その滋養分の高さは⑤⑥の引用でも明記されており、⑤の引用に至っては「獣肉」に譲らない「滋養ノ質」とも強調されている。なかでも牛乳の利用価値を評価する動きが高まりつつあった様子は、同時期に『牛乳考』(1872)、『牛乳脚気治験録』(1878) という牛乳論がすでに出版されていることからも想定できる。

前者の『牛乳考』[47]は、国学者の近藤芳樹が新政府の命を受けて著したわが国最初の牛乳論である。本書によれば、牛乳は「補益の最上なる良藥」であり、「常にこれを飲むときハ。弱きを強く。老たるを壮ならしむ」と、強壮剤として価値ある飲み物であることが説かれている。さらに本書は牛乳の薬効を絶賛しながらも、「牛乳に遠き所の者」は、牛乳が「腐敗しやすき物」であるため、「美留久といふ物に製して」用いるようすすめている。なお「美留久」については、「すなわち練乳なり。其能。生乳に異ることなし」との説明もみえる。また「固陋なる庁鄙の人」は、「近来西洋より傳来」した牛乳を飲むことを「穢れり」と「忌嫌ふ者」も多いが、これは「甚じき僻事」であり、「穢れさる品にあらざる事明らかなれば。懸念を棄て飲み試みよ」と飲用を促している。さらに日本の乳製品の歴史は、「孝徳天皇乃御代」より「今に至り千三百年」と、西洋諸国に負けない長い歴史があるにも関わらず、「保元以来の兵乱」により、日本古来の製造法が「廃滅」してしまったことに言及し、「西洋より復傳せる」製造法ではなく、「皇國の製方」をいち早く伝習することで断絶させてはならないとも解説している。

いっぽう同時期に出版された『牛乳脚気治験録』[48]もまた初期の牛乳論である。本書の「叙」によれば、編術者の田中玄達は代々医者の家系であったようだが、「舊習」を「一洗」して、目新しき医学の「西洋法」を学び、「乳類の効能」と「病原治術」の治験結果を記し、出版したとの経緯が示されている。また本書は、前半が「牛乳治験録」、後半が「脚気治験録」の二部構成となっている。「牛乳治験録」は、「牛乳検査法」「牛乳主治」「人乳主治」「山羊乳主治」「驢乳主治」「諸乳主治總説」「乳汁酸敗スルノ説」「人乳及牛乳経驗」で構成され、牛乳を用いて治癒した病気の症例が詳細に紹介されたという意味でも、興味深い一書である。無論、本書でも牛乳の効能について、

「抑モ人身ヲ滋養補給スル者ハ牛乳ヲ以テ最第一トス」「天下ノ人民一日モ缺く可カラザル者ハ牛乳ナリ」と高く評価する様子がみえ、「醫家ノ病ヲ療スルニ方リテ必用ナルコト一日モ缺可カラザル者トス」とある。さらに本書には、「殊ニ嬰児ノ母乳無キ者ニ於テ代用スルニ牛乳ヲ以テ良品トス」と、母乳の代用品として牛乳を重宝する記述が確認できる。さらに「棄児養育院」などでは「多クハ牛乳」が「育養品」として用いられ、さらにそれに次ぐものとして「驢乳」「山羊乳」が利用されているとある。

本書のみならず、前掲の②③の引用でも確認できるように、病人や小児を対象とした動物乳の使用を奨める記述が増加するのも、この時期の一つの傾向である。②の引用では「小児の食品」として「純潔なる牛乳」の飲用を、③の引用では病人や小児に適したロバ（驢馬）乳の利用について言及している。なお同時期に出版された『育児小言（智巴士氏）初篇の１』（1876）でも、小児に疾病がある時には、「人間の乳」に類似した「驢馬の乳汁」の「滋養の成分」が「最良」とし、いっぽうでそれに少し劣るけれども、「山羊の乳」も代用できると記している[49]。この考え方は③の引用や『牛乳脚気治験録』の考え方とも共通する。

特に育児において牛乳の使用を奨める提言は、②の引用元である『絵入子供育草　巻之上』（1873）のほかにも、『母親の心得　上』（1875）、『育児小言（智巴士氏）初篇の１』（1876）、『健全論　上』（1879）、『育幼草』（1880）などの翻訳書にも共通してみえている。母親が死去した場合、適当な乳母が見つからない場合、母親の母乳が出ない場合など、母乳に与れない乳児のための牛乳の基本知識や正しい用い方に関する解説が主であり、例えば『育児小言（智巴士氏）初篇の１』（1876）には「産後直に母の乳汁なしと雖も凡十二時間程ハ手製の食物　手製の食物とハ菜穀魚肉ハ勿論家畜の乳汁に砂糖等を混和して製したるものを云下に倣へ　を與ふるに及ばず宜しく母の生乳分泌するを待つて事足るべしといへとも若し切要なる場合あれバ新鮮の牛乳三分の一へ棒砂糖を少し加えて甘味を付け微温湯三分の二に調和して製乳すべし[50]」と具体的な牛乳の哺乳法が説明されている。また西洋の健康観をまとめた『健全論　上』（1879）においても、「稚児ニハ生母ノ乳汁或ハ牛乳ニ其三分一ノ温湯ト少許ノ砂糖ヲ加ヘタルモノヲ最モ肝要トス[51]」と説かれ、『育児小言（智巴士氏）初篇の１』（1876）とほぼ同割合の調合法が示されている。

さて牛乳を用いる際の注意として、数種の牛乳を混用せず、「同牛の乳汁」を用いること[52]、「新鮮な」牛乳を「必温めて飲」むことや「牛及飼主」を吟味すること[53]が推奨された。なおこうした注意が喚起された背景には、当時牛乳の質の悪さを懸念する声が相次いだためでもある。実際『母親の心得　上』（1875）にも、「賣買の牛乳に混合物ありて純粋なるものを得難き地方」では、「瑞西に於て製する製　乳」（「アングロー、スイスコンデンスト、ミルク、コンパニーの銘あるものを良品」）を用いるようにとのアドバイスもみえる。

さらに『絵入子供育草　巻之上』（1873）では、乳児への牛乳の与え方に哺乳瓶を使用することを推奨し（図4-2-2）、「不　潔」を直ぐに確認できる透明の「硝子壜」が望ましいとしている[54]。いっぽう『母親の心得　上』（1875）においても、乳児の牛乳用「吸　乳　器」というガラス製の哺乳瓶を提案し、「吸乳器ハ常によく清潔になし置き飲み残りたる乳汁あらバ水を以てよく洗ひ再び之を用ゆるまでハ水を入れ置くべし乳汁この中に残らハ酸敗して臭氣を生ずるに至らん」と、酸敗

図4-2-2　初期の哺乳瓶
（『絵入子供育草　巻之上』1873）

を防ぎ、清潔に扱うことへの注意を喚起している[55]。（この時期の『新聞雑誌（明治４年６月）』の広告には、佐野屋重兵衛の「乳母イラズ」という哺乳瓶が掲載されている。ここでもその目的は、「乳汁ニ乏シキ婦人」が「牛乳ヲ小兒ニ與ユルトキ」に用いるものとして考案されたとある。）

なお同時に「乳離れの食物」として、牛乳を用いる提案も翻訳されている。『母親の心得　上』（1875）には、母乳を飲ませる回数を徐々に減らし、それに慣らしながら、「夜中ハ決して飲まさず晝も午時ハ乳の代りに牛乳を薄くし砂糖を加へて之を飲ませ又乾麵包を煮て牛乳或ハソツプと共に與ふべし[56]」と、牛乳を用いた離乳食の利用が紹介されている。いっぽう同じ頃に出版された『育幼草』（1880）でも、「乳離れ後の食物[57]」として、「牛のちゝを買ふことのできる人なれバやまひなき牛のよきちゝを一日に二合五勺もちゆべし」と説く。しかし流通する牛乳の安全性への懸念もあったようで、「その二合五勺をいちどにかはずして朝夕にはんぶんづつかふなれバ自然いつも新しきものをゑらぶべし」と、買い置きをせず、新鮮な牛乳を選ぶよう提言している。さらに牛乳を使った離乳食として、「牛のちゝに麥をまぜてたべものとしあたふべし（日本の麥にてよろし）その製法ハひきわりむぎ五勺にみづをたくさんいれ二時ほどたけバやはらかになるゆゑそれを漉てあらきところをとりさりし後ちゝ一合二勺あまりをくはへて混合なバせうにの飲によきかげんになるべくそれに鹽かげんしてのませるなり」といった具体的なレシピも示している。しかし砂糖を用いる点については、「砂糖をすこしいれるもよけれど胃臓をそんじ害あることあれバ砂糖をいれるにはおほひに心掛のいることなり」と、その使用の是非に慎重になるよう促す姿勢もみえる。

いっぽう『育児小言（智巴士氏）初篇の１』（1876）では、「小兒を養育するに葛粉或ハ藕根の類を用ひて製したる餌食ハ何程精純なるも畢竟姑息の策にして到底天賦の生乳に及バす[58]」と、古くから重宝されてきた葛粉やレンコンの粉よりも牛乳の効能を評価する。さらに本書では、牛乳が「効能多きものゆへ攝生に於て欠くべからざる滋養物」であるため、「小兒成長するに随ひ尋常の食事にて養ふべきなれども四五歳に至るまでハ重に牛乳にて養ふへし」と、乳児期だけでなく、成長の過程での積極的な使用を奨めている[59]。

ともあれこうした母乳の代用品として牛乳を用いる哺育スタイルは、1880年代以降、「人工養育法」「人工育児法」などといった名称で多くの書籍の中で紹介されることとなる。読者対象も母親や産婆、「看護婦」といった女性読者を想定し、図解を加え、わかりやすく伝える工夫がなされていった。なおこの後の展開に関しては後述する。

さて1870年代の翻訳書の中には、動物乳だけではなく、バターやチーズなどの乳加工品についての記載も確認できる。なお当時の書籍では、バターは「牛酪　バッター」「乳油（にうゆう(バター)）」「酪（ボートル）」、いっぽうチーズは「乾酪　チース」「乾酪（カース）」「乾酪（チーズ）」「乳餅（にうべい(チキース)）」などと翻訳されている。またこの時期の乳加工品の記述のほとんどが、その特徴と製造法を伝えるものとなっている。例えば『幼童手引草　初編　巻之上』（1873）には、次のように紹介されている[60]。

①問　牛酪「バッター」トハ何物なるや、
　答　醍醐「クリイム」を振動（フリウゴカ）して造るものなり、
　問　振動（フリウゴカ）すとハ如何なることなりや、
　答　牛油銃（チャルン）と名ッけたる槽に醍醐を入れて之を振動し乳中より酪を分ち取るを云、

②問　乾酪「チース」とハ何物なりや、
　答　醍醐を温（あたゝ）めて稠疑となし之に「レン子ット」を加へたるものなり、
　問　「レン子ット」とハ何物なりや、
　答　乳哺羔（チノミヒツジ）の胃を清浄に洗ひて塩を充（ミ）ちたるものなり、之に因て生ずる塩汁の其量を温乳中に注らみ以て之を凝固（カタマル）をしむ、
　問　乾酪ハ如何にして其形を造れるや、
　答　凝固せる乳汁を務めて壓搾（オシヽメル）し塩を加へて模型（カタ）に入れ再び之を密に壓定するなり、その搾出する水液ハ之を乳清「フエー」と稱す、

また本書には、「牛酪」の有名な国は「英國（イングリス）」「阿尓蘭（アイルランド）」「荷蘭（オランダ）」であるとし、さらに水牛からつくる「印度」の「ゲー」（ギーのことと思われる）、「驢馬」を利用する「知里（チリ）」の「牛酪」製造法についての説明もみえる[61]。さらに「乾酪[62]」の項では、種類の詳細にもふれ、「スチルトン」「チェシヤル」「グルーセストル」「チェッダル」などの「英國」産チーズや「伊利國」の「パルメザン」の解説なども確認できる。なお「パルメザン」に関しては、「伊利國にて用いる乾酪の最美品」であり、「パルマ及びパヒアの近傍なる「ロムバルヂイ」の豊穣なる野に飼ひたる牛の乳を以て製する一種高名の乾酪にして一種の製法を以て精製し消丈藍（サフラン）を以て香味を附（ツケ）たるなり」と、その価値を評価している。またイギリスの「グラストンブライ」（現　グラストンベリー）近郊の村落「エスト・ペンナルド」の話にも及び、1841年2月19日、「女王ヒクトリア」の「ブッキンハム」宮殿に「縦横各々三尺一寸（直径約1メートル）」のチーズが運び込まれたとの逸話も記している。海外のチーズに関する解説は、『家中経済　下（農工卅種）』（1873）にもみられ、「當白敦（ダイベルーン）ニテ牛酪ヲ製スルノ法」「支社（チェシヤー）ニテ乾酪（チーズ）牛乳ニテ勢シタル餅ノ如キ者ナリ　ヲ製スル法」など、各国のチーズ製造法が収録されている[63]。なお和仁の研究によれば、1877（明治10）年に上梓された『乾酪製法記』は、日本人が記述した最初のチーズ製造書に当たるという[64]。七重農業試験場にて、エドウィン・ダンらお雇い外国人から指導を受けた迫田喜二が実体験をふまえ記したものと推定されている。

また『農業問答（斯氏）三』（1875）や『西洋百科新書　前編』（1876）にも、乳製品の製造法が

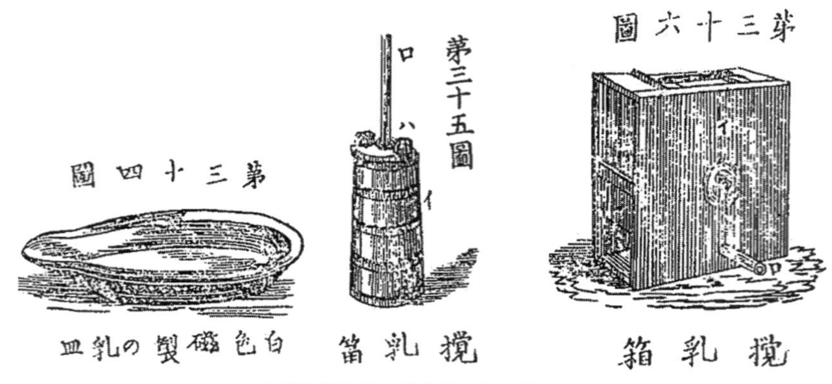

図4-2-3　乳製品製造器（『農業問答（斯氏）三』1875）

収録されている。なお前者の原著は、イギリス人農学者「賢理斯的墳（ヘンリー・ステフェン）」（Henry Stephens）の農書 *The Book of the Farm*（1849–52？）であることが判明した[65)]。本書には乳加工品製造に欠かせない器具（図4-2-3）の挿絵が描かれており、それぞれの扱い方なども詳述されている。なお本書の翻訳には、英学者でもあり、後に技術官僚となった後藤達三があたっている。『大日本農会報告』第131号によれば、後藤は開成所勤務を経、文部省にて翻訳専務に従事した人物で、明治８年（1874）２月に農務課での役職を任じられている[66)]。おそらく本書の翻訳は、農務課勤務時代に手がけられたものと推察される。また友田清彦の研究によれば、本書の原著は、岩倉使節団として、欧米での農事視察・調査を終えた岩山敬義が持ち帰った農書の一つであり、後藤に翻訳を奨めたのも岩山であったという[67)]。翌年には総州牧羊場へ出向するが、農会開設の必要を感じ、明治14年（1881）に大日本農会を設立し、獣医・牧畜の両科を担当する農芸委員に選任されている[68)]。ともあれ、近代農政改革が推し進められていく中で、農家経済における畜牛の価値を理解しながら、海外のベストセラーの翻訳書を世に送り出した後藤の功績は大きいといえる。

いっぽう後者の『西洋百科新書　前編』（1876）もまた「西書」を翻訳したものとある。原著、翻訳者についての詳細を得られなかったが、本書には「酪（ボートル）」と「乾酪（カース）」の製造法が収録されている[69)]。それらによると、「酪（ボートル）」を精製した後に残る「乳汁」を「酪餘（ボートルメルキ）」といい、「乾酪（カース）」は通例それを用いて製するとある。また「酪（ボートル）を久しく貯る」には必ず塩を「調和」することや、多量に製造するには「朝夕二次（にど）」「牛乳を絞（しぼ）り取こと」を奨めているが、やはりここでも「腐敗」を防ぐために、「朝夕取さる乳」を混ぜないように指示している。

しかしバターやチーズを危険な食品とみなし、その食用を好ましくないとする姿勢も、当時の書籍には散見される。例えば遣欧使節帰りの須藤時一郎がまとめた西洋料理書『万宝珍書　食料之部』（1873）には、「牛酪　或人の説に牛酪を食するハ總て害ありとなし又却て説かん」「乾酪の健康に害あること衆人の説く所なり其消化し易からざるハ素より疑を容るべからず」との記述がみえる[70)]。また「乾酪」に関しては、「軽量」で用いれば「滋養」になるが、「大量に食する」と「腸胃」が膨張することがあるとの見方も示されている。

とはいえ、新しい乳製品知識を日本にもたらした翻訳者たちの尽力は特筆に値するだろう。そして来たる1880年代以降には、安全な乳製品の選び方への関心が高まりをみせ、乳製品利用を積極的に奨める書籍が増加する。

２）「人工営養品」としての効能が期待された乳製品

先にも述べたが、1870年代以降の一つの特徴として、育児での乳製品の利用を推奨する動きが盛んになることが挙げられる。なお今回の調査で作成した文献目録618種のうち、育児での乳製品使用に関して言及している書籍は212種にも及び、全体の約３分の１を占める割合となっている。

これらを手がけた執筆者の系譜をたどると、1870年代から1880年代にかけての時期は、主に海外からの翻訳書の中で紹介される傾向にあったが、1890年頃を境に小児科医や産婆などの医療関係者、また医学博士や医学士、薬学士などの肩書を持つ学者たちが、著者や校閲者、編者、題字に名を連ねる様子が確認できる。さらに女性執筆者によって手がけられた書籍も出版されており、加島福子（産婆教授）、吉田賢子（女医）、福井繁子（緒方病院婦人科助手兼助産婦教育所講師・女医）、松本安子（中央看護婦会長・産婆）、西尾きやう子（産婆）、進藤克代子（産婆）、吉岡弥生（女医）、野口（女医）ら女医や産婆から、下田歌子（女子教育家）、後閑菊野（女子教育家）、佐方鎮子（女子教育家）、錦織竹香（奈良女子高等師範学校教授兼舎監）、羽仁もと子（編集者）、岩瀬松子（文部省家事科検定教師）、中島よし子（前東京府女子師範学校教諭）ら女子教育者の関わりもみえる。

さて1880年代以降は、1870年代の翻訳書の中で紹介された牛乳や乳製品での哺乳法が、明確に女性をターゲットとした育児書や家政書の中でも取り上げられるようになり、家庭での利用に関するノウハウが説かれ始める時期でもあった。例えば『妊婦の心得』（1880）収録の「牛乳養兒の法」[71]では、「自巳の乳汁」を与えることができず、さらに適当な乳母を雇えない母親に、「牛乳を用ひて嬰兒を養」うことの提案がなされている。本書によれば、「牛乳」にも「（コンデンスドミルク）と名くる罐詰のもの」「生乳」「粉乳」など種々あるが、「コンデンスドミルク」については、「既に砂糖を加へ煮て濃厚となしたるもの」であるため、これを用いるときには、「温水」で「初生児」には二十倍、「満一ケ月」には15倍、「二ケ月」には12倍に希釈し、「市中にて販る所の哺乳器を購ひ用ふる」ことを「善」としている。いっぽう「生牛乳」は「人乳」に比べれば、「養分」は多いけれども、「糖分」が少いため、「甘味」に乏しく、水と砂糖を加えて与えるよう指示している。なお参考として、「有名産科（ハーケ）」の牛乳稀釈法が次のように紹介されている。

初生より第八日に至るまでの嬰兒には生牛乳一分水三分
第八日より第二ケ月に至るまでの嬰兒には生牛乳一分水二分
第二ヶ月より第五ヶ月に至るまでの嬰兒には生牛乳水各等分
第五ヶ月の終より後は純粋の牛乳を用ゆ

いっぽう本書と同年に出版された『育幼草』もまた女性読者を想定している。本書の原著は「米国女教師ダツレー」とだけあり、訳者の詳細は記されていない。なお本書の翻訳にみえる特徴に、

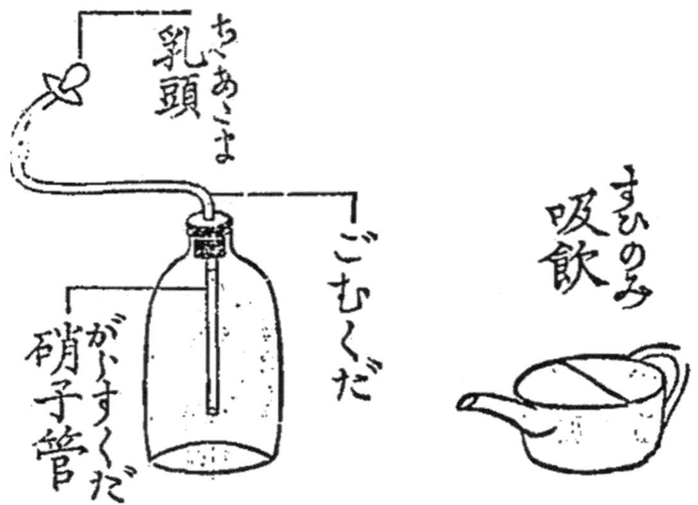

図4-2-4　「乳吸壜」と「吸飲」（『育児の種』1883）

ひらがなを多用し、漢字にはふり仮名を徹底する工夫がみられる。しかし本書には、母乳の代用品として、乳製品を用いる視点はなく、「乳離れ後の食物」として、「牛のちゝ」を混ぜたオートミールのようなものをすすめている様子がうかがえた。

明治16年（1883）には、哺乳道具が図解された『育児の種』(1883)が出版される。本書は、「東京大学醫學部教師」の「べるつ氏の演説」を基本とし、「歐州名家の諸　説」に基づき編まれた哺乳専門の育児書となっている。なお本書の校閲には、東京大学助教授・櫻井郁二郎が当たっている。その内容は「婦女子にも解し易く」、「平仮名繪圖」を加えた体裁となっており、「第四章　牛乳丼ニ同稀釋法」と「附　人工食物製法」において、「牛乳」と「煉稠乳（こんでんすみるく）」の使用法が説かれている[72]。特に「牛乳」の扱い方には注意を喚起しており、一頭の「無病の若牛」から搾取した新鮮なものを「良し」とし、数頭の牛からの「混合乳」を与えることを禁じるとともに、「良生乳」がないときには、「煉稠乳（こんでんすみるく）」を利用するよう伝えている。また「牛乳」を与えるときには、「乳吸壜」（図4-2-4）の使用を奨め、哺乳後に「残乳」がある時には、速やかにそれを破棄し、「壜内」を「温湯」や「清水」で洗うこと、さらには「護謨管」や「硝子管」の「乳滓」も「清水」で取り去るよう指示している。いっぽう「貧家」のため「此器械を買求め難き者」は「吸嘴を帯ぶる猪口」を代用するよう命じ、「吸飲」（図4-2-4）という道具を図示している。

さて同じ頃の動きとして、育児書のみならず、医学書においても、母乳の代用品としての牛乳の利用を奨める記述が確認できる。例えば『医療捷径』（1886）には「母乳なき時の養育法」として、「人乳に代用すへき最良品は下等動物の乳汁なり就中吾人か最も多く稱用するものは牛乳なり」と説かれている[73]。なおコンデンスミルクに関しては、「罐詰にしたる牛乳」と紹介し、「十二倍の水」で薄めれば、「最も適當の榮養品」になるともある。さらに与え方の注意として、「新鮮なる牛乳」は必ず温めて用いること、また清潔に「哺乳器」を扱えば、「小児の下痢」を防ぐことができるとの考えも示している。同様に同時期の医学書『醫家十二要』（1887）においても、「小兒營養ノ疑問ハ近來殊ニ醫事研究ノ一要目」になりつつあるとし、「小兒營養品説」という項を設け、「人乳代用品」として、「牛乳」「牛乳保貯製品（含糖性稠煎乳／高熱ヲ與ヘテ保貯セル牛乳）」「ペプトン化乳」「リービク氏小兒羹汁」「小兒粉」「レグミノーゼ（「豆粉ト大豆粉トノ混合物」）」を推奨している[74]。しかし、その効果の順序は、「母乳」「牛乳」「ペプトン化乳」「含糖性稠煎乳」「小兒粉」であるとし、「母乳」に次ぐものとして「牛乳」が評価されている。また「小兒粉」の項では、「粉質ヲ以テ營養セル小兒」は「人乳若クハ牛乳ヲ以テ營養セル小兒」より病気への抵抗力が弱いため、「乳兒粉」は「母乳ノ代用品」でありながら、「牛乳ノ補充品」としても重宝すべきであると説明されている。なお本書の「例言」によれば、「醫家」、なかでも「實地治療家」に必要な12項目の要件を説いた翻訳医学書として出版されたもので、原著は「獨逸國カツセル府及ヒベルリン府」発行の「ドクトル・ビヨルネル」編纂による「醫暦附篇」(1886) とある。しかし本書の他にも多くのドイツ語文献に基づきまとめられたとあり、「小兒營養品説」に関しては、「ベルリン大學助教授バキンスキ (Ad. Baginsky) 氏」の「原撰」を参照したとのことわりがみえる。

また本書の前年に出版された『産婆論　巻之七』もまたドイツ人医師ベルン・ハルド・シグムンド・シュルチェ (獨乙國宮中樞密顧問官／那奈府大學校産科学教授／産院兼産婆学校長／策遜國醫學委員會々員／醫學士) の原著を基に著わされたものであるが、ここにも「人工に生兒を養育するの法」として、母乳の代用に動物乳を扱うことが記されている[75]。本書には、「人類の乳汁は能く驢馬及び羊の乳に類似す」るため、本来なら「此二種」での養育が理想とされたが、入手が困難という理由で、母乳に類似した「牛乳」が「今一般に用ふる方」となったと説く。なお本書もまたドイツ人の原著からの翻訳ということもあり、前掲の『醫科十二要』と共通する部分も多いが、読者対象を産婆に定めているところは新しい傾向でもある。特に「人工養育の爲に起る消化器の障害」により生じる「嘔吐」「下痢」「便秘」「口内の鵞」「口瘡」などの「疾」は、「産婆」の処置すべき所であり、乳児の栄養障害が惹き起こされないよう留意すべきであると記されている (なお1910年代になると、『看護日誌摘要字引　看護婦之友』(1911)、『最新産婆看護婦講習録　産婆科　第２巻』(1919) といった「看護婦」を読者対象とする書籍にも、代乳哺育が説かれるようになる)。

ともあれ前項で触れた翻訳育児書の内容と合わせてみても、イギリスやアメリカ、ドイツなどの西洋諸国で、母乳の代用品としての牛乳の価値が評価されていたことは理解できる。そしてこうした西洋の牛乳や乳製品による哺乳法が、母親になる女性のみならず、医師や産婆を対象とした書籍の中で紹介され始めるのが1880年代の特徴といえる。そして1890年代以降、こうした母乳の代用品として、牛乳・乳製品を用いる哺乳法は、「人工養育法」「人工育児法」「人工器榮養法」「人工營養法」「人工哺乳」「人為營養法」などと称され、純良な牛乳・乳製品の安全な利用法や的確な希釈法などが各方面の書籍で取り上げられるようになる。

なお初めて「人工養育法」という用語を用いたのは、『はゝのつとめ　子の巻』(1892) を著した三嶋通良である。三嶋は、本書の肩書では「文部省学校衛生事項取調嘱託・医学士」となっているが、日本の学校衛生の礎作りに大きな貢献をした人物でもある。本書の「母親の乳又は乳母なくして、小兒を養育する法。(人工養育法)[76]」では、小児の死亡原因の大半が「消食器病」であり、その数は「大抵百人中五十人」に及ぶともある。またドイツの都市の事例を挙げ、母乳ではなく、牛乳で哺育した場合、８割強が死亡しているとし、「人乳養育兒」の病気のかかりにくさを評価している。そこで、牛乳の成分や使用法、貯蔵法、「乳の壜」の扱い方 (図4-2-5)、「悪牛乳屋」の「混合物」をした牛乳の危険性について解説し、正しい「人工養育法」のノウハウを展開している。特に三嶋の「乳の壜」は、前掲の図4-2-4と比較すると、管が短くなっている様子が確認できるが、これはゴムの管が長いと、掃除が行き届かない、破れやすい、また「小兒」が「空壜」になっても気づかず飲み続け､危険であるなどの問題点があったことを受け、改良されたスタイルでもあった。実際哺乳瓶の管が短くなる傾向は、同時期の『育児の栞』の挿絵（図4–2–6）でも確認できる。

　また三嶋は、清潔に管理することこそ、子供の病気を予防する「人工養育法」を行う上での「最も緊要の事件」であるとし、次のようにユニークな解説を示している。

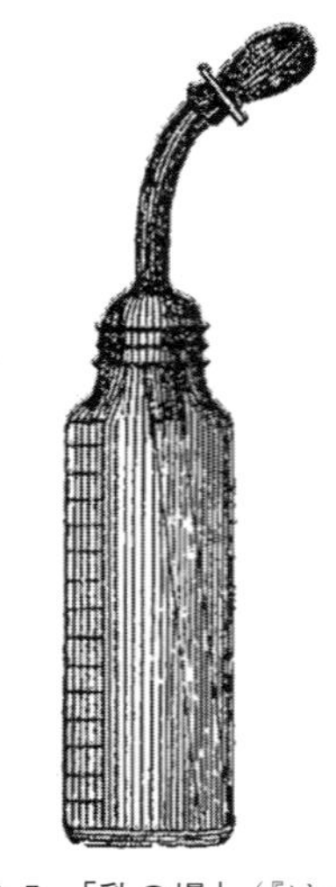
図4–2–5 「乳の壜」（『はゝのつとめ　子の巻』1892）

> 此清潔法が、小兒の病氣を豫防ぐ、一番の法で御坐りますから、此ハ決して、少しでも、不潔にされてハなりませぬ。例令バ皆様が若し、一度食つた御膳や、御茶碗を、下婢が洗はずに出したり、珈琲の茶碗、又ハ急須などを洗はずに出したら、何と被仰ますでありませう。「今使たばかりだから宜」。と被仰ますか、御煎茶や抹茶の式でも、必一回毎に茶碗を清めるでハ御坐りませぬか、況や小兒の命を繼ぐ乳の壜に於てをやでせう。尤も此の乳の壜も、小兒が、茶碗か皿にて、飲めるやうになつたら、最早無用の物となります。

　そして牛乳を扱う「緊要なこと」として、「第一　善良牛乳を得る事」「第二　之を沸騰させて、能く貯る事」「第三　乳壜等を清潔に保つ事」「第四　稀薄方を加減する事」の4か条を挙げている。さらに「コンデンスミルク」「乳の粉」の利用法にも言及し、それぞれの食品の現状や問題点などについても解説する。まず「コンデンスミルク」に関してみてみると、良質なものはアメリカからの輸入品である「鷲の畫が著いて居るイーグル、ブランド」だとし、日本国内で粗悪な贋物が横行している様子について注意を促している。また「コンデンスミルク」は、「牛酪滓」（牛乳から「善良成分」を抜いた「残物」）に砂糖を加え製することが多く、その「滋養分」は「生牛乳」に比べ劣っていると説明する。いっぽう「粗悪品」の横行で、子供の病気の原因になる「信用が出来」ない食品であるとの懸念を示すとともに、良質の外国産乳製品（「ビーデル氏乳脂混加物」「フォルトネル氏ペプトン製牛乳」「リービヒ氏滋養品」など）は「我國にてハ得難」いという理由から、積極的な使用を奨めない様子もみえている。またあえて選ぶなら、「白色にて白餡の汁粉」のような「コンデンスミルク」が「宜」とし、その正しい見極め方についても記している。

図4–2–6　哺乳の様子
（『育児の栞（家庭全書第2編）』1898）

いっぽう「乳の粉」に関してみてみると、「我國でも、昔から乳の代りになるものをとて、乳の粉などを製へたと同やうに、歐洲でも、乳の代りになるものはないかと、學者達が苦心して、赤子に粥面、大麦汁、サーレップ煎、玉蜀黍汁粉など、諸々用ゐて見たれども、少も思やうに行ませなんだ」と、国内外ともに効能に期待できるものがないことを指摘している。さらに「歐洲の學者達が、諸々苦心をして考へた、米粉や小麦粉ばかりでなく、卵や牛乳などが入れてある、乳の粉でさへ、兎角不消化だの、用に立ぬのと、他の學者達が、経験の上、申しますくらゐですのに、我國の「磨粉」、「乳の粉」と稱る物などハ、何先生傳法などゝ云うて、名は乳の粉と云ひながら、實ハ乳の氣などは少も無き、寒晒の米粉なれば、之に砂糖を加へて、煮沸たところで矢張甘き糊のやうな物が出來るばかりなり」とその利用価値には期待を寄せず、「乳の粉は、決而飲せてはいけませぬ」とまで記している。そして、明治16年（1883）7月に行われた「獨逸醫學會」での「小兒科の泰斗、樞密顧問醫官ヘーノッヒ氏」の演説に、「哺乳児の滋養には、母親の乳に越たものは無く、其に次は乳母の乳で、其から生牛乳なり」という主張があったことを示している。

母乳が最上であるという主張は、この頃の日本でも各書籍の中で展開し始めるようになる。『智育体育遺伝教育書』（1896）では、「乳汁は生母の乳に優るものなし」という項を設け、「世の資産家又は業務多忙の婦妻は已れ十分の乳汁を有するにも拘はらず乳母を雇ひ又は他人に托」す現状を指摘し、さらに「牛乳を以て生兒の養育を企つるもの決して少なしとなさず」と人工養育法が広まりつつある様子について言及している。しかし「如何に濃厚なる牛乳」といえども、「生母の乳汁」ほど「生兒の發育に適するものはなし」とし、「自已に乳汁の有る限りは自己親ら之を養育し決して他に委せ」てはならないとの考えがみえる[77]（なお本書では、母親に対して、養生のための「牛乳」「牛酪」などの乳製品の摂取は、積極的に推奨している）。

ともあれ人工養育における牛乳の使用を肯定的にとらえている執筆者も確認できる。元大磯病院副長の進藤玄敬は、『育児必携　乳の友（寸珍百種第47編）』（1894）を著し、その中に「第四章　人工養育法[78]」の章を設け、世界の「家畜の乳汁」の利用状況を次のように述べている。

> 人乳の代りに獣類の乳汁を用ひて嬰兒を養ひ育つることがあります、之を人工養育法と云ふのです、只今は此方法が世界一般に行はれてゐますが、動物の乳汁の中にても就中驢馬から搾り取りしものは、眞に能く人乳に似て居ると云ふことでありましたが、和蘭の國にて詳しく検査しまして、實に偽でないと云ふことが明白になりましてから、同國にては、成るべく驢馬の乳汁を用ゆるが宜しいと主張しましたけれども世間一般に廣く用ひらるゝやうになりませんで、矢張り牛乳や山羊の牛乳に及ばないのです、其中でも山羊の乳は矢張り手に入りませぬゆえ、到底牛乳か勝を占むるやうになりたのです。現在英國や亜米利加などの大國にては、我國と同じやうに、主に牛乳を用ひます（時としては驢馬や山羊の乳汁を用ひますけれと牛乳ほど一般に行はれてゐませぬ）之れに違ひまして、瑞西やデンマークにては綿羊の乳汁を用ひ、土耳古にては馬の乳汁ラプランドと申す寒國にては、馴鹿の乳汁を用ひます。[79]

こうした記述からは、全世界的に動物乳による哺乳のあり方が模索されていた時代の様相がうかがえよう。また東京府下での「牛乳の需用」について、「大人でさへも牛乳だけを、平日の食物と飲料と致して一命を保續くことが出來る程ですから、況して小兒の身にとりても効能のあることは申すまでもありません」と牛乳の効能を称賛し、「扨斯様に牛乳の滋養分に富みたることは明白ですから、大人の為にも、小兒の為にも、病人の為にも、總べて用ふるので、年々に搾り取る分量が殖えてまゐります」とその需要の高まりにともない、増加傾向にある搾乳量の変化についても言及している。

なお本章は、「家畜の乳汁」「牛乳の需用」「牛乳の用ひ方」「牛乳の鑒別法」「牛乳の簡便防腐法」「牛乳の貯へ方」「牛乳の温め方」「牛乳の飲用度數」「牛乳の容器」「牛乳と病氣との關係」「牛乳の種類」「自家に飼ふ便利」「煉乳」「煉乳の用方」「煉乳の鑒別」「煉乳の分量」「哺乳器」といった17節構成となっており、約80頁に及んでいる。特に本書においても、「牛乳は、人乳の代りに用ひまして、大層効能のあることが、明白」と「牛乳」利用への肯定的な姿勢を示しながらも、その管理法や見極め方については多くのページを割いており、牛乳の安全性への視点を大切にしている。なお本書には、牛乳の貯え方の心得を以下のように示している。

一．牛乳の配達を受けたらば、直に沸騰すべきことであります。冬寒き時などは無理に急いで沸騰すにもおよびませねど、夏季暑き時は、何は扨置き、直に沸騰すことに着手せねばなりませぬ

二．沸騰したる牛乳は、固く栓をしたる器物に容れて置くが宜しいのです

三．牛乳を貯へて置くときは、日光の觸らぬ場所を撰はねばなりませぬ、且冷たき處や、涼しき處に置くが宜しいです、氷室などの内ならば、尚更宜しいのです

四．貯へて置く牛乳には、少しばかりの重炭酸曹達を加ふるが宜し、夏季に於ては尚更斯様に致すのが宜しいです

五．牛乳を貯へて置く器物は銅、鉛、亜鉛、錫、鉄又は鉄葉板なとは用ひぬが宜しいです、而して第一適當の品は、硝子罎てあります、之に次ぐものは、木製か又は陶器であります

六．牛乳を貯へて置く器物は、成るだけ口の狭き物が宜しいです、口か狭ければ、栓もよく締り、且外物の入りこむことも自然少ないからです

さらに「第十節　牛乳と病氣との關係」では、「昨年ごろ牛疫（流行感冒に似て或は激しきもの）の流行した頃は、牛乳を用ふる人が、大層恐怖を抱きまして、一時は牛乳を廢める者もありましたが、或る人は牛疫は決して恐るゝに及ばない、牛が此病氣に罹れば、牛乳の分泌ることか止み、其病氣の全快しなければ、牛乳も再び分泌ないから、牛疫にかゝりたる牛乳を用ひやうと思ふても、出來ぬゆゑ、牛疫の流行しても、心配するに及ばぬと申した人もあります」と、前年に起こった牛疫（リンドルペスト）の流行で、世間で牛乳に対して意見が分かれる動きがあったことを伝えている。しかし進藤は牛乳を評価する姿勢を崩さず、「牛乳は嬰兒の命を續ぐものですから、用心するに、若くはない、夫故兎に角沸騰して用ひた方が安心であります」とまとめている。また本書の興味深いところは、「自家に飼ふ便利」という視点であり、流通している不良牛乳の状況を鑑み、「營

図4-2-7　家庭での搾乳の様子
（『小学新読本　女子用　巻4』1900）

業人の販る牛乳」より「自家にて牛を飼ふこと」で得られる「効能」について論じている点である。なお家庭での乳牛飼育の奨励は、同時期の書籍にも共通してみえている（図4-2-7）。さらに掃除器具付「哺乳器」（図4-2-8）を提案し、「腸胃病」の原因になる掃除をおろそかにしないよう呼びかけている。

いっぽう「煉乳」への姿勢に関しては、三嶋同様、「新鮮しき牛乳ほど、滋養の効能がない」としながらも、「大層世の中に廣く用ひられて居る理由は、全く之を貯へて置くことが、便利なる為」、「旅行などするときにも携へ行くのに便利」と説明する。さらに「煉乳」は「西洋語」の「コンデンスミルク」にあたるが、世間では略され、単に「ミルク」と称されている点にもふれ、「生牛」の手に入りにくい時、「牛疫」などが流行した時に重宝な乳製品であるとし、以前はスイス製のものが流行したこともあったが、最近ではアメリカ製の「鷲印」ブランドが普及していると記している。なお本書に記された内容もまたその後の人工養育の項で引用・転載が繰り返されている。専門知識を家庭向けにわかりやすく伝えようとした進藤の功績もまた特筆に値するだろう。

さて進藤の書籍同様、その後の牛乳哺育の項に多く引用されたのが、『普通育児法』（1901）の「十五章　人工營養の事」[80]であった。本書の著者は小児科医の木村鉞太郎、校閲には東京帝大医科大学教授で小児科学の権威である医学博士の弘田長（医学博士）が当たっている。（なお「人工營養」という言葉自体は、本書以前にも使われていたようで、女医・吉田賢子著『妊婦必読安産の心得』（1897）にみえる「人工營養法」が初見であると推察される。）

『普通育児法』所収の「人工營養の事」には、「現今世間に最も行はるゝ處の人工榮養法は牛乳及練乳なり」とあり、この種の乳製品の「用方」を説明する内容（「牛乳の鑑別」「牛乳の用方」「牛乳の防腐及其貯蔵法」「牛乳の煮沸及貯蔵法」「哺乳器」「練乳の事」「練乳の用ひ方」「練乳の鑑別」）で構成されている。三嶋や進藤の考え方との類似点も多いため、これらを基に編まれたものと推察されるが、これまでの育児書にはみられなかった「ソキスレート氏」の育児用牛乳消毒器の図解説明、「牛

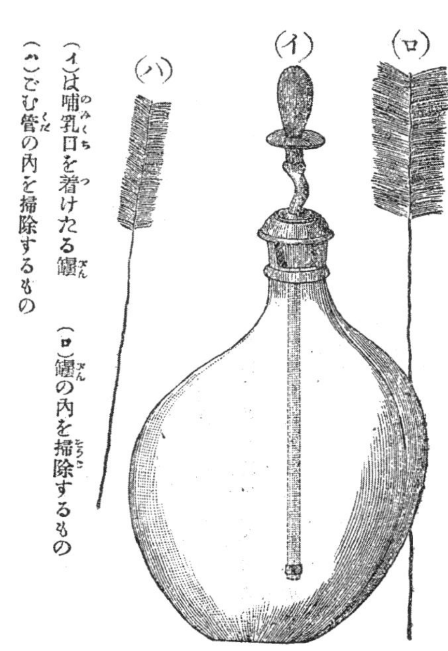

図4-2-8　掃除器具付「哺乳器」
（『育児必携　乳の友』1894）

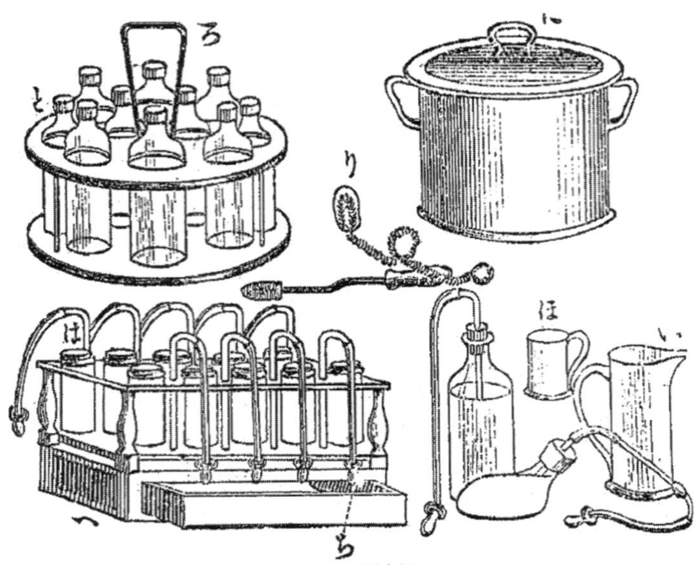

図4–2–9　「ソキスレート氏」の煮沸器（『普通育児法』1901）

乳練乳の外人工品にて小兒に適する食料品」（「ジヤコビー氏の食物」「リービフィ氏の羹汁」「ネストール氏の小兒粉」）に関する詳細、さらに断乳後の食事アドバイス・献立表などが加えられている点は新しい特徴といえる。「ソキスレート氏」の器械に関しては、弘田が本書以前に校閲した『育児必携　乳の友』(1896）の「獣乳榮養法」にも「黴菌」を撲滅する「ソクスレット氏の牛乳殺菌器」として紹介されていたが、本書には図解付きの詳細な使用法が確認できる（図4–2–9）。

また「練乳」に関しても、三嶋や進藤と同様、「練　乳は牛乳を人工を以つて造りたるもの」であるため、「滋養の功」は牛乳より劣るとする。さらに「我國にて製する者は不良なるもの」が多く、「舶来品中にも偽造品」があるために、その選択には注意するようにも命じている。また本書には、三嶋や進藤の書籍にも紹介されていたアメリカ産の鷲印練乳の缶詰（図4–2–10）も描かれている。なお弘田は、明治39年（1906）に和光堂薬局を開設。大正８年（1917）には、和光堂初代社長の大賀彊二が牛乳の粉末化に成功し、日本で初めての国産乳児用粉ミルク「キノミール」の発売にこぎつけている。その開発の裏側には、牛乳哺育で命を落とす子供を救済したいという願いがあったともいう。

なおこの頃の大阪での動きとして、小児科医の佐多愛彦が、上田牧場（大阪府下西成郡）と連携し、「理想式純生乳」という人工哺乳用の牛乳を開発している。『小児養育の心得』[81]（1908）によれば、この牛乳は「我小兒科学界に於ける營養史」の「一大革命」であり、精密な研究の下で実現した乳製品とある。手順として、搾乳者の手指、乳牛の乳房ともに丁寧に洗浄し、アルコール殺菌後に搾乳、さらに「乾熱殺菌器」にて殺菌した「新案の銅器製細口授乳器」「配乳瓶」「綿」などを使用し、「金属製の蓋」で封入後、「黴菌検査室」にて「黴菌検査」を行うという徹底した管理基準が施された牛乳で、「無菌」牛乳として評価されたものであったという。

図4–2–10　鷲印練乳（『普通育児法』1901）

しかし人工養育、人工営養の知識がまとめられていく中、1890年代以降の書籍で、乳製品での哺育に否定的な姿勢をみせていた執筆者も確認できる。例えば『通俗家庭教育』（1899）の新治吉太郎は、「兒が生れ落ちたらば、直ちに乳を哺ます事の心得、何よりも第一に肝要なり」としながら、「牛乳は最もよしとて、母の乳のあまりあるをさし置き、わざわざ牛乳を買ひ調へて飲ましめたることもありたれど、これは一時の流行にて、其の實、人間には矢張人間の乳が最も適當なり。決して、他の動物の乳の方が、優れる道理はなし」[82]と、母乳哺育の重要性を強調している。いっぽう『男女生殖健全法』（1900）も進藤の著書に基づき、育児における牛乳利用について紹介しながらも、「抑も天の斯の子を生ずるや、必ずこれに生母の乳を與へて飢餓の憂なからしむ、さらば生母の乳を捨てゝ乳母に托し、又は牛乳などを以て其の兒を養育するは、天然自然の道に違ふものなり」と、人の「乳を飲ませること」の重要性を主張する[83]。さらに「我國中以上の家にては生母の乳の不足なきにも拘はらず、多くは乳母を傭ひて之をはぐゝましむるを世の習とせり、是専ら生母の勞を省かんが為めなるべけれど、且つは其の家の富有を世に誇らんとの意志より出てたることゝ思はる、又近世に至りては、多く牛乳をもて養育するもの漸次其の數を增せるものゝ如し、其の意に以爲らく牛乳は滋養分の多きこと生母及び乳母の乳にまされりと、こは皆歐僻者流の半可通に起れる誤見なり」と、海外から受容された牛乳を用いる哺乳法に批判的な見方を呈している。

いっぽうで牛乳哺育による小児の栄養過多を嘆く医師の声も確認できる。小児科医の加藤照麿は、『育児と衛生』（1903）所収の「乳兒に對する注意」[84]において、「牛乳の用ひ方も適度にやりませぬと、大變營養に毒があるもので御座いまして、私共の所へ小兒を連れて參ります内にも、此の營養が度を得ない爲めに、病氣に罹るものが大層多い、其の小兒は一寸見ると非常に肥つて居る、驚く程肥つて居るのがあります」と昨今の牛乳哺育における問題点を指摘し、こうした子供の問題を「過營養」と称している。とはいえ、母親に病気がある場合、牛乳哺育に頼る必要が生じることを理解しながらも、「護謨の乳首」に慣れず、牛乳を飲もうとしない小児の母親が、「腹を減らしておいたら後には堪切れなく成つて飲むだらうと思つて、根氣よく我慢して居つた爲に、到頭餓死して仕舞つた」という悲劇にふれ、むやみに「衛生」ということに固執せず、「臨機應變」に人乳と混ぜながら用いることにも言及している。

また加藤は自著『通俗育児衛生と小児病手当』[85]（1908）において、「人工營養」の副食物に、脂肪分の多過ぎる牛乳に欠けている「二元素」（「蛋白質」「含水炭素」）を補うために、「魚」「鳥」「獸」「鶏卵」「野菜」を摂ることを奨励し、なかでも「人體の組織」に必要な「三元素」を有している「野菜」が「最良」との考えも示している。加藤は本書と同年に出版した『育児法』（1908）の「幼兒の食物」[86]においても、牛乳が「此上なき滋養品」という考えは誤りであり、「殆ど野菜ばかり食べてゐる農夫の營養不良にならない」状況を指摘し、「幼兒にも矢張野菜を食べさせることを忘れてはなりません」と主張する。さらに同書にて、「幼兒の始めて營養の目的を以て母乳及牛乳以外 母乳と牛乳の與へ方は前に話して置いたから の食物をとるのは生後十ヶ月目位からです」とし、「近來は西洋風の食品を用ゐることが流行つて來て」いるが、「日本在來の食料品で敢て不足はないのです」とも強調する。さらに「米のおもゆ」「鰹節のだしで柔かに煑たおぢや」「小さな鰈、甘鯛、鱚」などの「軽い魚類」など乳製品を一切使わない「薄味」の食事内容を紹介し、これにより「後

ソムメルフエルド氏
滿一年以後小兒食餌表

食品＼年齢		一年乃至四年 I	一年乃至四年 II	一年乃至四年 III	五年乃至九年 I	五年乃至九年 II	五年乃至九年 III	九年乃至十四年 I	九年乃至十四年 II	九年乃至十四年 III
第一朝食	牛乳或ハ燕麥粥	250	250	250	500	333	333	500	333	500
	小麥麵包或ハ	50	—	—	100	50	—	100	100	—
	菓子麵包類	40	40	—	80	40	—	—	—	—
第二朝食	麵包或ハ	50	—	—	50	—	—	120	—	—
	小麥麵包	50	50	—	—	50	—	100	50	—
	附物(雞踏斎肉)	10	—	—	30	—	—	30	—	—
	牛酪	10	10	—	15	10	—	30	15	—
	卵	—	1	—	—	1	—	—	1	—
	牛乳	250	250	250	333	333	333	500	333	500
晝食	肉羹汁	125	125	125	250	250	250	250	250	333
	細碎燒肉	50	50	—	—	75	—	—	75	—
	燒或ハ煮肉	—	—	—	125	—	—	150	—	—
	卵	—	—	1	—	—	1	—	—	1
	青菜	—	—	—	833	—	—	666	—	—
	牛乳煮野菜	—	125	—	—	250	—	—	333	—
	馬鈴薯(副物)	—	—	—	—	—	—	250	—	—
	砂糖煮菓物	—	—	—	—	—	—	25	—	—
中食	牛乳	250	250	250	333	333	333	500	333	500
	小麥麵包或ハ	50	50	—	50	50	—	100	100	—
	菓子麵包類	40	40	—	—	40	—	—	—	—
晩食	牛乳或ハ	250	250	250	250	250	—	400	330	—
	牛乳粥汁	—	—	—	—	—	333	—	—	333
	卵	1	—	—	1	1	—	1	1	—
	麵包或ハ	—	—	—	—	—	—	120	—	—
	小麥麵包	50	50	—	50	50	—	—	50	—
	附物	—	—	—	30	—	—	30	—	—
榮養價總計(カロリー)		1400	1000	800	2000	1800	1100	3200	2000	1800

注意　以上流動體ハ立方仙迷固形物ハ瓦ニシテ卵ハ箇數トス
I　ハ重症患兒ノ快復期并ニ慢性無熱症患兒ニ對スル食餌法ニシテ前者ハ肥滿療法ニ屬シ後者ハ普通小兒榮養法ニ外ナラズ
II　ハ輕熱患兒并ニ最近下熱患兒乃チ消化機能ノ未ダ充分ナラザル者ニ對スル食餌法ナリ
III　ハ高熱患兒乃チ主トシテ流動性食餌法ナリ

図4–2–11　「ソムメルフェルド氏満一年以後小児食餌表」（『小児ノ栄養発育及衛生』1909）

でやる牛乳の分量」も減るとの考えを示している。また間食においても、「菓子と一緒に牛乳を與へる風」が流行しているが、食事の際の食欲を減ずる理由になるとし、「あれは却て宜しくない」と、乳製品をできるだけ使わない方向での内容を提案する。

さらに加藤は『通俗育児衛生と小児病手当』にて、牛乳で育てる「人工營養」に対し、母乳で育てることを「自然營養」と称している。こうした考え方は翌年に出版された『小児ノ栄養発育及衛生』の編者・高洲謙一郎（医学博士）もまた「自然榮養トハ人乳ヲ以テ榮養シ人工榮養トハ人乳ニ代ユルニ動物ノ乳汁ヲ以テスルヲ云フ[87]」と記していることから、この頃から定着していく言葉のようにも思われる。なお高洲は東京帝国大学医科大学を卒業後、医科大学付属病院、医科大学助手、県立姫路病院院長・内科医長兼小児科医長を歴任し、大阪へ転勤後、大阪府立医学校教諭、府立病院小児科医長、大阪府立監獄医取扱に着任、ドイツへの留学経験もある研究者である[88]。自著『小児ノ栄養発育及衛生』（1909）の巻頭に、70ページにわたる「自然栄養ト人工栄養（牛乳・煉乳・牛酪乳・混乳栄養法）」論を展開し、「人乳」と牛乳とを合わせて用いるフランス式「混乳榮養法」という新しい考え方、さらには満２歳に至るまでは「主要ノ榮養品」に牛乳を推奨する「ゾムメルフェルド氏」の育児法を紹介するなど、さまざまな海外の先行研究を多用しながら内容をまとめている[89]。なお本書の巻末に「附表」として掲載された「ゾムメルフェルド氏満一年以後小児食餌表」（図4–2–11）によれば、１日５回の食事（第一朝食・第二朝食・晝食・中食・晩食）が基本となっており、毎食の献立に牛乳や牛酪などの乳製品が使用されている。いっぽう「第參年以上ノ小兒」に関しては、「大人ト同ジク一日三回ノ食餌」とし、「牛乳」「鶏卵」などを必ず用いること、さらに「ゾムメルフェルド」の「過度ノ美食」は「自然免疫質」の減弱を惹起させるとの考え方に触れ、「肥満セル小兒」が多い「富豪ノ小兒死亡数」が「貧家ノモノ」より高いことにも言及し、「美食ニ飽ク童兒時代」の食事への注意も呼び掛けている。加藤とは異なる高洲のこうした考え方は、母乳の代用品とされた牛乳が、子供の栄養食品として見直されていくきっかけともなり、大正期以降、育児書や家政書の中で盛んに取り上げられていくこととなる。

３）乳製品専門書の誕生

先にも述べたように、明治期に流行した牛疫（リンドルペスト）が日本社会にもたらした影響は殊の外大きく、国を挙げての衛生管理体制の強化と同時に、1900年代頃より正しい知識を伝えるための乳製品専門書が出版された。また当時「牛疫」のみならず、不正牛乳の横行も社会問題となっており、その状況の危うさは当時の書籍の中でも取り上げられている。

> 我國昔時は多く牛乳を用ひす、爲めに其効用を知るもの尠かりしも漸次外國との交通頻繁を加へ世運の進歩するに伴なひ滋養の効著るしきものなることを覺知し今日に於ては都鄙の差なく男女老幼區別なく牛乳若くは乳製品を使用すること益々增加しつゝあり（中略）然りと雖最近統計の報する處によれは著るしき率を以て需用は增加せられつゝあり而して近時牛乳の需用增加するに随ひ憂ふ可き弊害を釀生せり、之れ他なし不正牛乳の販賣之れなり、例令其量を不正に增加せんか爲めに水若くは米灌汁を混するか如き或は腐敗したる牛乳に炭酸を加へて鮮化するが如き其他防腐を以て、サリチール酸或は激烈なる毒性を有する、フオルマリンを使用する如き、滋養の目的を以て攝取すべき營養物をして却て有害にして恐るべき害物と變せしめて之れを供給するか如き好手段は頻々として行はれつゝあり[90]

なお国の施策として、明治11年（1878）には「牛乳搾取人取扱規則」が発布され、それと同時に、勃発する牛乳・乳製品の衛生問題に対処すべく安全な管理法・使用法を論じる衛生研究が本格化する動きもみられた。そしてこの分野で活躍した人物に、東京帝国大学農科大学教授・津野慶太郎が挙げられる。『大日本人物名鑑（巻４の２）』（1921）所収の「津野慶太郎君」[91]によれば、津野は筑前国福岡の旧藩士倉成素心の二男として出生後、嗣子のいない母方の実家である津野家へ養子として迎えられ、明治12年（1879）３月に家督を相続した。子供の頃から学業優秀だったようで、東京駒場農学校を「最優等」で卒業後、東京農林学校での勤務を経、東京帝国大学農科大学教授に着任している。また農商務省、内務省、陸海軍省にて「獣畜衛生」「公衆衛生」に関する調査研究委員も歴任。さらにドイツ、オーストリア、イギリス、アメリカにて、家畜衛生学や獣医行政警察法を学ぶための３年間に及ぶ留学からの帰国後に獣医学博士を取得している。

さて津野は『市乳警察論』（1892）、『牛乳消毒法及検査法』（1901）、『獣医畜産学講義録』（1901）、『牛乳衛生警察』（1907）、『牛乳検査法実験』（1915）、『乳肉衛生』（1919）といった牛乳・乳製品を管理するノウハウについてまとめた書籍を多数発行している。『市乳警察論』（1892）で、津野は「牛乳ハ人生ノ要品ニシテ飲食物中滋養ノ効第一ニ居ル」が、「不良變販ノモノハ人ノ健康ヲ害シ或ハ獣病ヲ人身ニ傳染スルノ媒介物」になるとし、「酪農産物（牛乳・牛酪・乾酪・粉乳・煉乳）」の販売を監督する「市乳警察」の専門書として、本書をまとめたと記している。本書では、新たに施行された「市乳警察法」の詳細のみならず、海外の研究者の実証例を引用しながら、「警察的牛乳検査法（クヴェーヌ、ミュルレル氏乳重計など）」「化学的牛乳検査法（フェーゼル氏検乳鏡、シュヴァリエ氏乳皮計など）」「牛体及牛舎検査法」などの検査法を紹介し、国内初の明確な乳製品の検査基準を記している。ちなみに前掲の「ソキスレート氏」（本書では「ソークスレート氏」）の「乳酪計」

を初めて紹介したのも津野であった。なお本書は専門書としての体裁となっているが、以後本書の検査基準の考え方に学んだ執筆者たちによって、家庭向けの書籍の中で「分り易く」解説される動きも確認できる。例えば『月経より育児まで　母と娘の衛生問答』（1921）には、専門用語を咀嚼し、優しい言葉でやり取りをする「ソッキスレット氏の牛乳消毒装置」についての母娘問答がみえる。[92]

案出するこうした牛乳の安全問題や効能の有無が議論されるなかで、明治33年（1900）には「牛乳営業取締規則」が発布され、配達用容器にガラス瓶を使用すること、牛乳の比重や脂肪量、さらには搾乳場の立地や構造に関する規定を設けることなどが義務付けられるとともに、『牛乳論』（1894）、『牛乳飲用の栞[93]』（1899）、『牛乳搾取家必携』（1902）、『牛乳中毒論』（1905）、『牛乳の話』（1907）、『家庭における牛乳とその製品』（1908）、『牛乳論』（1908）、『牛乳と乳製品の研究（実験応用通俗産業叢書第14編）』（1909）、『牛乳及製品論』（1910）、『乳汁大観』（1912）などといった乳製品専門書の類も続々と出版された。圧倒的に牛乳関連の書籍が多い様子はうかがえるが、『牛乳論[94]』（1894）の緒言に「近來牛乳ニ就テハ結核傳播説アリ又虎列刺媒介説アリ之ニ加フルニ牛疫頻々流行シ將ニ其聲價ヲ毀損セントスル」と書かれているように、これらの書籍は悪評高い牛乳の名誉回復のために編まれたものであることがわかる。さらに『牛乳の話[95]』（1907）には、「世の文明が進歩するに伴れて、一般に衛生思想も發達して、何人も滋養品を攝取せねばならぬことを、知って參りました、随つて牛乳の需用も日一日と多くなりますのは、誠に欣ばしい事であります」とその需要の高まりを評価しながらも、「何故牛乳が滋養であるか」、「其他の飲食物との關係は什麼いふものであるか」、「その飲用は如何して宜いか」、「牛乳の良否は如何して識別る事が出來るか」、「近頃消毒牛乳といふものを販賣するものがあるが、之れは信用の出來るものか那うか」などの疑問に答えるため、「牛乳に関する話を、世人に解し易く書いて呉れぬかとの、御相談を受けまして、本編を起草致しました」と説かれている。

また『牛乳論[96]』（1908）の序においても、著者である農芸学者の澤村眞は「牛乳ハ養分ニ富ミ消化シ易ク滋養ノ効大ナルト同時ニ又傳染病ノ媒介ナドヲナシテ頗ル危險ナリ」と牛乳の危険性にふれながら、「本書ハ牛乳ノ何タルカヲ知ラントスル初學者ノ爲メニ牛乳ノ性質利用研究法等ノ一斑ヲ述ブルモノ」として出版したと記している。なお本書は「牛乳の歴史」で始まり、「乳の生成」「乳の成分」「牛乳ノ性質組成及産額」「初乳」「牛乳ノ微生物及之ニ因ル変異」「牛乳検査法」などと、これまでの先行文献に紹介された内容を改めて洗い直し、挿絵を加えながら編纂された体裁となっている。さらに「生乳」の流通に際し、搾乳後の牛乳の細菌繁殖を抑えるための冷却器「ろーれんす式冷却器」（図4-2-12）の紹介、「ばた」「ちーず」「煉乳」「くみす」「けふあー」などの乳製品の項もみえるが、本書の内容もまた成分や製造法、重量法などが中心となっている。つまり明治期の乳製品専門書は、牛乳、乳製品とは何かを説明する一般書として編まれたものが主であり、人工哺乳法なども含む日常生活での実践的な利用に言及する体裁とはなっていない。

しかしわずかであるが、家庭生活と乳製品の関係がみえる記述もあるので、ここで紹介したい。『牛乳論』（1894）に紹介された「第八章　牛乳飲用法」では、「往々牛乳に一種の動物臭あるを以て嫌悪するものあり然るときは成るへく新鮮の乳汁に珈琲煎茶麥湯又は麥粉焙豆末或は薄荷生薑汁の如き香味を調和して與ふへし[97]」という提案がみえる。また「熱海鑛泉」を加味すれば、「牛乳の風味」が増し、胃液の分泌が増すというアドバイスもある。なお本書の緒言によれば、著者の山口久四郎の勤め先は「熱海噏瀛舘」と記されている。ここは明治18年（1885）に、岩倉具視の病気療養のために、後藤新平、井上馨、長与専斎らにより設置された日本初の温泉療養センターとされ、山口は「日々来聚スル」浴客の治療に従事していたという[98]。とはいえ、「痼疾難治の病客」ばかりでなく、「天質多病ノ虚弱家」の浴客が多いことを指摘し、「皆」に「牛乳ヲ以テ唯一ノ滋養品」として奨めてみるものの牛乳の性質や扱い方がわからずに混乱をきたしている浴客たちが多い状況をうけ、「牛乳ノ固有性及應用法」を世間に知らしめたく、本書を著したとの意図を明確にしている。また本書には、「自己ノ健康ヲ保持スル」のみならず、「間接ニ牛乳搾乳者ヲ刺衝ステ善良ノ牛乳ヲ搾取セシメ延テ社會全般ノ幸福ヲ增進セシムルコトヲ得ン」という願いもこめられている。

図4-2-12　搾乳後の牛乳の細菌繁殖を抑えるための冷却器「ろーれんす式冷却器」（『牛乳論』1908）

また『家庭における牛乳とその製品』（1908）では、緒言において、「牛乳を以て薬餌とし、又た愛兒が牛に化身せんかを杞憂しつゝ、泌乳の尠なき慈母が心ならずも、與へたりし時代はいつしか夢と去り、今日は缺くべからざる日常飲食の資となりて、都市村閭の別なく、上下貴賤を問はず、汎ねく一斑家庭に迎へられ、朝夕吾人に親みを重ねつゝあるは、米飯茶菓と異なるなく今や牛乳は吾邦の家庭化せんとしつゝある趨勢である」と、日本社会に浸透しつつある乳製品の状況について述べ、「牛乳」のみならず、「バター（牛酪又たは乳油）」「コンデンスド、ミルク（煉乳）」「チース（乾酪）」「粉乳及乳糖」それぞれの製造法、成分、貯蔵法、良否、輸入量などについての章を設けている。なかには「今日に於て、ハイカラ的食物の重要なるものゝ一として山閭津浦にも行き亘って居る」バターに対し、チーズに関しては「乾酪と謂ふ詞は世人は屢々耳にする處で有らうけれども、其實物を見た人は尠なく、又た恐らくは其如何なるものなるやを識る人に至りては、甚た寥々たる有様だらうと思はるゝ」とその認知度の低さに言及しながら、「外國では滋養に富んだ必要缺くべからざる、一般の食料」である「此の縁の遠い乾酪」も近い将来盛んに輸入され、「吾人の食膳の上に花に添ゆるに至るべきは、火を睹るよりも明かである」ため、「チースに就て何にものかを識て置くべき必要」があるとも記している[99]。

いっぽう本書には、今の日本社会で「ビスケット」「アイスクリーム」「ミルクシエーキ」などの洋菓子製造に乳製品が盛んに用いられていること、また海外で愛用されている牛乳で製造した「化装クリーム」が輸入されていること、さらに「盛んに利用の新領土を拓き居るのは、牛乳料理である」と、家庭料理における乳製品利用が高まりつつあることについても言及している[100]。特に「牛乳料理」に関しては、「之れ即ち飲用のみに満足せず、進んで食用に供する目的に出てたるものにて、外國に於ては頗る廣く利用せられて居る」状況にふれ、「近時吾國に於ても牛乳の日本的料理法を研究するもの續出して居るから、近き將来に於て必らず見るべき成功を遂げ、廣く一般に應用せらるゝ時期あるを信ずる」と説く。なお本書の増補訂正版にあたる『牛乳と乳製品の研究』(1909)には、新たに「料理」の項が設けられ、「蠣のちゝむし」「折衷玉子焼」「白瓜の葛煮」「牡蠣の牛乳煮」といった乳製品料理のレシピも加えられている[101]。

このように家庭料理に牛乳や乳製品を積極的に利用することを奨める動きは、同時期の料理書でも確認できる。例えば『家庭実用衛生料理法』(1910)[102]や『弦斎夫人の料理談』(1910)[103]には、牛乳・乳製品を使ったレシピが種々紹介されている。前者の「自序」によれば、著者の白井悦子は「數年西洋料理法」を「姉妹方」に教えているとあり、「小兒」「病人」「老人」の「食物」を広く社会に知らしめることを目的に本書を著わしたとある。本書には、巻頭から「飲料水」「牛乳」「ミルク(練乳)」「バター(牛酪)」「クリーム(乳精)」「チース(乾酪)」の説明で始まり、それぞれの「見方」「貯へ方」「製法」などが記されている。西洋料理を中心としたものであるが、牛乳や乳製品を使った「料理法」が多数紹介され、レシピごとに「用途」として、どんな症状に適しているかなどについても詳述している。いっぽう後者は、村井弦斎の妻・多嘉子が著わした対話型の料理書である。本書には、「牛乳は如何に料理すべきか(第一編)」「薩摩芋のバター焼きは如何にするか(第一編)」「パンと牛乳は如何にするか(第二編)」「オムレツは如何に作るか(第二編)」「薩摩芋と牛乳とは如何に料理するか」「牡蠣のクリームは如何にするか」などのやり取りがみえ、扱い方の諸注意や正しい乳製品の見極め方、調理のコツなどが示されている。

さて先にも挙げた『牛乳と乳製品の研究』には、「ミルク、フード」「乳酒(ケフィール)」という新しい乳製品の解説もみえる。「乳酒」に関しては、馬乳で製造する「クミス」と牛乳で製造する「ケフィール」の２種があると説明されている。「クミス」「ケフイール」については、『滋養調製　病者の食餌』(1904)においても、「人工營養品」として紹介されており、「クミス」は「タルタレア人が馬乳に一種の醱酵素を加へて醱酵せしためる」「馬乳酒」で、「ケフイール」は「牛乳製クミス」であり、「牛乳にケフイール釀母と稱するものを加ふ炭酸含有飲料」との説明がみえる[104]。澤村眞著『牛乳論』(1908)でも、「くみす」は「馬乳又は牛乳ヨリ製セシ一種ノ酒」、「けふあー」は「こーかさす地方ニテ牛乳ヨリ製セシ一種ノ酒」と解説されており[105]、1900年代頃より乳発酵酒もまた新しい乳製品として認識され始める様子がうかがえる。

いっぽう1900年代に出版された牛乳以外の乳利用に関する書籍の傾向として忘れてはならないのが、「山羊乳」を推奨する書籍が世に出たことである。今回の調査でも、『山羊の勧め』(1907)、『山羊飼方』(1907)、『家庭の山羊』(1908)、『乳用山羊の飼養』(1908)、『牛乳に優さる乳の山羊』(1908)、『実験山羊』(1915)など、飼養からその乳の利用法をまとめた山羊に関する専門書が相次いでいたことが確認できた。

『山羊の勧め』(1907)を著した新宿農事試験場長の池久吉には、「世間畜産思想の幼稚なる牛乳を以て唯一の滋養飲料と信じ山羊乳の有ることを知らず」という状況を鑑み、「山羊は天性強健其飼養容易にして殊に其飼料に至りては牛、羊の堪へざる粗艸若くは農産の廢残物等を以て飼養するを得べく」と牛より手がかからない山羊の飼養を奨めている[106]。さらに「第九章」では「乳製品の調理方」として、山羊からつくる乳製品の効能が、牛乳から作るものに匹敵するとも記している。

いっぽう『乳用山羊の飼養』（1908）の著者「農商務省農事試験場技士」山下脇人は、「山羊の乳」が「病人に、小兒に、料理に貴重なるものであることは諸人の認めて居る所[107]」であるとし、「廉價に生産」できるため、ヨーロッパでは「貧民」に供給されていると説く。そしてこの経済性を貴ぶと同時に、「山羊は結核菌に襲はるゝこと稀なり」とし、「ヒルベルト氏」「シユワルト氏」「デツトワイレル氏」ら海外の研究者たちの考え方を紹介している[108]。当時危険視された牛乳の代用品として、安全性の上から利用を奨めている点は興味深くうかがえるが、実はこの観点こそ、山羊乳利用の専門書が企画されたきっかけでもあった。

なおこうした考え方は、同年に出版された『牛乳に優さる乳の山羊』（1908）にも示されている。本書でも、山羊乳こそ、「其蛋白質、脂肪、水分等に於て人乳に最も近似する」もので、その「消化力」、「榮養價」もほとんど同様の「人乳の代用品」であると主張する[109]。また本書の補遺には、獣医学博士の津野慶太郎が「乳と肉（山羊のはなし）」を寄稿し、「牛結核その他の牛疫からして牛乳には時として危険なこともあるが、山羊にはこの危険は無い」と主張すると同時に、山羊には「結核は極めて寡ない」「傳染病其の他の病疫に罹かることが寡ない」と強調し、「山羊乳」を「安全」な飲み物としてすすめている[110]。そしてこうした安全な乳製品のあり方が模索される時期を経、牛乳・乳製品はやがて母乳の代用品ではなく、家庭の食品としての利用が推奨される大正期を迎えることとなる。

４）母乳の代用品から家庭の食品としての推奨へ

1910年代を迎えると、牛乳や乳製品を嗜む習慣が日本社会に定着しつつある様子を伝える書籍が増加する。例えば『新食療法提要』（1913）には、「昨今泰西文明の東漸と共に再び輸入して、一も二もなく牛乳飲用を採り容れ、病體にも健康體にも理想的滋養物として使用され、殊に近年に於ける需用は實に甚だしき速度で、數年間に二倍三倍の比例を以て増加しつつあるを見る」とある[111]。いっぽう『実験食療法』（1916）においても、「牛乳は今日に於いては殆んど日常缺くべからざる使用品」であり、「味ひの美なる故を以て、家庭の嗜好飲料として尊重され、産後の肥立宜しからずして、乳の分泌十分ならざる婦人は之れを自己の乳に代へて愛兒を育て上げ、殊に虚弱性の人、又は病者の如き病後の人の如きは榮養を補ひ得るものとして、一般醫家の推奬して措く能はずる所であります[112]」と、嗜好品且つ滋養物として、多方面で活用されていた様子について説かれている。さらにその用途も、菓子、料理、石鹸、顔料などと多岐にわたるとある。しかし本書には、「牛乳榮養を用ひぬ以前、乳兒の死亡率の僅少な事を誇つたものが、逆まに牛乳榮養を用ふる今日、著しく死亡率の増加を見るに至つた原因は何んでありませう」と、牛乳による「人工哺育」の安全性への問いかけを提示し、昨今ドイツでは牛乳は「人類の榮養物」ではなく、「人は人乳、牛は牛乳」という学説が医学界の公認を得、「牛乳排斥論」が起こりつつあったことについて記している。

なおこうした牛乳を使用することへの慎重論は、同じ頃に日本国内で出版された他の書籍にも確認することができる。例えば多くの農書や食餌療法書を著している井上正賀は、自著『効験如神胃腸病食餌療法　附手軽ヂアスタース製造利用法』（1914）において、「元來乳兒に最も適するものは母の乳である、牛乳で育てるのは不思議の甚だしきものである、牛乳は牛の兒の飲むには適するならんが人の兒には不適當である」とし、「牛乳で小兒を育てる習慣などはもと歐米諸國から來たもので之れ等は確かに惡しい習慣の一つである」と説いている[113]。また井上は、牛乳で子供を育てようとして失敗した経験があること、さらに牛乳が子供の胃腸病の原因になることを強調し、「胃腸を害したとき」には、できる限り「母乳」か「他人の乳」か「犬の乳」を与え、「牛乳を飲まさないやうにするのが最上策だ」とまで言い切っている[114]。

細菌学の権威であり、医学博士の志賀潔もまた自著『肺と健康』(1914) 所収の「牛乳は乳兒に適したる滋養品にあらず」の項において、消化器が健全であれば、牛乳は乳児の滋養品に代わりはないとしながらも、牛乳哺育に対する自らの反対意見を次のように述べている。

> 牛乳を以て育てたる小兒は胃腸を害し易い乳兒の腸胃カタール又は消化不良といふものは生命にも關る重い病氣である。さる小兒科の大家は『牛乳を以て小兒を育てるは其小兒が死んでも關はぬと思ふのと同然である』といって居る。こは極端の様なれど實際牛乳にて育てられた小兒が一旦消化不良に罹ると殆んど恢復の見込はない[115]。

いっぽう志賀は「何事ぞ近来所謂新しい教育を受けし女子は、西洋崇拝の為か何かは知らんが自ら其小兒に哺乳するを嫌ふ傾がある。愚昧なるハイカラは哺乳せざるを以て名譽の如く考へて居る。有害なる虚栄の夢で實に歎ずべき風潮である」[116]と母乳哺育を放棄する女性たちの昨今の事情を憂い、当時西洋で問題視されつつあった「出産数」が「死亡數」より少ないために生じる「人口減少」問題を引き合いに出している。そしてその原因として、母親が「容姿の衰ふるを憂へて哺乳を嫌」い、牛乳を用いる「人工的營養」が横行していること、また「女子の虚榮と生活困難」のために結婚しない生き方を選び、人為的に出産数に制限を加えることなどを挙げている[117]。さらに戦争や「流行病」、未婚者数の増加による結婚率の低下などで、西洋諸国同様、日本においても人口減少を避けられない状況にあることに懸念を示している。

大正3年 (1914) に勃発した第一次世界大戦による影響も大きいと考えられるが、こうした人口問題に対する不安は、1910年代中頃の書籍の中でますます取り上げられるようになり、なかでも乳児の死亡率低下を目指すことを目的とした書籍も数多く出版された。例えば『実験子供の育て方』[118] (1916) の緒言には、「日本人の死亡數を各年齢に就きて觀るに其四割以上は滿五歳まで死し、其餘の六割は以後六十箇年に死するを知る」とある。また本書には、東京府知事・井上友一が、昨今の詳細について、「殊に五歳以下の兒童の死亡數は年を遂うて增加し、百人に就き殆ど十人に近く夭折を見つゝあるのである」とし、「保育に意を用ゐて、此の死亡率を出來得る限り減少せしめ、有為の人材を成るべく多からしむることは、父母たる者の責務である」と説いている。府知事自らが人口問題への懸念についての序を寄せていることからも、乳児の高い死亡率は緊要な社会問題であったことは推察される。いっぽう『児童之福利』[119] (1918) においても、「日本人の平均壽命は、過去三十年間に統計上、八年ばかり短縮した事になつて居る。其有力なる理由は嬰児の死亡率の増加と、老人の死を急ぐとにある。而して青年壯年の者の、比較的多く早死にする事も、其理由の一になつて居る」とあり、「國民一般の健康状態も近年著しく退歩の状態」を歩むなか、特に欧州で「児童死亡問題」に対処する書籍が相次いでいることにも言及している。

しかし牛乳・乳製品の利用を全面的に批判せず、海外の事例にならいながら、新たな価値を見直す動きが顕著になるのも、この時期の特徴といえる。そして母乳の代用品ではなく、身体を作るための家庭の健康食品としての利用を奨める記述がみられ始めるようになる。『安価滋養食物の研究』(1916) では、「明治初年以來我國に於ける牛乳の使用額は年々非常の速力で増加して居るが、固より歐米諸國の比ではない」とし、「歐米諸国に於ては牛乳は一般國民の日用品で、貧民でも一日に二合や三合の牛乳を飲まぬものは無い。殊に米國に於ては最も豊富で我國に於ける湯茶と異なることなく、喉が渇いたと云へば直ちに牛乳を飲むと云ふ次第である」[120]と、アメリカでは家庭での定番食品として定着していることに言及する。また『生物界之智嚢　動物篇』(1916) 所収の「うしの乳」[121]の項においても「我國でも、近頃は、可なり多く牛乳を飲むようになつて來た。併し、其の消費高を、歐米諸國のに比較すると、逆も比較にならぬ位少ない。之には色々原因もあるであらうが、兎に角、此の如き滋養飲料は、何とかして將來益々國民健康のために、汎く飲用されるように、計らねばならぬ」と、健康づくりのための牛乳の積極的な利用を提案している。しかし、その管理が的確でないと悲劇に繋がる可能性があることにも言及し、良乳・不良乳を用いた際の結果を諷刺したアメリカの広告を提示し、その注意を喚起している（図4-2-13）。また大人には「脂肪の多い乳、即ち濃厚なのが宜し」いとし、「ぜるしー」や「げるんじー」の乳がいいとしながら、いっぽうで「小兒」には「薄く、且つ乳球が非常に小さい」「ほるすたいん」の乳が適していると指示し、「歐羅巴では小兒に與へる乳として、牛乳中最も良いもの」としてすすめている。

いっぽう『こどもとはゝ』(1925) においては[122]、「人工營養兒」の死亡率が「母乳營養兒」の７倍で有ることを説き（図4-2-14）、「各家庭で愛兒に牛乳を與へようと思つたならば、必ず醫師に一應相談して、牛乳を與へることが必要であるか否かを確かめ、もし必要があるならば信用のある牛乳屋から取り、薄め方、與へ方を小児科の専門醫と相談の上で、與へるのがもつとも進化した近代人のとるべき道であらう、否、とるべき道である」と注意を促している。またこれまでに出版された育児書の内容や牛乳業者の広告をうのみにせず、必ず利用する牛乳の搾乳所を訪ね、衛生状態を確認するようにも言及している。なお牛乳屋への不信感は、この時期に出版された『育児宝典若き母親へ』

図4-2-13　アメリカの広告にみる良い牛乳と悪い牛乳（『生物界之智嚢　動物篇』1916）

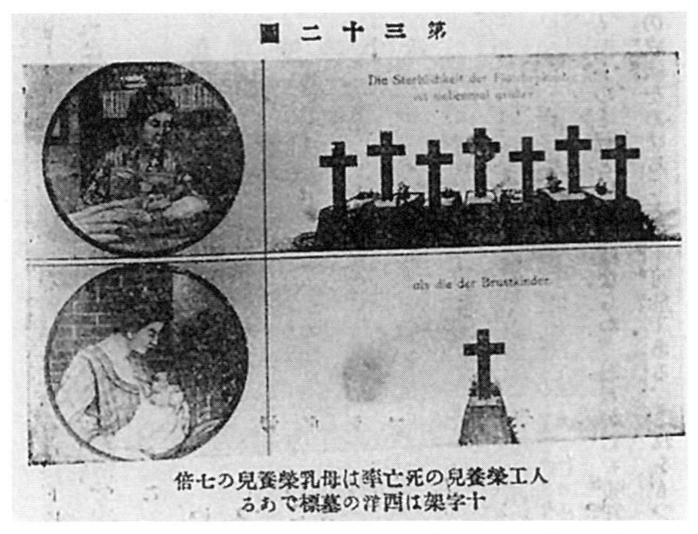

図4-2-14　「人工榮養兒」の死亡率は「母乳榮養兒」の七倍
（『こどもとはゝ』1924）

(1915)、『不用意が招く愛児の死』(1915)、『日常衛生若き婦人の心得』(1918) などの育児書においても語られており、業者の選択がいかに重要であったかが理解される。

また『幼児保護及福利増進運動』(1922) 所収「三. 児童と牛乳」[123]では、ドイツ、フランス、オーストリア、スウェーデン、デンマーク、アメリカにおける「牛乳供給所」について解説され、日本でも「純良牛乳供給所」の開設が児童保護の第一歩になると記している。また良質の牛乳供給所を求める声は『児童の衛生』(1921) の扉絵（図4-2-15）にも、「良乳供給所ヲ設置セヨ」とみえている（なお当時の西洋各国の牛乳配給所の公営状況は、『乳児の保護』(1923)、『児童保護問題』(1924) において、我国が見習うべきスタイルとして詳述されている)。

さらに牛乳の飲用が、体格改良に繋がるという考え方の展開もまたこの時期の動きの一つである。『新しい発見及発明第2巻』(1922) 所収の「牛乳と體格」[124]では、「體格の大きな人物は概ね牛乳を日常飲用してをる」とし、欧米諸国の民族をはじめ、アフリカ大陸では最大の体格とされている「南アフリカのヅールー民族」、体躯の強大な「南アメリカのパタゴニア人」なども牛乳を飲む人種であると説かれている。そしてこうした理由に、「體格を決定するものは骨格であり、骨格を形成するものは主としてカルシウムだが、このカルシウムは食物の中では最も牛乳に多い」とある。また「あらゆる山海の滋養物を集めても、若しそこに牛乳が缺乏してをればそれは完全な食事

図4-2-15　「良乳供給所」への期待（『児童の衛生』1921）

とはいへない」とし、「最も豊な食事の家庭でも少くも成人には毎日一合半ぐらゐ、また少年には三合ぐらゐづゝの牛乳を献立の中に加へておくべきである。と米國の或る學者などが唱道してをる」と、老若問わず、家庭での牛乳の利用をすすめている。

同年には、極東煉乳の沖本佐一もまた『食品としての牛乳』（1922）を著わし、牛乳と母乳それぞれで育てあげたアメリカの一事例として、牛乳を用いることで体格のいい子どもが育つことを主張している（図4-2-16）。また序において、沖本は「榮養学の権威マカラム博士は米國人の榮養問題は牛乳の供給を豊富にすれば容易に解決し得ると云つて自ら陣頭に立つて牛乳の宣傳をして居ります」と、牛乳の効能を説いたアメリカ人栄養学者・エルマー・マッカラムの取り組みにふれ、「牛乳工業を發展させて食品としての牛乳使用を奨勵するは單に經濟上の問題でなくて民族衛生上の大問題であるといふ事に想到します」と、本書執筆の目的を明示している[125]。さらに、イリノイ大学の家政科教授「ホイーラー女史」が「凡ての食品中牛乳を以て最も價値あるもの」と評価し、「吾々家族の健康を保つため三度の食事に食物としての凡ての要素を完備させる事は誠にむづかしい様だけれども料理の中に牛乳を入れば譯もなくできる」と、牛乳を食品として用い、料理に応用すべきと提案した事例にふれ[126]、最終章に「第四編　牛乳料理」という項目を設け、「牛乳といえば單に幼児の保育料か或は病者の藥だと思つたのはすでに吾々にとつて舊い考である。新しい吾々はその料理にも牛乳を加ふる事によつて一大改造を企てなければならぬ」と、牛乳を使った家庭料理の提案に乗り出している。掲載された料理内容は、表4-2-1に示したとおりであるが、牛乳料理のみならず、「肉の代用」として乾酪（チーズ）を用いた料理も収録され、さらには「米國コルネル大學のタスク教授」の「一家族五人ある時一日一升五合の牛乳を得ない中は肉類に金を出してはならぬ」という考えも紹介されている。

図4-2-16　牛乳哺育の違い
（『食品としての牛乳』1922）

いっぽう東京帝国大学教授の津野慶太郎もまた家庭料理に牛乳や乳製品を取り入れることを目指し、『家庭向牛乳料理』[127]（1921）という料理書を著している。本書の「序文」で、津野は「中央畜産会主催の東京畜産博覧会開設」に際し、「牛乳料理法中より軽便なる家庭向の處方五十餘種」を選び、本書を編纂したとの目的を明示し、中流家庭の主婦、令嬢方に難しくない内容を意識したと説く。

なお本書は、「牛乳スープ類12種」「滋養に富むプツヂング類12種」「スーフレー８種」「麺麭及西洋菓子６種」「氷菓子アイスクリーム７種」「チースの料理５種」合計50種の乳製品レシピと、５種の乳飲料（全乳〔衛生牛乳・小兒牛乳・消毒牛乳〕／脱脂乳／乳槳（英）「ウエー」（獨）「モルケ」／調整牛乳／醱酵乳）の解説で構成され、なかには英国ヴィクトリア時代のベストセラー『ビートン

表4-2-1 『食品としての牛乳』（1922）収録の牛乳料理

第一節　朝食に	米穀類の牛乳煮／ミルクトースト パンケーキ／ポーチド、エッグス
第二節　簡単な食事に	クリーム、ミート／スカロプト、ポテト
第三節　スープ類	アスパラガス、スープ／菠薐草スープ／米（ライス）スープ ミルク、チャウダー／オイスター、スチウ
第四節　ビスケット類	ビスケット／生姜のパン／ボストン、ブラウン、ブレッド ミルク、マッフン／ドウナッツ
第五節　デザート類	カスタード／コーンスターチ、ブッデング ライス、プッヂング／ミルク、クリーム
第六節　牛乳飲料	肉桂入牛乳／ライスミルク／卵ミルクシェーキ バターミルク、オレンヂェード／ココア
第七節　肉類の代用としての乾酪料理	チーズ、スープ／マカロニー、チーズ／チーズ、ライス チーズ、スーフレ（第一）（第二）／イングリッシュ、モンキー チーズ、オムレット／カモフラージド、キャベヂ
牛乳料理に關聯して	一．牛乳は液體ではあるが之を水の代りに用ひても食物中に蛋白質・炭水化物・脂肪等を加へるのだといふ事。 二．牛乳が少しでも酸味を帯びてる時或は果物等のため酸の加つた時は之を煮るとかたまるといふ事。 三．卵をフライする時一匙の牛乳を入れると卵が軟になる。 四．冷い肉類をバターミルクで被ふておくと長く保存でき而もその肉質が軟くなる。 五．丁抹では犢肉の味をよくするためにテンピに入れて焼く前一晩中脱脂乳の中へつけておく。 六．ハムを牛乳中に入れ、中位の火でテンピに入れて炙くと非常に香がよくなり肉質は軟くなる。

※東四柳作成

夫人の家政読本』から翻訳されたレシピ、各種「チース」の解説や扉絵も収録されている。紹介された料理法のほとんどが西洋諸国の翻訳に基づくものであることは否めないが、牛乳のみならず、「バタ」「チース」「クリーム」などの乳製品を家庭料理の食材に仲間入りさせようとした乳製品料理書の嚆矢としても評価できる一冊といえよう。

さて『最新産牛講話』（1924）にも、「國家の繁榮と個人の幸福を増進せむとするには先づ其國民の體格が強健でなければならぬ、健全なる身體には健全なる頭腦が宿り健全なる頭腦より穏健なる思想と良智識が發達し來るのである」とし、それを叶える食品として、「牛乳及其食品」が「吾人の食品中最も貴重なるもの」であり、「日常用ゆる食品中最も滋養分と健康活力素に富み且つ消化し易き保健食料」となると強調している。そして本書においては、「歐米國人は老若男女を問はず毎日三回の食事は云ふに及ばず其他にも盛んに之を用ひ猶且つ飲用を奨勵し、米國小學校などでは其生徒中營養不良者には特に學校より牛乳を給與して大切なる兒童發育期の營養を補給するに努め、又た其飲用奨勵に向つては種々な方法に依り極力宣傳に力めて居るのである」と、普段の食事のみならず、学校教育の中で「兒童發育期の營養」食品として利用されている海外の現状にもふれている。[128]

児童に牛乳の飲用をすすめる動きは、同じ頃に小学校医・岡田道一によって著わされた『学校家庭児童の衛生』（1922）においてもみられる。岡田は「兒童と牛乳及鶏卵」[129]という項を設け、「人の子は母乳で育つ可きものだと宣傳されて居り、又た實際其通りで、消化不良の多くは牛乳飲用兒に起る現象であるが、さればと云つて斯る理由に依り、牛乳は生涯飲む可からずとなすのは間違

牛乳の呑み方

図4-2-17　「牛乳の呑み方」（『学校家庭児童の衛生』1922）

つて居る」と説き、「既に母乳で育てる時代を通り越して發育し來つた兒童のやうな、之から益々大に成長發育する必要ある者には、牛乳を好きにして滋養物として飲ませるのが好い」と、発育期の児童に牛乳の飲用をすすめている。さらに牛乳は、「蛋白質」「脂肪」「含水炭素」のみならず、「吾人の成長に缺くべからざるカルシユーム」を含んでいることや、「生の牛乳」には「多くのヴィタミン」を含有することにふれ、「少量づゝゆつくり」「清潔な麥藁の管で徐々に吸ふ」よう指導する（図4-2-17）。また岡田は、牛乳には腎臓病や脚気に効果があるとされているため、「若し子供の時分から牛乳や鷄卵が嫌ひであつては、斯う云ふ病氣の場合に非常に困る」ため、「幼年時代」から「嫌ひでなく好きといふ風にして置きたい」とも主張している。

児童期における牛乳飲用をすすめる動きはますます盛んとなり、飲用効果を証明した報告書の類も出版された。『北米沙市に於ける市乳の状況』（1924）は、大正12年（1924）６月２日に開催された東京乳畜産組合第４回乳牛能力共進会（於　赤坂三会堂）での福原克二（北米沙市日本人酪農組合理事／兼沙市日米人市乳連合組合理事）の講演録をまとめたものである。福原はアメリカでの実績を提示し、体格面においても、学力面においても、牛乳飲用の効果が「好成績」で有ると主張し[130]、同じ頃に赤十字が発行した「牛乳は最上食品である十大理由」を以下のように挙げている。

一．牛乳は病氣に侵されない様にからだを強くして呉れます。
二．牛乳は石灰分を澤山含んで居ります。其為に立派な歯が出揃ふのです。
三．牛乳は御腹の消化作用を良い工合にして呉れます。
四．牛乳は身體の發育と健康に必要なヴイタミンを含んで居ります。
五．人が働きの出來る様にと其原料として薪となります。
六．牛乳はからだの弱つた處を直して呉れます。

七．牛乳は強健な骨を造つて呉れます。

八．牛乳は小兒の營養不良になるのを豫防して呉れます。

九．牛乳は夫れだけで十分釣合の取れた食料となり人の能率を增進します。

一〇．牛乳は一番安くて一番澤山の營養價値を持つて居ります。

また本書には、「食糧大臣」ハーバード・C・フーバーが行った調査にて、幼児、小児の「營養食料」として、「牛乳を措いて他に適當な代用品はない」という結論が出たことを踏まえ、アメリカで展開した宣伝活動についても紹介している。それによれば、アメリカ各地に、「牛乳宣傳事業の本部」として「州酪農會議」、「郡市酪農會議」などが設置され、「兒童健康デーの企画」、「小學校でランチに牛乳を生徒に用ひさせる運動」、「牛乳實物宣傳事業（牛乳の無料又は極安價に供給する事）」、「母の會其他の諸國體に對する牛乳料理の講習事業」、「動物實地飼養試験を公衆に觀せる企」、「牛乳の知識と其効能を周知せしむる為、幾多の小冊子や、ポスター（図4–2–18）や、模型や、繪畫や、活動寫眞、幻燈、演劇其他色々のものを製作すること」などの取り組みが行われていたことが伝えられている。例えば「米國農務省発行」のパンフレットには、「あなた方の御子さん達に牛乳を御遣りなさい。貴君方も牛乳を御使ひなさい!!!」と記され、「牛乳をモツト澤山喰べる法食物は牛乳で調理して召上がれ」として、牛乳を使った料理を奨めることのみならず、バターやチーズ、アイスクリームなどの乳製品を積極的に食生活の中に取り入れるべきと説かれている（図4–2–19）。なお福原も、「乳、バター、アイスクリーム、及チーズは成長を促進し、健康を與へる食物です將來の大國民は今日の健康な兒童に俟たねばなりません、故にどこの家庭でも此活力ある食物を充分に且つ何時までも用ひねばなりません」[131] と、牛乳に限らず、多様な乳製品を取り入れるべきとの考えを示している。

図4–2–18　アメリカで作成された牛乳宣伝ポスター
（『北米沙市に於ける市乳の状況』1924）

こうした牛乳・乳製品への関心の高まりは、1920年代の書籍の中でより盛り上がりをみせることとなり、家庭の主婦を対象とした書籍（『育児法と牛乳の用ひ方』『牛乳の飲み方（子安叢書第４編）』『牛乳の話（京都市社会課叢書第４編）』）も相次いで出版された。なお『牛乳の話』（1922）は、京都市社会課・京都婦人連

図4-2-19　アイスクリーム宣伝ポスター
（『北米沙市に於ける市乳の状況』1924）

合会共同企画による「食料品大講演会」（1922. 4. 11〜16開催　講演者；奈良女子高等師範学校教授・石沢吉麿）の講習記録である。本会は京都府立第一高等女学校にて、家庭の主婦を対象に開催された乳製品の講演会で、ここでもやはり「有名なマツコラム氏、フランク氏等の學者」による新しいビタミンの発見により、ビタミン豊富な牛乳、牛酪、クリームの価値が再考されたことに言及している。また『愛児の躾と親のたしなみ（我が子の躾方叢書　第八編）』（1925）には、牛乳嫌いな子供には、アイスクリームで慣れさせる方法や「ココア」や「チョコレート珈琲」などに少量混ぜて飲ませる方法などの提案もみえる。さらに『命は食にあり』（1925）では、「牛乳はドクンドクンと一息に呑まぬ方がよい。之れドク飲みすると胃内で牛乳が凝固して大きな塊となり消化が悪くなるからである。故に牛乳は大人でも、小兒でも、チビリチビリと少しづゝ樂しみながら咀む真似をして唾液を混ぜて嚥下するが合理的である」とし、牛乳をのむ機会のない「田舎」の子供達むけに「喰はず嫌ひ」とならないための「飲み方の練習」が必要であるとしている[132]。いっぽう『乳児の育て方（愛児叢書　第1編）』（1923）や『愛児の躾けと育て』（1924）においては、「人工榮養」による育児の成功例が紹介され、経験上の詳細なコツや手順も示されている。

このように1910年代から1920年代にかけての時期は、牛乳・乳製品のイメージが、母乳の代用品から家庭の定番食品として再構築された重要な時期といえる。主にアメリカでの新しい牛乳・乳製品観に学び、日本が直面する諸問題に対応させながら、幼少期からの身体作りに牛乳や乳製品を利用する動き（図4-2-20）が顕著となる様子が、ここで確認できるのである。

図4-2-20　「健康の基は子供時代より築け」
（『命は食にあり』1925）

第3節　広がりをみせる乳製品

大正期には、書籍に紹介される乳製品の種類にも幅がみられるようになる。先にも挙げた『生物界之智嚢　動物篇』(1916) においても、牛乳の他に、「やぎ」「となかひ」「うま」「ろば」「らくだ」「すゐぎう」「ひつじ」の乳の利用法や効能のみならず、「バタ」「チーズ」「コンデンスミルク」「コナミルク」「ヨーグルド」といった乳製品の製造法や特徴についての記述[133]が確認できる。また「バタ」の「需用」は近年多くなってきたとし、「政府のバタ製造奨勵」により「大抵輸入品であつた」「バタ」が、「下總の三里塚と十勝國真駒内との御料牧場」に設けられた「模範工場」での製造が奨励されたことを機に、「國内に於ける需用高の約八割位迄は、内地品で間に合ふようになつた」と記されている。しかし「チーズ」に関しては、「バタの堅くなつたようなもの」で、「小さく切つてパンと共に食べ、又其の儘食べるもの」と説明しながら、「歐米では、主要なる營養食品の一つであるが、我國では未だ需用が廣くない」と、その普及が芳しくないことを記している。

しかしこの時期に牛乳同様、注目されていた乳製品があった。ヨーグルトである。本書にも、「ヨーグルド」は「近年流行する、牛乳製品の一つである。牛乳に乳酸菌を加へ、醗酵さして造る。或る意味に於て、牛乳を腐らしたものといえる。糊状のもので、東京では、着色硝子製コツプ（蓋のある）に入れて、配達して居る」と説明され、乳酸菌は「ブルガリヤから取つて來た、ブリガリヤ菌でなけねばならぬ」とある。特にこの時期、ヨーグルトが叶えてくれる「長命」という効能が期待されていたようで、人口問題に苦慮していた日本人にとって、食生活の改善を実現する理想的な乳製品として評価を集めていたようである。実際1910年代には、『不老長寿論』(1912)、『ヨーグルト製造学　上巻』(1914)、『病根掃滅活力増進　長寿霊剤製法』(1914)、『実験ヨーグルト製造法』(1915) などのヨーグルトの専門書が著わされ、また『不老長生之秘訣』(1912)、『御存知でせうか』(1915)、『不老不死』(1915)、『食物の経済』(1918)、『人生と食物』(1918)、『飲食物の話　科学世界』(1920)、『家庭新知識　第2輯』(1921)、『文化のさきがけ　発明家と発見家』(1924)、『育児集談母のつとめ』(1925) などの書籍においても、ヨーグルトを評価する記述が確認できる。

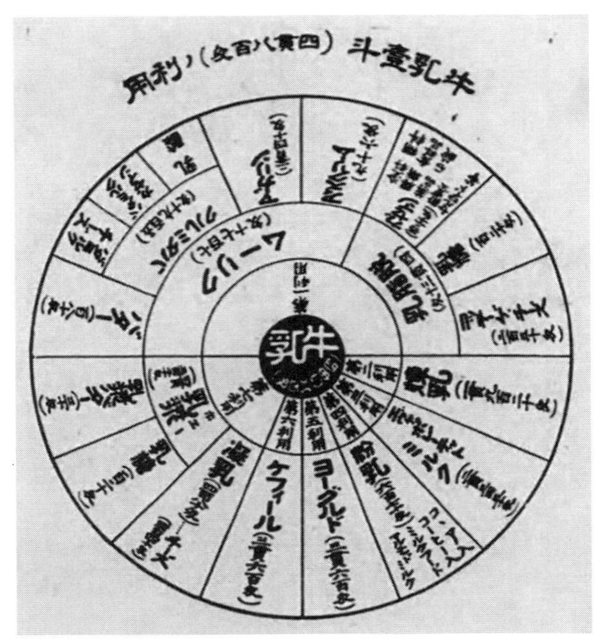

図4-2-21　牛乳から生まれる乳製品（『牛乳及加工学』1924）

『不老長生之秘訣』には、「乳酪」とは「特殊の細菌作用によりて牛乳に酸味を帯ばしめ豆腐の如くに凝結せしめたるもの」であり、これを常用することで「人間老衰」の原因である「大腸の自働的毒染」を防止できるとするメチニコフの考えを挙げている（なおメチニコフの原著はすでに『不老長寿論』(1912)として翻訳出版され、大隈重信が序を寄せている)。

いっぽう『ヨーグルト製造学　上巻』は、日本で最初のヨーグルト専門書に当たる。著者の横田重夫は、本書の記述によると、「北里博士の傳染病研究所」・「愛光舎」・「大倉牛乳店」に学んだ経緯があったようで、「メチニコフ博士」の功績、ヨーグルトの歴史や逸話、乳酸菌、種類、効能、成分、製造法、保存法、消毒法などについて詳細にまとめ上げている。また欧米各国において、メチニコフの「長壽の妙奥は啻ブルガリス乳酸菌の飲用にあり」との学説のもと、ヨーグルトが「長壽薬」として評価されているとも記している[134]。さらに「我國に於けるヨーグルトの由来」として、ヨーグルトへ着眼するきっかけとなった時代の様子を次のように記している。

> 明治四十四年五月、細菌学者肥田氏指導の下に愛光舎より市場に提供せられしを抑々の嚆矢とす。翌四十五年の五月頃和田牛乳店に發賣せらる。當時市況甚だ奮はず其の需用者は始めは醫界の人か、さなくば之れを熟知せる或る一部の小數の人に限られき。されど其の後この偉大なる營養價値及び醫治的効果は廣く社會の人士に認められ現今では市中到る所の牛乳店これが設備を競うふに至れり[135]

さらに『病根掃滅活力増進　長寿霊剤製法』では、「牛乳に優る効能」として、ヨーグルトに牛乳以上の効能があると評価する。そして「凝乳は牛乳よりも数等母乳に近似してゐる」と主張する「獨逸の大家オルチヤネツキー」の説を紹介し、実際「凝乳」は牛乳よりも消化が良いため、「胃腸の弱い者」も「健康者」も「進んで」飲用するようすすめている[136]。

しかしヨーグルトの飲用に反対する意見も確認できる。『家庭新知識　第２輯』には、「近來、ハイカラな人達の間には、健康長壽の薬だと云つて酸乳（ヨーグルト）を飲用する人が尠く無い」が、「メチニコツフ氏の所説を其まゝに盲信する上にもハイカラがつて効果の分らないヨーグルトを愛用するが如きは私共の取らざる處である」といった記述もみえている[137]。

ともあれ、大正期には乳製品産業も一層の広がりをみせ、洋菓子から乳酸飲料、粉ミルクなどに至るまで、多くの定番乳製品が誕生している（**表4-2-2**)。『牛乳及加工学』(1924) に掲載された「牛乳壹斗（四貫八百匁）ノ利用」(**図4-2-21**) をうかがうと、牛乳から広がりゆく多様な乳製品の関係性も理解されるだろう。そして、このように認識される乳製品が多様化するなか、『バタ、チーズ簡易製造法』(1916)、『乳製品製造法講義』(1917)、『農家経済農産食料品製造』(1918)、『乳産品製造法』(1919)、『家畜奨励論　附東京府下大島』(1920)、『牛乳及加工学』(1924)、『最新産牛講話』(1924) などといった畜産業や乳製品の製造に関する書籍の出版も相次ぐようになる。明治期においても、製造法や酪農に関する書籍は出版されていたが、特に第一次世界大戦後の傾向として、畜産業を新しい産業として発展させることを奨励する動きが顕著となるのである。

例えば『バタ、チーズ簡易製造法』(1916) の「凡例」・「總説」には、「我國では明治以來の新事業であつて食物として常用される様になつたのはほんの此頃であるから牛乳其のもの、成分に對

表4-2-2　明治・大正期における乳製品発展史

1872	この頃、写真家の下岡蓮杖、横浜公園前にて、牛乳屋「北辰社」開業。 値段を下げたら、水を混ぜた牛乳だと悪評がたつ。
1877	村上開新堂、東京にて、シュークリーム発売。
1880	三橋堂、東京東両国元町にて、西洋アイスクリーム（定価50銭より）発売。
1883	高木第四郎、熊本市鷹匠町にて、「弘乳舎」創業。牧場を経営し、牛乳を販売する。 弘乳舎という屋号は「牛乳を弘く社会に普及する天下国家への奉仕」を意味する。
1884	凮月堂の米津松造、シュークリーム発売。
1885	花島兵右衛門、静岡県三島にて、牛乳販売会社「農牧舎」設立。
1885	石川要之助、横浜根岸町にて、牧場設置。牛乳の搾乳・販売開始。 乳牛飼育法は、イギリス人カ—クードより伝授。牛乳の衛生に留意した管理法が評判を呼び、イギリス・ドイツの海軍病院、カナダ郵船会社、グランドホテルなどから注文が入る。
1886	岩淵利助、札幌にて、「乳楽軒」開業。瓶詰牛乳発売。後に渋谷房次郎に煉乳製造技術を伝授。
1887	東京銀座にて、ミルクホール「千里軒」開業。椅子に腰掛けてミルクを飲むスタイルのはじまり。
1887	森脩、忍町（現　行田市）にて、森牛乳店設立。
1888	鄭永慶、東京下谷にて、本格的な喫茶店「可否茶館」開設。コーヒー一杯１銭５厘、牛乳入り２銭。
1889	氷砂糖屋の福田助次郎、東京銀座にて、湯または温かい牛乳に入れて飲むコーヒー入り角砂糖発売。
1889	神津邦太郎、ジャージー牛に牛乳よりバター製造開始。苦心の末、福沢諭吉の尽力などで販路を全国拡大。
1889	伊藤左千夫、東京本所にて、乳牛改良社設立。牛乳搾取業開始。
1890	宇都宮仙太郎、札幌にて、小さな牧舎を持ち、市内で最初の牛乳販売業に着手。
1896	花島兵右衛門、練乳用真空釜製造。金鶏印練乳発売。
1897	この頃、大木清七（現　大木乳業）、静岡県伊豆にて、乳牛を飼い、牛乳の販売開始。
1899	大農場式牧場小岩井農場、岩手県雫石にて、牛乳販売開始。
1899	札幌煉乳合資会社設立。余剰牛乳の解決策として、北海道で初めて民間煉乳製造に着手。 熊印煉乳ブランド誕生。
1899	東京の愛光舎の角倉賀道、アメリカから帰国し、細口色つき瓶を打栓し、蒸気殺菌した「滅菌牛乳」発売。
1900	阪川牛乳店、「消毒牛乳」発売。
1900	農商務省、七塚原種畜牧場設置。乳製品の製造開始。
1900	北海道のトラピスト修道院にて、バター製造開始。1903年頃より、本格化。
1901	塚田甚太郎（現　塚田牛乳）、新潟県西頚城郡にて、牛乳製造販売開始。
1902	資生堂主人福原有信、東京銀座にて、ソーダ・ファウンテン開設。アイスクリームとソーダ水の市販開始。
1902	小岩井農場にて、製乳所完成。バターの量産開始。発酵バター発売。
1902	東京の強国舎の田村貞馬、「蒸気殺菌牛乳」発売。
1904	マリー・ゼアン・ボアン、北海道函館の湯の川村天使園にて、ソフトチーズ、ゴーダチーズの製造開始。
1904	相馬愛蔵（現　中村屋）、東京にて、クリームパン考案。
1904	ドイツ留学帰りの橋本左五郎、煉乳の乳糖結晶研究に着手。後に、結晶の微細化、均一化に成功する。
1906	農商務省、月寒種畜牧場設置。バター、チーズ、練乳の製造開始。
1907	岡山市にて、温かい牛乳を出す「広瀬ミルクホール」開業。
1907	針谷亀吉（現　針谷乳業）、宇都宮市にて、乳牛３頭を借用し、牛乳の処理販売業開始。
1907	十勝にて、北海道煉乳合資会社設立。
1908	森永西洋菓子製造所（現　森永製菓）、ポケットキャラメルブリキ印刷缶（10粒10銭）発売。
1910	左近彦四郎、蟹缶工場を売却し、札幌煉乳所開設。 余剰牛乳処理の窮状を目の当たりにしたことがきっかけ。
1910	橋本左五郎、松田小彌太に真空釜（バキウムパン）を製造させる。
1911	河合茂樹、札幌酪農園煉乳所設立。内容は同じだが、「孔雀印」（東京向け）、「旭印」（北海道・東北地方向け）、「金章印」（横須賀鎮守府向け）の三つの商品を販売。しかし病気のため、煉乳所は1915年に廃止。 使用していたゼット・ウェット・コンデンサー（Ｚ式銅製真空蒸発器）は、渡島当別のトラピスト修道院へ譲渡。
1911	宮脇富、カンザス農科大学での留学より帰国。橋本左五郎の下、乳糖結晶問題に取り組む。 1932年には、粉ミルク製造用宮脇式遠心噴霧機開発。
1912	東京麹町の阪川牛乳店、農科大学教授津野慶太郎博士の指導を受け、乳酸飲料「滋養食品ケフィール」（馬乳酒）発売。 価格は一合（180ml）６銭。

1912	十勝の晩成社牧場（経営者　依田勉三）にて、房州の高橋銀太郎煉乳工場の系を引いた「成印煉乳」誕生。東京方面への出荷を目指す。
1913	森永製菓、ミルクキャラメル発売。バラ売り１粒５厘。
1913	ネスレ・アングロ・スイス煉乳会社、横浜にて、英国ロンドンの極東輸出部の管轄の下、日本支店開設。
1914	東京の上野公園にて、東京大正博覧会開催。20粒入10銭の紙製サック入りキャラメルが大好評に。
1914	森永製菓、ポケット用紙サック入りミルクキャラメル（10粒入り５銭）の大量生産開始。
1915	三島海雲、モンゴルでの生活を活かし、酸乳・乳酸菌の製品化に着手。 翌年、酸乳を発酵させて砂糖を加えたクリーム「醍醐味」の開発に成功し、生産販売開始。
1915	北海道渡島の当別トラピスト修道院にて、無糖練乳の製造開始。
1917	和光堂薬局（現　和光堂）の大賀彊二、牛乳の粉末化に成功し、育児用粉乳「キノミール」発売。
1917	東京恵比寿にて、ラクトー株式会社（現　カルピス）設立。「醍醐味」・「醍醐素」など発売。
1917	広島合資ミルク会社（現　チチヤス）の野村保、日本で初めてヨーグルト発売。
1917	札幌煉乳場と花島煉乳所（静岡県三島）が合併し、極東煉乳株式会社（現　明治）設立。 煉乳などの製造開始。
1917	町村金弥の長男敬貴、アメリカより帰国後、石狩市地区にて、町村牧場開設。
1918	ラクトー株式会社（現　カルピス）、「ラクトーキャラメル」（生きた乳酸菌入りキャラメル）・「チャンドラ」（ピーナッツに乳酸菌を混ぜたキャンディ）発売。しかし長続きせず。
1918	森永製菓、日本初のチョコレート一貫製造による国産ミルクチョコレート（１個15銭）発売。
1919	ラクトー（現　カルピス）、酸乳をベースにした乳酸菌飲料「カルピス」発売。
1919	山村定次郎（現　山村乳業）、三重県伊勢にて、パスチャライズ殺菌の牛乳発売。
1919	森永製菓、日本初の飲用ココア「ミルクココア」発売。
1919	加藤時次郎、東京にて、パン軽便食堂「平民パン食堂」創業。パン・バター・野菜スープ・紅茶で15銭。
1920	森永製菓、錦田練乳工場にて、機械装置（パフロバック社製円筒式乾燥機）による全脂粉乳（ドライミルク）の製造開始。 翌年発売。
1920	冨士食料品工業（現　冨士乳業）、東京深川にて、アメリカ製アイスクリームフリーザーによるアイスクリームの工業生産開始。
1920	守山謙（現　守山乳業）、日本初の珈琲牛乳（20銭）発売。東華軒にて、販売開始。以後、駅の名物に。珈琲牛乳誕生のきっかけは、ハワイ在住の住田多次郎（住田商会初代社長）に、珈琲豆を託されたことがきっかけ。
1921	江崎商店（現　江崎グリコ）の江崎利一、栄養菓子「グリコ」を試験販売。 翌年、大阪三越百貨店にて発売開始。
1922	北海道極東煉乳、アメリカから低温殺菌設備輸入。札幌にて、「パストライズド・ミルク」発売。
1922	藤井林右衛門（現　不二家）、ショートケーキ（１個８銭）発売。
1923	佐藤貢（現　雪印メグミルク）、自助園牧場にて、三色アイスクリーム販売。好評を得る。
1923	小林圭助（現　フジヤ乳業）、熊谷市にて、アイスクリームの製造販売開始。
1924	極東煉乳（現　明治）、アイスクリーム製造開始。
1924	大日本製乳㈱、メーレル・スール（Merrell-Soule）式噴霧乾燥装置を輸入し、噴霧式にて全脂粉乳製造。
1926	明治製菓、ミルクチョコレート・ココア発売。

※東四柳作成

参考　山内義人『北海道煉乳製造史』大日本製酪業組合編・発行、1941
『新北海道史　第三巻　通説二』北海道編・発行、1971
『新北海道史　第四巻　通説三』北海道編・発行、1973
成田龍一『加藤時次郎』不二出版、1983
木村勝太郎『北海道酪農百年史　足跡と現状及び人物誌』樹村房、1985
佐藤貢『感謝の生涯　蚯蚓と牛乳』佐藤貢、1985
下川耿史監修・家庭総合研究会編『明治・大正家庭史年表』河出書房新社、2000
蝦名賢造『町村敬貴伝』大空社、2000
林弘通『20世紀乳加工技術史』幸書房、2001
大日本製酪業組合編・山内良仁『北海道煉乳製造史』
江原絢子・東四柳祥子『近代料理書の世界』ドメス出版、2008
江原絢子・東四柳祥子『日本の食文化史年表』吉川弘文館、2010

各社 HP　江崎グリコ・雪印メグミルク・不二家・フジヤ乳業・日本アイスクリーム協会
山村乳業・チチヤス・和光堂・鉢谷乳業・中村屋・塚田牛乳・大木乳業・カルピス・明治・守山乳業

する智識の至つて尠い結果、朝飯前の仕事の様に始めた事が存外思ふ様にならないので随分手を焼いた人もあると云ふ事である」と説かれ、「學者の参考書」ではなく、「あくまで實地製造に當る農家、牧場の實務家」向けに編纂したと明示されている[138]。いっぽう『乳産品製造法』（1919）に序を寄せている東京帝国大学教授で獣医学博士の田中宏も、「乳産品」の需要が日々高まりをみせているのに反し、その製造に関する知識が未だ普及していないことにふれ、「今ヤ世界的大戦亂モ平定ヲ告ゲ諸般ノ秩序回復ニ向フノ秋ニ當リ此擧アルハ誠ニ時宜ヲ得タルモノト稱スベく本邦ニ於ケル畜産業ヲ啓發シ農家ノ経済ニ裨益スル所蓋シ尠カラズト信ズ」と、畜産業の未来に期待する声を記している[139]。また『家畜奨励論　附東京府下大島』（1924）を著わした森永製菓株式会社社長・森永太一郎も「茲に於て不肖は産業振興策のため日本の農家に副業として乳牛其他の家畜家禽を奨勵して以て全國に普及させたい[140]」と、キャラメルなど乳製品を使用する食品で成功を収めた企業人の目線で畜産業の発展に期待し、本書を著わしたとの想いを吐露している。

実際明治期までの畜産奨励は、「家畜の改良増殖」に重点が置かれる傾向にあったが、大正15年（1926）には「乳肉卵共同処理奨励条例」も公布され、畜産組合などが行う搾乳、牛乳処理に関する設備に奨励金が交付されるシステムも構築されている[141]。こうした乳製品需要の高まりを受け、芽生えた新しい産業振興としての畜産業へのまなざしもまたこの時期の特筆すべき動きといえる。

註

１）雪印乳業株式会社広報室編『牛乳と日本人』新宿書房1988、p. ８.

２）雪印乳業株式会社広報室編：前掲書、p. 48.

３）金木精一編『安房酪農百年史』安房郡畜産農業協同組合、1961、p. 18.

４）しかし明治期以降、「白牛酪」が広く知れ渡っていたかどうかについては疑問も残る。明治期の農書『農産製造篇』（1892）には、「享保年ニ至リ江戸幕府ハ白牛三頭ヲ安房嶺岡ノ牧場ニ放チ酪ヲ製シタリシカ爾後其牛蕃殖シ酪ハ以テ衆庶ノ薬用ニ供シタリト云フト雖モ今日殆ント人ノ知ラサル所トナレリ」とあり、社会に認知されていたとは言い難い状況について記されている。

５）チェンバレン　高梨健吉訳『日本事物誌１（東洋文庫131）』平凡社、1969、p. 12.

６）仮名垣魯文『牛店雑談安愚楽鍋　一名奴論建　初編』誠至堂、1871、p. ６.

７）横瀬文彦訳　阿部弘国訳『西洋養生論　上』東生亀次郎、1873、p. 15.

８）横瀬文彦訳　阿部弘国訳：前掲書、pp. 15-16.

９）福田恒久編『明治形勢一斑　巻之上』万笈閣、1878、p. 14.

10）篠田貞吉訳纂『通俗飲食養生鑑　食餌之部』應春堂、1879、pp. 28-29.

11）萩原乙彦『東京開化繁昌誌　初編　巻之下』万青堂、1874、p. ７.

12）今関常次郎述『農産製造篇（実用教育農業全書　第３編）』博文館、1892、p. 216.

13）東四柳祥子「日本の乳製品150年史」（『Vesta（95）』所収）味の素食の文化センター、2014、pp. 38-43.

14）山内義人『北海道練乳製造史』大日本製酪組合、1941

15）窪田喜照　全国酪農協会編『日本酪農史』中央公論事業出版、1965

16）日本乳製品協会編『日本乳業史』日本乳製品協会、1960

17）日本乳製品協会編『日本乳業史　第２巻』日本乳製品協会、1978

18）野村泰三『日本乳製品小史』有隣堂出版、1969

19）木村勝太郎『北海道酪農百年史』樹村房、1985
20）雪印乳業株式会社広報室編：前掲書
21）細野明義「我国における牛乳と乳製品普及の系譜」（『中酪情報（別冊）』所収）中央酪農会議、2010. 12、pp. 36–38.
22）熊田宗次郎編『赤毛布　洋行奇談』文禄堂、1900、pp. 99–101.
23）渡辺斬鬼編『名流百話』文錦堂、1909、p. 68.
24）嬌溢生『名士奇聞録』実業之日本社、1911、pp. 20–21.
25）松下軍次『信濃名士伝　初編』松下軍次、1894、pp. 389–442.
26）松下軍次：前掲書、pp. 51–87.
27）大月隆編『成功百話』文学同志会、1910、pp. 9–15.
28）古林亀治郎編『現代人名辞典』現代通信社、1912、p. 11.（ヲ）
29）福地桜痴『両面仮与眞』金港堂、1895、pp. 58–59.
30）池辺義象『沸国風俗問答』明治書院、1901、p. 31.
31）原精一郎　土屋良蔵閲『日常衛生毒の話』広文堂、1904、pp. 141–142.
32）チェンバレン　高梨健吉訳：前掲書、p. 233.
33）内田百閒『御馳走帖』中央公論社、1979、pp. 125–126.
34）内田百閒：前掲書、pp. 126–127.
35）江原絢子　東四柳祥子『近代料理書の世界』ドメス出版、2008、pp. 38–39.
36）上村直己「近藤鎮三略伝：初期ドイツ学者の歩んだ道」（『熊本大学教養部紀要　外国語・外国文学編（26）』所収）熊本大学、1991、pp. 53–72.
37）和仁皓明「乾酪製法記（翻刻其ノ一）」（『東亜大学紀要（5）』所収）東亜大学、2005、pp. 1–7.
38）木村秀次「『西洋聞見録』の漢語　宗教・文学・言語に関する語」（『明解日本語（1）』所収）明海大学、1995、pp. 37–50.
39）友田清彦「明治期における一農政官僚の足跡と業績―農業啓蒙家・後藤達三と農業結社―」（『農村研究（108）』所収）東京農業大学農業経済学会、2009、pp. 1–10.
40）小川詰行編『沢田俊三君略伝：米国法律学士』学友社、1890
41）吉田賢輔訳『物理訓蒙　中編』吉田賢輔、1872、pp. 1–4.
42）エフ・エッチ・ゲッセル　村田文夫訳述『絵入子供育草　巻之上』汪彫楼、1873、p. 27.
43）杉田玄端訳『幼童手引草　2編　巻之上』致高館、1874、p. 7.
44）篠田貞吉訳纂：前掲書、p. 27.
45）エドワルド・スミッス　松本駒次郎訳『健全論　上』文英堂、1879、p. 22.
46）東京大學法理文三學部編『學藝志林』日就社、1879、p. 305.
47）近藤芳樹『牛乳考』日新堂、1872
48）田中玄達『牛乳脚気治験録』江藤喜兵衛、1878
49）ヘンリー・チャアス　松本順閲　澤田俊三訳『育児小言（智巴士氏）初篇の1』気海楼、1876、p. 35.
50）ヘンリー・チャアス　松本順閲　澤田俊三訳：前掲書、pp. 16–17.
51）エドワルド・スミッス　松本駒次郎訳：前掲書、p. 22.
52）エフ・エッチ・ゲッセル　村田文夫訳述：前掲書、pp. 26–27.
53）ドクトル・クレンケ　ハルトマン　近藤鎮三訳『母親の心得　上』近藤鎮三、1875、p. 35.
54）エフ・エッチ・ゲッセル　村田文夫訳述：前掲書、p. 29.
55）ドクトル・クレンケ　ハルトマン　近藤鎮三訳：前掲書、p. 33.

56）ドクトル・クレンケ　ハルトマン　近藤鎮三訳：前掲書、p. 21.
57）ダアレー『育幼草』今村謙吉、1880、pp. 27–32.
58）ヘンリー・チャアス　松本順閲　澤田俊三訳：前掲書、p. 20.
59）ヘンリー・チャアス　松本順閲　澤田俊三訳：前掲書、pp. 33–34.
60）杉田玄端訳『幼童手引草　初編　巻之上』致高館、1873、pp. 15–17.
61）杉田玄端訳：前掲書、1873、p. 15–17.
62）杉田玄端訳：前掲書、1873、p. 17–20.
63）顕利哈都何侖　西村茂樹『家中経済　下』勝村治右衛門、1873、pp. 20–21.
64）和仁皓明「乾酪製法記（翻刻其ノ二）」（『東亜大学紀要（６）』所収）東亜大学、2006、pp. 1–12.
65）賢理斯的墳　後藤達三訳『農業問答（斯氏）三』勧業寮、1875　※本書の原典は、Alex Langlands（ed.）：*Henry Stephern's Book of the Farm*（Batsford、2011）として再版されている。
66）大日本農会「後藤達三君小伝」（『大日本農会報告（131）』所収）大日本農会、1892、pp. 34–35.
67）友田清彦：前掲書、p. 8.
68）友田清彦：前掲書、p. 2.
69）宮崎柳條編『西洋百工新書　前編』牧野善兵衛、1876、pp. 36–38.
70）須藤時一郎編『万宝珍書　食料之部』文恭堂、1873、pp. 5–6.
71）鈴木孝達『妊婦の心得』鈴木孝達、1880、pp. 40–44.
72）櫻井郁治郎閲　矢守貫一編『育児の種』矢守貫一、1883、pp. 9–17.
73）鳥谷部政人『医療捷径』内科新論出版事務所、1886、pp. 89–92.
74）ビヨルネル編　伊勢錠五郎訳『医科十二要』伊勢錠五郎、1887、pp. 184–196.
75）山崎元脩譯『産婆論　巻之七』小柳津要人、1886、pp. 847–867.
76）三嶋通良『はゝのつとめ　子の巻』丸善、1892、pp. 14–24.
77）藤田寛治『智育体育遺伝教育書』東香堂、1896、pp. 23–24.
78）進藤玄敬『育児必携　乳の友（寸珍百種　第47編）』博文館、1894、pp. 82–149.
79）進藤玄敬：前掲書、pp. 82–84.
80）弘田長閲　木村鉞太郎『普通育児法』金港堂、1901、pp. 81–105.
81）弘田長閲　佐多愛彦序　長浜宗佶『小児養育の心得（増補版）』長浜宗佶、1908、pp. 238–243.
82）吉田彌手閲　新治吉太郎編『通俗家庭教育』冨山房、1899、p. 37.
83）宮田守治　松本安子『男女生殖健全法』中央看護婦会、1900、p. 193.
84）民友社編『育児と衛生』民友社、1903、pp. 105–122.
85）加藤照麿著述『通俗育児衛生と小児病手当』集文館、1908、pp. 79–80.
86）加藤照麿述　羽仁もと子編『育児法』家庭之友社、1908、pp. 41–55.
87）高洲謙一郎編『小児ノ栄養発育及衛生』南山堂、1909、p. 1.
88）衛生新聞社編『関西杏林名家集. 第１輯』衛生新聞社、1909、高洲謙一郎君
89）高洲謙一郎編：前掲書、pp. 1–67.
90）竹内周蔵　岩田勇五郎『飲食物簡易検査法』警察学会、1903、pp. 35–36.
91）ルーブル社出版部編『大日本人物名鑑　巻４の２』ルーブル社出版部、1921、pp. 193–194.
92）河島右一編　天野馨編『月経より育児まで　母と娘の衛生問答』新橋堂、1921、pp. 353–354.
93）『牛乳飲用の栞』（1899）は、少々不思議な一書である。本書では、育児や治病、健康づくりなどで牛乳の需要が高まりつつある一方で、牛乳による結核や伝染病が蔓延している状況を指摘し、「唯一の營養品」が「害悪を流す媒介者」となり、牛乳の信用が地に落ちてしまったことを「文明國としての一大缺點」で

あると嘆いている。そこで愛光舎で販売した日本で最初の「無菌牛乳」の価値を知らしめようと、「愛光舎牛乳の特色十ヵ條」を示している。自家牛乳を宣伝する興味深い一書といえる。著者名は「愛光舎あるじ」とあり、角倉邦彦と記されている。しかし著名な医化学者であり、蛋白質研究の権威ともされている角倉邦彦は、明治23年（1890）生まれであるため、本書刊行時には９歳ということになり、少々つじつまが合わない。実際本書が刊行された明治32年（1899）は、東京府巣鴨にて、渡米がえりで医師でもある父・角倉賀道が愛光舎牧場を開設した年である。おそらく収録された専門性の高い内容からも、本書の著者は角倉賀道であると推察される。なお邦彦は、賀道の二男として生を受け、大正４年（1915）に北海道帝国大学（当時は東北帝国大学）農科大学農芸化学科を卒業後、鳥取高等農学校に勤務している。ドイツ・オーストリアへの留学を経、蛋白質の権威としての名を確かなものにした。（参考：穂積啓一郎「角倉邦彦先生と有機微量元素分析発祥の地～鳥取」〔『鳥取大学附属図書館報（120）』所収〕国立大学法人鳥取大学附属図書館中央図書館、2012. 10）

94）山口久四郎編『牛乳論』山口久四郎、1894、緒言

95）関戸雅城編『牛乳の話』関戸雅城、1907、p. １.

96）澤村眞『牛乳論』興文社、1908、序

97）山口久四郎編：前掲書、pp. 44–46.

98）http://www.atamispa.com/goatami/goannai/index.htm（2015年４月確認）

99）鈴木敬策『家庭における牛乳とその製品』天地堂、1908、緒言・p. 32.・pp. 72–73.

100）鈴木敬策：前掲書、pp. 97–98.

101）鈴木敬策『牛乳と乳製品の研究（実験応用通俗産業叢書　第14編）』博文館、1909、pp. 180–190.

102）白井悦子　遠山椿吉閲『家庭実用衛生料理法』実業之日本社、1910

103）村井多嘉子述　石塚月亭編『手軽実用弦斎夫人の料理談』第１編～第３編、実業之日本社、1910

104）阪本隆哉『滋養調製　病者の食餌』博文館、1904、p. 41.

105）澤村眞：前掲書、pp. 128–130.

106）池久吉『山羊の勧め』新宿農事試験場、1907、p. ２.

107）山下脇人『乳用山羊の飼養（実験応用通俗産業叢書　第７編）』博文館、1908、p. 14.

108）山下脇人：前掲書、p. ６.

109）佐藤良之助『牛乳に優さる乳の山羊』十文字商会、1908、p. ２.

110）佐藤良之助：前掲書、p. 45.

111）石上敏雄『新食療法提要』食養雑誌社、1913、p. 71.

112）食養研究会編『実験食療法』弘学館書店、1916、p. 11.

113）井上正賀『効験如神胃腸病食餌療法　附手軽ヂアスタース製造利用法』大学館、1914、p. 210.

114）井上正賀：前掲書、p. 211.

※井上は別著『諸病療養滋養食品詳説』（1914）にて、「牛乳よりも甘湯（一名甘酒）」という項を設け、子供にも大人にも「牛乳よりも寧ろ甘湯の方が遙かに滋養になる」と主張する。「米食人」ではない「欧米人」には適したものとは言えないが、「米を常食とする母の乳に依つて養はれ來たつた我邦人にはその米から造れる甘湯なるものは誠に好適の滋養品と云わねばならぬ（p. 58.）」とも記している。さらに井上は、玄米を麹菌の作用で糖化して「ヂアスタース」を発生させ、粉砕処理し、乳状にした「玄米ミルク」を発明し、牛乳に代わる子供用の滋養品としての利用を勧めている（『滋養絶大玄米食養法』pp. 175–208.）。また井上は、『強健無二自然育児法』（大学館1914）では、「犬乳」による育児論も紹介している。

115）志賀潔『肺と健康（社会文庫１）』三省堂書店、1914、p. 118.

116）志賀潔：前掲書、p. 121.

117）志賀潔：前掲書、pp. 121-125.
118）竹内薫兵『実験子供の育て方（家庭叢書　第4編）』中央報徳会、1916、緒言
119）平瀬龍吉『児童之福利』北文館、1918、序
120）伊藤一次　三上正毅『安価滋養食物の研究』実業之日本社、1916、p. 190.
121）松山亮蔵『生物界之智嚢　動物篇』中興館書店、1916、pp. 120-127.
122）田中幸一　木村善尭『こどもとはゝ』春陽堂、1925、pp. 215-253.
123）大林宗嗣『幼児保護及福利増進運動（大原社会問題研究所叢書　第1）』大原社会問題研究所出版部、1921、pp. 33-37.
124）赤沢義人編『新しい発明及発見　第2巻』大明堂書店、1922、pp. 328-330.
125）里正義閲　沖本佐一『食品としての牛乳』成美堂書店、1922、序
126）里正義閲　沖本佐一：前掲書、p. 114.
127）津野慶太郎『家庭向牛乳料理』長隆舎書店、1921
128）木暮操吉『最新産牛講話』有隣堂書店、1924、pp. 19-20.
129）岡道一『学校家庭児童の衛生』新陽堂、1922、pp. 46-49.
130）福原克二　粟津包勝編『北米沙市に於ける市乳の状況』東京牛乳畜産組合、1924、pp. 41-43.
131）福原克二　粟津包勝編：前掲書、p. 105.
132）戸所亀作『命は食にあり』新潟県衛生会、1925、pp. 79-80.
133）松山亮蔵：前掲書、pp. 120-135.
134）横田重夫『ヨーグルト製造学　上巻』大津医科器械店出版部、1914、p. 3.
135）横田重夫：前掲書、pp. 11-12.
136）鈴木治三郎編『病根掃滅活力増進　長寿霊剤製法』栄文館書店、1914、pp. 86-87.
137）田中香涯『家庭新知識　第2輯』大阪屋号、1921、pp. 36-38.
138）佐野力『バタ、チーズ簡易製造法』ブレデン社、1916、総説
139）田中宏校閲・序　高屋鋭『乳産品製造法』長隆舎書店、1919、序　※著者・高屋鋭の例言によると、田中は高屋の恩師に当り、本書の校閲を担当したようである。
140）森永太一郎『家畜奨励論　附東京府下大島』高浜二郎、1924、序言
141）鹿児島県酪農業協同組合連合会編『鹿児島県酪農史』鹿児島県酪農業協同組合連合会、1978、p. 15.

第５編　創造された日本料理
〜概念化の表出とその意義〜

第１章　新しい日本料理創出へのまなざし

これまでの考察では、近代日本の食生活に大きな変革を与えた異国の食文化の影響を受けながら、家庭向けに進言された食事改革の内実、新たに見直された子供の食のあり方についてみてきた。いずれも新時代が求めた富国強兵政策、物価騰貴などによる生活難問題に対応しながら、日本人の食生活に適するかたちで改良が加えられてきた経緯が理解され、今の食生活にも通ずるバラエティに富んだ日本独自の折衷料理、飯と汁を基盤とした食事形式確立の礎を築いてきたことが明らかとなった。

さて明治期以降の積極的な外来文化受容のなかで、日本料理イメージの改良もまた時代の課題とされた。鎖国体制下の江戸期までの日本においても、南蛮料理、卓袱料理、普茶料理といった外国料理の影響を受けた料理の成立もみられたが、その享受実態は長崎の出島や都市部に限られることが多く、日本料理の形式や精神を大きく根本から変化させるほどの力を持ち合わせているわけではなかった。

しかし明治期以降の料理書や文献には、これまでの伝統に学びながらも、新しい日本料理を作り上げることに興味を示す執筆者たちの主張が相次ぐようになる。例えば、明治26年（1893）に出版された『素人料理日用惣菜の栞　附家事経済の法』所収の「日本料理の沿革」には、著者・川邊新三郎（芳翠山人）の思いが、次のように綴られている。

> 我朝古く料理の法傳はりて上王公貴人より下庶人に至るまで其分限に應じ。之を用ひ延て民族一般上下普及廣く家事上に應用し遂に種々變化發達を見るに至りたり。其月にたはむれ花に酔いよろこびにつどい祝いにあつまる皆な此の善美をつくしてこそいとたのしく快よきにこそ其の菜果魚鳥を加減妙烹するにをいては我邦の特技とするところたり。思ふに本邦料理のことたる古く上古に淵源し庖丁膳夫を上位に列せしめたる如き且つ其式殊に嚴密にして

　精妙を極めたる其の貴重せらるゝまことに故あるなり。[1]

上記の引用からは、進化しつつある日本料理について言及しながら、食材を「加減妙烹」することを「我邦の特技」と説く著者の思いがみえると同時に、「上古」より「嚴密にして精妙を極めたる」技が継承されてきた経緯が評価されている。また本書では、『延喜式』に基づき、「山蔭中納言藤原政朝卿」を「本邦料理の祖」とし、料理流派「四條流」がその技術の伝承の要となったことにふれ、天正年間には「御獻立帳と名づく書」がすでに登場し、徳川時代以降、四條流の奥義を図解した『節目料理大全』、故実に富んだ「萬寶料理秘密箱」などの料理書が著されたことにもふれている。[2]さらに著者は新たな時代の幕開けとともに変容が求められた日本料理に着目し、「徒に古式典礼に拘泥してその實をあやまり迂遠に流れて變通を曉らざるは愚も亦甚だしきなり」と説き、「變化に應じて庖丁を加ふ可きなり」と語る。[3]さらに季節感を重んじる従来の姿勢に同調し、「四季の料理日用の惣菜はすべからくその四季の節にあはして適宜の嗜好に應じ取捨調烹なす可きなり」と記しながら、今後は「吾人の腸胃を調へ營養を供するに足るの調法」を目指すべきとする新しい考えも示している。[4]

また同時期に出版された『実用料理法』(1895) においても、「料理の書も、何くれと梓に上ぼり、竟に文化文政の驕奢を爲さしめ、江戸にては、八百善の料理通、大坂にては、素人庖丁等、世に稱へられ、調味の細微をつくし、庖丁の光輝を放ちたりき、蓋この時をもつて、我が國の料理法を藝めたるとも言ふべし」と、江戸期の料理書文化の興隆が日本料理を大成させたとの見方を示している。さらに明治期以降の食生活の概況について、「うつり代はる世に伴れて、料理のこともさまざまに變はりもて、古へも異邦の料理さへ入り來たりて、高麗煮、唐煮などゝ、積もる世のますます繁くなりにけり（中略）開くる世の料理は、内外の鹽梅をも交じへ、むかしの南蠻料理は、今の西洋料理に如かず、卓袱料理は、其が本なる、支那料理におし消たれ、和漢洋の三料理、厚を鬪はし、淡を競ひ、雲ふかき御邊にても、西洋の御料理をも調ぜさせ給ふと承はれば、まことに料理は世に伴れて、今ぞ前古に例なき、斯の道の旺盛を極むるとも言ふべかりける」と、日本料理、西洋料理、中国料理が競い合う状況にあったことについて言及している。[5]

実際筆者の調査でも、明治期から大正期にかけての時期に、日本料理という名称が徐々に浸透し始め、日本料理と題した料理書の出版が相次ぐ経緯も確認できている。なお大正期に出版された家政書『婦人宝鑑最新家庭全書』(1914) には、「自國の料理に日本と云ふ冠辭を加へて申さねばならぬと云ふ事は、誠に變でありますけれ共、此の頃は非常に西洋料理と云ふものが流行いたします所から、かやうに書物などへ載せる時は已むことを得ず、解りよいやうに右の如く書くを普通と致しますから、茲にもさう致したのでございます」[6]と、西洋料理の台頭に与して使用されるようになった日本料理という名称に違和感を感じながらも、対比的に使用されるようになった状況について言及する記述もみえる。

ともあれ、異国の食文化の受容は、自国の料理を見つめなおし、諸外国に比肩しうる新しい日本料理の特質を模索する契機になったとも思われる。そこで本章では、新たに受容された異国料理の影響を受けながら、新時代に沿う形で再構築された日本料理イメージの形成過程について論ずる。

特に専門料理人の世界のみならず、一般家庭向けに発信された出版物も調査対象とし、広く社会に認識させようとした日本料理イメージ醸成の過程を紐解くことを目指す。江戸期までの日本料理の伝統から脱却した新しい日本料理観の再編に尽力した貢献者たちの動きを追うことで、今日的な意味合いにつながる日本料理誕生のルーツを明らかにすることを主題としたい。

第1節　拡張する日本料理イメージ

日本の出版物の中で、「日本料理」という言葉が初めて登場するのは、1880年代である。筆者の確認したところによれば、『日本支那西洋料理独案内　附礼式及食事法』（1884）、『日本西洋支那三風料理滋味之饗奏』（1887）、『西洋朝鮮支那日本料理独案内』（1889）などの料理書の中で、「西洋料理」「支那料理』に対し、「日本料理法」「日本料理」と称した分類が登場し、江戸期の料理書を参考に編まれた料理法や献立が紹介されている。なお「日本料理」といった表記は確認できないが、「西洋料理」「支那料理」と区別した日本料理の項を設け、その食事法や料理法を伝えた『日本西洋料理指南　一名経済家必携』（1884）、『日本西洋料理早学』（1888）などの料理書も確認される。しかしこれらの料理書もまた江戸料理書の焼き直しや、江戸期から続く老舗料理茶屋・八百善の料理を基にまとめあげたものに過ぎず、新規に書き下ろされた内容とはなっていない。

さてこの時期の書籍を通し、日本料理のイメージを探ってみると、手間がかかるものとして認識されていたことがわかる。例えば『西洋朝鮮支那日本料理独案内』（1889）を編纂した飯塚栄太郎は、「日本料理」は、料理法の中で「最も労力と時間」をかけなければ、「好結果」を得られない料理であるとの考えを示している[7]。こうした日本料理の習得の難しさを示唆する記述は、料理の上達が女性の課題として求められ始めるにしたがい、女性読者を対象とした家事書の中でも言及された。例えば、『通俗経済絵入日用家事要法』（1889）には、「日本料理の仕方」として、「婦女の職分に属するもの丶中にて六ヶ敷ものハ料理なり[8]」と主張する記述がみえる。本書には、季節ごとの来客用の日本料理献立が例示され、さらに「味噌吸物」「すまし吸物」で使用する食材の組み合わせ例や「擬ひ玉子焼」「たいらぎするめ」「刺身」「麪鯛」といった4種のレシピが収録されている。

しかし、著者の伊東洋二郎は「客人へ酒などを出すとき」は、「その土地柄や時節柄」を考慮した「肴」を出すよう指示する姿勢も明記している。こうした季節や土地にあった食材で料理することをすすめる背景には、この時期の女性向け料理書や家政書に求められた社会的意義が関係している。つまり第3編でもすでに述べたように、家庭料理の習得は、不経済を戒め、出費を抑えるための手段として、特に家内領域の管理を任された女性の教養として求められていた。実際『日本西洋料理案内　一名経済家必携』（1884）にも、「割烹料理の法を究めば必らず其の出費少なく且つ其の味ひ美にして口に甘きを感ずべし而して人ハ樂みの爲めに働くものにして特に食を樂みとするものは過半なり一たび色氣離れて喰氣に入れば終身食を樂みとして職業を勉勵するは世の常なり[9]」との記述がみえ、料理に熟達することが家庭の出費を抑えるだけでなく、仕事のはかどりにも通じるとの見方が示されている。しかし本書においても、「甘美なるものを澤山食すべし[10]」という意図で出版されたのではなく、「經濟」のための指南書であることが説かれ、技術の研鑽を目的とするというよりむしろ経済料理の習得に力点が置かれている。なおこのあたりの分析は第3編でも述べたので、そちらを参照されたい。

そして1890年代に入ると、日本料理の具体的な特徴について語る書籍が増加する。例えば先にも述べた『素人料理　日用惣菜の栞』（1893）所収「第一章　日本料理の沿革」には、江戸期までに出版された「古術口傳」に則り、日本料理に肝要なものとして、「取合せの心得」を次のように紹介している。

> 物に色彩の合不合あり。形に適不適あり皆其固有の形に依て之を合はするに法あり。大は少を附し同を避け色の似たるを忌む油あるものには淡きをあしらい堅きは柔を取り汁あるものに汁なきを添ゆるが如く尤も心得肝要なり。[11)]

こうした見た目に気を配り、取合せを重視する日本料理のイメージは、1890年代の家政書や料理書において強調される特徴である。例えば、同時期の料理書『珍味随意素人料理』（1898）にも、次のような記述がみえる。

> 料理とは食物を煮焼して一つ品をも種々様々に用ひて一見品の異なるが如く一嘗其の物なるかを知らざらしむる様形ちを變へ味ひを異にするの技術にして食物の一の美術とも稱すべきものなり則ち其の品の取合せ、形ちの取合せ叉色の取合せ等にては先づ見て是れを賞せしめ味ひの取合を以て其の美味なるを嘆せしむべし然れども其の業や熟練と思考を要し普通人の能く爲し能ふことにあらざれとも其の大体を心得常に注意を怠らざれば利益する處少なからざるべし料理には取合せと云ふこと至つて大切なり則ち何品の相手には何品が宜しきとか例へば肉類には葱、松茸には豆腐、筍には海藻の類が適すると云ふが如く叉味ひの取合せには辛らき物には甘きを添へ酸味の物には甘き物、油濃きには淡泊なる物、柔らかき物には堅きを添ゆるとするが如く叉形ちの取合せは一方四角なれば一方は長めの物とか丸き物をあしらひ叉色の取合せには白き物には黒き物とか總じて同じ味ひ同じ形ち同じ色の幾個も重ならざる様注意すべきなり總て食物にても器物にても麁末なるもの價の安きものにても取合宜しければ思の外に味ひも甘く見栄えもするものなれば能く能く心得置くべきことなり是れ則ち料理上手の秘密なりとす[12)]

本書においても、日本料理は取合せにこだわり、「食物の一の美術」にまで高めることが求められる性質であると同時に、これまでの書籍同様、「業」「熟練」「思考」を要するため、「普通人」には会得が難しいものとの考えが示されている。

いっぽう、この時期には取合せを「献立」と称し、重視されるべき日本料理の要点として論じる主張も確認できる。『賓客饗応年中雑菜日用料理案内』（1894）には、「料理献立」のあり方が、次のように述べられている。

凡そ料理をするには献立を爲す法を知らざれバ如何程割目正しく味美く鹽梅するも料理を知らざるの笑を受くることあるなり故に先づ献立の事を能く心得るが肝要なり献立とは取合の事なり取合は味の取合色の取合形の取合四季の取合等なり此の取合の法なくんば其味と同じ甘きもの數種を交ぜ同じ色のものを取合するときハ体裁あしゝ又形に於ても同じ丸きものばかりを取合せたるときは盛方よろしからず故に甘き物には酸きものか辛きものを合せ又短き物には長き物を添へ、大なる物には小なる物を加へ又白き色の物には赤き物を附し其他汁氣ある物には汁氣なき物をあしらひ剛き物には柔なる物をあしらひ春の時候の物と夏の気候のものとを混じる等のことなき様に為すべきなり。之を献立といふなり[13]。（下線　東四柳）

上記の引用において、著者・清楼軒主人は、献立の心得の取得を「肝要」であると説きながら、味、色、形、調理法、食感、季節の「取合」を考慮することを推奨し、「四季本膳献立」「会席の部献立」「四季通用料理献立」「四季精進献立」「四季惣菜料理之心得」といった5部構成で料理書をまとめあげている。なおここで注目されるのは、本膳料理、会席料理、精進料理などを構成する汁、鱠（膾）、坪などの献立要素別に、春夏秋冬それぞれに適した旬の食材の組み合わせや献立の流れを例示する「四季献立」で展開しているという点である。なお筆者が調査したところ、明治初期の料理書には、江戸料理書の「四季献立」を引用したものが散見され[14]、当時の著者たちの間で焼き直しが頻繁に行われた様子が確認できた。例えば『賓客饗応年中雑菜日用料理案内』（1894）の「四

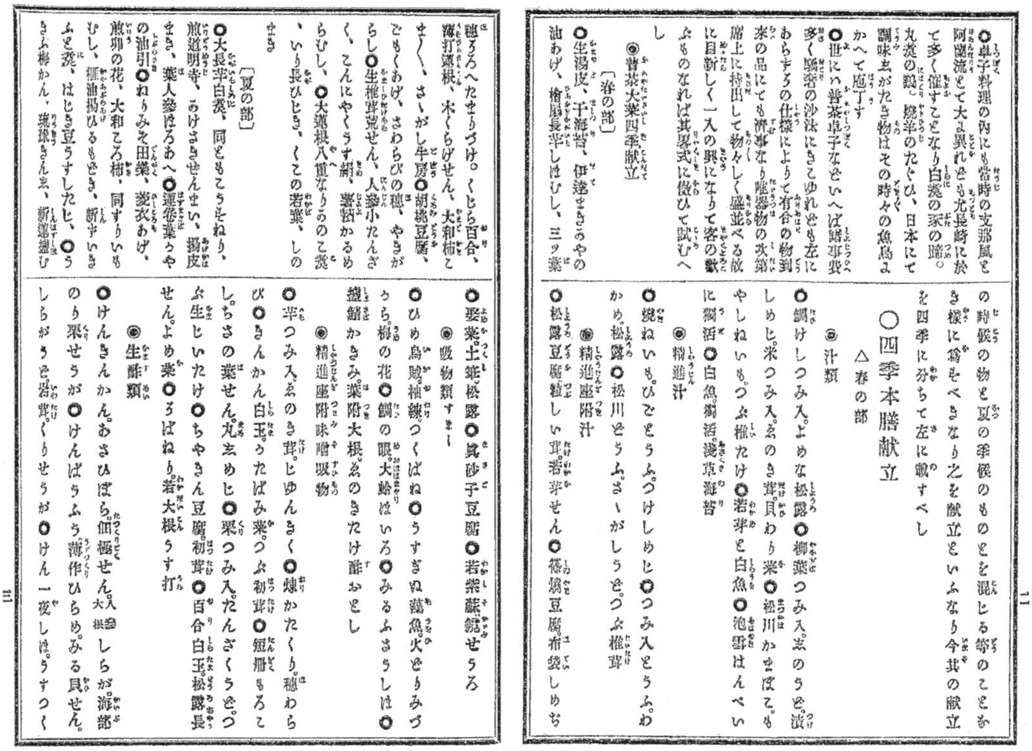

○卓子料理の内にも当時の支那風を阿蘭流とて大ゐ異れども尤長崎に於て多く催すこととなり白煮の家の蹄。丸煮の鍋し焼串のたぐひ、日本にて調味煮がたき物はその時々の魚鳥よかへて庖丁す
○世には普茶卓子などいへば精事状多く驕奢の沙汰にきこゆれども左にあらずその仕様によりて有合の物到来の品にても済事なり唯器物の次第席上に持出して物々しく盛並べる故に目新しく一入の興になりて客の歓ぶものなれば其略式に倣ひて試むべし
◎普茶大菜四季献立
〔春の部〕
○生湯皮、干海苔、伊達まきうのやの油あげ、檜扇長芋しほむし、三ッ葉

の時候の物と夏の季候のものとを混じる等のことなき様に為すべきなり之を献立といふなり今其の献立を四季に分ちて左に載すべし
○四季本膳献立
△春の部
◎汁類
○鯛けしつみ入。よめな松露○柳葉つみ入。煮のうど。漬しめじ。米つみ入。煮のき茸。貝わり菜○松川かまぼこ。もやしねいも。つぶ椎たけ○若芽と白魚○泡雪はんぺいに独活○白魚。独活。浅草海苔
◎精進汁
○焼ねいも。ひでとうふ。つけしめじ○つみ入とうふ。かめ。松露○松川どうふ。さゝがしうど。つぶ椎茸
◎精進座附汁
○松露豆腐粒しい茸。若芽せん○篠焼豆腐布袋しめぢ

穂ろうへたまりづけ。くじら百合、薄打蓮根、木くらげせん、大和柿こまし、さゝがし牛房○胡桃豆腐、ごもくあげ、さわらびの穂、やきがらし○生椎茸荒せん、人参小たんざく、こんにやくうす絹、薯蕷かるめらむし、○大蓮根八重なりのこ煮、いり長ひじき、くこの若葉、しのゆまき
〔夏の部〕
○大長芋白煮、同ともてうそねり、煎道明寺、あけさきせんまい、揚皮まき、薬人参ほろあへ○蓮巻葉うやの油引○ねりみそ田楽、菱衣あげ、煎卯の花、大和ころ柿、同すりいもむし、種油揚ひるもどき、新芋いきふと煮、はじき豆うすしたじ、○うきふ梅かん、琉球きさん煮、新蓮掛むし

○嫁菜。土筆。松露○真砂子豆腐○若紫蘇。鏡せうろ
◎吸物類すまし
○ひめ烏賊。柚練つくばね○うすぎぬ藻魚。火どりみづうら。梅の花○鯛の眼。大蛤はいろ○みるふさうしほ○盤鯖かきみ。葉附大根。煮のきたけ酢おとし
◎精進座附味噌吸物
○芋つみ入。煮のき茸。じゆんさく○煉かたくり。穂わらび○きんかん白玉。うたばみ菜。つぶ初茸○短冊もろこし。ちさの葉せん。丸煮めじ○栗つみ入。たんざくうど。つぶ生しいたけ○ちやきん豆腐。初茸○百合白玉。松露長せん。よめ菜○ろばねり。若大根うす打
◎生酢類
○けんきんかん。おさひばら。佃極せん。入大根人参しらが。海部のり栗せうが○けんばうふう薄作ひらめ。みる貝せん。しらがうど。岩茸。くりせうが○けん一夜しほ。うすつく

図5-1-1　「四季本膳献立」（『賓客饗応年中雑菜日用料理案内』1894）
※春の部、夏の部、秋の部、冬の部ごとに、旬の食材を使用した料理が紹介されている。

季献立」の型（図5-1-1）は、江戸料理書『古今料理集』にみられた「四季の料理の事」を踏襲するものとなっている。

「四季献立」の推奨は、女性読者を対象とした家政書においても確認できる。例えば『婦女手芸法』（1893）には、「料理献立の術は苟も女性に生れ出でたるものは何人も皆心得置かざる可からざる大切の手藝にして人間生活の根本たる食物の調理をなすものなれば女子の手藝中に在ては裁縫と並び對して上下する所なき必要のものなり[15]」と、「料理献立の術」に長けることの重要性が説かれ、さらに「日本料理の献立」には「客式」と「常式」の2種があるとし、「客式」は「大抵自家に於てはよくし難き」「割烹家専門の業」であるが、「一家の主婦たるもの」もまたその大要を理解すべきとの指示がみえる[16]。なお本書には、「式正献立（四條家高島流献立の大略）」「四季常体の献立」「客式略式献立」といった3種の献立が紹介されているが、そのうちの「四季常体の献立」（図5-1-2）は、季節ごとに献立の流れを指示した「四季献立」となっている。

いっぽう上掲の『賓客饗応年中雑菜日用料理案内』（1894）や『婦女手芸法』（1893）とは形式が異なる「四季献立」が、『日用素人料理』（1894）、『料理手引草』（1898）、『和洋料理』（1899）、『料理の枝折』（1902）といった家庭向け料理書に収録されている。例えば『料理手引草』（1898）所収「四季の献立　日本料理の部」（図5-1-3）には、本膳料理の汁、鱠、坪、平、猪口、二の汁、香の

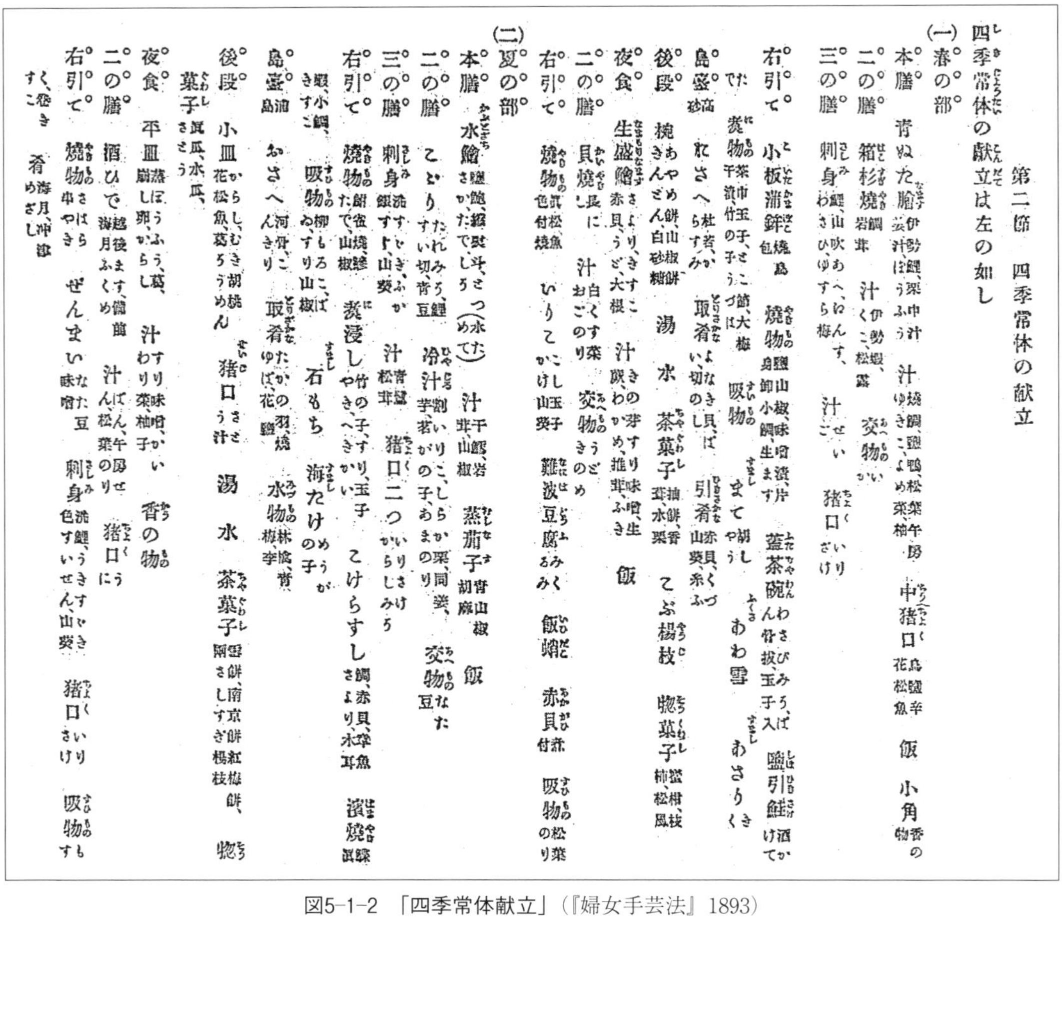

第二節　四季常体の献立

四季常体の献立は左の如し

(一) 春の部

本膳　青ぬた膾 伊勢鯉、栗、葱汁、ぼうふう　汁 焼鯛、鴨、松葉、ゆきこ、よめ菜、柚、午房　中猪口 花鳥、松魚、塩辛　飯　小角 香の物

二の膳　箱杉焼 岩鯛、茸　汁 伊勢蝦、くこ、松露　交物 かい

三の膳　刺身 鯉、山吹あへ、わさび、ねんす、ゆすら梅　汁 せいご　猪口 いりざけ

右引て　小板蒲鉾 焼鳥、包　焼物 塩鯛、山椒味噌漬、片身卸、小鯛、生ます　蓋茶碗 わさびみそ、骨抜、玉子入、ふくろ、ば　塩引鮭 酒かけて

煮物 干菜、市、玉子、さこ、漬竹の子、うご、節、大梅　吸物 まて 胡しやう　わわ雪　あさりくき

島盛 高砂　れさへ 杜若、かすみ　取肴 よい、切なき貝、のしば　引肴 赤貝、山葵、糸くづふ

後段　挽きあやめ餅、白山椒、砂糖餅、きんざん　湯　水　茶菓子 抽餅、茸、水栗、香　てぷ楊枝　惣菓子 盛柑、柿、松風、枝

夜食　生盛膾 さより、きすご、赤貝、うど、大根　汁 きの芽、すり味噌、蜆、わかめ、推茸、ふき、生　飯

二の膳　貝焼 長しに　汁 白くす菜、おごのり　交物 きうごのめ

右引て　焼物 色付、松魚、焼魚　いりてかけし 山葵、玉子　難波豆腐 みくるみ　飯蛸　赤貝 付赤　吸物 松菜、のり

(二) 夏の部

本膳　水膾 塩鮑、鰹、熨斗、さかたでしろうり　つめてた（水）　汁 干鰡、岩茸、山椒　蒸茄子 胡麻、背、山椒　飯

二の膳　こどり すいたれ、みそ、切鯉、背豆　冷汁 芋割、若い、かりの子、しらか、あまのり、栗、同楽　交物 豆なた

三の膳　刺身 流し銀、すずき、ふか、山葵　汁 青松茸、茸　猪口 二つ いりかいらし、さけみろ

右引て　焼物 鮎、雀焼、たで、山椒、鯵　煮浸し 竹の子、すりかいやき、へき、玉子　こけらすし 鯛、赤貝、さより、水母、木耳　浜焼 鯛鯵

鰕、小鯛、きすご　吸物 柳もろこ、ゐすり山椒、ば　石もち　海たけ めうがの子

島盛 沖の島　おさへ 河骨、こんきり　取肴 たかの羽焼、ゆば、花鯉　水物 林檎、梅、李、背

後段　小皿 からし、花松魚、むき胡桃、葛らうめん　猪口 うさ汁　湯　水　茶菓子 雪餅、南京餅、紅梅餅、あさしすぎ、楊枝　惣

菓子 真瓜、水瓜、さとう

夜食　平皿 蒸しほうふう、卵、からし、葛　汁 すりわり菜、柚子、味噌、かい　香の物

二の膳　酒びで 海月、越後、ふくます、めくまり、備前　汁 ばんん、松菜、牛蒡、のりせ　猪口 にう

右引て　焼物 さばらさきやき　ぜんまい 味噌、なた豆　刺身 洗鯉、色うすいせんすぎ、山葵　猪口 いりざけ　吸物 すも

肴 海月、沖鱠、めざし、すく、こ巻き

図5-1-2　「四季常体献立」（『婦女手芸法』1893）

物、刺肉、焼物、茶碗、鉢肴、口取、甘煮、酢の物、すまし吸物、味噌吸物、椀盛といった献立要素ごとの食材の組み合わせ例が四季別に3種ずつ挙げられている。いっぽう『料理の枝折』（1902）所収の「日本料理四季献立一斑」をうかがうと、汁・膾・坪・平・猪口・焼物・刺肉・茶碗・鉢肴・甘煮・酢の物・吸物・味噌吸物・椀盛・硯蓋・香の物・菓子の献立要素ごとに、それぞれの季節にあった食材の組み合わせが1種ずつ指示されている（図5-1-4）。なお双方の「四季献立」は、江戸料理書『料理伊呂波庖丁（二之巻～四之巻）』（1773）・『当流料理献立抄』（刊年不記）・『料理早指南』（1822）・『魚類精進早見献立帳』（1834）にみえる「四季献立」を踏襲する型となっている。なかでも『料理手引草』の著者・下田歌子は、気候、取合せ、賓客のコンディションに合わせて献立作成を行うよう指示し、特に取合せの注意では、「色とり、形等にも、注意して、濃く薄く、青く赤く、あるいは圓形く、あるは方形く、極りたるもの、極らざるもの、とりどりにをかしく、打ち向ふからに、淸らかに麗しき爲様にと、心地よく覺えて、知らず知らず、食慾の起るやうにぞあらまほしき」と、見た目の良さに配慮するよう指示を与えている。[17]

	春	夏	秋	冬
本膳	塩鶴、葛うち、若菜こまかく／中味噌	こはく豆腐、蕗ほうぎり、花がつほ／中味噌	雁つみ入、さらし牛蒡、つまみ菜／中味噌	小串魚、ちようろぎ、かひわり菜／中味噌
汁	火取魚、生若布、土筆／白味噌	霰あかゑひ、筍、そらまめ／白味噌	鶏卵蒲鉾、夕顔、青柚／白味噌	ぬきみ蠣小さきもの、掻き豆腐、花がつほ／白味噌
	たひらぎ、岩茸、くこ／赤味噌	はぜ骨ぬき、早はつたけ、冬瓜丸むき／赤味噌	あはび、しめぢ、やき豆腐／赤味噌	鮟鱇、めうど／赤味噌

図5-1-3　「四季の献立　日本料理の部」
（『料理手引草』1898）

つまりこうした諸所の記述からは、当時の日本料理のイメージには、江戸期の特徴を引きつぐ見栄えと季節感にこだわる料理との印象があったことがうかがえる。さらに主婦には難しいと説かれる状況から類推できるように、日々研鑽に励む専門料理人の世界で、技や知識が継承されてきた高尚な料理とみなされた印象すら受ける。実際明治26年（1895）に、民友社より出版された『簡易料理』所収の「日本料理」の項においても、「日本料理は頗る事多端なれば、凡ての料理法を精細に記するの遑あらず」と習得の難しさについて言及し、手軽でいて、「節倹」を重んじる「簡易料理法」を女性読者に伝えるために出版したとの意図がみえている。

ではなぜ料理人の世界の技や知識を、主婦たちが咀嚼し、習得する必要があったのか。その答えは、『婦女手芸法』と同シリーズの『家政整理法』（1892）に、次のように記されている。

　來客ある時に一々料理屋より仕出しを取り寄すること其經費に堪へざるは勿論如何に料理屋を尋ぬるも得べからざる所多し故に料理の心得は主婦たる者に甚はだ大切の事項なり主婦自から

	本膳 汁	同 膾	同 坪	本膳 平	同 猪口
春	火どり白魚 生和布 土筆 （白味噌）	針魚糸作り 糸瓜 防風 ぬき胡桃 （青酢）	合せ煮鯛 焼百合 香蕈短冊 （敷味噌）	鯛蝋焼 雪子椎茸 伊勢えび 土佐麸 三つ葉	より蜆 和布 （芥子みそ）
夏	はせ骨抜 鹽松露 冬瓜丸むき （赤味噌）	糸おし瓜 鯵せごし 木くらげせん 紫蘇 たで （合せ酢）	巻えび 茗荷の子甘煮 木くらげせん （敷みそ）	鱸切身 さらさ蝦 みの松茸 木の葉麸 （すいう）	まて くき菜 （麹あゑ）
秋	雁摘入れ 晒牛蒡 つまみ菜 （中味噌）	赤貝 揉がつを 夕顔丸むき 木くらげせん （和へ餡）	赤貝柔か煮 焼ぐり 銀杏 （煮こみ）	雁 丸むき胡羅蔔 芹の根	揚牛蒡 錦糸雞卵 （胡麻みそかけ）
冬	牡蠣 火取根芋 かたくりふわく （三割味噌）	比目魚 さゝがし羅蔔 くり生姜せん 神馬藻 （三盃酒）	あはび ちようろぎ やへなり 木くらげ （中味噌）	鴨の大肉 巻あま鯛 つけ松茸 蒸薯蕷 茎芹	よせ芋 天王寺蕪菁 （葛かけ）

図5-1-4　「日本料理四季献立一斑」（『料理の枝折』1902）

料理の献立法を心得居らば下女に指揮しても製しがたきにあらざれども自から之を知らざるときには如何に結構な材料ありとも之を料理して人を饗すること能はず[18)]

つまり上記の引用によると、この時期の主婦たちには、経済生活遂行のための課題として、料理屋の仕出しに頼らず、家庭での酒肴の調理が重要であることが叫ばれていたと同時に、自ら台所に立たないとしても、使用人を的確に指示するための知識や技能の習得が求められていたことがわかる。また本書には、不意の来客時に「有合はせの魚鳥叉は野菜」で調理する「即席料理法」として、鯛、小鯛、あま鯛、鏡鯛、黒だひ、比良目、鱸、いなだ、鯖、鰹、鮎、あいなめ、こち、鯵、鰯、こはだ、鮒、鯉、海老、烏賊、蛸、鮑、鶏卵、豆腐、薯豫、蓮根、鮭の鹽引、鮭の筋子、鯨、鹽ます、鹽さば、鹽鰯、鹽鰹といった食材ごとのレシピが、それぞれ簡潔に解説されている。なおその調理法は、「鹽やき」「刺身」「あら煮」「味噌吸物」「味噌すまし」「てんぷら」「すりながし」「切身」「一夜ずし」「早ずし」「ぬたあへ」「鬼がらやき」「木の芽あへ」「三杯酢」といった汁物や和え物、焼き物、刺身が中心で、西洋由来の食材や油脂を使った料理法は確認できない。

いっぽう本書には、「日常料理法」として、「上等」「中等」「下等」それぞれの階級に沿った三食の日常食献立の組み合わせ方が、次のように示されている。

上等は其の料理にも限りなければ一概に之を言ひがたきも先づ普通に朝飯は汁、猪口、香のもの及び飯、晝飯は猪口、皿に煮物又は焼物、及び香のもの及飯、夕飯は平、皿、猪口、香のもの及飯位を適度とす

中等には朝飯は汁、香のもの及飯、晝飯は煮物又は焼物及香の物と飯、夕飯には、汁、皿、香の物及飯を適度とす

下等には朝飯に汁、香の物、飯、晝飯には香のものと飯、夕飯には煮物と香の物及飯などを適當とすべし[19)]

これによると、生活の水準により、おかずの品数に違いをもたせることを考慮しながら、飯と汁と香の物を基本とした食事形式に、煮物や焼物、平、皿などのおかずを組み合わせる伝統的なスタイルを推奨している様子がわかる。また必ず用いる調味料として、「鹽」「味噌」「醤油」「酢」「いり酒」をあげ、それぞれの種類や名産地への理解、さらに「煮だし汁」の作り方、魚や野菜の煮方、漬物製法の習得を呼びかけている。

しかし、1890年代中頃より、取合せや季節感の重視のみならず、健康面への影響を考慮した日本料理を推奨する書籍が増加する。なおこうした新しい日本料理イメージを創出する動きは、専門料理人向けの料理書というよりむしろ女性読者を対象とした家政書や料理書の中で展開している。例えば『新編家政学　下巻』（1894）所収の「日本料理法」の項では、新たに導入された衛生学や医学の発想を盛り込みながら、未来の日本料理のあり方が、次のように説かれている。

食物を料理するは如何なる目的なりやといふに食物を軟化して消化を宜くし滋養なきものも變じて滋養の功あらしめ不味なるものも化して美味とならしめ口に適せしむるに在り且つ食物を料理するは何れの家を問はず必要缺くべからざるものなれば能く此の法を會得せざる可らず身体の健康なると否と食品の美味なると否と滋養も變じて不味となるも皆料理の巧拙にあるものなれば主婦たるもの常に心を用ひざるべからず主婦の怠惰なる家は生涯美味の膳に下ることなしといへりこれは適當に料理を施さず常に姑息に流るゝを以て斯くいふものにて魚鳥等の肉を食せざるをいふにあらず即ち美食をせずといふ主意にはあらず譬へば朝調へたる魚類を面倒なりとて夕刻漸く煮て朝晩に供するが如し斯くの如くにては暑月は魚の餒を易ければ暫時たりともすて置くときは味の變するものなればなり總て物事斯くの如く時を過し期を失するときは美味の食物も其味を失ふものなれば怠惰の主婦にては美味の食膳に上らざること道理ありと云ふべし故に主婦たるものは決して料理の時を過らざるやう心掛くべし時を過るときは獨り味を失ふのみにあらず食して害をなすもの往々あり能く注意すべし[20)]

ここでの新しさは、消化がよく、滋養に富むことはさりながら、衛生面を考慮しながら、調理に向き合うことをすすめる姿勢が貫かれており、これまでの見た目重視の特徴を脱却した新しい日本料理観が期待された状況がみえる。なお習得すべき調理技術や知識として、「飯の炊き方」「麪類の仕方」「刺身の仕方」「鱠の仕方」「和物の仕方」「煮物の仕方」「吸物の仕方」「甘煮の仕方」「炙り

物の仕方」「照り焼きの仕方」「鬼殻焼の仕方」「蒲焼の仕方」「油煮の仕方」「和蘭味噌の仕方」「時雨味噌の仕方」「油味噌の仕方」「煎熬方」「鶏卵の焼き方（たまごやき）」「擬製焼きの仕方」「蒸方のこと」「物を柔かに煮る法」「鹽魚調理法」「乾魚調理法」「生魚を貯ふる法」を挙げ、これまでの料理書とも共通する調理の注意点やおいしさの引き出し方などが指示されている。しかし、本書に収録された「食物に注意すべきこと」をうかがうと、年齢や体調に応じた「食物の與へ方」や健康増進に繋がる食材の組み合わせを考慮することを説いた「食物は變換して食すべし」、衛生面より食材の扱い方に助言を与える「腐敗せる食物を食す可らず」などの解説も付記され、美味しさや見た目以上に、滋養面・衛生面への考慮を重視する主張が確認できる。

さらに『実験問答　日本家庭節用』(1906) 所収の「日本料理」の項においても、日本料理で「眼目とす可き」点として、「料理は單に美味を感ぜしむる許りが能でありません美味と云ふことは必要ですが第一には其人の榮養を助けて身體を健全にすると云ふのが肝腎な點ですから例へば硬いものは軟かに嚙み易くして消化を能くし或は食鹽砂糖醤油等の味を加へて嗜好を助け滋養素の不足を補ひ或は煮焼に依つて寄生蟲を殺して衛生の安全を計り或は適度の温氣を與へて口腹に適せしめ或は形を奇麗にして美感を起さしむる等凡て此等の配合注意が即ち料理の眼目となるのであります」といった著者の主張がみえ、老人と子供の食事への配慮や「厨房の衛生」に関する理解こそ、考慮すべき新たな視点であるとの考えが明記されている[21]。維新後に導入された西洋科学の影響で、本来の日本料理イメージが、家庭料理というフィルターを通して、徐々に変貌を遂げる様子がここに示されているのである。

第2節　家庭料理からの改良

家庭のなかから日本料理を見直す動きが顕在化していくなか、積極的な日本料理改良論を主張したのが、村井弦斎と山方香峰である。両者ともにこれまでみてきたような衛生面や滋養面を考慮した日本料理改良論を展開し、新たな日本料理観の構築に尽力した。特に明治期のベストセラー作家でもあった村井は、代表著『食道楽』秋の巻（1903）において、新しい日本料理のあり方を、登場人物に次のように語らせている。

日本料理だつて古来幾多の經験を累ねてその料理法には自然と衛生上の主意に暗合して居る事も多いけれども皆な悉く衛生上から割出して配合や調理法を極めてあるかと云ふに決して爾うは行かん、それを日本料理にも國粋がある、何ぞ西洋料理を學ばんやと言つたら負惜みに違ひあるまい、と云つて何でも西洋風に限ると西洋風に計り心酔して日本風の長處迄を捨てるのも輕率に過ぐるけれども事物を公平に観察してその長短善悪を判別するのが我々文學者の責任ではないか（中略）ところで食物の問題は西洋人が餘計に研究してあるか、日本人が餘計に研究してあるかと云ふに、誰の眼から視ても西洋人の方が生理上衛生上より餘計に研究してある事が解る、日本料理よりも西洋料理の方が概して進歩して居るものと言はねばならん、一口に西洋料理と云つても米國は米國の長處があり歐洲は歐洲の長處がある、菓子の料

> 理は米國が盛だし、牛や豚は英國人がよく調理するし、野菜を巧に使用するのは佛蘭西人の特技としてある、饂飩料理は伊太利が本家だし、ペラオの様な米料理は土耳古風から出て居る、ライスカレーは印度料理、魚は露西亞で上手に料理すると云ふ風に各國共その長處がある、我邦の西洋料理は各國の長處を綜合し得たものだから米國人などは日本へ來て非常に美味しい御馳走が食べられると悦んで居るそうだ、是れから先も益々奮て各國料理の粋を抜かなければならん、世界中の料理を日本化して日本風の西洋料理を作り出さなければならん、それには何うしても西洋料理を土臺として日本料理や支那料理の長處を其中へ混化して行くのが得策だらうと思ふネ[22]

上掲には、諸外国の「長處」を取り込みながら、日本以上に研究が進んでいる西洋料理を土台とした新しい日本料理の提案に努めることをすすめた村井の主張が確認できる。しかも、村井は「上流人士はイザ知らず、中流以下の家庭はまだ迚も西洋料理を常食とする迄に進歩せんよ」と時世を憂いつつも、「在來の日本料理を改良させて段々西洋料理の趣味を加へさせるのも得策だろうと思ふネ」と、くりかえし日本料理の折衷化にも前向きな考えを語らせている[23]。

しかし、村井が持つ日本料理のイメージについては、衛生面において、少々否定的な見解も示されており、次のようなセリフも確認される。

> 僕は日本風の食事法を以て最も有害なものと思ふ、何となれば日本料理は酒を飲む爲めに出來て居るので飯を食べる爲めで無い、その證據に副食物の事を酒の肴と云ふではないか、中には爾うで無いものもあるけれども重なる日本料理は酒の肴だ、その肴を一度に四つも五つも並べて主人と客は小さな盃でチビチビと酒を飲みながら三時間も四時間も膳の前に坐つて居る、實に野蠻風な食事法と云はねばならん、あの中へ西洋料理を出して見給へ、折角の御馳走が冷めて了つて脂肪分が白く皿の上へ凝結つて迚も二口と食べられたもので無い、置いてある御馳走へは畳の塵が舞ひ上つて自然と溜まるし、長い時間中には蠅が飛んで來て不潔な汚點をつける、御主人が酒を飲む側で妻君が一生懸命に膳の上の蠅を追つて居る様な事は毎度見受ける、よくあれで気味が悪くないネ、苟も衛生思想があつたら迚もあんな御馳走を食べられるもので無い、日本料理の御馳走はお膳の番をして居るのだ、[24]

開国後、諸外国の食文化との出会いのなかで、これまで「あたりまえ」だった自国の食文化の見直しが盛んになるのも1900年代以降の特徴である。他編でも述べたように、開国後にスローガンとされた富国強兵政策のあおりを受け、近代日本国家は生活改変のヒントを、西洋諸国に学ぶ姿勢を求めるようになる。そして、本質的に異なる西洋文化の理解・咀嚼に苦しんだ日本が選んだスタイルこそ、日本的なものをベースに諸外国の要素を加え、折衷化をはかるという手法であり、やがてその折衷料理が日本文化の新たな一側面として、社会に根付く契機となっていった。

またやみくもに西洋諸国の料理法や食事形式が受容された明治初期にはまだ自国の食文化への批判的なまなざしは確認できずにいたが、村井が登場人物に語らせた主張からも明らかなように、諸外国の文化的優位性への認識が確信にかわることで､自国の食文化の欠点を引き合いに出しながら、その長所を日本人の嗜好に沿う形で受容する動きが顕著となる。実際『食道楽』はベストセラーという特質も相まって、和洋中の折衷を重んじる日本料理のイメージが広く社会に浸透するきっかけを作った一書であったとも思われる。

いっぽう村井の主張を反映し、出版された書籍が、後者・山方の『日常生活　衣食住』(1907)である。本書所収の「日本料理」の項においても、受容した日韓中の食文化を、日本人の嗜好に合う形でアレンジしながら､「日本趣味」として定着させた料理を「日本料理」と「名く」と語る著者の見解が、次のように明らかにされている。

> 嗜好は人によりて異なり、されども人と人との嗜好の相違は、國と國との相違程酷しからず、故に嗜好は國民的殊別の躰相を具ふるもの丶如く、或國には或國の國民を通じたる一種の嗜好ありて、日本趣味、叉は西洋趣味といへる文字は、漫然ながら猶何人にも直に會得せらるべき或概念を有するにても明瞭なり、かくて日本人には日本人の趣味あり、嗜好あり、この特異なる趣味の食物の上に現はれたるを、日本料理と名く
> さりながら日本料理は、そのはじめよりその或る特色を固有したるにあらずその材料は自國に得らるべきものを取り、その調理は邦人の嗜好に合せるものを撰びたれども、その方式はこれを支那に得、韓國に得、叉西洋諸國に得たるものあり、殊にその嗜好といふも時代により相違あり、叉外國の事物に接する度毎に、一時は珍奇を喜びて之に模倣したるもの丶、後には國民の嗜好と同化したるものさへあり､唯その初より連絡したる歴史的關係を有すると､叉支那式、西洋式を採りしに拘はらず、必ずその一面に日本趣味を有する一事は、即ち日本料理の特色として認むべき所のものなり[25)]

さらに本書で、著者の山方は「將來の日本料理[26)]」として、『食道楽』にある一節を用いながら、次のような主張をみせている。

> 料理は一に歴史、二に嗜好、三に風土、四に士宜といふ様に、その成立にいろいろの原因あると思ふ、大内の饗宴などは、歴史的第一の主因で、それが室町式の食膳常式となり、次で茶の流行から茶懐石の式が出て、これを渾和して且つ發達せしめた桃山式あり、次で徳川式といふ具合に變化したもの丶様に考へられる、この他支那の料理法も勿論加味せられたのであらう、この支那料理は何れの時代に、何れの程度で、日本に這入つたものか明白せんけれども、器具の如きさへ凡て支那式であるのを見れば、無論料理法も支那式を襲用したものでなければならぬ、最近殊に目立つて支那式の這入つたのは、黄檗の普茶式、長崎の卓子料理である[27)]

しかしここで著者は、酒肴より惣菜料理が発達している中国料理と異なり、日本では「料理は凡て酒飲みの口に可様に出來て居る」とし､「總菜料理」といえば、会席料理より「二等も三等も下つて、身分のある者の出入し難い位下等のもの」で､「酒を飲まぬもの」には「少しの趣味」もな

く、「飯の菜は何でも腹に埋まればよい、旨い物は酒の上で喰べるもの」といった「誤つた理窟」が通用していたことが、日本料理の問題点であるとの主張をみせている。さらに日本料理は、「洋食」や「支那料理」に比べ、淡泊な味わいを主とする。なかには、「天麩羅」や「蒲焼」などの濃厚な料理もあるが、これらも「餘り遠くない時代のもの」で、「天麩羅」もまた他国の料理で「日本式料理」ではないと明記している。そして「酒席料理」ばかりが発達している現状を改めることを訴えると同時に、「日本料理を家庭料理として發達せしめたい」と主張する。

実際山方自身も、日本料理の種類の「明白なる分界」は区別しがたいとしながらも、あえて特徴を述べるなら、「本懐石」「茶懐石」「普茶料理」「卓袱料理」「茶屋料理」に分類できるとし、これらに加え、「家庭料理」「總菜料理」というジャンルが含まれるとの考えを示している。さらに外食の「茶屋料理」と日常の「總菜料理」の乖離が顕著になった様子については、次のように詳述している。

> 吾邦にも總菜と茶屋料理の區別ありて、總菜料理は食時の副菜、茶屋料理は酒飲む肴饌にと用ひられ、一方は何等の進歩も認め難きが、茶屋料理は幕府の末まで、實に長足の進歩を爲したり、この茶屋料理といふも、もとは食事認むる用にとて出でし簡易のものなれども、江戸の繁榮につれ、掛茶屋露店が何時しか廣大の建築となり、嚴格なる書院式にはあらざれども、風雅と意氣をむねとし、庭園の美を競ひ、料理の如きも茶懐石の風を學び、器皿の具に到るまで珍奇の品を用ひて、庶民が豪興を衒ふ一種の遊樂地とはなりたり、はじめはかゝる場所に、士人の立入るものなかりしやうなれど、士風の頽敗と豪靡の流行は、遂に士民共樂の地とかわり、幕府の末年には、かゝる場所に尤も豪奢を競ひしは、旗下の士、諸藩の公用人、留守居、札差商人等なりしといふ、これ等の料理通を常客としたる結果、江戸前料理の趣味は非常に高尚となりて、實用一片の總菜料理と甚たしき懸隔を生じ、こゝに一種茶屋料理の特色を具することとなれり、今の茶屋料理なるものは懐石料理と何の差なく、只その式の簡易となりしのみなり、即ち本懐石は嚴格を意味し、茶懐石は風雅を宗とすとせば、茶屋料理は驕奢と好味を主とせしものならん。[28)]

特に江戸の茶屋料理であった「江戸前料理」の最も発達した時期を、「文化文政」から「嘉永弘化の末」としながらも、明治期以降の動きに関しては、「江戸趣味を破壊し盡し、士人の好尚風俗大に革りて、高尚なる風趣を解するもの少なくなりゆき、殊に泰西の新生活を吾に取入れし結果は、人の嗜好の上にも大なる變化を生じ、一面には淡泊なるものを喜ふ邦人の天性ながら、他面には故に濃厚なるものを嗜み、江戸前趣味とは全く背馳し来れり、されば今日の茶屋料理なるものは、衛生料理叉は名古屋料理と稱する俗悪の料理に壓倒せられ、叉西洋化したる向も少からずして、前にあげし八百善、及び其他二三の割烹店が、僅に嘉永弘化頃の面影を傳ふといふも、これさへ一喘纔に延くに過ぎずして、七八十年前の榮華は跡をとゝめずなりぬ、一國好尚の變移も亦急なるものかな」と語り、変化と衰微とが現実になりつつある日本料理の実状について言及している。[29)] また「今の茶屋料理と總稱するもの」に、「會席料理」「即席料理」「衛生料理」「温泉料理」「蒲焼天麩羅屋」

「甘いものや」「豆腐料理」「牛豚肉屋」「鳥料理」などさまざまな名称の料理が含まれることに言及し、それぞれの詳細についても解説している。

さらに山方は先述した村井の主張を紹介し、「吾人の希望は許の如く、從來淡泊のみを主として滋養を主とせざりし日本料理の欠點を改め、嗜好と營養とを両立せしめ、又酒席の下物として發達せしものを夏飯的料理となし、こゝに日本料理將來の原則を定めんと欲するなり」と、新たな日本料理改良への意欲を示し、「支那料理」「西洋料理」との「和洋折衷」を重んじ、「日本料理の營養分を倍加する手段」・「新なる邦人の嗜好に從ふもの」に「肉類の利用」をすすめている。

実際本書が出版された1900年頃より、牛肉などの獣肉を利用した料理法を指南する家庭向け料理書も増加するようになり、日本人の生活にあった食べ方を模索する動きも顕在化した。例えば、村井弦斎の妻である村井多寡子は、『弦斎夫人の料理談』第二編（1909）において、「牛肉の日本料理」として、「茶碗蒸し〈鰹節のだしをベースに、醤油と味醂で調味し、しいたけ、牛肉、三つ葉、ウドなどで調理する料理〉」、「ソボロ〈牛肉のミンチを醤油と味醂で調味し、煮しめた大根や八つ頭や蕪、胡麻油で揚げた薩摩芋などの野菜にかける料理〉」、「牛肉飯〈醤油と酒で炊き上げた櫻飯と一緒に赤身のミンチを炊き上げる料理〉」、さらに意表を突くレシピとして、油揚げの中に牛肉やレンコン、きくらげなどを詰め、「煮汁」で煮る折衷料理を提案している（図5-1-5）。なお、こうした料理書執筆者たちの種々の提案や工夫も、日本料理の幅を広げる弾みになっていったものと思わ

記者「それは大根の上へかけるに限りませうか。

夫人「いいえ、八つ頭の煮たのでも蕪でも何でも宜しうございます。一番結構なのは薩摩芋を拍子木に切つて、一旦胡麻の油で揚げて、それを醬油と煮汁と砂糖とで煮ます。その上へ今の**ソボロ**をかけると大層味が宜うございます。

記者「牛肉を御飯へ炊き込む事もありますネ。

夫人「牛肉飯と云ふのは赤い肉の柔かい處を極く細かく切つて置いて櫻飯の吹きかけた處へ投げ込んでお櫃へ移す時よく混ぜます。これは溫かい中に食べなければいけませんし、お菜には豆腐汁が宜うございます。

記者「櫻飯といふのは。

夫人「御飯へ醬油とお酒を入れて炊くのです。

記者「牛肉料理で何か風變りな物はありますまいか。ちよいとお客に出して、これはこれはと驚かせるやうなのは。

夫人「むづかしい御注文ですね。それではかう云ふものがあります。先づ油揚げを二つに切つて一つづつ袋のやうにして置きます。その中へ細かく切つた牛肉と蓮根の刻んだのと、木**クラゲ**なんぞを詰めて油揚の口を木綿絲で縫ひます。それを美味しい煮汁の中で一時間も煮て絲を抜いて溫かい處を出しましたら、一寸風變りなお料理になりませう。

記者「成程、ちよいと見ると油揚の煮たのかと思つて輕蔑して食べると、中に美味しい牛肉があると云ふ趣向ですネ、これは早速試めしませう。煮汁の方はやつぱり鰹節を煮出して醬油と味淋で味をつけますか。

夫人「それでも宜うございますが、**スープ**があればそれに醬油と味淋で味をつけるとなほ結構です。

図5-1-5　牛肉の日本料理（『手軽実用弦斎夫人の料理談』第二編1909）

れる。

そしてもう一点、山方が強調しているのが「日本料理特色の保存」であり、日本料理の保存すべき長所として、次の７点を挙げ、解説している[30)]。

一　配膳の方式なり／二　器具の清潔及美麗なり／三　食味と器具の色の配合なり
四　食味の色の配合なり／五　食味の獨立なり／六　魚肉蔬菜の配合なり
七　色味の淡泊なり

ここで山方は、特に「食味の色の配合」こそ、「尤も日本料理の特色として見るべきものなり」と主張し、「日本料理の殆んど美術的一面を具ふる特性の一」とも評価している。この考え方は、これまでに挙げた著者たちの主張とも重なる。さらに日本料理の味に関して、「各々原味を失はずして相獨立す、然も香、色、味皆これを具ふ、これ食物の調理上主たる要件なり」と素材の持ち味を生かす日本料理の特性についても言及し、「支那食」・「洋食」も「遥に日本食に劣れり」と豪語する姿勢もみせている。

さらに本書と同年には「日本料理」と冠した最初の家庭向け料理書『日本料理法』（1907）も出版され、著者・赤堀峯吉らが主催する赤堀割烹教場考案の家庭料理のレシピが公開された。本書の緒言には、「料理（れうり）の三訣（さんけつ）」として、材料の精選、冗費の防止、調味の塩梅が紹介され、一つでも欠けることとなれば、健全な料理はできないとの主張もみえる[31)]。本書の構成は、里芋、馬鈴薯、甘藷、自然薯、仏掌薯、だいこん、かぶ、にんじん、ごぼう、たけのこ、わらび、うど、ふき、あをな、蓮根、慈姑、百合根、茄子、胡瓜、南瓜、生姜、葱などの野菜料理法、椎茸、干瓢、豆腐、昆布、麩、角天寄せ物などの乾物料理法、鯛、比目魚、鰈、魴鮄、鉄頭魚、鰡、鯆鰡、鮭、さはら、海鰱（はまち、わかし、わかなご、わらさ、ぶりを含む）、すずき、あぢ、まぐろ、かつを、さば、あかう、あいなめ、いわし、あんかう、鯊、おこぜ、あかゑい、はも、さけ、たら、にし及かずのこ、飛魚、なまこ、ゑび、いか、たこ、こひ、あゆ、ふな、うなぎ、どぜう、なまづ、すつぽん、あわび、

図5-1-6　家庭調理器具の図解（『日本料理法』1907）

かき、はまぐり、あさり、しじみ、ばかがい、さざえ、たにしなどの魚介類料理法、さらにくじら、牛肉、豚肉、鳥肉、鶏卵の肉料理法で区分され、近代以降、家庭の食材として認識され始めた牛肉、豚肉などの付焼き、塩焼き、酢味噌和え、佃煮、味噌漬けといった折衷料理のレシピも多数収録されている。しかし、本書にはまだバター、乳製品などの使用は確認できず、古くから日本人の生活になじみのあった醤油や味噌、酢、味醂、酒、粉山椒、鰹節などを使用し、家庭にある調理道具での調理が可能であるように配慮したレシピが提案されている（図5–1–6）。

しかし江戸期の料理書と大きく異なる点は、砂糖を使用する野菜料理法が比較的多く収録されている点である。実際本書には、「三盃酢」「甘醋」「胡麻醋和」「胡麻和」「梅和」「白和」「芥子和」「木の芽和」「含め煮」「甘露煮」「小豆煮」「照煮」「餡掛」「白煮」「鰹節煮」「風呂吹」「胡麻煮」「甘煮」「味噌煮」「鳴焼」「砂糖煮」といった調味に砂糖を使う調理法が多数紹介されている。こうした赤堀らの提案は、日本料理の甘辛味のベースになったとも類推されよう。ちなみに赤堀らは、本書出版の２年前にも日本の食材や調理法を応用し、日本の家庭料理の質をあげようと企図した『日本料理教科書』（1905）という家庭向け料理書の出版にふみきっている。

さらに1910年頃より、諸外国の食文化との折衷を重んじながら、日本の家庭料理を改良しようと主張する動きが盛んとなり、同時期の女性読者向けの家政書や料理書の中においても、理想的な日本料理の条件を体系的に伝える動きが顕著となっていく。例えば、『女子座右之銘』（1912）所収の「日本料理」の項では、「食物料理の四要素」として、次の四つの柱が掲げられている。

一　眼に見て味の美を感ずること
　即ち食品の取合せ、器物の色彩關係等にて、先づ打見たる所、如何にも心地よく、旨さうなりと感じらるゝやう、多少の意匠を要するなり。
二　實際食して味の美なること
　材料の新鮮なるを選び、鹽加減、其他の料理手際よく、舌鼓うたるゝやうすべきなり。
三　精神を爽かにすべきこと
　口中にては味ひ美味なりと雖も、あとより胸わるくなる如き場合少からず、食物の配合よく、喉を下つて所謂胸のすくと云ふ如きものたるべし。
四　滋養を供給すべきこと
　見て美、食うて美、食後精神を爽快にするものなりと雖も、その食品に滋養分を缺かば、食品としての價値少し、食物料理また此點に重きを置かざる可らず[32]

上記の記述をうかがうと、これまでも重視してきた見た目の良さを重んじる特徴を固持しながら、新鮮な材料の使用や美味しさへの配慮が明記されている。また消化の良さや滋養分に注意を払うなどの健康面への考慮も指示され、身体にやさしく、健康的な日本料理イメージを目指すよう促す主張が打ち出されている。昨今健康的というイメージがついて回る日本料理であるが、明治期以降に新しい特徴として見直された経緯があったことが、ここで観取できるといえよう。

第３節　再評価された独自性と対外的魅力

１）外観美重視に対する批判

前節では、日本料理を家庭料理で発展させたいとの想いのもと、取合せや季節感を重視するといった古くからの特徴を温存しながら、諸外国の食文化要素を盛り込み、折衷化させることで、新しい日本料理イメージの構築に努めた執筆者たちの系譜についてみてきた。またこうした改良論は、主に女性読者を対象とした家政書や料理書の中で語られることが多く、女性たちに日本の家庭料理改革の担い手としての役割と理解が求められた経緯があったことが確認された。

1910年代以降になると、今度は日本料理の特徴を批判的にみつめる執筆者が相次ぐようになる。例えば『東西接待法要訣』（1912）を著した海軍軍人・市川節太郎は、「日本料理献立」の項において、「我邦の料理は、酒を主とし、肴を客としたる往昔の遺風より轉變以て今日に到りたるものにして、従て食物の滋養衛生、若くは消化の點に就て深き考慮を拂はざりしもの丶如く、輓近西洋料理の輸入と共に、和洋折衷の料理を作出して、大に其面目を一新せる」と記し、西洋からの食文化の影響で変わりゆく日本料理の状況について説き、前掲の山方らとほぼ変わらぬ主張を示しながらも、「外 觀の美を重じて、虚 飾に過ぐるの風あるを免れず」と外観美にこだわりすぎる日本料理の特徴を心配する声をあげている[33]。

なお従来の日本料理への批判的なまなざしは、大正期の家政書においてより顕著となり、見直しが急務とされた実状が推察される。例えば『日常衛生若き婦人の心得』（1917）所収「日本人は見え坊」でも、「一體我國の人は何事によらず、見え張る癖がある様に思はれます。（中略）私共が毎日三度三度とつて居りますお料理にしても、味や衛生と云ふことよりは、先づ第一に眼で見て美しければよいと云ふ様な傾がありはいたしますまいか、無論外 觀と云ふことも必要ではありますが、一方にのみ偏するのはよろしくありません。此の點が日本料理として、改革を要する點であらうと思ひます[34]」と、美味しさや衛生よりむしろ見た目の美しさに固執しがちな日本料理の特徴に言及している。いっぽう『家庭実修女子大学』（1918）所収「日々の料理を研究せよ」にも、「日本の食物はもつと簡單に經濟的に改良されなければならないと存じます、どうも日本の食物はたゞ食卓の上を飾るために品數を多く列べるとか御料理も體裁を考へるとか言ふやうに、たゞ美術的な技巧を用ゐるのが主で、分量とか滋養とか衛生的の食物の取り合わせなどにあまり重きを置かないやうに思はれます[35]」と、ここでも見た目にこだわる趣向を指摘している。

さらにこうした日本料理改良論は、大正期の終わりになると、種々の随筆の中でも確認されるようになる。政治家・尾崎行雄は、自著『咢堂漫筆』（1923）所収「日本料理の特色」において、「一見した所では、日本料理ほど綺麗に美しいものはなからう。支那料理、トルコ料理は、いふに及ばず、フランス料理といへども、その見かけは日本料理に及ばない」と日本料理の美しさを絶賛しながらも、「併し食つて見ると、見かけほどにうまくないのみならず、滋養分はドコの料理にくらべても最も少ない。元來日本料理は、目を相手にして作つたもので、舌を目的にしたものではない」と言及し、「支那」や「西洋」に比べ、美味しさへの無頓着と滋養分の少なさを憂う考えを示している[36]。さらに『美味求真』（1925）を著わした木下謙次郎も「日本料理に付ての苦情」と題して、日本料理は「食味の上にも、榮養の上にも主義として徹底したるものを見出し得ず」と説き、ここでもやはり「兎角に料理が小巧粉飾により外観を衒はんとする矯揉の痕多く[37]」と、美観重視主義に陥りがちな日本料理の弊害についてふれている。

なお改良への関心の高まりの中で、同時期の家庭向け料理書のなかでも、その議論は高まりをみせるようになる。『栄養料理法』（1923）を著わした一戸伊勢子は、本書所収「從來の日本料理」の項において、「然るに從來の日本料理は如何かと申しますと、實に外觀的のもので、其の内容といふことなどは少しも考へられて居ないのであります。甚しいのはその外觀美にとらはれて、更に不經濟な料理が多かつたと申さなければならないのであります[38]」と、外観美重視に陥りがちな日本料理を批判し、改良すべき四つの短所について、次のように言及している。

まず一つ目に、「食品自然味の無視」を挙げている。一戸によれば、これまでの日本料理では「食品本來の味」を生かす料理法が存在しなかったとあり、魚や野菜などの新鮮さや加工の有無などに応じて、出汁や調味料の種類を的確に選ぶ目線がなかったと語られている。次に「調味料の用ひ方順序」として、加える調味料の順序が、料理の味の良し悪しに影響するとし、これまでの無頓着な調味法を非難している。三番目には、「材料の使ひ方を考へない無駄多き料理」として、食材の栄養成分に関する無知が、効率よく栄養を摂取できない調理法の実践に繫がるとし、栄養素を壊さず、「食品の眞味」を生かした料理法を取り入れるべきと進言する。そして四番目の改善点に、これまでの著者同様、「外觀美と過度の技巧」を掲げ、過度な外観美重視に走らず、「日常の食物」は「養分があつて美味しく、且つ經濟的で消化吸収のよいもの」であるべきと主張する。そして「唯庖丁一つの技巧でなく、つまり頭腦で考へて、手で調理すると云ふやうに、科學的知見を以て調理しなければならない」と説き、繰り返し食材の本来の味を壊さずに調理することの大切さを呼びかけている。

いっぽうこうした動きの中、大正期には「日本料理」と冠する料理書の中で、食材の使用にも幅がみられるようになり、レシピのバラエティも豊かになり始める様子が確認できる。例えば、大日本割烹礼節学会長・石井泰次郎が手掛けた『日本料理十二ヶ月』（1914）には、「明治の出版本は益に立ぬ物多し」「料理店職人の寢そべつて樂しみに見る白人（素人に非ず）の書いた料理本は只一時の流行品」などとこれまでの料理書を批判し[39]、毎月４～５種の模範献立（日曜日用）を紹介している。なお石井泰次郎とは、旧幕府諸藩料理師範・宮内省大膳職庖丁師範を務めた石井治兵衛の嫡男で、國學院大學の前身の私塾で学び、家職を継いだ料理家である。しかし、病弱な体質から、途中で宮内省を辞し、その後、大日本割烹学会の創設、全国同盟料理新聞社の料理顧問などを務め、日本料理の発展に尽力した経歴を持つ[40]。そもそも石井家は四條流の流れを汲む家系ゆえ、父・治兵衛は、明治31年（1898）に近世までの日本料理の沿革、由緒ある料理流派に関する解説、伝統的な饗応献立や配膳図をまとめ上げた『日本料理法大全』を完成させている[41]。なお『日本料理法大全』には、日本料理のみならず、西洋料理、中国料理の調理法の要点やコツが書き記されているが、日本料理として紹介されたレシピのほとんどが、江戸期の料理書からの焼き直しであり、新規に提案されたものではなかった特徴もみえる[42]。そうした系譜ゆえ、息子・泰次郎の『日本料理十二ヶ月』

もまた主に和の食材や調味料が使用され、煮物や和え物、焼き物、蒸し物といった伝統的な調理法をベースに提案されたレシピがほとんどとなっている（西洋の食材を使った折衷料理としては、バターを使った「松茸のけんちん蒸し」が登場するのみであった）。

しかし大正期に、赤堀峯吉らによって出版された家庭向け料理書『家庭日本料理法（四版）[43)]』(1919)には、積極的な西洋食材の使用が認められ、「蛤のスチー煮」「蛤のカレー煮」「鯨メリケン煮」「甘藷牛乳煮」「人参スチー煮」「人参サラダ」「長芋コロッケー」「馬鈴サラダ」「馬鈴薯白ソース煮」「獨活のサラダ」「蕪のマッシ」「牛肉の麺麭粉揚」「牛肉油やき」「豚肉サラダ」「豚肉のコロッケー」など、多くの折衷料理が含まれている。さらに大正9年（1920）に、広島で発行された『折原式日本料理独学[44)]』においても、「芋のバター焼き」「ハム飯」「肉寄せ牛蒡」「牛肉の胡麻煮」「しちうやき」「肉入茄子油揚」「鮭のソース煮」「鰻のスープ」「グラスカスター」「林檎のシタフエ」「フランチソース」「ワインソースの製法」「アイスクリームの製法」「まかろにの仕方」「トマトソース」「野菜スープ」「ペアーバターサンドウイッチ（辨當用）」「海老のコロッケ」「肉煮り蒟蒻」「かいめんビフテキ」「クリーム製り方」「芋のフエッタース」「茄子のフエッタース」「鮭ケーク」などといった折衷料理のみならず、西洋料理までが日本料理として紹介されており、地方出版の料理書においても、西洋の食材や調理法を重んじ始める動きがあったことがわかる。

いっぽう女性執筆者で初めて「日本料理」という用語を冠した料理書『家庭日本料理』(1922)を著した奈良女子高等師範学校教授・越智キヨは、伝統的な饗応献立、四季日常献立、年中行事に関する知識を織り込みながらも、新たに栄養学の知識を加え、食材別のレシピ考案や「経済的保健食料」に則った献立例の提案に努めている。また本書には、基本的には横文字の料理名はなく、江戸期の料理書にみられたような焼き物、蒸し物、煮物、酢の物、和え物などの調理法を中心とした内容となっているが、ここでもやはり所々で「シロツプ」や「メリケン粉」などの西洋食材を使用したレシピも登場する。もはやこうした状況からは、家庭料理として考案された日本料理の範囲が、都心部のみならず、地方都市においても、異国の食材や調理法との融合の上で認識されていたことが理解される。

なお越智は、配膳図や食材、調理道具の挿絵を付加し、図解で理解を深める工夫も凝らしている（図5-1-7）。特に近代までの日本人にはなじみのなかった豚や牛などの動物に関しては、詳細な部位の名称についても書き加えている。さらに越智は、家庭の経済と家族の健康を重んじる姿勢を示しながらも、「食物は必ず心に影響する」と題し、日々の料理への向き合い方について、次のように語っている。

> 主婦の心づくしの夕食は、如何に一家團欒の基となり、又終日の勞苦を慰籍するに効果あるか計り知れないのである。然るを自家の食物に飽き足らぬ結果飲食店に出入りし、頻ては一家の平和を破る原因となるのも、或は又小供が買喰し始めるのも、多くは其の原因は、主婦が食物に心を用ゐぬからであると云つて差支がない。
>
> 食物が心の上に種々なる感化を與へる他の例を擧げて見るに、新年の餅・三月の白酒・五月の柏餅・祝の赤飯などは、我邦到る處の習慣であつて、贈る人・贈らるゝ人の心の裡に、何

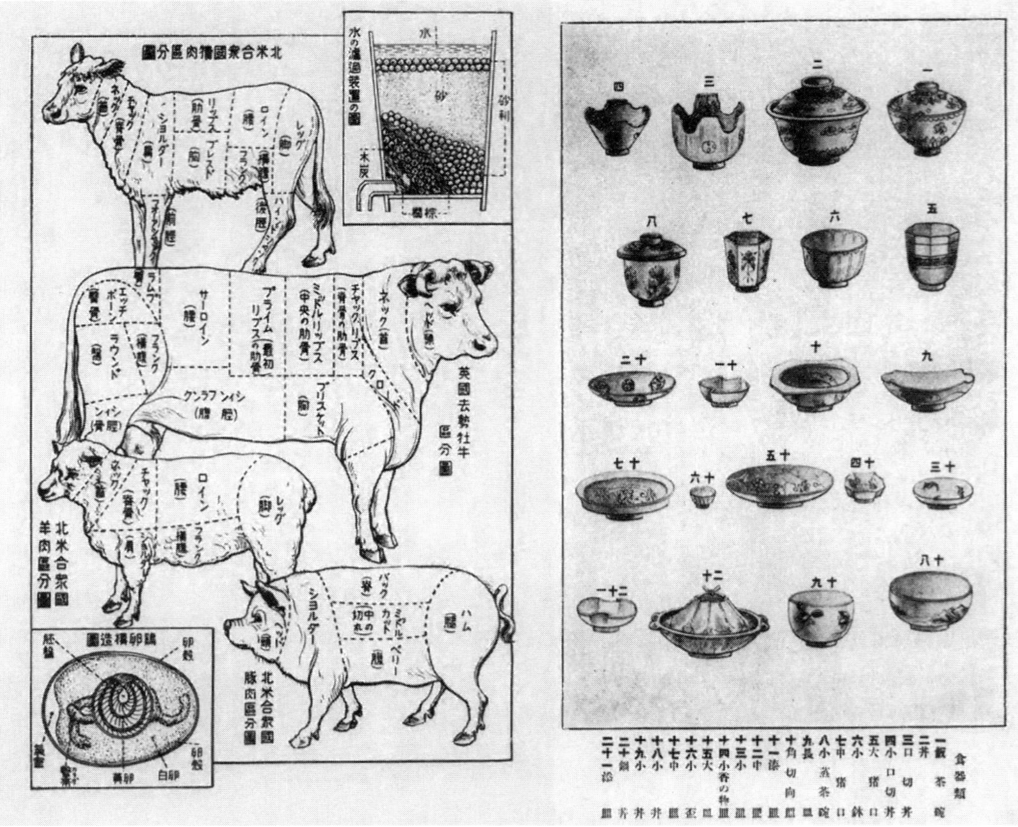

図5-1-7　食材や調理道具の挿絵（『家庭日本料理』1922）

物かのの感化を與へる。又神佛への供物、或は相互の厚意・祝意、又は吊意を表はす場合にも、多く食物が用ゐられるやうに、實に食物と云ふものは、心の上に種々なる影響を及ぼすものである。

以上述べたやうに、食物は種々な意味を持つて居る。其の意味を充分に達するには、よく食物と云ふものに就て研究を積む必要がある。然るを食事に關する一切を下婢に任せて少しも恥ぢないのは、殊に我上流社會の通弊であるから、之れが改善を計り、研究を積むのは刻下の急務である。[45]

上記の引用には、第3編でも述べた「一家の平和」を実現するために、家族の食事作りに真摯に向き合うことが求められた女性読者の目下の課題が述べられていると同時に、新たな視点として、行事食における意味を大切にすべきと主張する考えが説かれている。実際、越智は重視すべき32の行事（一月：拝賀〔一日〕・薺打・蔵開〔十一日〕・小豆粥〔十五日〕・二十日正月〔二十日〕／二月：追灘〔多くは四五日頃、節分の日〕・初午〔二月第一の午の日〕・針供養〔八日〕・紀元節〔十一日〕／三月：雛祭〔三日〕・陸軍記念日〔十日〕・春季皇靈祭〔春分の日〕・彼岸〔春分前後七日〕／四月　神武天皇祭〔三日〕／五月　端午の節句〔五日〕／六月　地久節〔二十五日〕／七月　七夕祭〔七日〕・盂蘭盆會〔自十三日至十五日〕・明治天皇祭〔三十日〕・天長節〔三十一日〕／九月　彼岸〔秋分の前後七日〕・秋季皇靈祭〔秋分の日〕・觀月〔陰暦八月十五日夜〕・重陽〔陽暦九月九日〕／十月　後の月〔陰暦九月十三夜〕・恵比壽講〔二十日〕・天長節祝日〔三十一日〕・亥の子〔上の亥の日〕／十一月　七五三の祝〔十五日〕／十二月　冬至〔陽暦にて大抵十二月二十三日頃〕・耶蘇降誕祭〔二十五日〕／除夜〔三十一日〕）を列挙し、それぞれに関連する行事食の概要について解説している。なかにはクリスマスに当たる「耶蘇降誕祭〔二十五日〕」なども含まれているが、その他のほとんどが古くからの農事暦や宮中儀式と関わりの深い日本由来の行事が主となっている。

しかし、こうした「意味を食べる」ことの重要性を訴えた越智の主張には、これまでの著者とは異なる新しさがある。そして、それを一家の主婦に向け発信しているところに、家庭の中で行事食の理解を深め、社会通念として浸透させることを目指した越智の狙いがあったことも明らかといえる。実際、ちょうどこの頃に起こった生活改善運動においても、「暦及び年中行事の統一」は課題とされた。例えば、生活改善同盟会編『生活改善の栞』（1924）によれば、太陽暦を重んじ、全国共通の「暦日」を設定することが国民的意識の統一に繋がるとする議論があったことが示されている。[46)]

なお料理書において、行事食を重んじる記述に出会えるようになるのは1910年代以降であり、『年中行事家庭儀式料理』（1911）や『家庭で食通の喜ぶ出来る拾弐ヶ月珍料理　寶の巻』（1919）、『日本支那西洋珍料理』（1926）などの家庭向け料理書において、日本料理、西洋料理、折衷料理の行事献立が提案された。例えば、明治後期に出版された『年中行事家庭儀式料理』（1911）には、すでに以下のようなバラエティに富む行事献立が収録されている。

●正月の祝と新年宴會　正月重詰日本料理献立（日）・家庭新年宴會西洋料理献立（折）
●紀元節　紀元節家庭祝賀會日本料理立食献立（日）・紀元節茶話會西洋料理献立（折）
●節分　夜食日本料理献立（折）・節分晩餐西洋料理献立（折）
●初午　初午晝食日本料理献立（日）
●雛祭り　雛祭り重詰献立（日）・雛祭り一汁三菜（日）
●花見　花見日本料理献立（日）・花見西洋料理献立（折）
●野遊び　野遊び辨當料理献立（日）・同西洋料理献立（折）
●端午節句　日本料理二汁五菜献立（日）・端午西洋料理献立（折）
●地久節　日本料理献立（折）・西洋料理献立（折）
●算賀の祝　八十の賀祝二汁五菜献立（日）・八十の賀祝西洋料理献立（折）
●茶會席　茶會席料理献立（日）
●七夕祭　七夕祭日本料理献立（日）・同西洋料理献立（折）
●盂蘭盆　盂蘭盆日本料理献立（日）・同精進西洋料理献立（折）
●觀月會　觀月會日本料理献立（日）・同西洋料理献立（折）
●重陽宴　觀菊會日本料理献立（日）・同西洋料理献立（折）

●法事　日本料理精進二汁五菜献立（折）・同西洋料理献立（折）

●彼岸中日　彼岸中日日本料理献立（日）・同西洋料理午後の茶献立（折）

●神嘗祭と新嘗祭　新嘗祭日本料理献立（日）・同西洋料理献立（折）

●天長節祝賀會　宮中賜饌献立（日）・同家庭祝賀會立食折衷献立（折）

●病気全快祝　日本料理献立（日）・同西洋料理献立（折）

●送別會と歡迎會　送別會日本料理献立（日）・歡迎會西洋料理献立（折）

●クリスマスと年重の祝　クリスマスと年重の祝（西）・年重ね祝日本料理二汁五菜献立（日）

●誕生祝　七歳誕生祝日日本料理献立（折）・同西洋料理献立（折）

●結婚記念式　銀婚式祝賀會日本料理献立（折）・同園遊會西洋料理献立（西）

●婚禮式　婚禮披露式日本料理献立（日）・同西洋料理献立（折）

※日本料理のみで構成された献立には（日）、西洋料理のみの献立には（西）、
和洋の料理が混合した折衷献立には（折）と記した。

本書もまた著者・松本幸子が、日本女子大学での講義内容を総括し、一般向けに出版した料理書であることからも、女性読者を掌握しようとしていた意図は明確である。しかし本書収録の行事献立48種の内容を伺うと、日本料理のみで構成された献立が21献立、西洋料理のみで構成された献立が２献立、そして和洋の料理を組みあわせた折衷献立が25種といった内訳となっており、「日本料理献立」「西洋料理献立」と称していながらも、その内容は折衷を重んじる趣向となっている様子がわかる。

例えば、「節分の祝夜食日本料理献立」には、豚肉を使った折衷料理「小丼（豚肉節分煮　生姜柚子）」が含まれ[47]、「七歳誕生祝日本料理献立（７月頃）」にも、牛肉を使用する「甘煮（牛肉のつくね煮　豆細工）[48]」が登場する。また本書所収の「西洋料理献立」においても、「家庭の新年宴會西洋料理献立」では、「一．水引かまぼこスープ」、「二．鎌倉海老　グリーンピース」、「三．竹型昆布巻　松茸　梅じゃが芋　トマトソース煮込」、「六．田作り　家富サラダ」などの折衷料理と西洋料理「家鴨ロースト」が組み合わされた折衷献立の形式がとられている[49]。さらに「花見西洋料理献立」においても、「一．花見鯛サンドイッチ」や「二．鱒櫻葉むし　木の芽ソース」など、日本の食材を西洋風にアレンジした折衷料理が盛り込まれているほか、「三．ロースト　花くらべ」のように、日本風のニュアンスを与えた料理名を西洋料理に命名している様子もうかがえた[50]。

いっぽう、大正８年（1919）年に、服部茂一（服部式家庭用茶菓割烹実習会会長）によって著わされた『家庭で出来る食通の喜ぶ拾弐ヶ月珍料理　寶の巻[51]』にも、各月の行事・目的に応じた献立や惣菜料理が紹介されている。なお本書にみえる16献立は、「日本料理献立」は13献立、「西洋料理の献立」は３献立といった内訳となっている。

一月　嶄新奇抜な正月用の重詰料理の部（日）
正月用酒客の喜ぶ即席献立料理の部（折）（含まれた折衷料理：ケネル吸物）
手軽で美味なご婦人向の献立の部（日）

趣味を凝らした美味しいかるた遊びの献立（折）（含まれた折衷料理：牛肉の餡掛け）
二月　経済で手軽な時節向の御献立の部（日）
三月　桃節句の御献立の部（日）
四月　嶄新奇抜で美味なる西洋料理の御献立の部（西）
五月　端午節句に因んだ気の利いた御献立（日）
嶄新で実用向の西洋料理の御献立（西）
六月　手軽で粋な時節向の御献立（日）
初夏の美味しい西洋料理御献立（西）
七月　涼しそうな夏向の御献立（折）（含まれた折衷料理：茄子のロース）
八月　見るから涼しさうな極暑向の御献立（日）
十月　気の利いた菊見の御献立（折）（含まれた折衷料理：肉と大根の鳴門巻き）
十一月　七五三にも會席にも向く温い物揃ひの時節向の御献立（日）
十二月　酒客の最も喜ぶ家庭的忘年會の御献立（折）（含まれた折衷料理：渦巻豚の葛掛け）
※日本料理のみで構成された献立には（日）、西洋料理のみの献立には（西）、和洋の料理が混合した折衷献立には（折）と記した。

しかし本書においても、13種のうち５種の「日本料理献立」に、「ケネル吸物」「牛肉の餡掛け」「茄子のロース」「肉と大根の鳴門巻き」「渦巻豚の葛掛け」などの折衷料理が含まれた体裁となっており、ここでもやはり伝統的な形式に西洋の食材や調理法に則った料理を加える工夫がみえ、折衷という流儀が定番化している様子が確認できる。なおこうした状況は、行事食においても、献立形式そのものを刷新するという手法ではなく、従来の伝統形式に折衷料理を積極的に取り組みながら、提案する方法が重視されていたことの証左ともなろう。

ともあれ、生活改善運動の高まりとともに、家庭文化としての年中行事を重んじる流れが創出するに伴い、行事食を家庭で楽しむことを奨める料理書執筆者たちが、20世紀以降、増加の途をたどることとなる。しかし調理法の指南ではなく、行事食の意義に着眼することの必要に言及した越智の主張は、行事食の意味を大切にする日本料理観を家庭へ普及させようとした嚆矢ともとらえられるだろう。新しい西洋の行事も取り込みながら、年中行事食の意味を再確認させようとした越智の主張もまた近代日本の食文化を語るうえで重要な転機であったと考えられる。

２）批判から褒揚へ

さて外観美重視に対して批判が続いた日本料理も、昭和期に入ると、少し状況が変わるようになる。昭和５年（1930）に上梓されたエッセイ集『日本料理通』（1930）所収「料理概念の巻」には、「料理にも國境が必要か？」という問いかけに対し、「一口に日本料理と云つても、それはずゐぶん廣い意味を持つてゐます。私の見解では、日本國内で日本人が日本で出來た材料を以て調理し、これを日本人の食物とした場合は、如何なる調理法でどんな味をつけても、それは日本料理であると思います[52]」と語る著者・樂滿斎太郎の考えが述べられている。さらに樂滿は、日本料理の歴史について、「日本料理といふものゝの中にも古代料理あり、足利時代料理あり、徳川時代料理あり、江戸前料理あり、關西料理あり、長崎料理あり、郷土料理あり、其他普茶料理あり、懐石料理あり、これらの一々に又各流派別あり、就中武家の行つた儀式料理と皇室のみ持たせらるゝ宮中式料理とは、其の莊嚴神秘的なる點に於いて誠に神國に應しい發達を遂げて居り、どこの國の料理を持ち來たつても我國と此場所とにこれ以上の合致は絶體に見出されなかつたであらうと信じます」と、他に類をみない日本料理の独自性を評価する主張をみせている。しかし「今日の日本料理」を「區別することは何人といへども其正確は期し難い」との思いも吐露し、古くより諸外国の影響を受けながら発達してきた日本料理のイメージをふりかえっている[53]。

さらに本書が出版された頃の大正から昭和への転換期になると、変化した日本料理を肯定的にとらえる著者たちの主張も相次ぐようになる。例えば、福沢諭吉の弟子であり、『時事新報』の記者であった波多野承五郎は、自著『古渓随筆』（1926）の中で、他国の料理と比較して、日本料理の特徴を次のように述べている。

> 料理の種類を大別すると、生地料理と味附料理の二つに分れる。生地とは料理に用ふる材料に僅に加工したのみで食べるのだ。味附とは一に煮込料理を言ふので、加工を主にしたものだ。日本料理は生地料理だ、刺身やあらひ、水貝等の如きは、その最も著しきものだ、鹽焼、鹽蒸、照焼、煮魚、之等も亦生地料理に對して、僅に一歩を進めたに過ぎない。日本料理の加味料として用ゐられる煮出は、東京に於ては單に鰹節より取るのであつて、昆布出しすら加へる事を屑しとしない。英國の料理も亦原料を主とする生地料理だ、ロオスト、ビイフ、ビフテキの如きが其最も著しき例だ。之に反し佛蘭西料理にあつてはソオスを煮込む事の爲めに、殆んど全力を盡して居る、料理の材料は些か粗末であつてもソオスに依つて之を甘く食はせるのが佛蘭西料理の誇だ。支那料理に至つては、煮込料理の最も優秀なるもので、鹽物や乾物を還元して之を甘く食はせなくてはならぬから、之程六ヶ敷い技術はない[54]。

上記の内容によれば、著者の波多野は、素材にあまり手を加えない日本料理とイギリス料理を「生地料理」、フランス料理と中国料理を「味附料理」と称し、料理術においては、加工品のアレンジの腕が試される中国料理に日本料理は及ばないとの考えを示している。しかし、波多野の日本料理イメージは決して悪いものではなく、干物や乾物ばかりを使用する中国料理に比べ、「割高」である日本料理は、「新鮮なる、良い材料」を使用することが求められるため、「世界の料理の中で、日本料理が一番贅澤だ」と主張する[55]。

新鮮な食材を生で食べる文化を、日本料理の長所として評価する動きがみられるようになるのも、この時期の特徴で、随筆家・市島春城もまた自著『春城筆語』（1928）において、「日本料理は藝術として世界の番附のドンナ地位にあるものか。魚類の如き、或は野菜なども、生で食ふ習慣があるので、直ちに原始的の料理であると一概にケナスけれども、生を其まゝ食ふのは原料が生で食へるほど新鮮でもあり美味でもあるからである。調理を經ずウブで食ふのも味の佳いもので、よい原料のある處の誇りとすべきものである」と、日本の生食文化を誇示している[56]。また市島は、「西洋人などが日本の刺身を食ひ得ぬのは、まづいからではなく、生で食ふ習慣を有たないからの事だ。何でもかでも複雑の調理を加へねばよい料理と思はないものは、いまだ料理の眞諦を知らないものである」と語り、文化の違いからくる生食への意識の違いを指摘している。[57)]

さらに市島は、「日本料理が一番進んでゐる」理由に「五味」の「混融」を掲げ、次のように説いている。

> 料理の進歩したものと否とを判ずる尺度は、極めて簡單である。乃ち五味が離れ離れであるか、それが混融して一となってゐるかにある。言ひ換へれば、五味がそれぞれ濁立して鮮かに分ち得る調理は、未だ原始的の範圍を脱したとは云へぬ。五味が混融して綜合的の複雜味をなしてこそ、調理の極致と云ひ得るのである。外國人殊に支那人などは、一概に日本料理を原始的であると云ふけれども、それは前にも云うた刺身の如き生肉を食ふのを見て云ふのであつて、實は彼等は日本のよく工夫された調理を實驗してゐない。茶人などの意匠に成る料理となると、食つて見て五味何れとも判じ兼ねるものがいくらもある。甘いにつかず、辛いにつかず、酸味もあり、苦味もどことなくある樣なものが少なくない。五味も、各ゝの特色を没却して互ひに融合すると、一種言ふ可からざる佳味を成すもので、料理の尤も發達した意義は、こゝに存する。此點になると、西洋のも支那のも、味が甚だ露骨で、五味はそれぞれ餘りに鮮かである。[58)]

ここで市島は、五味をうまく組み合わせ、複雑な味を演出することこそが「調理の極致」であるとし、西洋諸国や中国では醸し出せない味を出せる日本料理こそ、最も発達した料理であるとの考えをみせている。また「目に訴へることを主眼とする」日本料理というイメージがあるが、これは小笠原流など一部のことで、「我が調理に於ては決して形貌や色彩に重きを置いてゐない」と主張しながら、「料理の材料は其體裁や形や色彩にも大關係がある。五味さまざまのものがうまく盛られて、それが器物とも調和してゐるので快よく味はれるのである」と、器物との調和を重視する日本料理の特徴を礼賛している。さらに外国の料理は「趣致」を欠いているが、こうした「風流」もまた「料理に缺き難い大切な要件」であり、「元來料理は舌に訴へるだけのものでなく、眼にも鼻にも喉にも佳なるものでなければ發達したものとは云へぬ」と、日本料理の特異性をここでも讃美している。[59)]

西洋料理や中国料理の短所を指摘し、日本料理の特質を評価する視点は、特に1930年代頃より盛んになっていく。[60)]戦前に薪炭商として成功した大阪の実業家・秋守常太郎は、自著『欧州土産』(1929)所収「西洋料理と日本料理」[61)]において、西洋諸国では、魚類の旬に関する知識を欠いている点が日本に劣るとの見解が示され、「日本料理は魚類に關する季節が考慮せられて居りますから其材料が新鮮でありさへすれば私は之を平均して決して從來云ひ觸らされた如くに劣等叉は低級でないと信じます」と、日本料理を評価すべきとの考えを明確にしている。くわえて、秋守は「西洋料理の内牛肉は私が実験した限りに於ては北米と歐米とは共に駄目で我國に於ける神戸肉は最も優秀でありますから歐米に於ける肉料理も亦駄目であります」「西洋料理の内野菜と菓物とは北米は文字通りに世界一でありますが、歐洲に於けるそれ等は我國に比して頗る劣等であります」と語り、欧米(特に欧州）の肉類や野菜と比べ、日本産の食材がすぐれていると評価する考えも明記している。

いっぽう東京のガイドブックとして出版された『コンマーシャルガイド』（1930）には、「日本料理」とは「江戸時代から遺された酒肴的典型である[62]」との定義がみえ、今後望まれるべき展開について、次のように解説されている。

> 小笠原流といつて室町時代式の擬りと江戸趣味とを合せて發達した、二の膳附、三の膳附の典型から、明治時代の會席料理の大衆的な新典型まで漸く整つて來たといふことは首肯されるとして、東京は段々に全國的な選擇基準を混融して、大阪でも、京都でも、名古屋でも、長崎でも取入れたが、大體に日本料理の共通といふことは、歐米諸國の同律的な基調と同じ傾向であり、日本の一國はもつともつと共通の標準を濃厚にしなければならない運命に在るとして新時代趣味は歡迎せられて行く。そうして這の傾向が目標するところは、一面に料理の一般化とその深みとが出來ることであり、一面に日本料理の特徴を取逃すまいとする執着がある[63]。

上記の記述によれば、室町期を基点に、形式を変えながらも連綿と受け継がれてきた歴史があるとしながら、今後日本料理の共通イメージの醸成が期待されるとの主張がみえる。また日本料理の特徴に、「潔癖」とその極みにあたる「様式の美術化」の二つを掲げ、「ヂヤパンの膳と椀と陶磁器の配合には蒔繪がちらつき、淡彩の筆が紬着されて、箇々の型が複雑に變化して居て内容の外の匂ひの藝術がある」と器にこだわる特徴を指摘しながら、食材は元来魚肉が主であり、かつては牛肉や豚肉の使用はもちろん、ミルク、ヘツド、ラードの「香」も日本料理にはなかったとも言及している。また調味法も砂糖は使用せず、味醂、酒鹽、蜜などを利用してきた経緯にふれ、「要するに日本の料理といふのは、常食としての滋養と美味と經濟との見方から、主として河海の魚介を採る方針を決定する自然運命の小島海國であったのである」とまとめている[64]。

いっぽう、『我が国の食物と料理と饗宴に就いて（五）』（1928）には、「近來我が和食料理も、西洋風をまねて、一皿づゝ運び來ることもあるが、皿や肴にメニューもなければ調和もない。叉料理の品種も、一方に偏しない様に、支那料理、西洋料理、日本料理を、相撰擇し相調和して出たすことゝして、眞に各國料理の長を採り、短を捨てゝ、新らしき日本の意義ある献立表を造る可きである[65]」と、日本料理、西洋料理、中国料理の長所を組み合わせた献立を提案することをすすめる動きもみえる。

なお家庭ではなく、外食の場での宴会料理の改良論は、昭和期の歴史家・竹越與三郎もまた、自著『日本の自画像』（1938）所収「時代と日本料理」において展開している。本書において、竹越は「日本料理といふものは突然に現れて來たものではなく、永い間かゝつて、さうして支那の料理も採り入れ、西洋の料理も採り入れて來たらしいです[66]」と語り、異国の食文化の影響を受けながら発展してきた室町期から江戸期までの系譜を紐解きながら、日本料理はまだまだ変化の余地があるとの考えを明らかにしている。特に、竹越はホテルや倶楽部などで、西洋料理の提供が一般的となっている状況を憂い、「過去の日本料理がポルトガルとか、オランダのものを何時の間にか採り入れたやうに、今日の日本料理もこの立派な庖丁の冴えで、向ふのエッセンスを旨く採り入れる工夫が必要でないかと思ふ（中略）今度昭和の時代に於ては更に新工夫を施して、西洋料理といはず、支那料理といはず世界の有ゆるいゝものを採り込んで、之を旨く日本の皿へ盛ると云ふ工夫が、是れから研究せられねばならぬことゝ思ふ[67]」と、より一層の折衷に励むことで日本料理の改良の進展を望む声をあげている。また第二次世界大戦への途上にある状況下でもあるため、竹腰の西洋料理受容へのまなざしは批判的なものとなっており、同書には、「その國その國に料理といふものはある。外國料理を採り入れるといふことはいゝけれども、日本のやうに西洋料理といふものが無制限に押出して、何處でも西洋料理で抑へて行くといふ國は何處にもない。今日日本主義なんといふことを言ひますが、どうしても日本料理がホテルや倶楽部を占領しなければならぬ。それにはホテルや倶楽部に合ふやうに料理の改良進歩を工夫しなければならぬと思ふ[68]」と、西洋文化にかぶれがちな日本の状況をあやぶむ声も示されている。

ともあれ昭和期を迎え、これまで批判対象となりがちであった美観重視や生食を重んじる趣向が、日本料理の個性として認識され、短所として見直されるというよりむしろ他国に誇るべき長所として評価された動きがあったことが明らかとなった。なお自国の食文化への自負は、日本がようやく対外的に自信を取り戻したことを示す証といえるのかもしれない。

註

1）川邊新三郎『素人料理日用惣菜の栞　附家事経済の法』三盛堂、1893、pp. 1－2.
※本書の校閲には、八百善（東京）、八新亭（京都）、堺卯亭（大阪）が関わっている。
2）川邊新三郎：前掲書、pp. 2－3.
3）川邊新三郎：前掲書、p. 5.
4）川邊新三郎：前掲書、pp. 3－4・pp. 11–12.
5）大橋又太郎編『実用料理法』博文館、1895、pp. 1－6.
6）河野正義編『婦人宝鑑最新家庭全書』東京国民書院、1914、p. 417.
7）飯塚栄太郎編『西洋朝鮮支那日本料理独案内』改良小説出版舎、1889、p. 35.
8）伊東洋二郎『通俗経済絵入日用家事要法』静観堂、1889、p. 70.
9）石井郁二郎『日本西洋料理指南　一名経済家必携』秩山堂支店、1884、pp. 3－4.
10）石井郁二郎：前掲書、p. 22.
11）川辺新三郎『素人料理　日用惣菜之栞』三盛堂、1893、pp. 1－2.
12）中村柳雨『珍味随意素人料理』矢島誠進堂、1898、pp. 1－2.
13）清楼軒主人『賓客饗応年中雑菜日用料理案内』此村黎光堂、1894、pp. 1－2.
14）東四柳祥子「活字メディアに見る家庭向け献立の形成と展開　―近代西洋文化との関連を通して―」（東京家政学院大学大学院にて修論として提出）2002、pp. 83–94.
15）須永金三郎『婦女手芸法』博文館、1893、p. 85.
16）須永金三郎：前掲書、p. 86.
17）下田歌子『料理手引草』博文館、1898、p. 50.
18）坪谷善四郎『家政整理法』博文館、1892、p. 182. ※なお『婦女手芸法』の著者・須永金三郎は、「日本料理の概略（にほんりやうりのがいりやく）」は『家政整理法』を参照するようすすめている。
19）坪谷善四郎：前掲書、pp. 198–199.
20）山崎彦八『新編家政学　下巻』長島文昌堂、1894、pp. 53–55.

21）中村千代松編『実験問答　日本家庭節用』博文館、1906、pp. 49-50.
22）村井弦斎『食道楽　秋の巻』報知社、1903、pp. 273-274.
23）村井弦斎：前掲書　秋の巻、p. 275.
24）村井弦斎：前掲書　秋の巻、pp. 276-277.
25）山方香峰編『日常生活　衣食住』実業之日本社、1907、pp. 399-400.
26）山方香峰編：前掲書、pp. 428-437.
27）山方香峰編：前掲書、p. 429.
28）山方香峰編：前掲書、pp. 420-421.
29）山方香峰編：前掲書、pp. 421-422.
30）山方香峰編：前掲書、pp. 436-437.
31）赤堀峰吉　赤堀吉松　赤堀菊子『日本料理法』実業之日本社、1907、緒言
32）小出新次郎『女子座右之銘』女子裁縫高等学院出版部、1912、p. 88.
33）市川節太郎『東西接待法要訣』画報社支店、1912、p. 65.
34）吉岡弥生『日常衛生若き婦人の心得』泰山房、1917、pp. 95-96.
35）石上録之助『家庭実修女子大学』大文館、1918、pp. 203-204.
36）尾崎行雄『咢堂漫筆』大阪毎日新聞社、1923、pp. 147-148.
37）木下謙次郎『美味求真』啓成社、1925、p. 173.
38）一戸伊勢子『栄養料理法』アルス、1923、p. 11.
39）石井泰次郎『日本料理十二ヶ月』広文堂書店、1914、p. 4.
40）江原絢子　東四柳祥子『近代料理書の世界』ドメス出版、2008、pp. 62-63.
41）石井治兵衛『日本料理法大全』博文館、1898　※料理書の相場が25銭前後の時代に、本書は２円50銭という高価な値段設定がされていた。
42）日本料理界で「唯一の聖典」として尊重されながらも、『日本料理法大全』が西洋料理や中国料理を含まざるを得なかった理由について、原田信男は「日本料理が、西洋料理と中華料理を呑み込むことで、新たな時代への対応を図る必要があったからである」と説く。原田もまた近世の鎖国下で一応の完成をみた日本料理に、近代以降、異文化受容の反映が求められたことについて認めている（原田信男『和食と日本文化　日本料理の社会史』小学館、2005、p. 174.）。
なお本研究においては、家庭生活における食生活の変遷を追ったため、料理人のバイブルとされた『日本料理法大全』の分析はあえて行わなかった。機を改めて、考察に努めたい。
43）赤堀峯吉　赤堀菊子　赤堀みち子『家庭日本料理法』大倉書店、1919
44）折原範締述　宮田喜多編『折原式日本料理独学』宮田出版所、1920　※折原範締（元平戸藩士）は、旧平戸藩主松浦伯爵家での「料理師範番」をつとめた後、学校や婦人会で料理を教えた割烹家である（本書「端始かき」参照）。
45）越智キヨ『家庭日本料理』六盟館、1923、p. 5.
46）生活改善同盟会編『生活改善の栞』生活改善同盟会、1924、pp. 112-116.
47）松本幸子『年中行家庭儀式料理』精美堂、1911、p. 32.
48）松本幸子：前掲書、p. 245.
49）松本幸子：前掲書、p. 24.
50）松本幸子：前掲書、p. 63.
51）服部茂一『家庭で出来る食通の喜ぶ拾弐ヶ月珍料理　寳の巻』服部式家庭用茶菓割烹実習会事務所、1919
52）樂滿齋太郎『日本料理通』四六書院、1930、p. 1.

53）樂滿齋太郎：前掲書、pp. ２－３.
54）波多野承五郎『古渓随筆』実業之日本社、1926、pp. 57–58.
55）波多野承五郎：前掲書、p. 59.
56）市島春城『春城筆語』早稲田大学出版部、1928、pp. 290–291.
57）市島春城：前掲書、p. 291.
58）市島春城：前掲書、pp. 294–295.
59）市島春城：前掲書、pp. 294–298.
60）http://www.ozorasha.co.jp/ajia036.html（2018年１月14日確認）
61）秋守常太郎『欧州土産（旅行叢書第２巻）』秋守常太郎、1929、pp. 69–73.
62）コンマーシャルガイド社編『コンマーシャルガイド』コンマーシャルガイド社、1930、p. 175.
63）コンマーシャルガイド社編：前掲書、pp. 175–176.
64）コンマーシャルガイド社編：前掲書、pp. 176–177.
65）川上七郎右衛門『我が国の食物と料理と饗宴に就いて（五）』大阪醸造学会、1928、p. 453.
66）竹越與三郎『日本の自画像』白揚社、1938、p. 456.
67）竹越與三郎：前掲書、pp. 462–463.
68）竹越與三郎：前掲書、p. 464.

第2章　享受された日本料理

前章では、明治・大正期において、新たに再構築された日本料理観の変遷を追ったが、本章では、当時の文献に登場する日本料理店の概況を中心に調査することで、国内外の社会で享受されていた日本料理の受容実態と認識状況を明らかにすることを目指す。言説として語られた日本料理とは別に、実際に提供されていたと思われる日本料理の形式と内容の特徴について考察し、その意味の広がりを精査することが目的である。

なお近世までの日本料理を考えるうえで参考になるのが、熊倉功夫の定義である。熊倉は、「日本料理における献立の系譜」において、日本料理の献立の端緒は平安貴族の大饗にさかのぼることができるとしながら、式三献の源流にあたる「一．大饗における献立」、日本料理の基本型とされる「二．本膳料理における献立」、懐石料理の成立に起因した「三．茶会における献立」の三つの大枠を設け、それぞれの饗膳の構成・目的について論じている。またここで使用する献立は、今日的な意味とは異なり、「饗宴における飲食全体を示す言葉」であると定義し、宴会を構成する酒礼、饗膳、酒宴の三つの要素のうち、饗膳こそが最も重要であるとの指摘もみせている[1]。さらに熊倉は、「饗膳という用語は必ずしも一般的に通用されてきた言葉ではなく、単に膳、あるいは本膳、茶会という宴会の中では懐石にあたるが、これらの食事を一括して饗膳の語で表現したい[2]」と断っていることからも、本章においても、この饗膳こそが日本料理の源流であると考えたい。

いっぽう、大饗料理、本膳料理、懐石料理のほかに、ここに示されない江戸期に発展する料理屋の会席料理へのまなざしも、日本の伝統的な料理形式を考えるうえで無視できないファクターであろう。なお会席料理の沿革については、大正4年（1915）に出版された『若夫婦の顧問』において、その端緒から近代以降の展開が次のように説明されている。

> 昔は茶の湯の席で行はれた簡單なる料理法でありましたが、文化文政の頃より手輕料理店と諸人の集會する料理店と區別され、諸人の集會席を兼ねたる割烹店に會席料理店の看板を掲げましたのが、會席料理の名の始まりであります、今日では普通の料理にまで會席の名が用ひられて居りますが、實際は却々嚴かな法則のあるもので、そんな汎い漠然たる意味ではありません、此料理の目的とする所はあながち山海の珍味を選ばないでも其の季節の野菜魚鳥を以て調理するにあるのであります、例へば一椀の味噌汁に一枚の乾魚と香の物でも會席と云ふことが出來るのです、獻立及び調理法を記したものは澤山ありますが、利休の百會記と云へる書が最も尊重せられて居ります。[3]

なお上記の引用によると、その歴史は文化文政年間に「手軽料理店」と区別された「諸人の集會席を兼ねたる割烹店」に始まることが理解されるが、近代以降、その定義があいまいになり、会席料理という言葉は、料理屋の料理を超え、一般に広く使用されていた状況が推察される。こうした状況は、村井政善も、『新しき研究　和洋料理の仕方』（1922）において、「古き出版の會席料理等を記せる物には、會席料理にては汁と平との外は皆陶器を用ゐ、膳は足なきものを用ふと見へたれども當今割烹店にては特殊の料理法を行ひ、折たゝみ自由なる足付の膳を用ゐ又汁椀平の外塗器物を多く用ゆるに至れり[4]」と語り、江戸期の特徴からの脱却を図り、徐々に変貌を遂げゆく会席料理について指摘している。

さらに政治家でありながら、飲食論のエッセイストとしても名をはせた木下謙次郎も、『美味求真』（1925）において、日本の宴会は「本膳式」がすたれ、その多くが「茶屋風會席料理」の流れをくむ傾向にあると説きながら、これまでの執筆者同様、文化文政年間に、「茶漬茶屋と稱する輕便料理店に對し、普通の料理店が會席料理なる看板を揚げた」ことに、その起源を求めることができると語る。くわえて木下は、その膳部は茶会席料理と袱紗料理の中間にある「半會席」と名付けられるもので、「通常汁の外膾、附合、茶椀盛、平及大猪口に香の物」の組み合わせを「一定の献立」とし、江戸期には「無上の贅澤とせられしもの」であったが、「現今は至極亂雜、無秩序のもの」となり果ててしまったとの思いを吐露している[5]。また木下は、大正期の日本料理の変容について、次のように記している。

> 本來日本流の食事は本膳式も茶會席も凡て肴は飯に添へ、飯と調和して味ふべきものなるに茶屋式料理のかゝる宴會にては飯は全然無視されて肴のみ出すものなれば、味は配合を缺き却つて索々として眞意を得ず。其の上西洋風をまねて一皿づゝ運び來るも、皿や肴に順序もなければメニューの備へもなく、料理の種類も品數も知るべきたよりなく、只だ料理の來るに任せ、空腹を埋むるなれば、後より偶々好物の出で來ることあるも、最早之を取り込む勇氣なく、折角寶の山に入りながらの感を抱くこともあり。殊に料理は可なり隔れる料理店より運び來るものなれば、温度も味も疾くに去りて客は徒らに味の出がらをしやぶるのみ。又た板元や給仕女の手都合にて料理の運び方は中断せられ、膳の上に一物なく酒杯のみ行列する事もあり[6]。

以上の記述からは、西洋式を真似て、一品ずつ提供されるスタイルが普及するも、料理の提供順やタイミングが無頓着になりつつある傾向が指摘されているとともに、仕出し屋などに頼み、遠くの料理店から運ばれてくる場合、料理の温度も味も悪くなってしまう弊害があったことが問題視されている。さらに木下は、同書内で茶事の際に供される懐石料理（茶会席料理）と「ディンナー」の精神には、豪奢、浪費を嫌い、はじめに主食（日本では飯、西洋ではパン）を出すなどの形式を尊ぶ共通点があるのに対し、料理屋で行われる「半会席料理」は、その極意を破壊するものであると批判する見解も示している。

なおこうした本来の日本料理形式の変容、原型の形骸化がもたらされた要因には、日本料理の理解の難しさがあったことが推察される。その指摘は、明治期の家庭向け料理書の中にすでに確認でき、本膳料理や会席料理の形式の簡便化を図ることを提案する動きが相次いでいる。例えば、『珍味随意素人料理』（1898）には、「本膳の式は頗ぶる六ヶ敷物にて色々の手數多く二汁五菜、二汁七

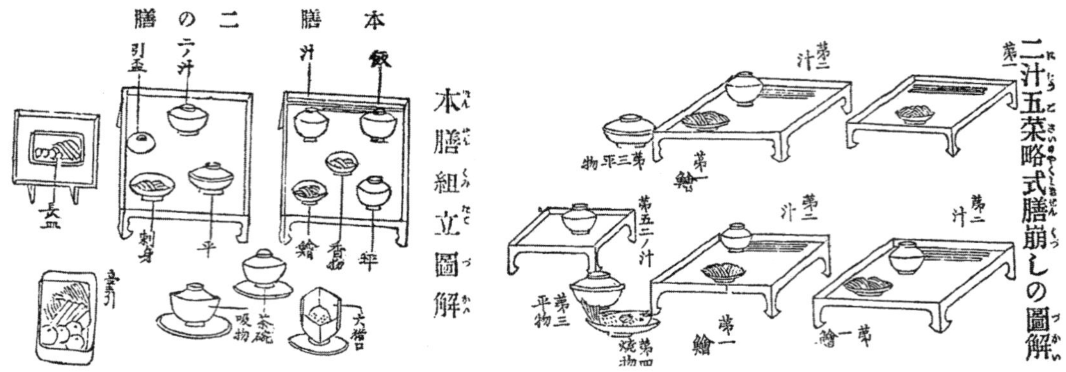

図5-2-1　本膳料理・二汁五菜略式膳崩しの図解（『珍味随意素人料理』1898）

菜等の膳立も容易く整ふものにあらず」と本膳料理の難しさを憂う著者の思いが示され、家庭で準備できる「便益の法」として、本膳料理の簡略形「二汁五菜の略式附膳崩しの事」が紹介されている。[7] なおこの「膳崩し」（図5-2-1）という形式もまた江戸料理書『素人庖丁』第二篇（1820）からの焼き直しであり、同時期の『即席料理素人庖丁』（1893）や『実用料理法』（1895）などにおいても転載されている。また『実用料理法』（1895）によれば、九州地方で一般化していたとの記述もみえる。[8]

そこで本章では、伝統的な日本料理形式の簡略化をすすめる出版物が徐々に増加するなか、それと並行して街中で提供された日本料理の実態を明らかにすることを目指す。日本人のみならず、外国人たちの視線を通して浮かび上がる近代の日本料理の歴史を総括することを狙いとしたい。

第１節　多様化・簡易化する日本料理店

明治期に出版された『東京便覧』（1901）には、東京の日本料理店として、67種の店名が記載されている（表5-2-1）。しかし本書には、店名のみの記載しかなく、その詳細を伝える記述には出会えない。いっぽう、同時期に出版された『東京新繁昌記』（1897）や『東京名物志』（1901）には、東京にある「平民的の手輕料理」から「高尚なる會席料理」に至るまでの日本料理店のこだわりや特徴が列挙されており、『東京便覧』所収の日本料理店の概況を詳らかに伝えている。

例えば、『東京新繁昌記』には、日本料理店の種類を「會席料理」「即席料理」「お手軽料理」「温泉料理」の４種に分類し、それぞれのジャンルで名を馳せている店舗の解説が試みられている。なお収録された74種の「會席料理」についてみてみると（表5-2-2参照）、そのほとんどが旧式の高級感ある風情の店構えを誇示し、時に芸妓らと一緒に手踊りや歌舞を楽しむ趣向があったことがわかる。また江戸期から続く老舗料理屋・八百善を「割烹店の王」として位置づけ、「我國割烹店の代表者」として讃美するほか、高層からの眺望や庭園の美しさが所々で評価対象となっていることからも、料理の味や良質な食材選択のみならず、眼を楽しませる店舗構造もまた重視されるべき大切な要点であったことが理解される。なお『東京名物志』にも、55種の会席料理店の解説が紹介されているが、開花樓、湖月樓、紅葉館、大光館、梅川樓らの項で、やはり庭園の美しさや眺望の良さが指摘されている。

いっぽう、『東京名物志』に列挙されている料理店は、『東京新繁昌記』とほとんど共通しているが、本書においては、会席料理の筆頭に登場する常盤屋が「料理屋の横綱」として評価され、その特徴について、「家屋の結構、庭園の趣到、共に高雅を極め、室内の装飾、凡百の什器、皆獲易からざる貴重品を備へ、而して酒香の美、殽味の佳、優に他の會席茶屋に卓越」と語る記述が確認できる[9]。くわえて、料理の技に関しても、常盤屋は「割烹の妙を悉し諸般の設備亦完整せる者を求むれば、此家に及ぶ者なく、開店古からざるも」、今は山谷の「八百善」と競い合うまでの料理店であるとの評価が確認される[10]。

なお「八百善」の項では、八百善主人が上梓した『料理通』四編を、「本膳・會席等の献立より料理法の秘傳、あるは卓子料理・普茶料理に至るまで、洩さず自家の秘訣を網羅(かきあつ)めたるもの」と解説し、あわせて蜀山人や抱一など文人たちの詩歌・書画などが掲載されたことから、「いたく世の稱讃を博し、この書見ぬうちは料理を談ずべからず。と云ふほどの勢なりき」と、多くの賛辞を集めることができた状況についてもふれている[11]。しかし近代以降の日本料理の盛衰に関しては、「今のさまは如何にといふに、今は昔と時勢をことにし嗜好もたがへれば、牛豚ないしは犬猫にてもよし、只價ひきく量おほくて滋養にかなひ、且は花を折り柳をめづるに便よきを第一義とすれば、同家のごときちやきちやきの江戸前料理は、當世紳士の歯にあひがたく、随ひてその全盛も、いにしへには及ばぬものゝ如し」との記述が確認できるように、前時代の盛況に比して、ふるわない様子を憂う声もみえる[12]。なおこうした不振は、八百善のみにとどまらず、江戸期に八百善ともに話題を集めた平清もまた苦心していたようで、本書においても、「爾時此家の繁昌驚くに堪へたるも、維新以降、深川の繁華柳橋に移り、冷熱忽ち境を變じ、辰巳藝妓の名空しく存して、狭斜の嬌色復索むべからず」との記述がみえ、過去の繁栄には及ばず、顧慮していた状況が語られている。

しかし、料理屋の高級料理の不振にともない、注目を浴びるようになったのが、「即席料理」と「手軽料理」というジャンルであった。なお『東京新繁昌記』にみえる「即席料理」の項には、「會

表5-2-1　『東京便覧』(1901) に紹介された日本料理店

星岡茶寮	麹町區	万清	芝區
八百勘	赤坂區	大野屋	芝區
三河屋	赤坂區	紅葉館	芝區
金清樓	神田區	名月樓	芝區
開花樓	神田區	扇芳亭	芝區
花屋	神田區	湖月	芝區
今金	神田區	見はらし	芝區
柏木	日本橋區	松元樓	芝區
中安	日本橋區	松よし	本郷區
藏田屋	日本橋區	魚十	本郷區
万千	日本橋區	清水樓	本郷區
福井	日本橋區	松源	下谷區
百尺	日本橋區	伊豫紋	下谷區
金清樓	日本橋區	鳥八十	下谷區
菊隅	日本橋區	暢春閣	下谷區
采女亭	日本橋區	長蛇亭	下谷區
浪花屋	日本橋區	松月	下谷區
尾張屋	日本橋區	鶯春亭	下谷區
生稲	日本橋區	龜清	浅草區
常盤屋	日本橋區	八百善	浅草區
大又	日本橋區	万梅	浅草區
島村	日本橋區	松島	浅草區
中華亭	日本橋區	花屋敷	浅草區
伊勢勘	京橋區	小中村	浅草區
柳花苑	京橋區	中村樓	本所區
野田屋	京橋區	植半	本所區
青柳	京橋區	八百松	本所區
躍金	京橋區	平清	深川區
金六亭	京橋區	伊勢半	深川區
花月樓	京橋區	橋本	本所區
きつね	京橋區	奥の植半	南葛飾郡
万安	京橋區	水神八百松	南葛飾郡
永秀亭	京橋區	武源樓	四谷區
濱の屋	芝區		

※『東京便覧』(錦栄堂：1901) をもとに東四柳作成

表5-2-2 『東京新繁昌記』に紹介された日本料理店

會席料理		
日本橋區	生稲樓	柳橋の南にあり、欄頭總て大川に臨めば風色絶佳、納涼觀月の宴などには適當の家なり、醉客を待遇する深切丁寧を以て此家の特色とせり、又た常に歌舞の樓上にあるを以て有名なり。
日本橋區	伊豆勝	元と北鞘町魚市場前にありしが近年浮世小路に移轉せり、古くより上等仕出料理を以て其名を知られ、今尚冠婚葬祭などの禮宴を引受く、同店の花客は大抵商人なるが殊に魚河岸連の贔屓多し。
日本橋區	常盤屋	濱町花屋敷内にあり都下の茶會席中先づ指を屈すべきものにて調理品善く家の構造も雅趣清灑を極め、且つ貴重の器物を多く整備したり開店は古からねども優に舊會席茶屋を凌ぎ當時八百善と其位を争ふ。
日本橋區	尾張屋	古くより名を知られたる茶會席にて此家の特色とする味噌漬あなごは頗る珍味のものなり、こは文政の頃蔵前の札差松坂屋某に當時の主人が調進したるに始り今に名代とはなれりといふ。
日本橋區	柏木	會席料理にて昔より名の高き家なり、小間六畳より、廣間二十一畳位の坐敷數多有れば襖に取外して六十五六畳の大廣間ともなる、此の家にて面白きは「柏木をんど」と名けたる一種の手踊あることなり、室内庭園共に清雅にして料理も上等なれば貴顯紳士大商人の華客多し。
日本橋區	大又	名古屋料理を以て有名なり、其の調味濃厚を以て賞賛せられ、一種通人粋士の珍重を受く。
日本橋區	中安	細き横道にある風流の家にて、素より宴會貸席を主とすれど亦た出前も爲し、便利の家なり、商人等社員等の藝妓を相手に飲食するもの多し。
日本橋區	浪花屋	此邊にて舊家にして茶會席を以て其名高く、風流を好む人には好適の家なり。
日本橋區	藏田屋	日本橋界隈有名の割烹店にて旨い物屋の綽名あり、料理は凡て舊式にて坐敷の構造より器具萬端に至るまで悉く古風を主とせり、二階十六畳廿一畳其外小間數多あれば五十人位の集會には適當なり。
日本橋區	萬千	新大橋の際にあるを以て一に大橋樓ともいふ、家は三層樓の大建築にて大川に臨み水烟の眺望最佳なり、大廣間もありて随分多人數を容るゝことを得れば大集會を催すに適せり。
日本橋區	福井	高砂橋西詰にある料理店にて粋士通人の客多し、主人得意の好みを以て造作したる茶室もあり、古書畫も多く蔵したれば風流閑散の士は往て遊ぶに宜し。
日本橋區	采芳亭	鎧橋の橋畔に在る割烹店にして門に見越の松あり坐敷は川に臨み建築總て風雅なり、政界隈の商人、及び株式仲買人などの活溌なる花客多し。
日本橋區	菊隅	門構の二階家にて一寸見附よき家なり、商賈の若旦那、番頭達が數寄屋町藝妓の華客となる所なり。
日本橋區	金清樓	神田鍛冶町今金の支店なり、此家は三層樓にて客間の數も多く魚類は新鮮を主とし頗る廉價に商へは常に客足の絶へし事無し、又た即席料理をも爲す。
日本橋區	島村	此家は寄鶉に椀盛が最も得意にて其美味は人の賞賛して措く能はざる所なり、格子戸造の小さき入口に客間も唯だ二間に止れど老人夫婦の丹精より市内に評判益高く通人好んで飲食する旨い物屋なり。
日本橋區	百尺	此樓は萬町の柏木と伯仲の間にある料理店にて、又た舊會席の一なり坐敷の結構疎かならず庭園亦た閑雅にして魚類の新鮮と美味は汎く人の稱する所、此邊米屋町に接するにより自然相場師連の華客多し。
京橋區	伊勢勘	京橋にては最も古き割烹店にして客坐敷の數も大小二十の餘ありて料理には親切の吟味を行へば其口味賞すべく宴會向きに適當の家なり。
京橋區	柳花苑	舊壽美家の跡にて風流の家斉なり朝野の上等客多き家にて料理の評判もよろし詳しば貸敷の條を見るべし。
京橋區	野田屋	素人料理の看板を掛けたる小造の家なり、此家は茶會席にして開業近時のことなれど料理極めて上品なるに其の趣の善く山谷の八百善に似たるを以て風流客の間に評判高し。
京橋區	花月樓	新橋の北竹川町の裏通りに在り、京橋にて有名の會席茶屋にて常に宴會多く紳縉官吏の宴會絶えしことなし、近時増築落成して一層面目を新にせり。
京橋區	躍金樓	新富座の向ふ横町にある割烹店にて料理に一種の面白き佳味あるを以て商人の會食多し。
京橋區	青柳	躍金の並にありて卓子料理とせるは此家なり、日本、支那、西洋、三料理何れも客の好みに任せて調理す、華客は重に九州地方及長崎産の官吏に多し。
京橋區	金六亭	新橋の西金春の入口にある小造の割烹店にて、又た焼鳥料理をもなす、此家の花客は金春藝妓の馴染客なり。
京橋區	緑屋	農商務省の裏通にある小料理店にて、常に客足繁き家なり。
京橋區	永秀亭	靈岸橋東詰を南に少しは入りし所にあり、船問屋の親方株が波濤の献険を凌ぎ來り此亭に鯨飲するに適す。
神田區	今金	今川橋より萬世橋に至る大通の中途にある塗籠二層樓の家にて料理の上味を以て顯はる、此家數年前までは有名の鳥屋なりしが今は純然たる割烹店と成りたり。
神田區	花屋	萬世橋外所謂講武所の地にあり、家は小造なれど料理の善を以て賞せらる、商人等の狎み藝者と遊ぶもの殊に多し。
神田區	長生樓	一寸小奇麗なる家にて會席、半會席共に客の好み次第に任す、料理の廉價と場所柄とを以

		て書生の集會最も多き家なり。
神田區	開花樓	神田明神社内の高丘にあり、四層欄の大廈なれば樓上一望市街の大半を見るべく間毎の仕切を除く時は三間に十一間の廣間となるが故多人數の集會に適當せり、此家には常に官吏、書生の宴會多し。
神田區	金清樓	日本橋蠣売町の金清樓と同店にて、神田に指を屈する割烹店なり、構造廣大二層樓にして庭の造りも風雅なり、此家には鶴亀の舞と稱し一種爽快の舞曲り、講武所藝妓之を演ず。
下谷區	伊豫紋	松坂屋呉服店の裏横丁にあり、料理の上味に於ては下谷にて第二流と下らず、別けて此の家の口取は昔より有名のものなり。
下谷區	鳥八十	三橋の少し手前にあり、外圍には船板塀をめぐらし、見附の宜しき家にて手軽の宴會には好適す。
下谷區	暢春閣	舊八百膳の跡なれば建築極めて高雅にして頗る風韻に富めり、家の東南に向かへば一望の下に府下の百街を集め春花秋月の景色共に佳なり、樓上二百餘人を容るゝに足れば大集會には好適す料理の鹽梅も上等にして舊の八百膳に劣らず。
下谷區	長蛇亭	欄頭不忍の池畔に臨み風景極めて幽邃なり、池中に蓮花の咲く昏、又明月の水面に浮かぶの夕。墨客文士の清遊多し。
下谷區	松源樓	三橋の北詰西側にあり、府下舊會席中殊に名高き料理店にて、紳士社會、官吏社會に花客多し、客間には舊二階、新二階、中二階等ありて就中新二階の松の間と稱する廣間の一室の如きは其の板襖に薩摩杉の磨を用ひ優雅なる松模様を彫刻したり、其他小座敷も數多ありて料理は會席、半會席共客の随意に任し、夏季には又瀧場の設けもあれば暑中の一醉に適す、此家の女中等は皆な茶の湯、活花の技を能くするを以て名高し。
下谷區	鶯春亭	此邊にての舊家にして本坐敷、離坐敷共に閑静なり、「鯛の黄味噌」と「卯の花散しごもく」の二種は此家得意の料理にして、春時花咲き鳥笑ふの頃は四方の雅客の来會する多し。
下谷區	松月	小坐敷數多ありて、藝妓を相手に遊ぶ花客の多き家なり。
浅草區	生洲	此家は近頃の新築にて芝浦の生洲と同店なり、家の造りは小さけれど魚類の新鮮なるは其の名に反かず、又た口取を四季の期節に形どり色々に變ゆるは面白し。
浅草區	花屋敷	公園地の西北花園内にある會席茶屋にて庭園見るべき花卉多く座敷も廣ければ此邊にて懇親會などを開くに適す。
浅草區	柳光亭	柳橋の北畔にある舊家なり、樓上には百十疊の大廣間もあり、近頃又た離座敷を水面に差出して新築したれば两國の煙火及観月の宴會に善し此の家の大黒柱は二抱餘の「ムク」の樹にて頗る珍らしきものなり。
浅草區	龜清	柳光亭の南隣にあり、室内清秀にして其の構造雅致を極め樓上大廣間の天井板の如きは幅三尺餘の杉柾にして拾畳の一室には伽羅の床柱を用ゐたり、全面大川に臨むが故四季の眺望殊に賞觀すべく花に月に两國藝妓の華客に聘せられて歌舞吹鼓の音絶えず。
浅草區	八百善	吉野橋の北二丁半の所にあり、古くより名聲高き茶會席にて、家の構造古雅を極め殊に庭園の秀逸なるは人をして塵外の感あらしむ、料理の風味他に其の比類なく人皆な割烹店の王と稱す、實に八百善は日本料理の善美を盡くしたるものにて我國割烹店の代表者として世界に誇るも決して恥しからず、今其の普通献立法を見るに、第一汁、第二向、第三茶碗盛、第四鉢物、第五椀盛、第六焼物、第七口取、第八刺身、第九香の物等にて殊に焼物の松皮かま鉾は當家の名物として頗る高風味なるものなり。
浅草區	萬梅	公園地内、仁王門の南半丁許の所にあり、此邊にては古くより有名の割烹店にて離れ座敷多く有る家なり。
浅草區	松島	宮戸座入口の角にある料理店にて小座敷多く、料理も佳味にて、殊に「そぼろけんちん」は此家の名物なり。
浅草區	小中村	舊川長の跡にて柳光亭の北一丁程にある會席茶屋にて、最も小集會に適したる家なり。
本所區	橋本樓	妙見祠の側又兵衛橋の橋畔にある料理店にして府下有名なる舊會席の一なり、調理の上風味と構造の高尚なると、加ふるに近傍亀井戸天神、臥龍梅、堀切等の名所多きを以て雅人墨客の杖を此家に停むるもの多し、此家は古くより「鯉こく」を以て名代とす。
本所區	中村樓	都下の料理店中最も大樓なるは此の家にして樓上の廣さ優に二百餘人を容るゝを得、其の天井は塗物にして大杉板の如く觀せたる有名のものなり、四季共に大宴會多く、殊に两國の煙火を觀る者此樓を以て最となす。
本所區	植半	長命寺の前を北へ一丁許り往きし所にて、屋根に鯱ある家なり、「蜆汁」と「芋の煮ころがし」が此家の名代にて可なりの集會も催し得らる。
本所區	井生村樓	中村樓の南隣にあり、料理は和洋共に客の好みに従ひ樓上八十疊程の大廣間あれば大人數の宴會などに適し、樓下には舞臺ありて音曲演伎の便に供す、價は割合に廉なり。
本所區	八百松	向島の入口枕橋の北詰にあり、樓上樓下隅田川に臨み三面に水を廻らしたれば風景清秀、殊に花季は向島の長堤を一望の内に見渡すべく、又た襖を取除けば大廣間も出來、料理も割合に廉價なれば宴會などには適當の家なり。
本所區	植半樓	向島堤の将に盡きんとする所、木母寺の境内にあり、風景の閑静を以て常に粋客の愛顧多く、此家の名代「家鴨のスキ焼」はよく風流人の口に適す。
本所區	水神の八百松	木母寺の植半樓より一二丁手前にある料理店なり、枕橋の八百松と區別せんが爲め世人殊更に此の樓を水神の八百松と呼ぶ、家は墨水に臨み青畝の間に在りて景色殊に閑雅、庭には又た菖蒲を多く植付けて初夏の遊覧に供す。
深川區	平清	冨岡八幡社の門前に在る料理店にして、都下に有名なる舊會席の一なり、料理の上等を以

		て夙に其名高く建築亦高尚にして大勢の集會に適す。
深川區	伊勢半	海邊橋の南二丁許にある小造の家にて、安直便利を以て此界隈に名を知られたる半會席なり。
芝區	濱の屋	大森池上の伊勢源と同店にして店付待合風の料理茶屋なり、此家は衛生料理といふ一種の特色を有し所々の博覧會よりも褒状を受けたる位なれば以て精鮮の料理たるを推知すべし。
芝區	大野屋	芝浦の海濱に臨み品川沖の眺望爽快にして、料理一切活魚を用ゆれば其味極て美なり、樓上には六十畳敷の大廣間もあり且又た海水浴の説もあれば夏季の宴会などには頗る妙なり。
芝區	萬清	泉岳寺の南半丁程の所にあり、此の家も都下に有名なる舊會席の一にして、品海の風色明眉なるに魚類の新鮮なると割烹の上味なるとを以て古くより人に知られたる料理店なり。
芝區	松元樓	増上寺芝大門の前にあり、此邊屈指の小料理店にて近所の書生連が神明藝妓を招き一酌の醉を求むる所なりと云ふ。
芝區	紅葉館	當今芝區に於て最名聲高き會席にして家屋の構造頗る風致に富み、坐敷には百畳、七十畳、五十畳等の大廣間及數多の小間あり、加ふるに樓上の眺望遠大廣濶にして庭園には數多老楓樹枝を連ねて繁茂し、茶室の設けさへあれば、常に宴會集會共に多く、又た紅葉踊と稱し舘内美人の演ずる手踊は紳士の間に評判高く、料理店にて巡査の門衛あるは此の家のみなり。
芝區	湖月樓	芝區屈指の會席茶屋にて料理上等なり、近來改築工事も了へ庭園には殊に雅致を凝らし、廣間も出來たれば宴會等に適當の家なり。
芝區	愛宕館	愛宕山上に建築せるものなれば樓上の眺望市内第一にして風月を友とするに適す、且つ料理も和洋何れにても客の好みに從ふが故頗る便利の家なり。
芝區	明月樓	舊伊勢源のありし跡にて家の構へ高尚なれば、中等紳士の來會最多く樓上常に歌舞の聲を絶たず。
芝區	見はらし	芝浦の海岸大野屋の隣家にて、屋根に鯛の標ある家なり、此邊にて最も評判高き家にて、魚類も頗る新鮮なり。
芝區	扇芳亭	烏森の湖月と殆ど伯仲の間にある三層樓の割烹店にて、主人の熱心より頓に其名聲を擧げ料理はよく衛生に注意しあり。
芝區	伊勢源	元と芝口一丁目に在りしが近年此地に移れり烏森の濱の家と等しく衛生料理が特色にして、此邊一躰眺望に富むを以て文士墨客の遊所たり。
芝區	橋和屋	目黒不動詞の前にて、筍飯と栗飯が此家の名物なり。
芝區	川崎屋	品川第一の料理店にて、海邊の風光殊に宜しく、庭内に海水を導き常に活魚を畜へ、客の之を求むるあれば直ちに庖丁を加へて調進するが故其風味仲々に善美なり。
麹町區	茶寮	顯日枝神社境内幽邃の地にあれば風色の閑雅を以て都下に名高し、此家は通常の割烹店と異り、茶道の席なるが故給仕の女に至るまで進退坐作禮式を守り頗る高尚の仕組なれば重に華族貴顯の來會多し。
赤坂區	八百勘	山の手有名の料理店にして舊會席の一に居れり、場所柄故軍人と官吏の花客常に多く、赤阪藝妓を招く。
赤坂區	三河屋	山王臺の下にて、堀際に沿へる割烹店なり、近頃の普請にて家は小造なれど、室内頗る清潔にして料理は頗る上等なり。
本郷區	魚十	湯島天神境内の西手にあり、此邊第一等の料理店にて、眺望もあり料理も美味なるが故常に客足絶えず、「あらひ」は此家を以て元祖となす。
本郷區	松よし	此邊著名の半會席にて書生連の客多し、「焙烙蒸」は此家得意の料理にて頗る旨味に富む。
本郷區	扇屋	王子停車場より飛鳥山に至る間にあり、古くより名を知られたる割烹店にて都人の杖を此家に曳くもの多く、春の花、秋の紅葉には殊に繁昌す。
本郷區	海老屋	扇屋の隣家にして、西洋人の客多き家なり。
即席料理		
日本橋區	中華亭	木原店にあり、家の構へ凡て意氣にして、金麩羅が昔よりの名代なれど、最も鶉の椀盛を得意の料理となし、其の調理の好風味なるを以て賞美の客多し、併し直段は高値にて椀盛三十銭金麩羅三十銭なるが、評判高きを以て繁昌頻なり。
日本橋區	中鐵	即席料理と仕出しとを兼ねたる家なり、魚類新鮮にして、旨い物を客に食はするとの評判専らなり。
日本橋區	梅芳	米穀取引所の裏通にあり、此家は元と金麩羅の上等を以て其名を賣出したるが、今は即席料理に出前をも兼ね、日夜繁昌の店なり、花客は大抵米屋町の商人、十二商品取引所の仲買等なり。
日本橋區	魚德	梅芳の隣家にあり、即席料理にて梅芳と同じく一寸一杯を傾けながら談話するなどに善き家なり。
日本橋區	萬安	人形町通の角にあり、即席料理の輕便なる家にて、出前をも兼ね、一品二品の注文も速刻其用を便じ、加ふるに料理のよきと價の廉とを以て、名を知られたる店なり。
日本橋區	笹屋	日本橋南詰にある三角の家にして、今より三十年前までは立場と稱し、縄濃簾、腰樽流の茶漬屋なりしが、其の頃より魚類の新鮮を以て名前を賣出し、當今にては誰知らぬものなきに至れり、此家得意の料理は刺身と口取なり、又此家得意の料理は刺身と口取なり、又此家にて用ゆる烟草盆は悉く三味線胴の形をなし頗る珍しきものなり。
日本橋區	白木	細き横道にありて、表に出來合惣ざい料理と掛看板のある家なり、得意は「けんちん」にして一種の妙味あり、此家は別けて粋士通人の社會に持て囃さる。

京橋區	千歳	新橋の北詰にあり、中食に一寸一杯を奢る位の雑客多し、又此家の裏口は會席料理にして表とは全く躰裁を異にし、金春妓を聘する客のみ多し。
京橋區	松田	西洋造りの家にして表に鐵柵を圍らし、建築壯大頗る美觀を極むれば、地方の出京者は必ず先づ此家に目を留め、飲食せざるなく、其の名聲の廣まりたる實に驚くに堪ゆ、料理も安直にて二十銭以上あれば立派な中食をなすべく、又厠と顔洗場の清潔なるは都下稀に見る所のものなり。
下谷區	岡政	浅草辨天山にある岡田の支店にして、此邊にて料理の精鮮と價の廉とを以て知られたる輕便の割烹店なり。
下谷區	雁鍋	昔より名の通りたる家にて、上野に遊ぶものは大抵此家に揚がりて飲食す、雁鍋は府下に唯一軒の専賣にて、其の調味に太葱を用ゐたるが、頗る上風味なり、其他普通の料理も廉價、二階八十畳、千客萬來日夜繁昌せり。
下谷區	満津多	三橋の北一丁許の西側にあり、京橋松田の支店にて、料理の輕便なるにて此邊指折の即席茶屋なり。
浅草區	一直	観音堂の西にあり、此家は即席が主なれども、庭園廣く客間も多ければ會席にも集會にも間に合ひ、櫻豆腐が此家の名代なれど、其外普通の料理は何にても出來れば頗る重寶の家にて、常に花客多し。
浅草區	岡田	公園地内辨天山にある小料理店なり、惣ざい料理を以て賣弘めたる家にて、料理總て上品なれば殊の外来客多し。
浅草區	金子	朝歸りの遊客が立寄る所にて、蜆汁の風味最も宜しく又た「あんこう」の味噌汁は粋客連の評判の名物なり。
浅草區	満津多	下谷の松田と同店にして、家屋の築造廣大なり、安價の料理にて評判高く、物日などは群客雑沓す。
浅草區	天勇樓	近時の普進なれば屋内清潔にして器物の新きは心地よし、此家は日本料理、西洋料理、何れも客の好みに任す、又た室内樂み揚と號し坐敷に屋臺を持出し客自身に揚げさするなどは主人の氣轉にて面白き趣向といふべし。
牛込區	萬金樓	家の構造閑雅にして門戸に數奇を極め、料理も此の邊にて第一等なれば日々に來飲の花客多く、神樂坂藝妓の得意場たり。
手軽料理		
日本橋區	宇治の里	宇治の里と稱する屋號は茶に縁ある名なり、酒を賣らざるが昔よりの家風なれば、客が強ひて酒を求むる時は、前銭を取り、酒を土瓶に入れて出す、これぞ此店の特色ともいふべく、都下茶漬屋の内に於て最も高尚なる家なり、淺草藏前、外神田旅籠町にあるは此家と同店にして孰もよく繁昌せり一人前八銭。
京橋區	富岡	靈岸島界隈にて人に知られたる料理店なり、兼ねて焼鳥の料理をもなす、客の種類は大抵此邊の商人なり。
京橋區	福ゑびす	何品にても安直に食せらるゝ家にて、其味も割合に佳なり、就中「鯉こく」此家の名代なるを以て風味宜し。
神田區	舞鶴	蠣飯と薩摩汁は此家得意の料理にて、殊に薩摩汁は妙味あり、此の邊の書生連が中食代りに立寄る所とす。
下谷區	達磨	上野山下にあり、達磨の看板を濃簾に染め出したる家にて、一名武蔵野ともいふ、此邊の舊家にして料理もやれば、壽司、汁粉、天麩羅も造り、何れも十銭以内なり客をこなせば、其下足積んで山をなすの繁昌を呈す、淺草仲見世、神田小川町等に支店を出せり。
下谷區	揚出し	三橋の北詰にある家にて豆腐の揚出しは此家の名代料理なり、又此家には清雅なる不忍池の眺望もあり、浴室、電話の設も備はれば、僅か六銭にて中食も濟まされ入浴も出來、且つ電話も借り受けらるゝといふ極て便利の仕組なるが故に常に客足の絶ゆることなし。
下谷區	笹の雪	餡懸豆腐を以て昔より根岸に名の響きたる家なり、散歩傍々此家に來りて豆腐の椀を傾くる粋客多く、大抵晝食後には賣切の札を掲ぐ。
下谷區	忍川	此の忍川といふ屋號は家の前を流るゝ川の名に因みたるものにて、種々の珍らしき豆腐料理をなす家なるが、其の風味何れも賞すべく器物には特に氣取りたるもの多し。
下谷區	紫蘇飯	松源の側にて満津多の少し先きにあり、此家得意の料理は蛤鍋なるが、飯に紫蘇を振りかけ香味をつけて出すの家風より紫蘇飯の名あり、一寸口先の變りて風味面白きものなり。
浅草區	寶來屋	表より見附も高尚にして、客の扱ひ方より料理鹽梅に至るまで宇治の里と殆ど同様の仕組なり。
浅草區	ちん屋	公園界隈飲食店數多ある内にて最も善く人に其名を知られたる茶漬屋なり料理の外天ぷらをも兼務し、日々の繁昌此邊第二と下らず。
芝區	生洲	家は小さけれども品川沖の景色を控え、且つ鮮魚を客の好みに任せて調理すれば却て魚の眞味を知るべく、價も頗る廉なり。
芝區	今庄	久保町表通りの南側にあり、家は高大ならねど萬事小奇麗なると料理の廉なるとを以て此の界隈に人望ある店なり。
芝區	川崎屋	新橋の南詰にある三階造の家なり、蠣飯と松茸飯が此家の名代にして、殊に松茸飯の風味に至りては能く粋客の口に適せり。
芝區	新芳	川崎屋の南隣にあり、此家得意の料理は「鯉こく」と「茶碗蒸」にて、萬事輕便と廉價を主とすれば一寸一酌を酌むに宜し

※『東京新繁昌記』（東京新繁昌記発行所：1897）をもとに東四柳作成

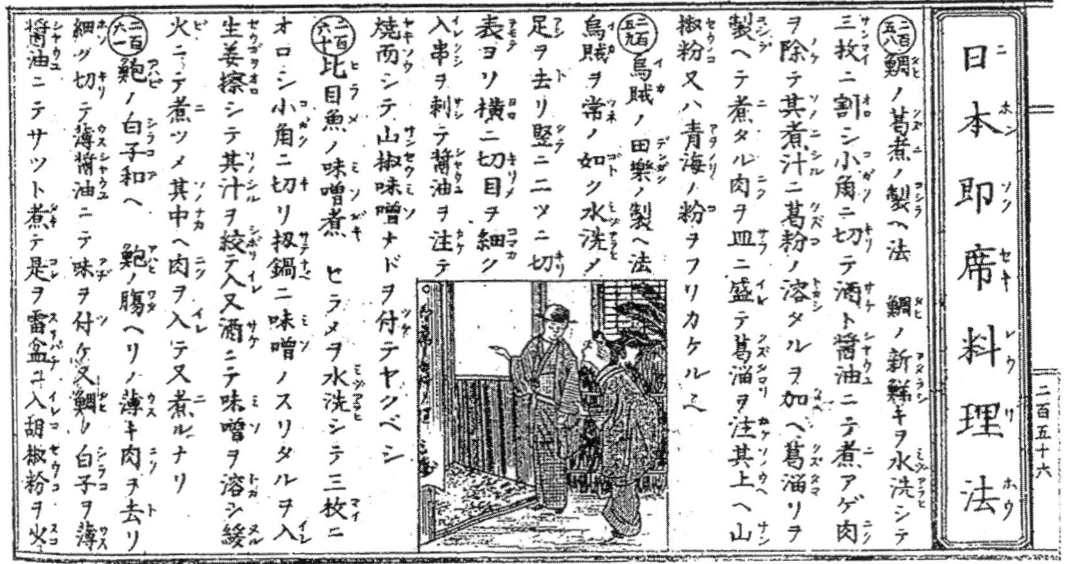

日本即席料理法

二百五十六

（二百五十八）鯛ノ葛煮ノ製ヘ法　鯛ノ新鮮キヲ水洗シテ
三枚ニ割シ小角ニ切テ酒ト醤油ニテ煮アゲ肉
ヲ除テ其煮汁ニ葛粉ノ溶タルヲ加ヘ葛溜リヲ
製ヘテ煮タル肉ヲ皿ニ盛テ葛溜ヲ注其上ヘ山
椒粉又ハ青海ノ粉ヲフリカケルヘ

（二百五十九）烏賊ノ田樂ノ製ヘ法
烏賊ヲ常ノ如ク水洗ノ
足ヲ去リ竪ニ二ツニ切
表ヨソ横ニ切目ヲ細ク
入串ヲ刺テ醤油ヲ注テ
焼両シテ山椒味噌ナドヲ付テヤクベシ

（二百六十）比目魚ノ味噌煮　ヒラメヲ水洗シテ三枚ニ
オロシ小角ニ切リ扱鍋ニ味噌ノスリタルヲ入
生姜擦シテ其汁ヲ絞テ入又酒ニテ味噌ヲ溶シ緩
火ニテ煮ツメ其中ヘ肉ヲ入テ又煮ルナリ

（二百六十一）鮑ノ白子和ヘ　鮑ノ腸ヘリノ薄キ肉ヲ去リ
細ク切テ薄醤油ニテ味ヲ付ケ又鯛ノ白子ヲ薄
醤油ニテサツト煮テ是ヲ雷盆ニ入胡椒粉ヲ少

図5-2-2　日本即席料理法（『日用百科　国民之宝　第四巻　学芸編　上』1891）

席料理と異り、會席ならば豫め幾人幾十人の料理を命し置かざれは到底早速の間に合はねど、即席料理は客が不意に來りても毫も差支なく間に合はする割烹店なり」との定義がみえる[13]。さらに「即席料理」は、上中下の格の違いはあるとしながらも、「座敷の美」や「膳椀の美」にこだわらず、「單に料理の美味を味ふ」ことを求める料理であるとのイメージが語られ、中華亭、中鐵、梅芳、魚德、萬安、笹屋、白木、千歳、松田、岡政、雁鍋、満津多、一直、岡田、金子、天勇樓、萬金樓などの料理店の詳細情報が伝えられている。また「金麩羅（中華亭）」、「櫻豆腐（一直）」、「蜆汁・あんこうの味噌汁（金子）」などの単品が名代料理として評価されたり、天勇樓のように、日本料理も西洋料理も提供される日本料理店があったことも、本書の記述から類推できる。

なお「即席料理」という言葉自体、『素人庖丁』や『料理早指南』などの江戸料理書にも登場する様子が確認できるが、明治期以降も『現今活用　記憶一事千金　続』（1887）や『日用百科　国民之宝　第四巻　学芸編　上』（1891）などの書籍のみならず、『即席料理　素人庖丁　上下』（1893）、『和清西洋料理法自在』（1898）、『仕出しいらず即席料理法』（1901）などの料理書においても、主に単品料理として紹介される様子が散見できる（図5-2-2）。

いっぽう「手軽料理」についても、江戸期から使用された言葉であったことは先にも述べたが、『東京新繁昌記』には、次のような定義が打ち出されている。

> 手軽料理とは其の客の示す如く手輕の料理、即ち茶漬の料理なり、手輕料理は一寸晝食を濟す處なるが故に、其料理の直段も至つて廉價を以て競争するが如し、されば客も美味を取らんが爲めに入るにあらず、唯辨當代とする處なれば、一飯一菜十銭内外より辨じ得らるゝなり、手輕料理は多數人のためには頗る調寶なるものにして、次に都下に名の知られたる商家を掲ぐ[14]。

この定義によれば、手軽料理はまず安価であることが重視され、「一飯一菜」という簡素な内容での提供が条件とされたことが理解される。それゆえ、本書にも、焼鳥や鯉こく、蠣飯と薩摩汁、壽司、汁粉、天麩羅、豆腐料理、蛤鍋と紫蘇飯、茶漬け、松茸飯、茶碗蒸などの単品料理を名物にすえ、営業に乗り出していた店舗をいくつか紹介している（表5-2-2参照）。特に現在も営業中である豆腐料理の名店・笹の雪は、多くの人々の心を捉えていたようで、「散歩傍々此家に來りて豆腐の椀を傾くる粋客多く、大抵晝食後には賣切の札を掲ぐ」と、昼食後に売り切れてしまう状況にあった盛況ぶりが記されている[15)]。

なお「手軽料理」という言葉は、明治・大正期においては、簡略化した日本料理という意味で定着していたようである。大正11年（1922）刊『東京特選電話名簿　上巻』に掲載された日本料理に関する項目を整理してみると、「特種料理店」として紹介された項目に、「手軽料理」という記載が確認できる（表5-2-3）。また『食行脚　東京の巻』（1925）には、関東大震災後を機に様変わりした手軽料理店「花むら」の様子が、次のように記されている。

> 花むら〔お手輕料理〕
>
> 高等縄暖簾で通つた、日本橋名物「丸花」は、震災後の新築で、昔の面影は、露程も残されてゐない。時代を物語る、店口の古い格子戸は、瀟洒な竹垣、植込と變り、丸花の暖簾は「花むら」と、粋に書かれた、待合風の硝子戸になつた、そして丸花の本領としてゐた、明治初年からの手狭で小暗い食堂は、純洋式の新設備に彩られて來た。
>
> 天保以来市ヶ谷の、酒問屋として知られた萬屋は、明治五年、先代の女主人になつてから、現住に引移つて小料理、一膳飯を商つて來たが、種々な艱難迫害を切り抜けて、遂に女の腕一本で、丸花の屋號を、盛上ることが出來た。
>
> 昔からの名物料理、刺身、照焼、ぬた、味噌汁は今も變らぬ評判を傳へて居るとは言へ、最近の洋式設備に伴ひカレーライスやカツレツ等が、献立に上る様になつてから、老舗、丸花獨壇場の一大長所が、漸次に影を、潜めて行きはしないかと惜しまれて居る[16)]。

上記の引用に従うと、震災後に「純洋式の新設備」に改築したのを機に、料理内容にも変化の波が訪れ、「刺身」「照焼」「ぬた」「味噌汁」といった「昔からの名物料理」のみならず、「カレーライス」や「カツレツ」が登場したことを伝えており、もはや店内設備も料理内容も日本料理の範疇を超え、折衷化を重んじる状況にあったことがわかる。なお著者の奥田優曇華は、花むらの西洋化への兆候を憂慮しているが、日本料理店のメニューに、洋食や折衷料理が加えられるようになる動きは、実は大正期から顕著になる傾向として指摘できる。

例えば、同書内に登場する日本料理店「丸びる　花月」の記述[17)]においても、花月の「特徴料理と稱すべきものは、西洋料理を加味した蟹料理で、由来、研究を怠られてゐた蟹料理法に、花月新案の一法が生れて來た」とあり、折衷料理がお店の目玉となっている状況が明記されている。実際花月は丸ビルの地下に設けられた日本料理店で、丼と弁当で「非常な好評」を呼んだとあることからも、当店もまた手軽料理店の部類に属する営業形態であったと推察される。さらに、調理にはす

表5-2-3 『東京特選電話名簿　上巻』(1922) にみる日本料理店名と代表者

料理店〔割烹店〕					
店名	代表者名	店名	代表者名	店名	代表者名
いけす	外山文蔵	岡田本家		やまと	成川國太郎
いけす支店		わかな	柴田千代	松しま	新井あか
いけす支店	外山常吉	花月	池田サク	松島	相賀仲
伊香保	朝岡善四郎	花月楼	平岡権八郎	松本楼	小坂梅吉
伊豫紋	町田紋次郎	開花楼	坂本彦平	桝田家	松田ふで
伊勢平	山本豊吉	角伊勢	金子てふ	万安	越塚金之助
伊勢虎	宇田川孝吉	川崎屋	松澤吉五郎	万安楼	鈴木仙吉
一直	江原松三郎	龜清楼	福島力太郎	万金楼	初見嘉四郎
入キン亭	入山キン	たんぽぽ	高橋直吉	萬清	石井正雄
生稲	浅野萬吉	大又	奥村又右衛門	富士見楼	芹澤覺次郎
梅月	梅谷定吉	大増	高村コウ	深川亭	牧とく
花家	須賀はな	奥の大増	成瀬しげ	福井楼	
濱田家		大松閣	小堀梅吉	福井楼　料理部	
橋本	山口金次郎	津久松	木村榮吉	湖月楼	多賀一
寶來家	新實逸吉	内田屋	大橋よね	香雪軒	安田サダ
鳥家須	伊藤等	魚伊本店	山さき	紅葉館	
鳥家須		魚伊本店　新館		淺の家	石川淺次郎
鳥家須　鮮魚部		魚がし料理		喜文	鈴木ふみ
東仙閣	足助嘉一郎	魚がし料理 浅草支店		金六亭	町田徳兵衛
常盤	清水文平	魚久	岡本嗣治	錦水	伊藤耕之進
常盤華壇	俣野久三	魚十	上田新兵衛	錦水	
常盤華壇　支店	俣野幾三	魚彦本店	川島フウ	見晴亭	岩山万次
常盤華壇　支店	俣野泰三	のだや	野田瀧次郎	笑福亭	小池たま
常盤屋	酒井正吉	草津亭	藤谷金兵衛	清水	清水文平
常盤亭	水谷勇三郎	草津亭	遠藤金次郎	清水　支店	
千歳	天野林之助	八百勘	吉田勘右衛門	新濱	佐々木ひで
中華亭	中村サト	八百松	小山良蔵	新喜樂	木村さく
柳光亭		八百松	水神	百尺	小山英
扇屋	早崎高太郎	八百善	栗山善四郎	末よし	鈴木岩次郎
特種料理店					
店名	代表者名	備考	店名	代表者名	備考
花村	小塚ふく	手軽料理	丸万　支店	松岡石蔵	
中華亭	中村兼太郎	金ぷら	松淺	松本留吉	海水浴
興都庵	竹内宇助	茶料理	松淺　分店		
◇◇家	進藤豊次郎	長崎料理	富貴亭	小西せい	茶料理
浪花	細井虎蔵	大阪料理	鮒林	中田政子	川魚料理
浪花家	吉田太兵衛	手軽料理	五徳庵	細野徳次郎	京都料理
むぎとろ	原政治	麦とろ	天然自笑軒	宮崎直次郎	茶料理
宇治の里	岡田榮之助	手軽料理	きたの家	折橋外雄	茶料理
宇治の里	小宮登美次郎	手軽料理	菊の家	根岸覺太郎	鯛ちり金ぷら
魚榮	池田啓次郎	海水浴	菊水	三輪喜三郎	京都料理
歌茶屋	片岡しも	海水浴	忍川	菊池かね	豆腐料理
野田屋	外山とみ	江の島料理	重亭	野村吉蔵	大阪料理
柳屋料理店	廣瀬亀吉	遊船	重箱	大谷儀兵衛	川魚料理
まるや	奥田駒藏	すつぽん	甚兵衛	中村又次郎	はも料理
萬金	江澤せん	鉱泉	平野家	本田徳次郎	京都料理
丸万本店	松村萬吉	大阪料理	住よし	高井エツ	江の島料理
丸万　浅草支店					
料理仕出業					
店名	代表者名	店名	代表者名	店名	代表者名
魚萬	生久保万次郎	龜？善	多田林之助	萬久滿	戸田八重
伊勢忠本店	平田忠平	立花	江川鋭次郎	甲州屋	辻善吉
伊勢忠支店		玉富	望月富蔵	菊廼家	牛瀧庄八
ちやうしや	宮内喜代太郎	魚重（坂上）	大塚十太郎	みどり家	龜田昇
(記載なし)	小野田鐵五郎	山城屋	瀧崎常次郎	森田屋	高橋榮蔵
(記載なし)	大平ユキ	ますや	森田清八	駿河屋	田邉クニ
近江家	辻井傳八	魚忠	増田忠兵衛		

※『東京特選電話名簿　上巻』(三友協会：1922) をもとに東四柳作成（女性名には、グレーの色かけをした)。

べてガスを使用し、狼狽することなく、500人の客席に対応しているとの状況にも言及している。

また花丸の記述にも出てきたが、日本料理店の女主人の存在が明らかになるのも、大正期以降の特徴である。先にも挙げた表5-2-2においても、料理店の代表名に、30名の女性名が確認できた。個々の生い立ちまでは詳らかにできていないが、事実、大正期には、女性の職業案内ガイドなどにおいても、日本料理店の営業を勧める記述が散見されるようになる。例えば『最適簡易婦人商売経営案内』（1925）所収の「日本料理店」の項には、「凡そ、日本料理は其の種類、名称、極めて多く一々其の名前を記憶するさへ煩はしい」との考えを示しながら、大別すると、「てんぷら類」「うまに類」「さしみ類」「椀もり類」「すのもの類」「鍋るゐ」「丼類」に大きく分類することができるとの特徴が示されている。さらに、「婦人の經棠」として日本料理に着手するなら、「鍋類」「丼類」を扱い、あまり資本や手数を必要としない比較簡単な料理店を始めることをすすめ、メニュー例として、「料理目録」を提案している。しかし、「料理目録」の内容をうかがうと、「牛鍋」「豚鍋」「鳥鍋」「はま鍋よせ鍋」「親子丼」「玉子丼」「肉丼」をメインに、「しんこ」「玉子」「酒正宗」「サイダー」「ビール」を加えることが指示されており、伝統的な日本料理店の料理形式との断絶は明らかである。また肉を使った料理が積極的に採用されている点も興味深い。なおこうした費用も手間もかからない料理を提供するスタイルは、先に述べた手軽料理と同じ性格を持ち合わせている。

さてここで示された「鍋類」「丼類」が、明治期以降の日本社会において流行した背景に、女性たちの関与が少なからず影響を与えたことも看過できない。例えば、昭和６年（1931）に出版された『明治大正史　第四巻　世相篇』（1931）所収の「小鍋立と鍋料理」の項には、明治以降の日本人の食事観と女性の関係性についての編者の考えが、次のように記されている。

> 明治以降の日本の食物は、略三つの著しい傾向を示して居ることは争へない。その一つは温かいもの丶多くなつたこと、二つには柔かいもの丶好まる丶やうになつたこと、其三には即ち何人も心付くやうに、概して食ふもの丶甘くなつて來たことである。是に種目の増加を添へて、四つと言つてもよいのか知らぬが、此方は寧ろ結果であつた。人の好みが先づ在來のもの丶外へ走つて、それが新たなる色々の方法を喚び込むだので、恐らくは強ひて押し付けられたものは無かつたらうと思ふ。（中略）昔も飲食の温かいといふのは馳走であつた。神や沸への供物の中でも何か一色だけは湯氣の立つものを供へようとしたのだが、儀式手續に時間がか丶る爲に、晴の食物はどうしても之を冷しがちであつた。あつ物を進めるといふことは料理人の辛苦で、同時に亭主の心入れのしるしでもあつたから、出來るものならば昔も之を望んだ筈であるが却つて尊敬する賓客の前には、其誠意が表はしにくかつた。其理由は至つて單純で、つまり我々は共同の飲食といふことを、温かいといふことよりも尚重んじたのであつた。同じ火同じ器を以て調理した物を、主客上下が相贊しようとするには、早くからの支度が必要であつた。是を互ひに氣にせぬやうにならなければ、客に暖かい小鍋のものを、勸めることが出來なかつたのである。
>
> 是は住宅の變遷に於て、考へて見るべき問題であるが、家で食物を調理する清い火は、もとは荒神様の直轄する自在鍵の下にしか無かつたのである。その特別の保障ある製品で無いと、

> 之をたべて家人共同の肉體と化するに足らぬといふ信仰が、存外近い頃まで村の人の心を暗々裡に支配して居た。だから、正式の食物は却つて配當が面倒な爲に、冷たくなつてから漸く口に屆いたのであつた。炭櫃や十能が自由に熾の火を運搬するやうになつても、尚この考へ方は久しく續いて居た。それが最初に先づ大きな器から取り分けて、別に進めるものを涼すまいとする心遣ひより、鍋とかユキヒラとかいふものが段々に發明せられ、結局今日の如き鍋料理の隆盛を見るに至つたのである。炭焼き技術の普及が、之を助けたことは無論であるが、それよりも根本の理由は家内食料の相異及びそれを可能ならしめたる火の神道の讓歩であつた。[18]

上記によれば、最初に「温かい物」「柔らかい物」「甘い物」を好むようになった新しい日本料理の傾向についての解説に続き、荒神信仰からくる火の使用へのおそれが起因し、温かい料理の提供が難しかった過去の状況が詳述されている。しかし住宅構造の変化、行平鍋や小鍋などの鍋類が発明された動きに着目し、江戸期には迷信や女訓書などでその調理が禁じられる傾向にもあった小鍋が、女性たちの着眼とともに、徐々に社会や家庭の中で普及しつつある状況が語られ、巷の「鍬焼」や大道の「鍋焼饂飩」などのバラエティが生まれたことにも言及している。さらに「料理は昔から正式のものは男の作業」であり、「單に小規模なる只の日の食事のみが、主として婦人によつて用意せられ」る傾向にあったが、「常然に温かい食物は多かつたわけで、母や妻 娘などの親切を聯想することが、恐らくさういふ出來たての食事の、旨さ嬉しさを倍加したかと思ふ」と、温かい料理の背後にある女性たちの存在にふれるとともに、「飲食は何時でも勝手元から発達して居る」との思いも明記されている。[19]

しかし編者のまなざしは、変わりゆく日本料理を冷静に見つめながらも、決して批判するものとはなっていない。特に、「温かい物」の普及を「料理の女性化」として捉え、次の通り見解を述べている。

> 昔織田信長の料理人が歎息した樣に、我々の獻立は退歩したけれどもうまくなつた。古例を無視した自由なる材料選擇、それから手料理の無造作な試みが、徐々として本膳に影響を與へたからである。會ては幾通りもの熱い吸物を勸めて客人に家に在るが如き親しさを味はしめたと同じく、今度は新たに始まつた爐火の分裂に乘じて、座敷へ臺所の一片を運搬することになつたので、それには又陰に在つて此方法の完成に助力した者の、細かな才智が間接に人を悦ばしめて居るのである。我々の食物の温かくなつたといふことは、言はゞ料理の女性化の兆候である。[20]

家庭料理から日本料理を改良しようとする動きがあったことは、前章でも述べたが、ここでもまた家庭料理を切り盛りする女性たちの関心や取り組みが、新たな日本料理イメージ構築に一役を担っていたことが確認できる。

いっぽう、日本料理店の「お手軽化」への傾向については、本書所収の「外で飯食ふ事」においても、次のように解説されている。

図5–2–3　自由食堂の光景（『明治大正史　第四巻　世相篇』1931）

料理茶屋歡待の重苦しい設備には、金を惜しまぬ人々も稍窮屈を感じ出した。だから明治の改良はいつも御手軽といふことであつた。其以前からも惣菜料理だの、有合御茶漬だのといふ看板が、方々にぶら下りはじめた。茶漬は民間では褻の食事を意味した。方言で朝飯を茶漬といふ土地もあれば、又晝飯をさういふ村もある。卽ち一切の形式を抜きに、内で食ふ通りの物を食はせようといふので、是で安ければ辨當は無用になるわけである。辨當の原理は影膳などともよく似て居た。家でも今時分是と同じ飯を、集まつて食つて居るだらうといふ點に、無形の養分は潜んで居たのである。卽ち、ある一つの共同飲食の分派だといふことが、眼に見えぬ鹽氣ともなつて居たのである。ところが主人の想像し得ない留守事は普通になり、小鍋は自由に部屋毎の火鉢の上へ運ばれ、同時に各人の好み嫌ひは多くなつて、煮豆佃煮の如き知らぬ火で煮たものが、何の方式もなく入り込んで來る。村や一つの部落の内は固より、同じ屋敷の一つ棟に住む者にも、覗いたり隠したりする食物が出來て來た。家の統御の力は弱くなつたのである。[21)]

上記によると、温かい食事を好む嗜好が弁当文化を失墜させ、外食文化を盛り上げたとの見方が示され、その流れの中で、「色々の盛り切り飯が、しかも麺類などゝ同じく温めて賣られるやうになつた。どんぶりといふ器が飯椀に代つて、天どん牛どん親子どんなどの、奇抜な名稱が全國的になつたのも、すべてこの時代の新現象である」と、どんぶりが弁当に代わる食事として流行に至った経緯が解説されている。[22)]ともあれ、形式に固執せず、単品で安価に味わう日本料理の外食の機会は、家庭料理を超えた共通の味の記憶を認識する機会となったはずである。なおこうした手軽料理を扱う店舗の増加は、日本料理の大衆化をますます促進し、やがてバラエティ豊かな食事を扱う町の食堂へと成長するとの見方もできるように思われる（図5-2-3)。

第2節　海外への進出と定着

さて次に海外へ進出し、現地で享受された日本料理の実態について考察する。明治・大正期の文献を紐解くと、諸外国の日本料理店の概況を伝える多くの記述に出会える。これらの記述の分析を通し、海を越えた地で共有されていた日本料理の評判、特徴を明らかにしてみたい。

1）中国：上海

明治38年（1905）に出版された『渡清案内』に、「上海の日本料理屋[23)]」という項がある。それによると、「上海の日本料理店は日本人の最大快樂を縦にする酒食の天國である」との記述がみえ、その客層は在清の日本人を対象としていた様子がわかる。また上海の料理店は「日本人の公園」であり、「藝妓」は「其公園を飾るべき解語の花である」と説いていることからも、「藝妓」が伴う体裁であったことも推察される。

さて本書には、当時上海にあったとされる11店の日本料理店の名称が、次のように記されている。

藏村屋　藤村アサ／三好舘　光好虎吉／月迺屋　宮本イソ／醉月　長佐ヤス
都亭　宮本イソ／六三亭　白石六三郎／西洋料理　吉川トヨ／店名付記　秋田戸一
西洋料理　山村兼吉／萬歳舘　春本市三／富時屋　富時リヤウ

店舗名の紹介の中には、「西洋料理」という記載もあるが、本書によれば、これらの料理店はいずれも「西洋舘と支那家とのアイノコ建（雑種兒）」で、その内部を「日本流に模様替」したものが多いという。さらに「外部から見ると、高塀の下に入口のある土蔵に入（は）いる心地がする」とあり、土蔵の入り口に「何々料理屋何々亭の瓦斯燈」があることで料理屋と認識はできるが、「大抵は入口が帳場で其横から二階へ登ることになつて」おり、「何分西洋とチヤ（マ）ン（マ）コロの合生兒建（アイノコダテ）だから何れもガラス窓に開き戸で掾側傳ひに庭の樹木を眺める様な純粋な日本家はない」と、日本料理店で重視された眺望の楽しみは約束されていなかったことも明記している。また座敷も「日本造り」ではなく、「凡ての装置」が「和洋折衷」になりつつあり、「肴」の「料理の種」は多く長崎から来るともある。というのも、実際上海の食材のイメージは芳しくなかったようで、「上海近海の魚類は不味（まず）いので、牛豚鳥の肉類を使用する西洋チ（マ）ャ（マ）ン日本折衷の料理屋を出すことが多い」と、当時の状況を憂う記述もみえる。また酒も日本産であり、さらに「客」も「藝妓」も「仲居」も「日本人」であったことが語られている。なお本書には、「坐敷の大修繕」を終えた六三亭を、「一番奇麗」な日本料理店であったと紹介している。20～30人収容できる広間もあり、「上流の先生方」など客層の良さも評判であった（料理代は1人前1円50銭）。

さらに上掲の店舗代表者の名前に、女性が半数近く含まれている点も興味深い。提供された料理内容までは具体的に知りえることはできなかったが、現地の日本料理店の運営に女性料理人（もしくは女主人）の関与があったこともまた特記できる事項といえよう。

いっぽう、全国同盟料理新聞社社長の三宅孤軒は、自著『上海印象記』（1923）において、大正期の上海には24店の日本料理店があったことを伝えている。[24]

生花（スエンホー）（主人滋賀県）／六三亭（ロセリン）（主人長崎）／濱吉（センチェ）（主人大阪市）
東語（トンユー）（主人名古屋市）／若松（セソン）（主人大阪市）／叶家（チチャー）（主人大阪市）
月廼家（ユセーチャー）（主人長崎市）／松廼家（ソンセーチャー）（主人長崎市）／七五三松
藤村家（タンナンチャー）（主人大阪市）／あづま（主人京都市）／三福（セフオ）（主人福岡県）
富貴樓（フーコイロ）（主人横濱市）／京亭（チンリン）（主人京都市）／美濃家（メーノンチャー）（主人岐阜市）
新鵜（シンウ）（主人京都市）／新陽（シンヤン）（主人大分市）／新六三（ロセホ）（主人長崎）
寶亭（ホーラン）（主人長崎県）／月廼家花園（ユーセーチャーホーユー）／ライオン（主人泉州）
梅林（メーリン）（主人長崎）／松葉（ソンエ）（主人長崎）／新月（シンエ）（主人大津市）／六三花園（ロセホユー）

上記によると、長崎、大阪出身の主人が多かったことが確認でき、いずれの料理店も「藝妓」を抱え、営業していたことが語られている。また上海の調理師仲間が集い、組織した「睦友會」という「調理師團體」があったようで、調理の研究、調理師同士の親睦、貯蓄の奨励を目的とし、「職方の不足」が生じたときには、会員同士で繰り合わせて援助する規定なども設けられていたようである。[25]なお役員構成は、会長に松本與太郎、副会長に花彌眞吉、幹事に高山周藏・後藤茂・酒井長三郎・三島善三郎、会計に梅景春義があたり、「技能と人格の向上」を目的に組織していたことを明らかにしている。[26]個々人の生い立ちの調査に関しては、今後の課題としたい。

2）ドイツ：ベルリン

次にドイツのベルリンにあったとされる日本料理店の記述を追ってみたい。童話作家・巖谷小波の洋行記録『小波洋行土産　下巻』（1903）には、「新日本料理屋」として、当時現地で話題を呼んだ日本料理屋の様子が、次のように記されている。

　バツサウエル町の日本婆、シユーマン町の熱海屋が名は、伯林通の先刻承知せる所にして、彼方に蒲焼の香り高く、此方に鯉こくの味ひ妙にして、誰が傳授の今に残りてか、共に評判の老舗ぞかし。

　さるに又、この夏より新たに開かれし、ホーヘンツオルレルン町の日本穴倉、實名シユミツト婆が腕前は、をさをさ前の二者に劣らず、蒲焼鯉こくの加減は元より、鹽物、吸物、刺身、五目ずし、ぬた、ひたし物、さては焼き海苔に香の物なんど本國のそれと聊か異ならぬに、咽喉を鳴らし、舌鼓を打ち立てゝ、こゝに繰り込む者引きも切らず、此上座敷を畳敷にして、酌にタボの艶なるあらばなんど、望蜀の贅をぬかすも多し。[27]

上記の引用によれば、「バッサウエル町の日本婆」「シユーマン町の熱海屋」という二つの名店があり、「蒲焼」や「鯉こく」で評判を呼んでいたことが理解されるほか、その年の夏より、ホーヘンツオルレルン町に、「シユミット婆」による新しい日本料理店が開店し、評価されていたことが伝えられている。また「バッサウエル町の日本婆」「シユミット婆」ともに、女性が切り盛りする店舗である点も興味深い。なお上記の記述だけでは、「シユミット婆」の国籍ははっきりしないが、「畳敷」の部屋で、味の良い日本の惣菜を出していた料理店であったことは理解される。

また、巌谷は「シユミット婆」の素性について、「日本公使の、青木子爵」（青木周蔵を指すと思われる）の赴任時代より、長年日本公使館の厨房に務めていたが、退職後、「賃仕事刺繍物」などを経て、「片商売」で飲食業に就いた女性であったと述べている。しかしその評判の高さからも、「日本人御用　御料理隅戸亭」の名は旅行案内に紹介されるようにもなるだろうとの期待を寄せている。[28]

いっぽう、ベルリンの日本料理店の様子は、医師であり、ルポライターでもあった島洋之助の『貞操の洗濯場』（1930）にも、次のように記されている。

> 伯林には五軒の日本料理店がある。
>
> 東洋館、トキワ、花月、藤巻、それに日本人會、それ等が日本大使館のあるノーレンドルフプラツケ附近に散在してゐる。
>
> トキツと東洋館は、共にキヤイスベルク街にあつて、前者は隣りに、バンシヨン、イデルナの日本人を主として客にしてゐる。給仕はフロツク姿の男である。トキワは日の丸の大きな看板や、日傘を前栽に立てた東洋色を現はした家。近くにヴヰクトリアカフエーのある關係からよくそれらしい女を連れた漫遊客が來てゐる。花月、藤巻共に前二者より構へも大きく、よく諸種の宴會が開かれる。勿論お客は大部分日本人だが、連れて來る獨逸の女達は、英語の達者な日本語も多少は出來る唇の紅い女である。彼女達は鋤焼を喰ふ。無論巧みに箸を使ふ。吸物もサラダに似た酢の物も喰べる。更に驚くことには刺身を喰べる。肉食の毛唐は元來魚は餘り喰べない。それも煮るか揚げるかしないと生では絶對に喰はない。それが喜んで赤い身の刺身を、むしやむしやと御飯と一共に喰べるのだからいさゝかあきれさせられる。味噌汁や大根漬を喰べる。テレースと云ふ太った私娼、『日本へ行つても喰べ物に困るやうなことじゃないね』とからかつたら、そんな便利な女だから日本へ連れて行つて呉れたらどうと、真面目な顔をして云つた。[29]

これによると、昭和前期には、ベルリンの日本大使館近くに、「東洋館」「トキワ」「花月」「藤巻」「日本人會」という5軒の日本料理店があったことがわかる（残念ながら、「シユミット婆」の店らしきものは確認できなかった）。また『小波洋行土産　下巻』の記述同様、日本人客を相手に日本料理を提供していたようだが、著者の記述からは、ドイツ人の「私娼」を同伴し、食事に来る客がいた状況もうかがえる。とはいえ、ドイツ人の目に映る日本料理の印象は悪くなかったようで、箸を使用し、「鋤焼」「吸物」「酢の物」「刺身」「御飯「味噌汁」「大根漬」などを好んでいたようだ。

なお刺身を好む趣向に、驚いている著者の様子もみえるが、外国人の眼に映る刺身は、割合好ましく映っていた記述も散見される。アメリカ人飛行家・アート・スミスのエッセイ『日記から』(1916) にも、サンフランシスコで日本料理を食べた時の思い出が、次のように語られている。

> 桑港に於て余は初めて日本食を味ふて見た、櫛引氏は桑港で余に日本食を御馳走したが、余は凡ての皿を賞味した、余は箸を使へることが大自慢である、今日では二本の箸で何如んなものでも挟める、而して其挟み方も決して不恰好であるまいと信ずる。
>
> 初めから余は刺味が好物であつた、山葵醤油に刺味は魚肉を食ふ最良の方法である、而して數ある日本料理の中で刺味が第一の好物である、刺味を食はぬ前は余は魚肉の眞の味を知らなかった、魚の料理は凡て日本では美味である、日本人は魚を料理する秘術を得て居ると見える。[30]

スミスもまた箸を用い、日本料理を好んだ様子がうかがえるが、特に刺身を好物として評価している。しかし魚介類をすべて評価していたわけではなく、本書には、蛸に関して少々抵抗を感じていた様子が、次のように記されている。もともと蛸を食材として考えないアメリカ人にとって、蛸を食べるという行為は、衝撃以外の何物でもなかったのであろう。

> 余は章魚を食ふた、日本人は余が章魚食ふたとて別に不思議に思はないが、之を米國人に聞さうものなら彼等は震上つて驚くであらう米國人は章魚を食ふなどとは夢にも思はない、而して章魚といえば恐ろしい大きな章魚しか知らない、併し余が食ふた章魚は誠に可愛い小さい赤ん坊の章魚で、八本の足と全部で以つて余の母指よりは大きくなかつた。[31]

いっぽう、牛肉を使用した「鍬焼」への嗜好は、スミスの中でも大変好ましいものとして映っていたことが、次の引用から理解される。

> 日本に於ける最も驚くべき料理は牛肉の鋤焼である、何んな料理でも鋤焼とは較べ物にならない、鋤焼なら余は日に三度々々食へる、鋤焼の御馳走といへば余は何時でも平常よりはズント多く食べる、鋤焼にすれば幾斤の牛肉が食へるか余は其量を知らぬ。
>
> 米國に歸つて第一に困ることに鋤焼の食へぬことであるとは我等が何時も仲間で談して居つたことである、どうぞ誰かゞ米國で鋤焼を始めて欲しい、余は第一の而も最上の顧客となる積りである。[32]

こうした外国人の記録は、日本料理と諸外国の料理比較論ともなる。なお外国人の目に映る日本料理の評価に関する考察は、次節で詳述する。

３）イギリス：ロンドン

さて最後に、ロンドンの日本料理店の概況を探りたい。ロンドンの日本料理の盛況は、他都市に比べ、勢いがあったようで、料理人のコミュニティもまた小さくとも、密なつながりを持ち、機能していたとされる[33]。さて近代の新聞界で活躍した福良竹亭[34]は、自著『洋行赤毛布』（1921）において、大正期におけるロンドンの日本料理店の様子を、次のように記している。

> 日本へ歸つて來ると西洋では日本の飯が喰へるかとか魚は不自由だらうなどゝ問はれるが、私は肥胖症なので洋行中成るべく肉を喰はないやうにして居たと云ふと其人達は眼を圓くして「ぢや何を喰つて居たのか」と訝がる、私は此等の質問に對して大マカに日本にあるものは何んでも西洋にあると答へる、倫敦の都亭は鰻專門の料理屋、細君は獨逸人であるが飯の炊方が上手なのでおいしく喰はす、獨逸の料理屋で前菜に出す蒸焼の鰻の丸切りは脂濃くツて私は好まない。天麩羅は西洋が本家本元だ、倫敦に新橋の橋善のやうな店があつて通人は焼立のフライの立喰をして居る巴里の蟇のフライも一寸おつなものだ、一體倫敦の日本料理はどんなものを喰はすか、といふに今湖月のメニューを持合はして居るから是を見給へ、
>
> 獻立
> 口取、茶碗蒸、吸物、鰻、刺身、天麩羅、焼魚（鯛、鮭、鱚）、味噌汁、酢の物、すき焼、味煮、鳥鍋、鯛ちり、浸し物、鬼瓦焼、焼鳥、そうめん（にうめん、ひやしめん）、蕎麦（ざる、卵とぢ、天麩羅）、するめ
> 晝餐三　志　六片、晩餐六　志
>
> 随分澤山御馳走を列べてあるだらうお好みとなると先一人前十　志　以上である此他に生稲、東洋軒、日出屋等の日本料理屋があるから日本食には何等の不便を感じない。[35]

上記の記録からは、ロンドンには、「都亭」「湖月」「生稲」「東洋軒」「日出屋」などすでに多くの日本料理店があり、現地人の舌をうならせていたことはわかる。実際、*The Japanese Community in Pre-War Britain : From Integration to Disintegration*（2001）によれば、1900年代早々より、ロンドンには多くの日本料理店があったことが伝えられ、その先駆的存在が、鰻料理で名を馳せ、「飯の炊方が上手」なドイツ人女性がいる都亭（Uno Mantaro によって、1906年頃創業）であったという[36]。なお *Nichiei Shinshi*（1925年１月号）によれば、創業者の Uno はお金に用心深く、おもしろい個性を持った人物であったと語られている[37]。

いっぽう、上記の引用に献立が示された「湖月」に関しては、『洋行赤毛布』にも、「湖月に居た美しい娘は女優志願で遥々東京から尋ねて來たのであつたがおかみサンが女優を廃業したので東京へ歸つたさうだ」との引用がみえるように、経営者は元女優の女性であった[38]。その詳細は、*Nichiei Shinshi*（1925年１月号）においても、Ota Hanako という名の女性が創業し、後に Ota の右腕として尽力した Kawamura Sen という男性によって、受け継がれたことが記されている。なお Kawamuraは早稲田大学で政治学を学んだ人物とも伝えられ、勤勉に働き、やがて「湖月」の支店をパリに開店するまでに至っている[39]。

また *Nichiei Shinshi*（1925年1月号）には、「都亭」「湖月」のほかに、Hinode-ya、Toyokan、Tokiwa、Ikuine Clubという4軒の日本料理店の解説がなされている。Itohの考察により、その流れを追ってみると、「日出屋」は、1917年、越後出身のYano Takumaによって創始された。日本人コミュニティの社交場としても重宝された日本料理店だったようで、Yanoもまたその中核の存在として活躍したという[40]。

いっぽう「生稲」は、Ikuine Jukichiが1910年代終わりに創業した日本料理店であったが、1921年までにItaya Shotaroが店を引き継ぎ、Itayaと店名を変更している。しかし、Itayaはまもなくロンドンの店を閉め、ベルリンでSuehiro-teiという料理店を開店する。なお *Nichiei Shinshi* によれば、Itayaがロンドンを離れた理由は、同業の日本料理店と競い合うことに気がのらなかったからだとしている。またその後は、ロンドン市内にYokohama restaurantというレストランも開業し、今度はカレーライスやスパニッシュオムレツ等を提供する西洋料理店に転換した[41]。

なお『洋行赤毛布』にみえない東洋館（Toyokan）と常盤（Tokiwa）についても、Itohは詳細な調査の下、記述している。それによると、東洋館は、Itaya同様、「生稲」と「日出屋」で修業した越後出身のSatake Tamekichiが、ホテルも兼務しながら経営していた日本料理店である。なおItayaとSatakeは「生稲」時代より親交があり、1926年にベルリンでItayaが急死した際にも、彼の家族とビジネスをサポートするため、Satakeは渡独している。メニューの詳細に関する記述は確認できなかったが、多くの日本人客に愛された料理店（ホテルも兼務）であったようである[42]。

いっぽう、常盤もまた話題を呼んだ日本料理店の一つであり、1918年にIwasaki Moritaroにより創始された。Iwasakiも元々は「生稲」で修業していたが、退職後は豆腐や日本の食材の配達業に着手し、自身の料理店の開業にこぎつけている。なお1919年夏には、妻のFukueが熱田丸で渡英し、Iwasakiのビジネスに協力するようになる。さらに二人は、1922年までにNippon Shokudoという名の日本料理店の権利を買い、City Tokiwaと命名し、営業を開始するほか、1923年には、Tokiwaパリ支店を開業し、店舗拡大に乗り出している。1924年には、City Tokiwaで中国人の料理人を雇用し、日本料理に加え、中国料理の提供も開始し、さらに1927年にはホテル業にも着手するなど、夫婦協同でビジネスを成功に導いている[43]。

なお『洋行赤毛布』の翌年に刊行された紀行文『新世界の印象』（1922）には、ロンドンの日本料理店として、「日の出」「生稲」「湖月」「都」とともに、「常盤」「東洋館」の名が、次のように紹介されている。

> 今では世界到る所の大都に、日本の料理店のない所はない。多數の日本人が入込んで居る西部亞米利加の地方は固より紐育の如きに於ても、五六の日本料理店がある。巴里や伯林には一二箇所しかないが、ロンドンには舊くから日本料理店があり、其數も随分多い。日の出、生稲、湖月、常盤、東洋館等を首めとして、小さな料理屋が尚ほ幾つかある。此中東洋館、生稲、湖月等は最も整頓したものであらう[44]。

ここでは、ロンドンの日本料理店数が他の都市に比べ、多いことにふれると同時に、「最も整頓したもの」として、東洋館、生稲、湖月の三つを挙げている。さらに、他の都市が「多くは間に合せの名許りの日本料理店」であるのに対し、「獨りロンドンの日本料理店が稍々純粋の日本料理の味ひを傳へて居る」と評価しながら、「材料等に於ては、固より日本内地に於ける程純日本的の好材料が少いが、それでも相應の純日本趣味の料理を味はせる」とも語っている[45]。しかし、問題点もある。それについて、本書の著者で、政治家の樋口龍渓は、次のような見解を述べている。

> 生稲、東洋館等の料理は、東京でも中邊の料理屋の御膳部には匹敵しやう。たゞ材料のせいでもあらうが、料理の種類の少いのは止むを得ね。刺身、椀盛、焼肴、酢の物位が極まりもので、其作り方に於て、ロンドンの日本料理店が、稍々傑出して居ると云ふに止つて居る。米飯も固より日本から渡来の米は用ゆるが、飯の焚方に於て尚ほ遺憾な點がないでもない[46]。

ロンドンの米の美味しさに関しては、先に挙げた『洋行赤毛布』にも、「米料理は……戦後は米料理と魚料理が盛に行はれて居るホテルなどでは日本のお客には毎日一度は献立の中に米料理を進めるが何分にも炊方が拙いので時々心のある飯を喰はされるのは閉口だ[47]」とあり、あまり評判がよくなったことが類推される。また樋口も懸念を示しているように、殊の外、ロンドンでの食材の入手には困惑していたようで、福良もその状況について、次のように述べている。

> 野菜は…・日本にあるものは大抵あるやうだ、米國では園藝が進歩して上等の野菜があるが、歐洲では米國の如き優良品は我等の口には入らない、果物は…・米國には良いものがあるが倫敦の料理屋で米國の梨を註文すると一個二志半（一圓）も取られる。西洋では園藝が進歩して居ると聞いたが夫は米國であつて倫敦の場末の八百屋などへ行くと日本では今頃は會津の奥にも見ないやうな小さな林檎や一山百文の蜜柑などを賣つて居るので日本人も亦意を強うするに足る[48]。

しかし、こうした不自由な状況下でも、ロンドンで評価された日本料理店がある。常盤である。『新世界の印象』には、使用人を一切置かず、変わり者主人の下で、日本料理が提供されていた常盤の概況が、樋口のコミカルな描写で次のように記されている。

> 斯かる料理店に於て獨り異彩を放つて居るのは、ロンドンの常盤であらう。其主人公が極めて變り者で、吹聴するる所に依れば、東京の某私立大学の出身であるとのことで、一種變屈な人物である。此料理店の客となるものは、餘程警戒を要する。先づ座敷へ通る。エーターもエートレスも一人も見えない。軈て主人公らしい男が出て來て茶を持つて來る。料理を注文しやうとすると、黙つて人數だけ聞いて去つてしまふ。待てども待てども容易に持つて來ない。呼鈴を押して催促をしても出て來ない。餘りに督促すると例の主人公らしいのが上つて來て何用かと尋ねる。料理の注文をまだしないと云へば、料理は極つて居ると答へる。急ぐから早くして

呉れと言へば、急ぐのはそつちの勝手であるから、厭やなら止めて呉れと言ふ言ふ。日本の某大官がロンドンへ行つた時、氣短かなる人とて、喧しく督促した所が、日本の大官だらうが、前大臣だらうが、俺の眼には一人の日本人だ。そんな勝手なことを言ふならば、料理は食はないでもよいから歸れとの話であた。某大官も佛然色をなして立去らうとすると呼止める。料理の代を拂へと云ふ。食べない料理の代を何故拂ふのかと云へば、此方では人數を見て用意したから、食べると食べざるとはそつちの勝手であると云うて、代金を徴収されたと云ふ笑ひ話もある。先づ持つて出るものが、曰く湯豆腐、曰く焼海苔、曰く酢の物。次に持つて來るのが主人公自慢の鰻の蒲焼で、如何にも美味い。日本内地でも、是位の蒲焼は餘り多くは食べられぬ。而かも其米飯が殊に味ひが宜い。漬物等が頗る氣が利いて居る。是が此店の料理の全部であるが、風變りの主人公が呼物になつて繁昌して居る。鰻の趣味をば理會した外人もあるので、外人の客も來るかと尋ねると、自分の家には外人を客に取らぬと云ふ。其癖妻君らしいのは英人である。餘ほどの變り者であつた。自分は此主人公に愛嬌を振舞ひて後、何處から此鰻を取寄せるかと尋ねた所が、是はデンムルクの鰻で、日本で夏場ならば、品川臺場沖の鰻に匹敵する上等品だと威張つて居る。殊に米飯の味ひの好いのを褒めて、此米はと尋ねると、是だけは自分の家の秘密だから言われないと云ふ。多年在留の人の噂に依れば、西班牙邊の米であるさうだ。其炊ぎ方が主人公獨特の妙を得て居るので、味ひが殊に宜い。日本の米飯否寧ろ普通の日本料理店の飯などよりは迥に味ひが宜かつた。[49)]

以上の引用によれば、メニューを選ばせず、主人厳選の料理内容に限定するにも関わらず、味の良さで巷の評判を呼んだ常盤の様子が語られている。なお常盤は、多くの日本料理店が苦心した美味しい御飯の提供にも成功しており、この点も他店と比較し、高く評価された所以であろう。また外国人客ではなく、日本人客を対象とし（妻はイギリス人であるようだが）、大官だろうが、物おじせずに、マイペースを貫くスタイルには、ぶっきらぼうな江戸の職人気質を彷彿とさせる。

また客層の概況についても、樋口は同書内で言及しているが、それによると、諸外国の日本料理店は、「日本人のみを顧客」とする傾向にあり、欧米人の客はほとんど見込めないとの考えも示されている。さらにニューヨークには、「牛鍋」や「鰻飯」の味を覚えた外国人客を相手にする店舗が２～３あるも、一般に「日本料理の趣味」はまだ欧米では普及していないと主張する。

しかし、調理法が最も進歩しているとの呼び声の高い「支那料理」に関しては、「世界到る所に横行濶歩して」おり、アメリカでもヨーロッパでも、「到る所の小都市に至るまで、チヨツプ・スイの見られない所はない」と、その人気ぶりについて論じている。また「支那料理」を「土耳古料理」同様、「食物調理の最高級に位して居る」と讃美し、その調理法も「寧ろ洋食趣味に近い」ため、世界各地に普及しやすかったとの見方を示している。[50)]

いっぽう「日本料理の趣味」に関しては、「まだ日本人の間に限られて居ると言ふても宜い」と、その定着の難しさについて言及している。しかし日本を旅行する外国人観光客のおかげで、「日本料理の趣味」が世界を巡る兆しもみえ始めていることにもふれ、特に醤油がすでに「世界各地の主立つた旅館等」に用意されるようになったとの記述もみえる。[51)]

とはいえ、福良もまた「先年中村是公君等が歐洲を巡つた時、伊太利のナポリで鮪を賽目に切つて生で食つたのを見て西洋人が驚いたといふ話がある」[52]と語り、夏目漱石の友人で、後に満鉄総裁を務めた中村是公の生食に対し、驚きのまなざしを向けた西洋人の様子を指摘している。しかし、来日する外国人の増加や国際交流が盛んになるなか、外から語られる日本料理観を目にする機会も、年を追うごとに増加し始めるようになる。外国人の語る日本料理イメージもまた日本人に自国の食文化の真髄を気づかせる契機となったはずである。なお外国人の目に映った日本料理観については、次節で論じる。

第3節　外国人の眼を通してみる日本料理

日本文化の特質を探る上で有効な手がかりを与えてくれる史資料に、来日外国人たちの手がけた手記が挙げられる。自国との比較のうえで鮮やかに紡がれる記述の数々は、日本人の気質のみならず、生活文化全般の独自性を物語る手立てともなり得る。

なお西洋人のまなざしの萌芽は、南蛮貿易時代の宣教師たちの記録に立ち返ることができるといえよう。例えば16世紀にルイス・フロイスが残した『日本史』には、約60項目にわたる食生活の日欧比較文化論が展開している（表5-2-4）。それによると、食事の進め方、酒の飲み方などの食事作法から、食の嗜好や食材の下処理や調理法へのこだわりに至るまでが、欧州との比較の上で紐解かれている。鋭いフロイスの観察眼からは、欧州式の共同膳ではなく、「漆を塗ったvruxados大型盆（タボレイロ）」（漆の銘々膳）と「二本の棒」（箸）を用い、「悪臭がひどい」と乳製品を嫌いながら、塩気の強い食事を好む日本の食生活の様子が浮き彫りになる。また飲酒に関する描写も多く、酒好きでいて、酒癖の悪い日本人の様子も数多く描かれている。

さて鎖国という外交断絶時代を経、幕末から明治にかけての時期には、欧米の進んだ知識や技術を伝授するために、多くの外国人たちが日本を訪れた。鮮やかに日本の風俗を描き出した彼らの手記もまた当時の日本人の食生活の状況を知り得る重要な近代生活史料となる。なお次の五つの記述からは、外国人の目に映る日本料理の特質を抽出することができる。

> エドワード・モース
> 箸という物はナイフ、フォーク、及び匙の役をつとめる最も奇妙な代物である。どうしてもナイフを要するような食物は、すでに小さく切られて膳に出るし、ソップはお椀から直接に吞む。で、箸は食物の小片を摘むフォーク、及び口につけた茶碗から飯を口中に押し込むショベルとして使用される。この箸の思いつきが、他のいろいろな場合に使われているのを見ては、驚かざるを得ない。即ち鉄箸では火になった炭をつかみ、料理番は魚や菓子をひっくり返すのに箸を用い、宝石商は懐中時計のこまかい部分を組み立てるために纖細な象牙の箸を使用し、往来では紙屑拾いや掃除人が長さ三尺の箸で、襤褸や紙や其他を拾っては、背中に負った籠の中にそれを落し入れる。[53]

表5-2-4　ルイス・フロイスが語る日欧比較食文化論

1.	われわれはすべてのものを手をつかって食べる。 日本人は男も女も、子供の時から二本の棒を用いて食べる。
2.	われわれは普通小麦製のパンを食べる。 日本人は塩を入れずに煮た米を食べる。
3.	われわれの食卓は食物をならべる前から置いてある。 彼らの食卓は食物を載せて台所から運ばれてくる。
4.	われわれの食卓は高く、食卓布とナプキンがある。日本人の食卓は方形で底の浅い、漆を塗った vruxados 大型盆（タボレイロ）で、ナプキンも食卓布もない。
5.	われわれは食事の際に、椅子に腰を掛けて脚を伸ばす。 彼らは脚を組んで畳（tatamis）の上から地面に坐る。
6.	彼らのは全部一緒か、または三つの食卓に載せて出される。 われわれの料理は少しずつ運ばれてくる。
7.	われわれはスープが無くとも結構食事をすることができる。 日本人は汁（xiru）が無いと食事ができない。
8.	われわれの食器類の組は銀か錫で作られている。 日本人のは真紅色か黒色かに漆を塗った木製のものである。
9.	われわれの食事を料理する際に陶製の煮物鍋や丼を使う。 日本人は鋳鉄型の鍋や器を使う。
10.	われわれはごとく（三脚架）を置く時、脚を下にする。 日本人は脚を上にして置く。
11.	ヨーロッパの男性は普通に妻と一緒に食事をする。 日本ではそういうことは非常に稀である。
12.	ヨーロッパ人は焼いた魚、煮た魚を好む。 日本人は生で食べることを一層よろこぶ。
13.	われわれの間ではすべての果物は熟したものを食べ、胡瓜だけは未熟のものを食べる。 日本人はすべての果物を未熟のまま食べ、胡瓜だけはすっかり黄色になった、熟したものを食べる。
14.	われわれは瓜を縦に切る。 日本人は横に切る。
15.	われわれは瓜を嗅ぐ時、頂で嗅ぐ。彼らは底で嗅ぐ。
16.	われわれはそれを食べたから後で、その果皮を捨てる。 彼らはそれを剥いで、果皮を捨ててから、食べる。
17.	われわれは食事を調味するために未熟の葡萄を採る。 彼らは塩漬にするために採る。
18.	われわれの料理はパンの外はすべて蔽いをかけて運ばれてくる。 日本では反対で、米飯だけが蔽われる。
19.	ヨーロッパで甘い味を人々が好むのと同程度に、日本人は塩辛い味をよろこぶ。
20.	われわれの間では従僕が食卓を片付ける。 日本では食事をした貴人が、自分で自分の食卓を片付けることが多い。
21.	われわれは食事の前と後とに手を洗う。 日本人は食品に手を触れることがないので、手を洗う必要はない。
22.	われわれは素麺（アレトリア）を食べるのに、熱い、切ったものを食べる。 彼らはそれを冷たい水に漬け、極めて長いものを食べる。
23.	われわれは砂糖や卵やシナモンをつかってそれ（麺類）を食べる。 彼らは芥子や唐辛をつかって食べる。
24.	ヨーロッパ人は牝牛や鶉、パイ、ブラモンジェなどを好む。 日本人は野犬や鶴、大猿、猫、生の海藻などをよろこぶ。
25.	われわれは鱒を文火（とろび）で焼き、または煮て食べる。 彼らはそれを串にさして、こんがりと焼けるまで焼く。
26.	われわれの間では葡萄酒を冷やす。 日本では、〔酒を〕飲む時、ほとんど一年中いつもそれを煖める。
27.	われわれの葡萄酒は葡萄の実から造る。 彼らのものはすべて米から造る。
28.	われわれは片手で飲む。 彼らはいつも両手をつかって飲む。
29.	われわれは酒を飲む時椅子に腰掛ける。 彼らは跪く。
30.	われわれの間では銀製、ガラス製または陶器のコップで酒を飲む。 日本人は木の盃（sacazuqi）または粘土の土器（かわらけ cauaraque）で飲む。
31.	われわれの間では誰も自分の欲する以上に酒を飲まず、人からしつこくすすめられることもない。 日本では、非常にしつこくすすめ合うので、あるものは嘔吐し、また他のものは酔払う。

32. われわれの間ではスープや魚や肉の椀で酒を飲むことは、吐気を催すほどいやなこととされている。
日本では汁合器（xiru goqi）を空けてそれで酒を飲むのはごく普通のことになっている。

33. われわれの間では日常飲む水は、冷たく済んだものでなくてはならない。
日本人のは熱く、そして茶の粉を入れて、竹の刷毛（エスコバ）で攪拌することが必要とされる。

34. われわれの間では鍋の底に焦げついた飯は戸外に棄てるか、犬に食わせる。
日本ではそれは食後の果物である。またはそれを終りに飲む湯の中に投ずる。

35. われわれの間では〔食事が〕始まると直ぐに酒を飲みはじめる。
日本人はほとんど食事が終わったころになって、酒を飲みはじめる。

36. われわれの間では、スープや飯を食べた陶器を洗わずに、それで飲むことはない。
日本人は飯の合器（goqi）の中の汁（xiru）を捨て、それで熱い湯を飲む。

37. われわれの歯のための羽毛はきわめて短い。日本人の歯のための棒（木の楊枝）は時として一パルモ〔約二十二センチメートル〕を超えることがある。

38. われわれの間では酒を飲んで前後不覚に陥ることは大きな恥辱であり、不名誉である。
日本ではそれを誇りとして語り、「殿 tono はいかがなされた。」と尋ねると、「酔払ったのだ。」と答える。

39. われわれは乳製品、チーズ、バター、骨の髄などをよろこぶ。
日本人はこれらのものをすべて忌み嫌う。彼らにとってはそれは悪臭がひどいのである。

40. われわれは食物に種々の薬味を加えて調味する。日本人は味噌 miso で調味する。
味噌は米と腐敗した穀物とを塩で混ぜ合わせたものである。

41. われわれは犬は食べないで、牛を食べる。彼らは牛を食べず、家庭薬として見事に犬を食べる。

42. われわれの間では魚の腐敗した臓物は嫌悪すべきものになっている。
日本人はそれを肴 sacana に用い、たいそう喜ぶ。

43. われわれの間では口で大きな音を立てて食事をしたり、葡萄酒を一滴も残さず飲みほしたりすることは卑しい振舞とされている。日本人たちの間ではそのどちらのことも礼儀正しいことだと思われている。

44. われわれは嬉しい愉快な顔を示して主人の葡萄酒を褒める。
日本人は泣いているように見える厭な顔をして褒める。

45. われわれは食卓についている時に、談話はするけれども唄ったり踊ったりはしない。
日本人は食事がほとんど終るころまで話をしない。
しかし煖まってくると踊ったり唄ったりする。

46. われわれの間では招待を受けたものが招待したものに礼を述べる。
日本では招待したものが招待されたものに礼を述べる。

47. われわれの間ではフライにした魚をよろこぶ。
彼らはそれを好まない。そして海藻の揚げたのをよろこぶ。

48. われわれの間では魚釣は貴人の保養とされている。
日本人はそれを下賤な人のする卑しいことであり、仕事であるとしている。

49. われわれが食事の後に歯を綺麗にするという心遣いを日本人は朝にするのが普通である。
すなわち顔を洗う前に歯を磨く。

50. われわれの間では動物が野菜の葉を食べて根を残す。
日本では一年の中の数箇月、貧しい人々が根を食べて葉を残す。

51. われわれの間では腐敗した肉や魚を食べたり、贈ったりすることは無礼なことである。
日本ではそれを食べ、また悪臭を放っても躊躇することなくそれを贈る。

52. ヨーロッパでは名誉ある市民が、居酒屋で売る酒を自分の家で売ることは卑しいことである。
日本では大いに尊敬されている市民が、それを売ったり、自分の手で計ったりする。

53. ヨーロッパでは鶏や家鴨（アデン）（や兎や家鴨パトカ）などを飼うことを喜ぶ。
日本人はそれを喜ばない、僅かに子供たちを喜ばせるために雄鶏（ガロ）を飼うに過ぎない。

54. ヨーロッパではパイは捏粉で造る。
日本ではオレンジの中身を取り去り、その果皮と中に入れたものとでパイが造られる。

55. ヨーロッパでは猪の肉を煮て食べる。日本人はそれを薄く切って生で食べる。

56. われわれの間では、食事の時に塩が無くても大した不都合はない。
日本人は塩が欠乏すると脹んだり、病気になったりする。

57. われわれはいつも彼らの汁（xiru）を塩辛く感ずる。
彼らはわれわれのスープを塩気が無いと感じている。

58. ポルトガルでは塩を入れずに煮た米を下痢止めの薬として食べる。
日本人にとっては塩を入れずに煮た米は、われわれの間のパンと同様、普通の食物である。

59. われわれの間では鰡は珍重されている。
日本では嫌われ、卑しい人々が食するものである。

60. われわれの間では食卓で、客の前で噯（おくび）を出すことは無作法だとされている。
日本ではごくあたりまえなことで、一向に気に懸けない。

※ルイス・フロイス著　岡田章雄訳注『ヨーロッパ文化と日本文化』（岩波書店、1991）「第六章　日本人の食事と飲酒の仕方」より、東四柳が作成

エドゥアルド・スエンソン

もっとも家具らしいものといえば、目につくのは裕福な家にのみある食事を運ぶための低い小型の机（膳）である。食事は屋外か、家の脇に建増しされたような台所で用意される。日本人の暮らしぶりは非常に質素である。ここではお米が最上最高の栄養源で、それに卵、魚、海老、乾豆、野菜が次々と、時に、宗教によって肉食が禁じられていない場合に限り、鶏の肉が加わることもある。…食事は小さな漆塗りの木製の盆にのせられ、指と例の箸を使って食べる。酒は磁器の瓶〔徳利〕に入れられ、カップ〔猪口〕で飲む。お茶は三食どれにも欠かせない飲み物で、それ以外にも一日中、ことあるごとに飲まれる。[54)]

エセル・ハワード

婦人用の箸は寸法がたいてい小さ目である。箸にはいろいろな種類があり、金製や銀製もあれば、象牙や骨でできているものもあった。一番普通に使われるのは木製の新しいもので、封筒の束を留めるのに使うような紙の帯が巻いてある。[55)]

キャサリン・サンソム

和食は見た目がとてもきれいなので、和食が嫌いな外国人でもその美しい盛り付けには感心します。和食の時は一人一人に木か漆のお盆が配られます。お盆はどれも素敵ですが、中にはとても立派なものがあります。お盆の上にはお皿が二、三枚、いろいろな種類の陶器の鉢と紙袋に入った割り箸がのっています。この箸は食事が終わると捨てられます。漆の椀には吸い物が入っていて、まずこれを飲みます。汁をゆっくりと飲みながら箸で具の魚や野菜をつまみます。魚の吸い物はとても良い味ですし、他の吸い物もみなおいしいと思います。ただしワカメは苦手で、日本人にとって滋養に富む食品なのかもしれませんが、私にはとても食べ物とは思えません。

和食は一皿ずつ食べ終えていくのではなく、あれこれの品を少しずつつまんで食べるのが正しい食べ方です。吸い物を最初に飲んでしまうのではなくて、少しすすってから焼鳥、野菜の煮物、針生姜が飾られた煮魚、おいしいふきの佃煮、蓮根などを少しずつつまみ、再び吸い物をすするのです。私が以前昼食を共にした大金持の日本人の紳士は、東洋の昔からの習慣に従って、大きな音をたてて吸い物をすすり、飲み終えると大きな幸せそうなおくびを出しました。それは私にもごく自然で正しいマナーのように思え、西洋ではもはや会食の時の正しいマナーとみなされないのが残念に思われました。すると秘書が英語で（その紳士は英語を一言もしゃべらないので）「この方はあなたに礼をつくしたおつもりです」と弁明したのです。

吸い物に漆のふたをすると吸い物は下げられ、食事の主役である刺身（生魚）が出てきます。これが実においしいのです。裏の台所でさばかれて薄切りにされたばかりの魚はやわらかくて口の中でとろけるようです。刺身用の魚は水槽の中を泳いでいます。中でもおいしいのは鯛と鮪で、これらは火を通して食べてもおいしい海の魚です。

簡単な食事の場合にはここで木か漆の大きな櫃に入ったご飯が運ばれてきます。各自が茶碗を女中に手渡してよそってもらいます。これで食事は終わります。もちろんご飯のお代わりは自由です。お酒はご飯が出る前に飲み終えなくてはいけません。酒とご飯は、ウィスキーとロブスターのように相性が悪いと考えられています。ご飯の時にはお茶を飲みます。そして最後にお茶で茶碗をゆすぎます。

和食の材料は日本人の食事の中心であるお米の栄養を補う大切な栄養素を含んでいると言われています。生魚には各種のビタミン、醤油には別の大事なもの、海藻にはかなりの量のオゾン、漬物には健康を増進する成分というように。[56)]

ウィリアム・グリフィス

何よりも驚くことは、すべてのものが形も寸法も人形の家のようであることだ。ご飯茶碗が紅茶茶碗くらい、紅茶茶碗が指ぬきくらい、急須になると話にならない[57)]

以上の記述を総括すると、日本料理が箸や膳を用い、使用する器の色取りや形などにこだわる食事であること、さらには米と茶を重んじ、漆のお盆で食べる形式（図5-2-4）として、外国人の目に映っていたことがわかる。また東洋学者・ジョージ・サンソムの妻キャサリンの記述には、「吸い物」をいただきながら食事をし、飯で終わる日本の食事形式について記されており、それぞれの料理が独立している西洋料理の形式との違いも浮き彫りになる。なおお雇い外国人で、東洋学者のウィリアム・グリフィスは、日本で使用される食器のサイズに対し、「人形の家のようである」と、そのサイズの小ささに驚きの目を向けている様子もうかがえる。

いっぽう島津家の家庭教師を務めたエセル・ハワードは、上記の引用で夫婦箸に関する記述として、男性と女性の箸のサイズの違いを指摘し、自身もまた箸遣いに苦労した過程について、次のように述べている。

図5-2-4　日本料理の供し方（『料理の枝折』1902）

ホテルの支配人は、私に知らせずに西洋料理を持ってきてくれていたが、われわれのためにすでに一室に日本食が用意されていると聞いて、私だけが洋食をとるのはやめにし、箸をためしに使って本物の日本料理を喜んで味わうことにした。他の人がいなかったのはさいわいであった。箸を操るには相当の練習が必要だということを、私は苦心した揚げ句に悟ったが、それは公爵にとっては大いに面白い見ものであったに違いない。しかし、箸の使い方は、こつを会得すればきわめてたやすいことである。後になって私は、それを上手に使えるようになった。いろいろな種類のスープを入れた茶碗や魚や鳥肉その他たくさんの名の知れない御馳走を盛った鉢が次から次に出てくるので、いつまでたっても食事が終わらないのではないかと思うほどだった。しかし、それらは見た目に美しく、味もおいしい物があったので、せかされている感じはしなかった[58]。

上記の記述からは、箸の使用にたいそう苦心した様子がうかがえるが、時間をかけ、その習得に成功をしたことを得意げに語るほほえましい様子もみえる。またエセルは日本料理の見た目の美しさを評価しているが、デンマーク人エドゥアルド・スエンソンも街中で出会ったすしの美しさについて、次のように記している。

通りにはひっきりなしに屋台の食べ物屋が行き交っている。屋台は四角い木の箱二個でできていて、前面の下の方に〔俎〕板があって主人がその後ろに立ち、屋台全体を紙の衝立がおおっている。箱のひとつには炭火と炭が、もうひとつには卵、カニ、魚などの材料が入っている。真ん中の板には料理の逸品が並べてあり、どれも清潔で見事にこしらえられていて、思わず食指を動かされる。中でも生の魚のケーキ〔握り鮨〕はなんともいえぬほど見た目に美しく、魅了させられてしまう[59]。

「生の魚のケーキ〔握り鮨〕」の美しさに感動したスエンソンの心の高まりは、文面を通して、こちらにまで伝わってくる。日本人の中にも自覚があったように、日本料理の美しさにこだわる精神が、来日外国人たちをも魅了していた様子は理解される。

しかしスエンソンは、食材のバラエティの豊かさを指摘しながらも、「海は魚、大海老、珍味のカキに富み、郊外には野鳥が群れをなしていて、ここではヨーロッパで鶏を食べるように雉を食べている。果物や野菜類もあふれるほどある。が、大きさと外観が少し変わっていて、香りもさほど良くないようである。けれども牛肉はだめである。日本人は牛肉を全然食べず、牛は荷の運搬に使っているため、西洋人に供される牛肉はたいていかたくて脂身がない[60]」と、その味については高く評価しておらず、特に牛肉の食味の悪さに辟易したことにも言及している。実際スエンソンの記述には、食事に対する戸惑いが多く散見され、わさびを克服した状況についても、次のように書き残している。

日本の料理は少数の例外を除いて西洋人の口には合わない。その例外のひとつが魚で、鮮魚だけでなく干魚も非常に味がよく、生で食べることもある。最初のうち私は、舌にぴりっとくるソースと一緒に出されるこの珍味を勧められても恐れをなして手をつけなかったが、一度勇気を出して当初の嫌悪感に打ち勝ってからというもの、なかなかの味だということを発見した。[61)]

しかしスエンソンに限らず、明治期の外国人の手記には、日本国内で出会う食習慣に困惑する様子が散見される。例えばモースは、「日本食に慣れるには中々時間がかかる。日本料理は味も旨みも無いように思われる。お菓子でさえも味に欠けている。私は冷たい牛乳をグーッとやり度くて仕方がなかった。パン一片とバターとでもいい[62)]」と、乳製品を用いない日本料理に対する不満を書き残している。また先にも挙げた東洋学者のグリフィスも、日本人の朝食に対し、「朝食を食べている人がいる。暖かくなるためにビフテキ、熱いコーヒー、熱いロールパンを食べているのか。とんでもない。冷えた飯、大根のつけもの、名も知らないいろいろな野菜の煮しめが見える。飯に湯をかけて熱くする。少数の人は湯を飲むしか余裕がない。飯の代りにキビを食べる者もいる。栄養学や衛生学の理解が足りないか、貧しさゆえか。不思議な人たちだ、この日本人は[63)]」と語り、冷たく質素な食事にも抵抗を感じずにいる日本人の趣向に衝撃を受けている。

こうした食への無頓着もまた外国人の眼にはことさら不思議に映ったようで、キャサリン・サンソムも、食事内容に変化を持たせることに疎い日本の料理人を教育した逸話について、次のように説く。

我が家では毎朝、白衣の上にエプロンをかけ、糊付けされた白い料理帽を被った料理人がその日の献立を持ってやってきます。献立表は料理の世界語であるフランス語で書かれています。私たちは、まずその日の天候を話題にし、私が購入したばかりの陶器や錦の製品を見せ、私の活けた花についてのコメントをもらい、もう水仙が咲いたかと庭に目をやった後で、ようやく昨晩私たちが出席した晩さん会のメニューを見せます。そして我が家の料理のレパートリーを増やしてもらうためにメニューを丁寧に読みます。そうしないと、私たちの好物料理ばかり繰り返し食卓にのぼることになってしまうからです。料理人は私たちを喜ばせようと思うし、変化をつけるということは日本人にはあまり重要なことではありません。日本人は私たちとは違って単調さを厭わないのです。[64)]

また外国人の眼に映った奇習に、日本人の早食い習慣がある。これについては、エセルもキャサリンも次のように残している。

エセル・ハワード

私は、食事の時間を変えたほうがよいと思ったので、朝食も夕食も両方とも時間を遅くした。そして、食卓にもっと長い時間ついていることを主張した。子供たちが食事どきに食べ物を飲み込むありさまは全くすさまじいもので、特に朝食のときがひどかった。これは、食事を早く済ます日本人の習慣からきていることは疑いの余地がなく、お祭りのときでもないかぎり、食事に長い時間をかけるのは時間の浪費であり、食事を早く済ませれば済ますほどよいことだというわけで、子供たちは食事をゆっくり食べることは間違いだといわんばかりであった。[65)]

キャサリン・サンソム
お百姓さんがご飯をかき込む姿は、戸を一杯に開いた納屋に三叉(みつまた)で穀物を押し込む時のようで、大きく開けた口もとに飯茶碗を添えて、箸をせわしく動かしながら音をたててご飯をかき込みます。これがご飯をおいしく食べる唯一の方法なのです。ご飯というのは体中の隙間を埋めつくす位たくさん食べておかないとまたすぐにお腹がすいてしまいます。労働者とそれ以外の日本人との間に食べ方の違いはありません。誰でも同じように食べます。その時には、イギリスのポートワイン鑑定人のような非常な集中力が必要とされます。話に気を取られてはいけません。私は今までマカロニを上手に食べる人が一番見事な食べ手と思っていましたが、迅速にきれいに食べるという点ではとても日本人や中国人にかないません。[66)]

上掲の記述からは、食事を早く済ませる習慣が日本独自の特徴であったことが理解され、食事の時間を重んじる西洋人の眼に奇異に映った様子がうかがえる。しかし、食べ方には無頓着だが、食器にはやたらとこだわる日本人に困惑したエセルの微笑ましいエピソードもみえる。

茶碗や受け皿、皿や安い瀬戸物でさえ、それぞれの模様が違っていた。日本人は、その芸術的本性から同一の対ものを認めたがらない。そして、この傾向は家事全般にわたっていた。お茶のお盆の上に、ティーポットと茶碗とミルク入れとをしきたりに従って並べてくることは、最初は不可能であった。まずティーポットだけ出てきて、それからミルクが思い出したように運ばれてくる。トーストが一枚ずつ出てくるかと思うと、バターは全然出てこない。[67)]

こうした見た目にこだわる日本人の食事観については、先にも述べたキャサリンも、「食事をする部屋の雰囲気がよくて給仕の娘たちがきれいなのに、出てくる料理が冷めていたり、もう冷たくなってしまっていることがあります。料理は一度熱くすればよいと思っているからです。料理の温度よりも重要なのは緑色の野菜とピンク色の海老の取り合せの美しさとか、魚の形の皿の上に堂々と横たわるきれいな飾りを施されたみごとな魚の姿です。ところで、和食は冷めても食べられますが、洋食はそうはいきません。この違いは料理の材料や調理法の違いによります。私たちは日本人よりもずっとたくさんの肉を食べます。牛羊豚仔牛肉に含まれる脂肪は冷めるとおいしくありません。肉汁やソース、プディング、バター煮の野菜も熱くなくてはだめです[68)]」と指摘し、しつらいや盛り付けの見た目の優美さを重視し、料理の温度には無頓着な日本料理の性質を言い当てている。

いっぽう話は変わるが、西洋人たちが苦心した日本料理に、漬物がある。

エセル・ハワード
散歩を始めた頃のある日、日本の漬物を積んだ荷車のそばを通ったことがある。その臭いたるや、私が倒れそうになったくらいだった。それらは大体において、大根や蕪のような野菜であったが、塩と糠味噌に漬けてあった。島津家の人たちはこの漬物が好きらしく、その臭いは全然気にならないようだった。彼らの誕生日の食事に、何か好きなものを選ぶようにいうと、きまって漬物を大盛に添えた日本食だった。私の漬物の臭いに対する非難を反駁して、子供たちはチーズの臭いだって同じようなものだといっていた。[69]

キャサリン・サンソム

日本人は大根というラディッシュをずっと大きくしたような野菜が大好きです。大根にはビタミン類が豊富ですし、少量をご飯と一緒に食べると美味しいのですが、たくあんは大根特有の臭いとぬかみその臭いがあいまって、ひどく臭く気分が悪くなるほどです。混み合った市電やバスの中でその臭いをかぐと私はたまらなくなって降りてしまいます。ところが、面白いことに洋食を口にしない多くの日本人は油やバターの臭いを嫌います。臭いが強い外国人のことを「バタ臭い」という表現が昔からあります。私の友人は田舎でバスに乗っていて、この表現を耳にしたそうです。[70]

両者の記述によると、エセル、キャサリン双方ともに漬物の臭いに辟易している様子がうかがえ、乳製品の臭いを嫌う日本人との対比が明らかにされて面白い。しかし大正期には、漬物好きの外国人も登場する。先にも述べたアート・スミスは、来日時口にした漬物に感動し、次のような記述を残している。

或日余は兵舎を訪問した時に恰も兵士の食事中であつた、余は彼等が黄色の漬物を食ひつゝあるを見て村田中尉に向つて其何物なるかを尋ねた、中尉は其は大根の漬物なること而して「軍隊漬物」と稱へられて居ることを答へた、余は一つ味つて見たが頗る美味であつた「香々」は旨い漬物である、余は辨當を食ふ毎に折を開けるや否や第一に香々を捜す。[71]

なお日本の食品への戸惑いは、このほかにもエセルが「餅」に衝撃を受け、鏡餅を「奇妙な白い色をした大型のパンの塊のような物」と称し、次のように記している。

家に住んでいる者には、必ずそれぞれにこの割り当てがある。私の部屋にも私のために一つ飾ってあったが、勉強室に行くと、一番大きいのを下にして、その上に違う大きさの餅を順に重ねたものが五つ飾ってあるのを発見した。子供たちは歓呼の声をあげてこれを迎えた。私も勧められてだんだんにそれを口にするようになったが、どうして皆がそんなに夢中になるのか不思議に思った。それはまるで、冷たく固くなった湿布用のパンでも食べているような味だった。しかし、子供たちはそれが好きで、大豆から作った特別なソースでもある醤油をつけて食べていた。[72]

実際エセルは、「餅」の他にも茶の湯に出向き、その深遠さに感動しながらも、「私はやっとのことでお茶椀の中味を全部飲み干したが、そのお蔭で、二晩か三晩不眠に悩まされたことを告白しなければならない[73]」と不眠に悩まされた経験や、また「お茶の味がわかったとしても、牛乳も砂糖も手には入らない」とし、それが「普通の西洋人」にとって「失望のもと」になるとの落胆の声も残している。

しかし日本料理を好んだ外国人もいたようで、先述のアート・スミスは、漬物に限らず、「日本食が好物」と称しており、「數ヶ月間他のものがなくとも聊か不便を感じない、余は餘程日本人になりつヽある、余は只日本食を好むのみならず、幾百年間の歴史を有する日本の風俗習慣を愛するものである[74]」と主張し、「刺身」「野菜物」「米の飯」「辨當」「鋤焼」を絶賛している。

特に来日するまで、「多種類の野菜物が此くも旨く食へるものとは思はなかつた」と讃美し、アメリカでは野菜の種類は「極僅」であるとも説く[75]。例えばスミスは、「筍」を食べる日本料理への驚きを次のように語っている。竹を「飛行機と籠の材料」として認識するアメリカ人の眼にはよほど衝撃に映ったに違いない。しかし、スミスはここでもその味を「頗る美味い」と称している。

> 從來食べたことのないもので、日本に来て初めて食べたものは筍であつた、これまで余は竹を飛行機と籠の材料としか思ふて居なかつた、之が食へる物とは夢にも思ひ得なんだ、併し日本で人々の食する竹は余が知れる竹とは違つて居る、其竹は大きな丈夫な竹でなく未だ日光を見たことのない軟な小さい若いものである、之が料理されると頗る美味い[76]。

さて昭和期に入ると、広がりゆく日本料理のイメージについて言及する外国人エッセイストが登場する。先ほどからも何度か登場しているイギリス人外交官・ジョージ・サンソムの妻・キャサリン・サンソムである。ジョージは、外交官を退官後、コロンビア大学やスタンフォード大学で日本研究に従事し、研究者の道を歩みだすこととなるが、生涯で『歴史的日本文法』（1928）、『日本文化史』（1931）、『西欧世界と日本』（1950）、『日本史』（1963）など多くの著述も残した。キャサリンはジョージの赴任に同行し、昭和3年（1928）から昭和14年（1939）にかけての12年間、東京に滞在した。キャサリンもまた教養豊かな女性で、日本で見聞きした日本人の生活の様子を、軽快な筆致でまとめあげた*LIVING IN TOKYO*（1937）（今回の考察では、大久保美春訳『LIVING IN TOKYO 東京に暮す　1928–1936』を用いた）を上梓している。なお本書には、食に関する多くの記述が収録され、昭和初期の日本の食生活がバラエティに富み始める状況が、彩り豊かに描かれている。キャサリンの記述をいくつかみてみよう。

> ①日本で暮らしていると言うと、米ばかり食べて飽きませんかとよくきかれます。
> しかし今日では伝統的な和食ばかり食べている外国人はもういないでしょう。日本人だって裕福な人たちは毎日の食事にいろいろな外国の料理を採り入れていますから、外国人でそうしないのはつむじ曲がりです[77]。

②日本の吸い物は申し分ありませんし、魚料理が見事なことは有名ですし、卵は何百万個とうまれていますし、鶏、鴨、七面鳥の肉はとてもおいしく、牛肉もまあまあ、ハムも第一級とはいえませんが結構食べられます。あちこちにあるパン屋さんではいろいろな種類のパンが売られています。美味しい日本のチョコレートもあるし、ドイツ、白ロシア、ソビエトのチョコレートも手に入ります。日本には牧場がないので、羊はカナダ、ニュージーランド、オーストラリアから輸入されます。つい最近までは日本全国どこへ行っても狩猟の獲物がたくさんありました。アヒルや鴨が現在郊外と呼ばれるところに生息していました。しかし人口の増加、工場の建設、集約農業の普及に伴って野鳥は遠くへ追いやられてしまったのです。それでも東京に市場に出回るので、イギリスでは高価でぜいたくな野鳥を安く手に入れることができます。

野菜はいちおう何でもあります。なかには味のよいものもありますが、北ヨーロッパに比べると風味に欠けます。日本の夏が暑すぎて繊細な香りがないのです。

果物は実に豊富です。日本と台湾それにカリフォルニアからの輸入品のかんきつ類、北海道と朝鮮のりんご、実においしい桃、ノルマンディ産に負けない梨、露地ものとハウスもののぶどう、いちじく、メロン、柿、びわという美味しくて香りのよい果物、大きさと香りの点でこれ以上のものはないようないちご。いちごは、たいてい、日当りのよい斜面の南向きに組まれた石垣の窪みの中で栽培され、猛暑の夏を除いて一年中出回っています。

日本人はほとんど牛乳を飲まないので牛乳を組織的に製造することはありません。北海道と二、三の高原の農場以外には、牛が歩きまわって草をはむような牧場がなく、牛はたいてい屋内にいます。近代経営の特殊な農場を除くと日本のように清潔な家畜と家畜小屋は世界にも例がありません。

バターはいくつかの農場でつくられていますし、北海道の日本トラピスト修道院では美味しいカマンベールチーズがつくられています[78)]。

③日本で西洋の食べ物を手に入れる方が、外国で日本の食べ物を見つけるよりずっと簡単です[79)]。

④暮らしが質素で田舎の使用人を雇っているとしたら、食事はおそらく和洋折衷でしょう。最近は日本人でも裕福な人たちはゆで卵、落し卵、パン、ロールパン、トーストにバター、果物……といった洋食に凝っているので、普通の女中でもかなり変化に富む食事を作ります。おいしい缶詰や瓶詰が手に入るようになってからは特にそうです。世界中で一番美味しい缶詰や瓶詰の中には日本製のものもあり、値段も他の日本食料品並みに安いので、あまり裕福でない家庭でも和洋折衷の食事を楽しむことができます[80)]。

⑤美しい椀、皿、箸が並んだ漆の盆または小さな膳が一人一人に配られます。日本人は和風の料理の他にも、果物、トマト、ベーコンエッグ、オムレツ、ポテト、肉や野菜のシチューといった西洋の食べ物が大好きで彼らの食事に採り入れたので、今日の献立は七、八年前のものと比べると遥かにバラエティに富んでいます[81)]。

上記の①～⑤の記述からは、日本人の食生活の中に（キャサリンは「裕福な人たち」とは記しているが）、徐々に西洋の食材を使用した折衷料理が普及しつつある状況がうかがえる。特に②の記述からも明らかなように、果物の味を高く評価するいっぽう、乳製品に関しては未だ日本人の生活に普及していない様子が語られている。また④の記述は、キャサリンが出会った「温泉料理」についての所見であるが、温泉での食事もまた洋風化が進みつつあった様子が確認される。

しかしキャサリンは、異文化を理解することの難しさも自覚しており、日本料理と西洋料理は「根本的」にちがうため、「双方を一緒に出すことはお勧めできません。一方の料理に他方の料理を添える時は十分気を付けなくてはなりません」とも語る。さらに長期間アメリカに住んでいたことのある日本人男性が、「和食がまったく食べられないアメリカで健康を保つのはとても大変だった」とこぼした話を挙げ、「私はそれはずいぶん極端な意見だと思い、嘘かもしれないとも思ったのですが、一方で食べ物で育った人がもう一方の食べ物だけで生きていくのはとても辛いことなのです」と、食べなれない食材や料理との向き合い方の苦労についても言及している[82]。またキャサリンが考える外国人にとっての日本料理の最大の欠点に、「適当な量を食べるのが難しいということ」が掲げられている。なおその理由には、「珍味」を少しずつつまむだけではすぐに空腹になるし、「ご飯をお腹一杯」食べてしまうと、後で苦しくなり、「おくび」を出すという失態をおかしてしまいかねないとの声をあげている[83]。

ともあれ、キャサリンのまなざしは、変わりゆく日本が直面する異国文化の受容と咀嚼の階梯を、柔らかな目線で解き明かしてくれる。伝統文化を重んじながらも、海外からの食材の価値や調理法に学び、折衷という手法で、自国文化に接木していく日本人の歩みがこまやかに綴られているのである。

註

1）熊倉功夫「日本料理における献立の系譜」（『全集　日本の食文化　第七巻　日本料理の発展』所収）雄山閣出版、1997、p. 15.

2）熊倉功夫：前掲書、p. 15.

3）家庭研究会編『若夫婦の顧問』文教会、1915、p. 70.

4）村井政善『新しき研究　和洋料理の仕方』石塚松雲堂、1922、pp. 6－7.

5）木下謙次郎『美味求真』啓成社、1925、p. 163.

6）木下謙次郎：前掲書、pp. 164–165.

7）中村柳雨『珍味随意素人料理』矢島誠進堂、1898、pp. 55–60.

8）膳崩しの詳細を述べると、最初に座着の「柔麺（にうめん）」などが出され、その後すぐに本膳が提供されるスタイルで、最初に5～7種のたっぷりの鱠が登場し、それとともに亭主と酒を嗜む流れに入る。さらにその後は、汁、取肴の硯蓋、平の煮物、焼物と続き、引き続き酒宴が続く。次に二の膳が出され、二の汁、鉢肴、さしみ、菓子椀などを供しながら酒を飲み、さらにその後も小さな吸物膳とともに、吸物、茶碗、坪、飯などが登場する。そして最後に干菓子と茶が進められ、その酒宴は終わることとなる。

9）公益社編『東京名物志』公益社、1901、p. 281.

10）公益社編：前掲書、pp. 281–282.

11）公益社編：前掲書、p. 285.

12）公益社編：前掲書、p. 286.

13）金子佐平編『東京新繁昌記』東京新繁昌記発行所、1898、p. 139.

14）金子佐平編：前掲書、p. 143.

15）金子佐平編：前掲書、p. 145.

16）奥田優曇華『食行脚　東京の巻』協文館、1915、pp. 9-10.

17）奥田優曇華：前掲書、pp. 37-39.

18）朝日新聞社編『明治大正史　第四巻　世相篇』朝日新聞社、1931、pp. 43-44.

19）朝日新聞社編：前掲書、pp. 47-48.

20）朝日新聞社編：前掲書、p. 48.

21）朝日新聞社編：前掲書、p. 75.

22）朝日新聞社編：前掲書、p. 76.

23）長谷川宇太治『渡清案内』実業之日本社、1905、pp. 63-74.

24）三宅孤軒『上海印象記』料理新聞社、1923、pp. 62-70.

25）三宅孤軒：前掲書、pp. 70-71.

26）三宅孤軒：前掲書、pp. 72-73.

27）巌谷小波『小波洋行土産』博文館、1903、pp. 75-76.

28）巌谷小波：前掲書、p. 76.

29）島洋之助『貞操の洗濯場』博文堂出版部、1930、pp. 292-293.

30）アート・スミス『日記から』新橋堂、1916、p. 107.

31）アート・スミス：前掲書、pp. 108-109.

32）アート・スミス：前掲書、pp. 110-111.

33）Keiko Itoh: *The Japanese Community in Pre-War Britain: From Integration to Disintegration* Routledge, 2001, pp. 69-71.

34）http://www.haginotera.or.jp/outline/people_fukura.php（2018年２月６日確認）

35）福良竹亭『洋行赤毛布』日本評論社出版部、1921、pp. 65-67.

36）Itoh, Keiko：前掲書、p. 67.

37）Itoh, Keiko：前掲書、p. 69.

38）福良竹亭：前掲書、p. 67.

39）Itoh, Keiko：前掲書、p. 69. ※Ota Hanakoは、後にパリにわたり、彫刻家ロダンと交流し、彫刻のモデルにもなっている。（p. 70.）

40）Itoh, Keiko：前掲書、p. 67.・p. 69.

41）Itoh, Keiko：前掲書、pp. 68-70.

42）Itoh, Keiko：前掲書、pp. 69-71. ※未調査であるが、ベルリンの東洋館は、Satakeが経営に関わった後のSuehiro-teiの改称名である可能性が考えられる。なおSatakeは、英国人妻の協力を得ながら、ロンドン市内で、東洋館の支店経営にも乗り出している。

43）Itoh, Keiko：前掲書、pp. 67-68.

44）樋口龍渓『新世界の印象』国民書院、1922、pp. 336-337.

45）樋口龍渓：前掲書、pp. 338-339.

46）樋口龍渓：前掲書、p. 339.

47）福良竹亭：前掲書、pp. 67-68.

48）福良竹亭：前掲書、p. 68.

49）樋口龍渓：前掲書、pp. 339–341.
50）樋口龍渓：前掲書、pp. 337–338.
51）樋口龍渓：前掲書、p. 338.
52）福良竹亭：前掲書、p. 67.
53）E・S・モース　石川欣一訳『日本その日その日1（東洋文庫171）』平凡社、1970、p. 31.
54）エドゥアルド・スエンソン　長島要一訳『江戸幕末滞在記　若き海軍士官の見た日本（講談社学術文庫1625）』講談社、2003、p. 59.
55）エセル・ハワード　島津久大訳『明治日本見聞録　英国家庭教師婦人の回想（講談社学術文庫1364）』講談社、1999、p. 264.
56）キャサリン・サンソム　大久保美春訳『東京に暮す　1928–1936（岩波文庫）』岩波書店、1994、pp. 34–35.
57）W・E・グリフィス　山下英一訳『明治日本体験記（東洋文庫430）』平凡社、1994、p. 42.
58）エセル・ハワード　島津久大訳：前掲書、pp. 120–121.
59）エドゥアルド・スエンソン　長島要一訳：前掲書、p. 66.
60）エドゥアルド・スエンソン　長島要一訳：前掲書、p. 54.
61）エドゥアルド・スエンソン　長島要一訳：前掲書、p. 59.
62）E・S・モース　石川欣一訳：前掲書、p. 57.
63）W・E・グリフィス　山下英一訳：前掲書、pp. 40–41.
64）キャサリン・サンソム　大久保美春訳：前掲書、p. 24.
65）エセル・ハワード　島津久大訳：前掲書、p. 62.
66）キャサリン・サンソム　大久保美春訳：前掲書、pp. 36–37.
67）エセル・ハワード　島津久大訳：前掲書、pp. 61–62.
68）キャサリン・サンソム　大久保美春訳：前掲書、p. 37.
69）エセル・ハワード　島津久大訳：前掲書、pp. 94–95.
70）キャサリン・サンソム　大久保美春訳：前掲書、p. 32.
71）アート・スミス：前掲書、pp. 110–111.
72）エセル・ハワード　島津久大訳：前掲書、p. 250.
73）エセル・ハワード　島津久大訳：前掲書、p. 106.
74）アート・スミス：前掲書、p. 111.
75）アート・スミス：前掲書、p. 108.
76）アート・スミス：前掲書、pp. 108–109.
77）キャサリン・サンソム　大久保美春訳：前掲書、p. 21.
78）キャサリン・サンソム　大久保美春訳：前掲書、pp. 27–29.
79）キャサリン・サンソム　大久保美春訳：前掲書、p. 32.
80）キャサリン・サンソム　大久保美春訳：前掲書、pp. 31–32.
81）キャサリン・サンソム　大久保美春訳：前掲書、p. 220.
82）キャサリン・サンソム　大久保美春訳：前掲書、p. 33.
83）キャサリン・サンソム　大久保美春訳：前掲書、pp. 34–35.

おわりに　～目指された伝統の保持と近代化という革新～

或國にどの位の美味い料理があるか、料理があるばかりでなく、それに依つて衣食し得る程度に維持せられるか、かういふことがその國がどの位の文明の高さを有つて居るかといふ物差になる

（竹越与三郎『日本の自画像』白揚社、1938、p. 455.）

日本人は「いつの頃から」、自国料理の貴さに着眼し、その魅力を発信することに乗り出したのだろうか？　本研究の萌芽は、自分へのこの小さな問いかけから始まった。また勤務先の梅花女子大学で、フランス、イタリア、アメリカ、韓国、タイなどの諸外国にあこがれを抱きながらも、「日本料理が一番好き」と語る学生の多いことに日々驚きを覚えるなか、彼女たちが評価する日本料理イメージ形成の過程を詳らかにする必要を、私も「いつの頃から」か、強く感じるようになっていた。

そこで本研究では、この問いかけへの答えを探るべく、現代の生活文化のルーツを構築した近代日本に着眼し、当時の出版物に語られた料理観の変遷をたどることを目指した。特に新しい日本料理の形成に大きな影響を与えた諸外国の食文化受容の実相、ならびにそのイメージ構築の陰で展開した人々の動きに目を向け、近世的特徴から脱却した日本料理の近代像形成のプロセスを追うことを、本研究の主題に掲げた。

最初に「第１編　西洋食文化受容における近代的特質の検討」では、「第１章　西洋料理書の出版とその意義」、「第２章 「洋食」という日本文化の誕生」という章立てのもと、開国を機に、早急な理解が求められた西洋食文化の受容の実態を紐解くことを目指した。

激動の時代の幕開けとともに受容された西洋食文化は、翻訳、受容、咀嚼、折衷というプロセスを経、滑稽でいて、奇妙な試行錯誤を繰り返しながらも、やがて日本文化の一端としての定着をみることとなる。ともあれ、その受容プロセスには、先人たちの並々ならぬ苦労の連続があったのも事実である。しかし、時に嘲笑の的となり、時に痛々しい可笑しみを伴いながらも、異国の食文化と真摯に向き合った日本人は、やがて和洋折衷という手法の下、日本社会に適応した西洋料理の創造に成功することとなる。さらに当時出版された多くの西洋料理書も時代を追うごとに変化し、明治の終わりには、日本の食材や調味料でアレンジした西洋料理のレシピが、料理書執筆者たちの手によって、家庭の主婦たちへと伝えられていった。

なお日本社会における西洋料理書の系譜をたどると、明治の早い時期には、翻訳料理書や外国人などからの聞き取りをまとめたものが主であったが、やがて家庭生活への普及を根ざした家庭向け西洋料理書が誕生する。こうした西洋料理書の家庭化に伴い、男性執筆者のみならず、経験豊かな女性執筆者も登場し、挿絵の多用、わかりやすく、やさしい言葉で伝えるなどの工夫を織り交ぜながら、執筆者自身の研究に基づいた実用的なレシピが伝えられる動きも表面化した。

1900年代以降になると、フランス料理書、アメリカ料理書といった各国別料理書が出版された経緯も観取できる。なかでも、フランス料理書は主に男性料理人によって手掛けられることが多く、一流のフランス料理の習得が日本の国威を向上させる契機になるとも主張された。またアメリカ料理書は海外経験豊富な女子教育者たちの手掛けられる傾向にあり、家庭生活において生かすべき実用的なノウハウが伝授された。またアメリカでベストセラーとして論われたボストン料理学校の料理書も早々に翻訳され、模範とすべき家庭のバイブルとして、アメリカの料理観が語られていた様子も確認できた。なおフランス料理、アメリカ料理、それぞれに着眼した執筆者の性別の違いもまた興味深い特徴といえる。

いっぽう、洋食という日本文化の誕生も、近代の産物の一つとして注視できよう。なお洋食という言葉は、明治前期は西洋料理と同義で用いられていたが、明治の終わりごろより、西洋料理と日本料理の要素を融合した洋風日本料理の意味合いを帯びるようになり、現在でも多くの人に愛されるトンカツ、ライスカレー、コロッケといった新メニューが、日本の新定番として享受されていく流れが確認された。特に中流階級の世界においては、洋食の習得がステータス確立の骨子とみなされ、講習会へ出向く女性たちの動きも表面化した。なおこうした習得経験もまた家庭への洋食浸透の促進剤になったと思われる。

また洋食業の進展も近代食文化の特徴の一つとして注目すべき動きとされるが、とりわけ一品洋食という新業態の発展は、日本社会に洋食を広く浸透させるきっかけになったものと思われる。一品洋食とは、飲食店の食べ残しや売れ残り、さらに中古のカトラリーを使用し、手軽さと安価をうたい文句に洋食を提供した新業態のことで、屋台のような店構えが功を奏し、身分を選ばず、あらゆる階層の日本人に洋食を味わう機会を与えることを可能にした。さらにミルクホールやカフェ、デパートの食堂などで洋食に出会える場が増えゆくなか、経済性と簡便性を重視する洋食レシピを考案する料理書や雑誌の特集も相次ぐようになり、こうした取り組みもまた家庭料理のバラエティを充実させる骨子となっていった。つまり洋食定着の陰には、安価な外食産業の進展、さらに家庭でできる経済的な洋食レシピの考案に努める料理書執筆者たちの努力の軌跡が重なり合っていたことが明らかとなった。

いっぽう「第２編　中国食文化受容の特徴にみる連続性と近代性」では、古くより相互に影響を与えあってきた中国食文化に着眼し、「第１章　江戸期における中国料理の受容と展開」、「第２章　近代日本社会における新しい中国料理」という章立ての下、近世・近代における中国料理受容の意義とその普及に尽力した人々の流れを追った。なお本編では、西洋食文化の受容状況との比較を試みるうえで、近世からの異文化受容の実態を明らかにする必要を感じ、卓袱料理、普茶料理に始まる江戸期の中国食文化受容の特質分析にも努めた。

「第１章　江戸期における中国料理の受容と展開」では、江戸期に出版された料理書や紀行文などを調査し、先行研究と鑑みながら、中国食文化が日本の食生活に与えた影響についての再考を試みた。抑々卓袱料理とは、共同膳を用い、獣肉、獣肉油等を魚などでアレンジし、食べやすいように仕上げた日本風中国料理であり、いっぽう普茶料理とは、その精進形式を指す。しかし江戸中期になると、卓袱料理、普茶料理の形式は維持しながらも、その料理内容が日本料理で構成された「略式」という和中折衷様式がみられるようになる。つまり、江戸期には、日本料理で構成されていながらも、異国風に憧れ、卓袱料理・普茶料理の形式や器を楽しむ趣向があったことが、当時の料理書を通じて読み取れる。主に、江戸・上方で刊行された料理書にみえる卓袱料理献立にその傾向が指摘できるが、『筑紫紀行』(1806)を通してみると、文化の受け入れ口であった長崎においても、折衷化の兆しがすでにあったことがわかる。しかし、『卓子式』(1784)のように、折衷化の傾向を憂い、純粋な中国料理で構成された卓袱料理形式を示す料理書も出版されており、折衷への姿勢には賛否あった状況も理解される。

いっぽう、料理書の中にみられる普茶料理は、19世紀以降、茶で進める形式ではなく、最初に煎茶式を終えた後、酒とともに進める酒宴形式として紹介されている。そして、その料理内容も日本料理と中国料理の折衷料理、もしくは日本料理を用いながら、そのしつらいや食具などは中国風で楽しむ「略式」という形式が、卓袱料理同様、ここでも採用されている。つまり江戸中期以降の料理書には、黄檗宗の寺院料理としての性格ではなく、共同膳で分け隔てなく楽しむ性格を生かした料理屋の精進料理として記載されていたことが特徴として読み取れる。

なおこうした中国料理書の影響のみならず、卓袱料理・普茶料理が料理屋のメニューとして提供されたことが契機となり、主に江戸や上方などの都市で、酒宴料理として注目を集めていた様子もうかがえる。また中国料理形式の受容の中で、煎茶を伴うという新しい特徴が導入され、文人趣味としての流行に伴い、煎茶に関する記述が料理書のなかで増加する様子もみられた。さらに卓袱料理や普茶料理のみならず、本膳料理や会席料理においても、煎茶を伴う献立が散見されるようになり、江戸・上方のみならず、金沢等の地方都市でも煎茶文化が普及し始める傾向が確認された。

「第2章　近代日本社会における新しい中国料理」では、近代日本における中国食文化受容に着眼し、社会・家庭での享受実態を明らかにすることを目指した。その結果、明治前期の料理書にみえる中国料理の記述のほとんどが江戸料理書からの焼き直しとなっており、紹介された卓袱料理、普茶料理は、「支那料理」という新しい名称で統一された。やがて1880年代にさしかかると、話題の人気料理店であった「偕楽園」が中国料理の模範献立として、多くの料理書の中で称揚される様子がみられた。しかし「偕楽園」の料理が料理屋料理であるように、この頃はまだ宴会料理としての中国料理が取り上げられるのみで、中国料理を家庭料理の中へ取り込もうとする視点はみえていない。

家庭料理への導入が意識され始めたのは、1900年代である。日清戦争の勝利後、多くの中国人留学生が来日したのを機に、各地で中国料理店が開店し、さらに女学校での中国料理講習会の実施、中国料理店の店主や女学校・料理学校の教師たちによる家庭向け中国料理書の出版などが相次ぎ、日本人の間でも中国料理への関心が高まりをみせるようになった。なおこの時期に中国料理が見直された理由として、日本料理や西洋料理に比べ、多くの道具を必要としない点、しっかり火を通すため、衛生面からも安全である点、さらに肉類を多用するため、強い身体作りに繋がる点などが評価されたことも明らかとなった。

1910年代に入ると、第一次世界大戦による国民の消費額が急増したことで、米価の暴騰、米騒動など不安定な経済状況に直面する。積極的な外国料理の考案は一時停滞するが、経済性を重んじる料理書が多数刊行され、特に豚肉や馬鈴薯、玄米、鰯、豆腐など、安価な食材を使用した多くの料理法が考案された。なかでも豚肉の食用が積極的に推奨され、その中で中国料理での利用法や食べ方が工夫されていった。そして、その分野で活躍したのが田中宏である。田中は、中国や琉球の豚肉の食べ方を研究しながら、試食会や講習会を方々で開催し、積極的に豚肉食用の普及に努めた。なお調味法は、日本人になじみのある甘煮などの和風調味が提案されたが、食糧難に打ち勝つための食材の扱い方に関しては、中国料理の廃物使用を評価する動きも確認された。

そして中国料理の興隆期ともいえる1920年代を迎え、栄養学の発展に伴い、中国料理と健康の関係についてふれながら、家庭の日常食に中国料理を取り込むことをすすめる料理書の出版が増加した。さらに経済性を強調し、家庭料理の管理者である女性読者を対象とした料理書が上梓され始めるのも、この時期の特徴といえる。また中国料理店の急増、さらには日中の関係改善を目指した中国料理講習会が、国内のみならず、満洲でも企画されるようになり、日常食に応用できる中国料理の調理法が、女性読者向けに伝えられていく様子も顕著となっていった。さらに、こうした流れのなかで、本場を知る後藤朝太郎ら支那通たちによる食文化評論の執筆も盛んとなり、詳細な中国料理の情報が伝達される動きもみられた。なお後藤らのこうした尽力もまた国民間に共有しうる中国料理イメージ醸成に大きな貢献を果たしたものと思われる。

次に「第３編　「家庭料理」という近代文化」では、近代以降に表出する新しい家庭料理文化に着目し、その成熟が求められた背景を精査した。「第１章　家庭向け料理書成立への道程」では、明治期に成立する新ジャンル「家庭向け料理書」の誕生意義とその系譜を明らかにすることを目指した。近代日本が対峙した資本主義経済による市場構造の新たな展開は、「男は外、女は内」といった性別役割分業観を規定し、「近代家族」という家族規範の創出を実現した。この変革によって、家内領域は女性の手腕によって管理されるべき空間であるとの考えが確立し、経済的な家庭管理について説く家政書や家事指南書が出版される流れが生み出された。料理書の世界でも、家族の食事管理を一任された女性を読者対象とした家庭向け料理書が誕生し、プロの料理書とは一線を画し、読みやすさや使いやすさが顧慮された新たなジャンルとしての地位を確立した。こうした家庭料理への関心の高まりは、やがて料理の教授に直接与ることができる料理学校や料理講習会の誕生を促し、家庭外での習得の場を広げる弾みともなっていった。

さらに明治期から大正期にかけての時期は、新中間層の勃興により、「指導型主婦」から「実践型主婦」への女性読者層の転換が起こり、栄養経済料理への理解が急務とされた状況が確認された。特に明治後期から大正期にかけて相次いだ戦争は、米麦に代わる代用食研究を発展させるとともに、日本料理の献立をベースに食事計画の提案をすすめる家庭向け料理書の発達を促し、江戸期の代用食にヒントを求めながら、食糧問題と向き合う研究者たちの活躍も本格化した。また林末子や稲垣美津子のように、自身の戦争経験が契機となって、経済料理書を書き上げた女性執筆者の存在も確認され、より実践的な知識の紹介に努めた著者たちの努力の軌跡があったことも、1910年代の特徴として特記できる。なかでも林の功績は、日本人のなかにある馬鈴薯イメージの向上に寄与するのみならず、日本の家庭の食材としての馬鈴薯の普及に弾みをつけた。

そして1920年代を迎え、日本料理の形式や精神を重んじつつ、栄養学、食品衛生学、食品経済学に関する諸知識を反映させた料理書の出版に乗り出す執筆者たちの動きも明らかとなる。なかでも村井政善は、名だたる泰斗たちのもとで確かな研鑽を積み、伝統と革新双方の知識と技術を反映させた家庭向け料理書の完成に尽力し、新しい日本の家庭料理像の構築に貢献した。

いっぽう栄養経済料理の追求と同時に、家庭の主婦たちには家族の健康管理という主題も与えられた。特に1900年代以降、年齢や病状を考慮し、食事を計画することの必要が叫ばれるようになり、家庭向け料理書や育児書、家政書などにおいて、子供や老人向けの食事には、胃腸に負担をかけない食材を使用し、分量の加減や与える時間を考慮するなどの提案が重要であるとの見方が示された。特に子供の食事に関しては、身体面のみならず、精神面に及ぼす影響を考慮する動きも確認でき、等閑視せず、真摯に向き合う姿勢が、家庭のしつけの中で求められた。また病人食に関する詳しい記述も、1910年代より料理書の中で散見されるようになり、栄養学の発達とともに、翻訳に頼らず、日本の食材や調理法を重んじる日本の病人食の料理法や献立が提案された。

なお「第２章　計画型日常食献立「三食献立」の成立」では、多くの家庭向け料理書で掲載された三食献立に着目し、料理書執筆者たちが模索した新しい家庭料理観を浮き彫りにすることを目指した。近代料理書にみえる献立の特徴の一つに、日常の朝・昼・夕それぞれの食事内容を計画的に立てることを推奨する三食献立が、1900年代以降、一般化することが挙げられる。そこで本章では、三食献立の特徴によって、調査対象期間を「西洋料理型三食献立の導入期（19世紀後半）」、「日本料理型三食献立の定着期（20世紀初頭）」と二つの時期に分類し、各々の展開過程に関する考察を行った。

「西洋料理型三食献立」は、主に19世紀後半の日本でみられた三食献立の型であるが、日本人の家庭の日常食を意識したものというより、むしろ西洋人の食習慣・食事内容を紹介した三食献立として、西洋料理書に多く紹介された。しかしこの型の献立を、日常の食事に応用することを推奨する料理書も確認されたが、残念ながら、当時の日本人の食生活にそくした実用的な内容といえるものではなかった。またその内容の類似性からも、日常食に視点を当てた三食献立は、イギリス、アメリカの料理書からの影響を大きく受けている様子も確認された。

さらに1900年代になると、飯と汁の基本要素に副食が組み合わされた「日本料理型三食献立」が、家庭向け料理書の中に登場する。また20世紀以降のほとんどの三食献立がこれに属するものであり、経済性を重んじつつ、１日に必要な栄養量を基準に構成された三食献立が方々で提案された。特に度重なる戦争による物価高騰の影響で、安価な代用食利用に関心が集まるのも、この時期である。なかでも佐伯矩が提案した「経済栄養献立」は、手軽な食材で調製する「日本料理型三食献立」として話題を呼び、経済と栄養を考慮した食事作りに向き合うことの重要性を日本社会に知らしめる引き金となった。とはいうものの、全国的な米食の普及状況などを鑑みると、こうした三食献立が日本のすべての家庭で実践可能であったかは疑わしいのも確かである。しかし、西洋諸国の科学に学び、伝統形式を重んじながら、バラエティーに富む食事内容を提示する「日本料理型三食献立」の成立は、飯と汁を基本とする現在の日本の家庭料理像を社会に植え付ける起点としても看過できない転機であったと察せられる。

さて第３編では、主婦に求められた役割に「家族の健康管理」という視点が重視され、子供や老人の身体構造に応じた調理法の研究が求められたことについて言及した。そこで「第４編　子供の食の近代的展開」では、未来を担う子供たちの食の実像を探るべく、特に滋養品として、その定着が望まれた菓子、乳製品それぞれの推奨の系譜を明らかにすることを目指した。なお本編の考察では、それぞれの受容意義、ならびに取捨選択の重要性がいかに語られていたかなどの視点を詳らかにすることで、子供の情操面、身体面への「親心」の系譜を明らかにすることを主題とした。

まず「第１章　明治・大正期における子供と菓子」では、子供の発育や健康を考慮するうえで、評価された菓子、警戒された菓子それぞれの特徴について精査し、求められた菓子の摂取意義について考察した。開国の是非に揺れ動く幕末を迎え、日本は西洋料理同様、その滋養価が評価された西洋菓子文化を受容することとなる。西洋菓子の人気は早くから高まりをみせ、相次ぐ西洋菓子店の開店、和洋のレシピを収録した菓子製法書の出版、さらには自ら海外へ出向き、キャラメルやチョコレートなどの菓子修行に励む職人たちなども増加し、日本の菓子文化は一層バラエティに富んだものへと進化を遂げた。それと同時に新たに受容された衛生学、医学、育児学などにより、安全性や実用性などを考慮した理想的な菓子イメージが提起され、舌を満足させるだけの単なる嗜好品ではなく、日本の社会に適した新しい菓子のあり方を模索しようとする動きも顕著となった。

子供の菓子の意義に着目し、健康面、かつ精神衛生面を考慮しながら、理想的な関わり方が模索された姿勢は、近代菓子文化の重要な側面としても注視されるべきであろう。特に明治後期以降、菓子の着色料の危険性や多食が及ぼす弊害などを懸念する声の高まりに伴い、離乳食ないし間食としての子供の菓子の適切な与え方や食べ方が、医師や医療関係者などが手掛ける育児書などの文献で取り上げられ、不規則な時間に与える間食としての菓子は、子供の胃腸の負担になるばかりでなく、普段の食事を蔑ろにする子供が増加する原因になると指摘された。

しかし大正中期以降、栄養学が徐々に社会に浸透すると、年齢に応じた適切な量と規則正しい時間を守りさえすれば、間食は胃腸の小さな子供にとって効率的にエネルギーを摂取する場になるとの見方が示されるようになる。またこれまで滋養価値が高く評価されていたキャラメルやシュークリームなどの西洋菓子の安全性が問われるようになり、一方で明治期には胃腸に負担がかかると考えられがちだった日本菓子も同時に見直されていく経緯が確認できた。

さらに明治・大正期には、子供の買い食い習慣や「お目覚のお菓子」などの悪習が、子供の衛生面、情緒面双方に悪影響を及ぼすことにも関心が向けられ、正しい菓子の与え方を模索し、子供のしつけのあり方を見つめ直す議論も方々で展開した。特に不良のたまり場となりがちな駄菓子屋への出入りや不衛生な駄菓子への注意が喚起され、それらを回避するための菓子製法書が出版されていたことも興味深い動きといえる。

いっぽう「第２章　乳製品文化への新たな視線　～子供の滋養品としての特徴を中心に～」では、明治・大正期に出版された書籍にみる牛乳・乳製品イメージの変遷を追いながら、それらに言及した執筆者たちの動向とともに家庭生活への導入過程を明らかにすることを目指した。幕末から明治期にかけての時期には、乳製品の実態がつかめず、四苦八苦する日本人が多数いたことも当時の書籍から散見されるが、1870年代以降、乳製品の正しい知識や製造法に関して解説する書籍の出版が確認できるようになる。当初は主に翻訳家たちによって手がけられた育児書や家事書、医学書、薬学書、農書などに、動物乳、乳製品の記述が含まれるようになり、なかでも牛乳はその効能が評価され、病気療養時の栄養補給品として、また母乳に代わる代用品としての利用法が紹介された。いっぽうバターやチーズに関しては、西洋諸国の一般的な食品として解説されながらも、その安全性を疑い、食用を積極的に推奨しない傾向もみられた。

1880年代になると、牛乳を母乳の代用品として使用することを推奨する書籍が増加する。著者には、医師、医学や薬学などを教える立場にある研究者、さらには産婆、女医、教育者などの女性執筆者らが名を連ね、家庭の主婦を読者対象とした育児書や家政書、また出産・育児に立ち会う小児科医、産科医、産婆、「看護婦」らをターゲットとしたガイドブックが多数上梓された。主な内容として、1870年代の翻訳書で紹介された牛乳やコンデンスミルクによる哺乳法や希釈法、安全な哺乳瓶の用い方などが収録され、実生活での利用に関するノウハウが詳細に「分り易く」説かれ始める様子も確認できた。

そして1890年代以降になると、乳製品による哺育法は「人工養育法」「人工育児法」「人工器榮養法」「人工營養法」「人工哺乳」「人為營養法」などと称され、三嶋通良、進藤玄敬、木村鉞太郎、弘田長、高洲謙一郎ら小児科医や医学博士たちの手によって、牛疫などの伝染病蔓延の状況を鑑み、清潔で安全な牛乳・乳製品の用い方を踏まえた内容で伝えられていくこととなる。しかし、海外から受容されたこの哺乳法に批判的な見方を示す執筆者も確認できる。例えば小児科医の加藤照麿は、牛乳哺育による過栄養を指摘し、米や魚類を用い、薄味で仕上げる食事内容での育児を推奨している。つまり乳製品での哺育法には賛否両論あったことも明らかとなった。

さらに1900年代頃には、安全性を強調し、正しい乳製品の知識を伝える乳製品専門書の出版が相次ぐようになる。またこの頃になると、牛疫のみならず、度重なる不正牛乳の横行などの社会問題の勃発を機に、津野慶太郎らの尽力により、乳製品の詳細な検査基準も規定され、この検査基準に学んだ後続の執筆者たちによって、家庭向けに咀嚼された内容が伝えられていった。しかし明治期の乳製品専門書は、牛乳、乳製品の概説書として編纂されたものがほとんどで、日常生活での実践的な利用について言及する体裁とはなっていない。ともあれ少しばかりであるが、牛乳や乳製品を使用した料理法の提案、新しい乳製品「乳酒」（ケフィール・クミス）の紹介、伝染病に強い山羊乳の推奨などといった新しい動きも確認でき、認識される乳製品にも幅がみられ始めた。

やがて1910年代になると、（乳製品の使用に対する慎重論も依然みられたが、）牛乳や乳製品を家庭の食品に仲間入りさせることを奨める動きが顕著となる。特に安全な乳製品の利用法に関して、アメリカの考え方に基づきながら紹介する書籍が増加する。なかでも乳児の死亡問題の改善が深刻な課題であった当時、海外の事例に基づきながら、母乳の代用品ではなく、身体を作るための健康食品としての使用の奨励が急務とされたため、牛乳・乳製品ともに児童の体格改良に適した優良品として評価され、アメリカ人栄養学者・マッカラム、食糧大臣・フーバーらの牛乳宣伝運動などにふれながら、学校や家庭における飲用・利用を推奨する動きがうかがえた。いっぽう津野らによる家庭向け乳製品料理書の出版、さらに岡田道一、福原克二らによって、牛乳は体格面のみならず、学業面においても効果のある食品として、その価値が見直された。なおこうした牛乳・乳製品への関心の高まりは、1920年代の書籍の中で一層盛り上がりをみせることとなり、家庭向け牛乳・乳製品専門書の出版、さらには家庭の主婦を対象とした講演会の開催など、正しい利用法に留意しながら、牛乳や乳製品を積極的に日常生活へ取り入れていく動きはますます活発となっていった。

また1910年代頃には、メチニコフの研究を評価するとともに、長寿の仙薬としてヨーグルトの使用を奨める記述もみられるようになる。さらに市販乳製品の普及にともない、畜産業の発達を切望する書籍の出版も確認でき、徐々に日本人の生活の中に定番食品として根付いていく乳製品の実態が証明された。つまり幕末の乳製品との出会いのはじまりは試行錯誤の連続であったが、海外で評価された乳製品の効能を積極的に導入しようとした医療関係者や知識人たちの尽力により、大正期以降、翻訳された母乳の代用品や病餌食といったイメージではなく、家庭の健康食品としての新しい価値が見直された経緯が明らかとなった。

そして、「第５編　創造された日本料理　～概念化の表出とその意義～」では、これまでに考察した近代の動きを総括することを主眼にすえ、諸外国の影響を受けながら、新たな日本文化として定義された日本料理イメージの近代的特質について省察した。最初に「第１章　新しい日本料理創出へのまなざし」では、1880年代以降、献立や取合せにこだわり、見た目重視の料理というイメージが強かった日本料理が、家庭向け料理書や家政書といった女性読者向け出版物の中で、主婦の職務として、その理解と習得が求められた動きを実証した。しかし、当時はまだ料理自体に職人の技が求められる難しいものというイメージがあったため、咀嚼して伝えることに尽力した執筆者たちの努力があったのも事実である。特に仕出しや料理屋に依存しがちであった饗応料理を自宅でまかない、生活費を軽減することの大切さが方々の料理書で叫ばれるようになり、調理自体は使用人が携わるにしろ、料理法や献立作成に精通し、自ら陣頭指揮がとれる主婦像が理想として論われるようになる。こうした社会状況の中で、女性読者を対象とした出版物では、これまで料理人の領分であった調理技術の習得が饗応料理のみならず、日常食においても求められるようになり、季節感や取合せを考慮するという江戸料理書にみられた考え方を主体としながらも、経済性を重視する家庭の日本料理像が語られていく流れが確認できた。

1890年代に入ると、取合せや季節感の重視のみならず、西洋諸国から導入された衛生学や医学の発想を盛り込みながら、新しい日本料理のあり方について説く出版物が増加する。主に滋養価が高く、安全性や消化の良さが強調された日本料理イメージが理想形として打ち出されるようになり、村井弦斎、山方香峰らにより、諸外国の食文化の長所を取り入れた積極的な日本料理改良論も叫ばれた。なお両者ともに、伝統的な特色の保存を重んじながら、諸外国の料理の要素を織り込みつつ、主に家庭料理の世界で新しい日本料理を発展させるべきとの主張をみせている。こうした流れの中、1900年代には、「日本料理」と冠した家庭向け料理書も出版されるようになり、野菜類や魚介類のみならず、獣肉類を用い、和の調味料で調理した折衷料理も方々で提案されることとなった。

さらに1910年代に入ると、日本料理の具体的な改良案が数々の出版物の中に登場するようになり、見た目の良さのみならず、おいしさ、経済性、消化のしやすさ、家族の健康に配慮することなどを重視する主張が相次ぐようになる。また外観美ばかりにこだわる日本料理への批判も料理書や随筆の中で散見されるようになり、動物性食品を使った折衷料理や西洋料理の積極的な実践をすすめる「日本料理法」と冠する料理書の出版も本格化していった。なおこうした流れの中で、生活改善運動の高まりに伴い、家庭文化としての年中行事を重んじる主張に首肯し、行事食の意味を大切にすべきと語る料理書執筆者も現れている。なお料理書を通し、「意味を食べる」ことの意義を家庭へ浸透させようとした執筆者たちの所信は、行事食の価値を尊ぶ現在の日本料理イメージを作り上げる一つの契機になったとも考えられる。

そして1920年代後半になると、今度は諸外国の料理と比較し、日本料理の魅力を称賛する主張が増加する。これらの主張によると、生ものを嗜む習慣や五味を組み合わせる複雑な調味法こそ、日本料理の尊さであり、他国には真似できない特質であるとの思いが強調され、家庭のみならず、外食の場での日本料理も日々進化しつつあると言及する記述が相次いでいる。なおこうした自国の生活文化の再考や食文化への称賛は、高揚するナショナリズムの現れとも考えられよう。諸外国との出会いの中で、日本料理に「なかったもの」に目を向けがちだった日本人が、ようやくここで「変わらず継承されてきたもの」の意義を追考する段階へと入る。なおこうした国威発揚にともなう思考の転換こそ、日本人が堅守してきた日本料理の発見の場であり、現在のイメージの本質を形成する須要な画期でもあったのである。

また本編では、「第２章　享受された日本料理」と題し、街中で実際に提供された日本料理の概要、さらに国内外の人々の心中にあった日本料理観を明らかにすることを目的に、明治・大正・昭和初期の文献をもとに、そのイメージの系譜を追った。最初に国内の日本料理店の概況について調査したところ、江戸期に発達をみせた会席料理の下火に伴い、しつらいや献立、余興、景観などを重んじる高尚な形式ではなく、安さや簡便さにこだわった手軽料理というジャンルの普及があったことが明らかとなった。近世までの会席料理の煩雑さや難しさを避け、飯と単品のおかずを組み合わせたメニュー、さらに江戸期の都市部でも流行をみせていたすし、てんぷら、豆腐、茶漬け、どんぶり、鍋物などの単品料理を安価に提供することを主とした日本料理店が主体となり、外食で日本料理を楽しむという食文化が、徐々に社会に浸透する様子が確認できた。

大正期に入ると、日本料理店を名乗りながらも、洋食や折衷料理を提供する料理店が増加し、さらにそれらを切り盛りする女主人たちの存在も明らかとなった。こうした女主人たちの貢献は、街中に鍋料理やどんぶりなどの手軽料理を普及せしめる一因となったと同時に、「温かい」日本料理イメージを涵養する一助ともなった。ともあれ、形式に固執せず、単品で安価に味わう日本料理の外食の機会は、家庭料理を超えた共通の味の記憶を認識する場ともなったはずである。なお今回は東京に限った調査結果となったが、いずれは他道府県の調査も実施し、比較考察を行うことの必要性も感じている。

また本章では、諸外国の日本料理店事情を紐解くために、上海（中国）、ベルリン（ドイツ）、ロンドン（イギリス）の状況を精査し、それぞれの都市で享受された日本料理のイメージを探り出すことも目指した。その結果、上海では、日本国内の料理店が重視した庭園などの眺望を楽しむ趣はなく、西洋風と日本風を折衷したしつらえを楽しむ日本料理店が方々に点在していたことがわかった。また現地には、「睦友會」という調理師団体も存在し、互いに支えあう組織があったことも確認された。

いっぽう、ドイツのベルリン、イギリスのロンドンにも、蒲焼や鯉こく、鋤焼、吸物、酢の物、刺身、味噌汁などの日本料理を提供し、話題を集めた日本料理店が存在した。特にロンドンの日本料理店の盛況ぶりはなかなかのもので、「都亭」「湖月」「生稲」「東洋軒」「日出屋」などの名店が、現地在住の日本人たちの舌を満足させていた。なかには、ベルリンやパリへ支店を出し、ホテルを兼業するなどのビジネスに乗り出した経営者もおり、料理人たちのネットワークも密なつながりを持って、作用していた様子もうかがえた。なおこれらに共通している特徴は、それぞれの都市において、顧客は日本人が多かったという点である。外国人客が皆無というわけではないが、当時はまだ中国料理に比して、日本料理の人気は確たるものではなかった。しかし、大正期になると、日本を訪れる外国人の増加、対外関係の深化などが契機となり、日本料理に着眼し、その魅力を論じる外国人も登場する。

そこで本章でも、日本での生活経験のあるエセル・ハワード、ウィリアム・グリフィス、エドゥアルド・スエンソン、キャサリン・サンソム、エドワード・モースらの記述を基に、当時の日本料理の概況を探ることを目指した。なお彼らの記述にみえる日本料理は、見た目の美しさの礼賛のみならず、小さな器や食具を用い、お膳で食事する特異な食文化として評価されている。昭和期にはいると、一層の食の国際化がすすみ、（都市部に限られるふしはあるだろうが）諸外国の食材の入手が可能となり、西洋の食材や調理法を取り入れた折衷献立が、日本人の食事として定番化する様子や、初めての日本の食材や料理に戸惑いを感じながらも、その味に魅せられていく外国人たちの声を伝えるエッセイも相次いだ。なお書籍に紡がれるこうした外国人の日本料理論もまた日本人に自国の食文化の特質を認識させる重要な転機となったものと思われる。

総じて、本研究では、明治期以降の日本で、江戸期の特徴を引き継ぐ日本料理が、家庭料理という新たな基盤の下、その定義に広がりを得たことが明らかとなった。常に経済への配慮が重視された家庭料理の世界では、度重なる社会変動のなかで、時機相応の食材や調理法の模索がねんごろに求められた経緯がある。しかしどんな状況にもひるまず、時代の声を聴きながら、多彩なレシピの提案に努めていった料理書執筆者たちの努力は、柔軟性のある日本料理イメージの基層を支えたことはいうまでもない。いっぽう幅広い層に享受された手軽な外食形態の成立も、簡略化・折衷化・大衆化を遂げた新しい日本料理イメージ形成の骨子として忘れてはならない。こうした開かれた外食の機会もまた国民間で思い出の味や記憶を共有する大切な文化装置しての機能を果たし、日本料理を日本人の共有財産たらしめた一因として看過できないだろう。

なお近代日本の文化的特質として、日本と西洋の文化を融合させた和洋折衷主義が生み出されたことは知られるところであるが、本研究を通し、近世においても、交流が許されていた中国の食文化を和中折衷というスタンスで取り込んだ経緯があったことが明らかとなった。この折衷型受容は、日本における外来文化受容の特質を考える上でも、看過できない手法として注目される。しかし、日本文化の真髄には「和魂漢才」「和魂洋才」の精神のみならず、常に先人たちを敬い、旧き伝統と向き合う「和魂和才」の心があったことも確かである。そして、この控えめな「和魂和才」の作用こそが、世代を超えてもなお共有されるほろ温かいノスタルジア醸成の維持に繋がっていると思われる。つまり、異文化を巧みに取合せながら、彩り豊かに発達してきた日本料理の特質は、決して諸外国への迎合趣味に走った結果ではなく、先人たちが築き上げた食文化への敬意というエッセンスが内在しているのである。「ラーメンやオムライスは日本料理か？」という議論は連日語られるテーマでもあるが、すべて「和魂和才」の結果であるとの構図に当てはめてみると、近代化と伝統の所産の結果として生み出された日本料理の一種として説明できないだろうか？　継承はやがて国民間に共有されるノスタルジアを涵養し、世代を超えて理解される親近感を生み出す骨子ともなる。そしてその親近感への気づきこそが、ナショナルクイジーン成立の濫觴と筆者は考えたい。これまでの伝統を重んじつつ、諸外国の食文化を咀嚼しながら、新しい日本の食文化の構築に尽力した先人たちのたゆみない努力と心延えの軌跡の下にこそ、特異な魅力を放つ日本料理（ナショナルクイジーン）成立の精髄がかくされているのである。

図版所蔵元・掲載書誌一覧

図1-1-1　国立国会図書館所蔵
1-1-2　同上
1-1-3　東京家政学院大学附属図書館大江文庫所蔵
1-1-4　同上
1-1-5　同上
1-1-6　同上
1-1-7　同上
1-1-8　同上
1-1-9　国立国会図書館所蔵
1-1-10　東京家政学院大学附属図書館大江文庫所蔵
1-2-1　『時事新報（明治前期編）9巻～（２）』（龍渓書舎1986）所収
1-2-2　国立国会図書館所蔵
1-2-3　味の素食の文化センター所蔵
1-2-4　国立国会図書館所蔵

図2-1-1　『日本名所風俗図会（15）』（角川書店1983）所収
2-1-3　『翻刻江戸時代料理本集成　第４巻』（臨川書店1979）所収
2-1-4　『翻刻江戸時代料理本集成　第８巻』（臨川書店1980）所収
2-1-5　『翻刻江戸時代料理本集成　第10巻』（臨川書店1981）所収
2-1-7　『日本庶民生活史料集成　第20巻』（三一書房1972）所収
2-1-8　『翻刻江戸時代料理本集成　第10巻』（臨川書店1981）所収
2-1-9　同上
2-1-10　味の素食の文化センター所蔵
2-1-12　『日本料理秘伝集成　第12巻』（同朋舎1985）所収
2-1-13　『翻刻江戸時代料理本集成　第４巻』（臨川書店1979）所収
2-1-15　『日本料理秘伝集成　第５巻』（同朋舎1985）所収
2-1-16　同上
2-1-17　『翻刻江戸時代料理本集成　第10巻』（臨川書店1981）所収
2-1-18　同上
2-1-19　同上
2-1-21　『日本料理秘伝集成　第13巻』（同朋舎1985）所収
2-2-1　国立国会図書館所蔵
2-2-2　同上
2-2-3　味の素食の文化センター所蔵
2-2-4　同上
2-2-5　著者蔵
2-2-8　味の素食の文化センター所蔵
2-2-9　国立国会図書館所蔵

2-2-10　味の素食の文化センター所蔵
2-2-11　同上
2-2-12　国立国会図書館所蔵

図3-1-1　国立国会図書館所蔵
3-1-3　味の素食の文化センター所蔵
3-1-4　Leeds University Brotherton Library Special Collections
3-1-5　味の素食の文化センター所蔵
3-1-6　国立国会図書館所蔵
3-1-7　著者蔵
3-1-8　国立国会図書館所蔵
3-1-9　同上
3-1-10　同上
3-1-11　同上
3-1-12　同上
3-2-2　東京家政学院大学附属図書館大江文庫所蔵
3-2-3　味の素食の文化センター所蔵
3-2-4　国立国会図書館所蔵
3-2-5　同上
3-2-6　同上
3-2-7　東京家政学院大学附属図書館大江文庫所蔵
3-2-8　同上
3-2-9　国立国会図書館所蔵
3-2-10　同上
3-2-11　同上
3-2-12　味の素食の文化センター所蔵
3-2-13　国立国会図書館所蔵
3-2-14　著者蔵
3-2-15　同上
3-2-16　国立国会図書館所蔵
3-2-17　著者蔵

図4-1-1　国立国会図書館所蔵
4-1-2　同上
4-2-1　同上
4-2-2　同上
4-2-3　同上
4-2-4　同上
4-2-5　同上
4-2-6　同上
4-2-7　同上

4-2-8	同上
4-2-9	同上
4-2-10	同上
4-2-11	同上
4-2-12	同上
4-2-13	同上
4-2-14	同上
4-2-15	同上
4-2-16	同上
4-2-17	同上
4-2-18	同上
4-2-19	同上
4-2-20	同上
4-2-21	同上

図5-1-1	国立国会図書館所蔵
5-1-2	同上
5-1-3	同上
5-1-4	同上
5-1-5	同上
5-1-6	同上
5-1-7	同上
5-2-1	同上
5-2-2	同上
5-2-3	同上
5-2-4	同上

※図3-1-9、図3-2-4、図3-2-9、図3-2-10、図3-2-11、図4-2-15、図4-2-20、図4-2-21、図5-1-1、図5-1-4、図5-1-5、図5-1-6、図5-2-1、5-2-2、5-2-4につきましては、著作権者の所在を探しましたが見つけることができませんでした。著作権者ご本人あるいは関係者をご存知の方は、著者あるいは同成社までお知らせください。

成稿一覧

第１編　西洋食文化受容における近代的特質の検討

第１章　西洋料理書の出版とその意義

「明治期における西洋料理書の出版とその意義」（東四柳史明編『地域社会の文化と史料』〔同成社／2017. 2〕所収）に、大幅な修正・補筆を加えた。

第２章 「洋食」という日本文化の誕生

「明治期における家庭料理としての洋食、外食としての洋食」（『伝統食品の研究』No. 36.〔日本伝統食品研究会／2010. 12〕所収）に、大幅な修正・補筆を加えた。

第２編　中国食文化受容の特徴にみる連続性と近代性

第１章　江戸期における中国料理の受容と展開

「江戸料理書に見る中国料理献立の受容」（『風俗史学』第30号〔日本風俗史学会／2005. 3〕所収に、修正・補筆を加えた。

第２章　近代日本社会における新しい中国料理

「明治期における中国料理の受容」（『梅花女子大学食文化学部紀要』第３号〔梅花女子大学食文化学部／2015. 3〕所収）に、大幅な修正・補筆を加えた。

第３編 「家庭料理」という近代文化

第１章　家庭向け料理書成立への道程

「明治期における家庭向け料理書誕生への道程」（『梅花女子大学食文化学部紀要』第１号〔梅花女子大学食文化学部／2013. 3〕所収）に、大幅な修正・補筆を加えた。

第２章　計画型日常食献立「三食献立」の成立

「近代日本における日常食献立の形成と西洋文化の影響　―英米料理書との関連を通して―」（『会誌　食文化研究』第１号〔（社）日本家政学会食文化研究部会／2005. 11〕所収）に、修正・補筆を加えた。

第４編　子供の食の近代的展開

第１章　明治・大正期における子供と菓子

「明治期における子供と菓子」（『和菓子』第24号〔虎屋文庫／2017. 3〕所収）に、若干の修正を加えた。

第２章　乳製品への新たな視線　～子供の滋養品としての特徴を中心に～

「牛乳・乳製品の家庭生活への定着・浸透に尽力した人びと　～明治・大正期を中心に～」（『平成26年度「乳の社会文化」学術研究　研究報告書』〔（一社）乳の社会文化ネットワーク／2016. 3〕所収）のタイトルを改題し、本文に修正を加えた。

第５編　創造された日本料理　～概念化の表出とその意義～

第１章　新しい日本料理創出へのまなざし　〔新稿〕

第２章　享受された日本料理　〔新稿〕

あとがき　～謝辞にかえて～

本書は、学位論文「家庭生活とナショナルクイジーンの創出　―近代日本における近代性と伝統性―（Domesticity and the Birth of a National Cuisine : Modernity and Tradition in Modern Japan, 1870–1930）」国際基督教大学大学院提出〔2018年〕）に加筆修正を加えたものである。本書作成にあたり、ご指導・ご協力にあずかった多くの方々に、この場を借りて、御礼申し上げる次第である。

まず本書執筆にあたり、博士後期課程時代の指導教官であるウィリアム・スティール先生（国際基督教大学名誉教授）には、構成、主題の掲げ方、資料の扱い方に関するご指導まで、ひとかたならぬお世話にあずかった。連日連夜拙稿に目を通し、懇切丁寧なアドバイスをくださったスティール先生に、誰よりも先に甚謝申し上げる。スティール先生とのやりとりの中で、筆者は幾度となく史実を識る喜びに出会うことができた。スティール先生の紡ぐ言葉にいつも魅せられながら、研究テーマと真摯に向き合えた日々を、筆者はこの先もきっと忘れないだろう。そして何より歴史研究資料としての料理書の可能性を信じてくれたことは、研究を続ける上での大きな励みともなった。また英語が不得手で、国際学会への参加や英文論考の投稿に踏みきる勇気がなく右往左往していた筆者に、チャレンジすることの貴さを教えてくれたのも、スティール先生である。国境を超えた研究者たちとの交流の中でみえた比較食文化研究の魅力は、今も筆者の心の支えとなっている。

続いて筆者に食文化研究を志すきっかけを与えてくださった江原絢子先生（東京家政学院大学名誉教授）にも、心からの感佩の念を捧げたい。修士課程時代の指導教官でもあった江原先生はいつも「原典と丁寧に向き合うこと」の大切さを教えてくれた。もちろん、その手法の貴さを、筆者は今もかわらず実感している。この度の執筆においても、一貫して、初心を忘れず、そのスタンスを守ることを肝に銘じてきた。また江原先生から頂戴するご助言には、目の前の料理書研究の意義への問いかけを常に忘れないよう諭してくれる心があった。料理書の資料的価値を熟知している江原先生のご指摘はいずれも日本国内の食文化研究のさらなる深化を目指し、新たな課題に鋭敏でいることの必要性、重要性に気づかせてくれる。料理書研究の発展に期待し、まっすぐに自身の研究に邁進できたのも、江原先生の厳しくも温かなまなざしに見守られていたからにほかならない。記して万謝申し上げる。

そのほかにも、本研究の各テーマと向き合う中で、小島康敬先生（国際基督教大学特任教授）、高澤紀恵先生（法政大学教授）、ロバート・エスキルドセン先生（国際基督教大学教授）、エリック・ラス先生（カンザス大学教授）、佐藤孝之先生（東京大学名誉教授）、森田環先生・所加奈代先生（虎屋文庫）、田中智誠和尚様（黄檗山萬福寺文華殿）、（一社）日本家政学会食文化研究部会の諸先生方からは貴重なご意見を頂戴した。吏心より拝謝申し上げる。

また資料調査でお世話になった東京家政学院大学附属図書館大江文庫、食の文化ライブラリー、国立国会図書館、イギリス・リーズ大学附属ブラザートン図書館スペシャルコレクション（Leeds University Brotherton Library Special Collections）、大英図書館（The British Library）、アメリカ・ニューヨーク公共図書館（New York Public Library）の職員の方々にも深甚の謝意を表したい。特に食の文化ライブラリーでは、和田道子さん、草野美保さん、浜口真理さん、松本直子さん、縣正美さん、桶香苗さんのご尽力のおかげで、貴館が所蔵する貴重書コレクションの恩恵にあずかることができた。何度も便宜を図ってくれた諸氏には、感謝の気持ちでいっぱいである。

なお本書収録の論考執筆に際しては、下記の研究助成を受けることが出来た。

平成15—16年　財団法人味の素食の文化センター　食文化研究助成

「近代日本の料理書に見る家庭向け「献立」の研究—英・米国で刊行された料理書との比較を通して—」

平成17—18年　財団法人日本食生活文化財団　食文化研究助成

「近代料理書に見る家庭向け中国料理の形成とその受容の特質」

平成22—23年　公益財団法人アサヒビール学術振興財団　学術研究助成（生活文化部門）

「明治日本における家庭向け料理書刊行の意義とその系譜に関する一考察—各国料理書文化との比較を通して—」

平成26—27年　一般社団法人乳の社会文化ネットワーク　乳の社会文化学術研究助成

「牛乳・乳製品の家庭生活への定着・浸透に尽力した人びと～明治・大正期を中心に～」

この場を借りて、お世話になったご担当者の皆様にも、改めて御礼申し上げたい。

そして本書の出版を快く引き受けてくださった同成社社長・佐藤涼子さん、編集部・山脇あやさんのご厚情に、心より深謝申し上げる。擱筆までの期間、緻密な編集作業に加え、嫌な顔ひとつせず、校正・校閲に向き合ってくださったおかげで、こうして完成にこぎつけることができた。お二人の御助力なくして、本書は成立しなかった。ただただ頭が下がる思いである。

幼いころから、料理書はいつも筆者に、「新しい世界」をみせてくれた。特に異国の料理との出会いは、たとえ味わったことがないものであっても、その国を旅しているような不思議な気分にしてくれることさえあった。なじみのない食品や調味料、想像を超える盛り付け、料理を支える食器たちの意表をつくデザイン。やがてページをめくる楽しみはいつしか日本と諸外国の食文化の違いを明らかにしたいと逸る探求心へとも繋がっていった。

しかし料理書で、唯一再現できない味があった。我が家の家庭料理である。本書でも述べてきたように、家庭料理というジャンルは食欲を満たすためだけではなく、一緒に食べる人の笑顔を引き出し、心を豊かにすることにこそ、意義がある。料理書に紡がれない祖母や母の家庭料理の魔法の秘密を考えた瞬間こそ、本当の意味での筆者の食文化研究の原点だったといえるのかもしれない。

最後に際し、私事で恐縮だが、料理の奥深さと楽しさを教えてくれた亡き祖母に、そして本書執筆にあたり、一番の理解者となってくれた家族への感謝の気持ちを記し、筆を置くこととしたい。本書の刊行が日本の近代料理史再考の一助となれば、望外の喜びである。

本書の刊行にあたっては、令和元年度独立行政法人日本学術振興会研究費助成事業（科学研究費補助金）「研究成果公開促進費〈学術図書〉」（課題番号19HP5082）の交付を受けた。

2019年9月

東四柳祥子

料理書と近代日本の食文化

■著者略歴■

東四柳祥子（ひがしよつやなぎ　しょうこ）

1977年、石川県生まれ。

国際基督教大学大学院アーツ・サイエンス研究科博士後期課程修了。博士（学術）。

東京家政学院大学、北陸大学、日本女子大学等での非常勤講師を経て、現在、梅花女子大学食文化学部食文化学科准教授。

専門分野は、食文化史、比較文化論。

〔主要論著〕

『近代料理書の世界』（共著・ドメス出版）2008年

『日本食物史』（共著・吉川弘文館）2009年

"The History of Domestic Cookbooks in Modern Japan"（*Japanese Foodways Past & Present* 所収）（University of Illinois Press）2010年

『日本の食文化史年表』（共編・吉川弘文館）2011年

「料理の習得」（『料理すること　その変容と社会性』所収）（ドメス出版）2013年

「明治期における西洋料理書の誕生とその意義」（『地域社会の文化と史料』所収）（同成社）2017年

「とんかつとすき焼き　―文明開化後の肉食―」（『日本の食文化　第四巻　魚と肉』所収）（吉川弘文館）2019年

2019年10月20日発行

著　者　東四柳祥子

発行者　山脇由紀子

印　刷　亜細亜印刷㈱

製　本　協栄製本㈱

発行所　東京都千代田区飯田橋4-4-8
（〒102-0072）東京中央ビル　㈱同成社
TEL 03-3239-1467　振替 00140-0-20618

ISBN978-4-88621-830-8 C3021